러시아의 '강대국으로의 재부상'

러시아의 미래와
한반도

러시아의 '강대국으로의 재부상'

러시아의 미래와 한반도

고재남·엄구호 엮음

ARD POWER & SOFT POWER

한국학술정보(주)

|목차|

러시아는 강대국이 될 것인가?

엄구호(한양대학교 국제학대학원 교수)

1. 러시아는 강대국으로 재부상하고 있는가?

최근 세계 전략 환경의 가장 두드러진 변화 중의 하나는 러시아가 강대국으로 재부상하고 있는 것이다. 강대국을 어떻게 정의할 수 있는가는 매우 어려운 문제이나 정치, 경제, 사회의 3중 전환을 격고 있는 러시아가 정치적 민주화와 공고화, 자원기반경제에서 탈피한 다각화된 경제발전, 중산층과 시민사회의 형성이라는 전환의 목표를 이루어 정상국가화하는 것이 진정한 의미의 강대국이 되는 것일 것이다. 따라서 군사력과 경제력 같은 하드 파워(hard power) 만으로 강대국 여부를 판단해서는 안 되며, 민주주의와 시장경제를 꽃 피울 수 있는 문화적 토대를 이루어 러시아적 가치와 삶의 질이 국제사회에서 영향력을 발휘할 수 있는 소프트 파워(soft power)도 평가해야 할 것이다.

옐친 대통령 시절 러시아는 극심한 정국불안, 외환위기 등 경제침체 지속, 부정부패 및 조직범죄의 만연, 치안부재, 빈부격차의 심화, 막대한 외화 불법유출, 체첸사태 지속, 재래식 군사력의 약화 등과 같은 체제이행기의 온갖 부정적인 국가현상을 경험하였다. 90년대의 러시아는 "고통과 질곡"의 시기이며 "잃어버린 10년"이기도 하였다. 국민들은 체제전환의 고통 속에서 민주주의와 시장경제에 대한 의구심을 갖게 되었고 러시아판 테르미도르의 출현을 기대하게 된 것이다.

러시아의 정국이 불안해지고 국제사회에서의 위상이 현저히 떨어진 가장 큰 원인은 경제붕괴였다. 1980년대 소련은 GDP 규모에 있어서 세계 3위였고 러시아 연방만의 규모로도 7위였다. 그러나 1997년에 러시아는 GDP 규모에 있어서 세계 14위로 밀려나게 되었고 국민 일인당 GDP 규모에 있어서는 세계 104위의 후진국으로 전락한 것이다. 1990년대 러시아의 공업생산은 연평균 -9.3%, GDP는 -7.7%로 각각 감소한 결과 동기간에 GDP는 거의 절반으로 줄어들었다. 경제력 측면에서 볼 때 1990년대에 러시아는 세계무대에서 2등국 대열로 밀려났다. 특히 고정자산투자의 급속한 감소로 인해 생산 감소와 생산설비의 노후화가 심각한 수준에 이르게 되었기 때문에 대다수 경제전문가들은 러시아 경제의 미래에 대해 매우 비관적인 견해를 가졌다. 또한 경제 및 예산정책 수행에서 빚어진 심각한 오산과 1998년의 금융위기는 외부원조에 대한 러시아의 의존성을 급증시켰고, 대외정책에서 러시아연방의 독자적 노선의 실행 가능성을 의문시하고 있을 정도였다.

그러나 외환위기 이후 고유가 상황에서 러시아 경제는 급속히 회복되었다. 푸틴시대 러시아는 8년이라는 짧은 기간에 외형적 경제규모(명목 GDP)를 무려 6.6배나 늘리는 압축 성장을 이룩했다. 동기간 러시아 실질 총(總)경제성장률(실질 GDP증가율)도 72%에 달했는데 이는 연평균 7.0%에 해당하는 고도성장이다. 같은 기간 세계 경제의 연평균 성장률이 4.1%, 중·동부유럽 16개국의 연평균 성장률이 5.5%, 이머징마켓(Emerging market)과 개발도상국의 평균 성장률이 6.3% 증가에 그친 것과 비교해 볼 때 푸틴시대 러시아 경제가 역동적인 고도성장을 이룩했음을 알 수 있다. 고속성장을 바탕으로 러시아는 경상가격 GDP에서 2005년 7,643억 달러를 기록하며 호주와 네덜란드를 추월하였고, 2006년에는 9,886억 달러로 멕시코, 인도, 한국을 잇달아 제치며 세계 11위의 경제대국으로 부상하였다. 2007년 러시아는 국내총생산 1조 2,895억 달러를 기록하며 마침내 GDP 1조 달러 클럽에 이름을 올렸다. 화폐가치를 고려한 구매력평가(PPP) GDP에서 러시아는 2005년 1조 6,980억 달러를 기록하며 이탈리아를 추월하였고, 2007년에는 2조 달러를 넘어서며 프랑스를 제치고 세계 7대 경제대국의 지위를 확보하였다. 외환보유고 면에서도 러시아는 중국, 일본에 이어 세계에서 3번째로 많은 외환을 보유한 국가로 급부상하였다. 대외경제여건에서의 급격한 변동이 없는 한 러시아는 2008년 무역수지에서 1,610억 달러, 경상수지에서 990억 달러, 금융수지에서 260억 달러 흑자를 기록할 것으로 예상됨에 따라 2008년 말 외환보유고는 6,000억 달러를 넘어설 것으로 추정되고 있다. 또한 대외부채에 있어서도 푸틴시대 러시아는 세계 최대 채무국이라는 오명을 벗어던지고 완전한 채권국으로 탈바꿈하였다. 1998년말 1,782억 달러였던 대외부채는 2007년 말에는 464억 달러로 대폭 감소하여 GDP대비 3.6%수준으로 축소되었다.

러시아의 체제전환기 혼란은 국제사회에서의 러시아 위상에도 큰 손상을 주었다. 유럽에선 러시아의 강력한 반대에도 불구하고 미국 주도로 NATO의 중동부 유럽으로의 확대는 물론 코소보사태에 대한 군사개입이 이루어졌다. 또한 동북아 지역, 심지어 아·태 지역의 안보·경제 협력 및 전략환경을 논의할 때, 러시아는 아예 역내 주요 행위자로 고려되지 않는 지경에 이른 것이다. 한반도 문제에서도 러시아의 영향력은 주변화되었다. 김영삼 대통령 시절 4강 회담에서 제외되고 KEDO이사국에도 들지 못하였다. 이런 국제사회 위상 하락에 영향을 준 또 하나의 요인은 군사력 약화이다. 예를 들어 해군의 경우 국토에 인접해있는 북해, 흑해와 발트해는 물론 인도양, 대서양과 태평양 등지에서 냉전기 내내 미국과 겨루었던 러시아의 해상권익 역시 치명타를 입었다. 1,000여 척의 수상함과 정찰함이 퇴역되거나 신예 함정들의 건조 사업이 중단되었고, 가까운 지중해나 인도양에서의 대양 작전까지도 중단하거나 겨우 명맥만 유지해야 했다.

그러나 푸틴 시대 러시아의 국제사회에서의 위상은 크게 회복되었다. 이러한 회복에 국내정세 안정과 경제발전이 큰 힘이 되었지만 외교안보전략에서 푸틴의 러시아의 국제적 역할 증대 및 가시성(visibility) 확대를 위한 치밀한 외교전략과 군사력 회복 전략이 효과를 거둔 것도 큰 영향을 미쳤다. 그루지야 사태는 러시아 정부의 국제문제에 대한 "개입·참여 정책"을 확대, 강화시키려는 의지를 여실히 보여주었다. 이러한 외교전략은 안보전략과 연계되어 러시아군은 '예방적 선제공격(preemptive strike)' 개념을 도입, 과거보다 한층 더 공세적인 군사태세를 채택하였다. 특히 최근 몇 년간의 국방비 증액은 전비태세를 크게 강화시켰다. 2001년 당시 101억달러였던 국방비가 2008년에는 390억달러로 7년 만에 무려 네 배로 불어났으며 이를 통해 재래식 전력과 전략핵 전력을 정비할 수 있었다.

러시아가 강대국화하고 있는 것은 분명하다. 골드막 삭스(Goldman Sachs)는 러시아 경제가 2017년에는 영국과 프랑스 수준이 될 것이며, 2027년에는 독일을 제치고 세계 5위의 경제대국이 될 것이라 전망하였다. 또한 외교정책에 있어서 서방세계로의 편입 보다는 균형을 중시하면서 독립적 외교정책경향을 지속시킬 것이며, 그 결과 러·미, 러·EU 관계가 협력보다는 갈등이 지속될 가능성을 배제하지 못한다. 최악의 경우, 러시아가 과거처럼 미국에 맞서는 강대국이 되는 '신 냉전시대'(New Cold War Era)가 도래할 가능성도 배제할 수 없다. 그러나 미래의 러시아가 진정한 의미의 강대국이 될 것인가에 대해서는 많은 논란이 있다. 정치적으로 민주주의의 토양이 되는 자유주의 문화의 결핍과 사회 자본 부족 그리고 경제적으로 에너지 편중 산업구조, 부패 문화의 만연, 사회적으로 양극화의 심화와 인구위기 등 단시간에 해결할 수 없는 구조적 문제들이 산적해 있기 때문이다. 따라서 러시아의 강대국 지위 유지 여부는 정치적 요인(민주화와 정국안정), 경제적 요인(경제성장, 고유가, 산업다각화), 사회적 요인(중산층 형성, 시민사회, 인구위기), 대외적 요인(WTO, OECD 가입 등 세계경제로의 편입, NATO 확대, 대미·대EU·대중 관계 등) 등 복합적인 요인들에 영향을 받을 것으로 전망된다.

2. 러시아는 민주주의 국가가 될 것인가?

현재 러시아의 민주주의에 대한 평가는 부정적이다. 프리돔 하우스 (Freedom House)의 러시아 민주주의 평가를 보면 1991년 이후 시간이 갈수록 점차 부정적이며 특히 푸틴 2기는 이전의 부분적 자유국가에서 비자유 국가로 평가를 낮추었다. 이러한 부정적 평가를 받게 된 원인은 29개 체제 전환국을 대상으로 조사하는 체제전환국 민주 평가(Nations in Transition: 이하 NIT)를 통해 보다 세밀히 분석해 볼 수 있다. NIT의 조사항목은 선거 과정, 시민사회, 언론 독립성, 국가수준의 민주적 거버넌스, 지방수준의 민주적 거버넌스, 사법 틀과 독립, 부패 등 7개이다. 옐친 2기인 1997년과 1998년은 반공고화된 민주주의로 평가 받았고 푸틴 1기는 합성체제, 푸틴 2기는 반공고화된 권위주의로 평가 받아 러시아가 불완전한 민주주의에서 점차 권위주의로 가고 있다. 이런 평가를 받게 된 원인은 선거과정과 언론 의 독립성이 시간이 감에 따라 권위주의 체제 성격을 보이게 된 것과 시민 사회 평가가 매우 부정적으로 바뀐 때문이다.

민주주의의 중요한 한 척도인 언론의 자유에 대해서도 러시아는 부정적 평가를 받고 있다. 러시아는 194개국 대상으로 하는 프리돔 하우스의 언론 자유평가에서 1999년 이전까지는 부분적 자유국가라는 평가를 받았으나 2000년 이후로는 비 자유 국가를 받고 있고 평가는 해가 갈수록 부정적이 되고 있다. 세계 168개국을 대상으로 하는 '국경 없는 기자회'의 언론 자유 평가에서도 2006년 러시아 순위는 147위로 언론자유 최하위 그룹에 속하였다.

러시아 민주주의 미래는 러시아 국내외적으로 초미의 관심이 되고 있다. 서구의 전반적인 견해는 러시아 민주주의 전망에 대해 다소 부정적이어서 푸틴주의의 지속 가능성에 무게를 두고 있으며 최소한 2015년 이전까지는 민주화의 가능성이 낮은 것으로 판단하고 있다. 미국의 전략 및 국제문제연 구센터(CSIS)는 2007년에 2017년의 러시아에 대한 전망에 관한 보고서를 발간하였다. 이 보고서에서 헤일(Henry E. Hale)은 약화된 푸틴주의(Putinism

Lite)의 가능성을 10%, 실로비키의 복귀(Revenge of Chekists)를 10%, 불안정 정국(Building Volatility)의 가능성을 15%, 민주화로의 연착륙(Soothing Scenario)의 가능성을 10%로 예측하였다. 영향 변수 중에는 경제성장 지속 여부가 가장 중요하여, 경제성장이 지속된다면 약화된 푸틴주의나 연착륙의 가능성이 커지고 경제가 나빠진다면 실로비키의 복귀나 불안정 정국의 가능성이 커질 것으로 예측하였다. 또한 같은 보고서에서 멘델슨(Sarah E. Mendelson)은 러시아의 정치 갈등을 자유주의적 국제주의자와 비자유주의적 민족주의자의 대결로 정의하고 90년대 말 이후 비자유주의적 네트워크가 약화된 러시아 국가성의 버팀목 역할을 해왔으며 향후 10년에는 권력 균형 변화에 따라 다음의 세 가지 시나리오 가능성을 예측하였다. 첫 번째는 푸틴의 복귀 가능성(Putin Redux)으로 2009년까지는 75%, 2017년까지는 10%로 예측하였다. 두 번째는 통제받지 않는 실로비키 시나리오(Chekists Unchecked)로서 2009년까지는 5%, 2009년에서 2015년까지는 60%, 2015년 이후는 10%로 예측하였다. 세 번째는 서구로의 전향(Flip Back West)으로 2015년까지는 2%, 2015년 이후는 30%로 예측하였다. 카네기 모스크바 센터(Carnegie Endowment for International Studies)도 2004년에 10년 후인 2014년의 러시아를 전망하는 연구 보고서를 발간하였는데 이 보고서에서 맥폴(Michael McFaul)은 2014년의 러시아는 지금처럼 민주주의와 독재의 중간 어떤 지점에 위치할 가능성이 큰 것으로 예측하였다. 경제가 성장하면 관리형 민주주의는 공고화될 가능성이 크지만 완전한 독재로의 복귀는 러시아의 경제 성장 잠재력과 국제 사회의 지위를 손상시킬 가능성이 크므로 일어날 가능성이 적은 것으로 본다. 또한 러시아는 자원저주 현상에 유의하여야 하며 자원기반 독재체제가 수립된다면 민족주의 이데올로기에 기반하는 실로비키의 권력 장악이 일어나 이 지역의 안정성을 저해할 가능성이 있을 것으로 예측하였다. 러시아는 민주주의를 위한 문화적 토대와 사회자본이 부족한 국가이다. 이런 토양에서 단시간 내에 서구형의 자유민주주의가 러시아에 도래할 것으로 기대하기는 어렵다. 따라서 러시아의 민주화의 과정은 오랜 시간을 필요로 하는 힘든 과정이 될 것이다. 우리가 이러한 지리한 과정에서 주목해야 할 점은 이러한 과정이 민주주의로의 진화과정인지 아니면 러시아식의 불완전한 민주주의로의 영속화 과정인지이다. 이러한 갈래길에서 가장 영향력을 미칠 가장 중요한 변수는 러시아가 자원기반 경제에서 벗어나서 다각화된 산업 기반을 가진 경제대국으로 발전할 가능성일 것이다. 왜냐하면 민주주의 발전에 가장 중요한 구조적 변수가 국민소득수준 향상이며 자원에만 의존해서 생긴 경제발전의 렌트는 독재의 자원으로 이용될 가능성이 크기 때문이다. 바로 이 점에서 최소한 2017년까지의 러시아 민주주의 전망은 그리 밝지는 않다. 그러나 우리가 주목해야 할 점은 여기서 말하는 민주주의는 서구 기준의 민주주의라는 것이다. 러시아는 러시아식 민주주의를 향해 가고 있다는 러시아인들의 목소리에도 귀 기울여야 한다. 서구식 민주주의 국가가 아니라는 점이 러시아가 강대국이 될 수 없다는 것을 의미하지는 않는다. 국가성의 회복 없이 진정한 민주주의가 불가능하다는 점을 생각하면 국가성 회복 후에 민주화라는 경로가 러시아식 민주주의가 될 수도 있기 때문이다.

3. 러시아는 세계Big - 5 경제대국이 될 것인가?

러시아 경제의 최근 수년간의 고도 경제성장세가 국제유가 상승세의 덕이라는 것은 주지의 사실이다. 자원부문이 GDP의 약 1/3, 수출의 70%, 특히 석유가스 부문만 GDP의 약 1/4, 수출의 60%이상을 차지하고 있다. 따라서 고유가의 환경이 사라져도 러시아 경제가 지금처럼 고속성장을 지속할 수 있는지 여부에 대해서는 전문가들 사이에도 의견이 크게 엇갈리고 있다. 특히 2008년 글로벌 경제위기 확산과 유가 하락은 러시아 경제에 대한 신뢰를 크게 낮추었다. 전년대비 주가가 약 70% 떨어졌고 외환보유고도 1,000억 달러 이상 급작스럽게 소진되었다.

러시아 경제에 대해 부정적인 견해를 갖고 있는 전문가들은 러시아가 우선 자원편중 구조를 갖고 있기 때문에 네덜란드 병을 비롯한 자원저주 현상을 보일 개연성이 크다는 점과 취약한 금융산업의 문제를 지적한다. 또한 인구감소와 고령화 사회화의 속도가 빨라서 경제발전의 잠재력이 잠식되고 있는 점 그리고 만연한 부패로 경제 투명성이 부족하고 권위주의 문화 하에서 경제적 자유가 결여되어 있는 점 등을 지적하고 있다.

세계경제포럼(World Economic Forum)이 발표하는 글로벌 경쟁력 지수(Global Competitiveness Index)에서 러시아는 2007년에는 125개국 62위, 2008년에는 131개국 중 58위에 머물렀다. 또한 세계경제포럼이 각국의 기업환경과 기업 운영 및 전략에 관해 2001년부터 매년 121개국 대상으로 발표하는 기업경쟁력 지수(Business Competitiveness Index)에서도 러시아는 2007년 79위에 머물렀다. 러시아의 부패 상황에 대한 평가는 매우 부정적이다. 국제투명성 기구(Transparency International)가 매년 발표하는 부패지각지수(Corruption Perception Index)에서 러시아는 2006년에는 163개국 중 121위, 2007년에는 143위로 세계에서 제일 부패한 국가의 하나로 평가받고 있다. 미국의 공직 청렴성 센터(Center for Public Integrity)가 시민사회, 공공정보와 언론, 선거, 정부 책임성, 행정부와 공무원, 감독과 규제 메커니즘, 반부패, 법치 등 6개 범주를 종합하여 반부패 메커니즘의 효과성을 평가하는 글로벌 청렴지수(Global Integrity Index)에서도 100점 만점에 63점으로 78점의 그루지야보다 낮은 평가를 받았다. 경제적 자유에 대한 평가에 관해서도 헤리티지 재단과 월 스트리트 저널이 공동으로 발표하는 경제자유지수를 보면 2008년 163개국 중 134위에 불과하다. 특히 투자 및 금융의 자유와 사적 재산 보호에 대한 평가가 부정적이다.

푸틴 기간 중 러시아 경제가 개선된 것은 분명하다. 3대 신용평가 기관의 러시아의 국가신용에 대한 평가를 보면 [표 1]에서 보듯이 2003~4년을 기점으로 투자적격의 지위로 올라갔다.

[표 1] 3대 신용평가기관의 러시아 평가

	2001	2002	2003	2004	2005	2006	2007
Moody's	BB	BB	BBB	BBB	BBB	BBB	BBB
S&P	B+	BB	BB	BB+	BBB	BBB+	BBB+
Fitch	B+	BB-	BB+	BBB-	BBB	BBB+	BBB+

BBB (good credit quality) BB (speculative), B (highly speculative)

민주주의의 후퇴에도 불구하고 푸틴 대통령이 국민적 인기를 얻게 된 가장 큰 원인은 경제 상황의 개선이다. 러시아의 레바다 센터(Levada Center)가 푸틴 재임기간 동안 설문조사 결과를 종합한 다음의 그림을 보면 지난 8년간 음식의 선택, 의류, 신발 등 생필품의 선택, 돈 버는 기회의 확대 등 기본적인 경제생활에 대한 개선에 대해서는 매우 긍정적이지만 경찰 등 법집행기관에 대한 평가, 개인 안전에 대한 평가, 국가 업무에 대한 국민의 영향, 부의 공정한 분배 등 민주주의 평가에 대해서는 여전히 부정적인 것을 알 수 있다.

[그림 1] 국민생활 개선도 인식

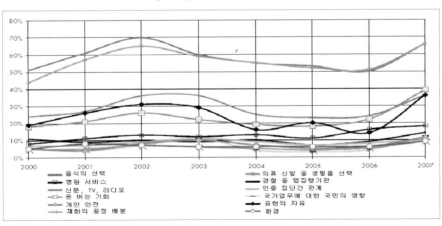

자료: Levada Center 설문조사 (www.levada.ru/press/2007120713.html)

그러나 국민들은 기본적 경제생활 개선에는 어느 정도 만족하고 있지만 병원 서비스, 환경, 재화의 공정 배분 등 경제 제도화에 대한 만족은 별로 개선되고 있지 않음을 볼 때 국민 생활의 질적 개선에는 상당 시간이 필요할 것으로 보인다.

총량 면에서 러시아의 경제 규모 성장은 빠른 속도로 진행될 것이다. 화폐가치를 고려한 구매력평가(PPP) GDP에서 러시아는 2007년 2억 달러를 넘어서며 프랑스를 제치고 이미 세계 7대 경제대국으로 진입하였다. 국제통화기금(IMF) 전망을 기초로 상기 요인들을 고려할 경우 러시아는 빠르면 2013년, 늦어도 2015년까지 경상가격 GDP에서 프랑스와 영국을 추월하며 세계 6대 경제대국으로 나서며, 늦어도 2018년에는 독일을 제치고 5대 경제대국으로 부상할 것으로 보인다.

그러나 세계 5위의 경제대국 지위를 장기간 지속하기는 어려워 보인다. 러시아는 골드만삭스(Goldman Sachs)나 PWC(Price Water House Cooper)가 2050년으로 예상하고 있는 것보다 훨씬 빠른 속도로 세계 경제에서의 자신의 지배력을 상실하기 시작해 브라질, 멕시코에 추월당하며 세계 7위로 내려앉을 것으로 보인다. 2050년 러시아는 −33.5%의 극심한 인구감소를 겪으며 세계 17위의 인구소국으로 전락할 가능성이 있어 내수시장의 급격한 축소가 예상되기 때문이다. 따라서 2020년 이후 지식 및 혁신경제로의 체질전환이 이루어지지 못한다면 러시아가 세계 경제의 슈퍼파워 지위를 확보하고 이를 공고히 유지하기는 어려울 것이다. 지식 및 혁신경제로 체질전환을 위해서는 러시아가 가지고 있는 고질병인 부패와 권위주의 문화 청산이 이루어져야 하며 인구 증대를 위한 획기적인 정책이 전제가 되어야 할 것이다.

4. 러시아의 국제사회에서의 영향력은 증대될 것인가?

러시아군은 '강한 러시아'를 뒷받침하기 위한 노력에 한층이다. 5~10년 후면 러시아는 전통적으로 강한 군사력의 재건 분위기 속에서 C4ISR 능력과 네트워크 중심전(NCW: Network Centric Warfare)의 수행능력 등 첨단화된 전(全) 전장 동시수행 능력권에 들어가 있을 것임에 틀림없다. 러시아는 해·공군력의 회복 수준이나 속도를 볼 때 예상보다 빨리 인도양이나 태평양의 해상수송로들에 대해 일정 수준의 통제권을 가질 가능성이 크다. 그 결과 러시아의 해상 자원 및 영토 분쟁에 대한 접근 방식은 중앙아시아 및 카프카즈 지역에서는 협력 증진으로, 인도양 해역에서는 철저한 기득권의 주장 및 갈등 개입을 통해, 동해 해역에서는 한국, 일본, 미국과의 관계 변화를 주시하면서 가변성을 띠는 양태로 발전할 소지가 많다.

러시아사가 증명해 주듯이 예상치 않았던 소연방 붕괴와 체제전환 휴유증 때문에 야기된 '위기의 10년'을 극복한 러시아는 향후 국제질서에서 강대국의 지위를 유지하면서 범세계적 문제는 물론 유라시아 문제의 해결, 더나아가 국제질서의 발전 과정에 지대한 영향을 미치는 국가로 남을 것이다. 특히 탈냉전기 유일 초강대국으로 군림해 왔던 미국이 2008년도 가을부터 극심한 금융위기로 국제사회에서 영향력 축소가 불가피해짐에 따라서 더욱 그러한 가능성이 증대되었다. 물론 러시아도 미국발 금융위기로 경제침체를 경험할 것이나 풍부한 에너지·자원 및 메드베데프 또는 푸틴의 강력한 리더십 및 산업의 다각화에 기초한 국가발전 전략의 성공에 힘입어 80 – 90년대와 같은 극심한 경제위기를 비껴갈 것으로 전망된다.

최근 그루지야 사태와 칼리닌그라드의 미사일 기지 설치 선언은 국제 사회에서 러시아의 정책 방향과 영향력 행사 강화가 어떤 양상으로 일어날 것인지를 여실히 보여주었다. 러시아는 회복되고 있는 국력을 바탕으로 적극적이며 공세적인 외교정책을 구사하는 과정에서 지구정치에서의 러시아의 영향력이 점차 확장될 수밖에 없을 것이다. 이러한 영향력 확장이 가장 확연히 들어날 지역은 유라시아 지역이 될 것이다. 그간 이 지역은 미국의 공세적 유라시아 전략과 이에 대한 중국과 러시아의 제한적 협력을 통한 전략적 균형화 전략의 대립으로 규정될 수 있는 유라시아 신거대게임의 양상을 보여주어 왔다. 그러나 푸틴 정부 이후 파워 엘리트들의 러시아식 발전 방식 주장이 유라시아 지역에 대한 러시아 정책에 투영되면서 미국, 중국 등 강대국과 긴장감을 조성하고 있고 향후 이러한 경향은 분명히 강화될 것이다. 유라시아에서 강대국으로 지위를 회복하고 또한 지역질서의 결정적 역할을 하는 국가로 회복해 가고 있는 러시아는 유라시아질서의 변동에 대한 영향력의 행사를 통하여 전세계적 수준에서 발언력을 높여 갈 것이며, 유라시아에서의 러시아의 강대국 지위의 회복은 유라시아의 주변부인 동북, 중동, 그리고 중부 유럽 등지에서의 러시아의 영향력과 발언권을 높여가는 기반이 될 것이다. 중국, 러시아, 미국의 이러한 경쟁이 한반도에서도 지속될 수밖에 없다는 점을 감안하면 유라시아에서의 이러한 러시아의 강대국화 양상을 주의 깊게 주목하고 면밀히 분석해야 할 것이다.

2020년까지 러시아는 세계 5위 규모로의 경제발전을 기반으로 정치적 안정을 이룸과 동시에 대외적으로 WTO, OECD 가입 등을 통해 세계 경제에 통합될 것이다. 그러나 여러 지역에서의 대미·대EU·대중 관계의 역동성에 따라 영향력 확대를 지속적으로 시도하게 될 것이고 특히 NATO 확대에 대한 대응은 이들과의 긴장감을 고조시킬 것이다. 한반도의 미래에서 러시아의 이러한 강대국화는 변수가 아닌 모수가 되고 있다.

제1부 | 다원화된 민주사회 러시아

러시아 민주주의의 미래

엄구호(한양대학교 국제학대학원 교수)

1. 서론

옐친 시대의 진통과 혼돈의 민주화 과정을 거친 푸틴 시대의 러시아가 과연 민주주의 국가인지 아니면 권위주의 독재 국가인지 바로 답하기는 어렵고, 양자의 요소가 섞여있는 합성체제(hybrid regime)로 볼 수 있다. 캐로더스(Thomas Carothers)는 이처럼 민주주의도 독재도 아닌 회색지대의 두 가지 신드롬으로 무책임한 다원주의(feckless pluralism)와 지배적 정치(dominant politics)를 지적한다.[1] 남미 국가들에서 보편적인 무책임한 다원주의는 여러 정치집단이 상당한 정치적 자유를 가지고 있고, 정기 선거를 통한 권력 교체가 이루어지고 있어 외견상 민주주의로 보이지만, 주요 정당이나 정치집단의 엘리트들은 부패하고 무능하며, 국가는 민주화에도 불구하

---

[1] Thomas Carothers, "The End of the Transition Paradigm," *Journal of Democracy*, Vol. 13, No. 1, 2002, pp.5 21.

고 여전히 약하고 경제성과가 나빠서 국민들의 정부와 정치에 대한 불만이 심각한 상황을 가리킨다. 지배적 정치는 외견상 민주적 요소를 가지고 있다는 점에서 무능한 다원주의와 매우 유사하지만 본질적으로 다른 점은 국가와 지배정당사이의 선이 불분명하여 무능한 다원주의보다 민주주의가 상당히 훼손되어 있다는 점이다. 지배적 정치에서는 사법부의 독립성도 의심스러우며 선거도 정기적으로 이루어지고는 있지만 그 공정성을 담보할 수 없다. 지배적 정치에서도 국민들은 정치에서 소외되고 정치에 실망하게 되지만 언론이나 시민사회를 통해 그 불만을 표출할 정치참여의 기회가 제한적이어서 투표만이 유일한 정치참여의 통로가 된다.

러시아가 지배적 정치의 이러한 징후들을 보이는 증거는 다 열거하기 어렵다. 2003년 대선에서 승리한 후 푸틴 대통령은 정부의 수평적 책임을 담보하는 의회와 지역엘리트, 기업엘리트, 언론의 영향력은 줄이고, 반면에 정보기관의 힘은 강화하여 그의 권력을 공고히 하기 시작하였다. 크리쉬다놉스카야(Olga Kryshtanovskaya) 등의 연구에 따르면 군과 안보기관 출신들, 즉 실로비키(силовики) 들이 장차관, 주지사, 국회의원, 연방관구 대표 등의 25%나 차지하고 있는 것으로 나타났다.[2] 또한 푸틴 대통령은 국민의 지지를 핑계로 시민사회에 대한 국가권력의 우위를 확대하였다. 2004년 9월 주지사 직접선거를 폐지하였고 북오세티아 공화국 베슬란에서의 체첸 폭도에 의한 인질사태를 계기로 지방정부에 대한 중앙정부의 통제력을 보다 강화하였으며, 2005년초 정부가 현물성 사회복지의 현금화에 대한 데모 이후 NGO에 대한 탄압을 강화하였다. 푸틴 대통령은 나쉬(наши) 같은 민족주의 충성 집단은 방치하면서도, 2006년 초에 NGO 등록 허가에 관한 광범한 재량을 관료들에게 넘겨주고, 반면에 NGO에게는 많은 보고 의무를 부과하는 새로운 NGO법을 입안하였다. 야당에 대한 탄압도 강화되어서 2005년에는 잠재적 정치 경쟁자인 호도롭스키(Mikhail Khodorkovsky) 유코스 회장을 조세포탈 및 사기 혐의로 기소하고 유코스의 많은 자산을 국가

---

2) Olga Kryshtanovskaya and Stephen White, "Putin's Militocracy," *Post-Soviet Affairs* Vol. 19, No. 4, 2003, pp.289-306.

소유 기업 로스네프티(Rosneft)사로 넘겼다. 또한 2006년에는 2007년 총선과 2008년 대선 승리를 위해 선거법을 개정하였는데, 개정된 법에 따르면 국회의원들이 정당을 바꾸면 국회의원 자리가 박탈된다. 또한 선거기간 중 다른 정당을 지지하는 것을 금지하고 있는데, 이 조항은 비공식 연합을 형성하는 것을 막음으로써 야당을 약화시켰다. 또한 TV광고에서 비판적 코멘트를 금지하였다. 집권기간 동안 푸틴 대통령이 국민의 지지를 받은 것은 사실이지만 민주주의를 쇠퇴시킨 것은 분명하며 이러한 상황을 쉐브쪼바(Lilia Shevtsova)는 '국민 동의에 기초한 독재(monocracy on the basis of mass consent)'로 요약하였다.[3]

[그림 1] 2008년 11월 3일 반미집회를 위해 나쉬 회원 2만여 명이 우천에도 불구하고 모스크바 미국 대사관 앞에 모여 있다.

(자료: www.nashi.su)

3) Lilia Shevtsova, "Russian Democracy in Eclipse: The Limits of Bureaucratic Authoritarianism," *Journal of Democracy*, Vol. 15, No. 3 (July 2004), pp.67 – 77.

러시아에서 독재에 국민이 동의하게 된 근본적인 원인은 옐친 정부의 무능으로 인한 국정실패 때문이었다. 국제사회에서의 위상 하락, 경제적 곤궁, 만연한 부패, 정경유착형 민영화로 인한 국민들의 상대적 박탈감은 트로츠키가 스탈린을 소비에트의 테르미도르(Thermidor)라고 지칭했듯이[4] 푸틴이라는 러시아의 테르미도르를 요구하게 만들었던 것이다. 체제전환 과정에서 러시아는 국가의 허약성을 노정하였다. 대개의 러시아 국민들에게 민주주의와 자유주의라는 단어는 고통스러운 경제 쇠퇴와 부패한 90년대의 민영화를 상기하게 한다. 비효과적인 시장개혁, 강한 지역주의화, 만연한 마피아, 올리가르히 지배 현상은 러시아의 국가 허약성의 4가지 중요한 징후였고[5], 약한 국가 하에서의 민주화는 국민들의 정치 불만만 제고시키는 결과를 가져왔다. 러시아가 국가 허약성을 보이게 된 중요한 원인은 과거 공산주의 체제를 부정만 하는 것이 개혁이라고 생각하는 개혁파들의 비현실적 인식과 개혁 방식이었고 이 보다 더 중요한 원인은 체제 붕괴 전에 국가가 붕괴하게 되어 국가의 복원이 매우 어려웠다는 것이다. 이런 상황에서는 국가의 복원과 민주화가 동시에 진행되어야함에도 불구하고 옐친의 리더십은 이에 미치지 못하였다.

서방에서도 푸틴 시대의 러시아 민주주의 평가는 대체로 부정적이라고 볼 수 있다. 가장 흔히 언급되는 프리돔 하우스(Freedom House)의 각 국 민주주의 평가는 10개의 정치적 권리 항목과 15개의 시민적 자유 항목으로 이루어지는데, 여기서 정치적 권리는 선거과정, 정치적 다원주의와 참여, 정부의 기능으로 구성되며, 시민적 자유는 표현과 믿음의 자유, 결사와 조직 권리, 법치, 개인 자율과 개인권 등으로 구성된다. 등급은 1점부터 7점까지이며 점수가 낮을수록 높은 수준의 자유를 갖고 있는 것이다. 정치적 권리와 시민적 자유의 점수를 평균하여 1.0~2.5점은 자유로운 국가, 3.0~5.0

---

4) L.D., Trotsky, 1936. *The Revolution Betrayed*, (New York: Pioneer Publishers, 1964), p.85

5) David Ost, "Divergent Post-Communist Pathways: Russia, East Europe, State Weakness, Cultural Assertion," Paper presented at National Convention of American Political Science Association, San Francisco, CA, August 30-September 2, 2001.

[그림 2] 2008년 9월 2일 우수리지역에서 호랑이에게 마취
총을 발사해서 방송요원을 구한 푸틴 대통령의 보도사진. 강한
지도자 이미지를 여실히 보여준다.

(자료: www.smh.com .au/news/world/heroic – putin – save... .)

점은 부분적으로 자유로운 국가, 5.5~7.0점은 자유롭지 않은 국가로 분류
된다. [표 1] 프리돔 하우스의 러시아 민주주의 평가를 보면 1991년 이후
시간이 갈수록 점차 부정적이며 특히 푸틴 2기는 이전의 부분적 자유국가
에서 비자유국가로 평가를 낮추었다.

[표 1] 1991~2008의 Freedom House의 러시아 민주주의 평가

1991–92			1992–1998			1998–1999			1999–2000			2000–2004			2005–2008		
PR	CL	지위	PR	CL	지위	PR	CL	지위	PR	CL	지위	PR	CL	지위	PR	CL	지위
3	3	PF	3	4	PF	4	4	PF	4	5	PF	5	5	PF	6	5	NF

주) PR은 정치적 권리(Political Rights), CL은 시민적 자유(Civil Liberties)를 가리킴.
지위에서 PF는 부분적 자유국가(partly free), NF는 비자유국가(non free)를 말함.

이러한 부정적 평가를 받게 된 원인은 29개 체제전환국을 대상으로 조사하는 체제전환국 민주 평가(Nations in Transition: 이하 NIT)를 통해 볼 수 있다. NIT의 조사항목은 선거과정, 시민사회, 언론 독립성, 국가수준의 민주적 거버넌스, 지방수준의 민주적 거버넌스, 사법 틀과 독립, 부패 등 7개이다. 조사 항목 별 점수는 1점부터 7점까지이고 점수가 낮을수록 민주적임을 의미하는 것이다. 민주주의 점수는 7개 항목을 평균한 점수이며 1~2점은 공고화된 민주주의, 3점은 반공고화된 민주주의, 4점은 전환기 정부또는 합성체제, 5점은 반공고화된 권위주의 체제, 6~7점은 공고화된 권위주의 체제를 의미한다. [표 2]에서 보면 옐친 2기인 1997년과 1998년은 반공고화된 민주주의로 평가 받았고 푸틴 1기는 합성체제, 푸틴 2기는 반공고화된 권위주의로 평가 받아 러시아가 불완전한 민주주의에서 점차 권위주의로 가고 있다. 이런 평가를 받게 된 원인은 선거과정과 언론의 독립성이 시간이 감에 따라 권위주의 체제 성격을 보이게 된 것과 시민사회 평가가 매우 부정적으로 바뀐 때문이다.

[표 2] 1997~ 2008년의 Freedom House의 체제전환국 평가에서 러시아 민주주의 평가

	97	98	99	01	02	03	04	05	06	07	08
선거과정	3.50	3.50	4.00	4.25	4.50	4.75	5.50	6.00	6.25	6.50	6.75
시민사회	3.75	4.00	3.75	4.00	4.00	4.25	4.50	4.75	5.00	5.25	5.50
독립 언론	3.75	4.25	4.75	5.25	5.50	5.50	5.75	6.00	6.00	6.25	6.25
국가 민주 거버넌스	n/a	n/a	n/a	n/a	n/a	n/a	n/a	5.75	6.00	6.00	6.25
지방 민주 거버넌스	n/a	n/a	n/a	n/a	n/a	n/a	n/a	5.75	5.75	5.75	5.75
사법 틀과 독립	n/a	n/a	4.25	4.50	4.75	4.50	4.75	5.25	5.25	5.25	5.25
부패	n/a	n/a	6.25	6.25	6.00	5.75	5.75	5.75	6.00	6.00	6.00
민주주의 점수	3.67	3.92	4.58	4.88	5.00	4.96	5.25	5.61	5.75	5.86	5.96

이런 러시아의 민주주의의 불완전성을 설명하는 많은 용어들이 있다. 선거 민주주의(electoral democracy)[6], 부분 민주주의(partial democracy)[7], 관리

민주주의(Управляемая демократия)[8] 등의 용어들의 공통점은 형식적으로 이루어지는 다당제와 선거 경쟁 같은 민주적 정치제도가 권위주의 지배의 현실을 감추는 역할을 하고 있다는 것이다.[9] 우리가 주목해야할 중요한 점은 레비츠키(Steven Levitsky)와 웨이(Lucian A. Way)가 지적하듯이 불완전 민주주의가 이미 현실에서 비민주적 체제로 안정화되었을 때는 이러한 체제를 불완전 또는 전환적 형태의 민주주의로 다루는 것이 적절치 않다는 것이다.[10] 러시아는 안정적 비민주주의의 전형적 예가 될 수 있다.

서구의 기준에서만 러시아 민주주의를 평가하는 것은 옳지 않을 수 있다. 러시아는 러시아의 상황에 맞는 러시아식 민주주의가 가능하다는 주장이 있을 수 있기 때문이다. 옐친 시대의 경험에서 보듯이 약한 국가하의 민주화는 많은 부작용이 있을 수 있으며, 중국의 예에서 보듯이 민주화에 앞서 강력한 국가 주도의 경제발전이 보다 현실적인 국가 발전 대안이라는 것도 매우 설득력이 있다. 러시아식 민주주의에 대한 서구의 비판에 대한 대응으로 푸틴 행정부가 주창하는 주권 민주주의(Суверенная демократия)는 이런 맥락에서 이해될 수 있다. 주권 민주주의의 개념의 기원은 2005년 4월 푸틴 대통령의 러시아 국가두마에서의 국정연설로 보아야 한다.[11] 이 연설에서 푸틴 대통령은 러시아는 역사적·지정학적 특징에 기초하여 자신만

---

6) Michael McFaul, *Russia's Unfinished Revolution*, (Cornell UP, 2001); Thomas Remington, *The Russian Parliament: Institutional Evolution in a Transitional Regime,1989 - - 1999*, (New Haven CT: Yale University Press, 2001); Valerie Bunce, "Rethinking Recent Democratization: Lessons from the Postcommunist Experience," *World Politics*, Vol. 55, No. 2, January 2003, pp.167 - 192가 대표적.

7) Neil Robinson, "The Politics of Russia's Partial Democracy," *Political Studies Review*, Vol. 1, 2003, pp.149 - 166; Daniel Treisman, "Russia Renewed?" *Foreign Affairs*, Vol. 81, No. 6, pp.58 - 72가 대표적.

8) Timothy Colton and Michael McFaul, Popular Choice and Managed Democracy, The Brookings Institution, 2003; Peter Rutland, "Russian Politics: Routine Maintenance for Managed Democracy," *Eurasia Daily Monitor*, Vol. I, Issue 24 (June 24, 2004)가 대표적.

9) L. Diamond, "Thinking about hybrid regimes," *Journal of Democracy*, Vol. 13, No. 2, 2002, pp.21 - 35.

10) S. Levitsky and L. Way, "The rise of competitive authoritarianism," *Journal of Democracy*, Vol. 13, No. 2, 2002, pp.51 - 65.

11) Vitali Ivanov, "Why Does Putin Need the Sovereign Democracy Discussion?," Izvestia, 11 October 2006.

의 민주주의 경로를 선택할 권리를 갖는다고 역설하였다.[12] 주권민주주의의 이념적 기반 제공은 수르코프(Vladislav Surkov) 대통령 제1 행정부실장이라고 알려져 있다.[13] 그가 주장하는 주권 민주주의의 기본적인 요점은 러시아의 주권이 다양한 외부세력의 위협 하에 있기 때문에 외부의 압력으로부터 격리되면서 또한 국익에 부합하는 정치시스템이 러시아에 필요하다는 것이다.[14] 또한 이런 시스템이 실제로 작동하기 위해서는 두 가지 원칙이 필요한데 첫째는 주권 민주주의는 위로부터 지휘 받고 사회 내 너무 많은 갈등은 용인하지 않는다는 것이며,[15] 둘째는 러시아의 후진적 정치문화를 고려하여 새로운 정치계급을 확립하고 공동의 가치체계를 확립함에 있어 국가가 지도적 역할 맡아야 한다는 것이다. 그리고 이 두 가지 원칙은 대통령의 지속적인 권력 장악과 친푸틴 정당인 통합 러시아당에 기초해야 한다고 주장한다.[16] 수르코프의 생각은 잘 보아야 조합주의적 사고이고 나쁘게 보면

---

12) "Putin Focuses on Domestic Policy in State-of-Nation Address to Russian Parliament," in BBCWM, 25 April 2005.

13) 주권민주주의라는 용어가 주목받기 시작한 것은 2005년 7월 수르코프 대통령 행정실장이 러시아 기업인협회에서 연설한 이후라고 한다. Nezavisimaya Gazeta, 13 July 2005 참조.

14) 수르코프는 러시아 정부가 Finno-Ugric 소수민족을 억압 한다고 비난한 EU의회연합(Parliamentary Assembly of the Council of Europe: PACE)의 결정을 러시아 정부를 약화시키기 위해 만들어진 사전 계획된 조치로 비난하였고 러시아를 자유롭지 못한 국가로 규정한 Freedom House에 대해서도 비판하였다. Thomas Ambrosio, "Redefining Democracy in Russia: How the Kremiln Uses Wordplay to Counter External Criticism" Presented at the International Studies Association 2008 Annual Conference, San Francisco 참조.

15) Thomas Ambrosio, "Redefining Democracy in Russia: How the Kremiln Uses Wordplay to Counter External Criticism" Presented at the International Studies Association 2008 Annual Conference, San Francisco.

16) 메드베데프 대통령은 주권 민주주의를 지지하지 않는다는 견해도 있다. 2006년 7월에 TV에 출연해서 그는 비전통적 민주주의가 논의 중이라는 인상을 주기 때문에 주권 민주주의라는 용어를 좋아하지 않는다고 언급한 바가 있다.("Pundits Discuss 'Sovereign Democracy' in Light of Putin Successor's Interview," in BBCWM, 24 July 2006.) 즉각적으로 주권민주주의 원칙이 통합당의 정강이 되어야 하는지 여부의 논쟁이 일어났고,(Yvegenia Zubchenko, "Discussion or Division," Novye Izvestia, 25 July 2006, 2, reproduced in What the Papers Say, Part A, 25 July 2006.) 2006년 9월 통합당이 발표하게 된 정치 프로그램에 빠졌다.(Francesca Mereu, "United Russia Pans 'Surkov Democracy'," Moscow Times, 26 July 2006) 그리고 푸틴 대통령도 주권 민주주의 개념을 강하게 비판한 후에는 이 개념이 거의 사멸한 것으로 보였다.(Mikhail Fishman, "President Putin Confuses Western Political Analysts," Kommersant, 11 September 2006, 1.) 그럼에도 불구하고 2006년 10월 달에 주권민주주의는 통합 러시아당의 정치프로그램에 공식적으로 포함되었고 2007년 12월 총선에서도 차별화 쟁점으로 촉진된 정강에 주요강령으로 추가되었다.(Sergey Varshavchik, "United Russia to Build 'Sovereign Democracy'," Nezavisimaya Gazeta, 3 October 2006, 3.) 그러나 주권민주주의에 대한 논쟁은 끝나지 않았다. 2007년 1월에 메드베데프는 다보스 세계경제포럼 연설에

비자유주의적 민주주의이다. 이 글의 논점은 러시아의 국가 발전 대안을 모색하는 것이 아니고 러시아식 민주주의에 대한 부정적 견해를 피력하려는 것은 더더욱 아니다. 허약한 국가하의 민주화는 성공하기 어렵고 이런 맥락에서 러시아의 국가 회복 요구는 민주주의 발전의 속도를 더디게 하는 중요한 제약요인이라는 점과 국가의 회복이 수직적인 권위 회복에만 의존해서는 진정한 의미의 민주주의를 발전시키기 어렵고 수평적 책임도 담보하는 제도화된 국가의 회복이 필요하다는 점을 부각하고자 하는 것이다.

민주주의는 대중 참여의 대표 제도와 현대적 국가 제도의 합성물이다. 따라서 안정적이고 확립된 민주주의 확립은 이 두 가지 분리된 과정이 어떻게 긍정적으로 상호작용하느냐에 달려있다. 푸틴 대통령이 러시아의 국가 권력을 공고화하려고 노력하는 것은 분명하다. 그러나 집권화된 국가가 정부 정책을 집행할 수 있는 효과적 관료제와 수평적 책임 담보 메커니즘을 갖고 있지 못한 경우에는 국가는 여전히 약하고 자의적이고 비효과적일 수 있다는 점을 생각하면 러시아 민주주의 미래에 대해 긍정적 생각을 갖기는 어려울 것이다.[17] 민주주의 국가가 반드시 제도화된 국가 기능을 가진 현대 국가인 것은 아니다. 강한 국가인가 약한 국가인가의 현대적 국가성과 민주주의 체제인가 비민주적 체제인가의 2X2 행렬에서 현대적 국가성과 민주주의 체제를 동시에 갖는 것은 4가지 가능성의 하나일 뿐이다.[18] 러시아는 역사적으로 반근대적 국가의 유산을 갖고 있다. 제정 러시아는 근대 국가는 아니었고, 소련의 레닌체제도 스탈린의 전체주의로 발전되었다. 이 전체주의 체제는 시민 사회 제도를 파괴하고 법치를 손상했다. 브레즈네프 시기 일부 자유화가 있었지만, 이는 근대국가를 도입하기 보다는 당-국가로부터

서 러시아는 20세기 가장 심한 시련 겪은 나라이고 현재 완전한 민주주의의 기본 원칙에 근거한 새로운 제도를 만들고 있다고 연설. 이 민주주의는 새로운 추가적 정의를 필요로 하지 않는다고 연설하였다.("Speech at the World Economic Forum,"
〈www.medvedev2008.ru/english_2007_01_27_.htm〉, accessed 13 March 2008.)

17) S. Mohsin Hashim, "Putin's Etatization project and limits to democratic reforms in Russia," *Communist and Post-Communist Studies*, Vol. 38, 2005, pp.25-48.

18) S. E. Finer, *The History of Government*, (Oxford: Oxford University Press, 1997), vol. 3, pp.1261ff.

의 정부에 대한 압력을 완화하는 것이었을 뿐, 정부는 여전히 유권자보다는 당에 책임을 졌다. 1993년에 자유선거가 도입되었을 때조차 행정부의 개념이 명확히 정립되지 못하였다.[19]

　지난 20년 동안 구소련 국가들에 대한 제3물결 민주화 분석은 국내 엘리트 협상과 결정의 중심성을 너무 강조하였다. 민주주의 완성과 공고화는 중요한 구조적 요소들에 의존한다. 국가 허약성은 가장 큰 제약이 된다. 행위자/과정에 초점을 두는 이행론만으로는 러시아에서 민주주의가 어떻게 발전될 수 있는가에 관한 유용한 설명을 제공하지 못한다. 이런 맥락에서 이 논문은 러시아 민주주의 성격을 이론적으로 규명하고 미래를 전망하기 위해 러시아의 구조적·문화적 유산과 현대적 국가 기능 회복과 국가 정당성 획득이라는 두 축에서 이론적 평가를 시도한다. 민주화 연구가 의미 있는 민주화가 일어나기 전에 있어야 할 정상적 국가(solid state) 구조의 필요성을 무시한다면 러시아의 현실을 바로 설명하는 이론이 될 수 없을 것이고, 국가성 회복이라는 미명하에 권위주의적 구조로 시민사회의 발전과 다원적 정치문화 생성을 방해한다면 민주주의 정착은 불가능하다는 양자의 미묘한 관계를 이해해야 한다.

2. 러시아 민주주의를 보는 이론적 시각

　헬드(David Held)는 민주화 이론을 슘페터(Joseph Schumpeter)의 경쟁적 엘리트주의와 달(Robert Dahl)의 다원주의 모형(poliarchy)의 두 가지로 유형화하고 있는데[20] 전자는 경쟁성만을 후자는 경쟁성과 참여의 두 차원을 강조한다는 점에서 오도넬의 최소(절차)민주주의와 최대(실질적) 민주주의 분류와 그 맥을 같이 한다. 일반적으로 러시아가 최소 민주주의를 지나 최대

---

19) M. Steven Fish, *Democracy from Scratch: Opposition and Regime in the New Russian Revolution* (Princeton, NJ: Princeton University Press, 1995); White, Richard Rose and Ian McAllister, *How Russia Votes* (Chatham, NJ: Chatham House, 1997) 참조.

20) David Held, *Models of Democracy*, (Cambridge: Polity Press, 1996).

민주주의로 가는 어떤 지점에 위치할 것이라 생각할 수 있을 것이다. 그러나 러시아가 실제로는 민주주의의 최소 요건도 아직 제도도 갖추지 못하고 있다면 대중과 엘리트들이 어느 정도 민주적 가치를 수용하고 있는가 또는 정당 시스템은 어느 정도 제도화 되어 있는가와 같은 민주화의 실질적 기준은 아직 적용되기가 어려울 수 있다. 예를 들어 러시아에서는 달의 민주주의 8개 지표 중에서 네댓 개의 지표만이 실질적 의미에서 고려의 대상이 될 수 있다면 폴리아키의 틀로 러시아를 평가하는 것은 쉽지 않을 것이다. 심지어 가장 기본적인 지표인 자유 공정 선거조차 계보정치(machine politics)와 권력 정당(parties of power)이 만연한 러시아와 같은 상황에서는 그 공정성을 장담할 수가 없다. 이런 상황에서 선거 결과는 지배집단에게 선거 사기뿐만 아니라 행정적 대중동원의 기회가 있느냐에 달려있다. 여기서의 요점은 선거만으로 민주주의가 보장되지 않는다는 그런 진부한 주장이 아니라 선거 결과가 이미 자명하다면 선거가 경쟁성이라는 견지에서 민주주의와 아무런 연결이 없는 상황이라는 것이다. 이런 측면에서 러시아의 선거를 '전환국 선거의 권위주의적 적응'[21]이라고 한 아파니시에프(Mikhail Afanasiev)의 주장은 눈여겨 볼만 하다. 참여의 분석은 더더욱 적절치 않을 것이다. 사회자본이 부족한 상황에서 시민사회는 부재하고 국민은 아직 엘리트 의존적이다. 과거 공산당의 통제를 대신하는 행정적 동원의 상황에서 계보정치하의 선거에 참여하는 것은 선거외의 정치과정에서의 시민 참여 유인을 저해한다. 이런 상황에서 선거에 이기기 위한 선심성 정책과 예산이 난무할 가능성이 매우 큰 것이다. 결국 러시아의 민주주의는 최소 민주주의 요건을 갖추었으나 최대 민주주의로의 발전 또는 민주주의 공고화 진입에 실패했다고 보기 보다는 민주화가 어떤 구조적 요인에 의해 파행의 과정을 겪고 있다고 보는 것이 더 적절할 것이다.

그러면 어떠한 구조적 요인이 러시아의 민주화를 파행시키고 있을까를 추측해보면 전환기적 국가특성, 정치문화, 국가성(stateness)의 결여 등 세 가

---

21) Михаил Афанасиев, Клиетелизм и Росийская Государственность, 2nd ed. (Moscow: Moscow Public Service Foundation, 2000), p.17.

지 변수를 고려해 볼 수 있다. 이는 구소련의 정치 특성에 관한 기존 연구를 3중전환론(triple transition), 문명충돌론, 약한 국가론 등 3개의 학파로 나누어 설명하는 겔만(Vladimir Gelman)의 분류와도 일맥상통한다. 오페(Claus Offe)를 중심 학자로 하는 3중전환론는 구소련의 민주화는 남미나 남유럽의 경험과는 달리 민주화가 국민, 정치, 헌정의 3수준에서 동시적인 민주화가 일어나며, 카리스마적 정치, 시민사회 부재, 제동장치 없는 대통령제 헌법을 특징으로 한다는 것이다.[22] 그러나 이 접근법은 너무 거시적이어서 90년대 동안 적어도 최소 민주주의로 변화한 동구와 별로 진보가 없는 구소련 지역사이의 차이를 설명하지 못하는 단점이 있다. 두 번째 헌팅톤(Samuel Huntington)의 문명충돌론은 구소련 지역을 역사 문화적 맥락에서 조망하여 구사회주의 국가는 과거의 유산 때문에 지속가능한 민주주의를 갖게 될 채택할 가능성 적다는 것이다.[23] 그러나 잘못된 문화 때문에 민주주의를 달성 못한다면 민주주의의 부재 때문에 제대로 된 문화를 가질 기회가 없다는 폐쇄논리에 빠지게 될 것이다. 세 번째의 약한 국가론은 민주화 과정에서 국가성(stateness)의 역할을 강조하는 것으로 솔닉(Steven Solnick)[24] 이나 맥폴(Michael McFaul)[25]이 대표적인 학자이다. 약한 국가는 법치를 할 수 없고 국가능력이 심각하게 손상된다. 신제도주의 시각에서 보면 법치는 공식제도의 지배로 정의될 수 있기 때문에 공식제도가 비공식 지배의 껍데기 역할을 하는 곳에서는 자의적 지배 구조가 나타날 수밖에 없다. 이 논문의 주장은 이 세 가지가 모두 러시아 민주화의 파행을 설명하는데 일리가 있으나 이 중 가장 중요한 것은 국가 정당성을 얻을 수 있는 국가 기능의 회복 없이는 민주화는 불가능하다는 것이다.

---

22) Claus Offe, "Capitalism by Democratic Design? Democratic Theory Facing the Triple Transition in East Central Europe," *Social Research*, Vol 71 : No 3 : Fall 2004 501.

23) Samuel Huntington, *The Clash of Civilization and Rethinking the World Order*, (New York: Simon and Schuster, 1996).

24) Steven Solnick, "Russia's Transition : Is Democracy Delayed Democracy Denied?" *Social Research*, Vol. 66, No. 3, 1999, pp.789 – 824.

25) Michael McFaul, "The Perils of Russia's Protracted Transition," *Journal of Democracy*, Vol. 10, No. 2, 1999, pp.4 – 18.

탈공산주의 민주화 연구의 대부분은 습관적으로 이행론(transitology)이라는 제목으로 불렸고, 이들에게 이행이란 서구와 구공산주의 국가와의 궁극적인 정치 문화적 수렴으로 이해된다. 이 점에서 이행론은 비서구 사회에 대한 고전적 근대화 이론의 교리를 재생산한다. 탈공산주의 민주화를 상대적으로 경로의존 접근이나 신고전사회학에서처럼 독특한 현상으로 생각하는 비판적 접근들조차도 규범적 처방과 실증적 설명을 혼합하는 경향이 있고 케네디(Michael Kennedy)가 말하는 것처럼 소위 '전환 문화의 틀(framework of transitional culture)' 내에서 움직이는 경향이 있다.

이행론은 구조적 연구방법이나 전제조건론에 기초하여 민주화를 설명하는 기존의 거시적 분석시각을 비판하고, 행위자들의 전략적 선택들 간의 상호작용 과정과 결과로 민주화 이행을 설명하는 이론이다. 이러한 분석시각은 이른바 '제3의 물결'로 불리는 민주화 경험들, 민주주의의 공고화, 민주주의와 경제개혁의 상관성 등의 문제를 분석하는 틀로서 널리 이용되어 왔다.[26]

이행론의 초기 연구는 행위/과정적 접근을 강조하여, 권위주의로부터의 해방과 선거나 입법 같은 민주절차의 확립에 초점을 두었다. 루스토우(Dankwart A. Rustow)는 체제 변화에서 민주적 경로의 선택은 오래 지속된 정치 갈등의 교착과 함께 국가 정체성과 범주에 관한 합의(pact)에 의존한다고 하였다.[27] 이행론자들은 구조적 접근을 비판하였지만 루스토우가 제시한 성공적 이행의 구체적 선결조건은 엘리트들은 국가통치를 위한 새로운 규칙을 정교화하기 위해 국가의 경계에 대한 공동의 이해를 가져야 한다는 엘리트 합의의 한 가지 만을 제시하였다.[28] 이후의 연구들에서의 초점은 엘리트들이 민주적 규칙을 확립하는데 필요한 조건에서 엘리트들이 이러한 규칙에 대한 합의에 도달할 수 있는 조건으로 전환되었다. 오도넬(Guillermo O'Donnell)과 슈미터(Phillippe C. Schmitter)는 민주주의는 통일과 합의보다

26) 임경훈, "비교민주화 이행론과 러시아 탈공산주의 이행," 「국제정치논총」, 제43집 3호, 2003, p.478.
27) Dankwart A. Rustow, "Transitions to Democracy: Toward a Dynamic Model," *Comparative Politics*, Vol. 2, No. 3, 1970, pp.357-363.
28) Ibid.

는 교착과 의견불일치에 의해 만들어진다는 루스토우의 생각을 받아들여 '합의에 의한 이행(pacted transitions)'에 초점을 두었다. 여기서 합의에 의한 이행이라 함은 권위주의 체제와 민주적 반대세력사이의 협상에 의한 타협을 의미한다.[29] 쉐보르스키(Adam Przeworski)는 한 걸음 나아가 체제 내 긴장과 반대의 모형을 제시하였다. 그는 민주 전환의 가장 큰 역설은 권위주의로부터의 해방이 새로운 민주 규칙 하에서 이후에 권력을 경쟁할 집단들 사이의 협력을 필요로 하는 것이라 하였다. 따라서 그는 전환의 타협을 민주주의가 지속을 위해 극복되어야 할 제도적 장애로 보았다.[30] 이런 맥락에서 중요한 점은 초기에 민주주의를 가능하게 한 동일한 조건이 공고화 단계에서는 부정적 장애 요인이 될 수 있다는 것이다. 민주주의 공고화 이론에서는 선거와 의회가 정기적으로 열리느냐가 문제가 아니라 모든 주요 행위자들이 권력을 획득하는 데 민주적 방식 외의 방법은 존재하지 않는다고 생각하며, 어떤 제도나 집단도 민주적으로 선출된 정책결정자들에 대해 거부권을 주장하지 않는 수준에 이른 것이라는 것이다.[31] 따라서 모든 국민들(특히 엘리트)이 정치체제로서 민주주의 이외의 대안은 없다고 인식하며 민주주의가 정치의 유일한 게임방식이 된 상태를 의미한다.

민주주의 공고화에 관한 후속 연구는 확립되고 있는 민주적 규칙(이행)과 이러한 규칙들이 광범한 정당성을 갖는 것(공고화)사이에 발생하는 복잡한 관계에 관한 것으로 확장되었다. 슈미터가 말하듯이 성공적 이행을 용이하게 한 초기조건이 공고화 시기에는 제약요인으로 판명될 수 있다.[32] 또한 타협은 민주적 제도의 발전을 느리게 할 수 있으며,[33] 시민권을 수호하기

---

29) Guillermo O'Donnell and Phillippe C. Schmitter, *Transitions from Authoritarian Rule: Tentative Conclusions about Uncertain Democracies* (Baltimore, MD: Johns Hopkins University Press, 1986), p.38.

30) Adam Przeworski, *Democracy and the Market* (Cambridge: Cambridge University Press, 1991).

31) Juan J. Linz and Alfred C. Stepan, *Problems of Democratic Transition and Consolidation: Southern Europe, South America, and Post-Communist Europe* (Baltimore, MD: Johns Hopkins University Press, 1996).

32) Philippe C., Schmitter and Terry Lynn Karl, "The Conceptual Travels of Transitologists and Consolidologists: How Far to the East Should they Attempt to Go?" *Slavic Review*, Vol. 53, No. 1, 1994, pp.174-185.

위해 만들어진 헌법재판소 같은 소수자 보호기관과 민주제도에 대한 소수 집단의 배려가 오히려 민주적 입법의 국민적 승인을 저해할 수 있다.[34] 또한 새로운 체제하에서의 선거가 약한 국가를 더 약하게 할 수 있다.[35] 공고화 이론을 러시아에 적용하는 것은 문제가 있어 보인다. 지난 10년 동안 러시아의 이행 궤도는 민주적 공고화의 지도를 따라 가고 있는 것 같지는 않다.

러시아의 민주화는 기존 연구의 가정들에 대한 검토를 필요로 하게 하였다. 러시아는 놀랄만한 엘리트 안정성을 유지하면서도 선례 없는 붕괴 수준이 나타났다. 이는 구체제의 급속한 붕괴는 제도 혁신을 가져오는 새로운 여지(tabula rasa)를 만들 수 있고 엘리트간 교착은 민주주의 출현을 용이하게 한다는 기존연구의 가정에 의심을 갖게 하였다.

소비에트 시스템의 붕괴는 전례 없는 일이었다. 구소련 국가들에서는 체제 전환 과정과 승계국가에서의 국가건설 과제가 복잡하게 연결되어 있어 국가성(stateness) 확립은 전환 초기부터 의문시 되었다.[36] 더 복잡한 것은 러시아가 국가성을 약화시킬 수도 있는 원심력적 성격의 연방주의를 제도화한 것이다. 이들 국가는 또한 경제 붕괴라는 도전을 받게 되었지만 러시아에서의 경제 붕괴는 체제 붕괴의 원인이 아니라 권위 관계 체제전반의 붕괴의 선언이었다. 정치·경제 붕괴가 이론적으로 새로운 체제를 위한 제도적 모습 형성에 기회를 주지만 '합의에 의한 전환(pacted transition)'의 가능성에 회의를 준다. 정치적 행위자들이 그들 자신의 이익이나[37] 힘을 지각

33) Guillermo O'Donnell, "Transitions, Continuities, and Paradoxes," in *Issues in Democratic Consolidation: The New South American Democracies in Comparative Perspective*, Mainwaring, Scott, O'Donnell, Guillermo, and Valenzuela, J. Samuel (Notre Dame, IN: University of Notre Dame Press, 1992).

34) Stephen Holmes, "Back to the Drawing Board," *East European Constitutional Review*, 1993, pp.21-25.

35) Juan Linz and Alfred Stepan, "Political Identities and Electoral Sequences: Spain, the Soviet Union and Yugoslavia," *Daedalus*, Vol. 121, No. 2, 1992, pp.123-139.

36) Juan J. Linz and Alfred C. Stepan, *Problems of Democratic Transition and Consolidation: Southern Europe, South America, and Post-Communist Europe* (Baltimore, MD: Johns Hopkins University Press, 1996).

37) Valerie Bunce and Maria Csanadi, "Uncertainty in the Transition: Post-Communism in

하기가 어렵게 되기 때문이다.[38] 그럼에도 불구하고 러시아 체제전환의 놀라운 특징은 제도는 부서졌지만 지배계층은 바뀌지 않았다는 것이다. 러시아에서 엘리트의 안정성은 소비에트 국가의 완전한 소멸에도 불구하고 지속되었고 헌법, 정치, 행정구조의 개편과 일신을 하게 했다. 러시아 헌법은 1993년 무리한 개정이 되었고 정당 시스템은 계속 혼란스러웠고 옐친 대통령 시기 정부는 7번 이상 교체되었다.

엘리트의 교착 상태는 러시아에서는 차선으로서 조차도 민주주의 제도화에 도움이 되지 않은 것 같다. 러시아에서는 교착상태가 민주주의를 결과하는 것이 아니라 엘리트 행위자들의 안정적 집단 사이의 권력의 지속적 분할을 결과하였다. 오도넬(Guillermo O'Donnell)이 간파하였듯이 선거 민주주의의 공식 제도는 정파주의(particularism)와 비민주적 권력관계를 보존하는 비공식 제도와 양립가능하다.[39] 러시아 민주주의의 함정이 바로 여기에 존재하는 것이다. 러시아의 제도 균형은 절차 민주주의의 결과로 나타난 것이 아니라 최고 권력자가 국민과 지방정부의 권력을 약화시켜서 얻어낸 권력 엘리트간의 균형이다.

오도넬이 지적하듯이 선거 경쟁이 제도화되어도 민주제도 안에서 이루어지는 게임은 공식 규칙에 의해 이루어지는 것과는 사뭇 다를 수 있다. 약한 국가 하에서 엘리트 균형이 이루어지면 민주주의가 공고화되기는 어렵다. 옐친 시대의 러시아는 국가 자신이 국가를 효과적으로 만들 자원을 획득하기가 어려운 상황인 고전적인 약한 국가 함정에 빠졌다고 보아야 할 것이다.

Hungary," *East Europe Politics and Society*, Vol. 7, No. 2, 1993, pp.240-275.

38) Michael McFaul, "The Perils of a Protracted Transition," *Journal of Democracy*, Vol. 10, No. 2, 1999, pp.4 18.

39) Guillermo O'Donnell, "Illusions About Consolidation," *Journal of Democracy*, Vol. 7, No. 2, 1006, pp.34-51.

3. 러시아 민주주의의 문화적 토양: 정치문화와 사회자본

하바드 대학의 저명한 러시아 역사학자 파입스(Richard Pipes)교수는 러시아의 정치문화에 관해 언급하면서 "러시아는 보통 사람들의 궁이 아닌 대성당과 같이 구조화된 건물로 늘 돌아갈 것이다."[40]라고 설파하였다. 대다수 러시아인들은 소비에트의 학정의 희생자라는 감정과 동시에 그 지배의 몰락에 의해 메시아 민족으로서 소명이라고 생각한 자존심을 상실했다는 이중적 감정을 가지고 있다. 파입스는 러시아인의 정체성을 규정하면서, 독재(autocracy), 러시아 정교(Orthodoxy), 민족 메시아주의(national messianism)라는 3축을 러시아 정체성의 트로이카로 규정하고 러시아인들이 왜 민주주의와 자유보다는 안정과 안보에 초점을 맞추어 왔는지를 살펴보고 있다. 이런 경향들은 대부분 러시아의 지정학적 상황에서 나온다. 거대한 영토를 가지고 있고 수세기의 몽고 지배의 명에를 떨어내고서야 국민으로서 러시아인이 된 러시아 역사는 국민들로 하여금 가부장적 국가와 강한 리더십을 선호하게 하였다. 짜르가 되었건 공산당이 되었건 국민을 안전하게만 하는 한 독재는 용서를 받았다. 파입스는 이러한 가부장적 유산에 기초하여 러시아 민주주의에 대한 두 가지 부정적 견해를 추론하였는데 첫째, 러시아에서는 강하고 집권화된 지배가 요구되며, 대표 민주주의로서 존재할 수 없으며, 둘째 러시아에서는 국가와 사회를 이론과 실제에서 구별할 수 없다는 것이었다.

러시아 역사를 보면 국가와 사회는 구분되지 않았다. 국민(народ)은 과거 전제정치 하에서 의무만 있고 권리는 없었다. 15세기 러시아 군주제가 출현할 때까지 모스크바 공국 통치자들이 사용한 사모데르제쓰(самодержец)라는 말도 그리스어인 autokrates 즉 독재자의 러시아어 번역이고 16세기 이후 사용된 짜르(царь)도 시저를 어원으로 하는 말이다. 중요한 것은 사모데르제쓰와 짜르가 사용된 이 시기에 러시아가 외국의 지배로부터 자유

---

40) Richard Pipes, *Russian Conservatism and Its Critics: A Study in Political Culture* (New Haven: Yale University Press, 2006).

로운 국가로서 존재하게 되었다는 것이다. 이때부터 독재자는 고수다르(roc
удар)라고 불리었다. 고수다르란 말은 자유롭지 못한 인간 즉 노예에 대한
자유로운 사람의 개인적 권력을 의미하는 것이다. 고수다르라는 말의 의미
와 사용례는 모두 변화되어 왔지만 현대 러시아어로 국가라고 하는 고수다
르스트보(государство)란 말이 고수다르라는 말에 그 어원을 두고 있다는
점에서 보듯이 러시아인들이 생각하는 국가의 의미가 일견 추측되기도 한다.

두 번째 축인 러시아 정교와 관련해서 러시아 기독교는 전통적으로 국가
주의에 예속되어 왔다. 피터 대제이후 러시아 교회는 짜르에게 거의 복종적
관계였다고 볼 수 있다. 피터 대제는 교황을 없애고 자신이 임명한 행정관
이 운영하는 최고 교회 회의(Holy Synod)를 통해 교회를 지배하였다. 로마
노프 왕조가 몰락하자 교회는 다시 교황을 부활하여 티혼(Tikhon)을 교황으
로 내세웠으나 1925년 볼세비키에 의해 암살되었다. 그러나 국가는 여전히
국가의 부서로서 교회라는 인식을 갖고 있었고 1943년 스탈린은 교황제의
재확립을 승인하였다. 그렇지만 이러한 교황의 부활도 2차대전 중 국민들을
결속시키기 위한 수단으로서 교회를 활용하고자 한 것뿐이었다.

러시아 정교 신학은 결과적으로 짜르의 권력을 강화했다. 왜냐하면 러시아
교회는 전통적으로 사람은 인생에서 자신의 몫을 받아들이고 고통을 참아야
한다는 교리를 가짐으로써 결국 권력에 있는 사람의 권위를 인정하라고 가르
쳤기 때문이다. 러시아 정교는 국가와 교회의 조화를 강조한다. 6세기 로마
법(Corpus Iuris Civilis)은 지상의 지배자는 종교생활과 교회 권위를 촉진하고
교회는 지상의 지배자를 위해 기도해야 한다고 정의하는데 현대 러시아 정교
교회는 이를 중요하게 인용한다.[41] 조화의 의미는 맥락에서 찾아져야 한다.
예를 들어 교회의 사회규약(Social Document)은 신자들에게 조국을 사랑하고
조국이 위협을 받는다는 조국을 보호하기 위해 그들의 생명을 아끼지 말라고
요구한다(II.1 - 2). 여기서 조국은 민족 정체성(руссукий)뿐만 아니라 국민

---

[41] Bases of the Social Concept of the Russian Orthodox Church," in Josef Thesing and Rudolf
Uertz, eds., Die Grundlagen der Sozialdoktrin der Russisch - Orthodoxen Kirche (Dankt
Augustin: Konrad Adenauer Stiftung, 2001) (hereinafter "Social Document").

국가 정체성(Росийский)을 포함한다.

국민국가와 교회의 이러한 통합은 매우 중요하다. 왜냐하면 이런 통합이 러시아 트로이카의 세 번째 요소인 국가 메시아주의, 즉 제3 로마론을 구체화했기 때문이다. 제3 로마론은 16세기 동로마제국 멸망이후 몽고지배로부터 벗어난 모스크바공국 때 출현하였다. 수도사 피로페이(Filofei)가 제3 로마론을 아주 잘 표현하고 있는데 "두 로마는 몰락했고 세 번째는 서있고 네 번째는 없을 것이다."(Два Рима подоша, а третий стоит, а четвертом не будет.)[42] 러시아인들은 유일한 정교 제국(царство)으로서 보편적 기독교 이념의 소유자가 되어야 하고 만약에 이런 제국이 성립가능하다면 러시아 정교와 러시아성(Russianess)은 전통적으로 조화롭게 동일시 된다.

솔제니친은 1605년 고도우노프(Boris Godounov)의 몰락으로부터 1613년 로마노프 왕조 취임 때까지를 첫 번째 고난의 시기로, 그리고 로마노프 왕조 몰락에 뒤이은 2차 혁명과 내란까지가 두 번째 고난의 시기로, 체제전환기의 현재의 러시아를 세 번째 고난의 시기(Смутное время)로 정의한다.[43] 정치범 수용소인 굴락[44]의 희생자인 솔제니친이 공산당 하에서 존재했던 질서의 해체를 슬퍼한 것처럼 보이는 것은 역사의 아이러니로 보일 수 있지만 서구의 방탕성과 상업주의가 판치는 것을 개탄하며, 소보르노스티(соборность)로 알려진 러시아의 종교적 마음가짐을 그리워한 것이다. 소보르노스티는 쉽게 번역되기 어려운 러시아적 용어로서 권위와 자유의 적절한 균형에 근거해서 전체의 선이 결정되는 공동체 중심의 협의적 의사결정을 말한다.[45]

---

42) Pipes. op. cit., p.39.

43) Александр Солженицйн. Двести лет вместе(1795 – 1995). (М.: Русский путь, 2001).

44) 굴락(러시아어: ГУЛАГ, gulag)은 소련에서 노동 수용소를 담당하던 정부기관이다. 이는 Главное Управление Исправительно‐Трудовых Лагерей и колоний)약자로 한국어로 번역하면 "국가 보안국 교정 노동 수용소의 주 관리 기관"이다. 원래는 기관의 이름이었지만 점점 강제 노동의 대명사로 쓰이게 되었다.(위키 백과 참조)

45) Sergei Hackel, "Sobornost," Dictionary of the Ecumenical Movement (Geneva: World Council of Churches, 1991), pp.924‐926.

푸틴 대통령이 국민적 지지를 얻게 된 원인을 고유가에 의한 경제 회복이라 치부하고 혼란했던 옐친 시기에 비겨서 어떤 지도자도 러시아 국민의 눈에 긍정적으로 보일 수 있었겠다고 주장할 수 있겠지만, 그가 지난 8년 이상 지속적 인기를 얻은 데에는 그 나름의 정치 문화적 배경이 있는 것이다. 정치문화적 맥락에서 보면 푸틴의 강한 이미지가 독재자를 바라는 러시아인들의 문화에 맞았던 것 같다. 이런 이미지 형성에는 KGB의 상징 조작도 도움을 주었을 것이다. 이런 맥락에서 샤펜버그(Karl C. Schaffenburg)가 푸틴의 이미지를 '문화적 체면술(cultural magnetism)'과 '독재의 아우라(aura of autocracy)'의 결합체로 묘사한 것은 매우 타당해 보인다.[46] 정치문화적 맥락에서 또 한 가지 주목해야 할 점은 푸틴 대통령은 강한 지도자라는 이미지 형성과 함께 국가 메시아주의를 결합해 나가고 있다는 것이다. 2007년 부활절 전야에 푸틴 대통령은 모스크바 600년을 기념하여 복원한 구원자 성당(Cathedral of Christ the Savior)에서 러시아 정교가 러시아 역사에서 국가의 확립과 공고화에 특별한 역할을 했음을 강조했으며,[47] 40일후 예수 승천일에 또 다시 구원자 성당에서 푸틴 대통령은 교황과 참석하여 러시아 정교의 국내 교회와 망명 교회의 통일을 언급하면서 통일된 교회의 복원은 러시아 정교 믿음에 기초한 러시아 세계의 통일을 위한 중요한 기반을 제공한다고 연설한 것은 푸틴 대통령이 국가 메시아주의를 국가 통합의 수단으로 보고 있음을 보여주는 좋은 예가 될 것이다.[48]

전술했듯이 솔제니친은 러시아 정체성이 서구에 의해 침탈될 것을 두려워했고 러시아 정교도 2000년 사회규약에서 서구 자유주의를 대중 세속화로 경계하였다. 솔제니친과 러시아 교회 모두 타자에 반대하는 러시아인들의 전통적인 자기인식(self-identification)을 반영한다. 타자를 경계하는 이러한 부정적 인식은 러시아의 향후 국가 정책에 당연히 영향을 줄 것이다. 어쩌면 러시아는 상당기간 탈근대 "글로벌 공동체"를 무시할 지도 모른다.

---

46) Karl C. Schaffenburg, "Russkiy and Rossiiskiy: Russian National Identity After Putin," *Orbis*, (fall 2007), pp.725-737.

47) Novostii, 8 April 2007.

48) Novostii, 17 May 2007.

[그림 3] 2007년 부활절에 구원자 성당에서 열린 부활절 전야제에 참석한 푸틴 대통령

자료: www.kommersant.com

러시아가 민주주의를 공고화하는데 가장 중요한 선결조건은 강한 국가와 법치의 회복임은 분명하다. 그러나 러시아가 법치의 전통을 갖고 있는 것 같지는 않다. 러시아어로 사회를 가리키는 옵쉐스트보(общество)는 그 원래의 의미는 '국가가 아닌 실체'라고 하는데, 이는 옵쉐스트보가 민주주의 국가에서처럼 권력에 대항하는 실체라기보다는 국가 관료제에 의해 관리되는 미미한 실체라는 뜻을 내포하는 것이다. 근대 러시아에서 법치는 부재했거나 악용되었다. 앤더슨(Perry Anderson)이 지적했듯이 자원을 뜻하는 러시아어인 싀로(сыро)를 빗대어 싀로비키가 90년대 러시아를 지배했다면 2000년대에 와서는 힘을 뜻하는 러시아어인 실로(сило)에 빗댄 실로비키가 권력을 통제했다.[49] 옐친 대통령 시절에는 금융자본으로 국가기간 산업을 장악한 올리가르히들이 정경유착을 통해 국가를 장악하였고, 푸틴 대통령

---

49) Perry Anderson, "Russia's Managed Democracy," *London Review of Books*, Vol. 29, No. 2, 25 January 2007.

시절에는 이에 대응하여 군, 정보기관, 경찰 출신의 실로비키들이 국가 권력을 유지한 것이다. 보다 정확히 말하자면 푸틴 대통령은 이 둘을 융해한 권력 기반을 가지고 있는 것이다.

푸틴이 민주주의를 쇠퇴시켰음에도 불구하고 인기가 있는 것은 전통적인 정체성, 즉 독재, 러시아 정교, 국가 메시아주의에 적절한 정부 모형을 복원시켰기 때문일지 모른다. 다원주의와 국가 메시아주의가 어차피 모순적이라면 서구는 영원히 러시아의 위협이 될 수밖에 없고 민주주의 발전 전망은 어두울 수밖에 없다.

우르바노프 백작(Sergei Seminovich Urvanov)은 짜르 체제의 기반이 되는 정당성이 정교회, 독재, 민족성(Nationality)[50]의 3원칙에 기초한다고 제안했었다. 푸틴은 이를 국가주의 이데올로기, 주권 민주주의, 경제 현대화의 3각 원칙[51]으로 대체했다고 볼 수 있다. 중요한 것은 러시아가 경제발전을 강조하지만 국가의 지도 이데올로기는 크레믈린에 의해 해석되어야 하며 둘이 되는 것을 허용하지 않는다는 것이다.

민주주의의 토양과 관련해서 또 살펴보아야 할 요소는 러시아가 과연 시민사회를 성숙시킬 수 있는 사회자본을 가지고 있느냐 여부이다. 민주주의가 제대로 자리 잡기 위해서는 강한 시민사회와 높은 수준의 상호 신뢰가 필요하다고 한다. 러시아는 이 모두가 부족한 것으로 보인다.

러시아의 잠재적 사회자본에 관해 부정적인 견해만 있는 것은 아니고 일부 학자들은 민주주의 확산에 중요한 수단이 될 수 있는 사회적 네트워크가 러시아에는 풍부하다는 주장도 있다. 깁슨(James L. Gibson)은 러시아인들은 과거 소련시절 전체주의에 대응하기 위해 개인간의 폐쇄적 특성이긴 하지만 광범한 사회 네트워크를 발전시켜 왔고 따라서 러시아 문화는 넓고 흡수성이 있고 정치적으로 적절한 문화를 가지고 있다고도 볼 수 있으며,

---

50) 니콜라스 1세(Nicholas I)는 짜르 정당성의 3기둥의 하나로서 Nationality(Narodnost)의 원칙을 거부했다. 그 이유는 민족으로서의 러시아인(russkii)는 국가의 주 국민이었다는 것을 의미했기 때문이었다. 이러한 원칙은 다민족 제국을 통제하는데는 맞지 않았다.

51) "In Search of Russian Democracy: The Summit Approaches," What the Papers Say, Part A, 30 June 2006.

이러한 사회적 네트워크는 러시아 민주주의 확산에 중요한 수단이 될 수 있다고 주장한다.[52] 사회네트워크에 있는 사람들은 주요한 민주 제도와 과정을 더 지지할 가능성이 있기 때문이다. 마쉬(Christopher Marsh)도 러시아의 사회 네트워크가 폐쇄적인 것은 사실이지만 경제발전이 이루어지면서 보다 다변화한 정치적 이익이 출현하게 된다면 시민들의 태도도 보다 적극적으로 변화할 가능성이 있으며, 러시아는 과거 결점 많은 소비에트 경제시스템에서 러시아 인들이 생존하도록 해준 블라트(влат)라는 전통이 레데네바(Alena Ledeneva)의 연구에서 보듯이 인맥사회 형성을 부추긴다는 부정적 측면도 있지만[53] 이러한 비공식 호혜관계 유지가 상호신뢰 없이는 유지될 수 없다는 점을 감안하면 러시아에 수평적 개인간 신뢰와 호혜성의 수준이 매우 심도 있음을 보여주기도 하는 것이라 주장한다.[54] 페트로(Nicolai Petro)도 러시아가 현대 민주주의 발전을 용이하게 할 수 있는 사회 네트워크의 민주적 전통을 가지고 있다고 주장한다.[55]

그러나 러시아의 사회 네트워크는 개인간의 매우 강력하고 폐쇄적인 신뢰와 호혜성을 바탕으로 하기 때문에 과연 이러한 사회 네트워크가 민주주의를 위한 순기능적 사회자본이 될 수 있을 것인가에 대해서는 부정적 견해가 더 많다. 퍼트냄(Robert Putnam)은 신뢰, 규범, 시민참여의 수평적 네트워크 등에 배태되어 있는 사회자본 스톡의 양이 민주주의를 효과적으로 기능화 하는데 중요한 요인임을 강조하였다. 특히 과거 공산주의 국가들은 공산주의가 들어 서기 전에도 시민 전통이 매우 약했으며 그 이후 전체주의 지배 시기에는 그나마 적었던 사회자본을 권력유지에 악용했다고 주장한다.[56] 러시아에 대해서 니콜스(T. Nichols)도 퍼트냄과 의견을 같이하여

52) James L. Gibson, "Social Networks, Civil Society, and the Prospects for Consolidating Russia's Democratic Transition," *American Journal of Political Science*, Vol. 45, No. 1, (Jan. 2001), pp.51 – 68.

53) Alena Ledeneva, *Russia's Economy of Favours: Blat, Networking, and Informal Exchange*, Cambridge: Cambridge University Press, 1998).

54) Christopher Marsh, "Social capital and democracy in Russia," *Communist and Post-Communist Studies*, Vol. 33, 2000, pp.183–199.

55) N. Petro, *The Rebirth of Russian Democracy: An Interpretation of Political Culture*, (Cambridge: Harvard University Press, 1995).

1991년 이전의 이러한 사회자본의 체제적 침식이 러시아 민주주의 공고화 과정에 심각한 악영향을 주고 있다고 주장한다.[57] 러시아에서 성공적 민주화와 경제발전 보다는 비도덕적 가족주의[58](amoral familism), 후견주의(clientelism), 무법, 비효과적 정부, 경제 침체가 일어난 저변에 퍼트냄이 말하는 호혜성의 규범과 시민참여의 네트워크가 없었던 점에 주목할 필요가 있을 것이다. 러시아의 경우 과거 공산주의 유산인 후견인 – 피보호자 관계가 보편화되어 있고 게다가 러시아에 만연한 부패와 마피아는 이탈리아 남부와 매우 유사해서 퍼트냄은 모스크바를 '러시아의 팔레르모(Palermo)'라고 지칭하기도 하였다. 콜튼(T. Colton)도 러시아는 민주주의 공고화에 필요한 독립 언론, 시민참여를 위한 조직의 틀, 적극적 시민 참여 태도의 부재로 인해 러시아 민주주의 미래에 매우 부정적 견해를 피력하였다.[59] 러시아인들은 민주화과정에서 나타난 혼란에 대한 실망으로 적극적 참여보다는 경제적 생존과 사회 안정에 집중하게 된 것이다.

두진쩨프(Vladimir Dudintsev)의 유명한 소설 "빵만으로 살 수 없다(Не хлебом единым)"에서 주인공은 한 몸에 두 사람이 사는 것처럼 묘사된다. 주인공은 공식적으로는 국가가 명령하는 데로 말하고 행동하지만, 친구들 사이나 가정처럼 프라이버시가 지켜지는 공간에서는 그가 원하는 것을 생각하고 행동한다. 이처럼 러시아인들은 국가와의 접촉이 필요하더라도 민주적 채널을 통해 영향을 주려고 생각하지 않는다. 화이트는 이를 '제도적 위선(institutionalized hypocrisy)'[60]이라 명명하였고 퍼트냄은 '공공심의 결여(incivisme)'라고 하였다.

---

56) R. Putnam, *Making Democracy Work: Civic Traditions in Modern Italy,* (Princeton, NJ.: Princeton University Press, 1993), p.183.

57) T. Nichols, "Russian democracy and social capital," *Social Science Information,* Vol. 35, 1996, pp.629–642.

58) Edward Banefield는 1958년 "후진사회의 도덕적 기초"라는 책에서 남부이탈리아의 빈곤을 '비도덕적 가족주의(amoral familism)'에서 찾고 있다. 비도적적 가족주의는 자신과 가족만의 물질적 이익을 단기간에 극대화하려는 정서다.

59) T. Colton, *Moscow: Governing the Socialist Metropolis,* (Cambridge: Belknap Press, 1995), p.744.

60) Stephen White, *Communism and its Collapse* (London and New York: Routledge, 2001).

국가가 제대로 기능을 못하고 있는 상황에서, 국민들이 이처럼 적극적 참여를 회피하면서 1차적 관계 중심의 사회네트워크에 집중하게 되면 로즈(Richard Rose)가 말하는 소위 '모래시계 사회'가 출현하게 된다.[61] 모래시계 사회는 그 기저에 친구, 친척 등 대면집단 사이 신뢰에 의존하는 강한 비공식 네트워크로 구성되어 있는 풍부한 사회생활이 있고, 상부에서도 엘리트들이 권력과 부 그리고 권위를 다투기 때문에 풍부한 정치 사회 생활이 있지만, 모래시계의 좁은 중간 부분처럼 상부와 하부가 고립되어 개인을 국가에 대한 영향에서 고립시키는 사회를 말한다. 만약에 그들이 국가에 대한 영향이 없을 뿐만 아니라 의존하는 제도가 국가 통제로부터 자유롭다면 시민들은 부정적으로 통합되었다고 설명할 수 있고 국민들은 비민주적이고 잠재적으로 억압적인 체제로부터 고립된 것이다.[62]

과거 '소비에트인(Homo Sovieticus)'은 소비에트 체제를 자본주의보다 우월한 체제로 인식하여 자신의 특성을 탈개인화되고 검소하고 쉽게 통치되는 인간형으로 인식하였기 때문에 그 특징은 서구의 '경제인(homo oecomicus)'의 정반대였다. 그러나 현실의 괴리감은 러시아인들 사이에 자학적 자기굴욕감(social-masochist self-humiliation)[63]의 형태가 나타나게 하였으며 소비에트인은 스탈린 시기이후 쇠퇴하였다.

러시아인의 정서와 국민성을 이야기 할 때 학자들은 러시아의 전통적 자족(self-sufficiency)을 말한다. 오랜 기간의 귀족과 부농(кулак)에 의한 소농의 착취는 운명을 인내로 견딘 소농들에게 자신의 운명에는 소극적이어서 개인수준에서에서는 주위 사람들과 매우 가까운 신뢰 관계를 갖지만 국가와 엘리트에 대해서는 불신하는 이중성을 갖게 하였다. 이런 전통 때문에 소비에트 시기에도 공적 영역에서는 정치권력에 대해서는 위선적 복종을 보이고 개인수준에서는 부패한 행동을 하게 되는 공사 구분의 구조를 갖게 된 것이다. 이러한 공적 영역과 사적 영역의 구분 외에 또 하나의 구조화는

61) Richard Rose, "Russia as as Hour-Glass Society: A Constitution without Citizen," mimeo.

62) Tamas Pal, "Social Capital and Civil Society in Postsocialism: The Russian Options," mimeo.

63) Heiko Schrader, "Social Capital and Social Transformation in Russia," *Journal for East European Management Studies*, Vol. 9, No. 4, 2004; pp.391-403..

'우리(나쉬, наши)'와 '우리가 아닌 사람(니 나쉬, не наши)'을 구별하는 것이다. 나쉬와 니 나쉬의 경계는 호혜성과 내부적 도덕성이 적용될 수 있는 경계이다. 이 경우 충성과 결속은 전형적으로 인척, 민족, 지연, 동창에 기초한 조직 패턴을 가진 이러한 네트워크에 제한되고 정치, 경제엘리트도 개인적 네트워크를 통해 충원되는 것이다. 이런 특성은 개인 충성과 기회주의에 기반하고 있기 때문에 시민사회 구조와 사회 내재적 사회자본 출현을 방해할 수밖에 없다.

4. 러시아 민주주의의 미래

러시아 민주주의 미래는 러시아 국내외적으로 초미의 관심이 되고 있다. 서구의 전반적인 견해는 러시아 민주주의 전망에 대해 다소 부정적이어서 푸틴주의의 지속 가능성에 무게를 두고 있으며 최소한 2015년 이전까지는 민주화의 가능성이 낮은 것으로 판단하고 있다. 미국의 전략 및 국제문제연구센터(CSIS)는 2007년에 2017년의 러시아에 대한 전망에 관한 보고서를 발간하였다. 이 보고서에서 헤일(Henry E. Hale)은 미래 러시아의 국내 정치 변화 시나리오에 영향을 미치는 네 가지 변수를 경제 상태, 정치 제도, 리더십의 신념과 능력, 국제환경으로 보고 약화된 푸틴주의(Putinism Lite)의 가능성을 10%, 실로비키의 복귀(Revenge of Chekists[64])를 10%, 불안정 정국(Building Volatility)의 가능성을 15%. 민주화로의 연착륙(Soothing Scenario)의 가능성을 10%로 예측하였다. 영향 변수 중에는 경제성장 지속 여부가 가장 중요하여, 경제성장이 지속된다면 약화된 푸틴주의나 연착륙의 가능성이 커지고 경제가 나빠진다면 실로비키의 복귀나 불안정 정국의 가능성이 커질 것으로 예측하였다.[65] 또한 같은 보고서에서 멘델슨(Sarah E. Mendelson)

---

64) 군, 비밀경찰 출신들을 블라디미르 레닌이 반혁명 및 태업을 막기 위해 설치했던 '비상위원회(체카)'를 '체키스트'라고 부른다.

65) Henry E. Hale, "Thoughts on Domestic Drivers," Alternative Futures for Russia to 2017, Andrew C. Kuchins, (Washinton D.C.: The CSIS Press, 2007), pp.39–47.

은 러시아의 정치 갈등을 자유주의적 국제주의자와 비자유주의적 민족주의자의 대결로 정의하고 90년대 말 이후 비자유주의적 네트워크가 약화된 러시아 국가성의 버팀목 역할을 해왔으며 향후 10년에는 권력 균형 변화에 따라 다음의 세 가지 시나리오 가능성을 예측하였다. 첫 번째는 푸틴의 복귀 가능성(Putin Redux)으로 2009년까지는 75%, 2017년까지는 10%로 예측하였다. 두 번째는 통제받지 않는 실로비키 시나리오(Chekists Unchecked)로서 2009년까지는 5%, 2009년에서 2015년까지는 60%, 2015년 이후는 10%로 예측하였다. 세 번째는 서구로의 전향(Flip Back West)으로 2015년까지는 2%, 2015년 이후는 30%로 예측하였다.[66] 카네기 모스크바 센터(Carnegie Endowment for International Studies)도 2004년에 10년 후인 2014년의 러시아를 전망하는 연구 보고서를 발간하였는데 이 보고서에서 맥폴(Michael McFaul)은 2014년의 러시아는 지금처럼 민주주의와 독재의 중간 어떤 지점에 위치할 가능성이 큰 것으로 예측하였다. 경제가 성장하면 관리형 민주주의는 공고화될 가능성이 크지만 완전한 독재로의 복귀는 러시아의 경제 성장 잠재력과 국제 사회의 지위를 손상시킬 가능성이 크므로 일어날 가능성이 적은 것으로 본다. 또한 러시아는 자원저주 현상에 유의하여야 하며 자원기반 독재체제가 수립된다면 민족주의 이데올로기에 기반하는 실로비키의 권력 장악이 일어나 이 지역의 안정성을 저해할 가능성이 있을 것으로 예측하였다.[67]

러시아 내에서도 민주주의의 미래에 관해서는 비관론자와 현실론자로 나뉘어 있다고 볼 수 있다. 비관론자들은 민주주의와 시장경제의 보편성을 가정하고 민주적 표준을 사용하여 러시아 발전을 평가해 볼 때 민주주의 미래는 없다고 평가하는 것이다. 비관론을 가진 대표적 정치인은 야블린스키(Grigorii Yavlinskii) 야블로코당 당수, 체스 세계 챔피언이고 현재 진보단체

66) Sarah E. Mendelson, "Three Alternative Scenarios," Alternative Futures for Russia to 2017, Andrew C. Kuchins, (Washinton D.C.: The CSIS Press, 2007), pp.48 - 53.

67) Michael McFaul, "Between Democracy and Dictatorship," Russia: The Next Ten Years: A Collection of Essays to Mark Ten Years of Carnegie Moscow Center, Andrew Kuchins and Dmitri Trenin (eds.), (Moscow: Carnegie Endowment for International Studies, 2004), pp.44 - 49.

인 '2008위원회(Committee 2008)' 의장인 카스파로프(Gary Kasparov), 전 유코스 회장 호도롭스키(Mikhail Khodorkovsky) 등이 대표적 인물이다. 언론에서는 다소 진보적 신문인 노바야 가제타(Новая газета), 모스코브스키 노보스티(Московсие новости), 다소 중립적인 신문인 모스코브스키(Московский), 이즈베스티야(Известия) 등이 여기에 속하고 라디오방송국 에코 모스크빅(Эхо Москвы)도 비관적 성향이다. 대표적인 비관적 언론인은 모스코브스키 노보스티 편집장인 키실료프(Evgenii Kisilev)라 할 수 있다.

한편 현실론자들은 러시아는 역사에서 독특한 위치를 갖고 있고 자신의 구체적인 정치·경제적 질서를 갖고 있으므로 서구적 생활방식을 채택할 수도, 할 필요도 없다고 믿는다. 바로 이러한 견해는 유라시아 이데올로기로 상통하며 푸틴 대통령 견해와 일치한다.[68] 조국당(Motherland) 당수인 로고진(Dmitry Rogozin), 유라시아 이데올로기의 주창자 두긴(Alexander Dugin), 푸틴 대외정책의 대표적 지지자인 자툴린(Konstantin Zatulin) 국가 두마 의원, 니코노프(Vyacheslav Nikonov) 폴리티재단 이사장 등이 대표적 인물이다. 언론에서는 대부분의 TV방송국들은 이러한 현실론의 입장이라 볼 수 있고 신문에서는 콤소몰스카야 프라브다(Комсомолская правдва), 아르구멘틔 이 팍틔(Аргументы и факты), 트루드(Труд)가 이러한 입장을 취하고 있다. 학자로는 서구식 민주주의는 러시아에 맞지 않는다고 주장하는 언론인이자 학자인 찌프코(Alexander Tsipko), 2000년 큰 반향을 일으킨 '왜 러시아는 미국이 아닌가?'의 저자 파르신(Dmitry Parshin) 등이 대표적이다.

유명한 사회학자인 크리쉬타노브스카야(Olga Kryshtanovskaia)나 언론인인 칼리니나(Yulia Kalinina)는 크게 보아 현실론이긴 하지만 이러한 현실론과 비관론 모두 수용하면서 보다 학술적 견해를 제시한다. 자유주의자들과 달리 이들은 러시아의 문제는 단기적으로 해결 불가능한 문제이며 국가의 정당성 회복 없이는 러시아가 역사의 악순환에서 벗어나서 정상국가로 갈 수

---

68) Vladimir Shlapentokh, "Two Simplified Pictures of Putin' Russia, Both Wrong," *World Policy Journal* (spring 2005), pp.61 – 72.

없다고 주장한다.[69] 현재 상황에서 러시아 민주주의의 미래는 없지만 푸틴 체제는 어쩔 수 없는 대안으로 지지해야 한다는 것이다. 또한 이들에게 현재의 미국의 우크라이나 정책 등이 현실적으로 러시아가 받아들일 수 없는 것이라는 국제적 현실 인식도 민주주의를 희생하고라도 국가를 강화하지 않을 수 없다는 인식을 강화시키고 있는 것이다. 바로 이점이 러시아 민주주의의 미래를 결정할 매우 중요한 요점이다. 바로 국가정당성의 회복 없이는 민주주의의 미래 자체를 논의하는 것이 무의미할 수 있는 것이다.

국가 정당성은 일반적으로 정치제제에 대한 국민들의 긍정적 정향으로 정의되며[70] 흔히 국가 기관과 제도에 대한 신뢰로 측정된다. 여러 설문조사 결과를 보면 러시아의 국가 정당성은 옐친 시기에 매우 낮았고 그 원인은 불완전한 민주적 공고화였다기보다는 공공질서, 경제 안정, 복지 보장, 사회 불평등 완화와 같은 국민들이 갖고 있는 민생 기대의 미충족이었다. 이런 점이 러시아에서 소비에트에 대한 향수가 나타나고 푸틴의 관리 민주주의에 대해서 국민들이 지지 하는 이유를 설명한다. 이런 상황에서는 콜튼과 맥폴이 주장하듯이[71] 국가 지도자들은 민주주의자처럼 행동하기 보다는 국민들의 민생을 걱정하는 지도자처럼 행동하는 것이 당연할 것이다.

러시아의 중단기적 민주주의 전망은 색채혁명, 합성체제의 현상유지, 강한 독재자 복귀 등 세 가지 시나리오로 정리해 볼 수 있을 것이다.

첫 번째 시나리오인 색채혁명은 일어날 가능성이 매우 적어 보인다. 우선 국민들이 푸틴/메드베데프 체제를 지지하고 민주주의 보다는 경제안정을 더 중요하게 생각하기 때문이다. 러시아 여론조사 기관 사회여론재단(Social Opinion Fund)의 조사 결과를 보면 러시아 민주적이지 않다는 평가는 34% 에 불과하고 러시아에 민주주의가 중요하다고 생각하는 사람이 61%에 불

---

69) Юлия Калинина, "Кто ответт за Сеастопол," Московскийкомсомолец дек, 2, 2004.

70) Cheng Chen and Rudra Sil, "State Legitimacy and the (In)significance of Democracy in Post Communist Russia," Prepared for delivery at the Annual Meeting of the American Political Science Association, Philadelphia, August 28 31, 2003

71) Timothy Colton and Michael McFaul,, "Are Russians Undemocratic?" Post - Soviet Affairs, Vol. 18, No. 2, 2002, pp.91 - 122.

과하다. 심지어 역대 지도자중 가장 민주적인 지도자로 32%가 푸틴을 꼽았고 이는 고르바쵸프 11%, 옐친 9%에 훨씬 앞서있다.

[표 3] 러시아 민주주의 평가 (단위: %)

매우 민주적	21
적절히 민주적	17
그리 민주적은 아님	34
대답하기 어려움	28

[표 4] 민주주의가 러시아에 중요한가?

중요하다	61
중요하지 않다	21
대답하기 어려움	18

자료) Social Opinion Fund, 2005년 3월 26-27일 1500명 조사(표본오차 ±3.6%)

이런 상황에서 단기적으로 민주화에 대한 국민적 요구가 분출될 가능성은 매우 낮아 보인다. 그리고 러시아 사회가 조직화가 안 돼 있고 준비도 안 돼 있는 것도 원인이다. 색채혁명의 근본 요소는 민주적 정치변화를 위한 대중 운동이다. 러시아에서도 대중 민주 봉기의 잠재적 소지는 있다. 현 체제에 불만을 갖고 있고 대중 운동을 조직화 할 수 있는 정치인들이 있기 때문이다. 넴쬬프(Boris Nemtsov), 카스파로프, 야블린스키, 사라토프(Georgiy A. Satarov), 하카마다(Irina M. Khakamada) 등이 여기에 속한다. 또한 현재의 러시아 정치에 환멸을 가진 중간 계층의 군 장교와 정부관료, 지역 정치 지도자와 기업가들도 잠재적 불만세력이라고 볼 수 있다. 최근의 언론 탄압과 체첸사태에 대해서도 비판을 하는 지식인 계층이 있다. 그러나 이러한 불만이 대중 봉기로 이어질 가능성은 적어 보인다. 체제의 억압적 성격이 사법부까지 확대되어 있으며, 폐쇄적이고 통제된 미디어의 선전 선동이 국민들에게 큰 영향을 미치기 때문이다. 또한 전술했듯이 푸틴의 국민적 인기는 안정적인데 반해 '2008위원회' 같은 조직들은 회원과 자원이 부족하고 대중의 지지도 얻고 있지 못하다. 또한 우리가 주목해야 할 것은 국민들의 정치적 무관심이다. 불완전 민주주의 국가에서는 국민들이 시민 의무의 의식적 거부로 정의되는[72] 바보화(idiotization, 불어로는 incivisme) 현상이 보

---

72) Ghia Nodia, "How Different Are Postcommunist Transitions?" *Journal of Democracy*, Vol. 7, 1996, pp.15-29.

편적이다. 강압적 정치참여의 경험을 가진 러시아 국민 개인의 입장에서 보면 비반응적 정부에 대해서는 무관심이 합리적인 반응이기 때문이다. 이상을 종합해 보면 단기적으로 색채혁명의 가능성은 적다고 보아야 할 것이다.

두 번째 시나리오 합성체제의 현상유지는 푸틴이 원하는 결과일 것이다. 현상유지라 함은 푸틴이 메드베데프와 현재의 관계를 유지하면서 권력 공존을 유지하는 것이다. 권력 공존의 경우는 세 가지로 나누어 볼 수 있을 것이다. 첫 번째는 메드베데프 대통령이 연성의 입장을 유지하면서 푸틴을 모방하는 것이다. 모든 방식에서 현상을 유지하려 노력하면서 국가주도의 민주주의를 지속하는 것이다. 두 번째는 메드베데프 대통령이 강한 지도자 이미지 부각을 위해 칠레의 피노체트와 같이 경제는 국가자본주의의 접근을 따르면서 야당에게는 관용을 보이지 않는 강한 지도자 상을 갖는 것이다. 세 번째는 현상유지를 하면서도 푸틴과는 차별화되는 민주적 지도자 상을 정립하는 것이다. 이 세 가지 모두 현재로서는 불확실하지만 푸틴주의의 지속 가능성은 매우 큰 것으로 보인다. 선거는 열리지만 큰 의미는 없을 것이고, 인사와 정책에 관한 실질적 결정은 계속적으로 불투명한 과정을 통해서 이루어질 것이다. 메드베데프 대통령은 2008년 11월 5일 그의 첫 국정연설을 통해 대통령과 국회의원의 임기 연장의 필요성을 강조했고 러시아 국가두마(하원)는 바로 11월 14일 1차 독회에서 대통령 임기를 현행 4년에서 6년으로, 두마 의원의 임기를 현행 4년에서 5년으로 연장하는 안을 찬성 388, 반대 58의 압도적 찬성으로 통과시켰다. 2차 독회에서는 대통령의 임기를 심지어 7년으로 나올 가능성도 점쳐지고 있다. 이러한 임기 연장 주장이 과연 전임자인 푸틴 총리에게 조기에 다시 권좌를 넘기려는 것인지 여부는 분명하지는 않지만 대통령 임기가 연장되면 선거 횟수가 줄어들고 집권세력에 대한 위험도 그만큼 줄어드는 것이라고 볼 때 푸틴과 메드베데프가 어떠한 형태든 현상유지적 공조강화를 바라고 있는 것은 분명해 보인다.

세 번째 강한 독재자 복귀 시나리오는 러시아 민주주의에는 가장 불행한 시나리오이지만 일어날 가능성이 적지 않다는데 문제가 있다. 강한 독재자의 복귀에는 푸틴 자신의 복귀와 또 다른 푸틴의 집권 가능성이 다 해당될 수 있지만 전자의 가능성이 클 것이다. 푸틴의 복귀도 두 가지 경우로 나누어 볼 수 있다. 첫 번째는 메드베데프의 무능을 이유로 푸틴이 메드베데프의 임기 종료 전에 복귀하는 것이고 두 번째는 메드베데프의 임기 후에 정기 선거를 통해 복귀하는 것이다. 어느 경우가 될 것인가는 러시아의 국내외의 정치 경제적 상황에 달려 있다. 심각한 경제적, 안보적, 사회적 위기가 발생한다면 푸틴의 복귀는 빨라질 수밖에 없을 것이다. 현재로는 메드베데프 대통령의 임기 완료 후에 푸틴이 정기 선거를 통해 복귀할 가능성이 더 크다. 왜냐하면 총리가 국정 책임의 상당한 부분을 맡고 있고 정부가 대통령과 의회에 동시에 책임을 지는 러시아의 이원집정부제적 헌법 하에서 총리의 국정통제가 가능하며 정부를 통제하는 의회의 경우도 푸틴 대통령이 압도적 다수당인 통합 러시아당의 총재를 맡고 있기 때문에 헌법 하에서 국정의 장악이 가능하기 때문이다. 푸틴의 복귀는 실로비키 중심의 권력 체제와 반서구적 강한 러시아 정책의 지속을 의미하기 때문에 민주주의 발전 전망은 매우 어두워질 것이다.

러시아 민주주의의 장기적 전망은 매우 어렵다. 소비에트 제도적 유산과 연관된 구조적 요인들과 비우호적 국제 환경으로 인해 러시아가 단기적으로 자유 민주주의로의 발전할 가능성은 거의 없지만, 이러한 체제가 장기적으로 지속될 지 여부는 미지수이기 때문이다. 푸틴 체제가 경제 성공과 국가 자존심의 회복으로 인기를 얻었지만 새로운 사회적·지정학적 위기에 직면하여서도 그 인기를 유지할 수 있는 정치적 정당성의 이념적 원칙이 결여되어 있기 때문이다. 또한 현재의 반서구적 정서의 증대에도 불구하고 세계화의 거친 파도 속에서 유럽연합과 미국은 러시아 발전의 중요한 제도적 모형이기도 하다. 그리고 러시아의 고학력 국민들이 일정 시점에 가면 서구와의 제도적 차이에 점차 당황할 것이기 때문이다. 다만 이러한 시점은 에너지 등의 높은 국제 가격의 부침에 따라 가변적이다.

러시아의 민주주의 전망과 관련해서 가장 주목해야 할 변수는 경제성장의 지속 가능성 여부이다. 러시아 경제가 전반적으로 성장세를 유지한다면 독재로의 복귀 가능성은 낮아지나 경제 성장의 성격에 따라 민주화가 되느냐 아니면 푸틴주의가 지속되느냐가 결정될 것이다. 현재와 같이 자원기반 경제성장을 지속한다면 정권 유지를 위한 지대가 증가할 것이기 때문에 민주화의 가능성은 낮아 보이나 산업다각화에 기반한 경제성장이 가능하다면 경제성장에 따른 민주화 가능성은 증대할 것이다.

자원저주에 관한 문헌들은 석유 지대(oil rent)가 권위주의 경향을 강화하고 정치 변화의 장애물을 만든다고 주장한다.[73] 러시아의 복잡하고 혼란스러웠던 체제전환 시기가 자원의존성이라는 단지 한 요인의 필연적 결과였다고 주장하는 것은 너무 결정론적이기는 하지만 푸틴 시기 고유가로 인한 자원렌트의 증가가 권력 강화의 자원으로 활용되었을 개연성은 충분히 있어 보인다.

그러나 러시아의 산업구조나 에너지 생산 구조는 전형적인 자원기반경제와는 다르므로 러시아의 민주화와 자원의존성의 관계는 조금 다른 시각에서 볼 필요가 있을 것이며,[74] 푸틴의 국가주의 정책이 옐친 시기의 국가의 허약성과 올리가르히의 무도성을 시정하는 효과가 있었음은 인정해야 한다.[75] 따라서 러시아에는 거시적 차원에서 자원 부(resource wealth)가 권위

---

73) Michael L. Ross, "Does Oil Hinder Democracy?" *World Politics*, Vol. 53, No. 3 (2001), pp.325 – 361; Michael L. Ross, "Does Resource Wealth Lead to Authoritarian Rule?: Explaining the "Midas Touch paper presented at the World Bank Research Group workshop on the Economics of Political Violence," Princeton University, March 18 – 19, 2000; Michael L. Ross, "The Political Economy of the Resource Curse," *World Politics*, Vol. 51 (1999), pp.297 – 322; and Leonard Wantchenkon, "Why Do Resource Dependent Countries Have Authoritarian Governments?" mimeo, Yale University, 1999.

74) 로스(Michael L. Ross)는 석유가 민주주의 발전을 막게 되는 원인으로 지대효과, 억압효과, 근대화 방해효과 등 세가지 효과를 제시하였다. 그러나 피쉬(Stephen Fish)는 로스(Michael Ross)가 제시한 세 가지 효과로 인해 러시아의 민주주의가 퇴행했다는 증거는 찾기 어렵다고 주장한다. 그 근거로서 GDP 대비 러시아의 국가지출 비중은 국제기준에서 낮기 때문에 러시아가 사회 불만족을 돈으로 해결하는 지대국가(rentier state)국가의 증거는 없다는 점을 제시한다. 군사비 지출이 평균수준 이상이기는 하지만 그는 이 요인이 특별히 결정적이라는 것을 발견하지 못했다. 또한 러시아는 이미 근대 사회였고 그래서 자원저주가 근대화를 방해했다고 보기는 어렵다고 주장한다. 피쉬는 이러한 전통적 요인보다는 자원의존이 부패와 경제적 자유에 부정적 영향을 미쳐 간접적으로 민주주의 발전을 방해한다고 주장한다. 루트랜드(Peter Rutland)도 석유 부가 러시아 민주주의에 치명적이라는 전통적 지식에 도전하는 몇 가지 명제를 제시하였다. 첫째, 석유와 금속 올리가르히들은 실라비키에 대한 평형추로서 역할을 할 수도 있다. 둘째, 석유와 가스 개발과 수출 판매는 러시아의 국제사회로의 정치·경제적 통합에 기여한다. 셋째, 러시아의 국가능력은 푸틴이후 크게 개선되었고 2004년 안정화 기금 창설은 네덜란드 병도 관리될 수 있다는 희망을 준다. 넷째, 국내 경제에서 에너지 교차 보조금의 지속은 일정 수준의 공공 책임성을 러시아 국가에 부과하였다.

75) 따라서 러시아 민주주의 설명에 자원저주 이론을 적용하기 위해서는 다음의 러시아의 세 가지 특성을

주의 강화에 영향을 미친다는 전통적인 설명보다는 중범위적 차원에서 자원 부가 거버넌스와 정책의 질에 부정적 영향을 미칠 수 있다는 점을 주목해야 한다. 자원 풍부국에서 자원에 대한 통제경쟁은 정치 갈등의 중심축이 된다. 이런 갈등이 잘 해결될 수 있느냐의 여부는 기존의 제도 환경에 달려 있다. 북해 유전 발견이전에 민주적 거버넌스와 법치가 정립되었던 노르웨이에서는 민주적 틀 내에서 그 자원을 관리할 수 있었지만, 재산권이 불안정하고 법치가 약하고 전체적으로 정치 시스템이 불안정했던 러시아에서는 법질서가 자원통제 경쟁을 제지할 수 없었고 초법적 또는 정치적 수단에 호소할 수밖에 없었다.[76] 심지어 자원부문 기업들이 민영화가 시작되기도 전에 지대를 획득하고 국가소유 기업에 대한 사실상의 통제를 보장하려는 경쟁이 있었다. 민영화 이후 갈등의 초점은 소유권에 대한 갈등으로 전환되어 이전가격과 징수 모두 국가와 기타 이해관계자의 희생을 대가로 지대를 전유하기 위해 내부자에 의해 계속 이용되었다. 취약한 제도 하에서 자원 통제 경쟁으로 인한 정치 갈등은 행위자들에 지대추구 행위를 고무하지만 문제의 근원은 자산의 성격이 아니라 제도의 취약성이다. 제도적 취약성의 맥락에서 자원 부가 러시아 민주주의 발전에 부정적 영향을 미치는 경로는 자원지대가 권위주의 체제 유지의 자원으로 활용되는 것과 자원 부가 부패를 조장하는 것이다.

정치지도자들은 재선을 위해 자원 지대를 권력유지에 이용할 유인을 갖

감안해야 한다고 본다. 첫째, 옐친 시기의 러시아는 올리가르히들이 권력을 장악하고 있어서 자원저주 현상을 야기한다는 국가지배는 석유산업에서 찾기 어려워 보였다. 오히려 푸틴의 국가주의는 이런 점을 시정하는 의미가 있을 수 있다. 둘째, 러시아의 석유산업은 다른 자원국가와는 다르게 민영화 과정을 통해 다원화된 구조를 갖게 되었지만, 러시아는 석유뿐만 아니라 천연가스와 기타 자원도 갖고 있다는 점에 유의해야 한다. 이런 상황에서 만약에 가즈프롬과 통합전력공사(ЕЭС России)마저 올리가르히가 장악하게 되었더라면 러시아의 민주화는 더 후퇴했을 가능성이 있다. 셋째, 일반적으로 자원 저주 주장은 자원발견과 이용 전에 전통적 부문으로 다양화되어 있었던 경제에 적용되지만 러시아의 경우에 자원의 존성으로 전환은 고도로 집권화된 정치경제 붕괴의 파동에서 왔다는 점을 주목한다. 러시아의 1990년대 민영화과정을 통해 출현한 올리가르히 집단은 국민들에게 이들은 부패한 구체제의 유산으로 보였으며 푸틴대통령은 이들에게 대항하는 러시아의 국익의 강력한 옹호자의 이미지를 국민에게 주었다는 점도 간과하기는 어렵다.

76) Robert T. Deacon and Bernardo Mueller, "Political Economy and Natural Resource Use," Departmental Working Paper 0104, Department of Economics, University of California, Santa Barbara, January 2004.

게 마련이다.[77] 러시아에서도 이런 현상이 나타난다. 사회저항의 달래기뿐만 아니라 조세감면과 공공부문 임금 인상과 연금 인상을 통한 체제 유지에 석유 횡재를 사용하였다. 애셔(William Ascher)는 천연자원 지대가 거버넌스에 부정적 영향을 미치는 원인은 국가가 인기 없거나 심지어 불법적인 목적을 달성하기 위해 지대의 사용을 통해 조작할 수 있기 때문이라고 주장한다.[78]

　러시아는 민주주의를 위한 문화적 토대와 사회자본이 부족한 국가이다. 이런 토양에서 단시간 내에 서구형의 자유민주주의가 러시아에 도래할 것으로 기대하기는 어렵다. 따라서 러시아의 민주화의 과정은 오랜 시간을 필요로 하는 힘든 과정이 될 것이다. 우리가 이러한 지리한 과정에서 주목해야 할 점은 이러한 과정이 민주주의로의 진화과정인지 아니면 러시아식의 불완전한 민주주의로의 영속화 과정인지이다. 이러한 갈래길에서 가장 영향력을 미칠 변수는 러시아가 자원기반 경제에서 벗어나서 다각화된 산업기반을 가진 경제대국으로 발전할 가능성일 것이다. 바로 이 점에서 최소한 2017년까지의 러시아 민주주의 전망은 그리 밝지는 않다.

---

77) 로빈슨 등은 후견(patronage)의 자원으로서 지대의 이용을 강조한다. 특정 계층 보호나 보조금으로 지대가 사용되게 되면 현상유지에 기득권을 가진 사회계층을 발생시키는데, 남미 경험 연구들은 보조금과 보호의 수혜자들은 개혁 저항의 주요 집단이 된다고 주장한다. James A. Robinson, Ragnar Torvik, and Thierry Verdier, "Political Foundations of the Resource Curse," *CEPR Discussion Paper No. 3422*, Centre for Economic Policy Research, London, UK, June 2002.

78) William Ascher, Why Governments Waste Resources: The Political Economy of Natural Resource Policy Failures in Developing Countries, (Baltimore, MD: Johns Hopkins University Press, 2000).

임경훈, "비교민주화 이행론과 러시아 탈공산주의 이행," 「국제정치논총」, 제43집 3호, 2003, p.478.

Афанасиев, Михаил, *Клиетелизм и Росийская Государственность*, 2nd ed. (Moscow: Moscow Public Service Foundation, 2000).

Калинина, Юлия "Кто ответт за Сеастопол," Московскийкомсомолец дек. 2, 2004.

Солженицйн, Александр, *Двести лет вместе(1795-1995)*, (М.: Русский путь, 2001).

Ambrosio, Thomas, "Redefining Democracy in Russia: How the Kremiln Uses Wordplay to Counter External Criticism" Presented at the International Studies Association 2008 Annual Conference, San Francisco.

Anderson, Perry, "Russia's Managed Democracy," *London Review of Books*, Vol. 29, No. 2, 25 January 2007.

Carothers, Thomas, "The End of the Transition Paradigm," *Journal of Democracy*, Vol. 13, No. 1, 2002, pp.5-21.

Chen, Cheng and Rudra Sil, "State Legitimacy and the (In)significance of Democracy in Post Communist Russia," Prepared for delivery at the Annual Meeting of the American Political Science Association, Philadelphia, August 28-31, 2003.

Hale, Henry E. "Thoughts on Domestic Drivers," *Alternative Futures for Russia to 2017*, Andrew C. Kuchins, (Washinton D.C.: The CSIS Press, 2007), pp.39-47.

Hashim, S. Mohsin, "Putin's Etatization project and limits to democratic reforms in Russia," *Communist and Post-Communist Studies*, Vol. 38, 2005, pp.25-48.

Kryshtanovskaya, Olga and Stephen White, "Putin's Militocracy," *Post-Soviet Affairs*, Vol. 19, No. 4, 2003, pp.289-306.

Ledeneva, Alena, *Russia's Economy of Favours: Blat, Networking, and Informal Exchange*, Cambridge: Cambridge University Press,1998).

Levitsky, S. and L. Way, "The rise of competitive authoritarianism," *Journal of Democracy*, Vol. 13, No. 2, 2002, pp.51-65.

Linz, Juan J. and Alfred C. Stepan, *Problems of Democratic Transition and*

Consolidation: Southern Europe, South America, and Post Communist Europe (Baltimore, MD: Johns Hopkins University Press, 1996).

McFaul, Michael "Between Democracy and Dictatorship," *Russia: The Next Ten Years: A Collection of Essays to Mark Ten Years of Carnegie Moscow Center*, Andrew Kuchins and Dmitri Trenin (eds.), (Moscow: Carnegie Endowment for International Studies, 2004), pp.44-49.

Mendelson, Sarah E. "Three Alternative Scenarios," *Alternative Futures for Russia to 2017*, Andrew C. Kuchins, (Washinton D.C.: The CSIS Press, 2007), pp.48-53.

O'Donnell, Guillermo and Phillippe C. Schmitter, *Transitions from Authoritarian Rule: Tentative Conclusions about Uncertain Democracies* (Baltimore, MD: Johns Hopkins University Press, 1986).

Ost, David, "Divergent Post-Communist Pathways: Russia, East Europe, State Weakness, Cultural Assertion," Paper presented at National Convention of American Political Science Association, San Francisco, CA, August 30-September 2, 2001.

Pipes, Richard, *Russian Conservatism and Its Critics: A Study in Political Culture* (New Haven: Yale University Press, 2006).

Robinson, James A., Ragnar Torvik, and Thierry Verdier, "Political Foundations of the Resource Curse," CEPR Discussion Paper No. 3422, Centre for Economic Policy Research, London, UK, June 2002.

Robinson, Neil, "The Politics of Russia's Partial Democracy," *Political Studies Review*, Vol. 1, 2003, pp.149-166.

Rustow, Dankwart, "Transitions to Democracy: Toward a Dynamic Model," *Comparative Politics*, Vol. 2, No. 3, 1970, pp.357-363.

Schaffenburg, Karl C. "Russkiy and Rossiiskiy: Russian National Identity After Putin," *Orbis*, (fall 2007), pp.725-737.

Shevtsova, Lilia, "Russian Democracy in Eclipse: The Limits of Bureaucratic Authoritarianism," *Journal of Democracy*, Vol. 15, No. 3 (July 2004), pp.67-77.

Shlapentokh, Vladimir, "Two Simplified Pictures of Putin' Russia, Both Wrong," *World Policy Journal*, (spring 2005), pp.61-72.

Schrader, Heiko "Social Capital and Social Transformation in Russia," *Journal for East European Management Studies*, Vol. 9, No. 4, 2004, pp.391-403.

Solnick, Steven, "Russia's Transition: Is Democracy Delayed Democracy Denied?" *Social Research*, Vol. 66, No. 3, 1999, pp.789-824.

Treisman, Daniel, "Russia Renewed?" *Foreign Affairs*, Vol. 81, No. 6, pp.58-72.

러시아 국가정체성의 재구성과 시민의식의 변화

강윤희(국민대학교 교수)

I. 서론

1991년 소련의 붕괴는, 러시아의 정치·경제 체제의 근간을 뒤집는 체제 전환의 시작을 의미하였을 뿐 아니라, 길고 지루한 러시아 국가정체성 모색의 여정이 시작되었음을 의미했다. 소련 정권의 진한한 노력에도 불구하고, '소비에트인민' 혹은 '소비에트형 인간'이라는 허구적 통합 정체성은 1985년 페레스트로이카 정책으로 유발된 소련 국가의 위기를 봉합하지 못하였고, 소련이라는 제국은 결국 15개의 개별 국가로 분리되었다. 이로 인하여 러시아는 "자신의 역사상 처음으로 제국이 아니라 민족이 되었다."[1] 그러나 러시아를 기다리고 있었던 것은 '러시아인(혹은 민족)은 누구인가'라는 정체성의 문제, 그리고 이와 깊이 연결되어 있는 '러시아국가는 어떤 국가

---

1) James H. Billington, *Russia in Search of Itself* (Washington: Woodrow Wilson Center Press, 2004), p.47.

여야 하는가'라는 국가정체성의 문제였다.

사실 1990년대에 신생국 러시아가 겪은 극심한 혼란은 이 정체성의 위기와 관련되어 있다. 소련의 국가정체성이 부인되는 가운데, 새로운 러시아의 정체성에 대한 합의는 쉽게 이루어지지 않았다. 이것은 정치, 경제, 외교 등의 분야에서 러시아가 나아가야 할 방향성에 대한 극심한 논쟁을 야기했다. 서구식 자유민주주의 모델에 입각한 국가성을 추구하는 대서양주의자들과 러시아 고유의 독자적인 발전모델을 주장하는 유라시아주의자 간의 논쟁이 그 대표적 사례라 할 수 있다. 러시아 국가정체성에 대한 합의 부재는 옐친 대통령 하에서 나타났던 대통령 – 의회 갈등, 중앙 – 지방 갈등, 외교 노선의 급선회, 러시아 내 민족주의의 발현, 소수민족의 분리주의 운동, 사회의 양극화와 분열 등에 근원적 원인을 제공하였다. 이것은 불가피하게 러시아 국력의 약화를 초래하였고 러시아 국민의 자긍심과 자존감에 손상을 입혔다.

결국 "강한 러시아의 재건"을 모토로 2000년 대선에서 러시아의 새로운 리더로 등장한 푸틴(Vladimir Putin) 대통령은 지난 10년간 서구식 민주주의와 시장경제의 혼란 속에서 '잃어버린 정체성'과 '러시아적 가치'를 회복하는 과제를 떠안게 되었다. 기실 러시아 정체성 확립의 문제는, 분열된 러시아 국민을 통합하고 결집시키는데 있어서, 그리고 러시아를 "특별한 국제적인 위치와 지역적인 책임을 수반하는 강대국"으로 부상하도록 만들기 위해서,[2] 무엇보다도 선결되어야 할 과제였다. 그러나 러시아 정체성 확립은 강대국 부상을 위한 일개 수단에 그치는 것이 아니다. 이것은 러시아가 근대적 의미의 국민국가(nation state)로 거듭나는 과정에 필수적으로 동반되는 러시아 민족, 국민, 국가성의 재규정 혹은 재구성을 의미하는 것이다.

본 장에서는 푸틴 대통령 등장 이후 러시아 국가정체성 모색 과정을 살펴보고자 한다. 본 연구에서는 국가정체성 모색의 과정을 일련의 국민국가 형성 과정으로 파악하면서, 2절에서는 국가정체성의 핵심을 이루는 러시아 국가성의 현대적 재구성 과정을 살펴본다. 즉 포스트소비에트 러시아에서

---

2) 신범식, "민주화, 민족주의 그리고 대외정책: 러시아 사례를 중심으로," 『슬라브학보』 제21권 4호 (2006), p.297.

러시아 국가성을 구성하는 어떤 요소들이 수용되고 혹은 배제되는지를 분석할 것이다. 이어 3절에서는 이러한 재구성 과정이 러시아 일반 시민의 주관적 인식에 미친 영향을 여론조사 결과를 활용하여 살펴볼 것이다. 정체성은 객관적 현실에 기반을 두는 것이지만, 동시에 개개인의 인식의 차원에서 만들어지는 것이기 때문에, 러시아인의 인식 패턴을 분석하는 것은 정체성 분석에 필수적이라 할 수 있다. 마지막 절에서는 푸틴 시기에 새롭게 정립된 국가정체성을 기반으로 하여 강대국으로 재부상하고자 하는 러시아의 노력이 포스트 푸틴 시기에도 계속될지 전망해 볼 것이다.

II. 러시아 국가성의 해부와 현대적 재구성

1. 러시아 국가성의 해부

앞서 언급하였듯이, 현대 러시아의 국가정체성 모색의 과정은 국민국가 형성 과정으로 이해될 수 있다. 여기서 국민국가라 함은 공통의 사회·경제·정치 생활을 영위하고, 공통의 언어·문화·전통을 갖는, 역사적으로 형성된 공동체를 기초로 하여 성립된 국가를 의미한다. 민족국가와 거의 같은 뜻으로도 사용되는 국민국가는 위의 정의가 보여주듯이 공통의 언어·문화·역사를 공유하는 공동체, 즉 민족과 관계가 깊다. 그러나 민족과 국민국가와의 관계는 단순하지 않다. 민족을 인류의 발단과 함께 존재한, 자연적이고 역사적이며 객관적인 실체로 파악하는 원초주의(primordialism) 시각에서는 민족의 존재가 국민국가 발전에 선행하며 그 조건이 된다. 그러나 민족을 근대적인 정치·경제·사회·문화적 조건의 성숙에 따라 '구성된' 사회적 산물 혹은 '고안된' 인간 상상력의 생산품으로 보는 근대주의, 혹은 구성주의 시각에서는 민족이 국민국가 형성 과정에서 만들어지는 역사적, 사회적 구성물에 불과하다.[3] 근대주의의 대표적 학자인 겔너(E. Gellner)는

---

3) 김태연, "현대 러시아에서의 이주와 루스끼 민족주의: 구소련 공화국들과의 관계를 중심으로," 『국제정치논총』 제47집 4호 (2007), pp.218-219 참조.

민족주의의 발현을 근대화, 즉 자본주의 경제의 발전, 권력의 중앙집중화, 대중교육의 확산 등의 산물로 간주하며, "인간은 민족이라 불리는 이러한 소속관계를 갖고 있는 만큼, 같은 민족에 속하는 사람들과 동일한 정치단위에 들어가기를 일반적으로 원할 것"이라는 가정은 명백히 잘못된 것이라고 주장한다.[4] 즉 민족의 존재가 국민국가의 형성을 보장하는 것이 아니라는 것이다.

국민국가 형성 과정에 대한 이러한 논의들은 현대 러시아의 국가정체성 모색 과정에 시사하는 바가 크다. 러시아는 역사적으로 언어·문화·역사를 공유하는 공동체로서의 민족의 경계가 국가의 통치 대상으로서의 국민의 경계와 일치하지 않았던 경험을 가지고 있기 때문이다. 즉 러시아 국가의 영토적 공간 안에서 민족으로서의 러시아인과 국민으로서의 러시아인이 늘 일치하는 것은 아니었다는 것이다. 슬라브어를 공통으로 사용하는 공동체로서의 슬라브인이 고대 키예프 루시 건국 이전부터 존재하였지만, 이들이 러시아인으로서의 정체성을 갖기 시작한 것은 14세기 모스크바 공국 시기라 할 수 있다.[5] 그러나 모스크바 공국을 뒤이은 로마노프 왕조의 러시아제국은 유라시아 공간에서 계속적으로 세력을 확장해 나감으로써 슬라브계, 투르크계, 몽골계 민족과 북방 토착원주민 등을 아우르는 거대제국이 되었다.[6] 따라서 러시아제국의 주민을 의미하는 로시야닌(россиянин)은 러시아민족을 포함하기는 하나 러시아민족보다 훨씬 큰 공동체를 지칭하는 용어였다. 러시아 민족주의의 단초라 할 수 있는 것이 19세기 니콜라이 1세(Nicholas I) 치하에서 나타났지만, 이것은 관제 민족주의의 성격을 띤 것이었다.[7] 한편 초기의 영토적 손실을 만회하고 제정러시아 당시의 영토를 거

4) 어네스트 겔너, "근대화와 민족주의," 백낙청 엮음. 『민족주의란 무엇인가』 (서울: 창작과비평사, 1981), pp.127 – 165 참조. 인용은 p.131임.

5) 권세은, "러시아 연방 타타르 민족의 국가성 모색 및 쟁점." 『슬라브학보』 제22권 4호 (2007), p.161.

6) 러시아는 16세기 중반에 카잔한국과 아스크라한한국을 정복하였고, 16세기 말에는 시베리아, 17세기에는 우크라이나 지역, 18세기에는 발트 해 연안으로 진출하였다. 18 – 19세기에 걸쳐서 러시아제국은 중앙아시아와 남 카프카스 지역을 병합함으로써 방대한 영토를 확보하였다. 권세은(2007), p.161.

7) 니콜라이 1세는 모스크바 공국의 이반 4세 이후 국가이데올로기를 공식화한 첫 번째 지도자이다. 그의 교육부 장관 우바로프는 정교성(Orthodoxy), 전제성(Autocracy), 인민성(Nationality)을 인민교육의 기본 요소로 제시하였고 이것이 러시아제국을 지탱하는 3개 원칙이 되었다. 역사학자 호스킹(G. Hosking)은

의 회복한 소련에서도 러시아민족은 국민의 단위가 아니었다. 러시아민족은 전체 소련인의 약 절반가량에 해당하였고, 최소한 표면적으로는 러시아 민족주의가 부정되었다.

포스트소비에트 러시아에 와서도 상황은 크게 바뀌지 않았다. 구소련의 상당한 영토를 상실하였음에도 불구하고, 현대 러시아는 여전히 방대한 영토를 지닌 큰 국가이다. 이 영토에는 러시아민족 구성원 뿐 아니라 다수의 타 민족 구성원이 포함하고 있어, 이들에게, 그들의 민족 정체성과는 별도로, 러시아 국민으로서의 정체성을 부여해야 했다. 더욱이 러시아 주변의 CIS 국가에는 상당한 수의 러시아민족이 거주하고 있어 러시아 민족의 거주 영역이 러시아 국가의 영토 경계를 넘어서게 되었다. 이것은 복잡한 정체성의 정치를 낳았다. 현대 러시아에서 '루스끼 민족주의'가 불거지고 있는 것은 바로 이러한 맥락에서이다.[8]

이처럼 민족과 국가의 경계를 둘러싼 정체성의 문제는 러시아에서 특별히 복잡한 양상을 띤다. 이런 의미에서 민족주의를 근대적 구성물로 간주하는 구성주의자의 견해를 수용하면서도 다른 한편 문제를 제기하는 역사학자 랴자노프스키(N. Riasanovsky)의 목소리에 귀를 기울일 필요가 있다. 랴자노프스키는 근대적 민족주의와 민족주의 이전의 과거("prenationalist" past)와의 관계에 주목하면서, "민족주의는 백지장 위에 몰려오는 것이 아니라, 과거를 가진 한 사회에서 발현되는 것"이라고 강조한다.[9] 즉 과거의 역사적 사실이 현재의 정체성을 규정하는데 중요한 요소가 될 수 있다는 것이다. 그는 일례로 988년의 비잔틴 정교의 수용이 그 어떤 역사적 사건보다 현대 러시아의 정체성을 규정하는데 중요한 영향을 미쳤다고 역설하였고,[10] 선사시대로부터 소비에트 러시아에 이르기까지 러시아 전 역사에 걸

앞의 두 요소가 명백히 러시아 정체성을 반영하는 것인 반면, 마지막 요소는 프랑스 혁명 이후 유럽에서 퍼진 민족주의 요소에 대한 경의 표시에 불과하였다고 평하였다. Geoffrey Hosking, *Russia and the Russians: A History* (Cambridge, MA: The Belknap Press of Harvard University Press, 2001), p.267.

8) 보다 자세한 내용은 김태연(2007) 참조.

9) Nicholas V. Riasanovsky, *Russian Identities: A Historical Survey* (Oxford: Oxford University Press, 2005), p.4.

처 계속적으로 변화하는 러시아인 존재의 의미를 탐구하였다.

과거는 현재 세계의 한 부분이라는 랴자노프스키의 지적은 러시아와 같이 풍부한 과거의 기억을 가지고 있는 나라에서 매우 적실성 있게 다가온다. 실제 현재의 러시아 정체성을 재구성 하는 과정에서 과거는 계속적으로 살아 움직이고 '활용'되고 있기 때문이다.

이것은 단적으로 현대 러시아에서 국가 상징이 재정비되는 과정에서도 드러난다. 국가 상징은 변화된 국가 정체성을 반영하는 것이어야 하기에, 신생국 러시아의 탄생과 더불어 소비에트적 국가 상징을 포스트소비에트적 국가 상징으로 바꾸는 일이 시급하게 요청됐다. 당시 새로운 국가의 정체성에 대한 합의가 쉽게 이루어지지 않았기 때문에 국가 상징 설정은 수많은 논란을 동반하였다. 황동하의 연구가 지적하였듯이, 러시아를 상징하는 문장과 국기, 그리고 국가(國歌)가 무엇이 되어야 하는가는 1991년 이후 줄곧 정치적 논쟁의 대상이 되었다.[11] 논란의 핵심은 새로운 국가 상징이 제정러시아(전제주의/제국주의)나 소비에트(프롤레타리아 독재/국제주의) 시기의 국가 상징 중 어떤 것을 수용하고 어떤 것을 배제하여야 하는가 하는 문제였다. 이것은 신생국 러시아의 정체성이 과거의 역사로부터 완전히 독립하여 존재하는 것이 아니라는 것을 잘 보여준다.

마찬가지로 과거 러시아 국가의 국가성(государственность)은 현대 러시아의 국가성에 영향을 미친다.[12] 김창진의 연구에 따르면, 제정 러시아 시기 전통적으로 통용된 '국가(государство)'라는 용어는 "군주(государь)의 통치 하에 있는 제국, 왕조, 영지, 나라 등의 총칭"으로서 '군주의 통치 권역'을 의미했다고 한다. 이것은 "국가성을 구성하는 역사적 전통을 반영하는 표시"로서 "러시아에서 전통적으로 국가라는 실체 또는 관념은 주권을

---

10) 988년 키예프 루시의 블라디미르 대공은 비잔틴 정교의 세례를 받았다. 랴자노프스키는 이 세례와 더불어 정교성은 러시아 역사와 문화의 핵심 요소가 되었다고 본다. Riasanovsky(2005), pp.4-5.

11) 황동하. "국가 상징과 현대 러시아의 국가정체성." 『러시아연구』 제16권 2호 (2006), p.358.

12) 김창진은 러시아 국가성에 관한 연구에서 "러시아 국가성에 각인된 역사적·사회문화적 특수성을 강조하는 적지 않은 러시아 연구자들의 논저를 발견할 수 있지만 '국가성'에 대한 합의된 학문적 정의가 존재하는 것은 아니다"라고 밝혔다. 김창진, "러시아 국가성의 형성과 그 유산: 비교·역사적 접근." 『국제정치논총』 제43집 2호 (2003), p.390.

보유한 최고통치권자의 권력 행사와 연관되었다"는 것이다. 즉 "거대한 영토에 걸쳐 중앙집권체제를 확립한 이후 러시아에서 속권과 신권을 공히 보유한, 무제한적 권력의 행사자(로서 여겨진) 황제('차르'와 '임페라토르')의 존재야말로 러시아 국가성 그 자체의 구현으로 인식"되었다는 것이다.[13] 이처럼 견제 받지 않는 권력으로서의 전제정의 역사는 후술하는 바와 같이 푸틴 대통령에 의해 '강력한 지도자' 상(image)으로 연결될 것이다.

한편 정교회는 러시아인들의 '민족, 국가의식' 형성에 결정적 요소로서 작용했다. 페트로(N. Petro)는 러시아처럼 종교적 정체성이 민족적, 인종적 정체성에 긴밀하게 연결되어 있는 유럽 국가는 없었다고 언급하였다.[14] 터커(R. Tucker)에 따르면, 러시아 사회는 기실 믿음을 가진 자들의 정치적 공동체였으며, 20세기 초반에 이르기까지 러시아인의 대부분은 자신을 러시아인이라기보다는 정교도라고 인식했다고 한다.[15] 그러나 러시아 국가 - 교회 관계는, "속권과 교권의 조화"를 이루었던 키예프 루시 시기를 제외하고, 교회의 국가에 대한 종속으로 특징지어 진다. 표트르 대제(Peter the Great)에 의해 교회가 자율성을 상실하고 국가에 종속된 이후, 교회는 '차르'라는 신성권력에 정당성 이념을 제공하고 그 권력에 봉사하였다. 소비에트 러시아에서 종교는 부인되고 정교는 탄압받았지만, 공산당 정권은 국가의 필요에 따라 정교를 민족주의 의식 고취를 위해 이용하기도 하였다.[16] 이러한 국가 - 교회 관계의 전통은 푸틴 대통령에 의해 다시금 이용될 것이다.

러시아인민의 기질과 소명에 상응하는 '러시아적 이념(Русская идея)'의 모색과 구현은 러시아 국가성의 또 다른 주요 요소이다. 그러나 구체적으로 '러시아적 이념'이 무엇을 의미하는지에 대해서는 다양한, 때로는 상충되는 견해들이 존재해 왔다. 18세기의 슬라브주의자들에 의하면, 러시아

---

13) 김창진(2003), pp.390 - 391.

14) Nicolai N. Petro, *The Rebirth of Russian Democracy: An Interpretation of Political Culture* (Cambridge: Harvard University Press, 1995), p.60.

15) Robert C. Tucker, *Political Culture and Leadership in Soviet Russia* (New York: W.W. Norton, 1987), pp.116 - 117. Petro(1995), pp.60 - 61에서 재인용.

16) 2차 세계대전 당시 스탈린은 독일에 대항하여 소련 국민을 결집시키기 위해 정교에 대해 유화적인 태도를 취하였다.

의 역사는 다음의 세 가지 특성을 띤다. 첫째, 서구의 모방에 대항하는 자주성(самобытность); 둘째, 러시아정교회를 통해 러시아인은 진정한 동포애를 찾을 수 있다는 믿음; 셋째, 서구적 기준을 러시아에 적용하려는 표트르 대제의 시도에 대한 거부 등이다.[17] 서구와 다른 러시아만의 독특한 역사적 경로를 강조했던 이들은 농민공동체(община)에서 러시아의 역사적, 문화적 뿌리를 찾았다. 그러나 이들이 중요시하였던 나로드(народ)는 근대적 의미의 국민을 지칭하는 것도, 러시아 민족을 지칭하는 것도 아니었다. 오히려 지배 계층에 대립적 의미로서 피통치 계층, 즉 인민을 의미하였다. 따라서 이들은 러시아의 독특성을 강조하였지만, 엄밀한 의미의 민족주의자는 아니었다. 이것은 슬라브주의자들이 서구주의자 뿐 아니라 니콜라이 1세의 관제 국민성 원칙에 대해서도 혐오감을 보였다는 사실에서 확인할 수 있다.[18]

반면 1920년대 소련 망명자들의 운동으로 나타난 유라시아주의[19]는 러시아를 단순히 하나의 국가로 파악하는 것이 아니라 유라시아문화 공간의 지배세력으로 간주한다. 다민족, 다문화주의적 관점을 취하는 이들은 유라시아 공간 안의 모든 민족을 하나의 '제국' 안에 아우르려 하며, 러시아문화를 유라시아 공간의 여러 문화 중의 하나라고 간주한다. 따라서 이들은 서유럽식의 국민국가 개념에 반대하며, 유라시아 공간에 위치하는 세력으로서의 러시아의 특수성을 강조한다.[20] 민족보다는 국가를 중시하는 이들의 견해는 훗날 소련 정권과의 협력을 가능하게 하였다. 소련 자체가 다민족, 다문화 국가였고, 마르스크-레닌주의적 이데올로기에 의해 민족주의를 부정하는 입장을 취하였기 때문이다.

한편 제정러시아나 소련 모두 민족주의에 대해 도구적 입장을 취하였다

---

17) Petro(1995), p.89.

18) Petro(1995), p.90.

19) 보다 자세한 내용은 신범식, "고전적 유라시아주의의 두 측면에 대한 일고찰," 『러시아연구』 제8권 2호 (1998) 참조.

20) 서구주의자에 반대한다는 점에 있어서는 슬라브주의자와 유라시아주의자 간에 공통점이 발견된다. 그러나 국가나 민족 관념에서는 이 둘은 상호 대립적이다.

는 페트로의 지적[21]은 러시아 국가와 민족주의의 관계에 대해 다시 생각해 보게 만든다. 18세기 후반 알렉산드르 3세(Alexander III)는 소수민족에 대해 강력한 러시아화 정책을 씀으로써 관제 민족주의를 낳았다. 그러나 제정러시아에서 민족주의는 국가의 필요와 지배 계층에 봉사하는 것으로서 의미를 가지는 것이었다. 반면 소련은 민족주의를 억압하였기 때문에 국민들의 국가에 대한 충성심을 요구할 때 소련 애국주의(Soviet patriotism)란 용어를 사용했다. 소련 시절 러시아적 이념의 옹호자들은 애국자(patriot)란 용어를 사용했는데, 이것은 공식 이데올로기였던 공산주의적 국제주의, 그리고 서구의 자유주의적 모방, 이 모두로부터 자신들을 차별화하는 말이었다.[22] 그러나 소련 시절에도 러시아인의 정체성 관념은 완전히 사라지지 않았다. 소련 말기 러시아 민족주의 운동이 대두되자 러시아 민족정체성은 공산당 지배를 대신할 대안적 개념으로 떠올랐다.

2. 러시아 국가성의 현대적 재구성

앞서 살펴본 바와 같이, 러시아의 역사는 독특한 러시아 국가성을 낳았다. 이러한 역사적 유산은 현대 러시아의 국가 정체성 구성 과정에 어떠한 영향을 미치고 있는가? 본 절에서는 푸틴 시기에 초점을 맞추어 러시아정부, 국가 통치자, 혹은 특정 정치 세력들이 현대 러시아의 국가성을 정립하는데 과거의 유산을 어떻게 활용하였는지를 살펴보고자 한다.

1) 국가 상징 재정비와 역사 재평가

1990년대에 국가 상징 결정 과정에서 격한 논쟁이 이어졌다는 것은 앞서 언급한 바와 같다. 옐친(Boris Yeltsin) 대통령은 소비에트 시기의 상징을 과감히 거부하고 새로운 국가 상징을 채택하였는데, 그것이 쌍두 독수리 문양(문장), 삼색기(국기), 글린카의 「애국의 노래」의 곡조(國歌)였다. 그러나 국가 상징에 대한 정치적 논란은 계속되었고, 2000년 푸틴 대통령 시기에 와

---

21) Petro(1995), p.89.
22) Petro(1995), p.109.

서야 이 모든 혼란이 종식되었다. 문장과 국기는 그대로 두되, 특히 논란이 많았던 國歌를 글린카(M. Glinka)의 「애국의 노래」 곡조에서 소련의 국가였던 알렉산드로프(A. Alexandrov)의 곡으로 바꾸었다.[23] 따라서 현대 러시아의 국가 상징은 제정 러시아(문장과 국기)와 소비에트(국가) 상징의 혼합물이라 할 수 있다.

여기서 주목할 점은 1990년대에 전면 부정되었던 소비에트의 국가 상징 중 하나가, 즉 소련 國歌가 현대 러시아의 국가 상징으로 부활하였다는 점이다. 이것은 새로이 형성되고 있는 러시아 국가 정체성 속에 소비에트적 유산이 긍정적으로 수용되고 있음을 의미한다. 2000년대에 들어와서 러시아인들은 소련에 대한 기억과 상징, 문화유산, 역사적 사실 등을 부정하지 않게 되었고, 이러한 분위기 속에서 푸틴 대통령은 러시아인들의 손상된 자존심을 회복하기 위해서 '강대국' 소련의 국가를 러시아 국가로 채택한 것이다. 실제 현재의 국가상징은 러시아정부가 "소련 붕괴 뒤 러시아가 겪어온 깊은 좌절과 파멸에 부닥쳐서 러시아의 공동체 의식과 신뢰를 복원하고자 하는 의도를" 반영하고 있다고 한 연구자는 밝혔다.[24]

'소련의 기억'은 국가 상징에서 뿐 아니라 러시아인의 일상 삶 속에서도 재구성되고 있다.[25] 특히 역사적 사실에 대한 재평가가 이루어지게 되었고, 이것이 역사교육에 반영되었다. 그 방향성은 소련 역사의 긍정적인 면을 부각하면서 동시에 세계 최강대국으로서의 소련의 위상에 대해 자부심을 느끼도록 만드는 것이었다. 일례로 스탈린(Joseph Stalin)에 대한 평가는 이제 '대숙청(Great Purge)을 자행한 잔혹한 지도자'에서 '산업화를 통해 강대국

---

23) 곡조만 소비에트 국가의 곡조로 바뀌었을 뿐 가사는 새로이 붙여졌다. 새로운 가사는 러시아 국가에 대한 자부심과 영광을 노래하는 것이었다. "러시아 – 우리들의 나라, 러시아 – 우리들이 속한 나라, 강한 의지, 위대한 영광, 영원할 것이다. (중략) 영광이 있으라. 국가여. 우리는 너를 자랑스러워한다. (중략) 우리들의 땅은 신에 의해 보호된다. 꿈과 삶을 위한 드넓은 공간. 다가오는 미래가 우리들에게 열려 있다. 우리 아버지의 땅에 대한 신념은 우리에게 힘을 준다. 그러했고, 그러하고, 영원히 그러하리라."

24) 황동하(2006), p.379.

25) 보다 자세한 내용은 Галина Зверева, "Русский проект конструирование позитивной национальной идентичности в современном российском государстве и обществе," a paper presented to 2008 IES – ERI International Conference (Kookmin University, 30 May 2008) 참조.

화'를 이룬 지도자로 무게 중심이 옮겨 갔다. 심지어 푸틴 대통령은 스탈린 시기에 자행된 대숙청에 대해 러시아가 죄책감을 느끼도록 세계가 강요하는 것에 대해 반감을 표현하기까지 했다.[26] 이러한 푸틴 대통령의 언급이 주로 미국을 겨냥한 공세의 일부라 할지라도, 러시아인들의 역사 인식이 바뀌어가고 있음은 틀림없다. 그러나 여기서 주의할 점은 러시아인들이 재평가하는 소련은 사회주의 국가로서의 소련이라기보다는 세계 최강대국으로서의 소련이라는 점이다. 이것은 러시아인들이 소련 시기에 대해 '향수'를 가짐에도 불구하고[27] 소련 체제의 복원을 원하는 것은 아니라는 점과 일맥상통한다.

2) 강력한 지도자 이미지 구축과 권력의 중앙집권화

푸틴은 1999년 말 옐친 대통령의 갑작스러운 사임으로 전권을 위임받은 이후 줄곧 강력한 리더십을 발휘하여 '강한 지도자'의 상을 구축하였다. 전

<그림 1> 낚시질하는 푸틴 대통령

출처: www.siberianlight.net/

임 대통령이 '늙고', '병약하며', '무능한' 지도자로 비쳐졌다면, 푸틴은 '젊고', 육체적으로 '건강하며', '능력 있는' 지도자로 그려졌다. 전투기를 직접 몰고 분쟁지역에 나타나거나, 유도나 스키를 즐기는 푸틴의 모습, 그리고 웃통을 벗고 잘 발달된 근육을 드러낸 채 낚시하는 <그림 1>의 사진과 같은 이미지는 모두 한결같이 전투적이고 강인한 근육질의 남성성(masculinity)을 드러낸다. 이러한 남성적 이미지는 푸틴이 강력한 리더십을 구축하는 과정에서 대중에게 어필하는 데 부분적으로 기여했을 것으로 보인다.

---

26) "Putin: Russia 'Shouldn't Feel Guilty' Over Stalin–Era Purge," *Radio Free Europe*, June 22, 2007.

27) 러시아인들의 '향수'는 특히 대중문화 영역에서 두드러지게 나타난다. 그러나 러시아인들은 과거를 다룰 때, 과거를 단순히 기억하거나 애도하는 것이 아니라 향수적 텍스트(nostalgic text)를 다시 쓰는 방식을 사용한다. 자세한 내용은 Adele Marie Barker, "The Culture Factory: Theorizing the Popular in the Old and New Russia," in Adele Marie Barker (ed.), *Consuming Russia: Popular Culture, Sex, and Society since Gorbachev* (Durham: Duke University Press, 1999), p.19 참조.

그러나 다른 한편 푸틴 대통령의 인기는 무엇보다도 그가 러시아의 국가이익을 잘 이해하고 대변하고 있다는 일반적인 믿음에 기인한다. 푸틴 정부가 국가전략 목표로 제시한 "강한 러시아의 재건"이나, "법과 질서의 수호자"로서의 통치자 이미지, "위대한 러시아의 회복" 등은 모두 대중적 열망에 부합하는 것이었고, 푸틴 대통령이 실제 이를 이룰 수 있을 것이라는 믿음이 광범위하게 퍼져있었다. 특히 푸틴 대통령의 인기는 체첸전으로 인해 크게 활력을 받았는데, 이후에도 그가 국제무대에서 미국 중심의 단극 질서나 나토의 동진을 반대하는 목소리를 높였을 때, 그는 국가이익을 잘 대변하는 지도자로 비쳐졌다.

<그림 2> 이코노미스트 표지

"러시아에 쓸데없이 간섭하지 마"라는 표제가 붙은 이코노미스트지의 표지는 국가이익의 대변자로서의 푸틴의 이미지를 반영한다.
출처: http://stylusmagazine.com/pbw/2006/12/

　푸틴 대통령은 '강한 지도자' 이미지를 구축했을 뿐 아니라 실제로도 자신의 권력을 사용하여 국가의 제반 영역을 자신의 통제 하에 두는데 성공했다. 먼저 지방행정 개혁을 통해 중앙의 지방에 대한 통제를 강화하였다. 김성진의 연구에 따르면, 푸틴 행정부의 연방개혁은 하향적 방향과 상향적 방향으로 나누어 볼 수 있는데, 하향적 방향의 개혁의 핵심 내용은 ① 러시아 연방차원에서의 단일구조 형성, ② 지방행정기구에 대한 통제강화, 그리고 ③ 주지사와 연방주체 의회 의장 등의 연방주체 정치엘리트에 대한 통제강화[28] 노력으로, 그리고 상향적 방향의 개혁은 ① 지방의 연방수준에서의 영향력 배제, ② 연방주체 수준 정치과정의 통제 강화로 요약될 수 있다.[29] 푸틴 행정부의 연방개혁의 요체는 연방관계 '안정화' 그리고 집권화를 통한 '강한 중앙정부' 형성이었는데, 이러한 개혁들은 성공적으로 달

---

28) 예컨대 2004년 12월 푸틴 대통령은 주지사 관련 법안에 서명하여 주지사에 대한 임명권을 확보하였고, 주지사 선거는 2005년 1월 마지막 선거 이후 폐지되었다.

29) 구체적인 내용은 김성진. "러시아 중앙-지방관계의 변화와 전망: 푸틴 행정부 제2기 동안의 발전을 중심으로." 『슬라브학보』 제22권 2호 (2007), pp.154-164 참조.

성되었다고 평가된다.

　정치 영역에서도 뚜렷한 변화가 감지된다. 1990년대 러시아 정당체제는 군소정당들이 난립하는 다당제의 모습을 띠었으나,[30] 2000년대 – 특히 푸틴 2기 – 에 들어와, 통합러시아당(Единая Россия)이라는 거대 권력당이 선거와 의회에서 압도적인 우세를 이루었다. 러시아공산당이나 우파 자유주의 세력을 대변하던 야블로코 등이 현저하게 세를 상실하고 실질적인 야당으로 기능하지 못하게 되었을 뿐 아니라, 친정부적 성격을 띠는 위성 정당 (satellite party)이 생겨났다.[31] 이러한 변화에 대해 겔만은 "모든 정당이 사실상 크렘린에 의해 통제되고 러시아정부의 공식적, 비공식적 위계질서 속에 통합되고 있다"고 평하였다.[32] 유진숙도 푸틴 집권 이후에 나타나는 현상, 즉 "권력당의 급속한 성장과 안정화 경향, 정당체계 강화 및 정비를 목적으로 하는 일련의 형식적 제도의 도입, 그리고 선거에서의 정당요인의 강화현상은 특히 러시아정치체계의 전반적인 권위주의화 형상과 맞물리며 나타나고 있다"고 지적하였다.[33]

　경제 영역에서도 국가 우위의 질서가 모색되었다. 소련의 붕괴와 더불어 도입된 자본주의 경제체제는 사회적 행위자의 다원성 창출에 기여하였고, 1990년대에 강력한 비즈니스 올리가르히 그룹의 출현으로 이어졌다. 그러나 러시아의 비즈니스 엘리트들은 국가 권력에 밀접하게 연결되어 있었고, 푸틴 대통령은 이들의 정치적 독립성에 분명한 한계를 그었다. 푸틴 대통령은 러시아의 새로운 자본가들이 국가이익에 봉사하고 자신의 사회경제적 근대화 어젠더에 기여하기를 원했다. 대신 국가는 충성에 대한 보답으로 특혜를 나누어주었다. 결과적으로 정치권력뿐 아니라 경제권력도 푸틴 대통령

---

30) 보다 자세한 내용은 신범식, "러시아 정치세력의 이데올로기적 분포와 가치체계," 홍완석 엮음, 『21세기 러시아 정치와 국가전략』 (서울: 일신사, 2001), pp.57 – 93 참조.

31) Vladimir Gel'man, "The Transformation of Russia's Party System: From Competition to Hierarchy," a paper presented to 2008 IES – ERI International Conference (Kookmin University, 30 May 2008), pp.10 – 12.

32) Gel'man(2008), p.1.

33) 유진숙, "푸틴 집권 2기 러시아 정당체제의 성격: 패권정당모델 적용 가능성의 검토," 『한국정치학회보』 제41집 2호 (2007 여름), p.207.

을 정점으로 수직적으로 분배되었다. 즉 "민주주의뿐 아니라 자본주의도 크렘린에 의해 관리"되었다.[34]

푸틴 대통령은 또한 국가–시민사회 관계의 재정립을 도모하였다. 2001년 11월 크렘린은 "정부와 NGO 간의 대화 창구"를 마련한다는 취지로 시민포럼을 조직하였는데,[35] 이것의 본래의 의도는 러시아에 존재하는 모든 시민사회 조직을 하나의 조합주의적(corporatist) 기구로 통합하여 이들로 하여금 정부와의 공식 자문 역할을 담당하게 하는 것이었다. 이것은 곧 시민사회가 국가의 권위에 종속되고, 최고 행정부 리더십의 프로그램의 한계 안에서 요구사항을 표현해야 한다는 것을 의미했다.[36] 에반스(A. Evans)는 이러한 푸틴의 시민사회관이 의사 시민사회(quasi–civil society), 혹은 모조 시민사회(pseudo–civil society)에 가깝다고 지적하였다.[37] NGO를 국가 통제 하에 두려는 또 다른 시도는 2004년 7월 NGO 단체에 대한 해외 및 국내 지원에 대한 법령의 개정과 2005년 3월 '공공회의소(обшественная палата)'에 관한 법령 제정에서 나타난다. 이 두 법을 통해 정부는 NGO 재정 및 활동에 간섭할 수 있는 기반을 마련하였고, 시민단체 활동가들은 위로부터 아래로 수직적 명령체계를 따라 시민사회를 조직하려는 푸틴의 의도를 비난하였다.[38]

이상에서 살펴본 바와 같이, 푸틴 대통령 집권 기간 동안 러시아에는 행정, 정치, 경제, 사회 영역 전부에 걸쳐 위로부터 아래로 내려오는 수직적이고 위계적인 질서가 확립되었다. 권력은 크렘린으로 집중되었고, 그 최고 정점에는 푸틴 대통령이 존재했다. 여기서 주목할 것은 이러한 권력의 조직

---

34) Peter Rutland, "Business and Civil Society in Russia," in Alfred B. Evans, Jr., Laura A Henry, and Lisa McIntosh Sundstrom, *Russian Civil Society: A Critical Assessment* (Armonk: M.E.Sharpe, 2006), pp.90 – 91.

35) 일부 NGO들이 시민포럼 참석을 거부한 반면, 'GONGOs(Government organized non–governmental organizations)'라고 불리는 정부 주도 비정부기구들이 여기에 참여하였다.

36) 중앙집중화된 체제 안에 통합되기를 거부하는 NGO들에 대해서는 정책형성에 영향을 미칠 수 있는 가능성을 거부하고, 경우에 따라서는 법적 기소 및 NGO 등록 거부와 같은 처벌을 가할 수도 있다.

37) Alfred B. Evans, Jr., "Vladimir Putin's Design for Civil Society," in Evans Jr., Henry and Sundstrom, *Russian Civil Society*, p.149.

38) Evans(2006), pp.150 – 151.

이나 행사 방식이 러시아적 국가성에 매우 부합된다는 사실이다. 신범식은 "러시아에 있어서 권력은 그 체제의 변화와 상관없이, 또한 민주주의적 의식의 존재여부와 무관히 권위주의적인 성격을 띠는" 경향이 있다고 지적한 바 있다. 또한 러시아의 권위주의는 정치발전론이나 제3세계 정치론에서 언급되는 협의의 권위주의가 아니라 "모든 사회 및 국가의 기구가 위에서 아래로 조직되며, 그 기능이 통제되는 원리"로서 보다 광의적인 것이라고 언급했다.[39] 이러한 지적은 푸틴 집권기의 러시아에도 그대로 적실하다.

한편 러시아적 권위주의의 중심에는 군주와도 같은 존재인 최고권력이 존재한다.[40] 신범식에 따르면, 러시아의 최고권력은 사회 위에 군림할 때 더 정당한 성격을 띤다. 즉 "짜르, 서기장, 대통령 그것이 누가 되었던지 러시아에서의 최고 지도자의 역할은 최고 중재자, 합법성과 질서의 수호자로서의 기능을 수행하는 것이며, 그의 권력은 합리적 논의에 따르는 근거나 정당 간의 투쟁에서의 승리에 기초되는 것이 아니라, 어떤 이념적으로 동기지워진 절대적 이상에 대한 추구와 카리스마에 기초되어야 한다."[41] 최고권력에게 요구되는 모든 특성이 푸틴 대통령에게서 나타났다고 해도 과언이 아니다. "법과 질서의 수호자"로서의 그의 이미지, 정치정당으로부터의 초월성, "강한 러시아의 재건"과 같은 절대적 이상 제시, 그리고 강력한 카리스마. 이 모든 것을 갖춘 푸틴 대통령이 러시아에서 그토록 인기가 높았던 것은 결코 우연이 아닌 것이다.

---

39) 신범식, "정치문화 전통으로 본 러시아 과도기 정치문화," 『슬라브연구』 제19권 2호 (2003), p.12.

40) 신범식에 따르면 "러시아의 정치체제는 '군주'라는 지도자가 상속되었던지 선출되었던지 상관없이, 그리고 한시적이던 종신적이던지도 상관없이, 심지어는 그 명칭이 대영주, 짜르, 황제, 그리고 서기장, 심지어 대통령으로 변해 왔어도 항상 실질적인 군주주의적 원칙 위에 수립되었다고 볼 수 있다." 신범식 (2003), p.12.

41) 신범식(2003), p.17.

3) 국가 – 교회 관계의 재수립

공산주의의 붕괴와 더불어 러시아정교회는 "인류역사상 최대의 종교 박해 피해자" 지위에서 중심적, 특권적 지위로 급부상하였다.[42] 신도 수는 러시아인의 3분의 1에 다다를 정도로 증가하였고,[43] 반복적으로 실시된 여론조사에서 정교회는 정부, 군대, 정당보다도 더 신뢰를 받고 있는 것으로 나타났다. 러시아정교회는 옐친 대통령뿐 아니라 푸틴 대통령의 호감을 받고 있으며 거의 모든 정치 정당이나 정치그룹에 의해 지지를 받고 있다. 예컨대 푸틴 대통령은 정교회나 국가의 주요 행사에서 총대주교와 종종 자리를 함께 하였고, 이것이 언론에 보도되곤 했다. 이것은 일반인들이 정교회에 관심을 갖게 만드는 간접적 효과를 가져왔을 것으로 보인다.[44]

[그림 3] 모스크바 구세주그리스도대성당, 2007년 5월 17일

출처: http://02varvara.files.wordpress.com/2008/03/president – putin – with – hierarchs – 1.jpg

현대 러시아에서 국가 – 교회 관계를 유추해 볼 수 있는 것은, 그간 재정비된 일련의 종교관련 법규들이다. 먼저 1997년 통과된 종교보호법에서 정교회는 이슬람, 유대교, 불교와 더불어 러시아의 전통종교로 인정되었다. 이

---

42) Riasanovsky(2005), p.232.

43) 그러나 정교회 신도들 대부분은 정기적으로 예배에 참여하지는 않는다.

44) 푸틴 대통령 개인의 정교회와의 관계는 신동혁, "포스트 소비에트 러시아의 국가 – 교회 관계의 변화와 형성," 『슬라브학보』 제22권 1호 (2007), p.124, 각주 93, 95 참조.

법은 위의 4대 종교에게는 특권적 지위를 보장함으로써 혜택을 부여했는데, 러시아정교회는 그 중에서도 핵심적 위치를 차지한다. 그러나 이것이 곧 보다 평등한 국가-종교 관계를 보장하는 것은 아니었다. 실제 러시아정교회와 국가 간의 관계 설정은 몇 년에 걸친 논란을 동반하였고, 그 윤곽이 확실히 드러난 것은 「러시아연방의 국가종교정책 개념」의 내용이 소개된 2003년에 와서이다.[45] 이 안은 앞선 종교법과 마찬가지로 4대 전통종교의 지배적인 위치와 역할을 인정하면서도, 국가-교회 관계에 있어서 국가의 주도적이며 실질적인 역할을 강조하는 특징을 보였다. 즉 국가의 역할은 종교단체들의 등록과 종교단체들이 자신들의 지침을 잘 지키고 있는지를 '감독'하는 것으로 규정되었다. 또한 이 법은 문화·사회·정치적 영역에서 국가의 적극적인 개입을 명시하고 있어 정교회의 활동 공간은 상대적으로 축소되었다. 또한 국가와 종파 간의 "사회적 파트너" 관계를 수립하여 사회 안정에 기여하고자 하는 의도가 엿보였다. 결국 국가가 종교에 대해 우위에 섰던 러시아적 전통은 현대 러시아에서 다시 재현되고 있는 것이다.

4) 러시아 민족주의

러시아 민족주의(혹은 애국주의)가 소련의 붕괴로 인해 가장 큰 이득을 얻었다고 해도 결코 과언이 아니다. 소련 시절에 억압되었던 러시아 민족주의는 이미 고르바초프(Mikhail Gorbachev)의 페레스트로이카 시절부터 비공식 집단을 형성하면서 세력을 확장하기 시작하였고, 포스트소비에트 러시아에서 이념의 공백 상태를 메우는 하나의 대안으로 떠올랐다. 러시아의 통치자들은, 정도의 차이는 있지만, 민족주의적 요소를 자신의 통치권력 강화와 러시아인의 결집을 위해 이용했다. 랴자노프스키에 따르면, "푸틴 정권은 러시아 민족의 인내력과 그들의 애국주의 혹은 민족주의에 의존하고 있다."[46]

그러나 민족주의자들은 하나의 세력으로 결집되지 못하였다. 민족주의자들은 극우에서 좌에 이르기까지(극좌는 제외) 다양한 정치적 스펙트럼을 포

---

45) 러시아정교회와 국가 간의 관계를 규정하는 법안 채택과 관련된 구체적인 논의는 신동혁(2007) 참조.
46) Riasanovsky(2005), p.233.

괄하였다. 극우 민족주의자들은 다양한 방식으로 '러시아인의 중요성과 힘'
을 강조하는 논의를 펼쳤고, "과거의 위대함은 미래의 위대함을 약속한다"
는 입장을 취하였다.[47] 그러나 극우 민족주의는 정치적으로는 그리 성공적
이지 못하였다. 예외적으로 선전을 하였던 정치인사는 러시아자유민주당
(LDPR)의 지리노프스키(V. Zhirinovsky)인데, 그는 1993년 두마선거에서
23%의 지지를 받기도 했다. 그러나 그의 공격적이고 저속한 민족주의적 언
사는 더 이상 국민의 지지를 끌어내지 못하였다. 1995년 두마선거에서 그
에 대한 지지도는 11%로 떨어졌으며, 그 이후 예전의 세력을 만회하지 못
하고 정치무대의 중심에서 멀어져갔다.

한편 러시아의 정체성에 대한 민족주의자들의 이념도 분열적 양상을 띠
었다. 솔제니친(A. Solzhenitsyn)과 같은 슬라브 민족주의자는 러시아가 슬라
브 민족이 아닌 다른 민족을 통치해서는 안 된다며, 슬라브 민족이 주를 이
루는 4개국, 즉 러시아, 벨로루시, 우크라이나, 카자흐스탄만으로 연합을 이
루어야 한다고 주장하였다.[48] 그의 입장은 친서구적이지도 반서구적이지도
않지만, 명확히 반연방주의적(anti-federalist)이었다. 반면 리하체프(D. Likhachev)
와 같은 민족주의자는 러시아적 이념이나 러시아인의 역사적 사명과 같은
것은 존재하지 않는다고 주장하였다.[49]

한편 유라시아주의는 포스트소비에트 러시아에서 특정 지식인들 사이에
서 러시아의 대안적 정체성의 이념으로 주목을 받았다. 유라시아주의는 앞
서도 설명하였듯이, 러시아를 유럽으로부터 떼어내어 유라시아 세력으로 간
주한다. 그러나 러시아가 '태평양, 히말라야, 중앙유럽에 국경을 맞대고 있
는 공생적 유기 단위(symbiotic organic unit)'라는 관념은 일반인들이 이해하
기 쉬운 것이 아니었다.[50] 이에 유라시아주의가 과연 현대 러시아인들의 새

---

47) Riasanovsky(2005), p.233.

48) 보다 자세한 내용은 Aleksandr Solzhenitsyn, *The Russian Question at the End of the 20th Century* (London: The Harvill Press, 1993) 참조.

49) 보다 자세한 내용은 Nicholas V. Riasanovsky, "Dmitrii S. Likhachev and Russia: A Critical Appreciation," *Russian History/Histoire Russe*, Vol. 23, Nos. 1-4 (spring-summer-fall-winter 1996), pp.141-154 참조.

50) Riasanovsky(2005), p.233.

로운 정체성에서 핵심적 구성 요소가 될 지에 대해서 의문이 제기되기도 하였다.[51]

　이처럼 현대 러시아에서 민족주의 세력이 분열되어 있고 정치무대에서 의미 있는 세력으로 등장하지 못하였지만, 민족주의는 일반 대중들의 정서에 영향을 크게 미치고 있다. 김태연에 따르면, "현대사회에서 민족주의는 화려한 수사나 운동으로서 정치무대에서 부상하기보다는 잘 감지되지 않는 대중의 의식과 감정으로서 민족주의적인 단체나 정당, 그들의 정책에 대한 암묵적인 지지와 동의의 기반으로서 사회현실에 영향을 미친다. 현대 러시아에서 이러한 일상적이고 평범한 형태로서의 루스끼 민족주의는 자민족중심주의를 특징으로 하여, 이는 주로 타민족 혐오증, 이주자 혐오증이라는 대중정서로 표출된다."[52] 즉 카프카스인들의 대규모 이주로 인해 사회적 불안감이 확산되고 실업 및 범죄가 증가하고 있다고 믿는 대중정서나, 러시아로 이주해온 이주민들이 러시아의 사회혼란을 야기하고 루스끼 민족에게 위협을 가하고 있다는 인식은, 루스끼 민족주의를 강화하는 한편 루스끼 민족주의로 인해 야기된 왜곡된 인식이라는 것이다. 이처럼 대중의 정서에 강력한 영향을 미치고 있는 루스끼 민족주의는 다민족으로 구성된 러시아의 내적 통합을 방해할 수 있지만, 러시아 정부는 이주자 배제의 합법화, 즉 사실상의 이주자 불법화를 기조로 하는 이주정책을 펼침으로써 문제를 더욱 악화시키고 있다.[53]

---

51) 러시아의 외교정책 형성 과정에서 유라시아주의가 영향을 미쳤던 것은 사실이다. 유라시아주의는 일방적인 서구주의에 반대하며, 유럽과 아시아를 연결하는 가교의 역할을 하는 중심부 국가로서 러시아는 대륙의 주변부 국가를 지배하여 미국에 대항해야 한다고 본다. 유라시아주의적 관점에서 보면 러시아의 국익은 지정학적 세력 균형이며, 이를 위해 러시아는 대륙의 강대국으로서의 지위를 유지하여야 한다. 보다 자세한 내용은 Ilya Prizel, *National Identity and Foreign Policy: Nationalism and Leadership in Poland, Russia, and Ukraine* (Cambridge: Cambridge University Press, 1998), pp.255－264; 신범식(2006), pp.289－290 참조.

52) 김태연(2007), p.229.

53) 김태연(2007), p.231, 특히 각주 44 참조.

Ⅲ. 러시아 국가 정체성에 관한 시민의식의 변화

본 절에서는 국가 정체성과 관련된 제반 요소에 대한 러시아 시민들의 의식을 살펴봄으로써, 국가나 정부 차원에서의 국가 정체성 재정립 노력이 얼마나 성공적으로 러시아 시민들의 주관적인 의식 속에 반영되었는지를 알아보고, 또한 푸틴 이후 시기의 시민의식 변화의 방향을 전망해 본다.

1. 국가 및 국가 상징에 대한 시민의식

국가 상징에 대한 시민들의 태도에 대한 여론조사는 여러 차례 이루어졌지만,[54] 2002년의 설문조사는 시민들의 국가 관념과 국가상징에 대한 태도를 연결하여 분석하고 있다는 점에서 보다 분석적이다.[55] 조사 결과에 따르면, 응답자의 55%는 러시아 국가라는 용어에 긍정적인 감정과 경험을, 11%는 부정적인 감정과 경험을 연관 지은 반면, 9%는 혼합된 감정을 표출했다. 보다 자세한 내용 분석에 따르면, 러시아인들은 "나를 위한 국가(the state – for – me)"로서의 국가에 대해서는 쇠퇴, 낮은 생활수준, 법의 부재, 무질서와 같은 부정적인 내용을 연상하였지만, 개인의 정체성의 기반이 되는 국가, 즉 "국가는 나(the state – is – me)"라는 의미에서의 국가에 대해서는 개인의 애국주의적 감정을 연결 짓는 경향을 보였다. 또한 응답자들은 국가(state)의 개념에 가까운 단어로, 인민(people, 42%), 영토(country, 30%), 권력(power, 18%) 순으로 답하였다. 이들 중 국가를 영토와 동의어로 간주한 사람들이 국가 상징에 대해 가장 긍정적인 태도를 보여주었고, 국가를 권력으로 간주하는 자들은 반대의 경향을 보여주었다. 전체적으로 볼 때, 응답자의 3분의 2 가량이 러시아 국가나 국기에 대한 선호도를 표시하였고, 문장에 대해서는 절반가량만이 좋아한다고 답하였다(아래 <표 1> 참조).

---

54) 자세한 내용은 황동하(2006), pp.369 – 378 참조.

55) The Public Opinion Foundation이 2002년 1월 24일 실시한 여론조사임.
http://bd.english.fom.ru/report/cat/man/patriotizm/ed020338 (검색일: 2008.7.24)

<표 1> 러시아 국가 상징에 대한 태도

	응답자 개인의 선호도	러시아사회의 주된 견해라고 응답자가 생각하는 바.
러시아 국가	좋아함: 66	존경받고 있음: 61
	좋아하지 않음: 11	존경받지 못함: 14
	미확정: 23	미확정: 25
러시아 문장	좋아함: 53	존경받고 있음: 49
	좋아하지 않음: 20	존경받지 못함: 16
	미확정: 27	미확정: 36
러시아 국기	좋아함: 64	존경받고 있음: 63
	좋아하지 않음: 16	존경받지 못함: 10
	미확정: 19	미확정: 27

출처: The Public Opinion Foundation, 2002년 1월 24일.
http://bd.english.fom.ru/report/cat/man/patriotizm/ed020338 (검색일: 2008.7.24).

러시아인들의 국가관을 보다 세밀하게 분석한 연구로는 장덕준·신동혁의 연구가 있다.[56] 모스크바 시민을 대상으로 한 설문조사 내용을 군집분석한 이 연구는 러시아인의 국가에 대한 인식 유형이 크게 (1) 전통형(국가주의적) 국가관, (2) 전환기적(과도기적) 국가관, (3) 서구형(자유주의형) 국가관으로 나누어진다는 것을 밝혔고, 이중 국가주의적 입장이 주류(응답자의 51.3%)를 이루고 있다고 분석했다.[57] 그러나 장덕준이 지적하였듯이, 세 유형 모두에서 러시아 시민들은 "대체로 개인에 대한 국가의 자의적인 간섭에 대해 반대하며 개인의 자유와 존엄성을 높게 평가하고 있는 것"으로 나타났다.[58] 즉 국가주의적 인식 유형을 보이는 경우라 할지라도, 러시아인들은 국가로부터의 자의적 간섭 없이 개인의 자유와 존엄성을 보장받아야 한다는 생각에는 대체로 동의를 한다는 것이다. 또한 국가주의적 국가관이나 전환기적 국가관 유형 모두에서 공통적으로 "최고 통치자를 포함한 국가 지도자라 할지라도 국민들의 의견을 수렴해야 한다는 의견에 강한 동의를

---

56) 장덕준·신동혁의 설문조사는 러시아의 대표적인 여론조사 기관 가운데 하나인 〈레바다분석센터〉를 통해 2007년 6월 중순에 모스크바시 일원에서 220명의 일반시민들을 대상으로 실시되었다. 보다 자세한 내용은 장덕준·신동혁, "현대 러시아인의 국가와 시민사회에 대한 인식: 모스크바 시민들에 대한 설문조사를 중심으로," 『국제정치논총』 제48집 1호 (2008), p.197 참조.

57) 장덕준·신동혁(2008), pp.198-199.

58) 장덕준·신동혁(2008), p.200.

함으로써 러시아 시민들은 엘리트의 책임성과 '법의 지배'에 대한 기대를 갖고 있음"을 알 수 있었다. 결국, 현대 러시아인들은 아직도 공동체와 집단주의를 바탕으로 한 국가 권력의 집중화를 긍정적으로 보는 동시에 사회적 형평성과 사회정의에 비중을 두는 소비에트적 정치문화를 보이고 있는 것이었다. 즉, 현대 러시아 시민들은 한편으로는 재산권에 대한 통제까지도 포함하는 국가의 개입을 지지하는 반면 다른 한편으로는 국가가 개인의 자유와 복지 등을 위해 기능하기를 기대하는 상충적 경향을 보였는데, 이를 장덕준은 '편의적 국가주의'라 명명하였다.[59]

2. 러시아 국가에 대한 자부심과 러시아의 세계적 위상에 대한 시민의식 변화

2002년 조사에 따르면,[60] 러시아인들은 국가에 대해 자부심과 수치심을 동시적으로 느끼고 있었다. 아래 <그림 4>에서 볼 수 있듯이, 응답자의 26%만이 자부심을 느낀다고 답하였고, 24%는 자부심과 수치심을 비슷하게 느끼며, 39%는 수치심을 느낀다고 답하였다.

<그림 4> 당신은 우리 국가에 대해 자부심과 수치심 중 어떤 감정을 가지는가?

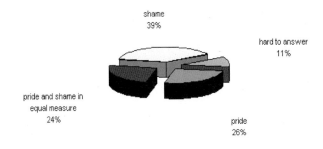

출처: The Public Opinion Foundation, 2002년 2월 14일.
http://bd.english.fom.ru/report/cat/man/patriotizm/ed020608 (검색일: 2008.7.24).

---

59) 장덕준 · 신동혁(2008), p.214.

60) The Public Opinion Foundation이 2002년 2월 9－10일 러시아 전역 44개 지역 100개 거주지에서 1500명을 대상으로 수행한 여론조사임.
http://bd.english.fom.ru/report/cat/man/patriotizm/ed020608 (검색일: 2008.7.24).

같은 조사에 따르면, 자부심을 느끼는 과거의 역사적 사실로는 제2차 세계대전에서의 승리(41%), 우주 부분에서의 업적(14%), 소련(13%), 스포츠 성과(9%), 1917년 이전의 역사적 인물과 사건(9%), 강력한 국가(4%), 국민정신(4%) 등이 언급되었다. 반면 수치심을 느끼는 역사적 사실로는, 대숙청이나 아프가니스탄 침공과 같은 소련사의 사건들이 31%에 달하였고, 1991년 이전의 사건들이 10%, 고르바초프의 정책이 3%에 달하였다. 이것은 러시아인들에게 있어서 소련의 기억이 자부심과 수치심을 동시에 느끼게 하는 것이라는 점을 잘 보여준다.

한편 현대 러시아의 삶 중 자부심을 느끼는 부분으로는 스포츠 성과(7%), 러시아의 부활(5%), 국민정신(3%), 푸틴의 대통령으로서의 활동(3%) 등이 언급되었는데, 아무 것도 자부심을 느낄 것이 없다고 답한 사람이 20%나 되었다. 수치심을 느끼는 부분으로는, 경제적 위기(35%), 사회 위기(25%), 일반적 위기(17%), 정치 위기(14%), 정신적 위기(4%) 등이 언급되었다. 설문조사가 2002년에 실시되었다는 것을 감안하면, 당시만 해도 러시아인들이 현대 러시아의 삶이 위기로 점철되어 있다고 느끼며, 자부심을 느낄만한 면을 발견하지 못하였다고 할 수 있다. 그러나 푸틴 대통령의 8년간의 통치가 끝난 현 시점에서는 러시아인들의 조국에 대한 자부심의 정도는 상당한 정도로 변하였을 것으로 예측된다.

이것은 세계 속에서의 러시아의 위상에 관한 시민의식을 조사한 2006년의 여론조사에서 확인할 수 있다.[61] 이 조사에서 응답자의 59%는 "러시아는 가장 강력하고 영향력 있는 세계 국가이다"라고 답하였다. 동의하지 않은 응답자는 32%에 달하였다. 흥미로운 것은 2006년 당시의 대통령이었던 푸틴에 대한 신뢰도와 응답 간의 상관관계이다. 푸틴을 신뢰한다고 답한 자들 중에서는 러시아가 강력한 국가라는 것에 대해 긍정하는 비중이 평균치보다 높았다. 즉 무려 68%나 동의한 것이다. 반면 푸틴을 신뢰하지 않는다

---

61) The Public Opinion Foundation이 2006년 5월 20-21일 러시아 전역 44개 지역 100개 거주지에서 1500명을 대상으로 수행한 여론조사임. 오차 범위는 3.6%를 넘지 않는다.
http://bd.english.fom.ru/report/cat/frontier/rossiya_i_stran_mira/mesto_v_mire/etb062015 (검색일: 2008.7.24).

는 응답자 중에서는 긍정이 33%, 부정이 60%로 나타나 푸틴 신뢰자들의
응답 패턴과는 정반대의 경향을 보였다. 이것은 달리 해석하면 푸틴을 신뢰
하는 러시아인들이 푸틴 대통령이 조장하였던 '강한 국가' 이미지에 보다
쉽게 동조하는 경향을 보인다고 할 수 있다.

같은 여론조사에서 "러시아의 세계적 영향력이 증대되었는가, 감소하였는
가, 혹은 변화 없이 유지되고 있는가?"라고 묻자, 응답자의 54%는 증대되
었다고 답한 반면 22%는 유지, 13%는 감소되었다고 답하였다. 푸틴 대통
령에게 신뢰를 표한 응답자들은 이 질문에서도 보다 긍정적으로 답하였다.
즉 64%는 증대, 18%는 유지, 8%는 감소하였다고 답하였다. 한편 아래
<그림 5>에서도 알 수 있듯이, 응답자간의 분포는 2001년 11월 조사 이
후 비슷한 패턴을 보이고 있는데, 이는 2001년 이후 러시아인의 절반 정도
가 러시아의 영향력이 증대되고 있다고 지속적으로 생각하고 있음을 보여
준다.

<그림 5> 러시아의 세계적 영향력이 증대, 감소, 혹은 변화 없이 유지되고 있는가?

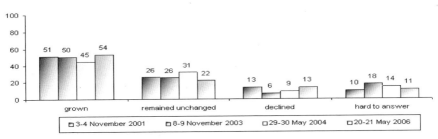

출처: The Public Opinion Foundation, 2006년 5월 20－21일.
http://bd.english.fom.ru/report/cat/frontier/rossiya_i_stran_mira/mesto_v_mire/ed062018 (검색일: 2008.7.24).

다음으로 러시아가 의사 결정 시 주요 서구 국가들의 의견을 고려해야
하는지, 아니면 독자적으로 결정해야 하는지를 질문하였다. 39%의 응답자
들은 독자적 의사 결정을, 47%는 서구 국가의 의견을 고려할 것을 원했다.
응답자의 분포 상으로는 서구 국가의 의견을 고려해서 의사결정을 해야 한
다는 사람들이 더 많지만, <그림 6>에서 볼 수 있듯이, 1999년 여론조사

부터 2006년에 이르기까지 응답자의 응답 분포를 비교하면 서구 국가의 의견을 고려해야 한다는 응답자가 현저하게 감소하였다는 것을 알 수 있다. 반면 독자적 의사 결정을 원하는 응답자는 14%에서 39%로 점진적으로 증가하였다. 이러한 추세가 계속된다면, 미래의 어느 시점에서는 독자적 의사 결정을 원하는 러시아인들이 서구 국가의 의견을 고려해야 한다는 러시아인보다 수적으로 우세해 질 가능성이 있다.

[그림 6] 러시아는 주요 서구 국가들에 의존하지 않고 독자적으로 의사결정을 해야 하는가? 아니면 서구의 의견을 고려하여 의사결정을 해야 하는가?

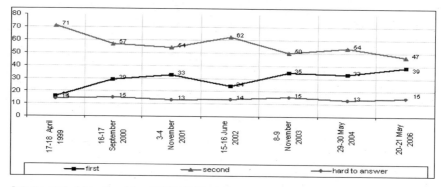

출처: The Public Opinion Foundation, 2006년 5월 20~21일.
http://bd.english.fom.ru/report/cat/frontier/rossiya_i_stran_mira/mesto_v_mire/ed062018 (검색일: 2008.7.24).

마지막으로, 세계 속의 러시아 이미지에 대한 2007년 여론조사도 러시아인들의 국가 정체성 인식을 파악하는데 시사하는 바가 크다.[62] <표 2>에서 볼 수 있듯이, 약 3분의 2 가량의 러시아인들은 러시아가 두려움의 대상이며, 자유국가이며, 존경받고 있다고 인식한다. 또한 절반가량은 러시아가 부유하며, 문명국가이자 발전된 국가로 인식되고 있다고 생각한다. 이러한 인식의 경향은 푸틴 집권 이후 변화된 러시아의 위상을 반영하는 것으로서 이제 러시아인들은 러시아 국가를 자랑스러워할 수 있는 많은 이유들

---

62) The Public Opinion Foundation이 2007년 5월 러시아 전역 44개 지역 100개 거주지에서 1500명을 대상으로 수행한 여론조사임. 오차 범위는 3.6%를 넘지 않는다.
http://bd.english.fom.ru/report/cat/frontier/rossiya_i_stran_mira/mesto_v_mire/ed072220 (검색일: 2008.7.24).

을 가지게 되었다.

<표 2> 세계 속의 러시아 이미지에 대한 러시아 시민들의 인식 (%)

세계 속의 러시아 이미지	그렇다	그렇지 않다	답변 곤란
러시아는 존경받는 국가로 인식된다.	59	29	13
러시아는 발전된 국가로 인식된다.	47	41	11
러시아는 문명국가로 인식된다.	49	37	14
러시아는 부유한 국가로 인식된다.	56	32	12
러시아는 자유로운 국가로 인식된다.	60	23	17
러시아를 두려워한다.	62	27	10

출처: The Public Opinion Foundation, 2006년 5월 20−21일.
http://bd.english.fom.ru/report/cat/frontier/rossiya i stran mira/mesto v mire/ed072220 (검색일: 2008.7.24).

IV. 전망

이상에서 살펴본 바와 같이, 푸틴 집권 이후 러시아는 일련의 개혁을 통해 국가체제를 정비하였을 뿐 아니라, 국가 상징의 재정비, 강력한 지도자 이미지 구축, 권력의 중앙집권화, 국가−시민사회 및 국가−종교 관계의 재정립, 민족주의적 요소의 활용 등을 통해 새로운 국가정체성을 마련하였다. 그러나 현대 러시아의 국가정체성은 전적으로 새롭기만 한 것은 아니다. 이 것은 제정 러시아 시기, 혹은 그 이전부터 이어져 내려오는 러시아적 국가성의 유산과 무관하지 않았다. 권력의 위로부터 아래로의 조직화를 통해 절대권력을 행사했던 전제정의 유산과, 정교회로부터 신성한 권력이라는 정당성을 도출해내기는 하나 정교회를 국가의 통제 하에 두었던 국가−종교 관계, 그리고 러시아적 이념과 러시아적 독특한 역사적 경로를 주장하던 민족주의적 요소들, 이 모두를 현대적 맥락에 맞게 재구성하여 활용한 것이다. 이 모든 과정은 결국 '강대국'으로서의 러시아의 이미지에 부합하도록 만들어졌다.

최근 실시된 일련의 여론조사 결과들을 보면, 푸틴은 러시아를 강대국으로 자리매김하여 러시아 국민들로 하여금 자부심을 갖도록 만드는데 성공한 것으로 보인다. 특히 푸틴 대통령을 신뢰하는 러시아인들은 러시아가 이제 세계에서 영향력 있는 강력한 국가라고 믿는 높은 경향을 보이고 있다. 또한 약 3분의 2 가량의 러시아인들이 러시아가 두려움의 대상이 되고 있다고 인식한다. 최소한 이들에게 있어서 러시아는 더 이상 그 국가이익이 무시될 수 있는, 힘이 없고 혼란 속에서 헤매며 위기가 점철된, 쇠락한 강대국이 아닌 것이다.

푸틴 대통령의 통치 하에서 구축된 이러한 국가인식은 2008년 권력을 이양 받은 메드베데프(Dmitri Medvedev) 현 러시아 대통령 시기에도 계속될 것으로 전망된다. 세계적 강대국으로의 부상에 대한 러시아 시민들의 강렬한 열망은, 러시아의 경제 및 군사적 힘의 증대와 같은 객관적 지표상의 국력 증대와 비례해서, 더욱 더 강력해 질 것이다. 이것은 현 집권세력을 떠받들어주는 지지기반을 제공할 뿐 아니라, 중앙에 모든 권력이 집중되어 있는 현 정치체제에 정당성을 부여한다. 현 집권층은 이러한 사실을 잘 알고 있을 뿐 아니라 이런 현실을 적극적으로 이용하고 있다. 따라서 '강력한 러시아' 이미지 구축은 수사적 차원이든, 실질 정치세계에서의 힘의 사용의 형태를 띠던, 향후에도 계속될 것이다. '강력한 러시아'를 원하는 러시아인들의 정서를 잘 이해하는 것은, 러시아의 객관적 국력 지표가 의미하는 바를 이해하는 것 못지않게, 러시아와 건실한 외교관계를 맺는데 절실히 요청되는 부분이다.

권세은. "러시아 연방 타타르 민족의 국가성 모색 및 쟁점." 『슬라브학보』 제22권 4호 (2007).

김성진. "러시아 중앙 – 지방관계의 변화와 전망: 푸틴 행정부 제2기 동안의 발전을 중심으로." 『슬라브학보』 제22권 2호 (2007).

김창진. "러시아 국가성의 형성과 그 유산: 비교·역사적 접근." 『국제정치논총』 제43집 2호 (2003).

김태연. "현대 러시아에서의 이주와 루스끼 민족주의: 구소련 공화국들과의 관계를 중심으로." 『국제정치논총』 제47집 4호 (2007).

신동혁. "포스트 소비에트 러시아의 국가 – 교회 관계의 변화와 형성." 『슬라브학보』 제22권 1호 (2007).

신범식. "고전적 유라시아주의의 두 측면에 대한 일고찰." 『러시아연구』 제8권 2호 (1998).

신범식. "러시아 정치세력의 이데올로기적 분포와 가치체계." 홍완석 엮음. 『21세기 러시아 정치와 국가전략』. 서울: 일신사, 2001.

신범식. "정치문화 전통으로 본 러시아 과도기 정치문화." 『슬라브연구』 제19권 2호 (2003).

신범식. "민주화, 민족주의 그리고 대외정책: 러시아 사례를 중심으로." 『슬라브학보』 제21권 4호 (2006).

심헌용. "러시아 민족정책과 뿌찐 시대." 홍완석 엮음. 『21세기 러시아 정치와 국가전략』. 서울: 일신사, 2001.

어네스트 겔너. "근대화와 민족주의." 백낙청 엮음. 『민족주의란 무엇인가』. 서울: 창작과비평사, 1981.

유진숙. "푸틴 집권 2기 러시아 정당체계의 성격: 패권정당모델 적용 가능성의 검토." 『한국정치학회보』 제41집 2호 (2007 여름).

장덕준. "현대 러시아 정치문화의 탐색: 모스크바 시민들의 민주주의에 대한 인식을 중심으로." 『한국정치학회보』 제41집 1호 (2007 봄).

장덕준·신동혁. "현대 러시아인의 국가와 시민사회에 대한 인식: 모스크바 시민들에 대한 설문조사를 중심으로." 『국제정치논총』 제48집 1호 (2008).

홍완석 엮음. 『21세기 러시아 정치와 국가전략』. 서울: 일신사, 2001.

황동하. "국가 상징과 현대 러시아의 국가정체성." 『러시아연구』 제16권 2호 (2006).

Barker, Adele Marie. "The Culture Factory: Theorizing the Popular in the Old and New Russia." in Adele Marie Barler (ed.). *Consuming Russia: Popular Culture, Sex, and Society since Gorbachev*. Durham: Duke University Press, 1999.

Billington, James H. *Russia in Search of Itself*. Washington: Woodrow Wilson Center Press, 2004.

Evans, Alfred B. Jr. "Vladimir Putin's Design for Civil Society." in Alfred B. Evans, Jr., Laura A Henry, and Lisa McIntosh Sundstrom. *Russian Civil Society: A Critical Assessment*. Armonk: M.E.Sharpe, 2006.

Gel'man, Vladimir. "The Transformation of Russia's Party System: From Competition to Hierarchy." A paper presented to 2008 IES−ERI International Conference. Kookmin University, 30 May 2008.

Hosking, Geoffrey. *Russia and the Russians: A History*. Cambridge, MA: The Belknap Press of Harvard University Press, 2001.

Lieven, Dominic. *Empire: The Russian Empire and Its Rivals*. New Haven: Yale University Press, 2000.

Oates, Sarah. "Media, Civil Society, and the Failure of the Fourth Estate in Russia." in Alfred B. Evans, Jr., Laura A Henry, and Lisa McIntosh Sundstrom. *Russian Civil Society: A Critical Assessment*. Armonk: M.E.Sharpe, 2006.

Petro, Nicolai N. *The Rebirth of Russian Democracy: An Interpretation of Political Culture*. Cambridge: Harvard University Press, 1995.

Prizel, Ilya. *National Identity and Foreign Policy: Nationalism and Leadership in Poland, Russia, and Ukraine*. Cambridge: Cambridge University Press, 1998.

"Putin: Russia 'Shouldn't Feel Guilty' Over Stalin−Era Purge." *Radio Free Europe*. June 22, 2007.

Riasanovsky, Nicholas V. "Dmitrii S. Likhachev and Russia: A Critical Appreciation." *Russian History/Histoire Russe*. Vol. 23, Nos. 1−4 (spring−summer−fall−winter 1996).

Riasanovsky, Nicholas V. *Russian Identities: A Historical Survey*. Oxford: Oxford University Press, 2005.

Rutland, Peter. "Business and Civil Society in Russia." in Alfred B. Evans, Jr., Laura A Henry, and Lisa McIntosh Sundstrom. *Russian Civil Society: A Critical Assessment*. Armonk: M.E.Sharpe, 2006.

Solzhenitsyn, Aleksandr. *The Russian Question at the End of the 20th Century*. London: The Harvill Press, 1993.

Виноградов, В.А. и другие. Россия: *тенденции и перспективы развития, ежегодник.* Москва: Инион РАН, 2005.

Глебова, И.И. *Политическая культура России: образы прошлого и современность.* Москва: Наука, 2006.

Зверева, Галина. "Русский проект конструирование позитивной национальной идентичности в современном российском государстве и обществе." A paper presented to 2008 IES - ERI International Conference. Kookmin University, 30 May 2008.

Ким, Тэ Ен. *Русский национализм и его особенности в современной России.* Москва: Издатель Воробьев А.В., 2007.

Ларюэль, Марлен. *Идеология русского Евразийства или мысли о величии империи.* Москва: Наталис, 2006.

Пивоваров, Ю.С. *Русская политическая традиция и современность.* Москва: Инион РАН, 2006.

Чадаев, Алексей. *Путин. Его идеология.* Москва: Европа, 2006.

Юрьев, Дмитрий. *Режим Путина. Постдемократия.* Москва: Европа, 2005.

The Public Opinion Foundation의 여론조사:

http://bd.english.fom.ru/report/cat/man/patriotizm/ed020338 (검색일: 2008.7.24)

http://bd.english.fom.ru/report/cat/man/patriotizm/ed020608 (검색일: 2008.7.24).

http://bd.english.fom.ru/report/cat/frontier/rossiya_i_stran_mira/mesto_v_mire/etb062015 (검색일: 2008.7.24).

http://bd.english.fom.ru/report/cat/frontier/rossiya_i_stran_mira/mesto_v_mire/ed072220 (검색일: 2008.7.24).

러시아 중산층의 성장과 삶, 그리고 전망

김우승(배재대 러시아학과 교수)

Ⅰ. 머리말

1990년대 말부터 나타난 러시아 사회학계의 가장 중요한 연구과제는 중간계급에 대한 것이었다. 시장경제와 민주주의로의 체제이행이 10년이 가까워지면서 과연 그 결과가 사회적인 측면에서 안정된 사회집단, 즉 중간계급의 등장으로 나타났는가를 확인하려는 작업이었다. 그것은 곧 체제이행의 과실을 확인함은 물론 그를 통한 지속적인 확대재생산의 가능성을 탐지하려는 작업이기도 하였다. 그리하여 중간계급이 존재하는가, 존재한다면 양적으로는 어느 정도의 숫자이며 그들의 소득수준은 어느 정도인가, 또한 그들의 생활양식은 어떤 모습이며 어떤 정치, 경제의식을 가지고 있는가 하는 점에 관심이 두어졌다.[1]

---

[1] Gaidar Institute가 1998년에 개최한 러시아 중간계급에 대한 국제학술대회를 시작으로 2000년에는 Bureau of Economic Analysis Foundation의 연구가, 그리고 2003년에는 Московский Центр Карнеги의 연구와 러시아 과학 아카데미 사회학연구소에서의 연구가 이루어졌다.

그러나 2000년 푸틴 집권 이후 러시아의 시장경제가 점차 뿌리를 내리고 활성화되면서 중간계급에 대한 연구방향은 단순한 학문적 관심에서 경제적인 활용을 중심으로 점차 바뀌게 되었다. 즉 학문적인 개념과 방법론 논쟁에서 탈피하여 거대한 소비 집단으로 변화한 중간계급의 소비의식 및 소비성향, 그리고 생활양식 등을 조사하여 기업의 마케팅 자료로 활용하고 판매하는 응용적 연구도 나타나고 있다.[2]

러시아 중간계급에 대한 관심은 이러한 학술적 및 민간적 차원 뿐 아니라 러시아 정부 차원에서도 나타났다. 2008년 1월, 푸틴 정부는 「2020년 국가발전전략」을 통해 경제성장과 민주화의 결과 안정되고 풍요한 삶을 누리는 중간계급이 등장하였으며 향후 급속하게 증가할 것이라고 발표하였다. 러시아 경제관계 부서는 중간수준의 기업 관리자와 고소득 노동자들의 증가로 인해 2020년까지는 러시아의 중간계급이 전체 인구에서 50 – 52%가 될 것이라고 전망하였다. 그리고 개인소득의 증가로 인해 중간계급이 2010년에는 2006년에 비해 30% 증가할 것이며 2020년까지는 소득이 2008년에 비해 2.5배 증가할 것이므로 전체 인구의 50 – 52%가 중간계급으로 될 것이라는 것이다.[3]

그런데 러시아 정부와 학계는 왜 이렇게 중간계급이라는 용어에 집착하고 또 그것의 등장을 강력하게 기다리는 것일까? 그 이유는 간단하다. 대규모 중간계급이 존재한다는 것은 발전된 사회가 되었다는 것을 보여주는 중요한 지표이기 때문이다. 서구사회의 경우에 중간계급은 자본주의 경제의 견인차로서, 사회 및 정치안정의 담보자로서, 그리고 사회발전의 안내자로서의 역할을 해 왔기 때문이다. 따라서 러시아 학자들은 중간계급의 등장을 통해 서구사회가 걸어 온 발전의 길에 러시아도 동참하게 되었다고 믿고 싶은 것이다.[4] 또한 서구사회에서 보여주는 중간계급과 동일한 유형이라면

---

2) 대표적인 연구소는 Эксперт дата, Маркетингное агенство인데 자체적으로 Эксперт라는 잡지를 출판하고 있으며 http://www.expert-data.ru 와 http://www.middleclass.ru 라는 홈페이지를 운영하고 있다.

3) http://top.rbc.ru/english/index.shtml?/news/english/2008/01/30/30194357_bod.shtml

4) Shankina, A. Iu., 2004; p.40.

러시아의 시장경제는 빈부격차의 심화에도 불구하고 안정적인 시민사회가 이루어질 수 있을 것이라는 전망과 기대 때문이었다.[5]

사실 러시아 학자들이 말하는 중간계급은 '**호수 속의 괴물-네시**'와 같은 존재이다. 러시아 중간계급은 일단 존재가 확인되기만 하면 그것은 러시아 사회의 성장의 상징이자 향후 사회발전의 원동력으로 작용하겠지만 아직은 양적으로도 20% 정도에 불과하며 그들의 정치, 경제적 역할 역시 모호한 형태로 나타나고 있다. 특히 러시아 학자들 사이에서도 중간계급에 대한 개념과 연구방법에 있어 다양한 시각과 혼란이 존재하고 그 규모도 연구자들의 측정변수에 따라 다양하게 나타나고 있다. 카네기 센터가 2003년도에 조사한 바에 따르면 소득변수만을 놓고 보았을 때 중간계급은 21.2%이나 사회직업적 측면에서는 21.9%, 자신이 중간층이라고 생각하는 자기인식(self-identification)변수로 보았을 때는 39%에 달하다고 보고 있으며[6] 벨랴예바는 2002년도의 경우 52.6%에 달한다고 보기도 한다.[7] 또한 최우익은 2000년대에 들어와 러시아 전역에서 중간계층이 양적으로 확대되는 추세를 보이고 있는데 특히 모스크바 및 상트 페테르부르그와 같은 대도시와 사회경제적 발전이 이루어진 지역에서는 30-50% 수준으로 증가하고 있다고 본다.[8]

그러나 엄격히 말한다면 러시아 학자들이 분석하는 중간계급은 시민사회를 이끌어 왔던 서구의 중간계급과는 그 규모나 특징, 그리고 발생사적 측면에서 차이가 있다. 아브라모바(E. A. Avraamova)는 러시아의 중간계급을 서구와 같은 전형적인 중간계급이 아닌 '초기 형태의 중간계급'(proto-type middle class)이라 보고 있으며[9] 여러 학자들이 지적하는 것처럼 이들은 아직은 통일된 집단으로서의 모습을 가지고 있지도 않다. 이 점에서 이 글에서는 정치적 및 경제적 함의를 가지고 있는 중간계급이라는 용어 보다는

5) Горшков, М.К., Тихонова, Н. Е., Чепуренко, А. Ю. 1999; p.77.

6) Московский Центр Карнеги, 2003; pp.211-222.

7) Beliaeva, L. A., 2008; p.36.

8) 최우익, 2008, pp.449-473.

9) Avraamova, E. A., 2002; p.65.

계층적 측면에서 중간계층에 가까운 '중산층'이라는 측면에서 살펴보고자 한다.[10] 따라서 이 글에서는 러시아 학자들이 표현한 중간계급을 특별한 의미를 가진 경우를 제외하고는 모두 중산층으로 표현할 것이다. 둘째는 이 때문에 접근방법에서 '자기인식적 측면'에 주목할 것이다. 왜냐하면 사회구조는 사회적 행위자 스스로가 만들어간다는 점에서 스스로를 중산층이라고 간주하는 집단이 자신들의 생활양식과 의식을 어떤 모습으로 만들어 가는가를 분석하는 것이 러시아 사회의 변화양상과 전망에 더 적합할 수 있기 때문이다. 특히 푸틴 시기의 급속한 경제성장과 정치적 안정을 바탕으로 가지게 되었던 이들의 생활양식과 경제의식은 향후 러시아 사회를 전망하는 데에 중요한 행위변수가 될 수 있다.

따라서 이 글은 푸틴 시기 이후 러시아 중산층의 생활양식과 정치경제의식을 분석함으로써 이들이 향후 러시아의 사회발전에 영향을 미칠 수 있는 가능성을 살펴보는 것을 목적으로 한다. 이를 위해 Ⅱ장에서는 러시아 중산층의 범위와 규모를 살펴 본 다음 Ⅲ장에서는 자기인식적 차원에서 중산층의 생활양식과 정치 및 경제의식을 분석할 것이다. 그리고 Ⅳ장에서 러시아의 중산층이 서구적 의미에서의 변혁적인 중간계급으로 만들어질 수 있는가에 대해 전망할 것이다.

이 글에서 사용되는 자료로는 개념과 러시아 계층구조에 대한 논의는 러시아 학자들의 연구결과를 주로 활용하며 생활양식과 의식에 대한 분석은 필자가 2004년과 2005년 모스크바와 블라디보스톡에서 소규모 기업가를 대상으로 한 설문조사와 인터뷰 결과를 활용할 것이다. 설문응답자는 모스크바는 185명, 블라디보스톡은 248명이었으며 인터뷰 대상자는 두 도시 각각 4명씩이었다.

---

10) 중산층이라는 용어는 중간계층에 비해 학술적인 의미는 적지만 소득을 주 변수로 추출한 중간집단이며 한국사회에서 일반적으로 사용된다는 점에서 이 글에서는 두 용어를 동일한 것으로 사용할 것이다.

Ⅱ. 러시아 중산층의 개념과 범위, 규모

1. 중간계급과 중산층의 개념과 규모

역사적으로 본다면 중간계급은 17세기 영국에서 나타나기 시작했던 소규모 기업가들을 묘사하는 것에서 나타난다. 중간계급의 특징은 첫째, 경제적 독립성이다. 둘째, 전문직업주의와 그것이 가져다 준 높은 자기평가, 즉 사회에서 중요한 존재라는 의식이다. 셋째, 이와 이어진 시민의식이다. 바로 이러한 것들이 중간계급으로 하여금 사회를 안정시키는 기능을 가지도록 하였으며 서구의 시장경제와 민주주의를 이끌어가는 집단으로 만들었다.[11]

따라서 이러한 정치, 경제, 사회적인 측면을 고려하였을 때 중간계급에 대한 규정은 잠정적으로 다음과 같이 내릴 수 있을 것이다. 우선 경제적으로는 중간정도의 소득수준이며 양적으로 압도적 다수를 차지하고 있으며, 정치적으로는 어느 정도의 정치의식을 가지고 있으며 여론을 형성하고 주도하는 집단이다. 마지막으로 사회적인 측면에서 일정한 정도 이상의 교육수준을 가지고 있으며 무엇보다도 자신들이 중간계급이라는 명백한 자기정체감을 가지고 있다. 그리고 개인주의와 자율성을 추구하며 공공의식을 가지고 있다.

이러한 이유 때문에 중간계급과 중산층을 구분할 필요가 있다. 중산층은 단순히 사회계층 속에서의 '중간에 위치한 집단' 또는 '평균적인 집단'이다. 따라서 이들은 동일한 유형의 직업을 기반으로 통합된 형태도 아니며 통일된 사회의식도 없다. 반면 중간계급은 계층적으로 중간에 위치하고 있으면서도 자기정체성과 동일한 집단의식을 가지고 있는 사회적 행위자로 간주된다. 따라서 계층적인 측면에서 중간층을 뽑아낸다면 소득수준과 같은 양적 지표로 쉽게 추출할 수 있지만 중간계급의 경우에는 다양한 변수를 사용하게 된다.[12] 즉 소득 측면에서 중간층에 속할 뿐 아니라 일정한 교육수

---

11) Shankina, A. Iu., 2004; p.28.
12) 중간계급을 추출하는 변수와 다양한 계층적 기준에 대해서는 김우승, 2006; pp.239-240 참조.

준과 특정 직업, 무엇보다도 자신이 중간층에 속한다는 분명한 자기정체감과 일정한 가치체계, 그리고 다른 계층과는 구분되는 생활양식을 가지고 있어야 한다. 따라서 이와 같은 다변수적 요소 때문에 러시아 중간계급의 규모와 구조에 대한 논의는 학자마다 다양하게 나타나고 있다.

수입만을 가지고 보았을 때 자슬라브스까야는 직업적으로 소규모 기업가와 생산관리직 종사자, 중간 수준의 국가 및 기업 관료, 숙련노동자, 영관급 군종사자들이 $1,000 - 10,000의 월 소득으로 중산층을 구성한다고 보면서 2000년의 경우 약 15%가 여기에 속하고 있는 것으로 추정하였다.[13] 또한 <전문가 자료>(Aikspert Data)는 2004년도 경우 중산층은 연 소득 $9,000 - 25,000을 얻는 집단으로 27.5%를 차지하며 이 가운데에서도 연 평균 가족소득이 $13,000 - 15,000인 집단이 12%로 가장 중간적인 위치의 집단을 구성하는 것으로 보고 있다.[14]([표-1] 참조)

[표-1] 수입에 따른 러시아 사회계층(2004년)

	비율(%)	총 인원 (백만명)	연 평균 가족수입($)
최상층	1	1.5	100,000 or more
상층	3.5	5	30,000 - 50,000
중산층	5.5	8	20,000 - 25,000
	12	17	13,000 - 15,000
	10	14	9,000 - 11,000
하층	8	12	7,000 - 9,000
	45	65	5,000
	15	21.5	less than 3,000

자료: Эксперт дата, *Материальное положение и стиль потребления российского среднего класса* (Москва; Эксперт ДАТА, 2004), p.12.

그러나 중간계급의 추출을 위해 소득 외의 다양한 변수를 적용하였을 때에는 중간계급의 규모는 다양한 크기로 나타난다. 1998-99년에 이루어진 3개 조사기관의 조사결과를 비교한 <경제분석재단>(BEAF; Bureau of

---

13) Заславская, Т. И., 2004; pp.285 - 306.

14) Эксперт дата, 2004; p.12.

Economic Analysis Foundation)의 분석에 따르면 소득변수인 경우, 30-55%, 교육수준의 경우 20-40%, 직업적 지위의 경우 35-45%, 자기정체감의 경우 40-65%로 나타나며 모든 변수들을 종합적으로 고려하였을 경우 19.7-25.6%가 핵심 중간계급을 구성하고 있다고 본다.[15]

반면 <카네기 센터>는 물질-재산상태와 사회-직업적 지위, 자기정체감이라는 세 가지 변수를 사용하여 러시아의 중간계급을 분석하였다. 이 분석에 따르면 물질-재산상태로 보면 21.2%가, 그리고 사회-직업적 지위로 보면 21.9%가 중간층을 형성한다. 그러나 자기인식의 측면에서는 이 비율은 39.5%로 늘어나게 된다. 그리고 세 가지 변수를 모두 충족시키는 '핵심 중간계급'은 6.9%(도시 경우 12.9%)로 조사되었다.([그림-1] 참조)

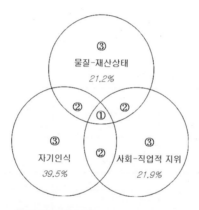

① 핵심중간계급: 6.9%

② 준핵심 중간계급
• 물질-재산상태+자기인식: 11.9%(도시; 19.4%)
• 물질-재산상태+사회-직업적 지위: 8.8%(도시; 16.5%)
• 자기인식+사회-직업적 지위; 12.2%(도시; 20.4%)

③ 주변적 중간계급
• 물질-재산상태: 21.2%
• 사회-직업적 지위: 21.9%
• 자기동일시: 39.5%

[그림-1] <카네기 센터>의 중간계급 유형[16]

---

15) BEAF, 2000; pp.38-39.

16) Московский Центр Карнеги, 2003, pp.211-222. 김우승(외), 2006, p.242 〈그림-1〉 재인용.

2. 자기인식으로서의 러시아 중산층

소득 외에 중산층을 규정하는 또 다른 변수는 자기인식(self - identification) 이다. 일반적으로 대부분의 사회에서 다수가 자신이 중산층에 속하는 것으로 인식하고 있다. 앞에서 본 <경제분석재단>이나 <카네기 센터>의 조사에서 모두 스스로를 중산층으로 생각하는 비율이 다른 변수, 특히 소득변수를 통해 나타난 중간층보다 높게 나타나고 있다. 다시 말해 자신의 지위를 소득수준보다 높게 보고 있다.

자기인식에 영향을 미치는 주된 변수로 수입 규모, 노동의 성격, 교육, 직업 등을 들 수 있는데 러시아의 경우 물질적 수준을 가장 중요하게 고려하여 자신들의 사회적 지위를 평가하고 있다. 고르쉬꼬프와 찌호노바의 2003년 조사에 따르면 러시아 중산층은 58.2%가 계층적 자기평가에서 우선적으로 고려하는 요소로 물질적 확보수준을 선택하였으며 다음으로 생활양식(45.9%), 주변의 존경(31.3%), 교육수준(28.1%)을 선택하였다.[17]

이러한 조사를 바탕으로 이들은 러시아 인 중 48.9%가 스스로를 중산층이라고 생각하는데 그 이유는 중산층에 들어가지 못한 사람들 중 상당수가 물질적으로는 중산층 바로 아래에 있지만 하층보다는 월등히 높은 물질적 수준을 가지고 있기 때문에 상대적으로 자신을 중산층으로 간주하기 때문이라고 본다.[18] 이러한 현상은 벨랴예바의 연구에서도 나타나는데 [표-2]를 보면 2002년에는 52.6%가 자신을 중산층이라고 응답하였고 34%는 중산층 바로 밑에 속한다고 응답하였다. 그러나 자신을 중산층이라고 응답한 비율이 2002년에는 1998년에 비해 1.7%가 줄었지만 중산층 바로 아래에 위치하고 있다는 응답은 오히려 6.1% 증가하였다는 점은 바로 이러한 상대적 인식 때문이다.[19]

---

17) Горшков, М.К., и Тихонова, Н.Е.(редактор), 2004; p.143.
18) Горшков, М.К., и Тихонова, Н.Е.(редактор), 2004; p.137.
19) Beliaeva, L.A., 2008; pp.34 - 36.

[표 - 2] 자기인식에 따른 러시아 계층구조(%)

계층/연도	1998년	2002년
상층	0.2	0.8
중상층	4.7	4.6
중간층	54.3	52.6
중하층	27.9	34.0
하층	12.9	8.0

자료: Monitoring Survey of the Center for the Study of Sociocultural Changes, Institute of Philosophy, Russian Academy of Sciences, L.A. Beliaeva(2008; p.36)에서 재인용.

자신을 중산층으로 생각하는 비율이 해마다 늘어나는 것에 대해 바빈 (Bavin, P.)은 또 다른 해석을 내린다. 1998년 10월에는 20%가 자신을 중산 층이라고 응답한 반면 2004년 2월에는 이 비율이 43%로 증가했는데 그 이 유는 중산층이라는 인식은 대부분의 사람들에게 사회적으로 성공했다는 긍 정적 의미를 가지는 것이며 이 때문에 대부분의 러시아 인들은 자신을 중 산층에 소속시키기를 원하고 있다는 것이다.[20]

III. 러시아 중산층의 생활양식과 정치경제의식

1. 생활양식

생활양식(life style)이란 개인이나 가족 또는 집단의 가치관과 문화적 · 심리적 차이로 인해 나타나는 행위유형이라 할 수 있다. 여기서는 러시아 중산층의 생활양식에 대해 2004년, 모스크바와 2005년, 블라디보스톡에서 소규모 기업가를 대상으로 실시한 설문조사를 바탕으로 거주 및 차량보유 형태와 여가유형, 그리고 구매유형을 알아볼 것이다. 통계자료는 두 도시의 응답자를 나누지 않고 한꺼번에 분석하였다. 또한 중산층의 생활양식을 분 명히 전달하기 위해 모든 그림은 중산층 경우만을 표시하였다.

---

20) Bavin, P., 2006; p.2.

1) 거주 및 차량보유 형태

중산층을 규정짓는 객관적 변수 중 소득수준과 함께 중요한 비중을 차지하는 것이 거주형태이다. 특히 시장경제와 사유화가 진행되면서 개인 소유에 대한 인식이 높아지고 새로운 부를 창출할 수 있다는 인식이 높아지면서 러시아의 주택시장은 과거와 비교해 급속하게 활성화되고 있다.

<카네기 연구소>는 러시아 주택시장에서 가장 적극적으로 활동하고 있는 계층이 중산층이며 주택을 새로 구입하거나 교환하려고 하는 비율이 다른 계층과 비교해 중산층이 매우 높다고 본다. <표-3>은 <카네기 연구소>가 조사한 계층별 주택구매 전략인데 "구입"과 "교환"에 대한 응답이 하층보다 높은 것으로 나타난다. 또한 임대비율에서 중산층이 5.8%로 하층보다 높게 나타나는데 그 이유는 중산층이 자신의 원래 주택을 임대한 다음 좀 더 큰 주택을 임대하여 살고 있기 때문이다.

<표-3> 계층별 주택구매 전략(%)

주택을 구입한 방법/계층	중산층	하층
국가로부터 무상분배	48.1	46.2
구입	17.3	10.6
교환	13.4	7.5
자비 건축	5.4	24.2
임대	5.8	1.6
상속	10.0	9.9

자료: Московский Центр Карнеги. *Средний классы в России: экономичер.кие и социальные стратегии.* Е.М. Авраммова и др. Под. ред. Т. Малеевой (Москва: Гендальф, 2003) 표-94 일부 발췌.

2004년과 2005년에 실시한 필자의 조사결과에 따르면 현재 중산층이 거주하고 있는 주택의 평균 면적은 40~79㎡였다. 이는 약 12~24평으로, 실제 크기는 한국보다 약 6평이 추가 된 18~30평 정도 크기의 아파트로 볼수 있다. 필자의 조사에서도 중산층의 37%가 방 2개짜리 아파트에서, 27%가 방 3개짜리 아파트에서 거주하는 것으로 나타났다.

기본적으로 러시아 인들은 살고 있는 주택 외에 다양한 형태의 제 2주택을 소유하고 있다. 고르쉬코프와 티호노바는 제 2주택의 유형으로 아파트, 여름 별장, 교외의 코티지(cottage)[21], 시골 집 등으로 분류하고 중산층의 33.7%가 여름별장을 소유하고 있는 것으로 보고 있다.[22] 필자의 조사 역시 이들과 거의 비슷한 결과를

<사진-1> 노브고로드 근처의 다차
http://www.flickr.com/photos/8177037@N06/739925007

보여주고 있다. 즉 중산층이라고 생각하는 응답자의 약 63%가 두 번째 주택을 소유하고 있는데 이들 가운데 32%는 다차(дача)라 부르는 교외의 작은 집을 가지고 있으며 14%가 현재 거주하고 있는 아파트 이외에 다른 아파트를 소유하고 있었고 3%는 교외에 코티지를 가지고 있는 것으로 조사되었다.

<그림-2> 중산층의 주택 규모

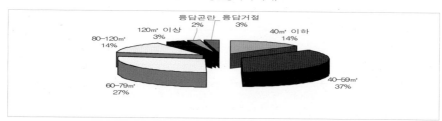

자료: 2004-2005년 자체조사

---

21) 코티지(cottage)는 러시아 인의 일반적인 별장인 다차(dacha)와는 구별된다. 코티지는 다차보다 더 고급스런 개념으로 집안에 각종 편의시설이 구비되어 있다. 또한 다차는 일하러 간다는 개념이 지배적인 데 비해 코티지는 쉬러 간다는 개념에 더 가깝다고 볼 수 있다.

22) Горшков, М.К., и Тихонова, Н.Е.(редактор), 2004; p.146.

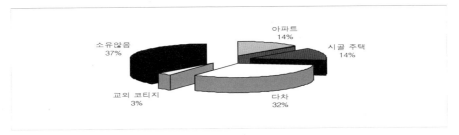

<그림-3> 중산층의 제 2 주택 보유형태

아파트
14%

소유않음
37%

시골 주택
14%

교외 코티지
3%

다차
32%

자료: 2004 - 2005년 자체조사

러시아의 천명 당 자동차 보유대수는 174대로 세계 54위를 기록하고 있으며 이는 한국의 319대, 세계 40위보다 낮은 수치이다. 그러나 자신을 중산층으로 생각하는 응답자들 가운데 66.5%가 차량을 소유하고 있었으며 이 가운데 65%가 1년 이상 된 외제 중고차를 소유하고 있었다.

<그림-4> 중산층의 차량보유 형태

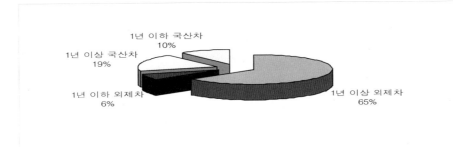

1년 이하 국산차
10%

1년 이상 국산차
19%

1년 이하 외제차
6%

1년 이상 외제차
65%

자료: 2004 - 2005년 자체조사

2) 여가유형

<카네기 연구소>는 카페, 레스토랑이나 저녁 클럽에 가는 것, 극장이나 영화 관람, 스포츠를 즐기는 것(유료), 컴퓨터 게임과 인터넷을 하는 것 등이 중산층의 전형적인 기호이자 여가활동이라고 본다.[23] 또한 <러시아 아카데미>는 러시아의 중산층이 순수문학을 즐겨하며 극장, 박물관, 예술전시관

---

23) Московский Центр Карнеги, 2003; pp.368 - 374.

방문 등과 같은 문화활동에의 참여도가 높고 자신의 지적인 잠재력을 높이기 위해 자기개발에도 충실하다고 본다. 특히 젊은 층에서는 인터넷이라든가 유행, 디자인, 새로운 서구 문학에도 많은 관심을 갖고 있다고 보고 있다.[24]

<그림-5> 중산층의 휴일 여가활동

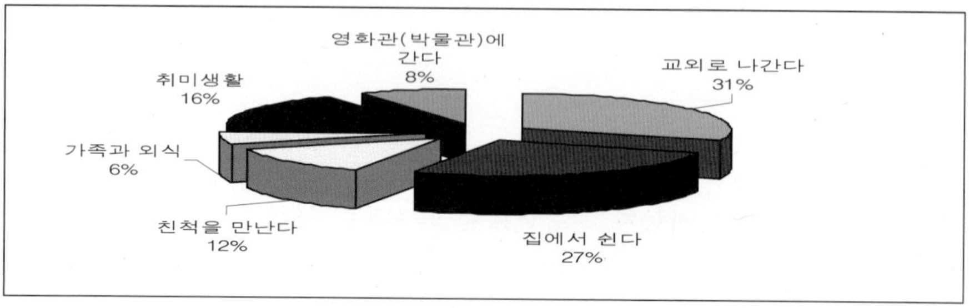

영화관(박물관)에 간다
8%

취미생활
16%

교외로 나간다
31%

가족과 외식
6%

친척을 만난다
12%

집에서 쉰다
27%

자료: 2004-2005년 자체조사

필자의 조사에 따르면 러시아의 중산층은 휴일에는 교외로 나가거나 (31%) 집에 있는 경우(27%)가 많은 것으로 조사되었다.(취미생활-16%, 친척과 만남-12%, 영화관 또는 박물관-8%, 가족과 외식-6%) 그러나 특별히 주목할 부분은 자신의 취미활동을 하는 경우, 상층과 하층은 거의 응답자가 없는 반년 중산층은 16%로 두드러지게 나타나고 있다는 점이다. 이것은 러시아 중산층에서 특징적으로 나타나고 있는 개인성과 독립성 확보경향, 그리고 개인건강관리에 대한 관심 등과 무관하지 않은 것으로 생각된다.

<사진-2> 모스크바의 대형 상업센터인 '아산' 내부의 스케이트장에서 여가를 즐기는 모스크바 청소년들-최근 급성장한 대표적 패스트 푸드점인 '로스틱스' 광고 현수막도 붙어 있다.(2004년 2월 16일 촬영)

---

24) Горшков, М.К., и Тихонова, Н.Е.(редактор), 2004; p.161.

또한 퇴근 후에는 TV 시청을 하거나(21%) 가사 일을 돌보거나(19%) 독서(15%), 친구교제(15%), 취미생활(8%)을 하는 것으로 나타났다. 그러나 가사 일을 돌본다고 응답한 경우는 여성이 74.8%인 반면 남성은 34.4%였으며 반대로 TV 시청의 경우 남성이 더 많았다.(남-59.1%, 여-51.2%) 따라서 이로 미루어본다면 러시아의 경우에도 기존의 성역할이 그대로 남아있음을 알 수 있다.

<그림-6> 중산층의 퇴근 후 여가활동

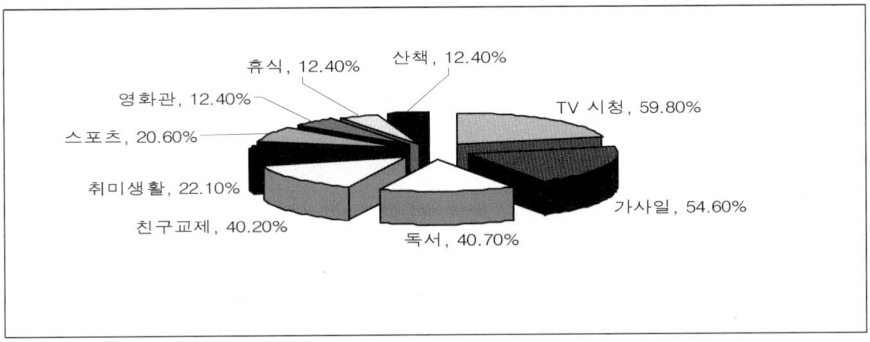

휴식, 12.40%
산책, 12.40%
영화관, 12.40%
스포츠, 20.60%
취미생활, 22.10%
친구교제, 40.20%
독서, 40.70%
TV 시청, 59.80%
가사일, 54.60%

자료: 2004-2005년 자체조사

러시아 중산층이 선호하는 음악은 러시아 음악(37%), 고전음악(13%), 외국음악(11%)의 순으로 나타났으며 선호하는 서적은 추리소설(29%), 국내고전(17%), 픽션(13%)의 순으로 나타났다. 또한 선호하는 TV 프로그램은 뉴우스(64.6%), 러시아 예술(34.4%), 코미디(34.0%), 외국 예술(29.7%)의 순서였다. 이로 미루어 본다면 자신을 중산층이라고 생각하는 러시아 인들은 시장경제와 함께 범람하기 시작한 통속적 문화에도 관심을 가지지만 다른 한편으로는 러시아의 문학과 예술에 관심을 동일한 관심을 가지고 있는 것으로 보인다. 그리고 더 구체적인 조사와 분석이 필요하겠지만 이들의 러시아 문화에 대한 관심이 러시아 민족주의를 유지시키는 바탕이 될 수도 있을 것이다.

가족과의 외식빈도는 월 1회(35%)와 2회(21%)로 56%가 월 1-2회 정도

가지고 있었으며 점심식사는 40%가 패스트 푸드점에서, 27%는 러시아식 레스토랑에서 먹는 것으로 나타나 대부분 그다지 비싸지 않고 부담감이 없는 형태로의 외식을 즐기는 것으로 나타났다.

연중휴가는 1회가 압도적으로 많았으며(40%) 가는 장소는 대부분 러시아 및 독립국가연합의 휴양지로 가고 있으며(76.8%) 동유럽(12.4%)이나 서유럽 (12.0%)과 같이 비용이 많이 드는 경우는 매우 적었다. 반면 하층이라고 생각하는 응답자는 8%만이 서유럽을 선택하였으며 상층이라고 생각하는 응답자는 동유럽 - 21.1%, 서유럽 - 36.8%로 중산층보다 높게 나타났다.

<그림 -7> 중산층의 가족과의 외식 빈도

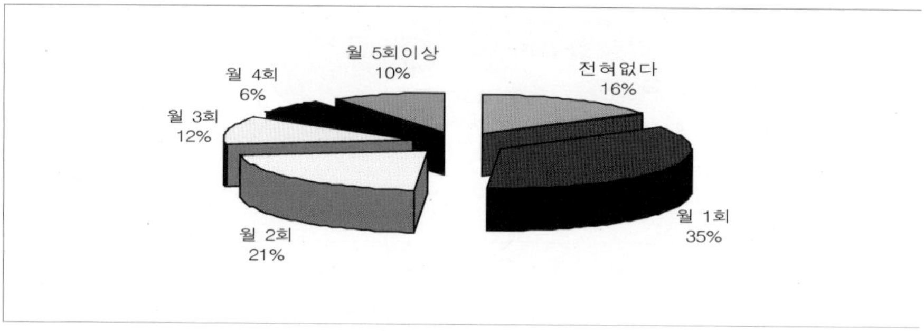

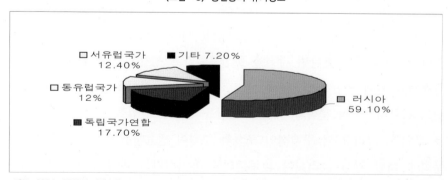

자료: 2004 - 2005년 자체조사

〈그림 -8〉 중산층의 휴가장소

자료: 2004 - 2005년 자체조사

3) 구매유형

구매유형에서는 생존에 필요한 식료품과 의류구매 장소에 대해 조사하였다. 일반 식료품의 경우 하층과 중간층 사이에 차이는 보이지 않았으며 중산층은 일반 식료품의 경우 43%가 시장에서 구입하며 일반상점과 슈퍼마켓은 각각 24%로 나타났다. 그러나 상층의 경우 52.9%가 시장이나 일반상점보다 고급스럽고 비싼 슈퍼마켓에서 구입한다고 응답하였다.

의류구매 역시 하층과 중산층 사이의 차이는 크게 나타나지 않았다. 중산층이라고 생각하는 응답자들은 대형 상업센터(20%)와 의류전문시장(17%), 명품점(14%), 일반 의류점(14%) 순으로 의류를 구매하는 것으로 나타났다. 그러나 상층의 경우 42.1%가 명품점에서, 그리고 26.3%가 대형상업센터과 전문가 주문제작이라고 응답하여 상위계층의 의류구매가 중하위계층과 분명한 차이를 보이고 있다.

구매유형에 있어서는 두 항목 모두 상위계층과 나머지 두 계층의 차이는 분명하게 나타나는 반면 중산층과 하위계층의 차이는 거의 나타나지 않고 있다. 이는 두 계층 사이의 분화가 아직 완전히 이루어지지 않은 것일 수도 있고 중산층이 언제든 하위계층으로 하향이동 할 수 있다는 점을 의미하는 것 일수도 있다.

<사진-3> 모스크바의 대형 상업센터인 '아산'과 주차장을 가득 메운 자동차들(2004년 2월 21일 촬영)

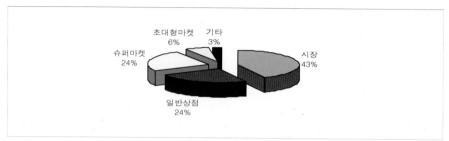

<그림-9> 중산층의 식료품 구매장소

초대형마켓 6%
기타 3%
슈퍼마켓 24%
시장 43%
일반상점 24%

자료: 2004 - 2005년 자체조사

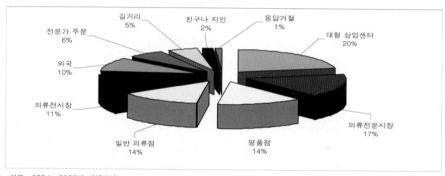

<그림-10> 중산층의 의류 구매장소

길거리 5%
친구나 지인 2%
응답거절 1%
전문가 주문 6%
외국 10%
의류전시장 11%
일반 의류점 14%
명품점 14%
대형 상업센터 20%
의류전문시장 17%

자료: 2004 - 2005년 자체조사

2. 중산층의 정치경제적 의식과 태도[25]

시장경제로의 체제이행이 이루어진 지난 17년 동안 러시아 국민들은 소비에트 70년의 그 어느 시기보다도 더 강렬한 변화를 겪었다. 러시아는 세계의 반으로부터 새로운 기술을 받아들였으며 서구사회가 가지고 있는 시장경제를 이해해야만 했다. 바빈은 바로 이러한 상황에 익숙해지기 위해 러시아 중산층은 새로운 의식과 태도를 만들 수밖에 없었다고 본다. 즉 새로운 공학 및 경영기술에 대한 이해와 시간의 합리적 사용과 적극적인 경제행동, 개인으로서의 독립성과 자신의 건강과 외모에 대한 관심 등이 바로

---

25) 이 부분은 소규모 기업가들과의 인터뷰 내용을 토대로 한 분석이기 때문에 인터뷰 내용과 분석이 김우승 외(2006) 및 김우승(2007)과 부분적으로 겹쳐짐을 밝힌다.

그러한 것들이다.[26]

1) 독립성

러시아 중산층과 하층집단을 구분짓는 가장 큰 차이는 자신의 능력에 자신감을 가지는 독립성이다. 카네기 센터의 자료에 따르면 하층의 80.7%가 자신의 노력보다 국가에 의존하고 있다고 응답한 반면 중산층은 단지 15.6% 만이 국가에 의존한다고 응답하였다.[27] 특히 자신과 자신의 가족을 책임져야 한다는 독립적인 태도는 소규모 기업가들에게서 강하게 나타나고 있다. <표-4>를 보면 자신이 중산층에 속한다는 응답자 가운데 77%가 자신의 지위를 스스로의 노력을 통해 바꿀 수 있다고 봄으로써 독립적인 성향을 보이고 있다.

<표-4> 중산층으로서의 자기인식과 독립성

	합	스스로를 중산층으로 인식하는 사람		
		예	아니오	응답곤란
집단 (%)	100	43	49	8
질문: 당신의 지위 변화가 당신의 스스로의 노력에 어느 정도 달려있다고 생각합니까?				
전혀 아니다	30	17	37	24
어느정도 그렇다	36	41	36	33
오로지 내게 달려있다	29	36	24	33

자료: Bavin, P., "Waiting for the middle class," *Социальная реальность*, No.1(2006), p.2.

자신을 경제적으로 독립된 존재로 보는 독립성은 소규모 기업가들에게 분명히 나타나고 있다. 필자의 연구팀과의 인터뷰에서도 자신을 중산층으로 보는 대부분의 사업가들이 돈 그 자체보다는 자신이 삶의 주체라는 점을 더 강조하고 있었다. 여행사 대표, 법률회사 대표, 의료기관 대표 등 다양한 직업을 가진 모스크바의 <소규모 기업가-1>은 여러 가지 직업 중 수익성이 가장 높은 분야가 무엇인지 또 가장 많이 시간과 노력을 투자하는 분야가 무엇인지에 대한 질문에 다음과 같이 말하면서 최초로 개인사업을 시

---

26) Bavin, P., 2006; p.3.
27) Московский Центр Карнеги, 2003; p.244.

작했다는 점에서 자신의 운명을 개척한다는 것에 대해 대단한 자부심을 보여주었다.

> "돈은 여행사에서 가장 많이 법니다. 하지만 여행사보다는 의료기관 대표에 훨씬 더 많은 시간을 보내고 장기적으로 전망을 가지고 있습니다.… 사장이라는 호칭 자체보다는 그 회사의 주인이라는 점이 중요하다고 생각합니다. 왜냐하면 전자는 언제든지 후자가 임명할 수 있기 때문이지요.… 국가체육위원회에서 근무하다 1991년 소비에트 시절 최초, 정말 러시아에서 최초로 개인사업을 시작했지요"

모스크바에서 어린이 용품 전문매장을 운영하고 있는 <소규모 기업가-4> 역시 사업을 하게된 동기를 묻자 즉각적으로 돈이 목적은 아니라는 대답을 했다.

> "사업의 동기는 글쎄. 물론 돈은 절대 아닙니다. 무엇보다 사업을 통해 자신의 독립성을 확보할 수 있어서 좋습니다."

또한 블라디보스톡의 소규모 기업가-1은 사업 자체가 자신의 일이며 그에 대한 몰두를 강조하였다.

> "전에는 나는 오전 8시에 출근해서 오후 6시에 돌아오곤 했습니다. [당시에] 나는 내 일에 대해 아무런 흥미도 없었습니다…… 그렇지만 지금은 내 아들이 아프다 할지라도 일하러 나갈 겁니다. 왜냐하면 이것은 나의 일이고 나는 그것을 할 수 있기 때문입니다."

2) 혁신성

현대 러시아 사회는 서구 선진사회와 달리 이행기에 놓여있다. 이행기 사회의 구조적 특징은 변화의 크기가 크고 속도가 빠르다는 것인데 러시아 중산층의 경우는 이러한 사회적 현실에 적극적으로 적응하고 도전하며 대처하는 능력을 스스로 만들고 키워나가고 있다.

러시아 과학아카데미의 연구에 따르면 "새로운 것에 대한 추구"와 "전통의 고수"라는 문제를 두고 러시아 중산층의 다수(64.9%)는 전자를 지향하는 모습을 보여준다. 또 변화하는 세상에서 살아가는 것이 맘에 든다고 대답한 사람의 비율도 과반수를 넘기고 있다(57.3%). 중산층의 혁신적인 성향은 다소 보수적이라 할 수 있는 작은 마을에서도 비록 상대적으로 그 비율이 떨어지기는 하지만 여전히 강세를 보이고 있고, 대도시 특히 거대도시의 젊은 세대를 대상으로 할 경우에는 3:1의 비율로 강세를 보인다.[28]

> "모스크바 국립대에서 사회학을 전공하고 군수산업체에서 일을 했었습니다.… 91년 새로운 전망을 찾아 직장을 옮겨 광고회사 매니저로 일을 하다가 결국은 개인 사업을 시작했지요.… 이미 80년대에 뭔가 세상이 변하고 있다는 생각이 들었고 90년대에 들어서는 이 변화가 지속될 것이라는 것을 확신했습니다.… 지금은 17명의 직원이 있는 광고회사를 운영하고 있습니다." 〈모스크바의 소규모 기업가－2〉

> "대학에서 지질학을 전공했고 전공 분야 국가 기관에서 근무했었습니다. 그런데 알마아타에 파견나가 있는 동안 소비에트 체제가 붕괴했기 때문에 아시다시피 당시 각 공화국에 있던 러시아 사람들이 곤란을 겪었지요.… 친구와 함께 변압기를 만들어 팔기 시작했습니다. 그때는 수입되던 미국 가전제품들 중에 110볼트가 제법 있었기 때문에 사업이 아주 잘 되었지요. 그런데 그 영악한 미국사람들이 러시아로 수출하는 제품을 모두 220볼트로 바꿔버렸습니다… 결국 그렇게 몇 번의 실패를 거듭하고… 러시아에는 모스크바에서조차 어린이 전문 매장이 부족하더군요. 그래서 어린이용품을 수입해서 팔자는 생각을 하고 가게를 시작했지요." 〈모스크바의 소규모 기업가－4〉

기술감독관 경력을 활용하여 건설회사를 운영하고 있는 <블라디보스톡의 소규모 기업가－3>은 시장경제에 대한 긍정적 시각과 새로운 기술을 바탕으로 한 사업확장 의지를 피력했다.

> "러시아의 미래는 밝습니다. 시장경제라는 것이 … 우리 모두 새로운 체제에 적응을 했지요. 제가 일한 만큼 벌 수 있으니 좋습니다. … 태양 에너지나 수소 연료를 사용한 사업을 시작하고 싶습니다. 최신 과학 기술 분야를 사업화하는 것이 전망이 있을 것으로 생각됩니다."

이와 같이 인터뷰에 응한 사람들의 대부분은 개인 사업이 허용되지 않던 소비에트 시절부터 이미 사회의 변화를 예견하고 있었을 뿐 아니라 안정되지 못한 사회적 경제적 정치적 현실을 두려워하지 않고 자신의 사업을 시

---

28) Горшков, М.К., и Тихонова, Н.Е.(редактор), 2004; p.201.

작하였다. 또한 창업 이후 몇 번의 어려움이 있었지만 이를 극복하려는 태도를 가지고 있었으며 새로운 변화에 대한 적응과 적극적 도전, 그리고 새로운 것을 이루어내려는 개혁정신을 가지고 있음을 볼 수 있다.

그러나 이러한 혁신성과 함께 연줄과 사적 관계에 의한 경영형태도 함께 나타나고 있었다. 블라디보스톡의 경우 개인사업자들은 스스로 공과 사의 구분이 필요하다고 말하면서도 실제로는 가족이나 친구를 주로 고용하는 경향을 보여 주고 있다. 예를 들어 하층에 가까운 생활양식과 사고방식을 가지고 있던 <소규모 기업가-3>은 물론, 목적의식적 삶의 중요성과 공사 구분의 필요성을 강조했던 <소규모 기업가-2>조차 친구와 고용관계를 맺고 있었고, <소규모 기업가-1>은 아내와 아들까지 동원한 전형적인 패밀리 비즈니스의 형태를 보여주었다.

3) 정치적 무관심과 탈정치화

러시아의 중산층이 하층집단보다 더 독립적이고 개혁적이며 높은 잠재성을 가지고 있는 것은 사실이다. 그러나 이러한 의식을 현실화하기 위해서는 경제적 자원, 인적 자원, 사회적 자원, 문화적 자원 등의 여러 자원이 일정 수준 확보되어야 하는데 아직까지 러시아 중산층에게는 이러한 자원들이 확고부동하게 형성된 것이 아니라 하나의 경향만으로 존재하고 있다. 또한 경제의식적 측면에서의 독립성과 개혁성이라는 긍정적 측면과 함께 정치의식적 측면에서의 시민의식 부재, 정치적 무관심이라는 부정적 측면도 공존하고 있다(김우승 외 2006: 264).

그러나 대체적으로 중산층의 증가는 사회적 양극화의 방지와 함께 사회적 안정을 가져올 수 있다. 이 점에서 중산층의 존재는 국가와 사회 사이의 관계를 이어주는 중요한 매개체라 할 수 있다. 또한 자율적인 집단으로 여론을 창출함으로써 민주주의 발전을 주도할 수 있는 역할을 하기도 한다. 그러나 러시아의 중산층은 정치적으로는 시민으로서의 적극적 정치참여는 보여주지 않고 있다. <표-5>를 보면 1999년에 비해 2003년에는 정치에 대한 관심은 줄어들면서 정치에 대한 무관심은 23.8%에서 32.2%로 오히려 늘어남을 알 수 있다.

<표-5> 중산층과 하층집단의 정치적 관심에 대한 변화(%)

정치적인 관심도	중산층 1999년	중산층 2003년	나머지 계층 2003년
최근 정치적 활동에 참여 (정당활동, 집회, 시위등)	0.7	1.5	1.6
정치정보에 대한 상당한 관심	34.0	30.7	31.8
정치정보에 대한 소극적인 관심	41.5	35.6	31.9
정치에 대한 무관심	23.8	32.2	34.7

자료: РНИСиНП. Средний Класс в современном россий ском обществе. p.203.

특히 블라디보스톡의 기업가들은 정치와 관련된 대화를 할 때면 러시아 연방 정부는 물론, 블라디보스톡 지방 정부에 대한 강한 불신감을 토로하였다.

"연해주 정부의 도움에 대해 묻는 겁니까? 정부는 다 도둑놈들입니다. 믿을 수 없는 것들이지요"〈블라디보스톡 소규모 기업가-1〉

"정치에는 전혀 관심이 없습니다. 선거도 안 했고 … 정치란 것이 제가 영향을 전혀 미칠 수 없는 분야 아닙니까? … 주 정부의 도움을 받은 적은 한 번도 없습니다. 자유시장구역을 선포해서 그곳에 가서 사업을 진행시키고 있으면 갑자기 구역 폐쇄나 하는 사람들인데요, 뭐. … 세금, 돈, 관료들과는 매일 매일 새로운 문제가 발생합니다. 요구하는 서류도 많고…"〈블라디보스톡 소규모 기업가-4〉

정치 및 정부에 대한 강한 불신과 함께 정부의 반민주적 정책에 대한 대응 방식을 묻는 질문에 대한 응답 결과는 전체적으로 무관심과 소극성으로 나타났으며 이러한 현상은 모스크바보다 블라디보스톡에서 더 심각한 수준으로 나타났다. <표-6>에서 보듯이 국가의 정책이 자신의 권리를 침해하거나 반민주적 성격을 가질 때, 아무것도 하지 않겠다는 응답이 모스크바는 48.2%, 블라디보스톡은 72.9%로 심각한 정치적 무관심 현상을 보이고 있다.

<표-6> 반 민주적 정책에 대한 반응

거주지역＼반응	반대집회 참여	언론에 호소	인터넷을 통해 반대	아무것도 하지 않음	기타	전체
모스크바	15.3	7.6	17.6	48.2	11.2	100%
블라디보스톡 전체	11.7	2.9	7.1	72.9	5.4	100%

자료: 2004－2005년 자체조사

IV. 맺음말

19세기말, 제정 러시아 말기에 나타난 중간계급의 맹아(embryo)는 지나치게 강한 차르체제로 말미암아 단지 맹아로 끝나고 말았다. 또한 외형적 평등을 지향하였던 소비에트 시기의 중산층(국민 대부분이 비슷한 생활수준이었지만) 역시 강한 국가로 인해 어떠한 정치적 역할도 하지 못하였다.[29] 그렇다면 21세기 러시아의 중산층은 과연 어떤 모습을 하고 있으며 러시아의 사회발전에 어떤 역할을 할 수 있을 것인가?

러시아의 중산층은 비록 아직은 숫적으로 다수를 차지하지 못하고 있지만 적어도 소득과 소비라는 물질적 수준에서는 지역의 중간계층 이상의 위치에 도달해 있으며 대부분 스스로도 그렇게 생각하고 있다. 또한 생활양식에서도 중산층으로서의 독특한 모습을 아직까지는 완전히 보여주지 못하지만 점차 상층 및 하층과는 구분되는 모습을 보여주고 있다.

이들은 공식적인 연 소득은 $13,000－15,000이지만 실질소득은 그 이상이다. 러시아의 노동인구 가운데 단지 68%만이 공식적인 임금을 받는다는 점에서 공식적인 통계만으로 이들의 실질소득을 단정짓는 것은 무리이다. 무엇보다도 이들을 다른 계층과 확연하게 구분시켜 주는 것은 바로 이들이 가지고 있는 경제의식적 측면이다. 대부분이 기업가이기 때문이기도 하지만 논리적 계산과 합리성, 개혁적 마인드, 목적 지향적 자세 등은 시장경제적 멘털리티를 형성하고 있는 것으로 볼 수 있다. 또한 경제적 독립심과 국가

---

29) 제정러시아와 소비에트 시기의 중간계급 역사에 대해서는 김우승, 2003; pp.123－127 참조.

나 타인으로부터의 자율성 추구정신 등은 이들이 자율적 기업가로서의 윤리 내지는 정신을 가진 것이라 볼 수 있다. 그러나 다른 한편으로는 여전히 연줄과 혈연, 인맥 등의 비공식적 관계를 가진 사업형태를 가지고 있다는 점에서 완전한 부르조아적 윤리가 만들어진 것은 아니라고 할 수 있다. 사실 경제의식에서 이러한 이율배반적인 모습이 나타나는 이유는 사회주의 체제에서의 경영 또는 관리방식이 잔존하고 있기 때문일 수도 있다.

특히 이들의 정치의식을 보면 사회주의 체제와 러시아적 전통에서 만들어진 러시아적 요소가 강하게 나타나고 있다. 즉 정부와 관료에 대한 불신은 정치에 대한 무관심을 증폭시키고 바리케이트보다는 순응을 택함으로써 스스로를 국가와 정치영역에서 소외시키고 있다. 이러한 점은 러시아 인들이 가지고 있는 정치문화적 전통, 즉 항상 사회보다 우위에 서서 통치하던 권위주의적 국가기구와 통치집단을 '그들'로 부르면서 '우리'라는 자신들과 일반국민을 구분하던 러시아 전통과 정서가 남긴 유산이기도 하다. 결국 러시아의 중산층은 소득 측면에서는 러시아의 중간 수준이지만 정치의식적 차원에서는 여전히 '침묵하는 소수'이며 소시민적 중간층으로 남아 있다고 볼 수 있다. 이 점에서 현재 러시아의 중산층은 아누린(V. F. Anurin)의 지적처럼 질적인 성장보다는 양적으로만 성장하였으며 '대자적 계급'이라기보다는 '즉자적 계급'으로서의 위치에 머물러 있다고 할 수 있다.[30]

그렇다면 과연 러시아의 중산층은 변화하는 러시아 사회에서 어떤 역할을 할 수 있을 것인가? 1990년대 러시아의 중산층은 실질적으로 정치경제 개혁에 거의 영향을 미치지 못하였으며 정부도 이들을 중요시 여기지 않았다. 그러나 2000년 이후 이들은 러시아의 경제발전과 함께 새로운 소비자 집단으로 부상하고 있음을 결코 부인할 수 없다. 또한 푸틴이 대통령에 당선되고부터는 바로 중산층이 안정의 보루이자 '푸틴시대의 다수'라 불리는 사람들의 주력세력이 되어가고 있다. 이것은 무엇보다 바로 이 집단이 필요로 하는 안정과 질서, 능력있는 정권이라는 요구조건과 관련되어 있다. 이

---

30) Anurin, V. F., 2008; p.60.

들은 새로이 선출된 대통령이 자신들의 이러한 희망을 실현시켜주기를 기대하고 있으며 국가 지도자로서의 푸틴의 능력을 의심하지 않았다.[31]

이 점에서 이들은 한편으로는 시장경제를 지지하는 자유주의자이면서도 또 다른 한편으로는 강력한 국가관리를 지지하는 보수주의자라는 양면적인 속성을 보여주고 있다. 그러면서도 이들은 여전히 러시아 정교문화에서 이어져 온 가치관도 함께 가지고 있다. 심층면접을 했던 한 기업가는 이렇게 말하였다. "내 삶의 가치관이요? '인간의 형상'을 유지하는 것입니다. 어떠한 상황, 대통령이 되던, 감옥에 가서 죄수가 되던, 인간이라면 가져야할 가치를 지켜내는 것입니다" 이러한 태도로 미루어 본다면 비록 현재의 러시아 중산층은 외면적으로는 개인주의가 자리잡기 시작했다 하더라도 여전히 이전의 전통과 기억 속에서 만들어진 가치체계 위에 새로운 행위윤리를 덧씌우면서 새로운 모습으로 만들어지고 있다고 할 있다.

결과적으로 러시아의 중산층이 남미형으로 갈 것인가 미국형으로 갈 것인가 하는 질문은 의미가 없다. 그들은 외부의 새로운 것을 받아들이더라도 러시아 전통과 공존시켜 러시아적인 것으로 만드는 러시아적 형태의 중산층인 것이다. 따라서 러시아의 중산층을 분석하는 데 있어 우리는 더 이상 서구적 시각만으로 볼 것이 아니라 러시아의 역사문화적 맥락을 기반으로 이들의 성장과정과 사회적 행위에 주목해야 할 것이다. 따라서 중요한 것은 이들의 수적인 규모나 개념이 아니라 그들이 가진 정치, 경제, 사회적 잠재력이 어떤 형태로 나타날 수 있는가 하는 점일 것이다.

---

31) Известия, 2003년 11월 12일자, p.12.

김우승, "러시아 중간계급의 형성문제와 국가,"『사회과학연구』22권, 대전: 배재
대학교 사회과학연구소, 2003

김우승(외) "러시아 중간계급 형성과정에 대한 연구: 모스크바 지역의 소규모 기
업가를 중심으로,"『슬라브학보』21권 2호, 서울: 한국슬라브학회, 2006

김우승·김태진·강성희. "러시아 지방 소도시 소규모 기업가의 생활양식과 의
식구조"『담론201』10권 2호. 서울: 한국사회역사학회, 2007

김우승·홍성원·조영관. "극동 연해주의 소규모 기업가와 의식구조"『아시아연
구』10권 1호. 서울: 한국아시아학회, 2007

최우익, "러시아 중간계층의 지역별 분포와 양상,"『슬라브학보』23권 3호, 서울:
한국슬라브학회, 2008

Anurin, V. F., "Contours of the Middle Class in the Provinces of Russia,"
Sociological Research, Vol.47, No.1(Jan – Feb, 2008)

Avraamova, Elena A., "The Formation of a Middle Class in Russia – Definition,
Methodology, and Quantitative Assessments," *Sociological Research*, Vol.41,
No.6(Nov – Dec, 2002)

Beliaeva, L. A. "Social Stratification and Poverty in the Regions of Russia,"
Sociological Research, Vol.47, No.1(Jan – Feb, 2008)

Levin, I., "The Middle Class, Small Business, and Power," *Russian Politics and Law*,
Vol.45, No.5(Sep – Oct, 2007)

Shankina, A. Iu., "The Middle Class in Russia," *Russian Social Science Review*,
Vol.45, No1(Jan – Feb, 2004)

Горшков, М.К. и Тихнова, Н.Е. Чепуренко, А. Ю, *Средний класс в
современном российском обществе*(Москва; ПНИСиНП/РОССПЭН,
1999)

Горшков, М.К. и Тихнова, Н.Е.(редакторы), *Россия – новая
социальная реальность: богатые, бедные, средний класс*
(Москва; Наука, 2004)

Заславская, Т. И., *Современное российсое общебо – социальный
механизм трансформации*(Москва; Издательство Дело, 2004)

Московский Центр Карнеги, *Средние классы в России: экономические и социальные стратегии*(Москва: Гендальф, 2003)

Эксперт дата, *Материальное положение и стиль потребления российского среднего класса*(Москва; Эксперт ДАТА, 2004)

Bavin, P., "Waiting for the middle class," *Социальная реальность*, No.1(2006), http://socreal.fom.ru/?link=ARTICLE&aid=59

Bureau of Economic Analysis Foundation, "Middle Class in Russia: Quantitative and Qualitative Assessments,"(Moscow, 2000), http:www.beafnd.org

Заславская, Т. И. и Громова, П., "Несколько соображений о среднем слое России," Problems of Middle Class Emerging in Post－communist Russia － Proceedings of the Conference hosted by Gaidar's Institute(March 1998), http://www.iet.ru/publics/ch/ch1_2.htm

http://top.rbc.ru/english/index.shtml?/news/english/2008/01/30/30194357_bod.shtml

Известия, 2003년 11월 12일자

제2부 | 외교·군사강국 러시아

러시아의 재부상과 글로벌 외교의 전망

고재남(외교안보연구원 교수)

I. 서론

21세기가 시작된 후 지난 8년 동안 세계 전략환경의 가장 두드러진 변화 중의 하나는 러시아의 '강대국으로의 재부상'이다.[1]

갑작스런 소연방 붕괴후 러시아는 1990년대 정치·경제·사회적 '3중 전환'(triple transition)을 동시에 진행시키면서 소위 "잃어버린 10년"[2]으로 지칭될 정도로 극심한 정치·경제·사회적 혼란을 경험하였다. 옐친 대통령의 조기 사임으로 2000년 1월 1일부터 대통령 직무대행을 시작한 푸틴도

---

[1] 러시아는 1721 – 1814년 사이에 스웨덴과의 북방전쟁에서 승리(1721), 폴란드 분할(1772, 1793, 1795), 프랑스와의 전쟁에서 승리(1812 – 14) 등을 통해 유럽 강대국으로 부상하였고, 볼세비키 혁명후 스탈린의 5개년 계획의 성공적 추진과 독일전에서의 승리(1945)를 통해 세계 초강대국으로 부상하였음.

[2] 일부 학자들은 러시아가 겪은 90년대를 '혼란기'(time of troubles, 1598 – 1613), '내전기'(civil war, 1917 – 1921)에 이은 제3의 혼란기로 지칭하고 있음. J.B. Dunop, "Confronting a Loss of Empire," *Political Science Quarterly* 34 – 4 (1993 – 94), p.102 – 14; Alexander Duleba, "From Domination to Partnership: The Perspective of Russian – Central – East European Relations," www.nato.int/acad/fellow/96 – 98/duleba.pdf (검색일: 2008년 7월 2일).

"러시아는 역사상 가장 어려운 시기중의 하나에 직면해 있다. 지난 2 - 300년간 처음으로 러시아가 제2세계 또는 제3세계 그룹으로 추락할 실질적 위험에 처해있다"[3]고 말했다. 실제로 옐친 정부는 극심한 정국불안, 외환위기 등 경제침체 지속, 부정부패 및 조직범죄의 만연, 치안부재, 빈부격차의 심화, 막대한 외화 불법유출, 체첸사태 지속, 재래식 군사력의 약화 등과 같은 체제이행기의 온갖 부정적인 국가현상을 경험하였다.

이와 같은 국내현상은 러시아의 국가로서의 존립자체를 위협하는 상황이었으며, 대외적으로도 신 세계질서의 형성은 물론 국제현안을 해결하는 과정에서 큰 영향력을 행사하지 못한 요인으로 작용하였다. 유럽에선 러시아의 강력한 반대에도 불구하고 미국 주도로 NATO의 중동부 유럽으로의 확대는 물론 코소보사태에 대한 군사개입이 이루어졌다. 또한 동북아 지역, 심지어 아·태 지역의 안보·경제 협력 및 전략환경을 논의할 때, 러시아는 아예 역내 주요 행위자로 고려되지 않았다.

이러한 러시아의 국력약화 및 위상추락을 반영하듯이 2000년대 초까지도 많은 국제정치학자 및 러시아 전문가들은 러시아가 단·중기적으로 더 이상 국제사회에서 주요 행위자 또는 강대국의 역할을 할 수 없을 것으로 전망하였다.[4] 심지어 이들 중 일부는 취약한 러시아가 유라시아 지역을 포함한 국제질서에 미칠 부정적인 영향을 최소화하는 방안을 강구해야 한다고 주장하였다.

그러나 21세기의 시작과 함께 출범한 푸틴 정부는 "경제발전과 강국건설을 통한 강대국 지위회복"을 우선적인 국정목표를 설정, 이를 성공적으로

---

3) Vladimir Putin, "Russia at the Turn of the Millennium," (January 17, 2000), www.government.gov.ru/english/statVP_engl_1.html. Dale R. Herspring (ed), *Putin's Russia: Past Imperfect, Future Uncertain* (New York: Roman & Littlefield Publishers, Inc., 2003), p.1에서 재인용. 이 논문은 원래 1999년 12월 30일 *Nezavisimaya Gazeta*에 게재되었음.

4) A. M. Salmin, "Russia, Europe, and the New World Order," *Russian Social Science Review* 41 - 3 (May/June 2004), pp.4 - 36; Frank Umbach, "Russia as a 'Virtual Great Power': Implications for its Declining Role in European and European Security," *European Security* 9 - 3 (Autumn 2000), pp.87 - 122; Sherman Garnett, "Russia's Illusory Ambitions," *Foreign Affairs* 76 - 2 (May/April 1997); Nicholas Eberstadt, "Russia: Too Sick to Matter?" *Policy Review* 95 (June/July 1999), pp.3 - 24, etc.

추진하였고, 그 결과 국내외적으로 강대국으로 재부상하였다.[5] 특히 푸틴의 러시아의 국제적 역할 증대 및 가시성(visibility) 확대를 위한 치밀한 외교전략과 2003년부터 지속되고 있는 고유가는 푸틴 집권 2기들어 러시아가 강대국으로 재부상하는데 결정적인 역할을 하였다.[6]

러시아의 강대국으로의 재부상은 푸틴 정부로 하여금 국제문제에 대한 '개입·참여 정책'을 확대, 강화시키면서 독자적(independent), 공세적(assertive)인 외교정책을 추진할 수 있게 하였다. 실제로 푸틴 정부 2기들어 '신 냉전'(new Cold War)이 도래할 수도 있다는 주장이 제기될 정도로 러시아의 대미, 대EU 관계가 악화되었음은 물론 코소보 독립, 이란 핵개발, NATO 확대, MD 체제 구축 등을 둘러싸고 갈등이 심화되었다. 또한 러시아의 강대국으로 재부상은 남 코카서스, 중앙아시아 등 유라시아 정세는 물론 러·중 관계, 남·북·러 3각 관계 등 동북아 정세의 발전에도 많은 영향을 미치고 있다.

러시아는 지구 육지면적의 8분의 1을 차지하는 거대한 유라시아 국가이자 매킨더(Halford Mackinder)가 세계 지배력의 원천으로 규정한 유라시아 '심장부'(heartland)의 핵심 지역으로서 역사적으로 세계 정치·경제·안보 질서의 향배에 결정적인 영향을 미쳐 왔다. 예를 들어, 러시아는 19세기초 나폴레옹군과의 전쟁에서 승리해 유럽내 세력균형질서를 확립, 100여년간의 평화시대를 여는 데 결정적인 기여를 했고, 제2차 세계대전시에는 독일

---

5) 푸틴 정부의 국정목표와 이를 달성하기 위한 과제는 푸틴 대통령의 연두교서, 국가안보개념, 외교정책개념 등 공식, 비공식 문건들을 통해 소개되었음. 푸틴의 강대국 지위 회복 전략에 대한 것은 다음 문건을 참고하기 바람. 고재남. "푸틴 대통령의 국정수행 평가 및 전망." 「主要國際問題分析」(외교안보연구원; 2001. 6. 15); Stanislav Secrieru. "Russia's Quest for Strategic Identity," *NATO Defense College Research Paper* (November 2006); Pavel Baev, "Putin Reconstitutes Russia's Great Power Status," *PONARS Policy Memo* 318 (November 2003).

6) 푸틴 집권 2기들어 러시아의 재부상과 그것이 국제정치환경 및 양자관계에 미칠 영향에 대한 다양한 연구물 및 기사들이 쏟아져 나왔음. Jakob Hedenskog, Vilhelm Konnandt, Bertil Nygren, Ingmar Oldberg and Christer Pursianen (eds). R*ussia as a Great Power: Dimensions of Security under Putin* (New York: Routledge, 2005); Cecil E. Maranville, "Russian Resurgence in a Unipolar World," www.wnponline.org/wnp/wnp0605/russia (검색일: 2007년 8월 21); Vlad Sobell, "The re-emerging Russian Superpower," *Russia Profile* (January 29, 2006). Washington Quarterly 30-2 (Spring 2007)는 "Resurgent Russia" 제하의 특집기사에서 Dmitri Trenin(러·서구 관계), Celeste A. Wallander(초제국주의), Jeffrey Mankoff(러·서구 관계), Alexander Rahr(러·독 관계), Thomas Gomart(러·불 관계)의 논문을 게재하였음.

군과의 전쟁에서 승리해 국제질서를 양극적 대립질서로 변화시켰다. 또한 소연방의 붕괴는 유라시아를 포함한 국제 정치·경제·안보 환경의 대변혁을 초래하는 요인으로 작용하였다.

따라서 러시아의 강대국으로의 재부상은 국제 정치·경제·안보 환경에 긍·부정적 영향을 미칠 것이 자명하다. 특히 최근들어 에너지·자원 안보에 대한 국제사회의 관심이 증대되고 있는 현실을 감안해 볼 때, 러시아의 재부상과 이에 따른 양자·다자 차원의 글로벌 외교의 경향과 실제에 대한 연구는 매우 중요하다.

본 논문은 우선 제2절에서 푸틴 정부들어 러시아가 강대국으로 재부상한 배경을 살펴보고, 제3절에서 재부상후 러시아 글로벌 외교의 경향과 실제를 분석하며, 그리고 제4절에서 러시아의 강대국 지위 및 글로벌 외교를 전망하면서 이것이 한반도 정책에서 갖는 함의를 살펴보고 있다. 본 논문에서 글로벌 외교는 범세계적 이슈에 대한 외교정책은 물론 양자·다자 차원의 외교를 의미하고 있다.

Ⅱ. 러시아의 강대국으로 재부상 배경

푸틴의 러시아의 강대국 지위 복원을 위한 프로젝트는 1990년대 말 러시아가 국내외적으로 직면하고 있었던 상황에 대한 냉철하고 현실적인 인식과 판단에 기인한다. 푸틴 정부 출범후 발간된 각종의 외교·안보 문건, 대통령의 연두교서, 그리고 상기한 푸틴의 'Millennium' 연설은 러시아가 직면한 국내외적 상황과 이의 극복책을 제시하고 있다.

예를 들어, 푸틴은 대통령 직무대행 시작 직후인 2000년 1월초 "강력한 군대-경제·사회적 문제의 해결이 없이는 강대국이 될 수 없다"[7]고 주장하면서 강대국 건설을 국정목표로 설정하였다. 또한 2003년 5월 연방의회

---

7) "Russian Must be Great Again - Putin," *BBC News* (January 11, 2000), http://www.west.net/~antipas/news/news_2000/russia_2000_··· (검색일: 2005년 9월 4일)

의원들 앞에서 행한 '연두교서'에서 러시아가 추구하는 국가전략 목표를 "빠른 시일안에 강력하고, 경제적으로 발전되고, 국제적으로 영향력 있는 국가"[8]를 건설하는 것이라고 천명하였다. 또한 푸틴은 2005년 4월 25일 연방의회 의원들 앞에서 행한 '연두교서'에서 "현대 세계에서 러시아의 지위는 (러시아가) '얼마나 강력'(how strong)하고 이를 위하여 (군사·경제·제도적 힘을) 얼마나 성공적으로 획득하느냐에 달려있다"[9]고 주장하였다.

푸틴 집권 2기들어 러시아가 강대국으로 부상한 것은 집권 1기중 강국건설과 강대국 지위회복이라는 국정목표를 성공적으로 추진한 결과라고 볼 수 있다. 따라서 본 절에서는 러시아의 재부상 배경을 정치·경제·외교·군사적 요인과 외부적 요인으로 나누어 살펴보고 있다.

1. 푸틴의 권력 공고화와 강력한 리더십

푸틴은 'Millennium' 연설과 취임직후 채택한 '국가안보개념'은 러시아 직면한 국가안보 위기의 심각성과 이를 극복하기 위한 방안들을 제시하고 있다. 실제 러시아는 1990년대 급진 경제개혁의 실패에 따른 민심이반과 보·혁간의 대립 심화, 국가두마내 여소야대의 지속, 지방정부에 대한 연방정부의 통제권의 약화, 체첸전쟁 등 분리주의 움직임 지속, 부정부패 및 조직범죄의 만연 등과 같은 극심한 정치·사회·경제적 혼란을 겪었다. 특히 옐친 집권 2기 시작과 더불어 발생한 건강이상은 효율적인 국정 수행을 불가능하게 하였고, 국내정세의 혼란 양상은 더욱 심화되었다. 심지어 90년대 후반 일부 러시아 전문가들은 체첸전쟁 발발, 중앙정부의 지방정부에 대한 통제권 약화 등 연방내 지역주의가 심화됨에 따라서 러시아연방이 분열되는 것이 아니냐는 우려를 하였다.

푸틴은 대통령 취임과 더불어 법치확립 및 경제발전을 통한 강국건설을

---

8) "Annual Address to the Federal Assembly,"
   www.kremlin.ru/text/apperas/2003/05/44623.html (검색일: 2003년 6월 21일).

9) "Annual Address to the Federal Assembly,"
   http://president.kremlin.ru/eng/text/speeches/2005/04/25/2031_typc7… (검색일: 2005년 4월 26).

국정목표로 내세웠고, 이를 효율적으로 추진하기 위해 권력의 집중화 작업을 우선적으로 추진하였다. 푸틴의 권력집중화 정책 추진은 러시아의 취약성에 대한 인식에서 출발하였다.[10] 푸틴은 연방의 법적 · 경제적 공간의 파편화, 인구감소 추세 지속, 국민들의 건강상태 악화, 군사력 쇠퇴, 조직범죄 및 부정부패의 확산, 빈부격차의 심화 등과 같은 부정적 요인으로 인해 체제붕괴 위기에 직면했다면서 이들 도전을 극복하기 위해 법치확립 및 권력의 공고화 그리고 경제발전이 우선적인 국정과제라고 주장하였다.

따라서 푸틴은 집권과 더불어 연방권력 및 개인 권력의 공고화 작업, 즉 권력의 수직화 작업을 우선적으로 추진하였는데, 이는 1999년 12월 국가두마 선거에서 옐친의 효율적인 국정수행의 장애요인으로 작용하였던 여소야대 현상이 극복된 것도 큰 도움이 되었다.[11]

1990년대 말 크렘린에 입성하여 연방내 지역문제를 담당하던 푸틴은 연방정부의 지방정부에 대한 통제권이 거의 붕괴되었음을 실감하고 있었으며, 중앙차원의 권력투쟁에 지방 행정장관 및 의회 지도자들이 개입함으로써 정국불안이 가중되었다고 판단하였다. 따라서 푸틴은 다음과 같은 권력강화 정책 및 '수직적 권위' 확립 정책을 추진하였다.[12]

우선 푸틴은 지방정부에 대한 중앙정부의 통제권을 강화시키는 조치를 취하였다. 이는 소위 권력의 수직화 또는 수직적 권위 확립정책이라고 불리는데 푸틴은 우선 러시아를 7개의 연방관구로 분리, 대통령 대표를 파견 지방정부에 대한 연방통제권을 강화시켰다. 이들은 대통령을 대신하여 지방정부가 연방정부 차원에서 제정한 법률과 규칙 등을 잘 이행하고 있는지 그리고 지방에 있는 연방정부 관청들이 업무수행을 잘 하는지를 감독하는 기

---

10) 푸틴은 'Millenniums' 연설 및 국가안보개념, 연두교서 등에서 안보위협 요인을 외부적인 것보다 국내적인 것들이 더 심각하다고 주장함.

11) 고재남, "러시아 총선 결과와 향후 정국 전망," 「主要國際問題分析」(외교안보연구원; 2000. 1. 6).

12) 푸틴의 권력 수직화 작업에 대한 연구는 매우 많음. 정한구, "푸틴의 '강한 국가' 건설하기, 2000 – 2008: 러시아 전제정치의 긴 그림자"「세종정책연구」4 – 1 (2008), pp.179 – 212; 서동주, "러시아 푸틴 행정부의 정치개혁: 집권 1기의 평가와 집권 2기 전망," 「국제정치논총」44 – 3 (2004), pp.151 – 74; 김성진, "러시아 연방관계의 성격과 중앙 – 지방 관계," 홍완석 엮음, 「현대 러시아 국가 체제와 세계전략」(파주: 한울아카데미, 2005); Lilia Shevtsova, *Putin's Russia* (Washington, D.C.: Carnegie Endowment for International Peace, 2003); Herspring(2003), etc.

능을 담당하고 있다. 또한 푸틴은 지방행정 장관과 지방의회 의장의 상원격인 연방회의 의원직 자동 승계제도를 폐지, 이들의 연방정부 및 연방의회에 대한 권한과 지위를 축소시켰다. 이에 더하여 푸틴은 2004년 12월 대통령의 지방 행정장관에 대한 지휘권을 강화시키기 위해 지방 행정장관의 직선제를 폐지하고 대통령이 추천, 지방의회가 인준하는 간선제도로 개편하였다. 이 제도에 따르면 대통령이 지방 행정장관을 지방의회에 추천, 과반수 이상의 지지를 얻으면 임명되며, 만약 지방의회가 2번 이상 대통령이 추천한 인사를 거부할 경우, 대통령은 지방의회를 해산할 수 있다. 따라서 이 제도는 사실상 지방 행정장관을 대통령이 임명하는 것과 같은 효력을 가진 권력의 수직화 정책에서 가장 중요한 조치라고 볼 수 있다.

또한 푸틴은 국가두마내 친크렘린 세력의 강화를 위하여 정당법, 선거법 개정을 단행하였다. 명목상으로는 정당 난립의 방지 및 지방 토호 세력들의 의회진출을 제한시키면서 3 - 5개 다당제를 확립해 의회 민주주의의 강화를 목적으로 한다고 주장하였으나, 정당법, 선거법의 개정은 집권 세력의 정책 추진 및 권력유지에 호의적인 정치환경을 조성하기 위한 숨은 의도가 있었다. 2001년 6월 국가두마에서 채택된 정당법에 따르면 정당결성은 1만 명 이상의 당원과 전체 연방구성체중(현재 83개) 적어도 50%에 당 지부를 유지해야 하고 각 지부에는 최소한 100명의 당원이 등록하고 있어야 가능하다. 이후 정당 결성 요건은 더욱 강화되어 정당결성을 위해서는 최소 5만명의 당원에 각 지부의 절반은 500명 이상의 등록 당원을 그리고 나머지 지부도 최소 250명의 등록 당원을 가지고 있어야 한다.[13] 선거법의 경우, 국가두마는 2005년 4월 과거 1인 선출 소선구제에서 225명, 정당투표 비례선출제에서 225명을 선출하던 국가두마 의원 선거법을 정당투표 비례선출제로 450명 전원을 선출하는 제도로 개정하였다. 이러한 정당법, 선거법의 개정에 따라서 2007년 12월초 실시된 국가두마 선거결과는 푸틴 정부가 의도한대로 친크렘린 정당들(집권당인 통합러시아당, 친크렘린 정당인 자유민주

---

13) 정한구(2008), pp.180 - 181.

당, 공정한 러시아당)이 헌법 개정도 가능한 전체의석의 3분의 2이상을 차지하였다.[14]

푸틴은 옐친 정부하에서 정치, 경제, 심지어 외교·안보 정책에 막강한 영향력을 행사하던 올리가르히(과두재벌 또는 금융·산업·언론 재벌)들의 영향력을 약화시키면서 친크렘린 과두재벌 및 새로운 집권엘리트를 구축하는데 성공하였다. 푸틴은 집권후 과두재벌들을 크렘린으로 초청, 더 이상 경제력을 이용한 정치개입을 하지 말아 줄 것을 당부하였다. 그러나 푸틴은 일부 과두재벌들이 정치·경제 영역에 대한 영향력 행사를 시도하자 이들의 제거 및 정부의 언론장악의 일환으로 옐친 집권2기에 막강한 영향력을 행사했던 언론재벌 구신스키(Vladimir Gusinskii)와 베레조프스키(Boris Berezovskii)를 탈세 및 횡령 혐의로 구속하면서 재벌 길들이기를 추진하였다. 현재 양인은 해외 도피중에 있다. 또한 푸틴은 석유재벌 유코스 회장인 호도르코프스키가 푸틴 정부의 에너지 정책에 반하는 기업경영을 하면서 야당에 대한 재정지원 및 대권행보를 공공연하게 함에 따라서 2003년 10월 탈세, 사기, 횡령 등의 혐의로 전격 체포, 구속하였다. 이러한 구 과두재벌들의 몰락은 신 권력집단, 소위 '실로비키(Siloviki, 군, 경찰, 정보기관 출신 등 제복 착용자들)의 탄생을 가져왔다. 실로비키들은 상트 페테르부르크 출신 엘리트들과 함께 푸틴의 새로운 권력기반을 구축하면서 국영기업은 물론 정부내 주요 요직을 장악하고 있다.[15]

서방세계는 푸틴의 이러한 권력집중화 정책을 "민주주의의 후퇴와 권위주의로의 회귀 정책"이라고 비난하였다. 또한 일부 서방 전문가들은 푸틴에 대한 권력집중 현상을 비난하면서 현대판 '차르'(황제)가 탄생했다고 주장하

---

14) 김덕주, "러시아 총선 평가와 향후 정국 전망," 『主要國際問題分析』(외교안보연구원; 2008년 1월 8일). 450명을 선출하는 국가두마 선거에서 집권당인 통합러시아당이 315석, 러시아공산당이 57석, 그리고 친크렘린 당이라고 볼 수 있는 자유민주당이 40석, 공정한 러시아당이 38석을 각각 차지하였음.

15) '실로비키'에 대한 연구물은 다음 문헌 참조. 서동주, "러시아 푸틴정부의 인맥정치와 실로비키: 한·러 인적 교류 활성화 방안 모색," 『국제문제연구』 6-4(2006 겨울), pp.1-28; 우평균, "푸틴 집권이후 러시아 정치 주도세력과 국내정치 동향," 『국제평화』 4-1(2007), pp.245-274; Daniel Treisman, "Putin's Silovarchs," *Orbis* (Winter 2007), pp.141-153; Ian Bremmer and Samuel Charap, "The Siloviki in Putin's Russia: Who They Are and What They Want," *The Washington Quarterly* 30-1(Winter 2007), pp.83-92, etc.

였다. 그러나 극심한 정국혼란과 경제위기, 그리고 서방세계의 무시와 간섭 등을 경험한 러시아 국민들의 입장에서 볼 때, 푸틴의 권력공고화 정책은 쉽게 수용될 수 있는 것들이었다. 실제로 정국안정과 사회·경제적 여건의 개선, 그리고 국제사회에서의 러시아의 발언권 및 영향력의 증대는 푸틴에 대한 국민들의 지지가 70%가 넘는 요인으로 작용하였다. 또한 푸틴의 '강대국주의'는 실의와 좌절, 그리고 패배주의에 빠져있던 러시아인들을 자극하여 민족주의를 발흥시키는 결과를 가져왔고 동시에 푸틴의 국내외 정책에 대한 적극적인 지지를 강화시키는 요인으로 작용해 오고 있다.

서방 세계의 비난에도 불구하고 푸틴의 강력한 권력기반 확립과 이에 따른 리더십 강화는 푸틴으로 하여금 정국안정을 유지하면서 강국건설과 강대국 지위회복을 위한 국내외 정책을 강력하고 일관되고 추진할 수 있는 배경 요인으로 작용하였다.

2. 성장경제의 지속과 풍부한 에너지자원

푸틴 정부는 출범직후 경제위기 상황의 심각성을 인식하면서 경제발전이 없이는 강국건설은 물론 강대국 지위회복이 불가능함을 인식하였다. 실제로 푸틴은 2000년 1월 초 "우리는 사회·경제적 부문에서 수많은 문제들을 해결하지 않으면 그 목표(강대국)를 달성할 수 없다"[16]고 주장하였다. 또한 '국가안보개념'은 경제위기의 복합성을 지적하면서 경제위기 극복을 위한 경제개혁과 호의적인 대외환경 조성을 위한 실용주의 및 경제이익 우선주의 외교 강화를 제시하고 있다.

---

16) "'Russia Must Be Great Again' - -Putin," *BBC News* (January 11, 2000) 재인용.

<표 1> 러시아 GDP 증가율 추이[17]

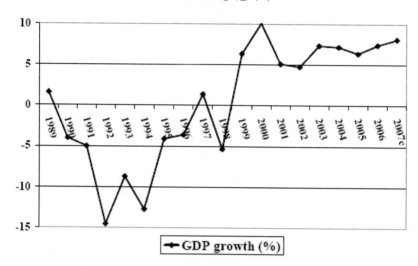

Sources: World Bank's World Development Indicators (WDI) and Russian Federal State Statistics Service(Rosstat)

<표 2> 러시아의 GDP 규모 변화 추이[18]

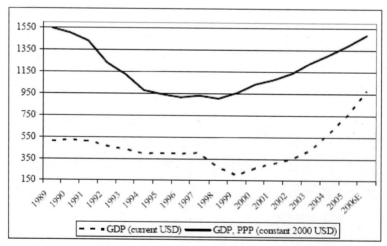

Sources: WDI and Rosstat.

---

17) Lucio Vinhas De Souza, *A Different Country, Russia's Economic Resurgence* (Brussels: Center for European Policy Studies, 2007), http://www.ceps.eu (검색일: 2008년 7월 31일), p.15.

18) *Ibid.,* p.16.

옐친 정부는 1992년 1월 2일 자유화, 사유화, 안정화를 내용으로 하는 충격요법식 급진 경제개혁을 실시하였으나 GDP 급감, 빈곤층의 급증과 빈부 격차의 확대, 정경유착의 심화와 지하 조직범죄의 만연, 외환 해외불법 반출 등 부작용이 팽배해 민심이 이반하는 등 극심한 혼란을 겪었다.

예를 들어, 1990년대 미국이 30%의 GDP 증가를 시현한 것에 비해 러시아 GDP는 40%나 급감하였다. 이는 GDP 증가율이 1997년, 1999년 1－2% 정도의 플러스 성장을 각각 시현한 것을 제외하곤 마이너스 성장을 시현하였다. 재정적자도 90년대 내내 GDP의 10% 정도나 되었다. 또한 국내 열악한 투자환경 및 금융기관의 부실, 그리고 부패자금의 유출로 외화는 1990년대에 약 2000－2500억불이 해외로 유출되었으며,[19] 1998년 8월에는 외환위기가 발생하였다.

푸틴 정부들어 러시아 경제는 연 7% 내외의 지속적 경제성장을 유지해 오고 있으며, 이는 외환위기시 루블화의 평가절하에 따른 국산품에 대한 수요증대와 생산성 향상, 외국인 투자 확대 및 세수 증대를 위한 개혁 입법, 특히 에너지 가격의 상승에 따른 막대한 외환유입 증대 등에 따른 것이다. 러시아의 강대국 지위회복은 경제부흥에 힘입은바 크다.[20]

러시아는 GDP 부문에서 2006년 말 한국에 앞서 세계 11위를 차지했으며, 이 순위는 2007년에도 유지되었다. 또한 2006년에는 GDP의 9%에 달하는 재정흑자를 기록하였다. 그리고 2005년까지 실질 소득이 매년 12%이상 증가하면서 빈곤층이 지속적으로 감소하였고, 투자도 매년 10%나 증가하였다. 인플레이션도 2006년까지 10% 미만을 유지하였다. 외환보유고는 2007년 11월초 현재 4500억불(1500억불의 석유안정기금 포함시 약 6000억불)로 세계 3위를 기록하였다. 이러한 풍부한 외환보유고에 힘입어 IMF 채무를 1년반 앞당겨 2005년 초까지 모두 상환하였고, 2006년 여름에는 파리클럽에 진 채무 230억불을 미리 상환하였다.[21] 이러한 대외 채무상환은 러

---

19) German Gref의 인터뷰, *Interfax*(September 21, 2001),
　　http://www.news.mail.ru/news.html?81324 (검색일: 2008년 6월 3일).
20) *Ibid.*, pp.15－24.
21) Clifford G. Gaddy and Andrew C. Kuchins, "Putin's Plan," *The Washington Quarterly* 31－2

시아의 대외관계에서 정치 · 경제적 자율성을 증대시키는 요인으로 작용하였다. 특히 서방 국가들 및 국제금융기관의 러시아 국내 정치 · 경제 정책에 대한 간섭 여지를 축소해 주었다. 즉 이는 미국, EU 등 채권국들의 대러 영향력 행사 수단을 약화시키는 효과를 가져다주었다. 또한 러시아내 외국인 투자환경의 개선 및 에너지 · 자원 안보에 대한 관심 증대로 외국인의 대러 투자가 급증해 2002년 이후 8.3배나 증가해 2006년 260억불을 기록 (GDP의 약 3.2%)하였으며, 이런 증가세는 이후에도 계속되고 있다.

한편 러시아의 막대한 에너지 · 자원은 러시아가 강대국으로 부상하는데 결정적인 역할을 하였다고 평가할 수 있는데, 실제로 푸틴 정부는 에너지 및 천연자원을 활용하여 외화획득을 통한 국내 경제여건의 개선은 물론 대외적 영향력 행사 및 다자 · 양자 협력을 강화시키는 지렛대, 즉 '정치적 무기'(political weapons)로 활용해 오고 있다.[22]

예를 들어, 러시아의 수출액에서 에너지 부문이 차지하는 비율이 60% 정도를 차지하고 있으며, GDP의 25%이상이 에너지 부문으로부터 나오고 있다. 또한 에너지는 러시아의 대외적 영향력 행사 및 외교력의 강화에 활용되고 있는데, 이는 대러 에너지 의존도가 높은 CIS 국가들이나 EU 국가들의 대립 회피적 대러 정책이 증명해 주고 있다. 러시아는 동시베리아와 태평양을 연결하는 파이프라인 노선 결정과정에서 중 · 일의 대러 에너지 외교경쟁을 양자관계 개선 수단으로 활용하였다.

러시아는 2005년의 경우 전세계 석유 생산의 12.1%인 하루 평균 955만 배럴의 원유를 생산하여 680만 배럴을 수출하였는데, 이는 전세계 석유 교

(Spring 2008), p.124.

22) 푸틴 정부의 에너지자원의 정치 · 외교적 이용에 대한 연구는 매우 많음. Keith C. Smith, "Russian Energy Politics in the Baltics, Poland, and Ukraine: A New Stealth Imperialism?", *CSIS Report* (December 2004); Steven Woehrel, "Russian Energy policy Toward Neighboring Countries," *CRS Report for Congress* (January 17, 2008); Martha Brill Olcott, "Vladimir Putin and the Geopolitics of Oil," http://www.rice.edu/energy/publications/russianglobalstrategy.hrml (검색일: 2006년 6월 2일); Vladimir Milov, Leonard L. Conurn, and Igor Danchenko, "Russia's Energy Policy, 1992–2005," *Eurasian Geography and Economics* 47–3(2006), pp.285–313; Robert L. Larsson, "Russia's Energy Policy: Security Dimensions and Russia's Reliability as an Energy Supplier", *Scientific Report* (March 2006), Swedish Defence Research Agency.

역량의 8.5%로서 사우디아라비아에 이어 세계 2위를 기록하였다. 러시아는 확인 석유 매장량 7위의 국가이다. 한편 러시아의 천연가스 생산은 1990년 약 6,500억 입방미터의 생산을 정점으로 소연방 붕괴후 심각한 생산감소를 경험하였으며, 1997년에는 5,700억 입방미터까지 감소하다가 1998년부터 꾸준히 생산량이 증가하여 2003년에는 5,786억 입방미터까지 증가되었다. 러시아는 2005년 천연가스를 전세계 생산량의 21.6%인 5,980억 입방미터를 생산하여 파이프라인을 통하여 1,510억 입방미터를 수출하였는데, 이는 전세계 천연가스 교역량의 28%(세계 1위)를 차지하였다. 러시아의 천연가스 확인 매장량은 세계 1위를 차지하고 있다.[23]

푸틴 정부는 2002년부터 1986년부터 시작된 저유가 시대가 마감하면서 고유가 추세가 지속됨에 따라서 에너지자원을 경제발전의 동력 및 대외적 영향력의 행사 수단으로 활용하기 위한 전략을 수립하기 시작하였다. 그 결과 푸틴 정부는 2003년 5월 「에너지전략 2020」을 발표하였다. 푸틴의 에너지 전략을 그대로 반영하고 있는 「에너지 전략 2020」은 118쪽에 달하는 방대한 문건으로 러시아 에너지 전략의 우선 과제, 연료 및 에너지 콤플렉스(Complex)에 대한 국가의 역할과 책임, 러시아의 경제발전 및 국내외 에너지 수요에 따른 낙관적, 비관적 전망과 이에 대한 대책, 국가의 에너지정책, 대외 에너지 수출 및 협력 정책, 에너지자원의 전망 등을 포괄하고 있다.[24]

최근 러시아는 자국의 풍부한 천연가스 생산 및 매장량을 정치·외교적으로 활용하기 위하여 OPEC형 가스 카르텔을 구성하기 위한 논의과정에서 주도적인 역할을 하고 있다.[25] 물론 러시아의 에너지를 이용한 강대국 지위 유지가 가능할지에 대한 논란이 지속되고 있다.[26] 논란의 초점은 러시아 경

---

23) 고재남. "러시아 에너지 외교: 현황과 전망." 정책연구과제 2006 - 1 (외교통상부 외교안보연구원), pp.23 - 27.

24) 상게 논문. p.19.

25) Igor Tomberg, "Gas Cartel: A De - facto Establishment," http://en.fondt.ru/print.php?id=672 (검색일: 2007년 4월 17일); 손효종. "러시아의 에너지 전략: GAS OPEC 논의에 관한 분석." 「동북아안보정세분석」(KIDA; 2008. 3. 5).

26) 한종만. "에너지를 통한 강대국 러시아의 복귀 가능성과 한계성." 「한국동북아논총」 11 - 4 (2006); Vladimir Milov, "Russian Use of Energy as a Political Tool: Background and Possible Consequences for Europe," http://www.energypolicy.ru (검색일: 2007년 3월 2일)

제의 에너지 의존도, 유가 급락 가능성, 에너지 산업의 국유화에 따른 생산성 하락 등이다.

러시아의 경제력의 신장으로 주요 기업들이 중앙아시아, 우크라이나 등 옛 소연방 구성국들에 대한 투자를 확대시킴에 따라서 이들 국가들에 대한 경제적 영향력이 크게 증대되고 있다. 그 결과 러시아는 신흥시장에서 대한 해외투자액이 세계 2위를 차지하고 있으며, BRICs 국가중 가장 많은 해외 투자를 하는 국가로 부상하였다.[27] 또한 세계 최대의 가스기업인 가즈프롬(Gazprom)과 막대한 '석유안정기금'[28]을 이용하여 러시아는 미국, EU내 우량기업의 지분확보는 물론 직접투자를 확대시키고 있다.

3. 군사력의 점진적 강화

푸틴은 대통력직을 시작한지 얼마 안돼 "우리나라 러시아는 거대하고 강력한 국가였으며, 강한 군대와 강력한 군사력이 없이는 그러한 지위를 다시 찾을 수 없다"[29]고 밝히면서 군사력의 강화를 강국건설 및 강대국 지위회복의 필요조건으로 주장하였다. 그 결과 푸틴은 군사력 강화를 위한 국방개혁을 추진하면서 동시에 변화된 국내외 안보·군사 정세를 반영해 1993년 채택된 군사독트린을 수정한 신 군사독트린을 2000년 4월 21일 서명하였다.[30]

---

27) Thorsten Nestmann, "Russia's Outward Investment," *Current Issues* (Deutsche Bank Research; April 30, 2008). 저자는 러시아 기업들이 고수익, 성장잠재력 제고, 기술 및 경영의 노하후 접근, 원자재 수입 보장, 보다 나은 관리 및 다변화를 통한 자본손실 축소, 보다 나은 투자환경의 이득 등을 위해 해외투자를 확대하고 있다고 주장함. 러시아 기업의 해외 투자액은 2000년 미화 200억불에서 2006년 1570억불로 거의 8배나 증가하였음.

28) 러시아는 유가변동이 국내경제에 미치는 영향을 최소화하기 위해 2004년 1월 석유안정기금(Stabilization Fund)을 우랄유 유가가 배럴당 27달러 초과시 초과분을 석유안정기금에 적립하고 동 적립규모가 5천억 루불을 초과시 초과분을 대외부채 상환, 연기금 적자보전 등에 사용해 옴. 2007년말 현재 1,570억불의 석유안정기금을 외환보유기금(Reserve Fund, GDP 10% 이내로 유지, 국채 등 무위험 자산에 투자) 1,250억불과 국부기금(National Wealth Fund, 주식 등 고수익 자산에 투자) 320억불로 분할해 전자는 유가하락에 따른 재정악화에 대비하고 후자는 연금개혁에 따른 연금재정 악화에 대비하고 있음.

29) "Russia Must Be Great Again'--Putin," *BBC News* (January 11, 2000) 재인용.

30) "Military Doctrine of Russian Federation," http://www.armscontrol.org/act/2000_05/dc3ma00 (검색일: 2008년 8월 1일). 또는 "Voennaya Doktrina Rossiyskoy Federatsii: Proyekt,"

신 군사독트린은 러시아와 동맹국들에 대한 전면적인 침략 가능성은 크게 줄었으나 WMD 확산, 테러 등의 위협은 크게 증가하였다고 밝히고 있다. 또한 신 군사독트린은 과거 군사독트린과 유사하게 핵무기를 외침 억제력으로 강조하면서 핵무기의 소형화 등 핵전력의 현대화를 강조하고 있다. 또한 신 군사독트린은 핵무기 선제공격은 명시하고 있지 않지만 러시아와 동맹국들에 대한 핵무기 등 WMD를 이용한 공격징후가 명확할 경우 그리고 재래식 무기로 안전을 보장하지 못할 경우 핵무기를 사용할 수 있는 여지를 남겨 두었다.

그러나 1994 - 96년 사이에 발생한 제1차 체첸전쟁에서 사실상 러시아가 패한 것이 증명해 주듯이 재래식 군사력은 매우 취약한 실정이었다. 1990년대 경제위기의 지속과 외침 가능성의 부재는 군사비 지출이 매우 제한적으로 이루어졌고, 그 결과 군의 근무환경 및 처우악화에 따른 군사기의 저하, 그리고 군수장비의 교체 및 부품 공급이 이루어지지 않았다.[31] 물론 러시아는 미국과 1991년 7월 체결한 START I의 이행에 따라서 수천 개의 전략핵무기를 감축했음에도 불구하고 아직도 5,000개 이상의 핵탄두와 3,500개 이상의 전술핵탄두, 그리고 11,000개 이상의 저장된 핵탄두를 보유하고 있다.[32] 현재 러시아는 미국과 2002년 5월 체결한 「공격용 전략핵무기감축협정」(SORT)에 입각해 2012년까지 양국이 전략핵무기를 1,700 - 2,200기로 감축하는 작업을 진행중에 있다. 이러한 핵 무장력은 중국, 프랑스, 영국 등 여타 핵무기 보유국에 비해 크게 많은 수치이다.

푸틴 정부들어 고유가 및 무기수출의 증가에 따른 외환유입의 증대로 경제여건이 크게 개선됨에 따라서 십여 년이 넘도록 큰 관심을 기울이지 못하였던 군의 처우 개선 및 군사력 증강을 위한 여러 조치들이 시행되고 있

---

http://www.redstar.ru/today_news.html (검색일: 2000년 8월 21일).

31) 러시아군의 변화에 대해서는 다음 문헌 참조. Pavel K. Baev, "The Trajectory of the Russian Military: Downsizing, Degeneration, and Defeat," http://mitpress.mit.edu/books/chapters/0262633051chapt1.pdf (검색일: 2008년 8월 2일).

32) Kathleen J. Hancock, "Russia: Great Power Image Versus Economic Reality," *Asian Perspective* 31 - 1 (2007), p.94.

다.[33] 재래식 군사력을 증강시키기 위한 군사비가 급증하고 있는데, 예를 들어 2007년도 국방예산은 전년도에 비해 30%가 증가하였으며, 2006년, 2005년에는 전년도에 비해 각각 22%, 27%가 각각 상승하였다. 참고로 2007년도 러시아 국방예산은 세계 3위인 324억불에 상당했다.[34] 또한 러시아는 중국, 인도, 이란 등 세계 70여개국에 무기수출을 하면서 막대한 외화수입을 시현하고 있는데, 2006년에는 60억불, 2007년에는 75억불, 그리고 2008년에는 80억불이 넘을 것으로 전망되고 있다.[35] 라브로프(Sergei Lavrov) 국방장관은 2015년까지 약1,900억불을 투입하여 조기 경보 네트웍, 신 대륙간 탄도미사일, 초음속 Tu－160 전략폭격기, 전투기 이착륙 항공모함 5－6척을 포함한 31개 신형 전함으로 러시아군을 재무장하는 계획을 발표하였다.[36]

이와 같은 국방력 강화계획의 연장선장에서 러시아는 2012년까지 5－6척의 항공모함 건조할 예정이며, SLBM을 탑재한 핵 잠수함을 2040년까지 실전 배치하겠다는 계획을 갖고 있다. 러시아는 계획중인 신형 항모는 미국의 항모처럼 대형화된 것이기 보다 첨단화에 비중을 두어 적의 어뢰공격을 막고 상륙작전까지 가능한 항모로써 핵잠수함, 구축함, 무인정찰기, 행병대를 포함하는 항모전단을 구성할 계획을 갖고 있다. 이 항모는 북해함대와 태평양 함대에 집중 취역시켜 동 지역에서 미국을 대등한 전력을 보유한다는 구상이다. 한편 러시아는 탈냉전후 폐쇄된 시라아의 타르투스와 라타키아 해군기지를 복원할 계획을 세우고 있다.[37]

푸틴은 외국의 침략과 도발 억제, 외국의 내정간섭 차단을 위해서라도 강력한 군대가 필요하다는 사고를 갖고 있다. 따라서 푸틴 정부는 군 현대화

---

33) Fred Weir, "Russia's Resurgent Military," Christian Science Monitor (August 17, 2007).

34) Victor Yasmann, "Russia: Reviving the Army, Revising Military Doctrine," http://www.rferl.org/featuresarticle/2007/03/63173250－a8b3－40d0－a.. (검색일: 2007년 12월 30일).

35) 『문화일보』(2008년 5월 6일).

36) Fred Weir, "Russia Intensifies efforts to Rebuild its Military Machine," http://www.usatoday.com/news/world/2007－02－12－russia－military_x.htm (검색일: 2008년 4월 1일).

37) "러시아 '대양해군' 부활의 꿈," 『조선일보』(2008년 7월 28일).

를 적극 추진함과 동시에 동맹국인 CSTO(CIS 집단안보조약기구) 가맹국들의 군사력을 증강시키기 위한 조치를 취해 오고 있다. 즉 러시아는 금년 9월에 개최된 CSTO 정상회담에서 NATO 동진에 대응하여 CSTO의 군사력을 증강시키기 위해 CSTO 가맹국들에게 군수장비를 국내가격으로 판매할 것이라고 밝혔다.

또한 푸틴은 "강한 러시아는 핵 억지력에서 비롯된다"고 천명하면서 핵무장력 강화를 통한 군사강국의 건설을 적극 추진해 오고 있다. 러시아는 최근 소연방 붕괴후 15년 만에 처음으로 유리 돌고로키와 알렉산드르 네프스키 전략핵 잠수함(SSBN)을 북핵함대와 태평양함대에 각각 취역시켰으며, 계속 전략핵 잠수함을 건조, 취역시킬 예정이다. 이 잠수함에는 미국의 MD체제를 무력화시킬 수 있는 사정거리 8,000㎞가 넘는 다탄두 미사일 '불라바－M'을 장착하고 있다. 이외에도 미국의 MD 체체구축에 대응하여 Topol－M, RS－24 등 전략핵미사일은 물론 INF 조약에 위반되지 않는 500㎞ 이하 단거리 미사일을 개발, 실전 배치시키고 있다.

또한 러시아는 최근 냉전종식후 처음으로 10여개가 넘는 미사일을 장착한 장거리 전략전폭기(strategic bombers)를 시험 비행시키면서 24시간 공중경계태세에 돌입시켰고, 미국의 F－22에 필적하는 5세대 전투기인 '수호이 T－50'를 제작, 내년 말부터 실전 배치시키기 위한 전략증강사업을 추진중에 있다.

마. 푸틴의 강대국 지향 실용외교와 외부적 요인

러시아의 강대국 지위회복은 푸틴의 강대국 지향 실용외교가 성공한 것이라고 볼 수 있다.[38] 푸틴은 러시아가 당면한 경제위기를 극복하면서 국제적 위상을 제고시키기 위해서는 러시아가 처한 국내외적 현실을 감안해 초강대국 지향 외교보다는 지역 강대국 지향외교를 추진해야 한다고 판단하였다. 그 결과 한편으로는 강국건설을 위한 국내 조치를 취하면서 대외적으

---

38) Pavel Baev, "Putin Reconstitutes Russia's Great Power Status," *PONARS Policy Memo* 318 (November 2003), pp.1－4; Bobo Lo, *Vladimir Putin and the Evolution of Russian Foreign Policy* (London: The Royal Institute of International Affairs, 2003).

로 러시아의 위상제고는 물론 주요 국가들과의 관계강화를 위한 국익 우선의 실용주의 외교를 전방위적으로 추진하였다.

푸틴 정부는 출범직후 채택한 외교·안보 관련 공식 문건들이 증명해 주듯이 프리마코프의 다극주의를 계승, 주변국들인 EU, 중국, 인도, 심지어 북한, 이스라엘 등 중동 국가들과의 관계강화를 우선적으로 추구하였다. 당시 푸틴은 러시아의 국제적 위상 제고 및 역할 증대를 위해서는 미국과의 대립·경쟁 보다는 협력·편승하는 전략, 즉 세력균형 전략보다는 편승전략이 바람직하다는 전략적 판단을 하였다.

따라서 푸틴은 1990년대 말 NATO 확대 및 NATO의 코소보 공습에 의한 긴장·갈등 관계에도 불구하고 일단 대미 협력정책을 추구하기 시작하였다. 911 테러사태는 러시아에게 대미 관계 및 국제적 위상 제고를 위한 결정적인 계기를 마련해 주었다. 푸틴은 911 테러사태후 외국 정상으로서는 첫 번째로 부시 대통령에게 위로 전화를 하면서 반테러 국제공조를 다짐하였고, 미국의 대아프가니스탄 전쟁 수행에 적극 협력하였다. 또한 푸틴은 1990년대 중반부터 강력하게 반대해 오던 NATO 확대, 특히 발트 3국의 NATO 가입 및 미국의 ABM 조약 탈퇴를 수용하면서 대미, 대EU 관계 개선에 주력하였다.

이러한 실리추구의 현실주의 외교로 러시아는 비록 회원국은 아니지만 유럽은 물론 범세계적 안보문제를 원탁회의장에서 동등한 자격으로 협의할 수 있는 'NATO+Russia Conference' 회의체제를 출범시켰다. 또한 러시아는 2002년 캐나다에서 개최된 G8 정상회담에서 2006년도 G8 정상회담을 러시아에서 개최할 수 있는 자격을 부여받았다. G8 정상회담의 개최는 그 동안 러시아에게 부여되었던 G8의 준회원국 지위를 벗어나 명실상부한 정회원국의 지위를 확립할 수 있는 계기를 마련해 주었다. 즉 푸틴은 러시아를 글로벌 거버넌스(global governance, 세계관리)의 주요 행위자로 자리매김 시켰다.

한편 푸틴은 역내 주요국들과도 관계를 강화시키는 노력을 기울이면서 국제사질서의 다극화를 강화시키는 전략을 동시에 추진하였다. 즉 중국과 연례 정상회담을 통하여 1996년 합의한 전략적 동반자 관계를 강화시키는 노력을 경주하였고, 인도와는 '러·중·인 3각 전략협력'을 확대, 강화시키는 노력을 기우렸다. 또한 푸틴은 한반도를 포함한 동북아 지역에서의 영향력 확대를 위하여 소련·러시아 지도자로서는 처음으로 2000년 7월 북한을 방문해 러·북 관계를 정상화시켰다. 또한 푸틴은 일부 CIS 국가들과 우호·협력을 공고히 하는 정책을 성공적으로 추진, 'CIS 집단안보조약기구'(CSTO)와 '유라시아경제공동체'(EURASEC)를 CIS내 안보·경제 협력체로 구축하였고, 중국과 협력해 '상하이협력기구'(SCO)를 크게 강화시켰다. 이는 유라시아에서 러시아의 입지를 크게 강화시키는 요인으로 작용하였다. 한편 러시아는 이란, 이스라엘, 팔레스타인, 북한 등과의 관계 강화를 통하여 국제현안에 대한 러시아의 발언권을 제고시켰다. 특히 푸틴은 풍부한 에너지자원을 대외적 영향력 확대 및 유지 수단으로 사용하는 전략을 추진하였다.

이러한 푸틴의 국제사회에서의 강대국으로서의 역할 확대 전략 및 가시성(visibility) 증대 전략은 국내적으로 국정안정 및 성장경제가 이를 뒷받침하면서 러시아가 강대국으로 재부상하는데 주요 요인으로 작용하였다.

한편 러시아의 국제적 부상은 미국의 이라크 정책의 실패와 전통적 친미 중동국가들의 대러 관계 개선, CIS 국가들, 특히 중앙아시아 국가들의 러시아 주도 각종 다자지역협력체에의 적극적인 참여, 중국의 대러 전략적 동반자 관계 강화, SCO 역할 확대 등과 같은 외부적 요인도 크게 기여하였다.

예를 들어, 푸틴은 2007년 2월 전통적인 친미 국가들인 사우디아라비아, 카타르, 레바논을 방문하여 에너지 협력, 군사협력, 경제협력 등 제반 분야에서 상호 협력 합의하면서 중동지역 국가들과의 관계를 개선하였다. 또한 푸틴 정부는 2005년 발생한 안디잔 사태를 계기로 미·우즈베키스탄 관계가 악화되는 것을 이용하여 우즈베키스탄의 SCO, CSTO 가입과 러·우즈베키스탄 안보조약 체결, 미군철수 등을 실현시켰고, 그 결과 전 중앙아시아 국가들에 대한 영향력이 확대되었다. 그리고 상기한 바와 같이 푸틴 정부는 중국과의 전략적 동반자 관계를 발전시키면서 SCO 차원의 합동군사훈련을 실시하는 등 유라시아 지역에서의 미국 등 역외 국가들이 세력 확장을 기도하는 것을 공동으로 대응하고 있다.

Ⅲ. 재부상후 러시아 글로벌 외교의 경향과 실제

1. 독자적, 공세적 외교정책과 수정주의의 대두

러시아가 강대국으로 재부상한 후 가장 두드러진 대외정책의 경향은 과거 순응적이고 양보적이던 것과 달리 독자적, 공세적 정책경향으로 바뀌었다는 점이다. 트레닌(Dmitri Trenin)은 러시아의 대서구 관계가 고르바초프 시대의 "양보를 통한 동반자 관계"(partnership through concession), 옐친 시대의 "순종적 동반자 관계"(partnership through submission), 푸틴 시대의 상호 존중과 평등에 기초하여 "강력한 국력에 바탕을 둔 동반자 관계"(partnership through strength)로 발전되었다고 주장하였다.[39]

트레닌은 러시아의 독자적, 공세적 정책의 대두는 푸틴 정부들어 연평균 7%에 달하는 경제성장. 체첸 안정화 정책의 성공, 고유가와 에너지자원의 무기화 등에 힘입은 바 크다고 주장하였다. 이러한 국내여건의 개선은 미국 등 서방세계의 러시아에 대한 영향력 행사의 레버리지를 약화시켰으며, 상대적으로 러시아의 국제현안에 대한 발언권의 신장을 가져왔다고 주장하였다.

러시아의 독자적, 공세적인 외교정책은 2003 – 2005년 CIS 지역에서 서방세계의 지원을 받은 시민혁명이 성공해 우크라이나, 그루지아에서 친서방정권이 등장하고, 이들 정부가 미국의 후원하에 NATO 가입을 적극적으로 추진하면서 부터이다. 실제로 푸틴 정부의 독자적이고 공세적인 외교정책경향은 집권 1기에 점차 가시화되기 시작하여 집권 2기들어 더욱 두드러지기 시작하였다.

즉 푸틴 정부는 권력의 집중화, 언론통제 강화, 체첸사태 지속 등 인권

---

39) Dmitri Trenin, "Russia's Strategic Choices," *Policy Brief* 50 (May 2007), Carnegie Endowment for International Peace, p.3.

상황 악화, 시민사회의 위축 등 러시아에서 민주주의가 후퇴하고 권위주의가 복귀되고 있다는 미국, EU의 비판에 대하여 러시아는 역사적 유산과 국내 정치·경제·사회·문화적 상황을 반영한 러시아식 민주주의, 즉 '관리 민주주의'(managed democracy) 또는 '주권 민주주의'(sovereign democracy)가 적합하다면서 내정간섭에 대한 강한 반박을 하였다. 또한 러시아는 NATO의 코소보 개입 및 동진 확대에 대하여 유라시아의 전략환경을 불안정화시키고 유엔 안보리의 권능을 훼손하는 것이라고 비난하였다. 특히 우크라이나와 그루지아의 NATO 가입에 대한 긍정적 대응은 러시아의 반발을 자아냈다.

특히 푸틴은 2007년 2월 10일 뮌헨에서 열린 43차 국제안보회의에서 미국의 군사전략을 "일방적이고 불법적인 것"으로 규정하면서 그 실례로 미국의 NATO 확대, 체크공화국과 폴란드에 MD 체제구축을 비난하였다. 또한 미국의 일방주의가 북한, 이란 등의 핵개발을 촉진시켰다고 비난하였다. 또한 미국이 MD를 계속 추진할 경우 러시아는 CFE 조약 탈퇴, 심지어 INF 조약을 무효화시킬 수 있다고 위협하였다.[40] 일부 학자들은 푸틴의 뮌헨연설이 러시아가 더 이상 미국의 주니어 파트너가 아니라 대등한 상대이자 강대국임을 대외적으로 천명한 것으로 평가하고 있다.[41] 최근 푸틴은 동유럽내 MD 체제구축은 쿠바미사일 사태와 유사한 것이라고 비난하기도 했다.

푸틴 정부의 공세적 외교정책은 러·미, 러·EU 관계는 물론 EU 회원국들인 영국, 폴란드, 발트 3국들, 그리고 NATO, EU 가입을 추진하는 우크라이나, 그루지아 등과의 양자관계를 탈냉전기 최악의 수준으로 발전시키는 요인으로 작용하고 있다. 실제로 2007년 5월 러시아에서 개최된 러·EU 정상회담에서 공동선언을 채택하지 못한데 이어 10월에 포르투갈에서 개최된 정상회담에서도 큰 성과를 거두지 못하였다.[42] 러·미 관계도 푸틴의

---

40) 푸틴의 뮌헨연설 전문은 다음 문헌 참조. Andrei P. Tsygankov, "Russia's International Assertiveness: What Does It Mean for the West?" *Problems of Post-Communism* 55-2 (March/April 2008), pp.40-44.

41) Sergei Blagov, "Russia: New Behavior for a Great Power," *ISN Security Watch* (February 14, 2007), http://www.isn.ethz.ch/news/sw/details_print.cfm?id=17247 (검색일: 2007년 11월 9일).

방미를 통한 정상회담에도 불구하고 동유럽 MD체제 구축문제를 둘러싼 해결점을 찾지 못한 상태에서 이란, 코소보 등에 관한 문제해결의 접점을 찾지 못하고 있다.[43] 그리고 러시아의 폴란드, 발트 3국, 그루지아와의 갈등도 지속되고 있다.

한편 러시아의 강대국 지위 회복은 대외정책에서 수정주의(revisionism)를 복귀시키는 요인으로 작용하였다. 푸틴 정부는 과거 알렉산더 II때 외무장관 곤차로프(Prince Gorchakov)는 크림전쟁(1854 - 56) 전쟁에서 패배후 체결한 조약인 파리조약을 14년 후에 실질적으로 무효화시킨 전례와 비슷한 외교행태인 수정주의 외교정책을 펴고 있다.[44] 푸틴은 러시아가 경제·군사적으로 취약한 시기인 1980 - 90년대 체결한 조약 및 계약들을 수정하는 정책을 펴오고 있는데, 예를 들어 NATO가 비준하고 있지 않다는 이유를 들어 '유럽 재래식 무기감축조약'(CFE 조약)을 비준한지 7년도 못돼 탈퇴하였으며, 세계 석유 메이저들이 공동으로 개발하고 있는 사할린 - I, 사할린 - II 에너지 개발 프로젝트를 환경문제, 계약위반 등의 이유를 들어 러시아 국영가스기업인 Gazprom이 최대 지분을 갖는 계약변경을 달성하였다. 또한 푸틴 정부는 미국이 중동부 유럽에 MD 체제구축을 계속 추진할 경우 1987년 체결한 INF 조약도 탈퇴할 수 있다고 경고하였다. 물론 이는 미국이 MD 체제구축을 위하여 ABM조약을 일방적으로 탈퇴한 것과 유사한 외교행위이나 푸틴 정부의 수정주의 강화는 강대국 지위회복과 이에 따른 자신감의 발현이다.

푸틴 정부가 과거 소극적인 대미, 대EU 대항정책에서 탈피, 공세적인 정책으로 전환한 것은 상기와 같은 국내적 요인 외에 미국, EU의 대러 정책에 대한 반발에 따른 것이다. 즉 러시아는 미국, EU, NATO가 일종의 '레

---

42) 고재남, "최근 러·EU 관계의 현황과 전망," 「主要國際問題分析」 (외교안보연구원; 2007. 6. 27); Thomas Gomart, "EU - Russia Relations: Toward a Way Out of Depression," Ifri - CSIS Research Project(July 2008). pp.1 - 17.

43) 고재남, "메드베데프 정부의 외교정책과 미·러 관계 전망," 「主要國際問題分析」 (외교안보연구원; 2008. 7. 2).

44) Trenin(2007). pp.1 - 2.

드 라인'이라고 볼 수 있는 CIS 국가들의 NATO 가입 추진과 동 지역에서 시민혁명을 통한 기존 정권의 붕괴를 추진하고 있는데 대하여 심각한 위기의식을 가졌다. 또한 러시아는 자국의 강력한 반대를 무릅쓰고 미국이 동유럽에 MD 체제를 구축하고 있는데, 이는 불량국가를 대상으로 하기보다는 러시아를 대상으로 하고 있다고 판단하고 있다. 실제로 체크공화국에 건설될 레이더망은 러시아 미사일이 발사된지 60 - 70초 이내에 탐지할 수 있다.

또한 러시아는 90년대, 심지어 고르바초프 시기부터 서방세계의 세계전략에 적극 협력하였음에도 불구하고 대러 정책에서 냉전적 사고를 버리지 못함은 물론 일종의 냉전에서 패전한 국가로 취급하고, 그 결과 러시아의 양보와 협력에 대한 보상이 전혀 이루어지지 않고 오히려 굴욕감을 안겨주었다고 판단하고 있다.[45]

한편 이러한 사태 진전은 러시아의 독특성 강조와 강대국주의를 자극하는 민족주의를 부흥시키는 결과를 가져왔으며, '러시아의 길'(Russian Way)를 지향하는 대외정책을 촉진시켰다.

2. 다극화 외교의 활발한 추진

러시아의 강대국으로의 재부상은 러시아가 90년대 중반부터 바람직한 국제질서로 주장해온 '다극주의'(multipolarism)를 핵심 외교노선으로 확립, 이를 대외관계에서 적극적으로 추진하는 동인이 되었다.[46] 러시아의 다극주의 국제질서 구축에 대한 희망은 푸틴 정부 출범과 더불어 채택한 국가안보개념, 외교정책개념, 연두교서 등에서 표명되었다.

다극주의는 1996년 러시아가 서방국가들의 대러 정책에 실망하면서 서구로의 편입정책을 포기함과 동시에 러시아의 지정학적 토대를 강조하는 '유라시아주의'에 입각하여 당시 외무장관이던 프리마코프(Yevgeny Primakov)

---

45) Trenin(2007), p.2;

46) 러시아 외교정책에서 다극주의가 발전된 과정에 대한 연구는 다음 문헌 참조. Vadim Kononenko, "From Yugoslavia to Iraq: Russia's Foreign and the Effects of Multipolarity," *Working Papers* 42(2003) published by The Finnish Institute of International Affairs.

가 외교정책 노선으로 발전시킨 것이다. 프리마코프는 당시 러시아가 직면한 심각한 경제위기, 테러, NATO 및 EU 확대 등 국내외적 위협에 직면하여 다극주의만이 러시아의 전통적 지위의 회복과 국제적 고립 회피 등 국익을 보전시켜 줄 것으로 판단하였다. 특히 프리마코프의 다극화 전략은 초강대국인 미국을 견제하기 위하여 일종의 반미 연합블럭을 형성하려는 것을 목적으로 하고 있다.

프리마코프는 국제질서에서 "영원한 적은 없으며, 국익만이 존재한다"는 현실주의 이론을 신봉하면서 러시아 국익증대와 보전을 위한 실용주의 외교를 주장하였다. 그러나 프리마코프의 다극주의는 일종의 영화게임(zero-sum game)의 성격을 가졌으며 이는 전통적인 현실주의, 소련의 반서구주의, 그리고 냉전시대의 세력균형론에 뿌리를 두고 있었다.[47] 또한 프리마코프는 미국에 비해 취약해진 러시아 국력을 인정하면서 국제문제 해결과정에서 19세기 유럽질서에서 처럼 제한된 수의 동등한 국가들이 국제문제 해결과정에서 일익을 담당하는 국제질서가 러시아의 강대국 지위를 회복시켜 줄 수 있는 가장 바람직한 외교전략이라고 판단했다.

따라서 프리마코프는 다극화론에 입각하여 외교정책을 추진해 나갔는데, 첫 번째 외교적 성과는 1996년 4월 옐친 대통령의 방중을 계기로 중국과 기존의 '건설적 동반자 관계'를 '전략적 동반자 관계'로 발전시키고 동시에 국경문제의 해결 및 국경지역에서의 군사적 신뢰구축을 목적으로 '상하이 포럼'(현 SCO)를 출점시켰다. 또한 프리마코프는 1998년 12월 인도 방문시 반미(反美) 연대의 성격을 띤 러·중·인간 '3자 협력'(trilateral cooperation)의 필요성을 제안하였다. 그러나 당시 중국, 인도의 소극적인 관심 표명으로 구체화되지 못했다. 그러나 2005년 4월 인도를 방문한 원자바오(溫家寶) 총리가 러시아의 제안과 유사한 제안, 즉 국제 평화와 안보를 촉진시키는 수단으로 3국간 '조정과 협력' 메커니즘을 확립시키자는 주장을 한후 3자 협력이 탄력을 받아 진행되어 왔다.

---

47) Richard Sakwa, "New Cold War' or Twenty Years' Crisis?: Russia and International Politics," *International Affairs* 84-2(2008), p.242.

푸틴 정부는 프리마코프의 국제질서 다극화 전략을 계승하여, 21세기 러시아 외교·안보 정책의 근간으로 삼았다. 푸틴 정부는 911테러 사태후 미국의 일방주의 및 패권주의가 더욱 강화됨에 따라서 이를 견제하면서 국제 문제에 대한 러시아의 발언권을 제고시키기 위해서라도 다극화된 국제질서의 발전이 바람직하다는 판단을 하면서 이를 위한 외교적 노력을 했으며 이는 집권 2기들어 더욱 강화되었다. 푸틴의 다극화 전략은 미국, EU와 대립하고, 협력을 파기하고, 그리고 미국과 어깨를 견주는 초강대국을 지향하기 보다는 미국의 일방주의를 견제하면서 대외적 국익을 극대화시키기 위한 현실주의 전략이다.

푸틴 정부의 다극화 전략은 신흥 강대국으로 부상하고 있는 중국, 인도가 위치한 아시아 지역에서 더욱 두드러지고 있으며, 러시아의 재부상은 러·중·인 3국간 전략적 동반자 관계를 강화시키는 요인으로 작용하고 있다.[48] 푸틴은 1996년부터 발전시켜 온 러·중 전략적 동반자 관계를 격상시키는 활발한 정상외교를 추진하였다. 즉 양국은 연례 정상회담을 개최해 오면서 2001년 7월 「러·중 선린·우호 협력 조약」을 체결한데 이어 2005년 7월에는 미국의 일방주의 및 내정간섭을 비난하는 내용을 담고 있는 "21세기 국제질서에 대한 공동선언"[49]을 채택하였다. 또한 러시아는 2005년 중국, 인도와 합동 군사훈련을 개최하는 등 군사협력을 강화시키기 위한 노력을 기울였으며, 2006년 3월 대통령은 중국 방문, 총리는 인도를 각각 방문하여 양국간 국방·통상 분야에서의 협력을 확대시키는 합의를 하였다. 특히 러시아와 중국은 2006년, 2007년을 각각 중국의 해, 러시아의 해로 지정하여 다양한 행사를 추진하였다.

또한 푸틴은 2006년 7월 상트 페테르부르크에서 개최된 G8 정상회담을 계기로 러·중·인 3국 정상회담을 개최, 공동 관심사 및 협력 방안에 대하여 논의하였다. 그리고 2007년 1월에는 푸틴이 인도를 방문하여 원자력,

---

48) Iwashita Akihiro, "Primakov Redux?: Russia and the 'Strategic Triangles' in Russia," http://src-h.slav.hokudai.ac.jp/coe21/publish/no16_1_ses/09_iwashita.pdf (검색일: 2008년 4월 2일).

49) "China-Russia Joint Statement on 21st Century World Order," http://www.freerepublic.com/focus/f-news/143600/posts (검색일: 2007년 5월 3일).

방산 분야에서의 협력을 확대시키는 합의를 하였다. 그러나 러·중·인 3국간 전략적 협력은 인도가 미국과 중·러 사이에서 실리추구의 균형정책을 추진함에 따라서 큰 성과가 있을지는 미지수이다. 미국은 국제사회의 비난을 감수하면서까지 인도와 원자력 협력협정을 체결하는 등 인도 끌어안기 전략을 적극 추진하고 있다.

또한 러시아는 2008년도에 들어 BRICs 국가들간 협력을 강화시키는 조치를 취해 오고 있다. 예를 들어, 그 동안 UN 등 다자협의체에서 BRICs 외무장관 및 고위관료들이 통상, 에너지, 환경, 금융 등에 관한 협의를 해왔으며, 2008년 4월 외무차관 회의에 이어 5월에는 예카테린부르크에서 외무장관 회담이 처음으로 개최되었다.[50]

3. 다자주의 외교의 확대 및 강화

러시아는 당면한 외교·안보 정책 목표를 달성하기 위하여 다자주의(multilateralism)를 적극 옹호해 왔다. 러시아의 친 다자주의 전략은 미국의 일방주의 견제, 자국의 군사·경제적 취약성 보완, 유엔 안보리의 상임 이사국 지위 활용, 역내 문제에 대한 외교활동 영역의 확대와 주요 행위자로서의 입지 강화, 다자 안보 메커니즘을 통한 역내 군비 축소 및 통제의 실현 등과 같은 목적을 달성하기 위해 추진되어 왔다.

러시아는 동북아를 포함한 아태 지역에서 소련 시대부터 다자안보 협력체 창설을 수차례 제안하였으며, 역내에서 정치·안보·경제 협력을 활성화 또는 강화시키기 위한 다자 대화 또는 다자 협력체에 적극 참여해 오고 있다. 아·태 지역의 경우, ARF(아세안 지역포럼), APEC(아·태 경제협력체), CSCAP(아·태 안보협력이사회), NEACD(동북아 협력대화), SCO, 6자회담에 적극 참여해 왔다. 또한 러시아는 또한 전통적, 비전통적 안보이슈를 해결하기 위한 다자협력체에 적극 참여해 오고 있다. 즉 러시아는 북한

---

50) "Foreign Ministers of Brazil, Russia, India, China to Meet,"
　　http://www.thehindu.com/2008/05/06/stotries/2008050560581.htm (검색일: 2008년 8월 4일).

핵문제의 해결을 위한 6자 회담, 이스라엘·팔레스타인 분쟁을 해결하기 위한 '4자 협의체' 등에 적극 참여해 오고 있다.

러시아의 재부상과 더불어 다자주의가 가장 활발하게 추진오고 있는 지역은 CIS 지역이다.[51] CIS는 90년대 러시아의 경제력, 군사력 약화에 따른 통합력의 부족, 러·우크라이나간 CIS 발전방향에 대한 이견 등으로 존폐문제가 논의될 정도로 취약해졌다. 또한 우크라이나, 그루지야, 몰도바, 아제르바이잔이 1997년 탈러성향의 GUAM을 창설하면서 CIS 지정학적 다원주의가 가시화되었다.[52]

러시아의 강대국으로 재부상은 러시아의 대CIS 정책을 강화시키는 배경으로 작용하였으며, 이는 러시아의 리더십을 바탕으로 친러 국가들을 중심으로 정치·경제·안보 협력을 위한 다자 지역협력을 더욱 활성화시키는 요인으로 작용하고 있다.[53] 다자안보협력체인 CST가 CSTO로 발전되면서 우즈베키스탄이 재가입하였으며, 이에 유라시아내 가장 강력한 안보협력체로 발전하고 있다. 또한 CIS 국가간 경제협력을 위하여 2000년 10월 러시아 주도로 EURASEC(유라시아 경제공동체)가 창설되었고, 2006년 1월 우즈베키스탄이 가입함으로써 경제협력의 영역이 확대되었다. 그리고 러시아는 중국과 더불어 SCO를 반테러, 반종교적 극단주의, 반분리주의를 척결하면서 여타 분야에서도 협력을 확대하는 포괄적 협력기구로 발전시켜 오고 있다. 실제로 러시아와 중국의 주도로 반테러 합동 군사훈련이 중국과 러시아에서 2005년 여름에 이어 2007년 여름에도 개최되었으며, 2007년의 경우 전 SCO 가맹국들이 군사적 참여 규모를 달리하나 전 SCO 차원에서 개최되었다.

---

51) 고재남, "CIS 국가들의 다자 지역협력." 2006 정책연구과제 통합본 「변환기 국제정세와 한국외교」 (서울: 외교안보연구원, 2007), pp.361－426.

52) 상게 논문, pp.386－387.

53) Jeronim Perovic, "From Disengagement to Active Economic Competition: Russia's Return to South Caucasus and Central Asia," *Demokratizatsiya* 13－1 (Winter 2005), pp.61－85; "Moscow Moves to Consolidate Control in Belarus and Turkmenistan," *PINR* (January 5, 2007) http://www.pinr.com/report.php?ac=view_printable&report_id=598&la... (검색일: 2007년 4월 21일).

한편 러시아는 전 CIS 차원의 다자 지역협력이 불가능함을 인식, CSTO, EURASEC을 참여 국가들간 경제·안보 통합을 확대, 심화시키는 수단으로 활용해 오고 있다. 또한 2006년 7월 상트 페테르부르크에서 개최된 G8 정상회담을 계기로 명실상부한 정회원국이 된 러시아는 OPEC과 WTO 가입을 적극 추진해 오고 있다.

4. 에너지자원의 전략적 활용

푸틴 정부 출범후 채택된 '외교정책개념'은 석유와 천연가스에 대한 전혀 언급이 없다. 그러나 에너지는 푸틴 정부의 외교정책 수행에 있어서 매우 중요한 수단이다. 푸틴은 대통령이 되기 전인 1997년 작성한 박사논문 및 이를 축약해 1999년 발표한 논문에서 러시아의 막대한 부존 광물자원, 특히 석유와 천연가스는 러시아의 지속적인 경제성장을 보장해 줄 뿐만 아니라 러시아의 국제적 위상을 제고해 줄 것이라고 주장하였다.[54]

푸틴 정부의 대외정책에서 에너지자원을 전략적으로 활용하기 위한 정책은 2002년경부터 고유가가 지속되기 시작하면서 부터이다. 푸틴 정부는 2003년 「러시아 에너지 전략 2020」을 채택하였으며, 이후 에너지 산업의 국유화를 확대해 왔다. 유코스 회장 호도로코프스키의 구속과 계열 기업의 국영에너지 기업으로의 합병은 에너지 산업의 국유화 전략의 일환이었다.

푸틴 정부는 에너지 산업을 한편으로는 가장 중요한 외화 획득원으로 이용하면서 다른 한편으로는 대러 에너지 의존도가 높은 국가들에 대한 정치·외교적 영향력을 확대시키기 위한 정치적 무기로 활용해 왔다. 2006년 1월초 우크라이나에 대한 천연가스 공급 중단사태는 유센코 정부의 친서방 정책을 억제시키려는 정치적 의도가 숨어 있었다. 또한 러시아는 CIS 국가들에 대해 친러, 반러 성향에 따라서 천연가스 공급 가격을 달리 책정, 공급하고 있다. 또한 러시아는 석유 및 가스 총수입량의 44%와 25%를 러시

---

54) 고재남, "러시아 에너지 외교" pp.16-17; Amy Meyers Jaffe and Robert A. Manning, "Russia, Energy and the West," *Survival* 43-2 (Summer 2001), pp.132-152.

아에서 각각 수입하고 있는 EU 국가들의 대러 에너지 의존도를 활용, 에너지 협력 협정을 체결하는 등 에너지를 대EU 외교정책 수단으로 활용해 오고 있다.[55]

러시아는 세계적인 에너지 수입국인 한국, 중국, 일본이 위치한 대동북아 정책수행 과정에서 에너지를 외교적 지렛대로 활용해 오고 있다. 즉 송유관/가스관 노선 및 에너지·자원 협력을 한·중·일 3국간 경쟁을 유도, 이들 국가와의 양자간 관계 발전에 에너지를 외교적 지렛대로 활용하였다.[56] 예를 들어, 러시아는 앙가르스크에서 태평양으로 향하는 송유관 노선을 처음에는 양자 경쟁을 시키다가 러·중 전략적 관계 심화라는 전략적 고려속에 중국 노선인 앙가르스크-스코보로디노-다칭 송유관을 1차적으로 건설하기로 결정하였다. 일본 및 아·태 지역 국가들을 대상으로 하는 스코보로디노와 태평양을 연결하는 2단계 노선은 매장량, 수요 등을 고려해 추후에 추진될 예정이다.

한편 푸틴 정부는 에너지의 정치·경제·외교적 의미가 커짐에 따라서 파이프라인에 대한 통제·관리권을 확보하기 위한 외교적 노력을 경주해 오고 있다. 푸틴 정부는 미국, EU의 BTC(바쿠-트빌리시-세이한), BTE(바쿠-트빌리시-에르주름) 파이프라인이 카스피해를 통해 중앙아시아로 연결되는 것을 저지하기 위한 외교를 강력히 추진, 2008년 5월 카자흐스탄, 투르크메니스탄과 카스피해에서 러시아를 통해 흑해로 연결되는 CPC II를 추가로 건설하기로 합의하였다. 또한 러시아는 EU의 터키와 중동부 유럽을 연결하는 Nabucco 가스관 건설에 대항해 러시아 흑해항과 중동부 유럽을 연결하는 Blue Stream II(South Stream)를 새로 건설, 유럽에 천연가스를 공급하기 위한 정상외교를 성공적으로 추진하였다.

---

55) 고재남, "러시아 에너지 외교", pp.39-51.

56) "Sino-Japanese Competition for Russia's Far East Oil Pipeline Project," http://www.iags.org/n0119063.htm (검색일: 2006년 10월 2일); "Sino-Japanese Pipeline Struggle," http://www.india-defense.com/print/657 (검색일: 2006년 10월 1일).

5. 동방정책의 적극 추진

러시아는 소연방 붕괴후 정치·경제적 이익을 위하여 친서방 정책을 펴면서 미국, EU와 관계 개선을 추구했다. 시장경제 및 민주주의를 지향하는 체제전환 과정에서 극심한 정국혼란 및 경제위기에 직면해 있던 러시아로서는 서방세계의 정치·경제·도덕적 지원이 절실하였고, 그 결과 대미·대서방 협력정책을 추진할 수 밖에 없었다. 물론 90년대 중반들어 미국 주도로 러시아가 반대하는 NATO 확대 및 코소보 사태에 대한 NATO의 인도적 개입, 체첸전쟁에 대한 비난 등이 발생하면서 양자관계가 악화되었고, 그 결과 러시아는 서방세계로의 편입정책을 수정할 수 밖에 없었다.

특히 2000년대 들어 미국의 중동부 유럽에 MD 체제 구축 추진과 우크라이나와 그루지아의 NATO 가입 추진, 그리고 미국과 EU의 2003 - 05년 발생한 CIS 내 시민혁명 지원 등은 푸틴 정부로 하여금 러시아의 대미·대EU 접근정책, 즉 서방정책을 포기하고 '동방정책'(Look East Policy)을 강화시키는 요인으로 작용하였다. 러시아의 재부상은 동방정책을 더욱 강화시키는 요인으로 작용하였다.[57] 러시아는 미국이 NATO 확대를 CIS 지역까지 추진하는 것을 냉전적 대러 '봉쇄정책'(containment policy)[58]으로 파악하면서 CIS 차원은 물론 SCO 차원의 군사적 대항력을 강화시키기 위한 정책을 강화시켜 오고 있다.

푸틴 정부의 동방정책은 CIS 국가들 및 아시아 국가들과의 관계 개선정책으로 나타났다. 즉 푸틴 정부는 중국, 인도와 합동 군사훈련을 하는 등 전략적 동반자 관계를 한 차원 격상시킨 것과 별도로 ASEAN 국가들과의 협력관계를 확대시키기 위한 노력을 경주하였다. 즉 푸틴 정부는 2004년

---

57) Subha Kapila, "Russia's Foreign Policy in a Resurgent Mode," http://www.saag.org/paper17/paper1682.html (검색일: 2007년 8월 8일); Gilbert Rozman, "Strategic Thinking About the Russian Far East: A Resurgent Russia Eyes Its Future in Northeast Asia," *Problems of Post - Communism* 55 - 1 (Jan/Feb 2008), pp.36 - 48; Stanislav Secrieru, "Russia's Quest for Strategic Identity," *Occasional Paper* published NATO Defense College (November 2006), pp.46 - 51.

58) Sergei Lavrov, "Containing Russia: Back to the Future," *The Tiraspol Times and Weekly Review* (July 21, 2007).

11월 비엔티엔에서 ASEAN과 「우호·협력 조약」(TAC)을 체결했으며, 2005년 12월 쿠알라룸푸르에서 개최된 제1차 동아시아 정상회의(EAS)에서 ASEAN 국가들과 「10개년 포괄적 협력 프로그램과 경제협정」을 체결하였다.

또한 푸틴 정부는 미국의 이라크전에 따른 중동지역내 반미 정서를 활용하여 역내 국가들과 우호·협력 기반을 구축시키기 위한 대중동 외교를 적극 추진하고 있다.[59] 푸틴은 2005년에는 이스라엘과 팔레스타인을 방문한데 이어 2007년에는 상기한 바와 같이 친미 국가인 사우디아라비아, 카타르, 레바논을 방문하였다. 특히 푸틴 정부는 2006년 2월 팔레스타인 선거에서 승리한 하마스를 모스크바로 초청하였다. 또한 푸틴 정부는 미국, EU의 반발에도 불구하고 옐친 정부하에서 구축된 대이란 협력관계를 더욱 발전시키면서 중동내 어느 국가보다도 긴밀한 전략적·경제적 협력관계를 발전시켜 오고 있다. 푸틴은 이란을 중동지역에서 대미 견제의 협력자로 생각하면서 에너지 협력, 무기판매 등 경제적 이익을 위해서도 전략적 협력이 필요한 국가로 인식하고 있다.

Ⅳ. 결론 및 전망

대통령 메드베데프와 총리 푸틴이 권력을 공유라는 양두체제의 출범은 푸틴 정부 2기하에서 추진된, 즉 러시아가 강대국으로 부상한후 추진된 외교정책이 별다른 변화없이 지속될 수 있는 여건을 마련하였다. 특히 메드베데프의 외교정책 수행경험이 전무한 상황에서 실세 총리인 푸틴을 보좌할 외교정책 및 국제경제이슈 담당 부실장직이 총리실에 신설됨으로써 푸틴의 외교정책에 대한 영향력이 지속될 수 있는 제도적 장치가 마련되었다. 따라서 메드베데프는 주로 외교 정책의 '전략적 방향'(strategic direction)에 대한 책임을 담당하고, 총리인 푸틴이 외교정책을 수행하는 역할을 할 것으로 전

---

59) 고재남, "러시아의 중동정책 현황과 전망: 푸틴의 중동 3국 순방을 중심으로," 「主要國際問題分析」 (외교안보연구원; 2007. 3. 21).

망된다.[60]

또한 푸틴이 빠르면 4년이내 또는 4년후인 2012년에 대통령직에 다시 복귀할 가능성이 많음을 고려해 볼 때, 푸틴 정부 2기하에서 확립된 상기 외교정책 경향은 상당기간 지속될 것으로 전망된다. 베드베데프는 2008년 11월 5일 발표한 자신의 첫 연두교서를 대통령 임기를 6년으로 연장하는 헌법 개정을 제안하였고, 이후 헌법 개정작업이 국가두마에서 신속히 이루어지고 있다. 이러한 메드베데프의 정치적 행보는 푸틴의 조기 대통령직 복귀와 장기 집권을 위한 수순이라는 주장에 힘이 실리게 하고 있다.

2008년 가을 미국발 금융위기로 촉발된 세계적인 금융위기는 미국의 금융패권을 이용한 외교·안보적 패권, 즉 미국의 일방주의를 약화시키면서 상대적으로 국제적 협력주의를 강화시키고 또한 러시아를 포함한 강대국들의 국제문제에 대한 영향력을 증대시키는 요인으로 작용할 것이다.

러시아의 강대국으로의 재부상은 미국, EU의 외교·안보 정책에 '편승'(bandwagon) 또는 서방에 '편입'(integration)하는 정책보다는 '균형'(balance) 또는 '제3의 길'(third way)을 지향하는 외교 정책을 지속, 강화시키는 요인으로 작용하고 있다. 이러한 정책경향은 90년대 초부터 러시아의 친서방 접근 및 편입 정책에도 불구하고 미국, EU 등이 이단자 또는 '하급자'(junior partner)로 취급, 러시아의 국익을 무시하면서 NATO 확대 및 코소보 사태 개입, 미국의 MD 추진, 체첸사태, 언론통제, 언론인 암살사건 등 국내문제에 대한 과도한 개입, 시민혁명 지원 등 CIS 국내문제 개입, 일종의 '한계선'(Redline)으로 설정한 CIS 지역으로의 NATO 확대 추진 등과 같은 상호 충돌하는 가치 및 외교 정책 목표의 차이에 의하여 '러시아의 길'을 모색하는 과정에서 확립되었다.[61]

---

60) 고재남, "메드베데프 정부의 외교정책과 미·러 관계 전망," 「主要國際問題分析」 (외교안보연구원; 2008. 7. 2).

61) 러시아의 반서구 정책의 배경에 대해서는 다음 문헌 참조. Dimitri Simes, "Losing Russia," *Real Clear Politics* (October 29, 2007), http://www.realclearpolitics.com/printpage/?uri.. (검색일: 2007년 11월 10일); Jeffrey Mankoff, "Russia and the West: Taking the Longer View," *The Washington Quarterly* 30-2 (Spring 2007), pp.127-128; Dmitri Trenin, "Russia Leaves the West," http://www.carnegieendowment.org/publications/index.cfm?fa=print&id=18567 (검색일:

푸틴 정부는 '러시아형 외교 정책'을 정립하는 과정에서 '주권 민주주의'(sovereign democracy)와 '다극주의'를 국내외 정책을 위한 독트린으로 설정하였다.[62] 주권 민주주의는 러시아의 전통과 역사 그리고 당면한 국내외 상황을 고려해 '러시아식 민주주의'를 발전시켜 나가고 이 과정에서 외세개입을 철저히 배제하겠다는 전략이다. 다시 말해 러시아의 국내외 정책 추진 과정에서 서방의 '가치 판단'(value judgement)을 배제하겠다는 것이다. 한편 다극주의는 미국과 견주어 볼 때 상대적으로 취약한 국력을 고려해 대미 견제를 위해 주요국과의 '세력 연합'과 미국·EU간 이해관계 불일치를 이용하는 '틈새 전략'을 이용해 러시아의 국익을 보호, 확대하면서 강대국의 지위를 유지하겠다는 전략이다. 이러한 주권 민주주의 및 다극주의는 향후에도 러시아의 외교에 지대한 영향을 미치는 요인으로 작용할 전망이다. 또한 이는 유럽과 아시아에 걸쳐있는 유라시아 국가라는 지정학적 상황과 맞물리면서 러시아의 외교정책을 향후에도 서방세계로의 편입 보다는 균형을 중시하면서 독립적 외교 정책경향을 지속시킬 것이며, 그 결과 러·미, 러·EU 관계가 협력보다는 갈등이 지속될 가능성을 배제하지 못한다. 최악의 경우, '신 냉전시대'(new Cold-War Era)가 도래할 가능성도 배제하지 못하나 냉전시대와 같은 극단적인 적대관계로 발전되지는 않을 것이다.

물론 러시아의 이러한 외교정책 경향의 지속과 신 냉전시대 도래 여부는 러시아가 강대국의 지위를 계속 유지할 수 있느냐, 그리고 다극주의 연합세력과 우호·협력 관계를 계속 유지할 수 있느냐의 여부에 달려있다. 또한 미국의 오바마 정부가 어떠한 외교·안보 정책, 특히 러시아가 한계선으로 설정하고 있는 중동부 유럽에 MD 배치와 우크라이나, 그루지아 등 CIS 국가들의 NATO 가입 등을 계속 추진하느냐의 여부에 큰 영향을 받을 것이다.

러시아의 강대국 지위 유지 여부에 대한 많은 논란이 존재한다. 일부 학자들은 러시아 경제의 과도한 에너지 의존도 및 소위 관료 자본주의(bureaucratic capitalism) 때문에 메드베데프 정부가 산업의 다변화 정책 및

2007년 11월 4일).

62) Jeffrey Mankoff(2007), pp.124-126.

관료 자본주의를 혁파하지 않을 경우 중장기적으로 심각한 경제위기에 직면할 것이라고 주장하고 있다. 또한 일부 학자들은 강대국으로의 재부상에 결정적인 역할을 한 에너지 산업의 과도한 국영기업화는 효율성 및 생산성을 저하시켜, 경제발전의 동력 및 대외적 영향력 행사수단을 약화시킬 수밖에 없을 것이라고 주장하고 있다.[63] 또한 매년 50－60만명씩 감소하는 인구문제도 심각한 안보위협 요인으로 작용할 것이다.[64] 그리고 전략적 동반자 관계를 발전시켜 오면서 사상 유례 없는 우호 · 협력 관계를 유지해 오고 있는 중국과의 관계가 계속 유지될 수 있을지에 대한 의문이 제기되고 있다.[65] 이외에도 빈부격차 및 지역발전 격차의 심화, 인플레, 소수민족 분리주의 등이 내재적 위험 요인으로 지적되고 있다.

다시 말해, 러시아의 강대국 지위 유지 여부는 정치적 요인(정국안정 유지 및 푸틴의 리더십 유지), 경제적 요인(경제성장, 유가, 에너지 부문 발전), 사회적 요인(인구 감소, 보건, 사회적 이슈), 대외적 요인(WTO, OECD 가입 등 세계경제로의 편입, NATO 확대, 대미 · 대EU · 대중 관계 등) 등 복합적인 요인들에 영향을 받을 것으로 전망된다. 현 시점에서 평가해 볼 때, 이들 요인들이 급격히 악화될 가능성이 많지 않으며, 따라서 러시아의 강대국 지위는 중장기적으로 유지될 것이다.[66]

러시아사가 증명해 주듯이 예상치 않았던 소연방 붕괴와 체제전환 휴유

---

63) Philip Hanson, "How Sustainable is Russia's Energy Power?" *Russian Analytical Digest* No. 38 (April 2, 2008), pp.8－11. *idem*, "The Russian Economic Puzzle: Going forward, Backwards or Sideways?" *International Affairs* 83－5 (2007), pp.869－889.

64) Steven J. Main, "Russia's 'Golden Bridge' is Crumbling: Demographic Crisis in the Russian Federation," *Russia Series* 06/39 (August 2006), Conflict Studies Research Center, Defense Academy of the United Kingdom; Eugene B. Rumer and Celeste A. Wallander, "Russia: Power in Weakness?" *The Washington Quarterly* 27－1(Winter 2003－04), pp.57－73.

65) Kathleen J. Hancock, "Russia: Great Power Image Versus Economic Reality," *Asian Perspective* 31－4(2007), pp.71－98.

66) 푸틴 집권 2기가 끝나감에 따라서 러시아의 장래에 대한 연구들이 활발히 추진되었음. Andrew C. Kuchins, "Alternative Futures for Russia to 2017," *CSIS Report* (November 2007); Anna Jonsson, Stephen Blank, Jan Leijonhielm, James Sherr, Carolina Vendil Pallin, "Russia After Putin: Implications for Russia's Politics and Neighbors," *Policy Paper* (March 2008), Institute for Security & Development Policy; Andrew Kuchin and Dmitri Trenin, "Russia: The Next Ten Years," Carnegie Moscow Center (Moscow 2004), etc.

증 때문에 야기된 '위기의 10년'을 극복한 러시아는 향후 국제질서에서 강대국의 지위를 유지하면서 범세계적 문제는 물론 유라시아 문제의 해결, 더나아가 국제질서의 발전 과정에 지대한 영향을 미치는 국가로 남을 것이다. 특히 탈냉전기 유일 초강대국으로 군림해 왔던 미국이 2008년도 가을부터 극심한 금융위기로 국제사회에서 영향력 축소가 불가피해짐에 따라서 더욱 그러한 가능성이 증대되었다. 물론 러시아도 미국발 금융위기로 경제침체를 경험할 것이나 풍부한 에너지·자원 및 메드베데프 또는 푸틴의 강력한 리더십 및 산업의 다각화에 기초한 국가발전 전략의 성공에 힘입어 80-90년대와 같은 극심한 경제위기를 비껴갈 것으로 전망된다.

그렇다면 러시아의 강대국으로의 재부상과 이에 기초한 글로벌 외교는 러시아의 한반도 정책에서 어떠한 함의를 갖고 있는가? 러시아의 강대국으로 재부상은 하기와 같은 한반도를 포함한 동북아 정책을 더욱 강화 또는 촉진시키는 요인으로 작용할 것으로 전망된다.

첫째, 러시아의 강대국으로의 재부상은 명목상이나마 남·북한에 대한 등거리 정책을 강화시키는 요인으로 작용해 오고 있다. 소련의 대한국 수교는 경제위기 극복을 위한 한국의 대소 경제지원 등 경협확대에 대한 기대 때문이었다. 그러나 90년대 기대에 못미친 한·러 경협 및 한국의 대러 투자, 한국내 비우호적 대러 인식, 그리고 제1차 북핵사태시 러시아의 외교적 입지축소는 러시아의 남한 경사적 한반도 정책에 대한 반성을 자아내었다.

그러나 옐친 정부는 경제위기속에서 북한에 대한 경제지원을 통하여 양자 관계 개선할 없었고, 따라서 경제여건이 개선된 푸틴 정부때까지 러·북 관계가 소원한 상태에 머물렀다. 따라서 러시아의 고유가 및 성장경제의 지속은 대북 경제지원 및 북한의 대러 채무탕감을 통한 러·북 관계를 지속적으로 개선시키면서 남·북한에 대한 등거리 정책을 강화시키는 요인으로 작용할 것이다.

둘째, 러시아의 재부상은 러·북 관계를 개선시키는 요인으로 작용해 오고 있으며, 이는 향후에도 지속될 것이다. 러시아는 1990년대 심각한 정국 혼란과 경제위기, 그리고 군사력의 약화를 경험하였으며, 그 결과 경제·군사적 부담으로 작용하고 있는 북한과의 관계 개선을 위한 인센티브가 없었다. 북한 또한 제1차 북핵사태시 대미 외교를 중시할 수 밖에 없었으며, 김일성 사망과 3년간 유훈통치, 극심한 식량난은 대러 관계 개선에 대한 외교적 관심을 못기울이게 했으며, 더욱이 1995년 러시아의 1961년 체결한 군사동맹조약 연장불가 통보는 양국관계에 부정적인 영향을 미쳤다.

그러나 푸틴 정부의 출범과 더불어 신「우호·협력 조약」의 체결, 푸틴의 소련·러시아 지도자로서는 사상 첫 평양 방문을 통하여 러·북 관계가 정상화되었으며, 이후 2차례의 정상회담이 더 개최되면서 양국 정상간 신뢰구축과 우호협력 기반이 구축되었다. 러시아는 수년 동안 개최되지 않았던 러·북 경제공동위를 2007년 4월 모스크바에서 개최 신장된 경제력을 바탕으로 러·북 경제협력의 걸림돌로 작용하고 있는 북한의 대러 채무(약 90억 상당)를 거의 전액 탕감하고 경협을 확대하는 방안을 논의하였다.

셋째, 러시아의 제1차 북핵사태 때와는 달리 러·북 관계의 정상화 및 재부상에 힘입어 6자 회담에 참여하면서 북한의 비핵화와 한반도 평화체제 확립 과정에 참여해 오고 있으며, 군사·안보 문제에 대한 개입정책은 향후에도 지속될 전망이다. 러시아는 한반도 평화체제의 구축과 같은 군사안보 문제는 그것이 한반도 문제만이 아닌 동북아지역의 안보와 밀접한 관련이 있으므로 러시아를 포함한 역내 관련국이 참여하는 '다자 국제회담'(예: 6자회담) 형식을 통하여 해결되어야 한다는 원칙을 고집해 왔다.

현 단계에서 러시아가 어떤 형태의 평화협정 체결과 그 안전장치를 선호한지는 정확히 알 수 없으나 러시아의 한반도 문제의 당사국 우선주의 정책을 고려해 볼 때, 일단 미국, 중국이 참가하는 4자 평화협정보다 남·북한간 평화협정을 선호할 것이나, 차선책으로 남·북한과 미국이 참가하는 3자 평화협정도 받아들일 것으로 전망된다. 그러나 러시아의 강대국으로의 재부상은 러시아가 어떤 형태, 어떤 자격으로든 정전체제의 평화체제로의 전환과정에서 자국이 일익(예: 보증자)을 담당하려는 주장을 강화시킬 것이다.

한편 러시아는 북한의 평화적인 핵연료의 사용은 국제사회가 보장해야 한다는 입장이며, 따라서 러시아는 6자회담에서 북한의 비핵화에 대한 보상으로 경수로 지원문제가 대두될시 이를 찬성할 것이다. 그러나 러시아는 KEDO가 건설중이던 경수로보다 극동지역내 건설을 선호할 것이다.

넷째, 러시아는 남·북한과의 3각 경제협력이 참여국의 경제이익의 제고는 물론 남·북한간 경제협력, 더 나아가 정치·안보 협력을 확대, 심화시킴으로서 한반도의 긴장완화 및 평화증진에 기여할 것이라고 판단하고 있다. 이는 '시장평화론', 즉 "북한을 (경제적으로) 국제사회의 일원으로 편입시키는 과정이 한반도에 평화를 정착하고 나아가 평화체제를 구축하는 과정"이라고 보는 시각과 유사하다. 러시아의 남·북한에 대한 경제협력주의는 TSR－TKR 연결사업, 극동·동시베리아에서 생산된 가스운송을 위한 가스관 연결사업이 대표적인 예이다. 한편 한국석유공사와 러시아 국영가스회사인 가즈프롬은 2008년 9월 이명박 대통령의 방러를 계기로 북한 통과 PNG 사업을 추진하기로 합의하였다.

러시아는 TSR－TKR을 연결시켜 TSR을 철의 실크로드로 발전시키면서 극동·시베리아 지역의 발전을 촉진시키려는 목적을 갖고 있다. 현재 TSR－TKR 연결사업이 북한 요인으로 인하여 별다른 진전이 없으나 만약 「2.13 합의」 및 후속조치들, 그리고 제2차 남북정상회담의 철도연결 합의사항이 순조롭게 이행될 경우 가시적인 성과가 기대되고 있다. 특히 러시아가 국토균형 발전을 위하여 극동·시베리아 개발을 적극 추진하고 있는데, 이 개발 사업의 성공을 위해서도 TSR－TKR 연결사업이 하루빨리 성사되길 희망할 것이며, 이는 남·북·러 3각 철도연결 사업을 촉진시킬 것이다. 한편 TSR－TKR 연결사업이 진전이 없는 상태에서 러시아와 북한은 핫산과 나진을 연결하는 철도 개보수 사업을 2008년 10월 시작하였다.

다섯째, 러시아의 재부상과 6자 회담에서 '동북아 평화·안보 체제' 실무그룹의 의장국 수임은 러시아가 과거 브레즈네프시대 때부터 주장해 온 동북아지역에서 다자안보협력체 창설을 촉진하는 요인으로 작용할 것이다. 물론 동북아 다자 평화·안보 협력체 창설은 북한 핵문제의 해결과 한반도 평화협정 체결 등과 병행되거나 후속조치로서 이루저질 것이나 러시아는 신장된 국력과 국제적 지위를 활용하여 농북아 국가늘 중에서 선도적으로 주장해 온 '동북아 평화·안보체제'의 창설에 주도적 역할을 할 것이다.

여섯째, 러시아는 남·북한에 대한 교차 승인국이자 푸틴 정부들어 복원된 러·북 우호·협력 관계, 더 나아가 국제문제 해결과정에서 일익을 담당하고 있는 강대국의 지위를 이용하여 북한 핵문제의 해결 및 한반도 평화체제구축 과정에서 중재인의 역할을 제고시키고 있다.

러시아는 제2차 북핵사태가 발발하자 평양에 대북 핵특사를 파견 '일괄타결 방안'을 제시하였으며, 제1차 북핵사태시에는 8자회담, 10자회담을 제안하기도 하였다. 또한 푸틴은 G8 오키나와 정상회담에서 만약 제3국의 지원하에 평화적 목적의 인공위성 2-3기를 발사할 수 있다면 미사일 프로그램을 포기할 수 있다는 김정일의 의사를 전달하였다. 또한 이바노프 전 외무장관은 2002년 7월 방북하여 김정일을 면담한후 북한이 미국, 일본과 건설적인 대화를 바란다는 메시지를 공개하였으며, 동년 9월 고이즈미의 평양방문과 역사적인 북·일 정상회담을 성사시키기 위한중재자 역할을 하였다. 러시아는 앞으로도 신장된 국력과 남북한과의 교차승인국의 잇점을 활용하여 한반도 문제해결을 위한 중재자적 역할을 더욱 확대시켜 나가는 외교적 노력을 기울일 것이다.

고재남. "러시아 에너지 외교: 현황과 전망," 정책연구과제 2006－1 (외교안보연구원; 2006).

고재남. "CIS 국가들의 다자 지역협력." 2006 정책연구과제 통합본「변환기 국제정세와 한국외교」. 서울: 외교안보연구원, 2007.

고재남. "러시아의 중동정책 현황과 전망: 푸틴의 중동 3국 순방을 중심으로."「主要國際問題分析」(외교안보연구원; 2007. 3. 21).

고재남. "최근 러·EU 관계의 현황과 전망."「主要國際問題分析」(외교안보연구원; 2007. 6. 27).

고재남. "메드베데프 정부의 외교정책과 미·러 관계 전망."「主要國際問題分析」(외교안보연구원; 2008. 7. 2).

김덕주. "러시아 총선 평가와 향후 정국 전망."「主要國際問題分析」(외교안보연구원; 2008년 1월 8일).

김성진. "러시아 연방관계의 성격과 중앙－지방 관계." 홍완석 엮음,『현대 러시아 국가체제와 세계전략』. 파주: 한울아카데미, 2005.

서동주. "러시아 푸틴 행정부의 정치개혁: 집권 1기의 평가와 집권 2기 전망."『국제정치논총』44－3 (2004).

서동주. "러시아 푸틴정부의 인맥정치와 실로비키: 한·러 인적 교류 활성화 방안 모색."『국제문제연구』6－4 (2006 겨울).

우평균. "푸틴 집권이후 러시아 정치 주도세력과 국내정치 동향."『국제평화』4－1 (2007).

손효종. "러시아의 에너지 전략: GAS OPEC 논의에 관한 분석."「동북아안보정세분석」(KIDA; 2008. 3. 5).

정한구. "푸틴의 '강한 국가' 건설하기, 2000－2008: 러시아 전제정치의 긴 그림자."『세종정책연구』4－1 (2008).

한종만. "에너지를 통한 강대국 러시아의 복귀 가능성과 한계성."「한국동북아논총」11－4 (2006).

Baev, Pavel. "Putin Reconstitutes Russia's Great Power Status." *PONARS Policy Memo* 318 (November 2003).

Bremmer, Ian and Samuel Charap. "The Siloviki in Putin's Russia: Who They Are and What They Want." *The Washington Quarterly* 30－1(Winter 2007).

Dunop, J. B. "Confronting a Loss of Empire." *Political Science Quarterly* 34 − 4 (1993 − 94).

Eberstadt, Nicholas. "Russia: Too Sick to Matter?" *Policy Review* 95 (June/July 1999), pp.3 − 24.

Gaddy, Clifford G. and Andrew C. Kuchins. "Putin's Plan." *The Washington Quarterly* 31 − 2 (Spring 2008).

Garnett, Sherman. "Russia's Illusory Ambitions." *Foreign Affairs* 76 − 2 (May/April 1997).

Hancock, Kathleen J. "Russia: Great Power Image Versus Economic Reality." *Asian Perspective* 31 − 1 (2007).

Hancock, Kathleen J. "Russia: Great Power Image Versus Economic Reality." *Asian Perspective* 31 − 4(2007).

Hanson, Philip. "How Sustainable is Russia's Energy Power?" Russian *Analytical Digest* No. 38 (April 2, 2008).

Hedenskog, Jakob, Vilhelm Konnandt, Bertil Nygren, Ingmar Oldberg and Christer Pursianen (eds), Russia as a Great Power: *Dimensions of Security under Putin*. New York: Routledge, 2005.

Herspring, Dale R. (ed). *Putin's Russia: Past Imperfect, Future Uncertain*. New York: Roman & Littlefield Publishers, Inc., 2003.

Larsson, Robert L. *Russia's Energy Policy: Security Dimensions and Russia's Reliability as an Energy Supplier, Scientific Report*. Swedish Defence Research Agency(March 2006).

Lavrov, Sergei. "Containing Russia: Back to the Future." *The Tiraspol Times and Weekly Review* (July 21, 2007).

Lo, Bobo. *Vladimir Putin and the Evolution of Russian Foreign Policy*. London: The Royal Institute of International Affairs, 2003.

Main, Steven J. "Russia's 'Golden Bridge' is Crumbling: Demographic Crisis in the Russian Federation." *Russia Series* 06/39 (August 2006), Conflict Studies Research Center, Defense Academy of the United Kingdom.

Mankoff, Jeffrey. "Russia and the West: Taking the Longer View." *The Washington Quarterly* 30 − 2 (Spring 2007).

Milov, Vladimir, Leonard L. Conurn, and Igor Danchenko, "Russia's Energy Policy, 1992 − 2005," *Eurasian Geography and Economics* 47 − 3(2006).

Rozman, Gilbert. "Strategic Thinking About the Russian Far East: A Resurgent Russia Eyes Its Future in Northeast Asia." *Problems of Post − Communism* 55

－1 (Jan/Feb 2008).

Rumer, Eugene B. and Celeste A. Wallander. "Russia: Power in Weakness?" *The Washington Quarterly* 27－1(Winter 2003－04).

Sakwa, Richard. "New Cold War' or Twenty Years' Crisis?: Russia and International Politics." *International Affairs* 84－2(2008).

Salmin, A. M. "Russia, Europe, and the New World Order," *Russian Social Science Review* 41－3 (May/June 2004).

Secrieru, Stanislav. "Russia's Quest for Strategic Identity," *NATO Defense College Research Paper* (November 2006).

Shevtsova, Lilia. *Putin's Russia.* Washington, D.C.: Carnegie Endowment for International Peace, 2003.

Smith, Keith C. "Russian Energy Politics in the Baltics, Poland, and Ukraine: A New Stealth Imperialism?", *CSIS Report* (December 2004).

Sobell, Vlad. "The Re－emerging Russian Superpower." *Russia Profile* (January 29, 2006).

Trenin, Dmitri. "Russia's Strategic Choices." *Policy Brief* 50 (May 2007).

Treisman, Daniel. "Putin's Silovarchs," *Orbis* (Winter 2007).

Tsygankov, Andrei P. "Russia's International Assertiveness: What Does It Mean for the West?" *Problems of Post－Communism* 55－2 (March/April 2008).

Umbach, Frank. "Russia as a 'Virtual Great Power': Implications for its Declining Role in European and European Security." *European Security* 9－3 (Autumn 2000).

Woehrel, Steven. "Russian Energy policy Toward Neighboring Countries," *CRS Report for Congress* (January 17, 2008).

Weir, Fred. "Russia's Resurgent Military." *Christian Science Monitor* (August 17, 2007).

Akihiro, Iwashita. "Primakov Redux?: Russia and the 'Strategic Triangles' in Russia." http://src－h.slav.hokudai.ac.jp/coe21/publish/no16_1_ses/09_iwashita.pdf (검색일: 2008년 4월 2일).

"Annual Address to the Federal Assembly." www.kremlin.ru/text/apperas/2003/05/44623.html (검색일: 2003년 6월 21일).

"Annual Address to the Federal Assembly." http://president.kremlin.ru/eng/text/speeches/2005/04/25/2031_type7... (검색일: 2005년 4월 26).

Baev, Pavel K. "The Trajectory of the Russian Military: Downsizing, Degeneration, and Defeat." http://mitpress.mit.edu/books/chapters/0262633051chapt1.pdf (검색일: 2008년 8월 2일).

Blagov, Sergei. "Russia: New Behavior for a Great Power." ISN Security Watch (February 14, 2007). http://www.isn.ethz.ch/news/sw/details_print.cfm?id=17247 (검색일: 2007년 11월 9일).

Duleba, Alexander. "From Domination to Partnership: The Perspective of Russian — Central — East European Relations." www.nato.int/acad/fellow/96 — 98/duleba.pdf (검색일: 2008년 7월 2일).

Gomart, Thomas. "EU — Russia Relations: Toward a Way Out of Depression." *Ifri — CSIS Research Project* (July 2008).

Jonsson, Anna, Stephen Blank, JAn Leijonhielm, James Sherr, Carolina Vendil Pallin, "Russia After Putin: Implications for Russia's Politics and Neighbors," *Policy Paper* (March 2008), Institute for Security & Development Policy.

Kapila, Subha. "Russia's Foreign Policy in a Resurgent Mode." http://www.saag.org/paper17/paper1682.html (검색일: 2007년 8월 8일).

Kononenko, Vadim. "From Yugoslavia to Iraq: Russia's Foreign and the Effects of Multipolarity." *Working Papers* 42(2003), The Finnish Institute of International Affairs.

Kuchins, Andrew C. "Alternative Futures for Russia to 2017." *CSIS Report* (November 2007).

Maranville, Cecil E. "Russian Resurgence in a Unipolar World." www.wnponline.org/wnp/wnp0605/russia (검색일: 2007년 8월 21);

"Military Doctrine of Russian Federation." http://www.armscontrol.org/act/2000_05/dc3ma00 (검색일: 2008년 8월 1일).

Milov, Vladimir. "Russian Use of Energy as a Political Tool: Background and Possible Consequences for Europe." http://www.energypolicy.ru (검색일: 2007년 3월 2일).

Olcott, Martha Brill. "Vladimir Putin and the Geopolitics of Oil." http://www.rice.edu/energy/publications/russianglobalstrategy.hrml (검색일: 2006년 6월 2일).

Putin, Vladimir. "Russia at the Turn of the Millennium." (January 17, 2000), www.government.gov. ru/english/statVP_engl_1.html.

Simes, ,Dimitri. "Losing Russia." *Real Clear Politics* (October 29, 2007)., http://www.realclearpolitics.com/printpage/?uri.. (검색일: 2007년 11월 10일).

"Sino‒Japanese Competition for Russia's Far East Oil Pipeline Project." http://www.iags.org/n0119063.htm (검색일: 2006년 10월 2일).

"Sino‒Japanese Pipeline Struggle." http://www.india‒defense.com/print/657 (검색일: 2006년 10월 1일).

Souza, Lucio Vinhas De. "A Different Country, Russia's Economic Resurgence." Brussels: Center for European Policy Studies, 2007. http://www.ceps.eu (검색일: 2008년 7월 31일).

Trenin, Dmitri. "Russia Leaves the West." http://ww.carnegieendowment.org/publications/index.cfm?fa=print&id=18567 (검색일: 2007년 11월 4일).

Tomberg, Igor. "Gas Cartel: A De‒facto Establishment," http://en.fondt.ru/print.php?id=672 (검색일: 2007년 4월 17일).

"Voennaya Doktrina Rossiyskoy Federatsii: Proyekt," http://www.redstar.ru/today_news.html (검색일: 2000년 8월 21일).

Yasmann, Victor. "Russia: Reviving the Army, Revising Military Doctrine." http://www.rferl.org/featuresarticle/2007/03/63173250‒a8b3‒40d0‒a.. (검색일: 2007년 12월 30일).

Weir, Fred. "Russia Intensifies efforts to Rebuild its Military Machine." http://www.usatoday.com/news/world/2007‒02‒12‒russia‒military_x.htm (검색일: 2008년 4월 1일).

러시아의 군사력 변화와 미래 안보전략

심경욱(한국국방연구원 연구위원)

Ⅰ. 머리말

2008년 5월 9일, 세계 언론은 모스크바 붉은 광장에서 진행된 대규모 군사 퍼레이드에 촉각을 곤두세웠다. 구소련이 붕괴하고 18년 만에 처음 이뤄진 행진이었다. 무려 8천명의 군이 동원된 이날 행진에는 T-90 신예전차와 S-300 방공체계를 비롯해 전략폭격기 Tu-160, Tu-95MS과 대륙간 탄도미사일 Topol-M 4기가 그 위용을 자랑하였다.

그로부터 3개월이 지난 8월 7일 그루지야군은 남오세티야 츠한빌리를 공격하였고, 러시아군은 불과 닷새 만에 그루지야 병력을 무력화하였다. 러시아 정부는 그루지야를 무력으로 응징한 데 그치지 않고, 상·하원의 결의를 통해 압하지야와 남오세티야 등 그루지야 내 친(親) 러시아계 2개 자치공화국의 독립을 일방적으로 선포하였다. 그루지야 사태가 발발한 지 불과 2주만의 일이었다.

이렇듯 러시아는 군사력을 본격 재정비하고 실제로 군사력 행사를 서슴지 않으면서 지난 세월 굴욕적일 정도로 추락되었던 국가 위상을 회복하겠다는 의욕을 숨기지 않고 있다. 그런데 러시아의 군사력 과시는 지난 2007년부터 시작되었다. 그 해 8월초, 러시아 공군 소속 Tu-95 전략폭격기 2대는 비행 훈련 중에 미군 기지가 있는 태평양의 괌까지 날아가 미군 전투기들과 조우하였다. 장거리 전폭기가 태평양 중심까지 비행한 것은 냉전기가 끝나고 처음 있었던 일이다.

"세계 어느 대양이건 간에 러시아의 전략적 이해를 위한 것이라면 러시아 군의 힘을 보여주기 위해 뭐든지 다할 것이다." 블라디미르 비이쇼츠키(Vladimir Vysotskij) 해군 사령관이 2007년 2월 3일 RIA-Novosti 통신과의 인터뷰에서 한 말이다.[1] 실제로 그의 발언은 최근 러시아 해·공군에 의해 가시화되고 있는 해외 투사력의 강화와 맥을 같이 하고 있다. 특히 러시아 해군은 1990년대 초에 중단되었던 장거리 기동훈련을 재개하는 것은 물론, 소연방의 해체 후 15년 만에 처음으로 오대양에 함대를 상시 파견하기 시작하였다.

러시아는 왜 이렇게 군사력의 회복에 서두르는 것일까? 2000년대 들어 매년 국방예산은 25~27%대 큰 폭으로 증폭되어왔고, 지난 십 수 년 동안 중단되었던 실전 기동훈련도 규모나 횟수 모두 갈수록 늘어가고 있다. 러시아가 군사력 재정비에 본격 나선 것은 유가가 폭등하면서 회복세에 접어든 국가경제에 힘입은 바 크다. 하지만 가장 직접적인 배경은 국제사회의 역학구도가 결코 러시아에 이롭게 돌아가고 있지 않다는 데 있다. 먼저 러시아 정부는 이란 핵 문제, 코소보의 독립, 동유럽에서의 미국의 MD체계 구축, NATO의 확장 등의 굵직한 현안들에 있어 미국과 NATO에 정면으로 대립하고 있다. 이런 가운데 2008년 1월 러시아는 강경 매파로 분류되는 드미트리 로고진을 북대서양조약기구(NATO) 대표로 임명하였다. 그는 러시아 내 대표적인 강경 매파인사로 나토 확장과 미국 미사일방어(MD) 계획에 대

---

1) "Rossiya budet narashchivat' prisutstvie v Mirovom okeane - glavkom VMF," *RIA Novosti*, Feb. 3, 2008.

해 불만의 목소리를 높여왔다.[2] 이처럼 양자 간에 이해가 자주 엇갈리자 일부 분석가들은 코소보 독립문제나 그루지야 등지에서의 사태를 해결하는 과정에서 이해 충돌이 자칫 폭력적인 결과를 낳을 수 있음을 경고하고 있기도 하다.

2008년 봄 푸틴의 뒤를 이어 권좌에 오른 드미트리 메드베데프 대통령도 '강한 러시아'를 겨냥한 중도보수 정책 기조를 견지해 나가고 있다. 본 장(章)에서는 메드베데프 정부 하에서의 국제 위상의 회복을 위한 군사력의 재건 방향, 특히 국방비를 현 수준대로 지속적으로 투자할 경우 예상되는 군사력 회복 추이, 그리고 가파른 회복세를 보이는 공세적 군비태세가 미래 러시아 안보전략 기조에 미칠 영향 등을 분석하고자 한다.

이를 위해 2000년대 푸틴기 러시아의 안보·국방정책 기조 변화와 군사력 정비 추이를 살펴보고, 메드베데프 정부가 '예방적 선제공격' 개념에 기초한 공세적 억제 전략태세를 지속적으로 중시하거나 한층 더 강화할 것이라는 가정 하에 이후 러시아의 군사력 회복 속도와 수준을 전망할 것이다. 더욱이 러시아는 고유가 시대 '에너지 레버리지'의 활용을 통해 자국의 국가이익을 극대화하고 있고 군사 영역에 있어서도 군사안보와 에너지안보를 연계하는 노력을 시현해가고 있다. 이러한 분석을 바탕으로 매년 25%대 예산 증액을 통해 조기 정비되어가고 있는 군사력의 빠른 회복세가 '에너지 강국' 이상으로 러시아가 역동적인 부활을 이룩하는 데 중요한 하나의 근간을 제공할 것임을 설득력 있게 기술하고자 한다.

---

2) 사실상 로고진은 러시아가 코소보의 독립, 러시아의 유럽 재래식 무기 감축협정(CFE) 이행 중단 등을 놓고 서방과 마찰을 빚고 있는 상황에서 NATO를 향한 러시아 정부의 저격수 역할을 도맡아 하고 있다.

Ⅱ. '강한 러시아' 회복을 겨냥한 국방정책 기조

1. 푸틴 집권기 동안의 국방정책 기조

소연방 해체기부터 2000년 초까지 지속된 총체적 재정난 속에서 러시아의 군종들 중에서도 가장 큰 피해를 입은 것은 해군이었다. 국토에 인접해 있는 북해, 흑해와 발트해는 물론 인도양, 대서양과 태평양 등지에서 냉전기 내내 미국과 겨루었던 러시아의 해상권익 역시 치명타를 입었다.[3] 1,000여 척의 수상함과 정찰함이 퇴역되거나 신예 함정들의 건조 사업이 중단되었고, 가까운 지중해나 인도양에서의 대양작전까지도 중단하거나 겨우 명맥만 유지해야 했다. 1996년 7월, 해군 창설 300주년 기념일을 계기로 함정건조 10개년 계획을 수립, 해군력의 중흥을 선언한 이후에도 상황은 크게 변하지 않았다.

그러나 2000년 초 블라디미르 푸틴(Vladimir Putin)이 집권하면서 변화가 일기 시작했다. 집권 초기부터 강력한 국가 재건과 강대국 지위의 회복을 국정의 최우선 목표임을 천명하고, 매년 국정연설이나 국방개혁 중점 기조를 통해 이를 시현해 나갔다. 군사안보를 나름대로 중시하던 푸틴의 시각은 2006년 5월, 집권 2기 중반의 국정연설에서도 재확인되었다. 그는 국가 방위 체제 강화의 정비 필요성을 거론하면서 "우리의 군사력이 강하면 강할수록 우리에게 압력을 행사하고자 하는 외부의 유혹은 한층 더 약해질 것"이므로 장거리 전투기와 잠수함 등의 현대화와 더불어 전략미사일군의 타격 능력을 쇄신할 필요가 있음을 강조하였다.

국내 정치의 안정과 경제 회복세에 힘입어 국방예산도 큰 폭으로 증가하기 시작하였다. 2000년대 들어 국방예산은 매년 20~27% 증가하였고, 이에

---

3) 러시아의 넓은 영토는 군사전략적으로 그 가치를 따질 수 없을 만큼 엄청난 이점(利點)이기도 하지만, 때로는 취약점이 되기도 한다. 유럽에서 아시아에 이르기까지 대륙을 뒤덮는 영토를 가진 러시아는 세계 곳곳의 바다에 근거지를 확보할 수 있다는 강점도 갖지만 각 함대가 상호 지원을 하기 어려운 것이 문제다. 1905년 5월 러일전쟁 당시 유럽에 있던 러시아 발트함대는 자국의 극동함대를 도와 일본 해군과 대결하기 위해 한반도 주변 해역에 도달하기까지 무려 1만8천 마일을 항해해야 했다 전력을 분산 배치할 수밖에 없는 러시아 해군의 지정학적 어려움을 잘 보여 주는 사례다.

힘입어 소연방 말기부터 중단되었던 대규모 군사훈련도 재개되었다. 노후 전력도 해마다 조금씩 대체되기 시작했다.

나아가 오늘날 러시아의 정치·경제는 국제 역학 구도의 주 동인(動因)을 이루고 있는 에너지 수급안보 상황의 직접적인 영향 하에 있다. 먼저 고유가 상황이 지속되는 가운데 러시아 경제는 2000년대 들어 7%대를 넘나드는 높은 경제성장률을 기록하고 있다. 러시아의 불황 극복은 고유가뿐만 아니라 푸틴 정부의 강력한 리더십의 산물로도 평가되고 있으며, 푸틴에 이어 메드베데프 대통령도 이 같은 경제적 성과를 국가 성장 기반을 공고히 하는 데 집중 투자하고 있다.

2. '예방적 선제공격' 개념에 기초한 공세적 군사태세

경제회복에 힘입어 정국이 안정되자 러시아군은 '예방적 선제공격(preemptive strike)' 개념을 도입, 과거보다 한층 더 공세적인 군사태세를 채택하였다.[4] 러시아의 공세적인 방어전략은 - 비록 핵무기에 의존하는 공격은 배제한다고 하더라도 - 향후 해외 테러기지에 대한 선제 타격 가능성을 굳이 부정(否定)하지 않고 있다. 러시아도 핵무기를 제외한다면 다른 국가들과 마찬가지로 모든 가용한 수단을 동원하여 선제 타격할 수 있는 권리가 당연히 있다는 것이다.

'예방적 선제공격' 개념을 공식 채택한 이래 러시아군의 정비 중점은 3개 차원에서 찾아볼 수 있다. 먼저, 과거 전 지구 차원에서 누려온 전략 핵 억지 역량을 보전하기 위해 최신예 Topol - M과 핵 잠수함 탑재 ICBM을 포함한 차세대 전략무기 개발을 가속화하고 있다. 이 노력은 최신형 ICBM Topol - M(SS - 27)의 1개 사단 완편과 역시 최신형인 SLBM Bulava 체계의 보레이(Borey)급 잠수함 탑재를 통해 나타난다. 특히 2005년 11월 초 Topol - M의 성공적인 시험 발사는 전략핵 전력 정비를 촉진하는 계기가 되었으

---

4) Anton Trofimov, Hatal'ya Kostenko, "Voina i mir Vladimira Putina," *Nezavisimaya Gazeta*, May 11, 2006.

며, 2008년 9월 현 시점까지 신형 구축함을 포함한 차세대 미사일 운반 수단의 개발 계획도 진행되고 있다.

둘째, 350만 대군으로 양(量) 위주의 밀집 방어 체계에 기초했던 낡아빠진 소련식 방위 체제에서 벗어나 거점 방어 능력과 기동력의 강화를 통한 방위 체제를 모색하고 있다. 이는 2004년 6월 우랄에서 병력의 극동으로의 장거리 기동 훈련(기동 - 2004; Mobil'nost' 2004)을 통해 보여준 바 있다. 이 듬해 8월에는 Il - 76과 Tu - 95까지 동원한 대규모 '평화의 사명 - 2005'(Peace Mission 2005) 연합훈련을 러시아 극동군관구와 중국 요동반도 지역에서 중국군과 전개하였다. 2007년 8월에도 '평화의 사명 - 2007' 훈련을 중국군과 러시아 첼랴빈스크 지역에서 실시하였다. 여기에는 카자흐스탄, 우즈베키스탄, 타지크스탄 등 상하이협력기구(SCO) 가맹국들까지 소규모 병력을 통해서나마 제각기 참여하였다.

셋째, 구소련 시대에 이어 1990년대 코소보전쟁, 그리고 2000년대 이라크전쟁을 지켜보며 러시아군 지휘부는 저강도 무력 분쟁과 게릴라전에 있어서의 자군의 취약성을 고심해왔다. 그 결과 오늘날 체첸전장에서의 게릴라전이나 테러전에서 그 효용성이 입증된 정밀 유도 체계의 확보 및 발전에 전력을 다하고 있다. 이와 관련해 두 가지 방향의 시도가 보인다. 우선 과거 핵 우위 시절 장착된 폭탄의 위력으로 운반수단의 정밀도가 그다지 요구되지 않았던 시절 보유하던 미사일 유도체들의 정확도를 높여 재래식 탄두를 장착할 수 있도록 성능을 전환하고 있다. 구체적 사례로서 사거리 3,500km의 공대지 크루즈미사일 Kh - 55SM(NATO명 Kent)을 2002년 개조한 Kh - 555를 들 수 있다. 원래 고도의 종말 정확도가 그다지 소용되지 않는 핵탄두용 미사일에 전자광학 종말 호밍 시스템을 사용, 재래식 탄두를 탑재하도록 한 것이다. 이로써 미국이 AGM - 86 ALCM의 비핵 버전을 사용한 것처럼 러시아도 국지분쟁에 대비해 Kh - 555를 배치할 수 있게 되었다. 다른 한편으로 최근 발사한 위성체계에 힘입어 운용 가능해진 GLONASS(Global Navigation Satellite System)체계를 통해 제한적이나마 러시아식 GPS가 가동됨에 따라 러시아식 JDAM인 KAB - 500S - E를 실전 배

치해나가고 있다.[5]

이는 러시아군 지휘부가 당면한 재정적 – 상황적 한계를 수용하면서도 가장 효율적 방법으로 지리적 범주와 작전적 차원에서 대체로 3단계에 걸친 정비 방향을 지향하고 있음을 보여준다. 지리적 시각에서 보면 전 지구, 전국토, 국지적 차원의 3단계 방어 영역에서의 방위 역량을 정비해 나가고 있는 것이다. 작전적 범주에서 볼 때도 그 방호 방식에 있어서도 먼저, 과거 군사력 체계의 강점을 살려 나가면서 과거의 양적 방호에서 거점 방호로 전환해 나가는 한편, 현 시점에서 가장 취약한 영역을 보강하는 방향으로 전투준비태세를 정비해 나가고 있다.

Ⅲ. 국방비 증액에 힘입은 전비태세의 강화

1. 국방예산의 연 25%대 증액 투자

2007년도 311억불에 이어 2008년 국방예산은 390억불로서 전년에 비해 20%나 증액된 금액이다. 2001년 당시 101억불이었던 국방비가 7년 만에 무려 네 배로 불어난 것이다. 그러나 첨단 체계나 장비의 연구 및 개발에 충당되는 엄청난 경비가 국방예산에 포함되지 않는 등, 러시아 안보·국방 부문의 투자 현실을 감안할 때 실제 군비는 이보다 두 배 정도 더 많을 것으로 추정되고 있다.

2007년 및 2008년 예산도 2005~6년과 마찬가지로 군 전력증강에 중점이 주어져 있다. 2007년의 경우, 인력운영 부문의 89억불, 훈련 및 군수 부문의 36.7억불을 포함한 경상유지비는 예산 총액 대비 59%를 차지하였다. 그런데 100만 규모를 지탱하는 러시아군의 경우, 2004년도 경상유지비가 63%대였고 그 경상유지비의 절감이 결코 쉽지 않음을 감안할 때 전력투자

---

5) 그러나 대부분의 전술 전투기들은 여전히 구형 로켓으로 무장하고 있음이 2008년 8월 그루지야 전쟁에서 판명되었다. 즉 그루지야 전장에 투입, 공습에 나선 전투기들이 유도장치를 제대로 갖추지 못한 로켓탄을 사용함으로써 러시아의 GLONASS체계가 아직 전면적으로 가동되지 못하거나, KAB – 500S – E가 제한적으로 배치되어 있음을 보여주었다.

비의 비중이 예상보다는 가파른 속도로 증가하고 있음을 알 수 있다.[6]

이는 1990년대 초반부터 2000대 초까지 장비의 정비나 폐기 비용으로 경상유지비 예산이 증액되었다면, 현 시점에서는 새로운 첨단 기술의 개발에, 특히 전략무기들을 한층 더 정밀화하려는 신규 투자 중심으로 예산 배정이 이뤄지고 있음을 반증한다. 증강된 예산은 주로 미래전에 대비한 첨단무기, 특히 차세대 전투기와 전략핵잠수함 등의 개발 및 확보에 집중 투자되고 있다.

훈련 예산이 대폭 상향 조정되면서 교육 및 훈련 기회는 배가하고 군의 전투 준비 태세는 본격 재정비되기 시작하였다. 통계 수치를 통해 보면, 최근 들어 지상군의 경우에는 전술훈련 기간이 50%나 늘어났으며, 공군 조종사들의 비행훈련 시간도 11%, 해군 함정들의 해상훈련도 25%나 증가한 것으로 알려진다. 이는 교육 및 훈련 기회의 배가를 통해 군의 전비태세를 본격 재정비하려는 러시아 지도층의 의지가 반영된 것으로서 2004년의 경우만 해도 훈련 배정예산은 21.4억 달러로서 2002년도에 비해 무려 18배나 증가한 금액이었다. 2007년도 훈련 및 군수 예산도 36.7억불로 상향 조정됨으로써 국제분쟁 개입 능력을 회복하려는 의도가 아닌가 하고 우려될 만큼 러시아는 훈련 강도를 높여가고 있다.

다른 한편으로 러시아 정부는 징병 대상 인구의 감소와 저조한 징병률, 낮은 봉급 등 처우문제로 인한 직업군인 지원 저조 등 당면한 인력난을 모병제의 도입을 통해 극복하려 애써왔다. 그러나 월 급여가 미화 200달러 수준에 머무르는 상황에서 지원자들의 부족 등 각종 문제점들이 도출되면서 전면적인 모병제의 시행은 지연될 수밖에 없었다.[7] 이에 푸틴 대통령이 직접 개입한 결과, 2006년 한해 모병제 전환비용으로 인건비에만 순수하게

---

6) 2007년 이래 군 지휘부는 경상비 대 투자비 비율을 50 대 50을 목표로 조정하도록 애쓰고 있으나 군인들의 급여 증액과 무주택자 주거 지원 등 복지 증진으로 인해 다소 지체되고 있다. 그럼에도 2007년 상황을 볼 때, 무기 및 장비의 조달과 연구개발에 113.6억불, 군개혁 17.2억불 등 모두 총액 대비 41% 수준의 재정이 전력 증강에 투입되고 있음에 주목할 필요가 있다.

7) 이 상황에서 군 당국은 현재 병역 면제 항목 25개 중 5~9개를 삭제하면서 병역 면제 사유를 대폭 축소함으로써 현재 50%를 밑돌고 있는 징집률을 70%대로 올리도록 애쓰고 있다. 2008년부터는 의무 복무 기간도 현재 2년에서 1년으로 단축시키고 있다.

223억 루블(8억불 상당)이 배당된 것으로 알려진다.

현재 러시아군 내에는 178,000여 명의 지원병이 일반 병사 및 부사관급에서 근무하고 있다. 부사관급에서는 현재 총원 1십만 9천 명 중 2만3천 명만이 지원한 상황이다. 지난 2007년 말까지 전군의 17% 정도를 모병제로 충당한 다음, 2008년 말까지 80여 개 주요 상비부대 병력을 지원병으로 충원할 목표로 나가고 있다. 이 과정에서 모든 부사관급 인력은 지원병만으로 충원할 수도 있을 것이라는 전망도 나오고 있다.

특히 해군의 경우, 지원병 충원 대상 부대들 가운데 비교적 우선순위에 올라있다. 그 결과, 2009 - 2010년 기간 중에 해상 근무를 하는 모든 인원을 지원병으로 우선 보충하겠다는 방침이 공표된 상황이다.

2. 재래식 전력의 정비 추이

앞서 기술한 대로 러시아의 해군 전력은 지난 15년 간 무려 250%가 넘게 감축되어 왔다. 전함의 수는 1,320척에서 363척으로, 전략잠수함은 62척에서 27척으로, 잠수함도 350척에서 78척으로 대폭 줄었다.[8] 순양함의 경우 키로프 · 슬라바 · 카라급 등 6척을 보유하고 있으며 구축함으로는 소브르멘느니 · 우달로이급 등 15척을 보유하고 있다. 항공모함은 미국이 12척의 신예 항모를 보유하는 데 반해 오늘날 러시아는 단 한 척만을 운용하고 있을 뿐이다. 러시아 해군의 함정이 화력이 강한 편이나 전자장비 등 질적 수준에서 미 해군 함정보다 떨어진다는 점을 고려하면 전력의 격차는 더욱 커진다.[9]

---

8) 총참모대학원 교관, 레오니드 말르이쉐프(Leonid Malyshev)가 2005년 9월 2일 기자회견에서 공개한 현황 통계. Alexander Dubovoi, "O roli lichnosti v Voenno - Morskom Flote Rossii," *Goryachaya Tochka*, No. 350, September 12, 2005.

9) 김병륜, "러시아 해군 전력," 「국방일보」, 2006년 5월 29일자.

[표 1] 2006~2008년간 러시아군의 주요 전력 개선 사업

체계 분류		수량	사업개시 연도	예정인도 시점	특기 사항
유도미사일 프리깃함	Project 22380 스쩨레구취급	4	2005	2009	4천5백 톤급으로 2015년까지 20척 확보, 4개 함대에 5척씩 할당 배치할 계획. 1척당 가격은 4억불 수준으로 대함순항미사일, 대잠미사일, 방공체계 장착, Ka-32 헬기도 탑재
상륙주정	Dyugon급	1	2005	2007	2억 루블 상당(6천9백만 US$)
수중구조정	Panther Plus Class	1	2006	2006	영국산으로 잠수함 구조작전을 위해 해군에 배치할 예정
공대지 공격용 전투기	Su-34	24	2006	2010	Canard를 장착해 비행 성능을 향상시켰고 좌석의 병렬 배치로 내부 연료 적재량을 증가, 작전반경을 2천km로 증대시킨 전천후 저고도 공격기. 4단계 사업으로 2006년 2대, 2007년 7대, 2008년 10대, 2009-2010년 5대 배치 계획에 의거, 2006년 12월 2대 이미 공군 인도
핵추진탄도미사 일탑재잠함	Project 955 보레이급	2	1996	2006	1호함 유리 돌고루키호 2007년 4월 진수 2호함 알렉산드르 넵스키호 2009년경 진수 예정 3호함 블라디미르 모노마흐호는 2006년에 주문, 2011년경 진수할 것으로 추측 (*) 4호함도 곧 생산 시작
ICBM	SS-27 (Topol-M)	6	2005	2006	지속적으로 성능 향상 중
주전차	T-90	31	2005	2006	지속적으로 육군에 배치 중
장갑차	BMP	125	2005	2006	
폭격전투기	Tu-160 Blackjack	1+	2005	2006	여전히 제작 중이며, 기존 2대는 성능 개량 중
공격헬기	Mi-28N	8	2005	2006	여전히 제작 중
고등훈련기	Yak-130AJT	12	2005	2007	2006-2007년 인도할 예정이었으나, 2010년까지 2개 조종사 양성학교에 Yak-130 48대를 배치함으로써 노후기 L-39들을 대체할 계획임
단거리 탄두미사일	Iskander-M (SS-26 Stone)			2007	Iskander-M 5개 여단이 2015년까지 건설 운용 될 예정임
코르벳함	Scorpion Project 12300	9	2001	?	현재 개발 중임

〈출처〉 IISS, *The Military Balance 2007*, p.206, *The Military Balance 2008*, p.221, 도표를 중심으로 *http://lenta.ru/news* 자료와 블라디미르 마쏘린 전(前) 해군총장 대담기사(*Krasnaya Zvezda*, 2007년 7월 25일자)와 블라디미르 비이쇼츠키 신임 해군총장의 대담기사(*RIA Novosti*, 2008년 2월 3일자) 등 언론 보도를 참조해 재구성한 통계자료임
(*) 푸틴, 2007.10월 공언한 것으로 *Kommersant*(2007.11.21)지가 보도

그러나 최근 3~4년간 러시아군의 주요 전력 개선 현황을 보면, 1990년대 이래 구축함급 이상 대형 수상함정의 건조가 거의 중단된 반면, 수중 전력은 완만하나마 지속적으로 증강되고 있다. 자원의 제약을 극복하기 위해

전략적 타격 체계를 갖춘 최신형 잠수함 전력의 확충에 집중 투자하고 있는 것이다. 2008년 2월 예정보다 늦게 유리 돌고루키함이 북양함대 기지에서 취역하였다. 이어 2009년 중에는 동급인 보레이급 전략원잠 알렉산드르 넵스키함이 최신형 블라바 잠수함 탑재 대륙간탄도미사일을 장착하고 태평양함대에 배치될 예정이므로 그 전략적 함의는 매우 클 것이다.

항공 전력을 보면 현재 주력 전투기는 400여 대가 넘는 Su-27, 370여 대의 MiG-29와 280여 대의 MiG-31이다. 신형 Su-30이나 Su-35는 아직 대량 배치되지 못한 실정이다. 반면에 최근 미군의 F-22이나 F-35에 맞설 수 있을 수준의 5세대 전투기가 수호이사에서 개발되고 있다. 현 시점의 추측으로는 2013년경이면 러시아 공군에 배치되기 시작할 것으로 보이는 T-50은 2009년 시험 비행을 개시할 계획이다. 러시아 공군 주력기인 MiG-29와 Su-27을 대체할 T-50은 러시아 극동의 콤소몰스크-나-아무레 제조창에서 만들어질 예정이다. 두 개의 엔진이 장착된 이 전투기에는 추력방향제어(推力方向制御, Thrust Vector Control) 기능이 있어 단거리 이착륙이 가능하며, 또 적의 레이다 망에 포착되지 않는 스텔스 기능은 물론, 초음속 순항 비행이 가능한 '수퍼크루즈' 기능이 있다고 알려진다. 아울러 시속 2,500km의 최고 속도를 낼 것이며 반경 250km 내 1m 크기 물체까지도 식별할 수 있는 고성능 레이더를 갖출 모양이다.

다른 한편으로 러시아 공군은 최근 전략폭격기 Tu-160에 재래식 고정밀 순항미사일들을 장착하기 시작했다. 이는 재래식 순항미사일을 탑재한 Tu-160기 두 대가 최근 러시아 중부의 엥겔스 기지에 실전 배치됨으로써 알려졌다.

또한 공군은 2006년부터 뛰어난 기동성과 무장 능력으로 요격/폭격 임무에 적합한 Su-34를 인수하였다. 현재 10개 연대에 배치되어 있는 노후기 Su-24M을 점차 대체함으로써 전천후 저고도 공격과 해상 표적 공격에 운용할 계획이다.

방공요격 분야에서도 사거리 400km의 S-400 Triumph의 개발에 성공하였다. 이 신형 체계는 다목적용 고정밀 방공미사일로서 침투해오는 지대공,

공대공, 공대지 미사일들을 탐지·요격할 수 있다. 러시아 측은 앞으로 A-135기와의 연계 운용 등 우주군 소속 체계를 공동 활용할 계획임을 공언하고 있다. 특수방공사령부(구(舊) 모스크바 방공군관구)에 최초로 배치될 S-400 방공 미사일 체계는 향후 35개 방공 미사일 연대에 단계적으로 구 체계를 대체할 예정이다. 2006년 말 동 미사일로 장비된 1개 연대가 상시 가동에 들어갔다.

러시아는 전차, 화력체계와 항공기 등 기존 재래식 무기를 대량으로 획득하는 것은 일단 2010년 이후로 연기시켰다. 그럼에도 불구하고 이들 무기체계의 성능개량을 위한 연구개발(R&D)은 여전히 제한적이지만 상당 규모의 예산을 할당하고 있다. 해군이 내놓은 2010년까지의 예산 긴급집행 지침서는 R&D에 역점을 둠으로써 첨단 기술력을 계속 유지할 것을 명시하고 있다. 기존 체계에 대한 성능개량 R&D 정책은 전략적 억지력 증대에 가장 효과적인 정밀 유도탄 부문에서 가장 활기를 띠고 있다.

아울러 러시아는 극초음속 순항미사일인 X-22M과 이스칸데르(Iskander) 장거리 지대지 전술유도 미사일을 개발하는 데에도 성공하였다. X-22M은 시속 3천6백 km로 지·해상의 고정·이동 목표를 타격, 현존하는 방어무기로는 요격할 수 없다고 한다. 한편, 사정거리 300 km의 이스칸데르 미사일은 1개 여단을 갖출 경우 12~18개의 발사대를 보유하고 있어 6~9개의 목표를 동시에 무력화할 수 있는 것으로 전해지고 있다. 그간 러시아군은 재정난으로 인해 이제야 이스칸데르를 실전 배치하기 시작, 2005년 들어 겨우 2개 발사대를 배치하였다.

또 다른 첨단체계로서 제4 세대 대함미사일인 야혼트(Yakhont)가 있다. 이는 최신 레이더망을 피할 수 있도록 스텔스 기능을 가진 3톤 중량의 초음속 미사일로서 중규모 구축함에서 항공모함에 이르기까지 공격할 수 있는 것으로 평가된다. 이란 핵 위기가 발발하면서 호르무즈 해협을 봉쇄하기 위한 전력을 보강하느라 아마디네자드 정부가 야혼트 체계를 확보했다는 언론 보도가 있으나 현재로서는 확인되지 않고 있다.[10]

한편, 러시아군은 정보전(IW: Information Warfare) 능력(자체 지휘통제체계의 보호와 적국 지휘통제 체계의 제압)[11], 감시 및 정찰 능력, 고속 기동 능력 등의 미래전 역량을 증강하는 데도 총력을 기울이고 있다. 푸틴이 대통령 직위에 오르기가 무섭게 2000년 1월 23일 서명한 '장기 국방발전 계획 2001～2010'은 GLONASS 위성 항법체계를 포함한 지휘통제체계, 정찰체계와 정밀 타격체계의 대폭적인 개선에 역점을 두고 있다.

러시아가 전통적으로 중시해온 전차, 장갑차, 총포류를 포함한 군사 하드웨어를 소홀히 하면서까지 조기경보, 감시 및 정찰, 정밀무기, 전자전 능력 등을 개선하는 데 총력을 기울인다는 것은 러시아의 기존 군사사고와 방위개념에 있어 혁신적인 변환이 일어나고 있음을 의미한다. 즉, 러시아도 미국 등 다른 군사강국들과 마찬가지로 '네트워크 중심전(NCW: Network Centric Warfare)' 위주의 전력 재정비에 초점을 맞추고 있는 것이다.[12]

3. 전략핵 전력의 정비 추이

현재 러시아는 대륙간탄도미사일(SS－18/19/24/25), 핵잠수함(SS－N－8/18/20/23)과 전략폭격기(Tu－95)가 주축을 이루는 냉전기 핵전력의 3각 체계(triad)를 그대로 유지하고 있으나, 이 중 상당수는 적정 수명이 지난 구형이다. 따라서 지난 2005년 11월 29일 전략미사일군은 아스크라한 주에 위치한 플레세츠크 우주기지에서 생명 주기가 이미 끝난 Topol(SS－25) 미사일들에 대한 합동 시험 발사를 감행하였다. 우주군이 미사일의 비행경로를 관측한 결과, 미사일들은 계획된 경로를 따라 캄차카반도에 소재하는 '쿠라' 사격장 목표물에 적중하였다. 실험이 성공함으로써 최대 2014년까지

---

10) 러시아는 인도와 '야혼트' 대함(對艦) 미사일을 모델로 공동 개발한 '브라모스'(Bramos)를 2005년 모스크바 국제우주항공쇼(MAKS 2005)에서 소개하였다. 러시아는 사정거리 300km 브라모스 미사일을 인도와 공동 생산함으로써 적대적 관계에 있는 파키스탄의 주요 도시들을 공격할 수 있는 전략 타격체계를 인도에 제공한 셈이다.

11) 앞서 언급한 바와 같이 최근 북양함대는 자기기뢰 방어 장치를 한 최신예 소자함(消磁艦) 블라지미르코 니코프(Vladimir Kotelnikov)호를 확보하였다.

12) 2003년 6월 Minsk에서 열린 MILEX 2003 군수품 전시회에서 러시아가 선보인 최신 제품들은 대부분 지휘통제와 관련된 것들이었다. 2년 후 필자가 참관한 모스크바 국제우주항공쇼(MAKS－2005)에서도 동일한 전시 기조를 찾아 볼 수 있었다.

유지할 수 있게 되었다.

또한 지난 2004년 12월에는 4개 연대가 신형인 Topol – M 고정 사일로형 40기로 완편되어 사라토프 지방에 위치한 타티쉐보 전략미사일 사단에 배속되었다. 러시아군은 계속해서 Topol – M을 구입하여 구형과 대체할 것이며, 특히 가까운 시일 내 이동형 Topol – M을 개발 확보할 예정이다. 2005년에는 제5 Topol – M 연대가 창설되었고, 첫 번째 이동형 Topol – M 연대가 문을 열면서 2008 – 2009년 기간 중에는 구형 장거리 ICBM 일부를 해체할 계획인 것으로 알려져 있다.

전략폭격기 전력은 제37 항공군에 소속된 124대의 Tu – 22M 및 Tu – 22MR이 주 기종을 이룬다. 특히 전략미사일군 관할 하에 있는 폭격기로는 Tu – 160이 16대, Tu – 95가 56대 유지되고 있다. 재래식 순항미사일을 탑재하고 성능을 개량한 Tu – 160기 두 대가 최근 엥겔스 기지에 배속되었음은 이미 전술하였다.

다른 한편으로 러시아는 아큘라(Akula)급이나 보레이(Borey)급과 같은 전략 핵잠수함에 신형 Bulava(노어로 '철퇴'를 의미) 대륙간 유도탄을 탑재하고 있다. 구체적으로 배치 대상 잠함은 아큘라(Akula)급의 드미트리 돈스코이호와 보레이(Borey)급의 유리 돌고루키호이다. 고체연료를 사용하는 Bulava 미사일 체계(나토 명 SS – NX – 30)는 Topol – M 유도탄을 개량한 것으로 사거리가 무려 1만 km에 달하며 정확도가 350m 이하인 것으로 알려진다. 보레이급 핵잠수함은 이 미사일을 12기 탑재할 수 있다. 2004년 9월 23일 드미트리 돈스코이호는 새로운 유도탄의 시험 발사에 성공한 데 이어 이듬해 9월과 12월에도 동 체계의 수중 시험 발사가 있었다.

현재 진행 중에 있는 차세대 전략 원자력 잠수함 사업이 진척되면 노후화가 심한 제3세대 잠수함들이 교체될 예정이며, 이들이 2018년 이후부터 러시아의 해상 전략핵 전력의 주축을 이룰 전망이다.[13] 현재로선 Bulava체계의 안정성이 여전히 문제되고 있으나[14] 2008년 2월 유리 돌고루키호가

---

13) "Na voprosy 'Krasnoi zvezdy' otvechaet glavnokomanduyushchiy VMF admiral flota Vladimir Masorin," *Krasnaya Zvezda*, July 25, 2007, p.1.

북해 기지에 취역한 데 이어 신형 Bulava 대륙간 유도탄을 장착한 보레이급 전략 원자력 잠수함들이 2009년부터 태평양함대를 비롯해 연달아 배치되고 본격적인 활동을 개시할 경우, 러시아의 전략핵 억지력은 한 차원 성큼 올라설 것으로 추정된다.

Ⅳ. 미래 러시아 안보전략과 군사력 변화 추이

1. 군사안보와 에너지안보의 상호 연계

오늘날 에너지자원이 묻혀있는 내해(內海)나 도서, 대륙붕의 경제적 가치는 더 이상 해당국 영토 주권의 차원에 머물러 있지 않다. 21세기에 들어 오일과 천연가스의 공급 능력이 부족해지면서 그 지경학적 가치는 국가안보상의 최우선 비중을 지니면서 새로운 분쟁의 불씨가 되고 있다. 특히 에너지안보의 비중은 러시아 군사독트린이 공세(攻勢) 성향을 강화하는 데 있어 9.11 사태 이후 미국의 선제타격 독트린 채택과 함께 중대한 배경 근거를 제공하고 있다.

1993년도를 계기로 석유 수출국에서 수입국으로 전환한 중국의 경우, 안정적인 에너지 수급 문제를 국가안보상의 최우선 순위에 두는 한편 원유의 해상 수송로 안전을 보장하기 위해 해·공군력의 강화에 역점을 두고 있다. 중국에 있어 바다로 진출하려는 전략은 사실 역사적으로 다소 생소함에도 불구하고, 국가안보 차원에서의 해양 진출의 필요성[15], 자원에 대한 수요의 급증[16], 그리고 중국 해군의 이해와 해양 전략의 부상[17] 등 다양한 원인들

---

14) Ivan Safronov, "'Bulavu' razberyt na dvukh komissiyakh," *Kommersant*, Dec. 27, 2006.

15) Toshi Yoshihara and James R. Holmes, "Command of the Sea with Chinese Characteristics," Orbis, Vol. 49, No. 4, Fall 2005, pp.677-694 ; Sam Bateman, "Regional Responses to enhance Maritime Security in East Asia," *The Korean Journal of Defense Analysis*, Vol. X Ⅷ, No. 2, Summer 2006 참조.

16) 주재우, "중국의 에너지 협력 외교" 2006년 6월 20일 '동북아 에너지 안보 협력 외교' 워크숍 발표문; 김현진, "중국發 에너지 위기 가능성과 에너지 안전보장," *Issue Paper*, 삼성경제연구소, 2004년 6월 7일 참조.

이 복합적으로 작용하여 오늘날 빠른 속도로 잠재적인 해양 강국을 만들어 가고 있는 것이다.

러시아 역시 자국의 에너지안보 강화를 뒷받침하기 위해 군사력의 재정비 과정을 연계시키고 있다. 2008년 2월초 푸틴은 자신의 대통령직 퇴임을 3개월 앞두고 크렘린에서 정부 관리들과 기업인들, 군 엘리트들을 대상으로 '2020년까지의 러시아의 미래'(On Russia's development strategy till 2020) 제하의 연설을 한 바 있다. 이 자리에서 그는 세계적으로 자원을 둘러싸고 분쟁이 일어나고 있으며, 러시아는 석유와 가스에 대한 자국의 접근권을 지킬 필요가 있다고 역설하였다.[18]

다른 한편으로 외교 영역에서도 러시아는 2000년대 들어 '에너지 레버리지'의 활용을 통해 자국의 국가이익을 극대화하기 위한 새로운 대외정책 독트린을 구현해나가고 있다. 군사 영역에 있어 최근 일련의 움직임은 모스크바 정부가 군사안보와 에너지안보를 연계하는 노력을 실제 정책과 행동으로 시현하고 있음을 보여준다.

그 첫 징후는 2002년도 카스피해에서 있었던 연합훈련이었다. 러시아는 2002년 8월 1~15일 동안 카스피해에서 카자흐스탄 공군 및 아제르바이잔 해군과 함께 대규모 해상 연합훈련을 실시, 對테러 능력의 개선을 구실로 해군력을 과시하였다. 구소련 시절에도 그 선례를 찾아볼 수 없을 만큼 큰 규모로서, 1만여 명의 병력, 60척의 함정, 30대 이상의 전투기들이 참여한 이 훈련은 당시 자원개발을 둘러싸고 카스피해 해역에서 첨예하게 대립하고 있던 이란에 대한 경고이자 역내 자원개발의 통제권을 주도하려는 미국에 대한 과시이기도 하였다.[19]

이 군사훈련은 러시아가 카스피해에서 10년 만에 처음으로 전개한 것으로서 동 해역의 자원개발권 선점과 관련하여 그 무렵 러시아와 미국, 영국,

---

17) 이태환, "해양권익 수호전략과 중국적 군사 혁신." 한국전략문제연구소 「동북아 전략균형 2005」제 4장 중국 편. pp.205 - 250 참조.

18) Andrei Kolesnikov, "Planka Putina," *Kommersant*, Feb. 9, 2008

19) 실제로 이란의 경우, 2001년 7월 자국 군함을 동원해 당시 아제르바이잔과 공동으로 유전 개발을 하고 있던 영국의 BP사 시추선 작업을 중지시키는 무력 충돌을 도발한 바 있다.

프랑스, 그리고 이란을 포함한 5개 연안국들 사이에 벌어지고 있던 '거대게임'(the Great Game)의 실체를 들여다볼 수 있는 기회가 되기도 하였다.

둘째, 러시아가 인도와 가장 먼저 인도양 해역에서 연합훈련을 전개하였고, 오늘날까지 러-인도간 해군 협력은 전략적 수준으로까지 발전하고 있다는 사실이다. 러시아가 현재 인도와 '야혼트' 대함(對艦) 미사일을 모델로 한 '브라모스'(Bramos)를 공동 개발, 생산하고 있음은 이미 언급했다. 러시아는 인도와 브라모스 미사일을 공동 생산함으로써 사정거리가 300㎞에 달해 파키스탄의 몇몇 도시들까지 공격할 수 있는 전략 타격체계를 인도에 제공한 셈이다.

주지하는 바와 같이 인도양은 지정학적 측면에서 수에즈운하와 희망봉, 말라카해협 등 3개의 열쇠를 쥐고 있다. 또한 전 세계 항구의 9분의 1을 보유하고 있고 전 세계 해상물동량의 5분의 1과 원유수송량의 46.5%를 담당하는 전략적 생명선이다. 말하자면 인도양은 태평양과 대서양을 중간에서 가로막으며 세계의 석유자원 수로를 움켜쥘 수 있는 목줄인 것이다.[20]

1990년대를 통틀어 러시아 해군은 재정난으로 인해 작전 영역도 자국의 영해로 한정한 채 인도양을 비롯한 주요 대양에서의 재해권을 포기해왔다. 그러나 2003년 5월 러시아 해군은 20~21일 이틀에 걸쳐 인도 해군과 함께 아라비아해와 벵골만에서 연합 해상훈련을 실시하였다. 러시아 측에서 태평양함대 소속 대잠함 샤포쉬니코프호와 판쩰레이예프호가 참여한 이 훈련은 소련 붕괴 이후 최초의 영해 밖 대규모 해상훈련이라는 점에서 당시 국제사회의 주목을 받았다.

셋째, 2002년 카스피해 훈련 이래 대규모 장거리 기동 훈련들은 주로 자원개발이 본격화되고 있는 극동지역과 태평양 연안을 작전 대상 지역으로 해서 전개되어오고 있다. 특히 2004년 기동-2004 훈련을 계기로 막을 올린 우랄산맥을 넘나드는 대규모 전략 기동훈련의 증대 추세를 눈여겨 볼

---

20) 무한대에 가까운 천연자원은 인도양의 전략적 가치를 더욱 높여준다. 그 중 석유와 천연가스의 해저 매장량은 수심 500m 이내의 대륙붕을 기준으로 할 때 전 세계 총량의 3분의 1을 차지하며 전 세계 해저생산 석유의 34.6%가 페르시아만에서 채굴된다. 신우용. "'세계 산업단지' 부상한 인도, 지역패권을 향해 가는가." 「오마이뉴스」 2007년 7월 3일자.

필요가 있다. 2004년 이래 전개된 대규모 기동훈련들에는 우랄 이서 지역의 크고작은 부대들이 참가하였다. 2004년 6월의 '기동 2004(Mobilnost' 2004)' 훈련에는 북양함대 소속의 해군보병이 참여하였다. 세베로모로스크 소재 해군보병 여단이 공수여단과 함께 우랄산맥을 넘어 장거리 이동 투입되었던 것이다.

[그림 1] '기동 2004' 훈련에 투입된 우랄 이서(以西) 소재 부대 현황

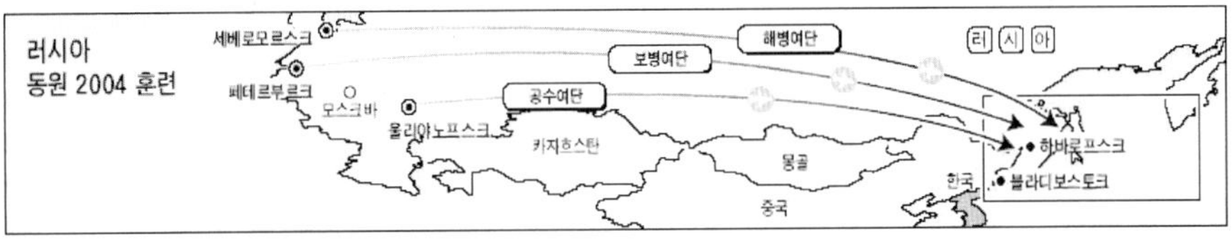

넷째, 러시아는 에너지 시장의 점유율 제고를 위해 국가 차원에서 노력하고 있으며, 이 과정에서 군이 상당한 역할을 수행하고 있다. 더욱이 정·군 지도층은 군이 더 이상 안보상의 임무에 얽매여 있지 않고 국가 경제 이익 신장을 위한 임무도 수행하고 있음을 강조한다.

최근 러시아는 유럽의 에너지 시장 점유율을 제고하기 위해 북유럽 가스 파이프라인과 블루 스트림 가스 파이프라인 건설 사업에 진력하고 있다. 흥미로운 것은 이 양대 사업에 러시아 해군이 사업 초기부터 적극 참여하고 있다는 사실이다. 해군은 가스프롬의 요청에 따라 북유럽 가스 파이프라인 사업을 위한 사전계획서 작성에 한 몫 하였다. 해저 폭발물이나 화학무기, 대형 수장 선체들로 인한 기술 유발 사고(technogenic incident: tekhnogennovo proiskhozhdeniya)의 위협을 방지하기 위한 사전 조사 작업에도 해군이 파견되었다. 해당 수역과 관련한 제반 규정들과 국제 사례들을 검토하는 임무도 수행한 것으로 알려진다.[21]

---

21) 국방부 소속 항해 및 해양학 총국 요원들은 가스파이프라인이 지나가는 핀란드만과 보르홀름 섬 인근 해역에서 과학조사선 골리친 호에 탑승, 가스프롬이 주관하는 탐사활동에 참가하였다. 특히 해저 탐사 결과 네 척의 어뢰함을 발견했으며, 기술 유발 사고를 낼 수 있는 물체나 사고 가능 지역을 600건 이상 지적해냈다.

러시아에서 흑해를 지나 터키에 이르는 '골릐보이 빠똑'[22], 즉 블루 스트림 가스 파이프라인 사업의 경우, 설계 시점부터 해군 수로측량국이 참여하고 흑해함대 소속 해양수로측량함 즐례켄호가 엔지니어링 탐사 단계부터 참가하였다.

파이프라인 건설사업 초기부터 관여해온 해군으로서는 지상군과 공군의 지원 하에 이제 이 파이프라인들이 가동함에 따라 동 송유관들이 통과하는 지역 및 해역에 대한 테러 공격과 우발적 사고들을 저지하고 해역 안전을 보장하는 업무를 수행하고 있다. 그 결과, 러시아군은 최근 들어 이전까지 카스피해 해역에 한정되었던 자원 채굴 해역의 방호나 수송로 안보 임무를 흑해와 인도양 등지로 대폭 확대해 나가고 있다.[23]

2. 러시아의 향후 군사정책 기조와 군사력의 변화 추이

가. 러시아의 향후 군사정책 기조

2008년 5월 러시아 국민들은 43세의 젊은 드미트리 메드베데프를 다섯 번째 국가수장으로 맞이했다. 같은 해 여름 그루지야 사태를 통해 국내외에 다시 확인된 바대로 총리직을 수행하는 푸틴의 정치적 역할도 상당한 강도를 지닌 채 당분간 계속될 것으로 보인다.

다만 대선 전후 메드베데프가 한 발언 내용을 유심히 관측하노라면 푸틴의 정책을 계승하겠다는 포부 속에서도 이미 푸틴과의 차별화 노력도 적잖이 감지되고 있다. 그럼에도 메드베데프 정부가 푸틴 정부를 가장 충실하게 승계할 영역이 있다. 바로 강한 군사력의 재정비 의지를 토대로 하는 대내외 안보정책 기조이다. 아울러 고유가 시대 에너지 강국으로서 시간이 흐를수록 상대적인 강자의 위치에 놓이게 될 러시아의 국제적 위상에 대한

---

22) 2002년 10월 완공된 러시아에서 흑해를 지나 터키에 이르는 전장 866마일의 양방향 파이프라인. 계획보다 1년 늦은 2003년 2월 운영에 들어갔다. 32억 달러 규모의 "Blue Stream" Pipeline은 러시아 남부의 Izobilnoye에서 흑해의 Dzhugba를 지나 흑해 해저 247마일을 통과한 다음 터키의 Samsun항과 Ankara를 연결한다.

23) "Na voprosy 'Krasnoi zvezdy' otvechaet glavnokomanduyushchiy VMF admiral flota Vladimir Masorin," *Krasnaya Zvezda*, July 25, 2007, p.1.

단·중기 전망도 이러한 추측을 뒷받침하고 있다.[24] 아울러 푸틴 집권 2기에 본격 재개된 러시아군의 재정비를 위한 투자에도 정책 중점이 주어질 전망이다.

미래의 가능한 시나리오들은 한결같이 앞으로도 권위주의적인 민주정체가 러시아를 지배할 것임을 시사한다. 아울러 석유 및 가스 대국으로서 러시아가 누려온 에너지 레버리지가 앞으로도 대외정책의 근간이 될 것임을 의미한다. 푸틴 집권 말기에 이르러 본격 거론되기 시작한 가스 OPEC 구상도 진일보할 것임을 예상케 한다. 제2의 중동이라 불리는 카스피해 및 중앙아시아 일대를 둘러싸고 미국과 벌이고 있는 러시아의 '거대게임'도 한층 더 격렬해질 가능성이 크다.

미국은 21세기에 들어 두 차례의 '테러와의 전쟁' - 아프가니스탄전쟁과 이라크전쟁 - 을 준비하고 수행하는 과정에서, 또한 NATO를 대폭 확대하는 과정에서 동맹관계를 맺거나 미군 기지를 개설함으로써 발트해에서 시작해 유라시아대륙의 남부를 가르는 장대한 군사기지의 벨트를 확보하는 데 성공했다. 이 군사기지 라인은 공교롭게도 전 세계 석유 부존량의 2/3를 차지하고 있는 중동과 흑해 및 카스피해 일대의 기존 파이프라인이나 9.11 사태 이후 건설되었던 파이프라인의 통과지역과 일치한다. 더욱이 중부유럽에 MD 체계를 구축하려는 미국의 시도가 가시화되면서 흑해 연안을 비롯한 러시아의 대내외 군사기지들에 대한 재정비도 한층 더 속도를 내고 있다. 심지어 미-일 양국 간의 동맹 강화 추세에 대응해 태평양 연안의 군사기지들도 현대화 과정을 밟고 있다.

최근 들어 NATO 가입을 적극 추진 중인 우크라이나에서는 'NATO 회원국은 자국의 영토 내에 외국의 군사기지를 둘 수 없다'는 규정에 따라 러시아 흑해함대의 철수 여론이 갈수록 강해지고 있다. 이에 따라 러시아

---

24) 메드베데프는 가즈프롬 이사회 이사장이자 사회·교육 담당 제1부총리로서 이란 핵 프로그램, 코소보 등 다양한 국제 현안들에 대해 자신의 목소리를 낼 수 있는 기회가 많지 않았다. 한편으로 푸틴과 그의 적잖은 측근들과는 달리 메드베데프가 현 연방보안국(FSB)의 전신인 국가안보위(KGB)에 몸담은 적이 없다는 이유로 차기 정부의 외교정책이 온건 노선으로 전환될 것이라는 가능성이 점쳐지기도 하지만, 그는 대선 유세 동안 서방이 지원한 고소보의 독립을 비난하며 그로 인해 유럽이 물바다가 될 수 있다는 나름대로 매우 강경한 시각도 견지한 바 있다.

해군은 먼저 우크라이나의 '세바스토폴'에 위치한 흑해함대를 자국 영내로 이전하기 위해 '노보로시스크' 해군기지 확장을 서두르고 있다. 이를 위한 '2005 – 2020 흑해함대기지 건설 계획'사업에는 400억 루블(약 9,400억불)을 투자될 예정이며, 제1 단계로서 2005~2010년 기간 동안 노보로시스크에 현 해군기지를 확장하게 된다. 2010~2020년 기간에 해당되는 제2 단계에는 노보로시스크 인근의 테르뮤, 아나파, 투아프세 등 주요 항구도시들로 기지를 더욱 확대해나가는 사업이 예정되어 있다.

오늘날 태평양함대는 북방함대에 이어 발트함대, 흑해함대와 함께 구성하는 4대 함대들 중 두 번째의 비중을 지니고 있다. 세베로모로스크에 함대사령부를 둔 북방함대는 탄도미사일 탑재 원자력 추진 잠수함(SSBN) 기지로 가장 중시된다. 러시아 전략원잠의 60% 이상이 북방함대에 소속되어 있다. 한때 극심한 재정난에 시달렸을 때 태평양함대에 소속되어 있는 전략원잠 일체를 북방함대로 이관, 우랄이동 지역에는 전략원잠 기지를 일체 운영하지 않는 가능성도 타진된 바 있다.

그러나 작금의 상황은 상당한 변화를 예견케 하고 있다. 2005년 7월 말 이바노프 당시 국방장관은 캄차트카주의 중심 도시인 페트로파블로프스크 – 캄차트키를 방문한 자리에서 미사일 탑재용 최신형 다목적 핵잠수함을 태평양함대에 새로 배치할 계획이라고 밝혔다. 또한 캄차트카 반도 빌류친스크에 해군 핵전력사령부도 현대화 작업을 거쳐 최고 기지로서의 요건과 기준을 충족하게 될 것임을 약속하기도 했다.

실제로 최근 러시아 언론은 2~3년 후면 태평양함대 소속 최신형 전략핵잠수함들을 배치할 빌류친스크 기지가 완성될 계획임을 재확인해주고 있다. 동 기지의 건설에는 약 90억 루블 이상이 투자될 것으로 알려진다.[25]

나. 러시아의 향후 군사력 증강 방향

러시아군은 이제 '강한 러시아'를 뒷받침하기 위한 노력에 한층 더 속력

---

25) Viktor Baranets, "Rossiya stroit novuyu bazu podlodok," *Komsomolskaya Pravda*, July 10, 2007.

을 낼 것으로 보인다. 이미 군 지휘부는 기동성과 현대화를 추구하는 가운데 구소련 시대 난공불락(難攻不落)의 전통을 재현시키기 위해 노력하고 있다. 따라서 국가경제의 회복세가 당분간 지속될 경우 풍부한 자원, 인력, 기술을 바탕으로 대폭 축소된 규모이긴 하나 기동성과 신속 대응능력을 강화하고 현대화한 군사력을 지향할 것이다.

1990년대 옐친 정권 시절부터 러시아는 이미 지휘·통제체제, 전자전 장비(EW), 그리고 스텔스 기술의 지속적인 발전에 예산을 투자해왔다.[26] 즉, 군의 현대화 및 정예화에 필수적인 분야에 제한된 국방 재원을 집중 투자함으로써 장차전에 대비한 것이라 하겠다. 특히 현대전에 있어 절대적 가치를 지니는 C4I체제의 구축과 전자전 장비의 보강은 물론, 최근 들어 수상함에서 공격용 헬기에 이르기까지 생존성(生存性)의 제고를 위해 그 응용의 필요성이 강조되고 있는 스텔스 기술 역량의 강화를 중시해온 것이다.

오늘날 미국에 버금가는 우주기술을 토대로 미국과 나란히 우주항공시대를 이끌고 있는 러시아는 2010년대 중반이면 스텔스 기능을 가진 제5세대 전투기 T-50을 러시아 공군에 배치되기 시작할 것이다. 작금의 공군 주력기인 MiG-29와 Su-27을 점차 대체해 나갈 차세대 전투기는 조만간 러시아 극동의 콤소몰스크-나-아무레에 소재하는 수호이 제조창에서 본격적인 양산에 들어갈 모양이다.

러시아는 대미 군사력 열세를 앞으로 지상, 수중 및 공중 전략핵 전력의 보강을 통해 상쇄시키는 데 진력(盡力)할 것으로 짐작된다. 특히 구소련 말기부터 중단했던 새로운 항모의 건조에도 대규모 투자를 감행할 예정이다. 2007년 여름 해군 지휘부는 2015년 이후 새로운 항모들이 본격 건조될 것인즉, 각기 세 척의 항모들로 구성된 2개의 광역 항모전단들이 구축될 것임을 밝힌 바 있다.[27] 요컨대 신(新) 항모전단의 건설과 수중 전력 재정비로 상징되는 해외 투사력의 회복, 그리고 Topol-M 전력의 강화와 전폭기 훈

---

26) 안드레이 코코쉰 차관과의 인터뷰, "Jane's interview," *Jane's Defence Weekly*, June 25, 1994, p.32.

27) 러시아 일간지 콤소몰스카야 프라브다(*Komsomolskaya Pravda*)의 2007년 7월 기사 참소. Viktor Baranets, "Rossiya stroit novuyu bazu podlodok," *Komsomolskaya Pravda*, July 10, 2007.

련 반경의 확대를 통한 전략적 타격력의 가파른 증강은 에너지 강국으로서의 면모를 한층 더 굳건히 해줄 것이다.

이제 5~10년 후면 러시아는 전통적으로 강한 군사력의 재건 분위기 속에서 C4ISR 능력과 네트워크 중심전(NCW: Network Centric Warfare)의 수행능력 등 첨단화된 전(全) 전장 동시수행 능력권에 들어가 있을 것임에 틀림없다. 2010-2015년경 러시아군이 이러한 역량을 갖출 경우, 주변국들에게는 커다란 위협요인으로 작용할 것이며, 국가 차원에서도 전략적 억지력의 제고에 크게 기여할 것으로 예상된다.

V. 맺음말

오늘날 러시아가 고유가시대 에너지자원 부국으로서 누리는 영향력은 하루하루가 다르게 커가고 있다. 한·중·일 거대 소비국들이 집결한 동북아에서 러시아가 '에너지 레버리지'를 토대로 자국의 위상을 추스르는 것은 시간문제이다. 더욱이 이 나라는 자원을 무기화하는 데 필요한 모든 요소를 갖추고 있다. 아직 정확한 매장량조차 확인되지 않은 막대한 양의 자원이 있고, 유라시아를 가로지르는 지정학적 위치에다 국가지도층의 팽창주의적인 안목까지 어느 하나 모자람이 없다. 더욱이 2000년대 들어 러시아군은 지속적인 병력의 정예화와 직업군제로의 전환, 전력체계의 현대화, 기동성에 비중을 둔 훈련 강도의 증대에 진력하고 있다. 2003년 8월 중순 십 수년 만에 최대 규모 훈련을 극동에서 전개한 이래, 2004년, 2005년, 그리고 2006년에도 지속되었다. 2007년에도 중국을 포함한 상하이협력기구 가맹국들이 참여한 대테러 연합훈련 역시 거론되어야 할 것이다.

러시아는 해·공군력의 회복 수준이나 속도를 볼 때 예상보다 빨리 인도양이나 태평양의 해상수송로들에 대해 일정 수준의 통제권을 가질 가능성이 크다. 또한 해상 수송로의 통제 방법도 자국의 해군력에 의존하던 과거의 방식과 병행하여 동맹국 및 우방국의 영해와 유라시아 내륙으로의 도로,

철도 연계망을 동시에 이용하는 독특한 형태로 발전할 가능성이 있다.[28]

특히 이란, 베네수엘라, 북한 등 반미연대 국가들과 최근 러시아가 강화하고 있는 특수한 관계를 고려할 때 한반도와 관련된 해양 분쟁에 있어 러시아의 입김이 보다 강해질 가능성이 없지 않다. 러시아는 중국과 함께 한미동맹을 해양세력의 서진(西進) 정책으로 인식하는 경향이 있으므로 한국의 반응에 따라서는 해양 주권의 주장 강도를 변화시킬 소지도 있다.

그 결과 러시아의 해상 자원 및 영토 분쟁에 대한 접근 방식은 중앙아시아 및 카프카즈 지역에서는 협력 증진으로, 인도양 해역에서는 철저한 기득권의 주장 및 갈등 개입을 통해, 동해 해역에서는 한국, 일본, 미국과의 관계 변화를 주시하면서 가변성을 띠는 양태로 발전할 소지가 많다.

오늘날 태평양함대는 러시아의 현 정세와 주변국과의 관계 개선의 영향으로 노후 함정 퇴역, 활동 영역의 후퇴, 전략핵 임무의 축소 등을 계속 추진할 것이나 역내 최강 함대를 유지해나가고 있다. 동시에 PKO 활동 참여, 함정 교환 방문, 해상훈련 상호 참관, 해양 공동 연구, 백색작전 등 해군력의 평시 평화적 동원을 통해 대외 협력도 적극 추진하고 있다. 중·장기적으로 해군력이 보강되고 주변국과의 관계에서 군사력의 뒷받침이 필요하다고 인식되면 다시 활동 영역을 넓혀 전통적 남진정책을 적극 시현할 것으로 판단된다.

동아시아에 있어 러시아의 군사정책 방향은 최근 극동−시베리아 지역을 중심으로 더욱 활발해지고 있는 대규모 훈련 강화에서 감지할 수 있다. 메드베데프 신정부의 향후 대한반도 정책에 대해서도 갈수록 공세적이 될 것이라는 전망이 가능하다. 푸틴 대통령은 두 차례 집권기를 거치면서 − 양자나 다자 할 것 없이 − 그 어떤 국제 협상에 임해서도 손에 쥐는 것 없이는 결코 물러서지 않았다. 특히 한반도 문제에 있어 그의 실사구시 정책이 유달리 부각되었음은 익히 알고 있는 바이다. 여태껏 남북한 등거리 외

---

28) 2.13 합의 이후 북한에 대한 러시아의 전력 지원 등 포괄적인 개입 의사는 한반도 안보 논의에 대한 적극 개입이 이사를 표명한 것이라 할 수 있다. 졸고(拙稿), "북핵 6자회담의 타결과 러시아," http://www.kida.re.kr/nasa, 2007년 2월 14일.

교론에 근거해 실리 우선 노선을 중시해온 러시아는 메드베데프 시대를 맞아서도 한국 정부와의 통상 및 방산협력에 있어 한 단계 더 공세적이고도 명시적인 협상 자세를 갖출 개연성이 크다.[29] 창조적 실용주의를 정체(政體) 이념으로 내걸고 2008년 초 비슷한 시기에 출범한 이명박 정부로서도 '메드베데프 – 푸틴 듀오'가 이끄는 러시아 정부와의 관계 진일보는 '글로벌 코리아'를 시현해나가는 과정에서 반드시 거쳐야 할, 그러나 결코 쉽지 않을, 도전일 듯하다.

---

29) 구소련 경협차관 상환의 일환으로 이뤄지고 있는 3차 불곰사업과 관련한 협상에 있어서도 러시아 정부는 국영무기수출회사인 로스오보론엑스포르트(Rosoboronexport)를 내세워 군수물자, 특히 완제품 중심의 상환을 우선시함으로써 기술협력과 민수물자 제공을 희망하는 한국 측과 입장이 달라 2008년 9월 현 시점에 이르러서도 여전히 합의에 이르지 못하고 있다.

David R. Stone, A *Military History of Russia: From Ivan the Terrible to the War in Chechnya* (Greenwood Publishing Group, 2006), 259 pp.

Zoltan Barany. *Democratic Breakdown and the Decline of the Russian Militar,y* (Princeton University Press, 2007), 247 pp.

Noelle M Shanahan Cutts, "Enemies though the Gates: Russian Violations of International Law in the Georgia/Abkhazia Conflict," *Case Western Reserve Journal of International Law*. Cleveland: 2008. Vol. 40, Iss. 1/2; pp.281 − 310

Krasnaya Zvezda, Nezavissimaya Gazeta, Kommersant Daily, Le Monde, BBC Monitoring Former Soviet Union 등 일간지

Voennyi Parad, Le Monde diplomatique 등 월간 자료

유세희 편,『현대 러시아 정치론』(서울, 오름, 2005)

한국전략문제연구소,『동북아전략균형 2008』(서울, KRIS, 2008)

온라인 자료

- http://www.mil.ru
- http://www.ng.ru
- http://nvo.ng.ru/
- http://www.kp.ru/
- http://www.kommersant.com
- http://en.rian.ru/
- http://www.online.ru
- http://www.wps.ru
- http://www.vor.ru
- http://www.gov.ru/regions
- http://www.russiatoday.com

러시아의 강대국 복귀와 유라시아 지역질서 변동*

신범식(서울대학교 교수)

I. 머리말

2008년 8월 러시아의 그루지야 공격은 국제사회에 커다란 충격을 안겨 줌과 동시에 미국의 대외정책 패러다임에서 러시아가 차지하는 위상을 제고하고 기본적으로 대러시아 관계를 재설정하여야 한다는 요구가 높아지게 만들었다.[1] 2008년 8월의 러시아와 그루지야 사이의 분쟁이 보여준 중요한 의미 중 하나는 러시아가 구소련 영역에 대해 지니는 이익의 범위와 그 수호에 대한 의지가 대외적으로 정확히 표명된 점이라 할 것이다. 러시아는 더 이상 러시아의 국익이 침해되는 세력권의 침해를 감내하지 않고, 명백한 이익의 경계를 세워 이를 지켜내려 하고 있는 것이다. 소련붕괴 이후 포스

---

* 본 연구에서 2절과 4절의 일부 등은 한국슬라브학회의 허락을 얻어 필자의 다음 논문의 결과를 활용하여 재구성하였음. "신거대게임으로 본 유라시아 지역질서의 변동과 전망," 『슬라브학보』23권 2호 (2008), 177-187.

1) George Friedman, "The Medvedev Doctrine and American Strategy," (2008), at [http://www.cdi.org/russia/johnson/2008-165-26.cfm].

트소비에트 공간, 특히 중앙아시아와 카프카스를 포함하는 '유라시아'(Eurasia)[2] 지역은 세계열강들의 각축의 중심축이 되었던 것이 사실이다. 미국, 러시아, 중국은 물론 유럽연합과 일본, 그리고 인도 및 이란에 이르기까지 이 지역에서의 영향력을 확보하기 위한 총성 없는 전쟁은 가히 냉전 이후 벌어지는 최대의 지전략적 경쟁으로 '신거대게임'(New Great Game)으로 불리기도 한다.

미국의 지전략가 브레진스키(Z. Brzezinski)는 탈냉전기 세계 질서의 변동과 관련하여 미국의 대외정책이 유라시아에 초점을 맞추어 적극적 역할을 모색하는 방향으로 나아가야 함을 역설한 바 있다.[3] 특히 9.11 사태 이후 미국은 유라시아에서의 세력 확장을 위한 노력을 강화해 나갔는데, 이러한 미국의 공세적 유라시아 전략과 그에 대한 유라시아 지역 강대국들의 대응을 미국, 러시아, 중국 그리고 최근에 부각되기 시작한 인도 등이 빚어내는 힘의 균형점의 변동이라는 관점에서 파악하는 것은 유라시아 세력변동을 이해하는데 매우 중요하다. 미국의 적극적 유라시아 질서변환정책에 대하여 러시아는 견제와 편승이라는 전략을 혼용하여 유라시아에서의 힘의 균형을 맞추기 위한 대응책 마련에 부심하고 있으며, 중국은 미국의 견제정책에 대한 대응과 유라시아에서 새롭게 형성된 기회를 활용하기 위한 전략 개발에 부심하고 있다. 이러한 중국과 러시아 양국의 입장은 2005년 이후 미국의 일방적 독주에 대한 비판과 견제 및 21세기의 "다극적 국제질서"(multi-polar international order)의 창출을 위한 협력으로 구체화되기 시작했고,[4] 양국이 중앙아시아 4개국과 함께 '견미(牽美) 연합전선'을 구축하려는 노력은 향후 이 지역 질서변동의 주요 요인이 되고 있다.

하지만 신거대게임에 대한 연구들을 비롯하여 기존의 유라시아 지정학적

---

2) 이 글의 '유라시아'는 유럽과 아시아 대륙을 통칭하여 일컫는 지리적 관점이 아니라 소련이 차지했던 영역과 그 인접 지역을 포괄하는 지전략적 관점에서 사용되고 있다. 이 용어에 대한 자세한 내용은 다음을 참조. 신범식 (편저), 『21세기 유라시아 도전과 국제관계』(파주: 한울, 2006), 15-20쪽.

3) Zbigniew K. Brzezinski, *The Grand Chessboard: American Primacy and Its Geostrategic Imperatives* (New York: Basic Books, 1997), Ch.2.

4) Mark N. Katz, "Primakov Redux? Putin's Pursuit of "Multipolarism" in Asia," *Demokratizatsiya* Vol. 14, No. 1 (2006).

변동에 대한 연구들은 이 현상을 강대국들의 전략과 각축이라는 평면적 관점에서 파악하는 한계를 가지고 있는 것으로 보인다. 신거대게임 등으로 관찰되는 유라시아에서의 지정학적 변동은 주요 행위자로서 강대국들의 외교정책의 각축과 상호작용이라는 차원에서 뿐만 아니라 그들이 게임을 벌이는 무대가 지니는 지역정치 및 국제정치적 구조의 특성을 밝히는 것도 필요하다.

최근 그루지야 사태에서 보이듯이 러시아가 회복되고 있는 국력을 바탕으로 적극적이며 공세적인 외교정책을 구사하는 과정에서 지구정치에서의 러시아의 영향력이 점차 확장되어 가고 있는 양상이 드러나고 있으며, 이러한 세력균형점의 변화는 특히 유라시아 질서의 변화에 커다란 영향을 미칠 것임에 분명하다. 따라서 러시아의 강대국정치의 회복 및 유라시아지역에서 그것이 지니는 의미를 파악하는 작업에 있어서도 러시아의 정책적 변화에 집중하는 외교정책 차원에서의 분석에 집중하기 보다는 유라시아 지역질서의 변동이라는 맥락(context) 속에서 그 외교정책의 변화를 추적하고 해석하는 것이 더 유용할 것이다.

따라서 이 글은 우선 유라시아 국제정치의 구조적 특성을 밝히기 위하여 유라시아 지역질서를 분석해 보도록 할 것이며, 다음으로 이러한 지역질서의 구조 속에서 러시아의 근외정책, 즉 러시아의 대(對)유라시아 정책 기조와 특성을 살펴봄으로써 지역질서 변화와 러시아 외교의 적응의 상호작용을 입체적으로 분석하고, 끝으로 이러한 러시아의 강대국정치의 회복이 유라시아에 미치는 영향과 그 의미를 파악해보도록 할 것이다.

II. 유라시아 지역질서의 변화와 러시아

지구적 미국 주도의 패권 질서와 달리 지역질서는 지구적(global) 질서의 영향을 받으면서도 지역적(regional) 특성을 반영하고 있는 이중적 특성을 지닌다. 특히 유라시아의 경우 세계 패권국으로서 미국의 영향력 하에 노출된 것이 비교적 최근이고, 해양세력이 주도하는 질서의 영향권에서 상당 기간 격리되어 있었기에 여타 지역질서의 특성과 차이를 보이는 특징을 지닌다. 이 지역에서 형성될 수 있는 질서의 유형을 구분하여 지역질서 변동의 기준으로 삼는 것은 효과적인 분석에 유용할 것이다. 현실주의 국제정치이론에서 질서를 형성하는 구조의 가장 중요한 변수는 '힘의 분배'(distribution of power)이고,[5] 자유주의 국제정치이론에서 질서를 특징짓는 가장 중요한 변수는 제도화의 정도일 것이다.[6] 힘의 분배 상태를 가장 명확히 보여주는 지표는 힘의 중심, 즉 극(pole)의 숫자와 관련되고, 제도화의 정도는 다자적 제도의 안정성을 통하여 잘 드러난다.

[표-1] 유라시아 '지역질서' 유형

힘의 분배 제도화	세력분산 정도 낮음	세력분산 정도 보통	세력분산 정도 높음
안정성 및 제도화 수준 높음	I 미국 주도의 단극 패권체제	II 미국 주도의 단·다극 강대국협조체제	III 다자적 안보·경제협력체제
안정성 및 제도화 수준 보통		V 미국 : 중-러연대 양극/양진영 세력균형체제	
안정성 및 제도화 수준 낮음	IV 미국 주도의 현상타파 질서변형체제		VI 미 : 러 : 중 (: ?) 다극적 경쟁체제

유라시아 지역에서 형성 가능한 질서를 유형화해 볼 경우 힘의 분산정도 즉 극의 수라는 기준과 제도의 안정성이란 두 기준을 통하여 유형화하여 보면 [표-1]과 같은 6개의 질서 유형을 상정해 볼 수 있을 것이다.

유형-(I)은 힘의 분산 정도가 낮아 미국의 지역질서에 대한 영향력이 압

5) Kenneth N. Waltz, *Theory of International Politics* (Reading, MA: Addison-Wesley, 1979) 참조.
6) 이와 같은 대표적인 논의로 다음을 참조. Robert O. Keohane, "International Institutions: Two Approaches," *International Studies Quarterly* 32-4 (1988), pp.379-396.

도적이고 그 제도적 안정성도 높은 경우에 나타나는 질서 유형으로서 미국이 수립하는 세계적 영향력이 이 지역에서도 확산되어 자유민주주의와 자유시장경제 체제를 근간으로 하는 지역 국가들이 미국 주도의 '단극 질서'(unipolar order)에 순응하는 경우에 나타날 수 있다.

유형 – (II)는 어느 정도의 힘의 분산이 이루어져 있어서 미국이 지역질서 형성의 상대적 주도권을 가지지만 지역 강대국의 협조를 얻지 않고는 독자적으로 지역질서를 꾸려나가기 어려운 경우, 미국이 지역 강대국들과 함께 협조체제를 구축해 나가는 질서 유형이다. 이는 19세기 유럽에서 나타난 강대국 협조체제로서의 "유럽협조체제"(Concert of Europe)와 유사한 질서형태로서, 유라시아의 경우에는 미국이 러시아와 중국 (경우에 따라서 인도) 등과 함께 협력해 단·다극적 지역질서를 이끌어가는 체제이다.

유형 – (III)은 힘의 분산의 정도가 높아져 다수의 강대국들이 상호 경제와 균형을 제도화하는 다자적 안보·경제협력체를 구성하는 질서이다. 그 유라시아적 적용은 미국과 러시아 그리고 중국 이외의 인도, 터키, EU, 일본 등이 참여하는 유라시아 지역 안보·경제협력체의 결성과 같은 상황을 염두에 둘 수 있을 것이다.

유형 – (IV)는 미국이라는 세계적 패권국에게 힘이 집중되어 있지만 기존 역내에 작동하고 있던 질서의 관성을 완전히 타파하지 못하였기 때문에, 주도권을 쥔 세계적 강대국 미국이 기존 지역질서에 대한 현상타파 세력으로 지역질서의 변환을 추진해 나가는 이행기적 체제를 상정해 볼 수 있다.

유형 – (V)는 세계적 패권국 미국의 지역적 패권질서 또한 형성해 가려는 노력에 대해 지역 강대국, 특히 러시아와 중국(경우에 따라서 인도나 이란 등)이 견제하면서 나타나는 다소 불안정적인 세력균형체제를 상정해 볼 수 있을 것이다. 하지만 이 균형은 미묘한 세력의 전이에도 요동칠 수 있는 불안정성을 내포한 것으로 파악하는 것이 타당해 보인다.

유형 – (VI)은 어느 한 강대국도 역내에서 배타적 내지 우월적 지도력을 행사하지 못하고 상호 경쟁하는 매우 불안정적인 체제의 경우이다. 미국과 러시아 그리고 중국(그리고 다양한 강대국들)이 새로운 영향력 확장의 대상으로 유라시아를 놓고 무한적 경쟁을 추구해 나가는 무정부적 상태를 상정해 볼 수 있을 것이다.

이러한 유라시아 지역의 가능한 질서의 유형을 적용하여 유라시아 질서가 탈냉전 이후 어떤 변화를 겪어 왔는가를 살펴보도록 하자.

제1기: 미국 주도의 현상타파적 지역질서 변형기

소련의 붕괴이후 출현한 유라시아의 힘의 공백에 대한 클린턴 시기 미국, 옐친 시기 러시아, 장쩌민 시기 중국의 전략적 입지를 간단히 살펴보면 다음과 같다. 이 시기의 중요한 변동의 주체는 역시 미국이다. 클린턴 행정부1기의 유라시아정책은 사실상 러시아와의 관계의 일부로 여겨졌으나, 1997년 당시 국무부 부장관 탤보트(Strobe Talbott)의 연설은 유라시아의 중요성에 대한 미국의 적극적 공세전략으로의 변화를 예상케 해 주었다.[7] 유라시아에 등장한 힘의 공백 지대에 대한 미국의 공세적 전략은 NATO를 중심으로 미국의 지구적 패권을 역내에 확산시키는 전략으로 특징지어질 수 있다. 이 전략은 크게 NATO의 예비적 확대를 염두에 둔 '평화를 위한 동반자 계획'(Partnership for Peace)[8]과 본격적인 'NATO의 확대'[9]로 구체화되었으며, 또한 반러시아적 성향을 가진 국가들을 지원하여 '구우암'(GUUAM)[10]을 통한 유라시아 내 지정학적 다원주의를 강화시키는 정책을 추구하였다.

이러한 미국정책에 대한 대응으로 러시아는 '근외 정책'을 강화하고, 역내 평화유지활동에 대한 배타적 역할의 수행을 주장하는 한편, 유라시아경제공동체(EurAsEC), 집단안보조약(CSTO), 독립국가연합(CIS) 등 유라시아 다

---

7) Shahram Akbarzadeh, *Uzbekistan and United States* (London: ZED Books, 2005) 참조.

8) 클린턴 행정부는 사회주의권 붕괴에 따른 힘의 공백지대 동구에 대해 NATO를 중심으로 적극적 흡수정책을 전개했으며, 이러한 NATO의 동진 정책을 '평화를 위한 동반자 계획'으로 구소련 국가들에게까지 확대 적용하였다. 이 계획은 동구에서 뿐만 아니라, 카프카스와 중앙아시아 지역에서도 상당한 성과를 거뒀다. 유라시아 신생국들이 모두 '평화를 위한 동반자 계획'에 가입함으로써 서방국가들, 특히 미국은 유라시아 신생국가들과 협력과 영향력 확대의 기반을 마련하게 되었다.

9) NATO의 확대가 가져온 결과와 그 의미에 대해서는 다음을 참조. Peter Shearman, "NATO expansion and the Russian Question," in Robert G. Patman (ed.), *Security in a Post-Cold War World* (NY: St. Martin's Press Inc., 1999), pp.157-80.

10) 이에 대해서는 다음을 참조. 정세진, "GUAM 창설과 헤게모니 갈등: GUAM의 탈러시아적 경향을 중심으로," 『슬라브학보』22권 1호 (2007); Taras Kuzio (2000).

자적 협력체를 강화하려는 노력을 기울였다. 하지만 러시아의 대응은 그 내적 권력자원의 한계로 소기의 목표를 달성하는데 성과를 올리지 못했으며, 유라시아 내 분열적 양상은 강화되어 갔다. 이에 러시아는 '외적 균형화'(external balancing)[11] 전략의 일환으로 러시아 - 중국 - 인도 삼각동맹을 추진하지만 러 - 중의 전략적 동반자 관계가 선언적 차원에서 이루어졌을 뿐이다.

중국은 탈냉전 변동기에 들어간 유라시아에서의 국경 안정화와 분리주의 세력의 유입을 차단하는 정책에 우선순위를 두고 조심스런 대(對)유라시아 정책을 폈지만, 특히 중앙아시아 국가들과의 양자관계를 기반으로 경제적 관계를 확대하는 데 있어서는 적극적인 정책을 구사하였다. 특히 중국 경제 성장의 지속성을 담보할 에너지 문제에 관해서는 예외적일 만큼 적극적 정책을 폈다. 하지만 이 시기 전반적으로 중국은 자신의 실력을 키우되 그를 드러내지 않는 내실화의 시기를 보낸 것으로 평가해 볼 수 있다. 러시아와는 국경문제와 무기수입과 같은 협력을 통해서 신뢰를 강화시켜 갔지만, 양국이 다극질서에 대한 선언적 협력을 넘어선 실제적인 의미의 '전략적 동반자관계'(strategic partnership)를 발전시키는데 적극적이지 못했다는 평가는 온당해 보인다.

미국의 현상타파적 지역질서 변형 노력의 결과로 유라시아 지역에는 '지정학적 다원주의'(geopolitical pluralism)라고 불리는 분열적 경향들의 각축이 강화되었으며, 기존 지역패구너국 러시아의 영향력 약화에 따라 미국의 영향력이 점차 강화되어 간 것은 사실이지만, 유라시아에서 미국의 일방적 및 압도적 패권 수립은 아직 가능해 보이지 않았다. 왜냐하면 미국의 지구적 패권이 이 지역에 확산되기 위해서는 역내 자유민주주의와 자유주의적 시장경제체제의 확산이라는 조건이 필요했기 때문이다. 이러한 상황에 대한

---

11) 중국이나 러시아의 입장에서 군비를 확장하는 내적 균형화의 방식을 통한 미국과의 대결은 고비용과 고위험의 부담을 감수해야 한다는 점에서 적절한 옵션이 아니었을 것이며, 이보다는 우호 내지 동조 지원 세력의 확보를 통해 미국이 취약한 분야나 지역에서 비군사적인 균형화 정책을 펴는 외적 균형화 방식으로 미국을 견제하는 방식이 더욱 현실적인 방법으로 판단되었을 것이다. 이에 대해서는 다음을 참조. Stephen D. Biddle, *American Grand Strategy After 9/11: An Assessment* (Strategic Studies Institute, the US Army War College, September 2001), pp.11 - 13.

미국의 판단은 적확한 정책으로 연결되지는 못한 것으로 보인다. 강경한 유라시아 지역의 옛 주인 러시아의 저항에 직면하여 미국은 다자주의적 패권 확산으로 마련된 기반에서 역내 국가들과의 양자관계를 강화해 가지만, 그 대표적인 사례로 우즈베키스탄을 지원하여 지역적 주도 세력으로 성장시켜 러시아를 견제하려던 기도는 결과적으로 독재 정권에 대한 지원을 통해 국내적 반발을 키우고 그로 인해 이슬람 극단주의 세력을 발호시키는 역설적 결과를 가져왔다는 비판을 받기도 하였다.[12]

[표-2] 유라시아 미-중-러 신거대게임과 지역질서의 변동

시기 구분	1기 (소련해체 이후~)	2기 (9.11 이후~)	3기 (색깔혁명 이후~)
	유라시아 역내 미국패권의 확산기	미국주도 테러전에 따른 역내 강대국 협력기	유라시아 역내 새로운 세력균형의 모색기
미국	**클린턴: 지역질서재편 노력** 평화를 위한 동반자계획(1994) NATO 확대 GUAM 결성(1997.10)	**부시1기: 테러전과 주도권강화** 대테러연대 주도 미군의 유라시아 진출 민주주의 및 자유시장 확산	**부시2기: 새로운 도전과 대응** 민주주의와 인권의 강조 GUAM의 강화 NATO 2차 확대 추진
러시아	**옐친: 수세적 영향력보존 노력** 사활적 이해지역 선언 유라시아 평화유지활동 근외정책 정비	**푸틴1기: 실용적 중층근외정책** 역내국들과의 양자관계강화 소지역협력강화(CSTO,EURASEC) 광역기구(CIS, SCO) 강화	**푸틴2기: 세력균형과 세력확대** 미국 견제용 중-러협력 강화 SCO 참여국 확대방안 추구 내적/외적 균형화 동시추구
	전략적 동반자관계 선언 (1996)	러-중 우호·협력 조약 (2001)	21C 다극적 신국제질서 선언 (2005.7.)
중국	**강택민: 韜光養晦** 국경 안정화 분리주의·테러세력 유입 차단 중앙아시아와 양자관계 강화	**후진타오: 有所作爲/和平屈起** SCO 출범(2001)과 주도 '전략적 경계' 개념 도입 대유라시아 투자확대	**후진타오: 和平發展/調和世界** SCO의 역할확대와 강화 중-러협력과 대인도 관계개선 미군 축출과 신국제질서구상
질서 형태	미국 주도의 현상타파적인 지역질서변형 체제 (유형 IV)	테러전 수행을 통한 단·다극적 강대국협조체제 (유형 II)	견미 중-러 연대를 통한 세력균형체제 (유형 V)

제2기: 테러전 수행을 통한 단·다극적 강대국 협조

유라시아지역의 변형체제의 불안정성은 9·11 테러의 발발로 한순간에 정리되는 듯이 보였다. 9.11이후 미국은 테러전을 수행하면서 그들에게는

---

12) 이와 같은 미국 정책의 실수는 과거 아프가니스탄의 탈레반 정권을 지원한 연장선상에서 이해할 수도 있을 것이다. 이러한 미국 정책에 대한 비판으로는 Pauline Luong and Erika Weinthal, "New Friends, New Fears in Central Asia," *Foreign Affair* (March/April 2002) 참조.

달의 뒷면과도 같았던 중앙아시아를 새롭게 발견하게 되었다.[13] 부시 행정부는 9.11 테러 이후 지구적 테러전쟁을 주도하면서 아프가니스탄과 이라크에서 전쟁을 벌였으며, 이 전쟁을 수행하면서 카프카스, 중앙아시아, 남아시아 등지에서 새로운 군사작전 거점들을 확보하는 데 성공하였다. 이 전쟁들을 통해 미국은 유라시아에서의 '전략 혁명'(RSA: Revolution in Strategic Affairs)을 성취하게 되었으며, 해양세력 미국은 역사상 처음으로 유라시아 대륙의 심장부 중앙아시아와 카프카스 지역에 군대를 진출시키는 데 성공하였다. 카프카스에서 중앙아시아에 이르는 전략적 요충지를 통해 러시아와 중국은 물론 유럽, 중동, 아시아에 걸친 어떠한 잠재적 경쟁세력에도 미국의 힘이 투사될 수 있게 되었다는 점에서 유라시아 지역은 미국의 핵심적 이해지역으로 부상하였다.[14]

그렇지만 유라시아에서의 미국의 약진은 사실 러시아와 중국의 협조 없이는 불가능한 과업이었을 것이다. 미국의 테러전에 대한 중국과 특히 러시아의 협력은 다민족국가로서 양국이 지니는 이슬람 극단주의에 의한 위협에 대한 취약성이라는 공통점에 의해서 설명이 가능하다.[15] 바로 이슬람 근본주의 세력으로부터의 위협 요인이 중국과 러시아가 미국의 유라시아 진출에 협력하는 결과를 가져왔던 것이다. 이로써 미국이 주도하는 유라시아의 새로운 질서를 위한 강대국협조체제는 비록 한시적이긴 했지만 중요한 추동력을 얻게 되었다.

그러나 미국의 테러전쟁 및 유라시아 진출성공은 역내 강대국들로 하여금 나름대로의 테러전을 수행할 수 있는 모든 형태의 무장을 하도록 촉발시키는 요인이 되었다. 러시아는 자국의 재래식 전투력 및 투사력(power-

---

13) Maynes Ch. W., "America discovers Central Asia," *Foreign Affairs* (March/April, 2003), pp. 120-121.

14) Stephen J. Blank (2005), pp. 29-31.

15) 러시아의 체첸 사태에서 보듯이 체첸 무장 반군 세력은 국제적 이슬람 극단주의 세력과의 연계를 통하여 러시아에 수차례의 테러를 감행하면서 러시아의 안보를 위협해 왔고, 중국의 신장-위구르의 분리주의 세력도 이슬람 극단주의와 연계하여 중국의 안보를 위협해 왔다. 이러한 동병상련의 두 강대국은 미국의 테러전에 대해 전략적인 지지를 보낼 수밖에 없었고, 이는 양국으로 하여금 미국의 카프카스 및 중앙아시아의 군사기지 설치를 테러전의 필수적 조건으로 동의하게 만들었다.

projection capability)의 열세를 만회하기 위해 핵 선제공격의 가능성을 포함하는 공세적인 핵 전술로의 변화를 꾀하였고,[16] 중국은 '전략적 경계'의 확보를 위한 무력 투사력의 증대에 힘을 쏟게 되었으며, 이러한 미국·중국·러시아 사이에서 나타나는 복잡한 양상 속에서 이란은 핵 무장과 테러리즘에 대한 지원을 통해, 파키스탄은 인도에 대항하는 테러 조직에 대한 지원을 통해 유라시아 정세를 더욱 복잡하게 만들어 갔다.[17]

이런 불안정 요인이 강화되어 가는 상황에 대해 미 부시 행정부는 이 지역의 근본적 변화를 위해서 미군의 유라시아 주둔과 적극적 개입정책이 지역안정을 위한 필수적 요소라는 점을 강조하면서 미국 주도의 강대국협조 체제를 미국 패권체제로 전환시켜 나가려는 노력을 시도하였다. 일방으로는 역내 미 군사력의 자유로운 활동을 가능케 할 새로운 동맹들과 군기지 건설을 추진하면서,[18] 타방으로는 유라시아 지역 국가들과의 양자관계를 강화하고 민주화를 지원하는 정책을 통하여 미국 패권의 확산을 위한 기반을 강화하여 갔다.[19]

한편 미국의 공세적 전략에 대해 중국은 4세대 지도부의 등장과 함께 소위 '유소작위(有所作爲)'라는 중국의 지역적 역할의 강화를 넘어서 '화평굴기(和平堀起)'라고 하는 세계적 역할을 모색하면서 유라시아에서의 적극적 정책을 추구하게 되었다. 특히 이 시기 중국은 다자주의적 접근에 대한 입장을 변화시켜 상하이협력기구(SCO)의 강화를 통한 지역질서의 주도권을 회복하려는 노력을 적극적으로 시작하였으며,[20] 러시아도 미국에 의한 유라시

---

16) 강봉구, "21세기 러시아의 신안보전략." 홍완석 엮음. 『21세기 러시아정치와 국가 전략』(서울: 일신사, 2001) 참조.

17) Robert Legvold (ed.), *Thinking Strategically: The Major Powers, Kazakhstan, and the Central Asian Nexus* (Cambridge, MA: MIT Press, 2003), p. 7.

18) 카프카스와 중앙아시아의 거점들 이외에 특히 파키스탄 및 인도와의 관계 개선을 통하여 인도양에서의 기지와 항구의 확보에도 큰 노력을 경주하였다. 미국의 인도에 대한 전략적 접근에 대한 자세한 내용은 다음을 참조. Hanry Sokolski (ed.), *Gauging U.S.-Indian Strategic Cooperation* (Strategic Studies Institute, the US Army War College, March 2007). 그리고 미국의 대인도 접근에 대해 중국의 외교정책이 인도에 대해 유연한 협력정책으로 전환한데 대해서는 다음을 참조. Stanley Foundation, "China and Southeast Asia," *Policy Bulletin* (October 2003).

19) 아노 드 보그라브, "고난의 '민주주의 성전'", 『세계일보』(2005.07.07).

20) В. А. Корсун (2004) с. 422; Pan Guang, "Shanghai Cooperation Organization: Challenges,

아 패권형성의 기도에 대항하여 견제하는 전략을 추구하게 되었다. 더구나 중국은 9·11 이후 위구르 분리주의자들의 국제적 연계를 강조하면서 국제적 대응의 필요성을 역설하였고, 이 공조 체제 속에서 중국의 역할을 중앙아시아로 확대하려는 전략을 구사하게 되었다.[21] 더불어 테러 전쟁의 수행 이후 유라시아에서 강화되어 가고 있는 미국의 영향력에 대해 중국은 SCO의 역할을 확대하고 강화하는 데 큰 관심을 가지게 되었다. 2002년 SCO 헌장을 채택하고 그 본부를 상하이에 설치함과 동시에 2003년 타슈켄트(Tashkent)에 있던 SCO의 반테러 본부를 비슈케크(Bishkek)로 옮기면서 유라시아 대륙 내의 국제적인 반테러 체제는 모양새를 갖추어가기 시작하였고, 2004년을 기점으로 본격적 활동에 들어가게 되었다.[22] 또한 러시아는 집단안보조약기구(CSTO)의 강화를 통한 러시아의 독자적인 안보적 역량을 유라시아에서 확대하려는 노력을 동시적으로 기울이고 되었다. 푸틴(Vladimir Putin) 대통령은 "집단안보조약기구는 효율적으로 작동하는 안보기구로 발전할 것이며, 그 역할에서도 테러 및 마약과의 전쟁과 같은 새로운 위협에도 잘 대응할 수 있는 기구로 발전할 수 있을 것"이라고 전망하였다.[23] 2003년 CSTO 정상들은 신속대응군 합동참모부의 설치 및 키르기즈스탄에 설치되는 러시아의 공군기지가 신속대응군 공군력의 거점이 될 것이라는 점에 합의하였다.

제3기: 미국의 패권확산 기도에 대한 중-러 연대의 견제에 따른 새로운 세력균형

9.11 이후 유라시아 지역에서 미국이 이룬 두드러진 약진의 결과로 2004년경에는 유라시아 지역 내의 세력균형의 변동을 미국이 주도할 수 있게

Opportunities, and Prospects," *International Studies* (China Institute for International Studies), No. 13~16(2002), pp. 30 – 31.

21) Hua Chu, "Beijing Using International Channel to Eradicate 'East Turkestan'," *Hong Kong Economic Journal* (December 19, 2003).

22) "Shanghai Five Fight Terrorism," Cbnet – China Daily (August 12, 2003); *RIA Oreanda* (January 14, 2004), at [www.oreanda.ru] (accessed 2006.04.15).

23) *РИА новости* (April 27, 2003).

되었으며,[24] 나아가 미국 패권이 확산된 형태의 질서를 구축하기 위한 역내 국가들에 대한 민주화 지원전략은 소기의 성과를 거두는 듯이 보였다. 혹자가 "제4의 민주주의 물결"이라 칭하는바 소련에서 독립한 유라시아 국가에서 민주화 혁명이 잇따랐다. 2003년 "장미혁명"에 성공한 그루지야와 2004년 "오렌지혁명"에 성공한 우크라이나에 이어 2005년 키르기스스탄에서 레몬혁명이 일어났고, 2005년 정부군의 유혈진압으로 수백 명의 희생자를 낸 우즈베키스탄 시민들의 "그린혁명"에 이르기까지 신생 공화국들의 혁명 열기는 계속되어 갔다.[25] 2기 부시행정부의 "자유와 민주주의의 증진"이란 전략은 유라시아 질서를 근본적으로 바꾸는 열쇠가 되는 듯했다.[26]

하지만 이러한 미국의 민주주의 증진정책은 생각지 못한 역풍을 불러왔다. 한편으로는 우즈베키스탄의 구우암(GUUAM) 탈퇴에서 보이듯이[27] 역내 국가들의 미국에 대한 반감 또한 고조되어 갔으며, 다른 한편으로는 색깔혁명 이후 러시아와 중국의 미국에 대한 견제 노력이 강화되었다. 색깔혁명 이후 러시아와 중국의 전략적 협력의 강화는 유라시아 지역질서의 변화에 새로운 추동력을 형성하였으며, 이는 "미국 대 중-러 연대"라는 두 진영 사이의 세력균형을 변화시킬 경쟁을 강화시켰다.[28] 2005년 7월 초 중국과 러시아가 미국의 일방적 독주에 대한 비판과 함께 21세기의 새로운 다극적 국제질서의 창출을 위해 상호 협력하기로 한 가운데, 러시아와 중국은

---

24) Чжао Хуашэн, *Китай, Центральная Азия и Шанхайская Организация Сотрудничество,* (Робочие Материалы No.5, Московский Центр Карнеги, 2005), p.44.

25) "키르기스 시민혁명 뒤에 美 지원 있었다." 『경인일보』(2005.03.31).

26) 부시 행정부 2기의 자유와 민주주의의 증진에 대한 의지에 대해서는 다음을 참조. George W. Bush, "President Sworn-In to Second Term," Office of the Press Secretary (January 20, 2005); George W. Bush, "State of the Union Address," Office of the Press Secretary (February 2, 2005), at [www.whitehouse.gov] (accessed 2005.03.11).

27) 『한국일보』(2005.05.26); 『한겨레』(2005.06.05).

28) 이 시기 유라시아 세력균형의 변화에 대한 연구서들로는 다음을 참조. Ariel Cohen, *Eurasia in Balance: The US and the Regional Power Shift: US Foreign Policy and Conflict in the Islamic World* (Ashgate, 2005); Martha Brill Olcott, *Central Asia's Second Chance* (Carnegie Endowment for International Peace, 2005); Olga Oliker, David A. Shlapak, *U.S. Interests in Central Asia: Policy Priorities and Military Roles* (Rand Corporation, 2005); Mairet Frederic-Christopher, *New Stakes in the Caucasus and Central Asia: Caspian Energy Resources and International Affairs* (Author House, 2006).

중앙아시아 4개국과 함께 '견미 연합 전선'을 구축하려는 의도를 분명히 했다. SCO를 구성하고 있는 중국, 러시아, 카자흐스탄, 키르기즈스탄, 타지키스탄, 우즈베키스탄 등 6개국 정상들은 7월 5~6일 카자흐스탄 수도 아스타나에서 열린 정상회의에서 미국을 겨냥한 2개의 성명을 발표했는데,[29] 하나는 중앙아시아 주둔 미군의 조기 철수 요구이고,[30] 다른 하나는 '색깔 혁명'으로 불리는 이 지역 정권 교체에 '외세'가 개입하는 것을 반대하는 주장이었다. 지금까지 SCO는 반테러, 교역, 정보 공유, 공동 안보 등의 문제를 논의해 왔으나, 이 시기 이후 SCO는 미군 철수와 같이 선명한 '정치적' 주장을 분명하게 밝히게 되었다. 이들은 아프가니스탄 및 이라크에서의 중요한 반테러 전쟁이 이미 마무리되었기 때문에 미군을 비롯한 반테러군은 철군 시한을 정하고 이에 따라 중앙아시아에서 철수해야 한다고 강조했다.[31]

이러한 지역 내 전략적 균형점의 변화에 대해 미국은 2005년을 전후하여 그간 우즈베키스탄의 탈퇴와 가입 국가들의 국내혼란으로 소강상태에 있던 GUAM을 활성화하고, 자유와 민주주의의 확산 그리고 인권증진을 촉진하며, 동시에 경제적 지원 및 역내 국가들의 안보에 대한 지원을 보장하는 등 양자관계를 강화함으로써 중–러 유라시아 연대에 대한 반격을 시도하였다.[32] 하지만 상황은 여의치 못하였다. 특히 2005년 안디잔 사태 이후 '친미–반러' 노선으로부터 '반미–연러' 노선으로 돌아선 우즈베키스탄의 대외 정책은 이곳에 위치한 미국의 중앙아시아 군사기지의 주요 거점을 위태롭게 했으며,[33] 2005년 7월 '21세기 국제 질서에 대한 러·중 선언' 발표

---

29) 러시아와 중국이 함께 연합하여 미국에 대한 견제정책을 표방한 선언은 다음을 참조. 「Совместная декларация Российской Федерации и Китайской Народной Республики о международном порядке в XXI веке (21세기 국제 질서에 대한 러·중 공동선언. 2005.7.1.)」, 「Совместное российско–китайское коммюнике (러·중 공동 코뮤니케. 2005.7.3.)」 at Kremlin Site [www.kremlin.ru/interdocs.shtml].

30) 정은숙, "중앙아시아 미군기지." 『정세와 정책』 9월호 (세종연구소, 2005), pp.9–12.

31) "Central Asians Call on U.S. to Set a Timetable for Closing Bases," *NYT* (2005.07.05).

32) 자세한 내용은 다음을 참조. Congressional Research Service, "U.S. Assistance to Former Soviet Union" *CRS Report* (March 1, 2007).

33) 우즈베키스탄의 외교정책 변화에 대해서는 다음을 참조. 강봉구, "우즈베키스탄 대외정책의 노선전환:

이후 SCO는 중앙아시아에 주둔하고 있는 미군의 철수를 강하게 밀어붙여 우즈베키스탄이 하나바트 공군기지를 폐쇄하는데 성공하였고 키르기즈스탄은 마나스(Manas) 공군기지 사용료를 100배나 인상할 것을 요구하는 등 미군에 대한 압박을 강화하였다.[34] 이로서 SCO는 21세기 유라시아 신거대게임이 벌어지고 있는 유라시아에서 새로운 전략적 균형을 달성하는 중요한 역할을 수행하게 되었다. 이 시기 유라시아 지역질서의 변화의 주된 요인은 무엇보다 러시아의 대미 및 대서방 대응의 변화로부터 기인하는 바가 크다고 볼 수 있을 것이다. 즉 1기와 2기 유라시아 질서의 변화의 주된 추동력은 주로 미국과 중국의 전략으로부터 시작된 것이라면 3기의 변화의 주된 추동력은 러시아의 회복과 전략적 적극성으로부터 찾는 것이 타당해 보인다.

결국 탈냉전 이후 유라시아에서 꾸준한 약진을 보인 미국의 정책은 지역질서의 유형-(IV)을 형성해 나가게 되었고, 테러전쟁에 의한 미국의 영향력이 강화됨과 동시에 중국과 러시아가 제한적 협력[35]을 통하여 유형-(II)의 강대국 협력 단다극체제를 형성해 나가는 시기를 거쳐, 중국과 러시아 양국이 적극적인 대미 견제정책을 강화함에 따라서 유형-(V)의 질서를 형성해 가고 있는 것으로 보이며, 최근 러시아의 에너지 영향력 강화라는 조건에 의하여 세력균형점의 변동이 예상되는 가운데, 이 양진영 사이에서 나타나는 힘겨루기가 역내 신생국가들의 체제 발전노선에 대한 선택과 맞물리면서 더욱 복잡한 변화의 요인들이 형성되어 가고 있는 것이다.

미국과 러시아 사이에서," 『슬라브학보』22권 1호 (2007).

34) Lionel Beehner, "ASIA: U.S. Military Bases in Central Asia," at [www.cfr.org/publication/8440] (accessed 2007.11.21).

35) 중국과 러시아 간 안보협력의 현황과 한계에 해서는 다음을 참조. 신범식. "러시아-중국 안보·군시협력 관계의 변화와 전망," 『중소연구』30권 4호 (2006/2007 겨울), 63-90쪽.

III. 러시아의 유라시아정책의 이익과 목표: 강대국 지위회복인가, 지역패권 수립인가?

위에서 살펴 본 유라시아 지역질서의 변화 과정에서 이제 그 주요 행위자인 미국과 중국 그리고 러시아라는 세 강대국들이 유라시아 지역에 대한 어떠한 이해관계를 가지고 있으며, 그 안보적, 경제적, 문화적 전략을 통해 추구하는 국가이익을 각각 어떻게 규정하고 있는지 살펴보는 일은 유라시아 질서변화의 상황 속에서 러시아의 정책적 이해관계를 객관적으로 이해하는데 유용하다. 미국, 러시아, 중국이라는 이 세 신거대게임의 행위자들이 어떠한 이익을 가지고 있는가를 안보이익 목표, 경제이익 목표, 문화이익 목표라는 세 가지 틀을 가지고 단순화시켜 보면 서로 비슷하게 공유하는 이익들도 있지만 첨예하게 대립되는 이익들도 많다는 결론을 얻을 수 있다. ([표-3] 참조)

[표-3] 대유라시아 정책에서의 이익과 목표: 미국, 중국, 러시아 비교

	미국	러시아	중국
안보이익목표	* 미국 패권의 공고화를 위한 역내 기반 조성 * 테러전의 성공적 완수 * 유라시아 내 군사거점의 확보를 통한 역내 세력 제어	* 유라시아에 대한 지배력 회복과 다극질서의 한 축 형성 * 기존 군사 기지의 보존 및 확대 설치 * 테러 및 분리주의 유입 차단	* 테러 및 분리주의 유입의 차단 * SCO를 통한 내륙 국경 안정과 유라시아 지역에 대한 다면적 영향력 강화
경제이익목표	* 다원화된 안정적 에너지 공급원의 확보 * 역내 국가들의 자유 시장경제 체제 착근	* 에너지자원 초강대국 위상 확보 * 유라시아 경제공동체 및 통합의 강화	* 에너지공급원 다원화 * 유라시아 경제중심축을 주도적으로 형성하여 서부대개발 완수 * 서부지방 소수민족들의 경제적 통합성 강화
문화이익목표	* 역내 민주주의 확산을 통한 민주국가 체제 건설 * 보편적 인권 확산	* 유라시아주의에 입각한 동질적 사회문화공간의 창출 * 역내 영향권 내에 주권민주주의와 대안 발전노선 확산 * 역내 러시아인들에 대한 보호와 네트워크 강화	* 베이징컨센서스에 기반한 중국식 발전모델의 전파 * 유라시아 공존·공영문화 창출자로서의 이미지 강화

[표-3]에 정리된 바와 같이, 유라시아 지역에서의 미국의 이익은[36] 안보

분야에서는 전 세계적인 미국패권의 공고화를 위해서 유라시아 지역 내에서도 이런 전 세계적인 패권을 침투시킴으로써 전 세계적인 패권질서가 동일하게 반영되어지는 유라시아 질서를 만들기를 원한다. 이것을 위해서 유라시아 내 군사거점을 확보할 수 있는 역내기반을 마련하고, 테러전의 성공적인 완수를 이뤄내는 안보적인 이익을 가지고 있다. 경제적으로는 다원화되고 안정적인 에너지공급원을 확보함과 동시에 역내 국가들의 자유시장경제체제를 착근시키는 것을 굉장히 중요한 목표로 삼고 있다고 보인다. 문화적 이익은 역내 민주주의 확산을 통해서 민주주의 국가체제를 이 지역 내에 확산시키는 것을 미국은 굉장히 중요시하고 있다. 따라서 자유시장경제와 자유민주주의 체제를 유라시아 지역 내에 전파시킴으로써 이 지역도 보편적인 미국이 주도하는 세계질서의 틀 속에서 동질적으로 움직여줄 수 있는 지역으로 만들고 싶다는 것이 미국의 중요한 이해라고 볼 수 있을 것이다.[37)]

중국은 새로운 가능성의 공간으로서 유라시아에서 방어적, 공세적 성격을 둘 다 가지고 있는데, 테러분리주의 유입을 차단하고 국경을 안정화시키고 상하이 협력기구와 같은 지역적 협력기구를 통해서 영향력을 확대하는 방어적이면서 공세적인 성격의 안보이익을 가지고 있으며, 에너지 공급원을 다원화하고 중앙아시아와 중국의 서부(西部)대개발을 엮어서 유라시아 내부의 새로운 경제 중심축을 형성하려는 경제적 이익을 가지고 있다. 문화적으로는 중국식 발전모델을 중앙아시아에도 전파하고 싶어 하는 이익들을 가

36) 유라시아 지역에서 지니는 미국의 국가이익에 대하여는 다음을 참조. Stephen J. Blank, *U.S. Interests in Central Asia and the Challenges to them* (Strategic Studies Institute, U.S. Army War College, March 2007); Svante E. Cornell and Niklas L. P. Swanstorm, "The Eurasian Drug Trade: A Challenge to Regional Security," *Problems of Post-Communism* 53-4 (July/August 2006); Elizabeth Wishnick, *Strategic Consequences of the Iraq War: U.S. Secirity Interests in Central Asia Reassessed* (Strategic Studies Institute, U.S. Army War College, May 2004); A. Elizabeth Jones, "Testimony before the Subcommittee on the Middle East and Central Asia," (House International Relations Committee, 2003.10.29) at [www.state.gov] (검색일: 2004.1.25); Elizabeth Wishnick, *Growing U.S. Security Interests in Central Asia* (Strategic Studies Institute, U.S. Army War College, October 2002).

37) 이에 대한 미국의 전략에 대해서는 다음을 참조. Fleming Splidsboel Hansen, "A Grand Strategy for Central Asia," *Problems of Post-Communism* 52-2 (March/April 2005), pp.45-54.

지고 있는 것으로 보인다.[38]

그렇다면 러시아의 유라시아에서의 국가이익은 어떻게 규정될 수 있을까? 러시아는 제정 러시아 이래로 유라시아의 패권국으로서의 위상을 유지하여 왔으며 소련의 해체로 마지막 "완충지역"(buffer zone)을 상실한 이후에도 이 지역을 자신의 "사활적 이해"가 걸린 지역으로 중요시하면서 자신의 "근외 정책"을 강조해 오고 있다. 중앙아시아와 카프카스 지역을 중심으로 펼쳐지는 신거대게임에서 안보적 이해를 보존하기 위하여 러시아는 이 지역 국가들에 대한 약화된 영향력을 회복하고 미국과 서방 국가들의 침투를 저지하면서 궁극적으로는 러시아 중심의 지역질서를 구축하려는 목표를 가지고 있다.[39] 이를 위하여 러시아는 역내 국가들과의 관계를 회복하고 러시아가 지역 내에 운용하고 있던 군 기지를 보존 및 재구축하여 러시아의 지역 영향력을 유지하는 것이 중요하다. 이러한 거시적 이해와 더불어 러시아에게는 역내 국가들의 정치적·안보적 안정성을 유지함으로써 주변의 혼란이 러시아로 파급되는 위협을 차단하는 것이 중요하다. 더구나 21세기 새로운 위협으로 등장하고 있는 국제적인 테러리즘의 위협 하에 러시아도 노출되어 있기에 국제적 테러세력 및 국제적 마약거래 경로의 러시아 유입을 차단하고 러시아 내 이슬람 민족들이 거주하는 지방의 분리주의와 극단주의에 대한 외부세력의 영향력을 통제하는 것은 국가적 통합성을 유지하는 중대한 이해가 된다. 이러한 연유로 9.11 이후 테러세력의 소탕을 위해서 미군이 유라시아에 진출하는 것에 대해서는 테러전을 공동 수행한다는 입장에서는 용납할 수 있지만, 다른 한편으로는 미군의 장기적 주둔을 통한 거점 구축에 대해서는 민감한 반응을 보일 수밖에 없는 것이다.[40]

---

38) А. Д. Воскресенский, С. Г. Лузянин, "Китайский и российский факторы в Центральной Азии," А. Д. Воскресенский (Ред.), *Северо-Восточная и Ценральная Азия: Динамика международных и межрегиональных отношений* (М.: РОССПЭН, 2004), с.396~397; В. А. Корсун, "Дипломатия КНР в борьбе за 'постсоветское наследство' в Центральной Азии," А. Д. Воскресенский (2004), с.418-9.

39) 러시아의 정치엘리트들은 정도의 차이는 있지만 아직도 유라시아, 특히 중앙아시아를 러시아의 "특별한 부분"으로 인식하고 있으며, 이러한 시각은 푸틴 대통령에 의하여 표명되기도 하였다. "Основы новой архитектуры безопасности," *Международная жизнь* No.3 (2003), с.3.

경제적으로도 중앙아시아와 카프카스는 러시아의 매우 중요한 지역이다. 특히 이 지역에서 소련 시기 이래로 러시아가 가지고 있는 에너지 통제권과 에너지 운송네트워크 독점권에 대해 미국과 서방이 도전하는 것에 대응하여 러시아는 유라시아 에너지 초강대국의 위상을 유지하기 위한 심대한 노력을 기울이고 있다. 카스피해와 중앙아시아의 에너지자원에 대한 러시아에 의한 통제는 러시아가 유라시아의 지역 강대국에서 세계적 강대국으로 발돋움하는데 있어서 가장 핵심적인 자산을 제공하기 때문이다. 또한 러시아가 강조하고 있는 독립국가연합(CIS)과 유라시아경제공동체(EurAsEC) 등 유라시아 역내 경제 다자기구를 발전시키려는 노력에서 나타나듯이 지역적 경제통합을 진전시킴으로써 러시아의 지역적 영향력을 강화해 나가는 중대한 이해를 가지고 있다.

한편 유라시아 지역에서 러시아가 가지는 전통적 안보 및 경제이익 이외에도 새로운 이해의 측도 형성되고 있는 것으로 보인다. 러시아 지배 엘리트들은 후쿠야마가 지적한 바[41] 서구 승리의 논리에 대하여 부정적인 입장을 정리하고 새로운 형태의 "주권 민주주의"(sovereign democracy)를 실험하면서 유라시아주의적인 사회문화적 동질공간으로서의 유라시아 공간의 창출을 지지하고 있는 것으로 보인다.[42] 이는 색깔혁명 이후 나타나고 있는 유라시아에서의 서구식 자유민주주의의 전파를 자연적 현상이 아니라 미국의 러시아 영향력 약화와 자국 영향력 강화를 위한 전략으로 파악하는 인식으로부터 기인한다. 이런 인식으로부터 러시아는 자신의 '주권 민주주의'를 확립하고 나아가 자국과 유사한 체제를 지닌 주변 국가들과의 연대를 통하여 동질적·가치적 사회문화공간을 창출함으로써 문화적 완충지역을

---

40) Рой Аллисон, *Ценральная азия и закавказье: Региональное сотрудничество и фактор росийской политики* (Рабочие материалы No.10, Московский Центр Карнеги, 2005).

41) 후쿠야마(F. Fukuyama)는 베를린 장벽이 무너지고 소련이 무너지는 사회주의권의 대붕괴를 바라보면서 자유민주주의의 승리로 이데올로기의 투쟁이 끝났다고 "역사의 종언(the end of history)"을 선언하였다.

42) 러시아에서의 주권 민주주의의 출현에 대해서는 다음을 참조. Masha Lipman, "Putin's Sovereign Democracy," *Washington Post* (July 15, 2006); Ivan Krastev, "'Sovereign Democracy' – Russian Style," (November 16, 2006), at 'Open Democracy' [www.opendemocracy.net/globalization-institutions_government/sovereign_democracy_4104.jsp] (accessed 2007.05.21).

창출하려고 하고 있다.[43] 더구나 이 지역에는 러시아어를 사용하는 러시아인들이 다수 존재하고 있으며, 이들에 대한 보호와 나아가 이들을 활용한 "러시아어 사용 주민"의 네트워크를 강화해 감으로써 러시아의 영향력의 채널을 다기화 하는 정책을 추구하고 있다.

이러한 변화는 푸틴 집권2기에 들어와 점차 가시화되다가 2006년 이후에 뚜렷한 하나의 경향을 형성하게 된다. 전세계적 수준에서 미국과 협력과 견제의 변증법적 관계 설정을 추구하면서 강대국 위상을 강화해 나가기 위한 푸틴 정부의 전방위 외교적 노력은 점차 대결적인 성격을 띠게 되었고, 2006~7년 미-러 관계에 적신호가 들어왔다는 평가가 지배적이다. 이 시기 변화의 주된 요인은 무엇보다 러시아의 대미 및 대서방 대응의 변화로부터 기인하는 바가 크다. 2006년 러시아의 쌍크트-뻬제르부르그(St. Petersburg)에서 열린 G8 정상회담과 2007년 2월 뮌헨에서 열린 국제안보회의에서 푸틴 대통령의 대미 비난발언의 수위는 그의 임기 전 기간을 걸쳐 가장 노골적인 수준이었다.[44] 왜냐하면 미국과 러시아가 공유하는 테러리즘의 근절, 대량살상무기의 비확산, 에너지안보 협력 등과 같은 전략적 목표를 위한 협력틀은 NATO의 지속적 확대노력, MD체제 구축, 유라시아 내 반러시아 국가군 확산을 위한 민주화지원 등과 같은 "러시아 포위전략"에 의하여 침식되고 있다는 인식이 러시아 엘리트들 사이에서 확산되었기 때문이다.[45]

따라서 러시아는 "신제국주의적 근외정책"이라는 비난을 감수하면서 유라시아에서의 공세적 영향력 확대를 추구하게 되었고, 본격적으로 활황세를

---

43) 이러한 러시아의 입장과 그에 대한 해석에 대해서는 다음을 참조. Дмитрий Фурман, "Холодная война без слов," Независимая Газета (2006.03.27); Stephen Blank, Towards a New Russia Policy (Strategic Studies Institute, U.S. Army War College, February 2008), pp.62-68.

44) Dmitri Trenin, "Russia's Strategic Choices," Policy Brief No.50 (Carnegie Endowment for International Peace, May 2007).

45) Stephen Blank, "Toward a New Russia Policy," (February 2008) at [http://www.StrategicStudiesInstitute.army.mil]; Andrew Kuchins, Vyacheslav Nikonov, Dmitri Trenin, U.S.-Russia Relations: The Case for an Upgrade (Moscow: Moscow Carnegie Center, 2005).

보이고 있는 에너지 시장에서의 러시아 영향력의 확대는 러시아로 하여금 에너지자원을 외교적 압박의 수단으로 사용하는 것을 가능하게 만들었다.[46] 또한 유라시아의 동서축과 남북축을 연결하는 에너지 수송망의 구축 및 그에 대한 통제를 통하여 러시아는 핵우산을 대체하는 새로운 "에너지 우산"(Energy Umbrella)을 가지게 되었다는 평가도 나오고 있다.[47] 또한 미국이 추진하는 민주주의 확산에 대하여 반대하면서 유라시아에서 주권민주주의의 특수한 발전의 필요를 지지하면서 유라시아국가들의 특수한 발전과정을 옹호해 감으로써 동질적 지역 결집성을 강화하려는 노력도 기울이고 있는 것으로 보인다. 이러한 러시아의 공세적 유라시아 정책은 이 지역에서의 미국 영향력의 위축을 가져오는 중요 요인이 되었으며, 혹자는 미국의 대러 관계를 새로운 관점에서 형성하는 것이 필요하다는 의견이 피력하기도 하였다.[48] 따라서 메드베데프(Vladimir Medvedev) 대통령 시기 러시아의 대외정책은 기본적으로 대미 경쟁과 갈등이 심화되는 분위기 속에서 출발하면서, 이러한 푸틴 말기의 대외정책적 분위기를 유지하면서 아시아 방면에 대해서 대미 견제의 기조 위에서 신중한 현상 유지를 탐색하고 있는 것으로 보인다.

이러한 메드베데프 러시아의 외교정책이 지니는 기조는 그루지야 사태 이후에 나타난 소위 "메드베데프 독트린"으로 불리는 원칙에서도 확인된다.[49] 메드베데프 대통령은 서방이 러시아의 신장된 국력과 위상에 걸맞은 대접을 받지 못할 경우에, 그리고 그러한 러시아의 국력과 위상에 대한 침식을 기도하는 도전이 있을 때에 러시아는 훨씬 강한 대응을 해 나갈 것이

---

46) Congressional Research Service, *Russia's Energy Policy Toward Neighbouring Countries* CRS Report for Congress (January 17, 2008); Mark A. Smith, *Russia's Energy Diplomacy* (Conflict Studies Research Center, March 2002).

47) Kyong-Wook Shim, Jaedu Kim, "Nuclear Umbrella and Energy Umbrella in Northeast Asia," presented at the International Conference on 'The Korean Peninsula and Energy Security in Northeast Asia' (Seoul: Hoam Faculty House at SNU, November 27-28, 2006).

48) Stephen Blank (2008); John Edwards, Jack Kemp, *Russia's Wrong Direction: What the United States Can Do and Should Do?* Independent Task Force Report No.57 (Council on Foreign Relations, 2006).

49) 메드베데프 독트린의 자세한 내용에 대해서는 다음을 글을 참조. Friedman (2008).

라는 의지를 밝히기도 하였다. 결국 러시아의 메드베데프 정부 출범 이후 러시아는 악화되어가는 미국과의 관계에 대한 대응에 부심하면서도 이미 시작된 러시아가 차지하는 유라시아에서의 '정당한' 지정학적 위상을 회복해 나가는 대외정책 기조를 강화해 나가려 하고 있는 것이다. 이는 전세계적 수준에서 미국의 일방주의적 국제질서 운용에 반대하면서 G8 등을 중심으로 하는 집단주의적 리더십을 강조하면서 다자주의적 외교를 강화하게 될 것이며, 또한 브릭스(BRICs: Brazil, Russia, India, China) 국가들과의 새로운 연대를 강화하는 "네트워크 외교"를 적극적으로 추진해 나가는 가운데 전세계적 행위자로서의 위상을 강화하려는 정책을 추구해 나가게 될 것을 을 의미하는 것으로 볼 수 있다.50)

정리해 보면, 유라시아에서의 미국과 중국의 이익에 대하여 러시아는 상당부분 받아들일 수밖에 없는 부분이 있지만, 적어도 이 지역에서 자국이 지니는 특수한 이익을 지키고 싶어 보인다. 우선, 러시아는 안보적으로는 전 세계적인 미국의 패권은 인정하더라도 적어도 유라시아 내에서는 미국과 동등한 내지는 그에 못지않은 영향력을 가진 지역 강대국으로서의 위상을 확고히 유지하기를 원하기에, 기존의 군사시설들을 보존하고 확대하는 것, 이 지역 내에서 테러 및 분리주의에 대응함으로써 유라시아를 불안정하게 만드는 것들을 막는 것이 중요한 지역정책의 목표가 된다. 또한 에너지자원에 대한 컨트롤을 강화함으로써 에너지자원의 동서축(유럽 – 러시아 – 동북아시아)과 남북축(러시아 – 중앙아시아 – 중동)을 결합하는 에너지 초강대국의 위상을 확보하려 하고 있고, 유라시아 경제공동체를 통한 경제적 통합을 강화하려는 경제적 이익과 목표를 가지고 있다. 하지만 미국의 자유민주주의와 시장경제체제의 근간으로 하는 질서를 유라시아를 포함한 전세계로 확산시키는 것과 관련해서 러시아는 다소 유보적 입장을 가지고 있는 것으로 보인다. 역내 국가들의 입장에서 보면 다소 위험스러워 보이는 유라

---

50) 이러한 메드베데프 러시아 외교정책의 새로운 기조에 대해서는 메드베데프 대통령이 2008년 7월 15일에 러시아 재외공관장들과 가졌던 만남에서 행한 연설을 통하여 확인해 볼 수 있다. 크레믈린사이트 [http://www.kremlin.ru/text/appears/2008/07/204113.shtml] 참조.

시아주의라는 이념을 문화적인 시각으로 변용시키면서 동질적인 사회문화 공간, 즉 예를 들어 주권민주주의, 국가관리형 시장체제와 같은 러시아적 모델과 유사한 체제를 그 이웃국가들이 가지고 있는 것을 자국의 이익을 보존하는 데 있어서 굉장히 중요한 조건이라고 생각하고 미국의 민주주의, 인권, 자유주의적 시장경제체제 확산에 대한 노력에 대해서 상당히 유보적 내지는 비판적 입장을 견제하는 것으로 보인다. 결국 미국이 유라시아 지역 질서의 현상타파적인 새로운 질서형성의 주도자로서 역할을 노리다가 큰 성공을 거두지 못 하였다면, 러시아는 기존의 경험하였던 영향력의 감소를 만회하면서 다시 강대국으로서 위상을 노리는 현실주의적 전략을 성공적으로 추진함으로써 지역강대국으로서의 위상을 회복하는데 성공한 것으로 보인다. 하지만 미국은 물론 중국까지도 배제하는 배타적인 지역패권의 획득을 위한 노력을 기울이는 위험을 감수하지는 않을 것으로 보인다.

이러한 러시아 유라시아에서의 외교정책의 목표와 그것을 구현하기 위한 수단으로 러시아가 활용할 수 있는 수단으로는 어떤 것들이 있는지를 지역 질서의 틀 속에서 미국 및 중국과의 관계 속에서 해석하게 될 경우 어떤 의의를 지니는가를 살펴보자.

Ⅳ. 러시아의 유라시아 지역질서 구상과 강대국 전략

지역 질서를 구성하는 중요한 세 가지 요인은 환경, 행위자, 전략이라는 세 가지 틀에 의해 정리해 볼 수 있다. 즉 지역 환경이라는 것이 유라시아 지역의 신거대게임과 지정학적 다원주의 같은 형태로 나타난다면 그 속에서 행위자들이 자기의 역할을 어떻게 인식하고, 어떤 적을 상정하고 있느냐가 굉장히 중요하게 다루어져야 한다. 이러한 환경과 행위자가 상호 작동하는 방식으로서의 전략, 그 전략을 만들어 내는 수단도 매우 중요하다. 이처럼 환경, 행위자, 전략의 틀에 의해서 그려지는 지역질서에 대한 구상이 각 국가의 정책 속에서 어떻게 구현되느냐에 따라서 지역정책의 중심 노선이

다르게 나타나는 것이다. 따라서 앞서 분석한 미국, 러시아, 중국의 전략적 이익과 목표에 따라 벌어지는 경쟁이 빚어내고 있는 신거대게임의 구도 속에서 러시아가 추구하는 있는 지역질서의 구상과 그에 따른 전략을 과연 어떻게 이해될 수 있을까? 이 역시 주변 주요국의 그것과 비교하는 관점에서 더 잘 파악될 수 있을 것이다. ([표-4]51)를 참조.)

우선, 미국은 유라시아 지역을 안정시키기 위해서는 미국이 주도하는 민주주의와 시장경제체제에 기반을 둔 지역질서를 안정화시켜야 한다는 판단하에, 이 지역 국가들의 민주화와 자유주의 시장경제체제의 확산을 중요한 목표로 삼게 된다. 특히, 미국이 유라시아에서 가장 회피하고 싶은 상황은 역시 유라시아 내에 단일 패권 국가가 등장하거나 유라시아 내에 반미 동맹이 형성되는 시나리오일 것이다. 이와 관련하여 주목받는 국가는 역시 러시아, 중국, 인도, 이란 등과 같은 국가들이다. 이 국가들 중 가까운 장래에 과거에 소련이 차지했던 유라시아의 단일 패권국의 지위에 오를 수 있는 국가는 없어 보이지만, 미국의 패권적 일방주의에 반대하면서 다극적 세계 질서의 형성에 대한 공감대가 형성되는 가운데 유라시아 동맹이 출현할 가능성도 배제할 수는 없다. 따라서 미국의 입장에서 유라시아 반미(反美)/견미(牽美) 동맹의 형성을 저지하기 위한 노력은 미국의 세계 경영에서 가장 핵심적 위치를 차지하는 유라시아 정책의 우선순위에 속한다고 볼 수 있다.

또한 9·11 사태 이후 수년간 벌여온 대테러전쟁은 유라시아 지역을 주 무대로 하고 있다. 부시의 연설에서 나타나고 있듯이 미국 본토 방어와 세계적인 테러 전쟁은 미국의 최우선적 대외정책의 관심사이다.52) 미 백악관이 밝힌 테러전 전략에 따르면, 테러 세력을 패퇴시킬 의지와 자원을 결집할 능력을 가진 국가들과의 새로운 파트너십을 구축하는 것이 중요하다는 것이다.53) 이와 관련하여 중동으로부터 동북아에 이르는 '불안정의 호'에는

---

51) 신범식, "신거대게임으로 본 유라시아 지역질서의 변동과 전망," 『슬라브학보』23권 2호 (2008), 174 의 [표-1]을 보완하였음.

52) "President's State of the Union Message to Congress and the Nation," *The New York Times* (2004.01.21).

53) George W. Bush, *National Strategy for Combating Terrorism* (The Government Printing Office,

급진주의적 운동에 취약한 연약 국가들이 대거 포진해 있으며, 이 유라시아 지역은 다른 지역에 비하여 미국의 기지 및 작전 통로 확보에 있어서 매우 열세인 지역으로 지목되고 있다.

따라서 미국은 이 지역 국가들과 양자관계를 강화하면서 역내 군사기지 및 작전통로 공여국을 확보하는 한편, 상대적으로 취약한 미국의 지역적 입지를 강화시켜 줄 수 있는 GUAM과 같은 지역적 제도를 초보적인 수준에서나마 강화시키는 정책을 추진해 나가고 있다.

[표-4] 미국, 러시아, 중국의 유라시아 지역질서에 대한 인식

수준 \ 국가		미국	러시아	중국
지역환경	질서 안정화 요인	미국 중심의 단극패권질서에 조응하는 지역질서 민주주의와 자유시장경제 체제 기반의 역내 국가레짐 확산	세계적 다극질서에 조응하는 역내 세력균형 질서의 구축 유라시아 공간의 사회문화적 결속에 기초한 협력구조	세계적 다극질서에 조응하는 역내 세력균형 자유로운 경제교류 여건이 보장되는 지역구조
	불안정성 확산 및 도전 요인	비대칭위협의 근원세력 확산 대량살상무기 확산 지역 강국들의 미국견제정책 내지 반미동맹 형성노력 비민주·반인권 국가의 존속	미국의 제국주의적 지역질서 재편 시도 지역 분열적인 지정학적 다원주의의 고조 극단적 분리주의 및 테러세력 부흥	미국의 중앙아시아 진출 및 세력확장 러시아의 지역적 패권을 회복하려는 시도 극단적 분리주의 및 테러세력의 부흥
행위자	자기 역할 인식	적극적: 유라시아질서 주도자 소극적: 유라시아질서 균형자	적극적: 유라시아 중심 강대국 소극적: 역내 다극질서의 한축	적극적: 유라시아 강대국 소극적: 역내 다극질서의 한축
	적 개념	국제적 테러세력 및 대량살상무기를 확산하는 불량국가 잠재형) 러시아, 중국의 반미 역동맹	테러 및 WMD 확산 세력 미국의 단극적 패권확산 노력 탈러시아 지향의 지역국가 잠재형) 세력확장 지향 중국	테러 및 분리주의 세력 미국의 대중국 봉쇄정책 내지 헤징(hedging) 노력 잠재형) 지역패권 추구 러시아
전략·수단	전략	역내 군사기지 및 작전통로 공여국 확보 친미국가군 형성 민주화·자유시장체제 확산	중층적 근외정책을 통한 유라시아 통제력 강화 중-러연대를 통한 균형화	중-러 연대를 통한 균형화 전략적 경계의 안정화 유라시아로의 중국 생활권의 확대
	수단	양자관계에 기초한 정치·외교·경제적 지원 NATO, PfP, GUAM	에너지외교 및 경제협력 군사적 지원 EurAsEC, CSTO, SCO	대유라시아 투자의 증대를 통한 양자관계 강화 SCO

한편, 미국의 이러한 전략과 함께 중국의 전략 또한 변화하고 있다. 1997

February 2003) at [www.defencelink.mil] p.18.

년 미 국무부 부장관 탤보트(S. Talbott)가 중앙아시아를 미국의 전략적 이해 지역으로 선언한 이후로 중국의 중앙아시아에 대한 관점은 변화하기 시작하였으며, 특히, NATO의 동진계획의 일환으로 추진되고 있는 '평화를 위한 동반자 계획'이 중앙아시아 국가들까지 확대되는 상황은 미국의 대(對)중국 봉쇄정책에 대한 중국의 의구심을 높이기에 충분한 정황이 되었다. 더구나 테러세력과 이슬람 근본주의의 결합이 중국의 서부지역의 안정을 저해할 가능성에 대해서 중국은 깊은 우려를 가지고 있는 것이다. 그렇지만 이러한 미국의 유라시아 질서변화의 시도와 분리주의의 준동이라는 불안정 요인과 더불어 러시아가 영향력을 더욱 강화하여 지역패권을 회복하려는 시도 또한 중국이 지역적 불안정의 요인이 될 것으로 파악하고 있다.

따라서 중국은 소극적으로는 전략적 경계의 확보전략과 적극적으로는 중국 생활권의 유라시아로의 확대전략을 통하여 중국의 유라시아 입지를 강화하고자 한다.[54] 이러한 중국의 생활권 확대와 관련하여 가장 두드러진 정책은 유라시아 국가들과의 교역을 중심으로 한 중국의 경제 관계에서의 적극성 속에서 잘 발견된다.[55] 특히 이러한 관계는 유라시아의 다양한 지역으로부터 안정적 에너지자원을 확보하려는 에너지 안보적 고려와 연관되어 공세적 성격까지도 보이는 것이 사실이다. 결국 중국은 유라시아 지역에서 자유로운 경제교류를 통한 새로운 경제중심축의 형성이 지역질서를 안정화시키는 요인이 될 것이며, 이 과정에서 중국이 중심적인 역할을 감당하게 되는 구상을 가지고 있다.[56] 이는 중국 서북 지방과 중앙아시아 사이의 경제협력 체제 구축과 더불어 중동 지역으로의 연계라는 '남(南)유라시아 협력 띠'의 등장 가능성까지도 지향하는 중장기적 차원의 전략적 고려로서,

---

54) В. А. Корсун (2004) c. 423.

55) Railya Mukimdzanova, "Central Asian States and China: Cooperation Today and Prospects for Tomorrow," at [www.ca‑c.org/online/2004/journal_eng/cac‑04/08.muken.shtml](2004); 박상남, "중국의 서부전략과 중앙아시아." 『국제지역정보』 11월호 (2004), pp.147‑170.

56) И. П. Азовский, "Новая трансконтинентальная железнодорожная магистраль Азия‑Европа (Китайский и российский подходы)," В. А. Виноградов и др. (ред.), *Россия во внешнеэкономических отношениях: уроки истории и современность* (М.: ИНИОН РАН, 1993); 신범식 (2005).

미국의 유라시아 전략 및 중국 봉쇄 내지는 헤징(hedging) 전략에 대한 중장기적 차원의 대응인 것이다.

또한 중국은 다극적 세계질서에 조응하는 세력균형 질서가 유라시아 지역질서를 안정화시킬 것이라는데 대해 러시아와 인식을 같이 하고 미국의 현상타파적 유라시아정책에 공동으로 대응하면서 유라시아에서의 안보적인 세력균형을 위한 공조를 강화해 나가는 전략을 추구하고 있다. 이러한 세력균형의 전략적 목표와 더불어 에너지 및 경제협력 분야와 관련된 중국 영향권의 확대를 꾀하는 이중적 전략을 제도화하기 위한 기제로서 중요한 의미를 가지는 것은 상하이협력기구(SCO)이다.

이러한 미국과 중국의 이익구조와 비교하여 러시아는 다소 중간적인 입장을 보이고 있다. 러시아는 미국이 주도하는 단극질서를 극복하고 다극질서의 형성을 추구함에 있어서 러시아의 핵심적 무대로서 유라시아의 세력균형이 지역질서의 안정요인이라고 파악하고 있다. 하지만 소련 붕괴 이후 러시아가 추진해 온 CIS통합으로 요약되는 근외 정책에 대한 직접적인 도전은 유라시아 지역 내에서 강화되고 있는 '지정학적 다원주의'[57]의 강화현상으로부터 오고 있으며, 동시에 러시아는 '신 거대게임'의 맥락 속에서 미국이 추구하는 지역질서의 재편시도와 경제적 협력을 통하여 점진적으로 세력을 확대해 나가는 중국의 영향권 확대가 러시아에게 불리한 지역질서의 형성 및 불안정성의 요인으로 작동한다고 파악하고 있다.[58]

이러한 도전에 대해 러시아는 체제전환으로부터 기인한 동원자산의 한계를 차츰 극복해 가면서 적극적 대응책을 모색하고 있다. 특히 푸틴 이후로는 유라시아 지역 내에 심화되고 있는 "지정학적 다원주의"의 도전에 대해 유라시아 신생국들과의 양자관계 강화, 소지역적 통합의 강화 그리고 광역적 통합기조의 유지라는 '중층적 접근'[59]을 통해 영향력을 회복 및 강화해

---

57) Taras Kuzio, "Promoting Geopolitical Pluralism in the CIS: GUUAM and Western Foreign Policy," *Problems of Post-Communism* 47-3 (2000), pp.25-35.

58) 자세한 내용은 다음을 참조. 신범식, "푸틴 러시아의 근외정책: 중층적 접근과 전략적 균형화 정책을 중심으로," 『국제·지역연구』14권 4호 (2005).

59) 러시아 근외정책에서 푸틴 이후 나타난 중층적 접근에 대해서는 위의 글 신범식(2005) 참조.

감으로써 대응하는 한편, 유라시아에서의 세력 확장을 적극적으로 추구하는 미국과 신중한 영향력 확대를 노리는 중국에 대한 거시적 '세력균형화' 정책을 추구하고 있다.[60]

커다랗게 그림을 그려 본다면, 미국은 유라시아 지역에 있어서 안정적 질서의 형태를 미국중심의 단독 패권질서에 조응하는 질서라고 보는 것이고, 민주주의와 자유시장경제체제에 기초한 지역질서를 추구하고 있다. 이러한 지역질서 형성에 대해 제기되는 도전은 비대칭적 위협의 근원이 되는 테러세력이나 대량살상무기의 확산, 반미동맹의 형성 노력, 비민주 반인권국가의 존속 같은 것들이 지역질서에 있어서 도전적 요인이라고 보고 있는 것이다.

이에 반하여 러시아는 세계적인 수준에서의 단극적 패권질서를 인정하더라도 유라시아 역내에서는 다극(multi-polarity)적 세력균형질서가 안정적인 질서의 형태가 될 것이라고 파악하면서, 미국의 제국주의적 지역 질서재편 시도라는 것이 도리어 이 지역을 불안정하게 만들고 있으며 미국이 유라시아 지역의 특수성을 인정하는 것이 필요하다는 주장하고 있다. 또한 내부적으로는 러시아의 기존 영향력을 분산시키려는 불순한 의도의 지정학적 다원주의가 고조되는 것이 지역적 불안정성의 원인으로 작용하고 있으며, 이런 지정학적인 다원주의를 부추기는 세력으로서 배후에 미국이 있다고 파악하고 있다. 지역질서에 대한 구상에 있어서 중국도 러시아와 비교적 유사한 입장을 가지고 있어 보인다. 특히 세력균형에 대한 기본적 인식은 매우 유사해 보인다. 하지만 중국의 경우에는 유라시아에서 무엇보다도 자유로운 경제교류 여건이 보장됨으로써 유라시아에 상당한 규모를 지닌 경제중심축이 형성되어 지역질서 안정의 기반이 마련되기를 희망하면서, 미국의 중앙아시아에 대한 군사적 진출, 러시아의 지역패권을 회복하려는 시도 그리고 극단적 분리주의와 테러세력의 부흥 등을 지역 환경의 불안정 요인으로 경계하고 있다.

---

60) 자세한 내용은 위의 글(신범식: 2005)을 참조.

결국 이러한 지역질서에 대한 이해를 바탕으로 각국이 투사하는 자국 역할에 대한 기대를 비교해 보면, 미국은 적극적으로는 유라시아 지역질서의 주도자, 소극적으로는 유라시아 지역질서의 균형자 역할을 수행하고자 하는 것으로 보이고, 러시아는 적극적으로는 유라시아 지역의 중심 강대국의 위상을 회복하거나 소극적으로는 역내 다극질서의 한축이 되기를 희망하는 것으로 보이며, 중국은 적극적으로는 유라시아의 한 강대국, 소극적으로는 역내 다극질서의 한축 정도를 희망하는 것으로 보인다. 하지만 최근에 러시아가 미국과 중국과 비교되는 상대적 역할설정에 있어서 자국의 신장되고 있는 국력에 대한 자신감을 바탕으로 보다 적극적인 목표를 추구하는 방향으로 외교정책 지향을 선회하고 있다는 징후도 나타나고 있다.

목표하는 자국의 역할을 보장하기 위한 전략과 수단과 관련해서는 미국과 중국 그리고 러시아 세 나라는 모두 역내 국가들과의 양자관계를 강화함으로써 기본적 영향력의 통로를 확보하고, 나아가 자국이 주도하거나 강력한 영향력을 행사할 수 있는 다자적 지역기구를 설립·강화함으로써 소지역주의를 강화하는 노력을 기울이고 있다. 이러한 노력으로는 구암(GUAM)이라든지 유라시아경제공동체(EurAsEC) 그리고 집단안보조약기구(CSTO) 그리고 상하이협력기구(SCO) 등이 대표적이며, 이들 기구들의 주도국(들)과 이 기구에 참여하고 있는 역내 국가들 사이의 상호작용과 그 동학이 향후 어떻게 전개되어 가는지 또한 주목해야 할 중요한 변수가 되고 있다.[61] 왜냐하면, 이 상호작용이 중장기적으로 유라시아 역내 국가들이 사고하는 문화적 이익의 방향을 정의하는 방식의 변화를 가져올 수 있기 때문이다. 유라시아의 신생국가들은 민주화(democratization) 및 시장화(marketization)에 따른 '국가 재건설'(state rebuilding) 과업, 신거대게임으로 불리는 강대국의 각축에 대한 생존전략의 모색, 다자주의적 소지역주의 물결 속에서의 자기역할 찾기, 그리고 세계화된 경제단위의 작동에 대한 적응 등과 같은 다중적인 도전에 직면하고 있으며, 따라서 이러한 과제들을 동시적으로 풀어나

---

61) 유라시아 다자협력에 대해서는 다음을 참조. 고재남, "유라시아의 다자 지역 협력", 신범식(2006) 3장.

갈 수밖에 없는 상황에 처해있다. 이 과정에서 국가능력이 허약한 이들에게 지역질서의 주도 국가가 행사하게 될 문화·이데올로기적 영향력이 지니게 될 결정력을 주의 깊게 관찰하여야 할 것이다. 특히 러시아는 자신의 신장된 국력의 바탕이 되고 있는 에너지외교의 영향력 이외에도 새로운 영향력의 수단을 발굴하기 위한 노력을 기울이는 가운데, 유라시아 역내 국가들에 대한 투자를 증대해나가는 노력을 강화하고 있으며, 연성권력의 고리로서 러시아적 발전모델에 대한 담론의 생산과 그 전파에 대해서도 많은 신경을 쓰고 있는 것으로 보인다.

V. 맺음말

유라시아 신거대게임에서 압도적인 국력을 가진 미국과 달리 상대적인 열세에 놓여 있는 러시아와 중국의 수세적/공세적 대응은 역내 국가들의 필요와 자국의 필요를 결합하여 다자주의에 기초한 안보·경제 분야의 통합운동을 강화하는 '외적 균형화'(external balancing) 전략[62]을 선호하게 만들었고, 그 결과 유라시아에는 짧은 시간 내에 수많은 다자적 협력기구가 탄생하게 된 것도 사실이다. 이는 강대국의 다양한 의도와 함께 "지정학적 다원주의"(geopolitical pluralism)[63]라는 유라시아의 새로운 경쟁구도를 만들어내었고, 이 지정학적 다원주의는 향후 유라시아 질서의 형태와 발전과정을 규정하게 될 주요한 변수로 떠오르게 되었다. 결국, 소련 해체 이후 나타난 유라시아 지역 내 힘의 공백지에 대한 미국을 위시한 주변 강국들의 돌진에 따른 새로운 거대게임의 재연은 과거 이 지역에 대한 배타적 지배력을 지니고 있던 러시아에게는 중대한 도전이 되고 있으며, 중국과 인도 및 터키 같은 국가들에게는 새로운 기회가 되고 있는 것이다.

---

62) 이에 대한 논의는 다음을 참조. Stephen D. Biddle, *American Grand Strategy After 9/11: An Assessment* (Strategic Studies Institute, U.S. Army War College, April 2005).

63) 지정학적 다원주의에 대해서는 다음을 참조. Taras Kuzio, "Promoting Geopolitical Pluralism in the CIS: GUUAM and Western Foreign Policy," *Problems of Post-Communism* 47-3 (May/June 2000).

이러한 격동의 시기에 처한 유라시아 지역질서의 변동에 대해 전망해 보자면, 향후 유라시아의 질서가 중장기적으로 미국이 주도하는 단극 패권질서로 갈 것인가 아니면 다극 세력균형질서로 갈 것인가를 단적으로 규정할 결정적 요인을 찾기는 어려워 보인다. 미국의 공세적 유라시아 전략과 이에 대한 중국과 러시아의 제한적 협력을 통한 전략적 균형화 전략의 대립으로 규정될 수 있는 유라시아 신거대게임의 최근 양상이 향후 어떠한 방향으로 전개될 것인가를 전망하기 위해서는 크게 세 가지 질문에 특히 주목할 필요가 있다. 첫째는 미국과 러시아 그리고 중국이 벌이는 경쟁과 각축의 균형점이 어떻게 형성될 것인가의 문제이고, 둘째는 역내 형성되고 있는 다자주의 협력의 모티브가 어떤 방향으로 전개되고 어떤 다자기구가 협력의 주도권을 잡게 될 것인가의 문제이며, 셋째는 역내 국가들의 개혁과 국가재건설의 방향이 어떤 모델을 지향하게 될 것이며, 그것이 어떤 대외정책 지향으로 연결될 것인가의 문제이다. 첫째 요소는 단기적인 변화를, 둘째 요소는 중기적인 변화를, 그리고 셋째 요인은 보단 장기적인 변화를 설명하는데 중요한 역할을 하게 될 것이다.

최근의 유라시아 정세와 질서의 변동에 대한 관찰을 바탕으로 이러한 세 가지 질문을 중심으로 유라시아 질서의 미래를 추론하여 본다면, 우선, 중·단기적으로는 현재 형성되어 있는 러-중연대와 미국이라는 두 진영 사이에 형성되고 있는 세력균형 질서가 그 균형점에 대한 미묘한 조정을 보이면서 당분간은 지속될 것으로 예측된다. 물론 미국이 주도하는 유라시아 내의 단·다극질서가 새로운 추동력을 얻어 강화 및 정착될 가능성이 아주 없는 것은 아니다. 하지만 러-중연대가 취하는 균형화(balancing)정책이 효과를 나타내면서 양 진영 간의 세력균형질서가 정착되고 있다는 징후는 계속 관찰되고 있다. 특히 러시아의 협조를 얻은 중국의 신중한 정책이 상하이협력기구를 유라시아연대로 발전시키는데 성공하여 미국의 영향력을 줄여나가면서 러시아와 중국 사이의 분점적 지역질서를 수립하도록 이끌어 갈 수 있는 가능성이 매우 높아 졌다.

그렇지만 러시아의 역내 영향력이 그 후퇴로부터 회복되는 수준을 넘어 최근에는 급속하게 강화하고 있는 징후도 관찰된다. 특히 그루지야 사태와 러시아의 칼리닌그라드에 대한 미사일 기지설치 계획 등은 러시아의 과대 팽창에 대한 우려를 낳기에도 충분해 보인다. 이러한 과정을 통하여 러시아의 영향력 강화가 과도해 질 경우, 러시아와 중국의 협력이 이완될 가능성이 높아질 것이다. 다시 말해, 러시아의 세력 강화에 따른 유라시아 지역패권질서의 재건이 시도된다면, 러시아의 그런 노력에 대한 미-중 간의 협력이 시도될 가능성이 높아갈 것이며, 경우에 따라서는 중국이 기본적인 중-러의 대미 견제 협력의 틀은 유지하되 새롭게 세력 확장을 꾀하는 러시아에 대한 견제력을 강화하기 위하여 인도에 대한 접근을 강화할 가능성도 있다.[64] 결국 러시아의 영향력 과대팽창 내지 그러한 의도에서 기인하는 다소 신중치 못한 정책은 유라시아 지역의 세력균형점의 조정을 가져오게 될 것이다.

중·장기적으로 볼 때에, 유라시아에 포진하고 있는 크고 작은 강국들과 그들이 유라시아에 대해 가지는 특별한 이해(利害)의 복잡성은 미국이 유라시아를 단독으로 관리하거나 좌우하는데 너무 버거운 짐을 안겨줄 것이다. 따라서 우선적으로 미국은 러시아와 중국, 나아가 인도나 유럽 등과의 타협 내지 협력을 통하여 다양한 세력들 사이에서 균형점을 찾는 과정을 겪을 수밖에 없을 것이다. 따라서 미국, 러시아, 중국의 유라시아 질서에 대한 정책이 '합의' 지향적으로 갈 것인가 아니면 '경쟁' 지향적으로 갈 것인가에 따라 현재 유지되고 있는 양(兩) 진영 간 세력균형체제는 장기적으로 미국이나 러시아-중국 또는 좀 더 다양한 국가들이 주도하는 다극적 협력체제로 점차 발전될 가능성을 키워갈 것이다. 그리고 궁극적으로는 지역 국가들의 정치 및 경제제도가 서구식 자유민주주의 체제와 자유시장 경제체제를

---

64) 북경올림픽이 열린 직후 키르기즈스탄에서 열린 상하이협력기구 정상회의에서 러시아는 그루지야와의 분쟁에 대해 중국의 적극적인 지지를 얻기를 희망하였지만, 중국은 매우 신중한 자세를 보이면서 러시아의 입장에 전적으로 동조하는데 유보적인 입장을 보인 것으로 평가되고 있다는 점이 바로 이러한 예상과 관련되어 해석될 수 있음에 주목할 필요가 있다. 최근 들어 중국의 새로운 시도로 인도와의 관계 강화에 대한 러시아의 우려에 대해서는 다음을 참조. Andrei Volodin, "India-China-USA: a New Conundrum of Global Politics," Strategic Culture Foundation (June 18, 2008). at [http://en.fondsk.ru/article.php?id=1425].

발전시켜 나가게 됨에 따라 궁극적으로 이 지역에 지구적 패권이 보편적으로 적용되는 질서가 등장할 수 있게 될 것이다.

　물론 이러한 체제의 변화에 대해 러시아가 어떤 입장을 가지고 적응해 갈 것인가가 이 지역질서의 안정적인 변화와 발전을 이끄는데 가장 중요한 변수 중의 하나가 될 것이다. 만약 러시아의 국내 파워엘리트들이 기존의 러시아식 발전방식의 지속을 고집한다면 유라시아의 전도에 많은 난관을 등장하게 될 가능성이 높다. 따라서 러시아의 향후 국내정치 및 경제체제의 발전노선이 지역질서의 변동 과정에서 미칠 영향은 매우 지대할 것이다. 유라시아에서 강대국으로 지위를 회복하고 또한 지역질서의 결정적 역할을 하는 국가로 회복해 가고 있는 러시아는 유라시아질서의 변동에 대한 영향력의 행사를 통하여 전세계적 수준에서 발언력을 높여 갈 것이며, 유라시아에서의 러시아의 강대국 지위의 회복은 유라시아의 주변부인 동북아시아, 중동, 그리고 중부 유럽 등지에서의 러시아의 영향력과 발언권을 높여 가는 기반이 될 것이다. 중국과 러시아 그리고 미국의 경쟁이 벌어지고 있는 또 다른 무대로서 유라시아에 대한 관찰이 향후 한반도와 동북아에서 러시아의 영향력이 미칠 결과를 예측하는 일과 무관하지 않은 이유가 바로 여기에 있는 것이다.

고재남, 『트랜스 카프카즈·중앙아시아의 '신 거대 게임'과 러시아의 대응』(서울: 외교안보연구원, 2005년 2월).

신범식, "푸틴 러시아의 근외정책: 중층적 접근과 전략적 균형화 정책을 중심으로," 『국제·지역연구』14권 4호 (2005).신범식 (편), 『21세기 유라시아 도전과 국제관계』(파주: 한울, 2006)

신범식, "러시아-중국 안보·군사협력 관계의 변화와 전망," 『중소연구』30권 4호 (2006/2007 겨울)

신범식, "신거대게임으로 본 유라시아 지역질서의 변동과 전망," 『슬라브학보』23권 2호 (2008).

정세진, "GUAM 창설과 헤게모니 갈등: GUAM의 탈러시아적 경향을 중심으로," 『슬라브학보』22권 1호 (2007)

Akeyev, Askar, "Whither Central Asia?" *Russia in Global Affairs* 1 – 4 (2003).

Beehner, Lionel, "ASIA: U.S. Military Bases in Central Asia," at [www.cfr.org/publication/8440/].

Blank, Stephen J., *After Two Wars: Reflections on the American Strategic Revolution in Central Asia* (Strategic Studies Institute, U.S. Army War College, March 2005).

Blank, Stephen J., *Towards a New Russia Policy* (Strategic Studies Institute, U.S. Army War College, Feburary 2008).

Blank, Stephen J., *U.S. Interests in Central Asia and the Challenges to them* (Strategic Studies Institute, U.S. Army War College, March 2007).

Bush, George W., "State of the Union Address," Office of the Press Secretary (February 2, 2005).

Chu, Hua, "Beijing Using International Channel to Eradicate 'East Turkestan'," *Hong Kong Economic Journal* (December 19, 2003).

Cohen, Ariel, *Eurasia in Balance: The US and the Regional Power Shift: US Foreign Policy and Conflict in the Islamic World* (Ashgate, 2005).

Congressional Research Service, "U.S. Assistance to Former Soviet Union" CRS Report (March 1, 2007).

Congressional Research Service, *Russia's Energy Policy Toward Neighbouring Countries* CRS Report for Congress (January 17, 2008).

Cornell, Svante E. and Swanstorm, Niklas L. P., "The Eurasian Drug Trade: A Challenge to Regional Security," *Problems of Post−Communism* 53−4 (July/August 2006).

Edwards, John, Jack Kemp, *Russia's Wrong Direction: What the United States Can Do and Should Do?* Independent Task Force Report No.57 (Council on Foreign Relations, 2006).

Edwards, Mathew, "The Great Game and the new great games: Disciples of Kipling and Mackinder," *Central Asian Survey* 22−1 (2003).

Guang, Pan, "Shanghai Cooperation Organization: Challenges, Opportunities, and Prospects," *International Studies* (China Institute for International Studies), No. 13~16(2002)

Hansen, Fleming Splidsboel, "A Grand Strategy for Central Asia," *Problems of Post−Communism* 52−2 (March/April 2005).

Kaliki , Jan H. and Lawson, Eugine K. (eds.), *Russian − Eurasian Renaissance?: U.S. Trade and Investment in Russia and Eurasia* (Stanford, CA: Stanford University Press, 2003).

Krastev, Ivan, "'Sovereign Democracy' − Russian Style," (November 16, 2006), at 'Open Democracy' Site [www.opendemocracy.net/globalization − institutions _government/sovereign_democracy_4104.jsp].

Kuchins, Andrew, Vyacheslav Nikonov, Dmitri Trenin, *U.S.−Russia Relations: The Case for an Upgrade* (Moscow: Moscow Carnegie Center, 2005).

Kuzio, Taras, "Promoting Geopolitical Pluralism in the CIS: GUUAM and Western Foreign Policy," *Problems of Post−Communism* 47−3 (2000).

Legvold, Robert, (ed.), *Thinking Strategically: The Major Powers, Kazakhstan, and the Central Asian Nexus* (Cambridge, MA: MIT Press, 2003).

Lipman, Masha, "Putin's Sovereign Democracy," *Washington Post* (July 15, 2006).

Mairet Frederic − Christopher, *New Stakes in the Caucasus and Central Asia: Caspian Energy Resources and International Affairs* (Author House, 2006).

Mastanduno, Michael, "Preserving the Unipolar Moment: Realist Theories and U.S. Grand Strategy after the Cold War," *International Security* 23−3 (Spring 1997).

Maynes, Ch. W., "America discovers Central Asia," *Foreign Affairs* (March/April, 2003).

Menteshashvili, Albert, "Security and Foreign Policy in Central Asian and Caucasian Republics," (Tbilisi, 1999) at [www.nato.int/acad/fellow/97 −

99/menteshashvili.pdf}.

Mukimdzanova, Railya, "Central Asian States and China: Cooperation Today and Prospects for Tomorrow," {www.ca − c.org/online/2004/journal_eng/cac − 04/08.muken.shtml}(2004).

Olcott, Martha Brill, *Central Asia's Second Chance* (Carnegie Endowment for International Peace, 2005).

Oliker, Olga and Shlapak, David A., *U.S. Interests in Central Asia: Policy Priorities and Military Roles* (Rand Corporation, 2005).

Shim, Kyong − Wook, Jaedu Kim, "Nuclear Umbrella and Energy Umbrella in Northeast Asia," presented at the International Conference on "The Korean Peninsula and Energy Security in Northeast Asia" (Seoul: Hoam Faculty House at SNU, November 27 − 28, 2006).

Smith, Mark A., *Russia's Energy Diplomacy* (Conflict Studies Research Center, March 2002).

Sokolski, Hanry, (ed.), *Gauging U.S. − Indian Strategic Cooperation* (Strategic Studies Institute, the US Army War College, March 2007).

Stanley Foundation, "China and Southeast Asia," Policy Bulletin (October 2003).

Trenin, Dmitri, "Russia's Strategic Choices," *Policy Brief* No.50 (Carnegie Endowment for International Peace, May 2007).

Wishnick, Elizabeth, *Growing U.S. Security Interests in Central Asia* (Strategic Studies Institute, U.S. Army War College, October 2002).

Wishnick, Elizabeth, *Strategic Consequences of the Iraq War: U.S. Secirity Interests in Central Asia Reassessed* (Strategic Studies Institute, U.S. Army War College, May 2004).

Wohlforth, Wiiliam C., "Revisiting Balance of Power Theory in Central Eurasia," in T. V. Paul, James J. Wirtz, Michel Rortmann (eds.), *Balance of Power: Theory and Practice in the 21th Century* (Standford, CA: Standford University Press, 2004).

Азовский И. П., "Новая трансконтинентальная железнодорожная магистраль Азия − Европа (Китайский и российский подходы)," В. А. Виноградов и др. (ред.), *Россия во внешнеэкономических отношениях: уроки истории и современность* (М.: ИНИОН РАН, 1993).

Аллисон Р., *Ценральная азия и закавказье: Региональное сотрудничество и фактор российской политики* (Рабочие материалы No.10, Московский Центр Карнеги, 2005).

Воскресенский А. Д. (Ред.), *Северо−Восточная и Ценральная Азия: Динамика международных и межрегиональных отношений* (М.: РОССПЭН, 2004).

Путин В., "Основы новой архитектуры безопасности," *Международная жизнь* No.3 (2003).

Фурман Д., "Холодная война без слов," *Независимая Газета* (2006.03.27).

Хуашэн, Чжао, *Китай, Центральная Азия и Шанхайская Организация Сотрудничество,* (Робочие Материалы No.5, Московский Центр Карнеги, 2005).

제3부 | 세계 5대 경제대국 러시아

07

러시아 경제발전의 미래

이종문(부산외국어대학교 교수)

Ⅰ. 푸틴시대 러시아 경제발전의 평가와 과제

현대 러시아 경제사에서 20세기 마지막 10년인 옐친시대(1991~1999년)가 체제전환의 소용돌이 속에 휩쓸려간 '잃어버린 10년'으로 지칭되는 '고난과 좌절의 역사'였다면, 21세기 첫 단추를 낀 푸틴시대(2000~2008년 5월)는 고통의 질곡으로부터 벗어나 세계 경제의 슈퍼파워(Super Power)로 컴백(come back)하는 발판을 마련한 '재기와 부활의 시대'라 할 수 있다. 푸틴시대 8년 동안 러시아는 대내적으로는 지난 10년간의 극심한 경제침체와 외환위기를 완전히 극복하였고, 대외적으로는 글로벌 경제에서 세계 플레이어(World Player)로서 자신의 위상을 회복하였다. 이와 같은 자신감을 바탕으로 러시아는 다음 10년인 2020년까지 국내총생산(GDP)규모 세계 5대 경제대국, 국민소득 30,000달러의 경제강국으로 나아가기 위한 새로운 장기 사회·경제발전 전략을 수립한 후 이를 주진하고 있다. 본 논고에서는 푸틴시대 8년간 이룩한 경제성과를 분석하고, 러시아 경제발전통상부(現 경제 발전부)가 2007년 10월 작성한 '러시아연방 장기 사회·경제발전 구상'을 바탕으로 러시아 경제발전의 미래를 예측해 보고자 한다.

1. 푸틴시대 러시아 경제발전 평가

푸틴시대(2000~2008년 5월) 러시아 경제는 소비에트시대 역대 최고치를 기록했었던 1990년의 국민생산과 소비수준을 완전 회복하면서 옐친시대 미완성에 그쳤던 자본주의 시장경제로의 체제전환을 성공적으로 완수하였다. 러시아는 외형적인 면에서 뿐만 아니라 기초여건(fundamentals)에서의 괄목할 경제성장을 기반으로 새로운 번영과 영광의 2020년대를 맞이하기 위한 준비를 서두르고 있다. 푸틴시대 달성한 경제발전 성과를 주요 거시경제 지표를 통해 살펴보면 다음과 같다.

(1) 국내총생산(GDP)

푸틴시대 러시아는 8년이라는 짧은 기간에 외형적 경제규모(명목 GDP)를 무려 6.6배나 늘리는 압축 성장을 이룩했다. 동기간 러시아 실질 총(總)경제성장률(실질 GDP증가율)도 72%에 달했는데 이는 연평균 7.0%에 해당하는 고도성장이다. 같은 기간 세계 경제의 연평균 성장률이 4.1%, 중·동부유럽 16개국의 연평균 성장률이 5.5%, 이머징마켓(Emerging market)과 개발도상국의 평균 성장률이 6.3% 증가에 그친 것과 비교해 볼 때 푸틴시대 러시아 경제가 역동적인 고도성장을 이룩했음을 알 수 있다.[1] 고속성장을 바탕으로 러시아는 경상가격 GDP에서 2005년 7,643억 달러를 기록하며 호주와 네덜란드를 추월하였고, 2006년에는 9,886억 달러로 멕시코, 인도, 한국을 잇달아 제치며 세계 11위의 경제대국으로 부상하였다. 2007년 러시아는 국내총생산 1조 2,895억 달러를 기록하며 마침내 GDP 1조 달러 클럽에 이름을 올렸다. 화폐가치를 고려한 구매력평가(PPP) GDP에서 러시아는 2005년 1

---

1) IMF. World Economic and Financial Survey : World Economic Outlook Database. October 2008.

조 6,980억 달러를 기록하며 이탈리아를 추월하였고, 2007년에는 2조 달러를 넘어서며 프랑스를 제치고 세계 7대 경제대국의 지위를 확보하였다. 2008년 국제통화기금(IMF)의 '세계경제전망(World Economic Outlook)'에 의하면 2007년 구매력평가(PPP) GDP에서 미국이 13조 8.076억 달러(세계 총 GDP의 21.3%)로 압도적 1위를 차지하였고, 중국이 7억 348억 달러(10.8%), 일본이 4억 2,922억 달러(6.6%)로 뒤를 이었다. 인도가 2억 9,966억 달러(4.6%), 독일이 2억 8,123억 달러(4.3%), 영국이 2억 1,678억 달러(3.3%)를 기록하며 4~6위를 차지하였다

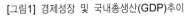

[그림1] 경제성장 및 국내총생산(GDP)추이   (억$. %)

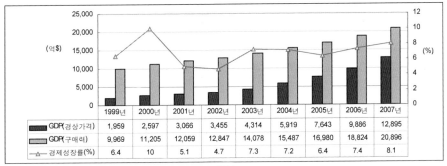

	1999년	2000년	2001년	2002년	2003년	2004년	2005년	2006년	2007년
GDP(경상가격)	1,959	2,597	3,066	3,455	4,314	5,919	7,643	9,886	12,895
GDP(구매력)	9,969	11,205	12,059	12,847	14,078	15,487	16,980	18,824	20,896
경제성장률(%)	6.4	10	5.1	4.7	7.3	7.2	6.4	7.4	8.1

자료: IMF, World Economic Outlook Database, October 2008.

(2) 연방재정

푸틴시대 연방정부 살림살이가 흑자로 전환되며 재정의 안정성과 건전성이 강화되었다. 옐친시대 러시아 연방재정수지는 만성적 경제침체, 조세제도 미비, 탈세 및 지하경제의 창궐, 체첸전쟁 등으로 한 번도 적자구조를 벗어나지 못했고 이는 결국 1998년 모라토리엄(채무지불유예)을 선언하는 단초가 되었다. 반면 푸틴시대는 집권 1년 차인 2000년 재정수지가 체제개혁 이후 처음으로 GDP대비 2.2% 흑자로 전환되었고 그 후 지금까지 8년 연속 흑자 행진을 이어오고 있다. 특히 2005~2006년에는 흑자규모가 GDP대비 7%, 2007년에는 5%를 넘어섰다. 재정수입의 확대가 흑자유지에 결정적 역할을 하였는데 무엇보다 국제 원자재가격 급등으로 석유수출세와 광

물자원채굴세 등 에너지관련 세금수입이 급증하였기 때문이다. 또한 집권 1
기 과감한 세제개혁을 추진하고 조세인프라를[2] 정비함으로써 탈세 억제와
세원 확보에 성공하였고, 세입내 세출이라는 재정원칙을 엄수하면서 불필요
한 예산지출을 철저히 통제한 것도 재정수지 흑자 기조를 이끈 바탕이 되
었다.

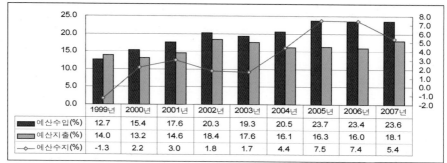

<그림2> 연방예산 수입과 지출   (GDP대비 %)

	1999년	2000년	2001년	2002년	2003년	2004년	2005년	2006년	2007년
예산수입(%)	12.7	15.4	17.6	20.3	19.3	20.5	23.7	23.4	23.6
예산지출(%)	14.0	13.2	14.6	18.4	17.6	16.1	16.3	16.0	18.1
예산수지(%)	-1.3	2.2	3.0	1.8	1.7	4.4	7.5	7.4	5.4

자료 : 러시아연방 재무부.

(3) 외환보유고

푸틴시대 러시아는 타이완, 한국 등을 제치고 중국, 일본에 이어 세계에
서 3번째로 많은 외환을 보유한 국가로 급부상하였다. 옐친시대 러시아 경
제는 마이너스 성장과 하이퍼인플레이션, 대내외부채의 급증, 해외자본도피
가속화로 심각한 만성적 외환부족을 겪게 되었고 이는 결국 1998년 8월 모
라토리엄(채무지불유예) 선언으로 이어졌다. 당시 러시아의 외환보유고는 금
42.6억 달러를 포함해 총 125억 달러에 불과했다. 그러나 푸틴시대 8년 동
안 러시아는 세계 3대 외환보유국의 지위를 확보하며 남아도는 외환을 어
떻게 효율적으로 운영할 것인가 하는 행복한 고민을 하는 처지가 되었다.

2) 대표적인 조치로는 법인이윤세(35%→24%)와 부가가치세(20%→18%) 인하, 개인소득세의 13% 단일세
율 적용, 각종 사회기금 및 부담금의 사회보장세로의 통합, 납세절차의 간소화, 세금 미납 및 채납자에 대
한 세무조사 강화, 세무공무원의 자의적 권한 축소 등을 들 수 있다. 세율 인하에도 불구하고 세수가 늘
어난 것은 경제성장으로 납세규모가 늘어난 것도 있지만, 세율이 적정수준으로 인하되고 세무당국의 조사
가 강화되면서 탈세를 했었던 많은 경제주체들이 적당한 납세를 통한 합법적 경제활동으로 방향을 전환
하였기 때문이다.

석유를 중심으로 한 국제원자재 가격의 고공행진에 따른 무역수지 흑자의 급증과 외국인투자 확대에 따른 금융수지 흑자 지속이 외환보유액의 급신장을 이끌었다. 푸틴이 권력을 메드베데프로 이양한 2008년 5월 말 기준 러시아의 외환보유고는 5,454억 달러로 임기 초와 비교해 무려 43배나 늘어났다. 2008년 9월 말 현재 중국이 1조 9,056억 달러로 1위, 일본이 9,959억 달러로 2위, 러시아가 5,568억 달러로 3위를 점하고 있다. 그 뒤를 인도(2,863억 달러), 대만(2,811억 달러), 한국(2,397억 달러), 브라질(2,065억 달러), 싱가포르(1,688억 달러)가 따르고 있다.[3] 러시아의 외환보유고는 외화자산 4,030억 1,300만$(72.3%), IMF포지션 3억 6,900만$(0.07%), SDR 1백만$(0.0%), 금 139억 7,400만$(3.5%), 기타 자산 1,394억 5,700만$(25.0%)로 구성되어 있다.[4] 대외경제여건에서의 급격한 변동이 없는 한 러시아는 2008년 무역수지에서 1,610억 달러, 경상수지에서 990억 달러, 금융수지에서 260억 달러 흑자를 기록할 것으로 예상됨에 따라 2008년 말 외환보유고는 6,000억 달러를 넘어설 것으로 추정되고 있다.

<그림3> 러시아 외환보유고 추이

(억$)	1998	1999	2000	2001	2002	2003	2004	2005	2006	2007	2008.9
억달러	122.2	124.6	279.7	366.2	477.9	769.4	1245.4	1822.4	3037.3	4787.6	5568.1

자료: 러시아 중앙은행.

---

3) 한국중앙은행 2008년 11월 3일자 보도자료, '2008년 10월말 외환보유액'과 국제통화기금(IMF) 'Time Series Data on International Reserve and Foreign Currency Liquidity Official Reserve Assets' 참조.

4) 러시아 중앙은행(www.cbr.ru/statistics/?Prtid=svs)참조.

(4) 대외교역

대외교역은 러시아 실물부문 대외경제관계의 근간을 이루고 있다. 상품수출입은 푸틴시대 러시아 거시 경제지표 중 가장 역동적 성장을 이룩한 부문이다. 2007년 러시아의 상품교역액은 5,779억 달러로 1999년의 1,151억 달러에 비해 402% 급증하였는데 이는 연평균 22.4%에 달하는 급성장이다. 이를 바탕으로 러시아는 세계 상품교역시장에서 자신의 비중을 2.06%로 확대하며 스페인에 이어 세계 14위 교역대국으로 부상하였다. 그 중 수출은 국제 에너지를 포함한 원자재가격의 호조에 힘입어 동기간 동안 연평균 21.3% 증가하며 3,544억 달러, 수입은 국민소득 증대에 따른 내수시장의 급팽창을 바탕으로 연평균 24.2%증가하며 2,235억 달러를 기록하였다. 세계 상품수출에서 러시아는 한국에 이어 세계 12위를 차지하였는데 그 비중은 2.55%였고, 수입에서는 싱가포르에 이어 16위를 차지하였는데 비중은 1.57%였다.[5] 2008년 들어 유가상승과 수출입물량 확대에 힘입어 러시아 대외무역 규모는 더욱 큰 폭으로 확대되고 있다. 2008년 상반기 러시아 수출액은 전년 동기대비 52.6%증가한 2372.9억 달러, 수입액은 41.7%증가한 1354.0억 달러, 교역규모는 48.5% 증가한 3726.9억 달러를 기록하고 있다. 이와 같은 급등세가 유지될 경우 2008년 수출은 4,590억 달러, 수입은 2,980억 달러, 교역규모는 7,570억 달러, 무역수지 흑자는 1,610억 달러에 달할 것으로 예상되고 있다.

---

5) WTO의 "International Trade Statistics 2008"을 기초로 산정함.

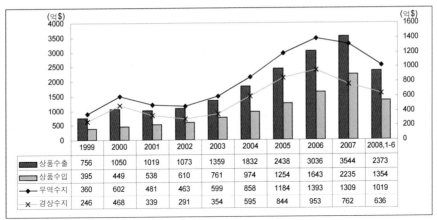

	1999	2000	2001	2002	2003	2004	2005	2006	2007	2008,1-6
상품수출	756	1050	1019	1073	1359	1832	2438	3036	3544	2373
상품수입	395	449	538	610	761	974	1254	1643	2235	1354
무역수지	360	602	481	463	599	858	1184	1393	1309	1019
경상수지	246	468	339	291	354	595	844	953	762	636

자료: 러시아 중앙은행

(5) 대외부채

　푸틴시대 러시아는 세계 최대 채무국이라는 오명을 벗어던지고 완전한 채권국으로 탈바꿈하였다. 소비에트연방으로부터 물려받은 1,000억 달러가 넘는 구(舊)대외부채와 시장경제로의 체제전환과정에서 국제통화기금(IMF), 세계은행(World Bank), 유럽부흥개발은행(EBRD) 등의 국제금융기구로부터 차입한 500억 달러가 넘는 신(新)외채의 원리금 상환문제는 옐친시대 러시아 경제가 안고 있었던 가장 큰 고민거리 중의 하나였다. 1999년 말 정부와 민간을 포함한 러시아의 총(總)대외부채는 1,782억 달러로 당시 국내총생산(GDP)의 91%에 달했다. 통화당국을 포함해 연방 및 지방정부가 전체 대외부채의 83.5%인 1,489억 달러, 은행과 기업 등 민간이 16.3%인 292억 달러의 빚을 지고 있었다.[6] 푸틴시대도 경기 활성화와 국가신용등급 상향으로 민간부문(기업 및 은행)에서의 해외차입이 큰 폭으로 늘어나며 2007년 말 총(總)대외부채는 4,635억 달러로 임기 초 대비 161% 증가하였다. 그러나 GDP와 비교할 때 그 비중은 경제규모의 급팽창에 힘입어 도리어 35.9%로 축소되었다. 그 중에서 연방정부가 갚아야 할 대외부채는 외환보유고의 지속적인 확대와 정부의 외채 조기상환 노력에 힘입어 2007년 말에

---

6) 러시아 중앙은행(www.cbr.ru/statistics/?Prtid=svs)참조.

는 464억 달러로 대폭 감소하여 GDP대비 3.6%수준으로 축소되었다.[7] 특히 2005년 1월 러시아 정부는 오일머니를 통해 조성한 석유안정화기금을 이용해 만기가 2008년인 국제통화기금(IMF) 채무 33.3억 달러를 조기 상환하면서 굴욕적인 IMF 구제금융의 굴레에서 벗어났다. 또한 2005년 7~8월에는 석유안정화기금을 통해 파리클럽(Paris Club)에 150억 달러를 조기 상환하였고, 2006년 8월에는 남은 채무 223억 달러를 조기 상환함으로써 러시아는 파리클럽에 대한 부채를 전부 상환하고 채권국으로서의 완전한 지위를 획득하였다.

<그림5> 대외부채 추이

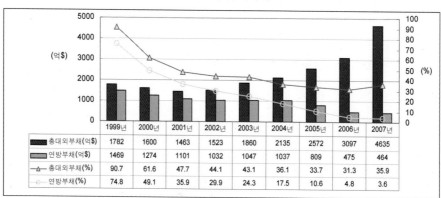

	1999년	2000년	2001년	2002년	2003년	2004년	2005년	2006년	2007년
총대외부채(억$)	1782	1600	1463	1523	1860	2135	2572	3097	4635
연방부채(억$)	1469	1274	1101	1032	1047	1037	809	475	464
총대외부채(%)	90.7	61.6	47.7	44.1	43.1	36.1	33.7	31.3	35.9
연방부채(%)	74.8	49.1	35.9	29.9	24.3	17.5	10.6	4.8	3.6

(%) : GDP대비
자료 : 러시아 재무부, 러시아 중앙은행, 러시아 통계청 자료를 기초로 재구성.

(6) 외국인투자

러시아 경제로의 외국자본 유입 확대는 대외경제관계에서 이룬 가장 큰 성과 가운데 하나였다. 경제성장률, 물가, 재정 및 경상수지 등 경제 펀더멘탈에서의 경쟁력 강화와 더불어, 조세, 법률, 행정, 제도적 측면에서의 구조개혁 지속, 정치 및 사회부문에서의 불안 해소 등 투자환경에서의 점진적 개선이 외국인투자 확대의 바탕이 되었다. 옐친시대 100억 달러에도 미치지 못했던 러시아 경제로의 외국인투자가 2007년에는 1,209.4억 달러로 확

---

7) 러시아 중앙은행(www.cbr.ru/statistics/?Prtid=svs)참조.

대되며 8년간 총(總)증가율이 12.7배에 달했다. 특히 2007년은 외국인투자가 전년대비 120%나 늘어나는 급등세를 시현했는데 이는 하반기 국제유가의 폭등에 힘입어 에너지, 금융, 소비부문으로 외국자본 유입이 가속화되었기 때문이다. 그 중 고용 및 경제성장에 직접적 영향을 미치는 공장설립형(greenfield)투자와 인수합병(M&A)이 중심인 직접투자(FDI)는 1999년 42.6억 달러에서 2007년 278억 달러로 6.5배 증가하며 전체 투자의 23%를 차지하였다. 파생금융상품을 포함한 포트폴리오투자(portfolio investment)는 3천만 달러에서 41.9억 달러로 늘어났고, 해외차관, 무역신용, 외국인 예금 등이 주축을 이루는 기타투자(others investment)는 52.7억 달러에서 889.5억 달러로 확대되며 전체 외국자본유입의 73.5%를 차지하였다.[8] 2007년 말 기준 러시아 경제로 유입된 총(總)외국인투자 누적 잔액은 2,206억 달러인데 직접투자(FDI) 1,031억 달러(46.7%), 포트폴리오투자 67억 달러(3.0%), 기타투자 1,108억 달러(50.2%)로 구성되어 있다.[9]

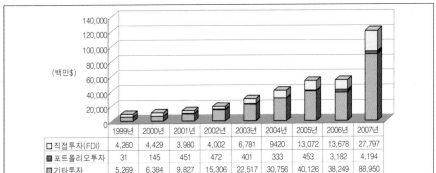

<그림6> 외국인투자 추이   (단위: 백만$)

	1999년	2000년	2001년	2002년	2003년	2004년	2005년	2006년	2007년
□ 직접투자(FDI)	4,260	4,429	3,980	4,002	6,781	9420	13,072	13,678	27,797
■ 포트폴리오투자	31	145	451	472	401	333	453	3,182	4,194
▨ 기타투자	5,269	6,384	9,827	15,306	22,517	30,756	40,126	38,249	88,950

자료 : 러시아 통계청

(7) 인플레이션

민생안정을 보여주는 가장 대표적 경제지표인 물가수준은 푸틴이 임기

---

8) 러시아연방통계청(www.gks.ru)참조
9) 러시아연방통계청(www.gks.ru)참조

말에 가장 역점을 두었음에도 불구하고 다른 지표에 비해 그 성과가 상대적으로 미약했던 부문이다. 옐친시대 급진적 가격자유화 조치와 모라토리엄 선언으로 3자리 수에 달했던 물가폭등을 10%대로 낮추는 성과를 거두기도 하였으나 여전히 높은 2자리 수 물가수준은 향후 러시아 경제의 안정성과 건전성을 해칠 수 있는 가장 위협적인 요인이 되고 있다. 개혁 이후 처음으로 2006년 소비자물가상승률을 한 자리 수(9.0%)로 억제하는데 성공하기도 하였으나, 푸틴 정권 8년 동안 총(總)소비자물가상승률은 177.7%로 브릭스 (BRICs)를 포함한 다른 이머징 마켓 국가들에 비해 훨씬 높은 수준이다.[10] 이는 푸틴정부가 경제규모의 확대에 역점을 둔 성장주도 경제정책을 추진하면서 물가상승을 어느 정도 용인한데 기인하고 있다. 푸틴의 뒤를 이은 메드베데프 정부가 2008년 소비자물가를 다시 한 자리수로 낮추며, 2010년 까지 5~7%수준으로 억제하고자 노력하고 있으나 국제유가의 폭등에 따른 오일머니의 지속적 유입으로 유동성이 급속도로 늘어나고 있으며, 세계 곡물시장에서의 가격급등(Agflation)으로 상반기까지의 물가상승률이 연간 목표치를 상회하고 있어 그 달성여부가 대단히 불투명한 상태다.

<그림7> 물가상승률 추이 (단위 : %)

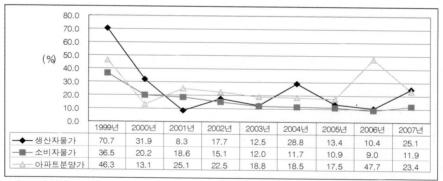

(%)	1999년	2000년	2001년	2002년	2003년	2004년	2005년	2006년	2007년
◆ 생산자물가	70.7	31.9	8.3	17.7	12.5	28.8	13.4	10.4	25.1
■ 소비자물가	36.5	20.2	18.6	15.1	12.0	11.7	10.9	9.0	11.9
△ 아파트분양가	46.3	13.1	25.1	22.5	18.8	18.5	17.5	47.7	23.4

자료 : 러시아연방 통계청

---

10) 2000년 소비자물가를 100으로 하였을 때 2007년까지 각국의 총 소비자물가상승률은 다음과 같다 : 브라질 62.3%, 중국 16.1%, 인도 39.6%, 체코 19.1%, 헝가리 47.5%, 멕시코 34.1%, 러시아 131.0%였다. (IMF. World Economic and Financial Survey : World Economic Outlook Database. October 2008.)

(8) 고용 및 임금

연평균 7%가 넘는 고속성장에 힘입어 국민소득 및 고용 관련 경제지표에서의 획기적 개선이 이루어지며 국민생활의 질적 향상이 도모되었다. 푸틴시대 8년간 러시아 근로자들의 월평균 명목임금은 8.9배 증가하였고, 물가상승을 고려한 실질 임금상승률도 연평균 15.1%를 기록하며 총 실질 임금상승률이 206.3%에 달했다. 국민 1인당 월평균 화폐소득은 동기간 동안 7.5배 증가하였고, 가처분 화폐소득 증가율은 142.5%를 기록하였는데 이를 연평균으로 환산하면 11.7% 증가에 해당하였다. 연평균 12%에 달하는 실질소득 증가는 빈곤층의 감소와 중산층 형성에 결정적 역할을 하였다. 러시아 전체 인구의 약 30%에 해당하는 4,230만 명에 달했던 최저생계비 미만의 극빈층이 2007년 말에는 전체 인구의 13.4%에 해당하는 1,890만 명으로 급감하였고, 10%미만에 머물렀던 중산층 비율도 25%수준으로 확대되었다. 1,000만 명에 육박했었던 실업자 수도 그 절반인 460만 명으로 줄었고, 실업률도 13.0%에서 6.3%로 축소되었다. 실질화폐소득의 증가와 고용의 확대, 중산층의 형성은 러시아 내수시장의 팽창을 가져왔고 러시아 경제의 새로운 성장 동력원으로 작용하며 경제의 선순환구조를 연출하고 있다. 실제 2007년 총고정자본형성과 순수출이 러시아 경제성장률에 기여한 바가 각각 4.8%, -3.9인데 반해 민간소비의 기여도는 6.3%나 되었다.[11]

<표 1> 소득, 임금, 실업지표

		1999년	2000년	2001년	2002년	2003년	2004년	2005년	2006년	2007년
월평균화폐소득(루블)		1,664	2,281	3,062	3,947	5,170	6,410	8,112	10,196	12,551
월평균임금(루블)		1,523	2,223	3,240	4,360	5,499	6,740	8,555	10,634	13,527
가처분화폐소득증가율(%)		-11.9	12.0	8.7	11.1	15.0	10.4	12.4	13.5	10.7
실질임금상승률(%)		-22.0	20.9	19.9	16.2	10.9	10.6	12.6	13.3	16.2
최저생계비 미만생활자	백만명	41.2	42.3	40.0	35.6	29.3	25.2	25.2	21.5	18.9
	(%)*	28.4	29.0	27.5	24.6	20.3	17.6	17.7	15.2	13.4
실업지표	백만명	9.3	7.1	6.3	5.8	6.2	6.0	5.6	5.3	4.6
	(%,ILO기준)	13.0	10.5	8.7	8.1	8.6	8.3	7.7	7.3	6.3
노동생산성 (%)		7.9	7.4	4.6	3.8	7.0	6.5	5.5	6.0	5.6

(%)* · 전체 인구에서 차지하는 비중
자료 : 러시아연방 통계청, 경세빌진통상부

---

11) ЦМАКП. экономические итоги 2007 года. 2008. с. 6.

2. 러시아 경제의 당면 과제

앞에서 살펴본 바와 같이 러시아는 최근 8년 동안 석유 – 천연가스 등 자원수출 호조와 이에 따른 내수확대에 힘입어 괄목할 경제성장을 달성하였고 이를 자산으로 글로벌 경제에서 자신의 지분을 확대시켜 나가고 있다. 그럼에도 불구하고 러시아는 아직까지 세계 경제무대에서 진정한 슈퍼파워의 지위를 확보하지 못하고 있다. 세계경제의 강자로 부상하기 위해서는 지금까지의 양적 성장에서 탈피하고 경제의 기초여건(fundamentals)을 강화해야 하며 국제표준과 관례에 부합하는 진일보되고 경쟁력을 갖춘 경제시스템을 구축해야 한다. 즉 러시아가 체제 개혁과정에서 해결하지 못하고 여전히 안고 있는 구조적 문제점을 해결해야 한다. 러시아 경제가 안고 있는 중요한 시스템적 문제점으로는 다음 5가지를 들 수 있다.

(1) 부패와 관료주의

러시아 사회에 만연한 부패와 관료주의는 러시아가 세계 경제강국으로 나아가는데 있어 가장 심각한 장애요인으로 작용할 것이다. 체제개혁 이후 지금까지 약 20년 동안 러시아 국내외 비즈니스 종사자들을 대상으로 한 수많은 투자환경 평가 관련 설문조사 및 모니터링에서, 일반 러시아 국민들을 대상으로 한 국가경제발전 장애요인 관련 여론조사에서 응답자들이 이구동성으로 지목한 것이 부정부패와 공무원들의 형식주의(red tape)로 대변되는 행정장벽이다. 러시아의 대표적 여론조사기관인 '러시아여론조사센터(Russian Public Opinion Research Center)'가 2008년 2월 '러시아가 선진국으로 진입하기 위해 필요한 경제성장에 있어 가장 장애가 되는 요인은 무엇인가?'라는 설문조사에서 비효율적인 정부행정 및 경제정책(응답자의 37%)과 권력기관과 비즈니스의 부패고리(33%)가 압도적으로 1,2위를 차지하였다. 러시아 반부패 프로젝트를 진행하는 사회정치펀드인 INDEM은 2005년 러시아 부패시장 규모가 GDP대비 41.8%인 3,190억 달러로 2001년 대비 8배나 늘어났으며, 2006년에는 3,600억 달러(GDP대비 36.4%)를 넘어선 것으로 추정하고 있다. 세계은행(World Bank)이 세계 부패시장 규모를 연간 1

조 달러 정도로 추정하고 있다는 점에서 러시아 부패시장이 지닌 심각성을 추론해 볼 수 있다.[12)]

(2) 지나친 에너지자원 의존형 경제구조

과도한 에너지자원 의존 경제구조는 러시아 경제의 문제점을 논할 때 마다 항상 지적되는 사항이다. 이를 인식한 푸틴정부가 집권 2기 들어 경제구조 다변화의 일환으로 제조업 육성에 적극적인 노력을 기울였음에도 불구하고 러시아 경제의 에너지 의존도는 더욱 심화되고 있다. 1999년 국내총생산(GDP)의 16%, 상품수출의 42%를 담당하였던 에너지부문(석유, 가스, 전력, 석탄, 석유·가스 파이프라인 등)이 2006년에는 GDP의 30.7%, 수출의 63.3%, 연방예산수입의 60%로 확대되었다. 2007년의 경우 그 비중이 각각 28.8%, 63.2%, 48.7%로 다소 축소되고 있으나 여전히 지나치게 높다.[13)] 2000년대 들어 석유와 천연가스를 중심으로 한 국제원자재 가격 폭등은 러시아 경제에 축복으로 작용하였으나, 배럴당 3자리수가 넘는 고유가는 도리어 러시아 경제에 경기과열과 하이인플레이션이라는 부작용을 초래하며 그 한계점을 드러내기도 하였다. 에너지자원 의존 성장구조가 지속될 경우 자원의 저주라는 네덜란드병(Dutch Disease)[14)]에 직면할 수도 있다. 무엇보다 에너지를 포함한 연·원료의 경우 국제가격 변동성이 지나치게 심하므로 에너지의존 경제구조는 대외여건의 급변동, 즉 국제가격 하락에 취약하게 노출될 수 있다는 문제점을 안고 있다. 따라서 러시아가 지금까지 향유했었던 고유가의 유혹에서 얼마나 빨리 벗어나 경제구조를 첨단산업, 지식산업 중심으로 개편하느냐에 따라 러시아 경제의 미래가 결정될 것으

---

12) Indem Foundation. "Diagnostic of Russian corruption: Sociological Analysis", Moscow, May 2002.

13) 러시아 연방 산업에너지부 자료와 Tuuli Juurikkala and Simon-Erik Ollus, "Russian energy sector - prospects and implication for Russian growth, economic policy and energy supply." Bank of Finland, 2008.

14) Dutch Disease란 천연자원 부국들이 자원 수출로 유입된 막대한 외화로 자국화폐의 실질환율이 평가절상되어 제조업의 경쟁력이 약화되면서 수출에서 타격을 입는 현상을 말한다. 1970년대 이후 네덜란드가 해외유전 및 가스전 개발 성공으로 경제호황을 누리면서 급격한 임금상승과 소비급증 등을 겪으면서 통화의 평가절상에 따른 수출경쟁력이 약화됨은 물론 심각한 노사갈등으로 경제가 활력을 잃게 된 것으로부터 유래하였다.

로 보인다. 서브프라임모기지 사태로 촉발된 세계 금융위기와 실물경제 불황을 에너지위주의 경제구조를 탈피하는 기회로 삼아야 한다.

(3) 국가경쟁력 약화와 비즈니스 환경의 악화

최근 수년간의 역동적인 경제성장에도 불구하고 러시아의 국가경쟁력 및 비즈니스 환경에 대한 국제경제기구(세계경제포럼, IMD 등) 및 연구기관들의 평가는, 러시아에 대한 서구사회의 지나친 편견을 고려한다 하더라도, 더욱 부정적으로 변해가고 있다. 스위스 국제경영개발원(IMD)이 매년 발표하는 세계경쟁력지수(World Competitiveness Scoreboard)에 의하면 러시아는 2008년 국가경쟁력에서 평점 45.736을 받아 평가 대상 55개국 중 최하위권인 47위에 랭크되었다. 이는 전년도와 비교해 평점에서는 1.579, 순위에서는 4단계 떨어진 수치다. 같은 브릭스(BRICs)의 일원인 중국(73.758점. 17위), 인도(60.625점. 29위), 브라질(48.576점. 43위)은 물론 필리핀, 폴란드, 루마니아에도 뒤처지는 수준이다. 경제운영 성과 및 정부행정 효율에서 다소의 개선이 이루어진 반면 인프라부문과 기업경영 효율 부문에서 대단히 취약한 것으로 평가되었다. 또한 세계 각국의 기업환경을 평가한 세계은행(World Bank)의 '비즈니스 활동 2009(Doing Business 2009)'에서도 러시아는 기업환경 경쟁력에서 평가대상 181개국 중에서 120위를 차지하며 전년도 112위에 비해 8단계나 추락하였다. 특히 비효율적인 행정체제 및 관료주의로 인한 지나친 인허가 절차(180위), 대외무역관련 환경(161위), 납세제도(134위)는 러시아 비즈니스 환경에 악영향을 미치는 핵심요인으로 지목되었다.

(4) 양극화의 심화

러시아는 다른 이머징마켓 국가들과 비교해 실질국민소득 증가가 경제성장률보다 훨씬 높아 경제성장의 결실이 국민생활 향상으로 이어지고 있다는 긍정적인 측면을 지니고 있다. 그러나 국민생활 수준의 전반적인 향상에도 불구하고 부(富)의 분배에 있어 적지 않은 왜곡이 발생했고 그 결과 계층별, 지역별, 산업부문별 소득 및 임금격차가 시간이 갈수록 확대되고 있다. 최상위소득 10%와 최하위소득 10%간의 격차가 2000년 13.9배에서

2007년에는 16.8배로 확대되었는데, 특히 대도시의 경우는 더욱 심각해 모스크바시는 41배가 넘었다.[15] 세계무역기구(WTO)가 상기 비율이 14.2배를 넘을 경우 그 사회는 실질적인 불안상태에 놓여있는 것으로 규정하고 있다는 점에서 그 심각성이 확대되고 있다. 계층간 뿐만 아니라 지역(연방주체)간 소득격차도 많게는 7배나 차이가 나고 있어 부(富)의 편중 현상이 사회문제로까지 비화될 수 있는 문제점을 안고 있다.

(5) 인구감소 문제

2008년 1월 1일 기준 러시아는 1억 4,200만 명의 인구를 보유한 세계 9위의 인구대국이나 이는 1990년 세계 5위에서 4단계나 추락한 것이다. 소비에트 붕괴 이후 1993년부터 2007년까지 총 655만 명의 인구 감소가 발생하고 있으나 이 수치에는 중앙아시아를 포함해 독립국가연합(CIS)으로부터 유입된 이민 인구가 포함되어 있다. 이를 배제한 출생자 수와 사망자 수를 중심으로 한 자연감소 인구는 동기간 동안 1,220만 명에 달했다. 계속되고 있는 급격한 인구감소와 사회고령화 문제는 작금의 러시아 사회가 당면하고 있는 가장 심각한 문제라 할 수 있다. 푸틴에 이어 메드베데프 정부가 인구감소를 '국가위기'로 까지 천명할 정도로 인구감소로 인한 소국화(小國化)는 러시아 경제발전의 심각한 장애요인으로 작용할 뿐만 아니라 국가안보를 위협하는 핵심 요인으로 발전하고 있다. 국제연합(UN)은 낮은 출산율과 높은 사망률로 2050년까지 러시아 노동가능 인구가 무려 34%감소하면서 2006년 0.41인 부양비율(dependency ratio)[16]이 0.66으로까지 확대될 것으로 예측하고 있다.

---

15) Годовой отчет Банка России за 2007 год. Банка России. МОСКВА. 2008. c. 233.

16) 부양비율(dependency ratio)이란 15세부터 64세까지의 생산인구가 부양해야 하는 노동력이 없는 인구 (0~14세 인구+65세 이상 인구)를 수치화 한 것으로 그 비율이 높을수록 사회 및 경제의 역동성이 감소한다.

II. 러시아연방 장기 사회·경제발전 구상 분석

1. 러시아연방 장기 사회·경제발전 구상의 의의와 목표

2007년 10월 러시아 경제발전통상부(現 경제발전부)가 작성 발표한 '러시아연방 장기 사회·경제발전 구상(Концепция долгосрочного социально-экономического развития Российской Федерации. 이하 구상)'은 2020년까지 러시아 장기 경제발전 전략을 제시했다는 점에서 대단히 중요한 의미를 지닌다. 비록 상기 구상이 푸틴의 정치적 의도 아래 단기간에 작성되었고 내용상 다소의 논리 모순과 문제점을 지니고 있음에도 불구하고, 푸틴의 뒤를 이은 메드베데프 신임 대통령이 이 구상을 장기 경제발전 전략으로 승인함으로써 향후 러시아 대내외 경제발전 정책의 기조가 될 것이기 때문이다.

러시아 정부가 동 구상을 수립하게 된 배경은 지난 8년 동안 괄목할 경제성장을 통해 1990년대 10년간의 경제위기를 완전히 극복하면서 자국 경제잠재력에 대한 자신감을 얻게 되었고, 군사력에 어울리는 경제력을 보유한 새로운 '강한 러시아'시대로 나아가기 위해서는 그에 부합하는 새로운 국가발전 전략이 필요했기 때문이다. 동시에 지금까지 러시아 경제성장을 주도했었던 성장요인이 그 기능을 소멸해감에 따라 새로운 성장 동력원을 찾아야 하는 시기가 되었다. 또한 국제 에너지가격의 폭등으로 지난 5년간 지속된 세계 경제의 골디락스(Goldilocks. 고성장하의 낮은 실업률과 인플레이션 상태)시대가 막을 내리면서 글로벌 경제시스템에서의 급격한 구조변화가 일어날 수 있다는 인식도 동시에 작용하였다. '세계화'로 상징되는 신자유주의를 주창하며 세계 경제를 주도해 왔던 미국과 영국을 위시한 서방선진국들이 자국의 이익을 우선하는 '경제 애국주의'로 돌아서고, 자원보유국을 중심으로 한 '자원국수주의'가 만연하면서 세계 원료 및 상품시장은 물론 기술, 노동시장에서 글로벌 경쟁과 대립이 더욱 격화되고 있다. 그리고 미국발 서브프라임모기지(비우량주택담보대출) 사태로 국제 금융시장에서의 신용경색이 실물부문으로 확대되면서 세계경제의 불확실성이 증폭되고 있다. 게다가 지금까지 러시아 경제 발전을 주도했었던 값싼 노동력과 수출·원료지향 발전 원천 등에서 러시아의 국제 경쟁력이 급격히 소실됨에 따라 이에 대한 절실한 대책이 요구되고 있다.

1) 장기 사회·경제발전 구상의 7대 목표

러시아 경제발전통상부가 대내외적 경제 환경변화와 시대적 요구를 바탕으로 작성한 '러시아연방 장기 사회·경제발전 구상'은 장기적(2008~2020년) 측면에서 역동적인 경제발전을 추진하고, 지속적인 국민복지 향상을 도모하며, 국가안보를 강화하고, 세계 사회에서 러시아 지위를 강화하기 위한 방안을 설정하고 있다. 방안 설정과 관련해 동 구상은 7가지 달성 목표를 제시하고 있다.

첫째, 국민소득 및 생활수준의 지속적 향상을 통해 서방선진국 수준에 상응하는 복지국가를 건설한다. 이를 위해 구매력평가(PPP)기준 1인당 국내총생산(GDP)을 2020년까지 30,000달러, 2030년까지 40,000~50,000달러 수준으로 향상시킨다.

둘째, 경쟁우위와 국가안보를 확보하는 방향으로 경제정책을 추진함으로써 과학, 기술부문에서 강국으로서의 러시아 지위를 확보한다.

셋째, 선도적인 연구개발과 첨단기술(high technology)개발을 통해 세계경제에서 러시아의 특화(specialization)를 확보한다. 이를 바탕으로 세계 하이테크 제품 및 서비스 시장에서 러시아의 시장점유율을 10%이상(세계 순위 4~6위)으로 높인다.

넷째, 글로벌 에너지부문 인프라구축에서 러시아가 지닌 우월적 지위를 공고히 한다.

다섯째, 운송 및 트랜지트(transit)부문에서 러시아가 지니고 있는 글로벌 경쟁우위를 실현한다.

여섯째, 러시아 전역에 독자적인 금융 인프라를 구축하고, 독립국가연합(CIS), 유라시아경제공동체(EurAsEc), 중동부유럽 금융시장에서 선도적 지위를 확보함으로써 세계 지역금융센터의 하나로 탈바꿈한다.

일곱째, 효율적인 민주제도를 확립하고 영향력 있고 활동적인 시민사회 기관 및 단체의 형성 및 발전을 도모한다.

2) 혁신주도형 경제발전을 위한 6대 과제와 기대성과

상기 7가지 목표를 달성하기 위해서는 무엇보다 제도적 측면에서 러시아 경제가 현재의 원료·수출지향성 발전에서 혁신주도형으로 전환되어야 하며, 이는 과학, 교육, 첨단기술 부문에서 비교우위의 강화를 통한 러시아 경쟁 잠재력의 발현이 경제성장의 새로운 동력원으로 작용하는 경우에만 가능하다. 동 구상이 제시하고 있는 서방선진국 시스템에 상응하는 혁신주도형 경제로의 발전을 위해 선결해야 할 6가지 과제는 다음과 같다.

첫째, 경제구조의 다변화다. 산업구조를 에너지 중심에서 지식과 첨단기술 산업 분야로 전환시켜야 한다. 국내총생산(GDP)에서 하이테크놀로지부문과 지식경제가 차지하는 비중을 2006년 10.5%에서 2020년까지 17~20% 이상으로 확대시키고, GDP증가에서 혁신 요인의 기여도를 1.3% 포인트에서 2.0~3.0% 포인트 이상으로 확충한다.

둘째, 기업혁신 활동의 활성화다. 새로운 시장을 개척하고, 제품 품질을 획기적으로 개선하며, 신기술을 개발하고, 새로운 비즈니스 모델을 창출하며 관련 조직을 설립하여 기업혁신 활동을 촉진한다. 기술혁신을 추진하는 공업회사 비중을 2005년 9.3%에서 2020년까지 40~50%로 확대하고, 공산품 생산에서 혁신제품이 차지하는 비중을 2.5%에서 25~35%로 확대한다.

셋째, 효율적인 국가 혁신시스템의 구축과 기초 및 응용분야에서의 연구 개발 활성화다. 이를 위해 2006년 현재 국내총생산(GDP)대비 1%에 불과한 국내 연구개발비(R&D)지출을 2020년까지 3.5~4.0%로 확대한다.

넷째, 우수한 노동인력의 효율적 이용과 인적자본의 질적 향상을 위한 제반여건의 조성과 사회 인프라 구축이다. 우수 인력 확보를 위해 근로자의 월평균 임금을 2006년 391달러에서 2020년까지 2,000달러로 인상시킨다. 2006년 4.6%인 GDP대비 정부 및 민간의 교육비 투자지출을 2020년까지

5~6%로, GDP대비 보건비 투자지출을 3.9%에서 6.0~6.5%로 확대한다.

다섯째, 1차 자원 이용의 효율성 제고다. 특히 노동생산성 및 에너지매체(energy carrier) 이용의 효율성을 높인다. 노동생산성을 2배로 향상시키는 대신 에너지집약도(energy intensity)[17]는 40% 이상 감소시킨다.

여섯째, 지적소유권을 포함한 소유권보호에 관한 효율적 시스템을 구축하고 벤처자본 시장을 육성, 발전시킨다.

3) 혁신주도형 경제로의 전환을 위한 5대 방향성

글로벌 경쟁이 심화되고 경제 개방이 가속화되는 과정에서 경제 제(諸)부문에서의 특화를 통한 지속적이고 역동적인 발전 동력을 확보하지 않고서 러시아가 복지 및 효율성 부문에서 선진경제를 따라 잡는다는 것은 불가능에 가깝다. 무엇보다 혁신주도형 경제로의 체질 전환이 우선되어야 하는데 이와 관련해 러시아 정부가 추진하고자 하는 방향성은 크게 다음의 5가지로 나누어진다.

첫째, 에너지, 운송, 환경, 농업분야에서 러시아가 지니고 있는 글로벌 경쟁우위를 십분 활용한다. 외국과 전략적 국제 에너지 프로젝트를 실현하여 세계 주요 에너지소비 국가로의 에너지공급 안정성을 확보하고, 에너지부문 신기술 활용을 통해 러시아 연방내 대규모 국제 에너지인프라 거점망을 개발하고, 운송인프라를 현대화하여 트랜지트(transit) 잠재력을 활용하고, 수자원 잠재력을 현실화하며, 곡물 및 기타 농산물 수출과 친환경제품 생산을 장려하여 농업 잠재력을 실현하며, 농축산물의 수입대체를 촉진한다.

둘째, 강력한 과학·기술 복합체(complex)의 형성을 통해 세계 첨단기술 시장에서 러시아의 글로벌 특화(specialization)를 확보한다. 나노기술, 원자력, 민수항공, 조선, 로켓·우주항공, 소프트웨어 등의 과학연구 및 기술 분야에서 선도적 지위를 확보하고 이를 유지한다. 또한 과학·기술 방면에서 우월적 지위를 기초로 세계 하이테크놀로지 제품 및 기술 거래에 있어 러

---

17) 국내총생산 1,000달러당 소비되는 에너지양의 변화 또는 경제나 산입내에서 창출되는 부가가치 단위당 투입되는 에너지 소비량을 말한다.

시아 비중을 확대하며, 기초 및 응용 학술연구와 전문교육 부문에서 지적 서비스를 특화한다.

셋째, 가공 산업과 첨단기술부문, 지식경제의 경쟁력 향상을 바탕으로 경제구조를 다변화한다. 기업 활동과 관련된 제반여건을 개선하고, 우호적인 투자 및 비즈니스 환경을 조성하며, 기업의 혁신활동을 보장하기 위한 메커니즘을 구축한다. 또한 효율적이고 장기적인 자금지원 및 조달을 위한 금융 인프라를 구축하며, 투자리스크와 투자비용 축소를 통해 기업의 시장가치를 증대시키며, 운송, 에너지, 정보를 포함하는 생산 인프라를 발전시킨다.

넷째, 국민의 창의력 실현을 위한 경제적, 사회적 여건을 조성하고 경쟁력을 갖춘 인적자본을 육성한다. 교육, 보건, 문화에서 고품질 서비스를 제공하며, 노동자원의 전문적, 지리적 이동성을 보장하며, 주거생활을 향상시키며, 노동 및 기업 활동의 가치에 대한 인식을 제고하며, 생활환경 및 생태환경을 개선한다.

다섯째, 민주주의를 발전시키고 개인의 자유 및 권리 보호를 보장한다. 사법시스템의 개선을 통해 개인의 법적 권리 및 자유를 보장하고, 경제활동의 자유를 보장하기 위한 사회시스템을 발전시킨다. 성숙된 시민사회 메커니즘을 구축하며, 정부 및 비즈니스 활동에 대한 사회통제 시스템을 발전시킨다. 권력 및 정책집행 기관에 대한 국민 신뢰성을 향상시킨다.

2. 러시아연방 장기 사회·경제발전 전략의 대안별 시나리오

러시아 연방정부는 장기 사회·경제발전 구상에서 2020년까지 러시아가 선택할 수 있는 전략 대안으로 저(低)성장 발전 시나리오. 에너지·원료 중심 발전 시나리오, 혁신형 발전 시나리오의 3가지 안을 제시하고 있다. 각 대안의 실현여부에 영향을 미치는 변수로는 ① 에너지, 과학, 교육, 첨단기술 및 기타 제(諸)부문에서 러시아 경제의 비교우위 실현과 발전, ② 기업의 비즈니스 및 투자활동과 경쟁력에 영향을 미치는 제도부문에서의 획기적 개선, ③ 제조업 생산에서의 획기적 쇄신과 노동생산성의 역동성 강화,

④ 운송 및 에너지 인프라 부문의 역동적 발전, ⑤ 인적자본의 질적 향상 및 중산층 형성, ⑥ 유라시아 경제지역의 통합 등 6가지가 요인이 제시되었다.

대외경제여건 및 국내경제여건에 대한 가정은 3가지 시나리오에 모두 동일하게 적용되고 있다. 세계 경제성장과 국제유가를 중심으로 한 대외경제 여건의 경우 먼저 글로벌화(globalization)와 지역화(localization) 추세가 서로 균형과 조화를 이루며 추진되는 가운데 세계 경제는 역동적 성장을 지속한다고 가정하고 있다. 다만 2011~2012년 동안 세계 경제가 다소의 경기둔화를 겪을 수도 있으나 장기적 측면에서 연평균 약 4.4%에 달하는 높은 성장을 시현한다. 또한 우랄산 유가는 2011년 배럴당 56달러로 최저치를 기록한 후 세계 평균물가 상승률만큼 오르기 시작해 2015년에는 배럴당 60달러, 2020년에는 65달러에 달한다.

<표 2> 경제성장의 요소별 기여도 지표

(단위: %)

	2008~2010	2011~2015	2016~2020
경제성장률(저성장 경제발전 시나리오)	5.5	3.2	3.2
추가성장률	0.7	3.1	3.4
– 혁신부문 발전 기여도	0.4	1.9	2.3
– 인프라부문 발전 기여도	0.1	0.7	0.6
– 기타 부문 기여도	0.2	0.5	0.5
전체 경제성장률(혁신발전 경제성장 시나리오)	6.2	6.3	6.6

자료: 러시아연방 장기 사회·경제발전 구상

러시아 국내경제 여건의 경우 국내경제가 경쟁체계를 갖추고, 경제활동의 자유와 재산권을 보호하고, 투자환경을 개선하는 방향으로 제도 및 시스템 개혁이 진행됨을 전제로 하고 있다. 다만 에너지·원료 중심 발전 시나리오와 혁신형 발전 시나리오는 경쟁력 향상을 위한 적극적인 정책 추진, 경제 및 사회조직체에 있어 집약적인 발전, 경제활동에 있어 행정장벽의 완화를 통한 투자환경의 개선, 경제구조의 다변화, 경제성장 속도 및 질(質)의 향상 등을 전제로 하고 있다는 점에서 차이점을 지닌다. 표3은 저성장 발전 시나리오를 기준으로 혁신 및 인프라부문 발전이 동반될 경우 얻을 수 있는 추가 경제성장률을 보여주고 있다. 혁신 및 인프라 발전에 의한 추가 성장률이 2011년 연평균 3% 포인트를 넘고 2016년부터는 3.4% 포인트에 달하면서 저성장 발전 시나리오의 전체 성장률 3.2%를 초과하게 된다.

각 시나리오가 제시하고 있는 전제조건과 그에 따른 경제발전 및 사회발전 전망을 살펴보면 다음과 같다.

1) 저(低)성장 발전 시나리오

전제조건 : 탄화수소물 수출 증가세가 둔화되고, 국내 상품시장의 개방 및 가공산업 부문의 가격경쟁력 약화로 러시아 경제 잠재력이 축소되며, 운송 및 에너지인프라 발전에서의 부진이 지속되면서 에너지·원료 복합체(complex)의 경제 지배력이 유지된다.

경제발전 전망 : 경제성장률(GDP증가율)은 급속도로 둔화되기 시작해 2008~2012년에는 연평균 4.5%대로 떨어지며, 2015년 이후에는 연 평균 3.0~3.5%수준에서 고착화된다. 그 결과 2008~2020년까지 GDP규모는 총 61% 증가하는데 그치고 사회발전과 국가안보, 세계 사회에서 러시아 지위 강화 등의 전략적 과제를 해결하지 못하게 된다. 무역수지는 2010~2012년에 적자로 돌아서고, 외국자본의 유입이 축소되면서 환율은 2008년 1달러당 25.7루블에서 2012년 30루블대로 상승하며, 2014년부터는 40루블대로 급등한다.

2020년 러시아의 경상가격 GDP는 111조 4,110억 루블(2조 3960억 달러), 산업생산규모는 53조 280억 루블(1조 1,404억 달러), 소매매출액은 37조 6,000억 루블(8,086억 달러), 총투자는 26조 1,690억 루블(5,628억 달러)을 기록하게 된다. 또한 수출은 4,534억 달러, 수입은 4,610억 달러를 기록하며 무역수지는 76억 달러 적자를 기록한다.

경제구조의 다변화 : 경제구조의 다변화는 거의 이루어지지 않는다. 다만 군수산업 및 정보·기술·통신부문에서의 발전을 통해 혁신부문이 경제에

서 차지하는 비중이 다소 높아지기는 하겠으나 제조업 부문에서의 전반적인 경쟁력 상실이 발생하면서 석유·가스부문의 성장 둔화를 보충하지 못하게 된다. 기계제작제품 수출은 400억 달러에 그치며 전체 수출에서 차지하는 비중이 10%에도 미치지 못하게 된다. 그 결과 세계 기술시장에서 8위권 진입도 어려워진다.

사회발전 전망 : 2008~2020년까지 국민들의 실질가처분 화폐소득과 실질임금은 각각 연평균 5.1%, 총 91% 증가하는데 그친다. 평균임금 대비 연금비율이 2006년 26%에서 2020년에는 17~19%로 축소됨으로써 연금생활자의 생활수준에서의 질적 악화가 발생한다. 중산층[18] 비율도 2006년 20%수준에서 2020년에는 30~35%수준으로 확대되는데 그친다. 소비자물가는 2012년까지 연 7%이상, 2018~2020년에는 연 4%대를 유지함으로써 동기간 동안 총 111%의 상승이 예상된다.

<표 3> 저성장 발전 시나리오에 따른 주요 거시경제지표 예상 증가율

경제지표	2006년 증가율(%)	연평균 증가율 (%)			2020년 증가율(%)	2007년 대비 2020년(%)
		2008~2012	2013~2017	2018~2020		
GDP	6.7*	4.5	3.3	3.1	3.0	61
산업생산	4.4	2.7	2.4	2.3	2.4	38
실질가처분화폐소득	10.2	6.8	4.3	3.7	3.6	91
실질임금	13.3	6.6	4.5	3.5	3.3	91
소매매출액	13.9	6.7	4.4	3.7	3.6	91
투자	13.7	5.6	4.2	4.1	4.0	83
수출(억$)	3,039	3,310	3,770	4,370	4,534	21
수입(억$)	1,647	3,160	3,760	4,460	4,610	92
인플레이션	9.0	7.5	6.1	4.0	3.5	111
에너지집약도	-2.8	-2.8	-1.7	-1.6	-1.2	-24
노동생산성	6.2	4.8	4.3	3.9	3.8	75

* : 러연방 통계청이 2007년 발표한 2006 경제성장률은 6.7%였으나 2008년 4월 2007년 경제성장률을 발표하면서 2006년 성장률을 7.4%로 수정함. 나머지 시나리오에서도 동일함.
자료: 러시아연방 장기 사회·경제발전 구상

---

18) 러시아 정부가 제시하고 있는 중산층이란 최저생계비 대비 6배 이상의 소득을 지닌 자로 주택과 승용차 및 은행예금을 가지고 있으며, 정기적으로 해외여행을 할 수 있는 층을 의미한다.

2) 에너지·원료 중심 발전 시나리오

전제조건 : 에너지 및 운송부문에서 러시아의 경쟁잠재력이 실현되고, 에너지·원료부문 생산 및 가공의 질적 개선이 이루어지고, 세계 시장에서 러시아의 원료 특화가 강화되면서 저성장 발전을 초래했던 부정적 요인들이 부분적으로 제거된다. 에너지부문에서 러시아가 지닌 경쟁우위의 완전한 활용, 원료수출의 지속적 확대와 원료가공에 있어서의 획기적 발전, 운송 인프라의 현대화 등이 이루어진다.

경제발전 전망 : 연평균 실질 GDP증가율은 2015년까지 5.5~6.0%수준을 유지하나 2016~2020년에는 4.5~5.5%로 다소 둔화되게 된다. 2020~2030년에는 탄화수소물 수출확대 가능성의 소진으로 연평균 GDP증가율은 3.7~4.0%수준으로 하락한다. 2008~2020년까지 GDP규모는 총 102% 증가하나 사회발전 및 국가안보 보장을 위한 핵심 과제들을 해결하지는 못한다. 다만 세계 에너지 시장에서 선도적 지위를 점하며 에너지공급에 있어 핵심적 역할은 수행한다. 서방선진국과의 전반적인 기술격차가 그대로 유지되거나 다소 확대되며, 기술 수입의존도가 심화된다. 또한 석유 및 원료상품의 국제가격 동향에 대한 러시아 경제의 종속성이 심화된다.

2020년 러시아의 경상가격 GDP는 137조 940억 루블(4조 3661억 달러), 산업생산규모는 65조 7,720억 루블(2조 946억 달러), 소매매출액은 40조 5,590억 루블(1조 2,917억 달러), 총투자는 42조 8,930억 루블(1조 3,660억 달러)을 기록한다. 또한 수출은 5,693억 달러, 수입은 6,324억 달러를 기록하며 무역수지는 631억 달러 적자를 기록한다. 환율은 1달러당 31.4루블로 상승한다.

경제구조의 다변화 : 경제구조의 다변화가 다소 이루어지기는 하나 혁신형 발전 시나리오에는 미치지 못한다. 연구개발비(R&D)지출은 GDP대비 2%, 교육부문 지출은 4.9%까지 확대되나 경제 전체의 경쟁력 향상을 확보할 수 있는 수준에는 도달하지 못한다. 그 결과 GDP에서 혁신관련 부문이 차지하는 비중이 2006년 10.5%에서 2020년에는 17.9%까지 확대되나 균형성을 잃고 편향되게 된다. 석유·가스부문이 GDP에서 차지하는 비중이

19.7%에서 13.8%로 축소되고, 원료부문도 10%이하로 떨어진다. 2020년까지 수출에서 기계 및 설비제품이 차지하는 비중은 15%수준인 600~800억 달러를 기록한다.

사회발전 전망 : 2008~2020년까지 국민들의 실질가처분 화폐소득과 실질임금은 각각 총123%, 158% 증가하는 반면 노동생산성은 총 119%증가하는데 그친다. 평균임금 대비 연금비율은 2006년 수준인 26%대를 유지하는데 그침으로써 연금생활자의 질적 생활개선은 이루어지지 않게 된다. 소비자물가는 2012년까지 6%대로 떨어지며, 2018~2020년에는 3%대로 추가 하락하면서 동기간 동안 총 90% 상승한다.

<표 4> 에너지 · 원료 중심 발전 시나리오에 따른 주요 거시경제지표 예상 증가율

경제지표	2006년 증가율(%)	연평균 증가율 (%)			2020년 증가율(%)	2007년 대비 2020년(%)
		2008~2012	2013~2017	2018~2020		
GDP	6.7	6.0	5.5	4.7	4.6	102
산업생산	4.4	4.9	4.6	4.1	4.0	80
실질가처분화폐소득	10.2	8.1	5.7	4.7	4.5	123
실질임금	13.3	9.3	7.2	5.4	4.9	158
소매매출액	13.9	8.6	5.3	4.5	4.4	124
투자	13.7	10.9	8.8	6.6	6.1	211
수출(억$)	3,039	3,470	4,330	5,380	5,693	51
수입(억$)	1,647	3,420	4,840	6,030	6,324	163
인플레이션	9.0	6.2	4.8	3.4	3.0	90
에너지집약도	-2.8	-3.4	-2.8	-2.2	-2.1	-32
노동생산성	6.2	6.2	6.5	5.8	5.5	119

자료: 러시아연방 장기 사회 · 경제발전 구상

3) 혁신형 발전 시나리오

전제조건 : 에너지, 운송, 농업분야 등 전통적 부문에서 뿐만 아니라 새로운 과학집약적 분야와 지식경제 부문에 있어 러시아 경제가 지닌 경쟁우위의 활용이 실현된다. 또한 혁신요인이 경제성장의 새로운 기본 동력원이 된다. 즉 에너지 · 원료부문과 트랜지트 등 전통적 부문에서 경쟁우위를 이용함과 동시에 인적자원에 있어서의 효율성 증대와 첨단기술 및 중등기술

제품 생산에서의 획기적 발전이 이루어진다.

경제발전 전망 : 2011~2020년까지 연평균 실질 GDP증가율이 6.4~6.5%에 달하는 견실한 성장 궤적을 그린다. 1인당 GDP(구매력평가 기준)는 2015년에 21,000달러를 넘어서고, 2020년에 30,000달러를 돌파하면서 현재 유로존 국가 수준에 근접한다. 2030년에는 45,000~ 50,000달러를 기록하며 유로존 국가의 평균 수준을 상회한다.

2020년 경상가격 GDP는 153조 6,610억 루블(5조 1,220억 달러), 산업생산은 68조 7,980억 루블(2조 2,933억 달러), 소매매출액은 47조 50억 루블(1조 5,668억 달러), 총투자는 50조 8,970억 루블(1조 6,966억 달러)을 기록한다. 또한 수출은 6,028억 달러, 수입은 내수시장의 팽창으로 7,105억 달러를 기록하며 무역수지 적자 폭이 1,077억 달러로 확대된다. 환율은 1달러당 30.0루블로 견조한 상승세를 유지한다. 러시아는 에너지·원료 수출뿐만 아니라, 연구개발, 교육, 생산·기술 잠재력을 활용함으로써 세계 경제로의 완전한 통합과 더불어 선도적 지위를 확보하게 된다. 그 결과 세계 경제에서 러시아가 차지하는 비중은 2006년 2.6%에서 2015년에는 3.0%로 2020년에는 3.4%로 확대된다.

경제구조의 다변화 : 인적 및 물적자원 이용의 효율성 증대를 바탕으로 역동적인 경제구조의 다변화가 이루어지며 경제성장의 질적 향상이 이루어진다. 2006년 GDP대비 1%에 불과한 연구개발비(R&D)지출이 2015년에는 2.8%로, 2020년에는 4%로 확대되고, 교육부문 지출은 2015년까지 5%로 2020년까지 5.5%(그 중 정부지출이 GDP대비 4.5%)로 확대된다. 그 결과 GDP에서 혁신관련 부문이 차지하는 비중이 2006년 10.5%에서 2020년에는 18.9%까지 확대되고 석유·가스부문은 19.7%에서 12.1%로 축소된다. '지식경제'로의 발전을 통해 종합적인 국가혁신시스템을 구축함으로써 서방 및 아시아 파트너들과 경합할 수 있는 충분한 경쟁력을 확보한다. 기계 및 설비류 수출이 2006년 175억 달러에서 2020년에는 전체 수출의 약 21%에 해당하는 1,250~1,300억 달러로 확대된다. 또한 운송서비스 수출도 2006년 대비 4배 늘어난 420억 달러에 달하면서 운송 및 관광서비스의 수출잠재력

도 현실화된다.

<표 5> 혁신형 발전 시나리오에 따른 주요 거시경제지표 예상 증가율

경제지표	2006년 증가율(%)	연평균 증가율 (%)			2020년 증가율(%)	2007년 대비 2020년(%)
		2008~2012	2013~2017	2018~2020		
GDP	6.7	6.1	6.6	6.4	6.2	123
산업생산	4.4	5.0	5.3	4.9	4.9	91
실질가처분화폐소득	10.2	8.3	7.2	6.7	6.5	156
실질임금	13.3	9.4	8.5	7.9	7.6	197
소매매출액	13.9	8.7	6.5	6.3	6.0	150
투자	13.7	11.0	10.7	9.6	9.5	270
수출(억$)	3,039	3,480	4,390	5,640	6,028	60
수입(억$)	1,647	3,400	5,030	6,690	7,105	195
인플레이션	9.0	5.6	4.5	3.3	3.0	85
에너지집약도	-2.8	-3.6	-3.9	-3.7	-3.5	-39
노동생산성	6.2	6.3	7.5	7.1	6.7	138

자료: 러시아연방 장기 사회·경제발전 구상

사회발전 전망 : 2008~2020년까지 국민들의 실질가처분 화폐소득과 실질임금은 각각 156%, 197% 증가하며, 노동생산성 또한 총 138%증가한다. 연방정부의 재정지원에 힘입어 평균임금 대비 연금수준도 2006년 26%에서 30%로 확대됨으로써 연금생활자의 생활수준에서의 질적 개선이 이루어진다. 중산층 비율도 2006년 20%수준에서 2010년에는 30%로 확대되고, 2015년에는 40~45%, 2020년에는 50~55%수준으로 확대된다. 소비자물가는 2012년까지 5%대로 떨어지며, 2018~2020년에는 3%대로 추가 하락하면서 동기간 동안 총 85% 상승에 그친다.

핵심전략산업 : 러시아 정부가 3가지 시나리오 중 경제정책 및 경제발전 전략의 핵심 방향으로 설정하고 있는 대안이 지식경제로의 전환인 혁신형 발전 시나리오다. 이와 관련해 동 구상이 제시하고 있는 6가지 핵심 전략산업 목록과 달성 목표는 다음과 같다.

① **항공산업과 엔진제작** : 2020~2025년까지 세계 민수항공제품 생산에서 러시아가 차지하는 비중을 1/3수준으로 확대하고, 항공기술 시장 점유율

을 10%로 늘린다.

② **로켓·우주산업** : 2015년까지 3~4개의 초대형 로켓·우주기업을 설립하고 2020년까지 본격생산에 돌입한다. 로켓·우주산업 제품 생산을 2010년까지 1.6배(2005년 대비), 2015년까지 2.2배 확대함으로써 세계 로켓·우주산업 생산에서 차지하는 러시아의 비중을 현재 8%에서 15%로 확대한다.

③ **조선업** : 조선업 생산을 2010년까지 1.5배, 2015년까지 2.2배, 2020년까지 3.1배로 확대한다. 민수용 선박제조에 있어 세계 10대 강국으로서의 옛 지위를 회복한다. 군사 및 군수제품 수출에 있어 세계 총수출의 20%이상을 담당하며 2위 지위를 공고히 한다.

④ **무선·전자산업(radio-electronic)** : 선진국과의 기술격차를 줄임으로써 국내 및 세계시장에서 국내제품의 경쟁력을 확보한다. 2011년까지 무선·전자산업 생산을 2008년 대비 2.2배, 2015년까지 5배로 확대한다.

⑤ **원자력산업** : 러시아 총 전력생산에서 원자력이 차지하는 비중을 20~22%수준으로 확대한다. 2010년까지 전력 공급능력을 매년 2~3기가와트(1기가와트 = 100만kw)씩 확충하며 2020년까지 19~20기가와트로 확대한다.

⑥ **정보·통신·기술(ICT)** : 통신서비스 매출액을 2020년까지 14배 이상(2006년 대비) 늘리며, 정보기술 시장 규모를 2배 이상 확대시킨다. 정보·통신·기술 시장의 성장률이 경제성장률의 2.5~3배 이상을 유지하도록 한다. 정보기술에 있어 순수출국으로 전환하며, ICT산업이 GDP의 10% 이상을 담당하면서 경제발전을 선도하는 산업의 하나로 변모하도록 한다.

러시아 정부는 지식경제로의 전환을 위해 필요한 상기 핵심 전략산업에 대해서는 연방정부 차원에서의 종합적 발전프로그램을 통해 경쟁력 확보를 위한 연구개발(R&D) 및 인적자원 개발 관련 투자에 역점을 두고 있다. 반면 비교우위를 지니고 있다고 생각하는 전통적 강세산업인 금속, 화학, 자동차, 공작기계제작, 기구제작, 철도 및 농기계제작, 어업, 임업 및 목재가공업 등에서는 생산 및 운송인프라의 구축을 통해 기존 경쟁력을 보다 강화시키고 발전 장벽을 제거하는데 역점을 두고 있다.

Ⅲ. 러시아 경제의 미래

러시아 정부, 정확히 말해 푸틴이 야심차게 도입한 장기 사회·경제발전 구상의 목표는 현재의 에너지 중심 자원의존형 경제구조를 첨단기술과 혁신활동이 중심이 되는 지식경제로의 체질전환을 통해 2020년까지 세계 5위 경제대국, 1인당 국민소득 30,000달러의 복지국가 시대를 여는 것이다. 국제정치, 군사력에 있어서의 슈퍼파워(Super Power)에 어울리는 글로벌 경제에서 경쟁력을 갖춘 진정한 월드플레이어(World Player)로 나아가는 것이다. 러시아 정부가 혁신형 경제발전 전략을 통해 달성하고자 하는 러시아 경제의 미래는 대외경제여건의 동향과 러시아적 특수성, 러시아 경제가 안고 있는 문제점을 얼마나 빠른 시일 내에 합리적이고 효율적 방법에 의해 해결하느냐에 달려있다.

1. 2020년 혁신형 발전 시나리오의 달성 가능성

러시아 연방정부는 2020년까지 지식 및 혁신주도형 경제로의 이전을 위한 장기 전략을 준비단계(2008~2012년), 전환단계(2013~2017년), 발전단계(2018~2020년)의 3개 단계로 분류하고 있다. 표7은 러시아 정부가 제시하고 있는 각 단계에서 달성해야 할 과제와 과제 달성을 통해 얻을 수 있는 기대성과를 보여준다.

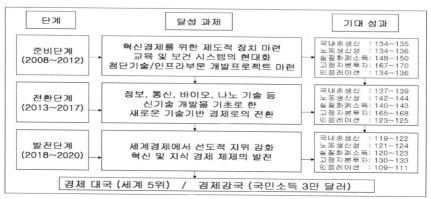

<표 6> 혁신주도형 경제로의 전환을 위한 과제와 성과

단계	달성 과제	기대 성과
준비단계 (2008~2012)	혁신경제를 위한 제도적 장치 마련 교육 및 보건 시스템의 현대화 첨단기술/인프라부문 개발프로젝트 마련	국내총생산 : 134~135 노동생산성 : 134~136 실질화폐소득 : 148~150 고정자본투자 : 167~170 인플레이션 : 134~136
전환단계 (2013~2017)	정보, 통신, 바이오, 나노 기술 등 신기술 개발을 기초로 한 새로운 기술기반 경제로의 전환	국내총생산 : 137~139 노동생산성 : 142~144 실질화폐소득 : 140~143 고정자본투자 : 165~168 인플레이션 : 123~125
발전단계 (2018~2020)	세계경제에서 선도적 지위 강화 혁신 및 지식 경제 체제의 발전	국내총생산 : 119~122 노동생산성 : 121~124 실질화폐소득 : 120~123 고정자본투자 : 130~133 인플레이션 : 109~111
	경제 대국 (세계 5위) / 경제강국 (국민소득 3만 달러)	

자료: 러시아연방 장기 사회·경제발전 구상을 기초로 작성.

러시아 정부가 계획하는 혁신주도형 경제시스템으로의 전환을 통한 경제 대국/경제강국 진입의 성공여부는 대규모 투자를 통한 사회·경제 인프라 구축의 가능성, 제도적 측면에서의 규제개혁 추진을 통한 경제효율성 제고 가능성, 혁신활동과 관련된 정책 추진의 일관성이라는 러시아 내부적 요인과 글로벌 경제의 안정적, 지속적 성장이라는 대외경제 요인의 조화에 달려 있다. 메드베데프 대통령이 2008년 2월 '동시베리아 크라스노야르스크 경제 포럼'에서 '향후 4년 동안 정부 경제정책 포커스를 4I(Institution(제도), Infrastructure(인프라), Innovation(혁신), Investment(투자))에 맞추겠다.'라고 발표한 것도 동일한 맥락이다. 내부요인과 외부요인을 중심으로 혁신형 경제발전 시나리오의 실현 가능성을 분석해 보고 이를 토대로 러시아 경제의 미래를 추정해 본다.

첫째, 인프라 구축을 위한 자본조달 실현성 여부다. 대규모 투자를 통한 경제·사회 인프라 구축은 러시아 경제가 향후 견실한 성장을 유지하며 지식기반 경제로 나아가기 위한 전제조건이다. 현존하는 도로, 항만, 철도, 공항, 화물터미널, 원유 및 가스파이프라인 등의 운송 인프라는 소비에트시대 구축된 것으로 이미 임계점을 돌파하여 새로운 교체가 필요할 뿐 아니라, 대부분의 인프라가 모스크바를 중심으로 소수의 몇몇 대도시에 집중되어 있어 운송망의 확충과 보수 및 현대화가 시급히 요구되고 있다.[19] 그리고 전력, 상하수도, 통신 등의 유틸리티(utilities) 인프라 또한 제대로 구축되어 있지 않아 산업생산은 물론 지역의 균형발전을 저해하는 장애요인이 되고 있다. 산업인프라에 대한 대대적인 투자가 이루어지지 않을 경우 급격한 성장둔화 위험에 직면할 수도 있다. 러시아 정부가 산업인프라 현대화를 위해 2010~2015년 동안 운송인프라 구축에 5,290억 달러를 투자하는 것을 포함해 2020년까지 총 1조 달러를 투입할 계획을 수립한 것도 이점을 인식했기 때문이다. 인프라개발을 위한 자본은 연방정부가 투자기금(Investment Fund)과 개발은행(Development Bank)을 설립하여 20%를 충당하고, 러시아 민간기업과 외국자본이 각각 40%를 담당하는 정부-민간협력(Public-Private Partnerships) 프로그램을 통해 조달할 예정이다. 상기 프로그램은 지난 2년간 국제유가의 고공행진에 따른 오일머니의 유입과 세계 경제의 안정적 성장과 국제자본의 러시아 유입에 대한 자신감이 그 바탕이 되었다.[20] 그러나 2008년 들어 진행되고 있는 일련의 대내외적 정치, 경제적 환경변화는 투자재원의 확보에 경고등을 울리고 있다. 먼저 2008년 하반기부터 본격화된 미국발 서브프라임모기지(Subprime Mortgage) 후폭풍으로 세계 경제 침체가 가시화되면서 국제유가가 급락하고 있어 재정수입과 에너지 수출 수입(收入)의 감소가 불가피할 것으로 보인다. 또한 러-영 합작 석유기업인 TNK-BP에 대한 러시아 정부의 노골적인 경영권 인수 의지, 전략산업 국유화 과정에서 나타난 시장경제에 반하는 일련의 조치, 정부의 개인소유권 및 자유로운 기업투자 활동 보장에 대한 신뢰도 급락과 더불어 그루지야 사태로 인한 정치적 불확실성까지 더해지면서 러시아 투자환경이 급격히 냉각되고 있어 투자재원의 80%를 민간 및 외국자본에 의지하고자 한 러시아 정부의 계획 달성은 결코 용이하지 않을 것으로 보인다. 더 큰 문제는 러시아 자본

---

19) Katri Pynnoniemi 는 2008년 2월 발표한 브리핑보고서 "The transport infrastructure in Russia. From modernization to development: Fact and Fiction"에서 운송시스템 현대화에 2015년까지 21조 루블(5,830억 유로)의 투자가, 2030년까지 철도운송 시스템의 현대화에 13조 루블(3,610억 유로)이 필요하다고 주장하였다.

20) 러시아 중앙은행에 따르면 200?년까지 20~30억 달러수준에 그쳤던 외국기업들의 러시아 직접투자가 2003년 80억 달러, 2004년 154억 달러로 늘어났고, 2005년 129억 달러, 2006년에는 297억 달러, 2007년에는 551억 달러로 급증하였다.

시장과 은행산업이 발달되어 있지 않아 10년 이상의 장기투자가 요구되는 운송 인프라 구축에 소요되는 투자재원을 충당할 수 있는 시스템적 기능을 제대로 수행하지 못하고 있다는 점이다. 세계 경기 불황에 따른 오일머니 유입 감소로 러시아 민간의 투자여력이 감소하고 외국자본의 유입이 예상 치를 밑돌 경우 자본조달 방법을 대체할 뾰족한 대안이 없다. 정부투자지출 확대 또한 그 한계성을 지니고 있다는 점에서 투자재원의 부족은 산업인프 라 구축의 지연으로 이어지며 이는 러시아 정부가 예상하고 있는 안정적 성장을 위한 기반구축 둔화를 야기할 수밖에 없을 것으로 보인다.

둘째, 법률·제도적 인프라 구축과 관련된 지속적 개혁 추진 가능성이다. 러시아가 지난 8년간(2000~2007년) 연(年)평균 7%의 고속, 압축 성장을 이 룬 배경에는 푸틴정부 초기 시행한 조세, 행정, 사법, 입법 등에서의 개혁을 통한 법적·제도적 측면에서의 기본 인프라 구축이 적지 않은 기여를 하였 다. 2000년대 하반기 들어 지속적인 개혁추진을 통한 법적·제도적 시스템 의 체질 개선이 더욱 요구되었으나 정책당국이 가시적인 경제성장에 만족 하며 오일머니의 유혹을 극복하지 못하면서 개혁의지가 상당부분 퇴색되었 다. 투자 및 비즈니스 활동의 투명성과 예측가능성, 개인 소유권보호를 위 한 국제기준과 관례에 부합하는 여러 조치들이 도입되었으나 실질적인 이 행이 이루어지지 않았다.[21] 사회전반에서 부정부패와 관료주의가 개선되기 보다는 더욱 팽배해지며 심화되었다.[22] 러시아가 부정부패와 불투명한 회계

---

21) 2004년부터 국제회계기준에 부합하기 위한 개혁 프로그램을 채택하였음에도 불구하고 러시아회계기준 (RAS)은 아직까지 국제회계기준(IFRS)과 상당부문에서 일치하지 않고 있다. 대표적 예로 러시아회계기 준에는 인플레이션회계(inflation accounting) 개념이 도입되지 않았으며, 연결재무제표 작성에 관한 강 제규정이 없고, 몇몇 자산의 감액손실(impairment)을 위한 회계규정이 없으며, 기업결합(business combination)에 관한 특별규정이 없고, 공정시장가치(fair value) 개념이 적용되지 않고 있다.

22) 러시아 일반 국민 대부분은 부패에 대해 심각한 우려를 표하고 있다. 러시아 내무부가 2006년 한 해 동안 3만 7천 건, 대검찰청이 9만 2천 건의 부패사범을 적발하였다. 검찰 조사위원회에 의하면 러시아 관료들이 한 해 부정하게 착복하는 돈이 정부예산의 약 1/3에 해당하는 1,200억 달러에 달한다. 정치 -사회 펀드인 인뎀(INDEM)은 러시아 뇌물시장 규모가 2001년 365억 달러에서 2005년 3,190억 달 러, 2006년 3,600억 달러로 급증한 것으로 분석하였다. 세계은행이 세계 뇌물시장 규모가 연간 1조 달러 정도로 추정하고 있는 것과 비교하면 러시아는 전 세계 뇌물시장의 36%를 점하고 있다. 국제투명 성기구에 의하면 러시아 부패지수(CPI)는 2004년 2.8로 평가대상 146개국 중 90위를 차지한 후 매년 하락하기 시작해 2007년에는 2.3으로 180개국 중 143위를 차지하며 감비아, 토고 등과 같은 범주에 포함되었다.

시스템, 사법제도의 취약성, 신뢰할 수 없는 금융정보 등 법률·제도적 인프라의 미비와 부족으로 매년 100억 달러에 달하는 해외자본 유입을 놓치고 있는 것으로 보고되고 있다. 메드베데프 신정부가 구조개혁을 경제정책의 주요 과제로 내세우며 정책강화 의지를 밝히고 있으나 구두에 그치며 그 실행이 아직까지 제대로 이루어지지 않고 있다. 정부차원에서 법적, 제도적 개선을 위한 구조개혁을 계속 추진하겠으나 그 실효성은 과거 경험에 비추어 보아 그다지 높아 보이지 않는다. 2020년까지 러시아가 국제사회에서 부패가 심하고 투명성이 낮은 국가군에서 벗어나기는 쉽지 않을 것으로 보인다.

셋째, 안정적이고 효율적인 자본시장과 은행시스템 구축 가능성이다. 러시아가 2020년까지 지식기반 경제로의 전환을 통한 안정적인 경제성장과 발전을 도모하기 위해서는 효율적인 금융시스템의 구축이 반드시 선행되어야 한다. 효율적 금융시스템 발전을 통한 자금중개 기능의 강화는 자본조달의 합리적 배분을 높여 저축과 투자를 증대시키고, 국민경제의 생산력을 향상시켜 경제성장을 촉진하기 때문이다. 20년 밖에 되지 않은 짧은 역사를 지닌 러시아 금융산업은 1994년 금융 피라미드 사건과 1995년 은행 유동성 위기, 1998년 모라토리엄 선언으로 붕괴 위기를 겪기도 하였으나 2000년대 실시한 구조조정과 경제성장에 힘입어 외형 및 기초여건(fundamentals)에서 적지 않은 성장을 시현하였다. 2007년 말 기준 러시아 주식시장은 2000년 대비 시가총액규모가 33.5배 증가한 1조 3,288억 달러로 세계 13위로 성장하였고, 은행산업은 자산 규모면에서 840억 달러에서 8,200억 달러로 9.8배 늘어났다. 그럼에도 불구하고 러시아 금융부문은 여전히 그 규모가 작으며 투자자본 조달이라는 본연의 기능을 제대로 수행하지 못하고 있다.[23] 발전을 위한 기초여건이 상당 수준 구비되어 있음에도 불구하고 러시아 금융산

---

23) 2007년말 기준 러시아 상업은행의 민간대출(기업+가계)은 11조 9,731억 루블로 GDP대비 36.3%이며, 비정부부문의 채권발행잔고는 1조 7,470억 루블로 GDP대비 5.3%, 주식시장 시가총액은 1조 3,288억 달러로 GDP대비 103%다. 상기 3가지 지표를 합한 러시아 자본조달시장 규모는 GDP대비 144.6%다. 이는 2006년 독일의 335%, 한국의 290%는 물론 브라질과 중국외 200%, 인도의 175%와 비교해서도 떨어지는 수치다.

업의 발전이 여전히 기대에 못 미치고 있는 것은 국민들의 금융시스템에 대한 불신이 팽배해있기 때문이다.[24] 신뢰회복을 위한 강력한 구조조정과 기업지배구조의 투명성 제고를 위한 정부의 적절한 제도적 장치 도입, 금융부문 종사자들의 도덕적 해이가 개선될 경우 금융산업 발전은 가속도가 붙게 될 것으로 보인다. 2007년 러시아 정부가 '2020년까지 러시아연방 금융시장발전 전략(Стратегия развития финансового рынка Российской Федерации на период до 2020 года)'[25]을 수립한 후 추진하고 있는 것도 모스크바를 독립국가연합(CIS)과 동유럽을 아우르는 국제금융허브로 육성하기 위한 조치의 일환이다. 또한 2007년 5월 시작한 경제협력개발기구(OECD) 가입 협상은 러시아 자본시장 개방을 전제로 하고 있어 은행, 증권, 보험 등 금융산업 전반에 국제기준과 관례에 부합하는 시스템 구축을 가속화하는 계기가 될 것이다. 2020년까지 러시아 금융시장은 외형적 측면에서 뿐만 아니라 기초여건 측면에서 상당 수준의 발전을 이룰 것으로 보인다. 그럼에도 불구하고 민간에서 요구하는 자금수급과 관련해 러시아 정부가 기대하고 있는 금융중개 기능을 완전히 수행하는 단계로의 발전에는 도달하지 못할 것으로 예상된다.[26]

---

24) 러시아 국민들은 1990년대 상업은행 및 투자회사를 통한 예금 및 투자에서 심각한 손실을 본 뼈아픈 경험을 갖고 있어 금융시스템에 대한 불신감이 여전히 높다. 러시아 여론재단(Public Opinion Foundation)이 2008년 4월 실시한 여론조사에 의하면 러시아 국민의 25%만이 은행에 예금을 하고 있으며 그 중 21%가 국영은행인 스베르방크에 예금하고 있으며, 일반 상업은행에 예금을 가지고 있는 사람은 3%에 불과하였다. 스베르방크와 일반 상업은행에 동시에 예금을 지닌 사람은 1%였다. 은행예금이 적은 이유로는 은행에 대한 신뢰부족과 자산보호 수단이 되지 않는다는 점을 가장 큰 이유로 지적하였다.(자세한 사항은 www.fom.ru/news?page=1 참조하기 바람).

25) 주요 내용은 첫째, 일반 개인투자자의 시장참여 및 보호를 위한 메커니즘 도입. 둘째, 파생금융상품 도입 확대 및 선물시장 발전, 셋째, 금융자산의 증권화(securitization)를 위한 기반 구축, 넷째, 금융시장 인프라 효율성의 발전 및 향상, 다섯째, 금융시장에서 부가가치, 기업이윤, 개인수입에 대한 과세규정의 개선, 여섯째, 금융시장 규제관련 법률의 개선, 일곱째, 유가증권 발행 등록 절차의 개선 및 행정장벽 완화, 여덟째, 증권시장 정보공시제도의 효율성 확보, 아홉째, 기업지배구조의 개선, 열째, 증권시장에서의 불법행위 방지 등을 담고 있다.

26) 러시아 연방정부는 장기 사회경제발전전략에서 2007년 GDP대비 19.4%인 자본투자를 2010년 24.3%, 2015년 29.3%, 2020년 33.1%로 확대할 계획을 세우고 있다. 그 중 정부가 3.5%, 4.5%, 4.0%를 담당하고 민간이 20.8%, 24.8%, 29.1%를 담당할 것을 예상하고 있는데 지나치게 낙관적이다. 러시아는 고유가에 힘입어 최고의 경제성장을 시현한 2005~2007년 동안 고정자본투자가 평균 17.6%에 그쳤다. 2006년을 기준으로 구체적으로 살펴보면 고유가에 힘입어 기업자체조달이 44.3%를 차지하였고, 연방 및 지방정부예산이 19.8%, 은행 및 비은행여신이 14.3%, 주식발행이 2.2%, 채권발행이 0.1%, 해외차입을 포함한 기타가 19.4%를 차지하였다. 유가하락과 경제성장 둔화로 기업부문의

넷째, 경제정책 추진의 일관성과 연속성 여부다. 경제정책의 성공여부는 비전제시와 더불어 지속적 추진이 동반되느냐에 달려있다. 실천이 동반되지 않는 계획은 공허한 메아리에 불과하다. 러시아 정부는 항공, 우주-로켓, 조선, 무선전자, 원자력, 정보통신기술 산업 등을 지식경제로의 전환을 위한 핵심 전략산업으로 지정하고 그 육성을 위한 연방정부 차원에서의 종합적 발전프로그램을 추진하고 있다.[27] 이미 투자활동 및 재정지원과 관련된 연방법을 제정함은 물론 행정법령을 개정하였고,[28] 외국기업의 투자유치와 혁신산업단지 개발을 위한 특별경제구역(Special Economic Zone)을 설치하였다.[29] 또한 지역발전을 위한 다양한 개발프로그램에 대한 청사진을 제시하고 있다.[30] 지난 푸틴시대 8년 동안 러시아 경제정책이 고도성장이라는 명확한 목표 아래 일관성과 연속성이 유지되어 왔다는 점에서, 현 정권과 차기 정권이 푸틴정권의 연장선에 놓여있다는 점에서, 혁신경제로의 구조 전환만이 러시아가 세계 경제에서 슈퍼파워(Super power) 지위를 얻을 수 있

투자가 정부가 예상하는 수준으로 확대되기는 거의 불가능할 것으로 보인다. 다만 금융부문의 성장이 기업자체 자본조달 부족분의 일정부분을 보충할 것으로 예상된다.

27) 러시아는 2020년까지 상기 첨단부문에서의 세계적 기술 경쟁력 확보를 목표로 2007년 GDP대비 1.1%인 기초 및 응용기술개발 연구비 지출 비중을 2015년에 2.8%로, 2020년에 4.0%로 확대하며, 인적개발과 관련된 교육부문 지출을 2020년까지 GDP대비 5.5%로 늘릴 계획이다.

28) 대표적인 연방법으로는 '양허계약(Concession Agreement)'에 관한 법(2005. 07.21), '러시아연방에서 특별경제구역(SEZ, Special Economic Zone)'지정 및 운영에 관한 법(2005.07.22), '개발은행(development bank)'에 관한 법(2007.05.17), '러시아연방에서 자동차 도로 및 도로활동'에 관한 법(2007.11.08)이 있다.

29) 2008년 10월 말 현재 기술혁신 경제특구 4곳, 제조업 경제특구 2곳, 관광-레저 경제특구 7곳 등 총 13곳이 선정되었고 항만 경제특구는 향후 선정될 예정이다. R&D중심의 기술혁신 경제특구는 모스크바시의 젤레노그라드구역(마이크로전자공학, 나노기술 및 나노물질), 모스크바주의 두브나시(정보기술, 원자력, 물리기술), 상-페테르부르크시(하이테크제품), 톰스크주의 톰스크시(신물질, 바이오테크놀로지)에, 제조업 경제특구는 리페츠크주의 리페츠그시(일반가전제품)와 타타르스탄공화국의 알라부가(자동차 및 자동차부품 제조)에 설치되었다. 관광-레저 경제특구는 칼리닌그라드주(젤레노그라드 지역 쿠르쉬스카야 코사 국립공원), 크라스노다르주(노바야 아나파), 스타브로폴주(그란드 스타 유치), 알타이주(비류조바야 카툰), 알타이공화국(고르늬이 알타이), 부랴티야공화국(바이칼로 지역), 이르쿠츠주에 설치되었다. (자세한 사항은 러시아연방 경제특별구역(SEZ)관리청.(www.rosoez.ru) 참조)

30) 대표적인 것으로는 2008년 2월 발표된 시베리아-극동지역 개발을 위한 총 22개 산업클러스터 조성이 있다. 2030년까지 극동-시베리아 지역개발을 위한 산업클러스터 조성에 총 13조 9,410억 루블(약 6,000억 달러)이 투자될 예정이다. 대표적인 프로젝트로는 야말-네네츠 석유-가스-전력 클러스더 조성에 2조 9,000억 루블 투자, 사할린 석유-가스 클러스터에 1조 9,800억 루블, 연해주 남부 운송 공업 클러스어에 1조 9,130억 루블, 야쿠츠서부 석유-가스-전력 클러스터에 1조 3,350억 루블, 북동시베리아 운송-원료 클러스터에 1조 2,100억 루블, 연해주 전력-금속 클러스터에 8,120억 루블, 야쿠츠남부 화력-수력 발전 클러스터에 7,500억 루블 투자 등을 들 수 있다.

는 유일한 길이라는 것을 경제정책 입안자들이 명확히 인식하고 있다는 점에서 연방정부차원에서의 정책추진은 일관성을 유지할 것으로 보인다.

다섯째, 국제 원자재가격을 중심으로 한 대외경제변수의 동향이다. 작금의 러시아 경제는 국제 에너지가격 변화에 극도로 민감한 구조를 지니고 있다. 2008년 9월 본격화된 미국발 서브프라임모기지 사태로 세계 금융시장이 심각한 유동성 경색을 겪으며 위기상황으로 내몰렸다. 그 여파가 실물경제로 번지면서 세계 경제는 금융불황과 실물불황이 혼합된 복합불황인 디플레이션(deflation)조짐을 보이고 있다. 세계적 경기침체에 따른 수요 감소 예상으로 2008년 7월 배럴당 147.27달러로 사상 최고치를 기록했었던 국제유가(WTI)가 11월 21일에는 50달러 아래로 추락하며 불과 4개월여 만에 100달러나 떨어졌다. 국제에너지기구(IEA)의 2009년 세계 석유 수요 감소 전망과 미국 달러화 강세의 영향으로 2009년 상반기까지 유가가 배럴당 40$대로 떨어질 수도 있다. 향후 국제유가 동향은 글로벌 경제의 침체가 어느 정도 폭으로 언제까지 진행될 것인가와 석유수출국기구(OPEC)를 중심으로 한 산유국들이 어느 수준까지 생산을 줄일 것인지의 2가지 요인에 달려있다. 국제유가가 당분간 하락세를 유지하거나 정체조짐을 보일 수는 있으나 지난 4개월과 같은 급락은 없을 것으로 보인다.[31] 세계 경기침체로 인한 원유 수요 부족에 의한 공급과잉은 산유국들이 감산을 통해 조절할 수 있기 때문이다. 최근의 유가하락은 2007년 하반기부터 시작된 투기자본의 유입과 글로벌 유동성 확대로 유가가 150달러까지 단기 급등한데 대한 반락의 의미가 강하다. 2010년을 기점으로 글로벌 경제의 하강국면이 일단락될 것으로 예상된다.[32] 러시아 정부가 2010~2012년으로 예상한 국제 경기침체가 2년 앞당겨진 것으로 장기적 측면에서 국제유가의 흐름은 장기

---

31) IMF는 2008년 11월 발표한 '2009년 세계경제전망(WEO)'에서 2009년 평균 국제유가가 배럴당 68달러를 유지할 것으로 전망하였고, 미 에너지정보청(EIA)은 11월 보고서에서 2009년 WTI 평균치를 63.5달러, 골드만삭스는 80달러로 전망하였다.

32) OECD는 2008년 11월 13일 보고서에서 30개 회원국의 2009년 경제성장률을 −0.3%를 기록하며 하반기부터 회복되기 시작해 2010년 1.5% 성장할 것으로 전망하였다. IMF는 2008년 11월 6일자 '2009년 세계경제전망(WEO) update'에서 선진국의 경제성장률이 −0.3%를 기록하는 등 세계 경제 성장률이 2.2%증가에 그칠 것으로 전망하였다.

사회·경제발전 전략에서 추정한 예상치(2009~2014년 연평균 56~59$, 2015~2020년 연평균 60~65$)보다 더 큰 폭으로 상승할 것으로 보인다. 2010년 이후 세계 경기 반등은 개발도상국에서의 자원소비를 확대시킬 것이고, 기존 석유 및 천연가스 생산국의 생산량은 갈수록 감소하면서 자원확보를 위한 경쟁이 더욱 치열해질 것이다. 이전까지 러시아는 고유가를 통해 축적한 오일머니를 이용해 산업을 다변화할 수 있는 기회를 가졌으나 이를 이용하지 못하고 도리어 고유가에 편승해 안주하면서 경제의 자원-에너지 의존을 심화시켰다. 러시아 정부가 이번 유가하락을 에너지 의존형 경제구조의 패러다임을 탈피하는 역발상적 기회로 삼을 수 있느냐의 여부가 혁신경제로 나아가는 변환점이 될 것이다.

상기 조건들을 기준으로 종합해 볼 때 2020년까지 러시아는 국가주도의 관리자본주의(managed capitalism)를 통해 지속적 경제성장을 이루며 중국, 인도, 브라질 등과 함께 다극화된 세계 경제의 한 축을 담당하며 지금보다 강력한 지배력을 확보할 것으로 보인다. 그러나 러시아 정부가 계획하고 있는 지식경제, 하이테크분야로의 경제구조 다변화를 통한 글로벌 경쟁력을 갖춘 세계경제의 진정한 슈퍼파워로 진입하는 데는 실패할 것으로 보인다. 무엇보다 세계 경제의 글로벌화(globalization)와 지역화(localization)의 균형과 조화, 글로벌 경제의 안정적, 지속적 성장 유지, 오일머니를 통한 투자자본 조달이라는 전제 변수에서 급격한 변화가 발생하였고, 러시아 정부가 예상하고 있는 금융시장 발전과 제도 개혁도 기대 수준에 미치지 못할 것이기 때문이다. 그렇다고 지금과 같은 지나친 에너지-원료 중심의 경제구조가 유지되지도 않을 것으로 보인다. 향후 에너지 생산에서의 획기적 증대가 어렵고, 국제유가를 포함한 원자재가격이 2008년 중반과 같은 폭등 수준을 기록하기 어려울 것이기 때문이다. 세계 에너지시장에서 러시아의 자원공급 통제력을 강화하기 위한 수단으로 이란, 카타르, 알제리 등과 함께 '천연가스 카르텔'[33])을 결성할 것으로 예상되나 이것이 러시아 경제의 에너지 의

---

33) 브리티시 페트롤리엄(BP)의 "Statistical Review of World Energy 2008'에 의하면 러시아는 세계천연가스 매장량의 25.2%인 44.65조㎥, 이란이 15.7%인 27.80㎥, 카타르가 14.4%인 25.60조㎥를 보

존도를 심화시키지는 않을 것으로 보인다. 에너지 산업의 비중 축소와 오일 머니 유입감소로 루블 환율의 가치하락이 발생하고, 정부의 첨단 및 제조업 육성 정책으로 수출관련 제조업의 대외경쟁력이 회복되면서 경제에서 제조 업부문이 차지하는 비중이 점진적으로 높아질 것으로 예상된다. 특히 정 보·통신·기술(ICT)부문에서의 혁신 활동이 미진할 경우 에너지 수출을 통해 조성된 국부펀드를 동원하여 해외 ICT 기업의 인수합병(M&A)을 시도 할 가능성도 배제할 수 없다. 그럼에도 불구하고 첨단 및 기계제작을 중심 으로 한 혁신제조부문이 석유·가스를 대체하는 새로운 성장 동력 축으로 자리 잡지는 못할 것을 보인다. 러시아가 기초과학이나 원천기술부문에서 뛰어난 잠재력을 지니고 있으나, 이를 응용하고 운용할 수 있는 능력을 갖 추는 데는 러시아 정부가 예상하는 수준보다 더 많은 규모의 투자와 시간 이 소요될 것으로 예상되기 때문이다. 2020년 러시아 경제는 그 비중의 축 소에도 불구하고 에너지·원료부문이 여전히 중요한 성장 동력의 지위를 유지하는 가운데 제조업부문이 활성화되면서 혁신주도형 경제로의 전환을 위한 문턱에 발을 내딛는 수준에 이를 것으로 보인다.

2. 2020년 5대 경제대국(BIG 5)진입 가능성

2008년 하반기 세계 경제를 강타한 금융 및 실물경기 복합불황이라는 대 외여건 변수의 악화에도 불구하고 러시아 정부가 계획하고 있는 2020년 세 계 경제 BIG 5 그룹 가입은 거의 확실할 것으로 보인다. 5대 경제대국 진 입 시기는 국제통화기금(IMF)의[34] 예상보다는 다소 늦으나 러시아 정부 예

유하고 있어 상기 3개국이 매장량이 세계 전체 매장량의 55.3%를 차지하고 있다. 이들 3국이 석유 OPEC과 같은 천연가스수출국 카르텔을 결성하여 천연가스 생산 및 수출량을 조절하며, 가격담합을 통해 가스를 '무기화'할 경우 유럽을 위시한 세계 에너지공급 판도를 바꿀 수 있다. 현재 러시아, 이란, 알제리, 카자흐스탄, 우즈베키스탄, 사우디아라비아, 카타르 등 7개국이 설립을 주도하고 있다.

34) 국제통화기금(IMF)은 2008년 10월 발표한 'World Economic Outlook: Financial Stress, Downturns, and Recoveries'에서 2010년 이후 러시아 경제에 대해 긍정적 전망을 견지하고 있다. 2008년 러시아는 구매력평가 기준 GDP에서 세계 GDP의 3.24%에 해당하는 2조 2,852억 달러를 기록하며 영국을 제치고 미국, 중국, 일본, 인도, 독일에 이어 세계 6대 경제대국으로 진입할 것으로 예상 하였다. 2013년에는 세계 GDP의 3.43%에 해당하는 3조 2,972억 달러를 기록하며 영국, 프랑스와의 격차를 더욱 확대하며 독일과의 격차를 대폭 줄일 것으로 예상하였다. 또한 시장가치 기준 경상가격

상보다는 이른 2015~2018년경 일 것으로 예상된다.

세계 경제위기는 러시아가 외형적 경제규모를 나타내는 경상가격 GDP에서 이탈리아, 프랑스, 영국, 독일과의 격차를 보다 빨리 줄일 수 있는 기회를 제공할 것으로 보인다. 미국을 위시한 선진 G7 경제가 2009년 1%대의 마이너스 성장을 기록할 것으로 보이는 가운데 러시아는 세계 평균을 상회하는 3.5~4.0%의 성장을 이루며, 2010년에는 5%대 성장으로 복귀할 것으로 예상되며,[35] 프랑스, 영국, 독일 등에서의 물가상승이 마이너스대로 진입하는데 반해 러시아는 5~10%의 상대적으로 높은 상승률을 지속할 것으로 보이기 때문이다. 반면 루블화의 평가절하로 인한 환평가 측면에서 달러화 표시 경상가격 GDP의 축소는 불가피할 것으로 보인다. 국제통화기금(IMF) 전망을 기초로 상기 요인들을 고려할 경우 러시아는 빠르면 2013년, 늦어도 2015년까지 경상가격 GDP에서 프랑스와 영국을 추월하며 세계 6대 경제대국으로 나서며, 늦어도 2018년에는 독일을 제치고 5대 경제대국으로 부상할 것으로 보인다. 그리고 화폐가치를 고려한 구매력평가(PPP) GDP에서 러시아는 2007년 2억 달러를 넘어서며 프랑스를 체치고 이미 세계 7대 경제대국으로 진입하였다. 2008년에는 영국을 추월하며, 2015년에는 독일을 제치고 구매력평가 기준에서도 세계 5대 경제대국에 진입할 것으로 예상된다.

세계 5대 경제대국 진입 이후에도 러시아는 국민소득 및 생활여건의 개선을 통해 국민생활의 질적 향상을 도모할 것이나, 세계 경제에서 자신의 역할을 확대하는 것은 한계를 보일 것으로 예상된다. 러시아는 골드만삭스

GDP에서도 러시아는 2008년 1조 7,787억 달러를 기록하며 스페인, 브라질, 캐나다를 제치고 8위 경제대국으로 진입할 것이 확실시되고 있다. 2011년에는 이탈리아를 넘어서며, 2013년에는 프랑스와 영국을 제치고 세계 5위 경제대국으로 진입할 것으로 예상하였다.

35) IMF(2008년 11월)는 러시아경제가 2009년 3.5%성장에 그치나 2010년부터 회복되기 시작해 2013년까지 5.5~6.0%성장할 것으로 예상하였다. BMI(Business Monitor International, 2008년 11월)도 2009년 경제성장은 최근 11년간 최저치인 3.6%증가에 그치나 2010년 4.8%로 회복되기 시작해 2011~2013년까지는 연 평균 6.4%증가할 것으로 보았다.

[그림 8] IMF의 2013년 세계 경제 주요국 국내총생산(GDP)

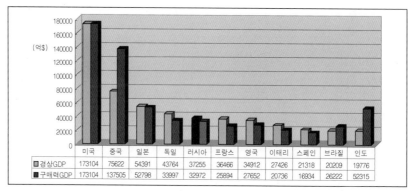

	미국	중국	일본	독일	러시아	프랑스	영국	이태리	스페인	브라질	인도
경상GDP	173104	75622	54391	43764	37255	36466	34912	27426	21318	20209	19776
구매력GDP	173104	137505	52798	33997	32972	25894	27652	20736	16934	26222	52315

자료 : IMF. World Economic Outlook Database. October 2008.

[그림 9] 세계 속의 2020 러시아 경제
(구매력평가 기준 세계 GDP 구조.%)

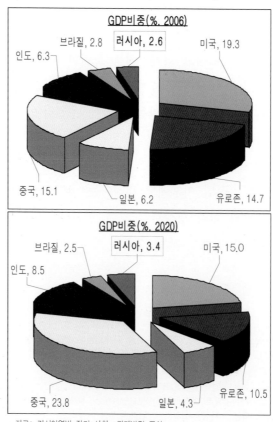

자료: 러시아연방 장기 사회·경제발전 구상

(Goldman Sachs)나 PWC(PriceWaterHouseCooper)[36])가 2050년으로 예상하고 있는 것보다 훨씬 빠른 속도로 세계 경제에서의 자신의 지배력을 상실하기 시작해 브라질, 멕시코에 추월당하며 세계 7위로 내려앉을 것으로 보인다. 첨단기술 및 혁신산업과 금융시스템에서의 경쟁력 강화에도 불구하고 심각한 인구감소와 노령화의 진행으로 인해 가장 강력한 성장 동력인 내수시장의 급격한 축소가 불가피할 것이기 때문이다.[37]) 2050년까지 중국, 인도, 브라질, 멕시코 등 세계 경제의 새로운 동력인 이머징마켓에서는 인구 증가가 적게는 7.3%(브라질)에서 많게는 46.1%(인도) 예상되고 있는 반면 러시아는 극심한 감소(-33.5%)를 겪으며 세계 17위의 인구 소국(小國)으로 전락하게 될 것으로 보인다.[38]) 세계 인구의 1.1%에 불과한 17위의 러시아가 세계 경제에서 BIG 5의 지위를 유지한다는 것은 불가능하다. 2020년 이후 러시아가 세계 경제의 슈퍼파워 지위를 확보하고 이를 공고히 유지하기 위해서는 지식 및 혁신경제로의 체질전환을 통한 산업구조의 다양성 확보, 규제개혁을 통한 경제 효율성 제고, 금융시스템의 현대화를 통해 지속가능한 성장기반을 확충함과 동시에 인구감소를 억제할 수 있는 보다 강력한 복지정책의 추진이 요구된다.

---

36) 골드만삭스는 2005년 12월 발표한 투자보고서 'How solid are the BRICs?'에서 러시아가 2030년 프랑스, 영국을 제치고 세계 6위의 경제대국으로 진입한 후 2045년에 독일을 추월하였음에도 불구하고 멕시코와 브라질에 뒤처져 7위로 내려앉을 것으로 예상하였다. 세계 최대 컨설팅그룹인 PWC(PriceWaterhouseCoopers)도 2008년 3월 투자보고서 'The World in 2050: Beyond the BRICs'에서 러시아가 경제규모(경상가격 GDP)에서 2050년 브라질은 물론 멕시코, 인도네시아에도 추월당하며 세계 8위로 내려앉을 것으로 추정하고 있다. 양 보고서가 2050년 러시아 경제에 대해 부정적인 견해를 보이고 있는 것은 인구감소로 성장 동력이 급격히 떨어질 것이라는 추정에 바탕을 두고 있다.

37) 2005~2007년 러시아 국내총생산(GDP)을 지출측면에서 살펴보면 최종소비지출이 GDP의 66.1%를 차지하였는데 그 중 가계의 소비지출이 48.4%, 민간비영리단체 소비지출이 0.6%, 정부지출이 17.2%를 차지하였다. 총자본형성이 22.1%, 순수출이 11.8%를 담당하였다.

38) UN(2008)은 'World Population Prospects: The 2006 Revision Population Database'에서 러시아 인구가 2005년 1억 4,395만 명에서 2020년 1억 3,241만 명, 2030년 1억 2,392만 명, 2050년 1억 783만 명으로 45년간 무려 33.5% 급감할 것으로 예상하고 있다. 반면 인도는 2005년 11억 3,440만 명에서 2050년 16억 5,827만 명으로 46.1%, 중국은 13억 1,298만 명에서 14억 885만 명으로 7.3%, 멕시코는 2005년 1억 427만 명에서 1억 3228만 명으로, 26.8%, 브라질은 1억 8683만 명에서 2억 5409만 명으로 35.9%, 늘어날 것으로 예상하고 있다.

Ⅳ. 결론

러시아도 다른 이머징마켓과 같이 작금의 세계 경제불황을 비켜가지 못하며 적지 않은 충격을 받고 있다. 50달러 대로 내려앉은 국제유가가 러시아 경제에 대한 불확실성을 고조시키고 있으나 1990년대와 같은 경제위기 상황으로 전이되지는 않을 것으로 보인다. 경제침체가 러시아만의 문제가 아니라 범세계적 현상이며, 러시아 경제의 기초체력(fundamentals)이 과거에 비해 몰라보게 강화되어 유가하락 충격을 이겨낼 수 있는 내성이 높아졌기 때문이다. 무엇보다 외환보유고, 대외부채, 국제수지, 재정수지 등 거시경제 지표가 대단히 안정되어 있다. 또한 러시아는 미국이나 유럽과 달리 경기회복을 위한 다양한 부양책을 쓸 수 있는 재정적, 정책적 수단을 확보하고 있다. 세계 3위에 해당하는 외환보유와 국부펀드를 동원하여 금융 및 산업부문에 대한 구제금융을 지원할 수 있는 충분한 여력을 지니고 있고, 조세감면이나 정책금리 조절을 통한 정책지원이 가능하다. 그리고 인프라 부문에 대한 정부투자의 조기 집행 및 확대를 통해 총수요를 자극할 수 있는 재정적 여력을 지니고 있다. 국내 정치 및 사회적 안정성이 높으며 국가주도의 관리자본주의 시스템으로 인해 경제에 대한 정부개입과 관련된 정책추진에서의 일관성과 효율성을 높일 수 있다. 세계 경제가 침체를 벗어나 회복기로 접어들 때 신흥경제가 성장을 주도할 것이며 이는 국제 원자재가격의 상승으로 이어진다는 점에서 러시아 경제 또한 빠른 회복세를 보일 것이다.

특히 러시아 정부가 세계 에너지시장에서 자신의 영향력을 강화하기 위한 수단으로 이란, 카타르, 알제리 등과 함께 석유 OPEC에 버금가는 '천연가스 수출 카르텔' 설립을 본격화 하고 있어 '자원국수주의'의 강화에 따른 세계 에너지 공급판도에 적지 않은 지각변동이 발생할 것으로 예상된다. 에너지를 중심으로 한 자원에 대한 세계 지배력의 확보가 현 시점에서 러시아가 경제대국, 경제강국으로 나아가기 위한 기본적 전제조건이기 때문이다.

박상남, 박정호, 이종문, 김선래.『푸틴의 러시아』. 한울 아카데미. 2007.

삼성경제연구소, KOTRA.『황금시장 러시아를 잡아라』. 삼성경제연구소. 2007.

세종경제연구소.『러시아와 세계화: 러시아의 WTO가입 전망과 의의』. 정책보고서 2005 – 05. 서울: 세종연구소. 2005.

이종문.『현대 러시아 경제』. 명경사. 2007.

이재영, 채욱, 한홍렬, 신현준.『러시아의 WTO가입과 한국의 무역투자 증진방안』. 연구보고서 07 – 12. 대외경제정책연구원. 2007.

이재영, 한종만, 성원용, 이광우.『한국의 주요국별 – 지역별 중장기 통상전략: 러시아』 07 – 12. 대외경제정책연구원. 2007.

정여천.『러시아 극동지역의 경제개발 전망과 한국의 선택』. 대외경제정책연구원. 2008.

한국수출입은행.『러시아 투자환경과 투자사례』. 특별조사과제 2005 – 3. 서울: 한국수출입은행. 2005.

KOTRA.『러시아의 WTO가입에 따른 시장환경 변화』. Global Business Report.07 – 011. 서울: KOTRA. 2007.

KOTRA, KIEP.『국가정보: 러시아』. KOTRA. 2005.

러시아연방 중앙은행 사이트(www.cbr.ru)

러시아연방 경제발전부 사이트(www.economy.gov.ru)

러시아연방 재무부 사이트(www1.minfin.ru)

러시아연방 통계청 사이트(www.gks.ru)

국제통화기금(IMF) 사이트(www.imf.org)

세계은행(World Bank) 사이트(www.worldbank.org)

한국수출입은행 해외경제 · 투자정보(http://www.koreaexim.go.kr)

Аганбегян А.Г. Социально – экономическое развитие России. 3 – е изд. – М.: Дело, 2005.

Бабашкина А.М. Государственное регулирование национальной экономики. Учебное пособ ие. – М.: Финансы и статистика, 2006.

Бендиков М.А. Высокотехнологичный сектор промышленности в России: состояние, тенд енции. – М.: УРСС, 2007.

Бузгалин А.В. и др. Трансформационная экономика России. Учеб.

пособие. – М.:Финансы и статистика, 2006.

Гурков И.Б. Инновационное развитие и конкурентоспособность. Очерки развития российс ких предприятий М.; ТЕИС, 2003.

Зименков Р.И. Россия: интеграция в мировую экономику. – М.: Финансы и статистика, 2003.

Конкурентоспособность России в глобальной экономике. /Под ред. А.Дынкина, Ю.Куренк ова. – М.: Международные отношения, 2003.

Концепция долгосрочного социально – экономического развития Российской Федерации. Минэкономразвития России. Москва. Октябрь, 2007.

Корчагин Ю. А. Современная экономика России. – М.: Феникс. 2007.

Кудров В.М. Экономика России в мировом контексте. – М.: УРСС, 2007.

Кузнецов А.В. Интернационализация российской экономики: Инвестиционный аспект. – М.: УРСС, 2007.

Курков И.Б. Инновационное развитие и конкурентоспособность. Очерки развитие и росси йских предприятий М.: ТЕНС, 2003.

Меньшиков С.М. Анатомия российского капитализма. – М.: Международные отношения, 2004.

Петренко И.О. Экономическая безопасность России: денежный фактор. – М.: Маркет ДС, 2003.

Пилипенко Н.Н. Актуальные проблемы социально – экономического развития России (сбор ник научных трудов). – М.: ИТК Дашков и К. 2007.

Прогноз социально – экономического развития российской федерации на 2008 год, параме тры прогноза на период до 2010 года и предельные уровни цен (тарифов) на продук цию (услуги) субъектов естественных монополий. / Министерство экономического ра звития и торговли РФ. – М.: Апрель, 2007.

Российская экономика в 2006 году. Тенденции и перспективы. (Выпуск 28) – М.: ИЭПП, 2007.

Российский статистический ежегодник, 2007. М., Госкомстат России, 2007.

Россия в цифрах. 2007. М., Госкомстат России, 2007.

Стратегия социально-экономического развития в России / Под ред. Фетисова Г.Г., Баба шкиной А.М. - М.:Экономический факультет МГУ, ТЕИС, 2005.

Экономический рост и вектор развитии современной России. /Под. Ред. Хубиева К.А. - М.: Экономич. Факульт. МГУ, ТЕИС, 2004.

Яндыганов Я.Я. Экономика природопользования. - М.: КноРус. 2005.

Goldman Sachs. Global Economics Paper No.99: Dreaming with BRICs: The Path to 2050.

Goldman Sachs., Global Economics Paper No: 134 : How Solid are the BRICs?

IMF. "Managing Russia's Oil Wealth: An Assessment of Sustainable Expenditure Paths," in Russian Federation--Staff Report for the 2006 Article IV Consultation, IMF Country Report No. 061 (Washington: International Monetary Fund).

IMF. "Measuring the Performance of Fiscal Policy in Russia", IMF Working Paper, WP/05/241, December, 2005.

Nienke Oomes and Katerina Kalcheva. "Diagnosing Dutch Disease: Does Russia Have the Symptoms?", IMF Working Paper, WP/07/102, April, 2007.

Ritu Basu, Gunes Kamber, and others, 2007, Russian Federation: Selected Issues, IMF Country Report No. 07/352 (Washington: International Monetary Fund).

World Bank, 2005, Russia--Fiscal Costs of Structural Reforms, Report No. 30741-RU Washington: World Bank.

World Bank, 2008. 'Russian Economic Report' No16. World Bank. June 2008.

과학기술 강국 러시아

송용원(한국산업기술대 교수)

I. 러시아 과학기술의 명(明)과 암(暗)

2000년 이후 러시아의 성장이 눈부시다. 유례가 없이 치솟고 있는 세계적 고유가와 푸틴(Vladimir Putin)의 강력한 리더십을 바탕으로 정치 안정화에 기인한 높은 경제성장 속에서 러시아 사회는 빠르게 변하고 있으며, 국제 정치 무대에서도 강력한 발언권을 가진 강대국 중 하나로 재등장하고 있다. 지금 많은 사람들이 러시아의 부활을 이야기하고 있다. 그리고 이 같은 변화의 바람은 러시아 과학기술계에서도 나타나고 있다. 과연 그 변화는 지난 냉전 시대 미국과 함께 세계의 과학기술초강국으로 군림하던 러시아로 하여금 다시 그 명성을 되찾을 수 있는 부활로 이끌 수 있을 것인가?

러시아는 구 소련 시절 기초과학 및 군사기술 강대국으로서, 항공우주, 원자력, 생화학 등의 기초·원천기술과 군수분야의 과학기술에서 미국과 대등한 세계 최고의 기술 역량을 보유하고 있었다. 이 같은 기술력은 소비에트 정권이 미국과의 냉전 시기 동안 군수기술 분야의 발전을 위해 기초 연구분야에 막대한 지원을 해왔었기에 가능한 결과물이었다. 구 소련시절 러시아는 국가의 전적인 지원을 바탕으로 4천여 개의 대규모 연구개발기관 과 약 90만 명의 전문연구인력을 보유하고 있었고, 자신의 전공 분야만을 평생 연구할 수 있는 환경으로 인해 특정 분야에서 세계 유일 혹은 세계 최고 수준을 보여주는 고급 인력들이 많이 배출되었다.

러시아는 세계 최초의 탄도미사일 개발, 세계최초의 인공위성 스푸트니크(Sputnik), 세계 최초의 유인우주선 보스토크 (Vostok) 등 구 소련 시절 미국을 능가하는 과학기술대국이 었다. 사진은 현재 모스크바의 대형산업박람회장 앞에 설치된 우주기술 관련 조형물이다

그러나 세계 최고 수준의 기초연구와 군수기술개발을 가능하게 했던 구 소련의 이 R&D시스템은 역설적으로 '최첨단 인공위성과 탱크는 만드는데, TV와 냉장고는 만들지 못하는' 문제점을 낳았다. 이것은 연구결과물이 산 업계와 고립되어 생산기술 및 응용기술로 생산현장에 적용되지 않고 사장 되는 경우가 많았던 구 소련의 R&D 시스템 구조의 취약성을 보여주는 것 이었다. 이는 구 소련 해체 후 경제 위기 속에서 정부의 절대적이던 과학기

술재정지원이 사라지다시피 한 90년대 초반 러시아 과학기술계의 붕괴로 나타나게 되었다.[1]

한편, 이런 구 소련의 R&D 시스템 구조 때문에 2000년 이후 러시아의 경제 성장으로 과학기술계에 재정 지원이 급격히 증대하고 있음에도 불구하고 러시아가 보유하고 있는 높은 과학기술력은 하이테크 제품의 수출과 세계 시장에서 경쟁력 있는 기술가공 제품 수출로 이어지지 못해 그 경제적 효과를 보여주지 못하고 있다. 또한 생산의 현대화도 그 진전이 지지부진한 상태여서 포스트 소비에트 시대 러시아 정부의 과학기술경쟁력 확보와 강화는 여전히 커다란 난제로 남아 있다.[2]

이에 2000년 이후 러시아 정부는 과학기술분야에서 본격적인 개혁을 시작했다.[3] 무엇보다 러시아 정부는 과학기술이 러시아 경제 발전과 국가발전의 핵심 역량이라는 것을 직시하며, 과학기술발전이 국가 차원의 최고 우선 방향임을 천명하고 있다. 이것은 러시아가 국제적 기술경쟁력을 갖춘 분야에서의 기술혁신을 기반으로 산업구조고도화와 경제선진화를 이룩하고, 이를 통해 러시아 경제의 문제점으로 지적되고 있는 자원의존형 경제구조에서 탈피하고, 현재 세계 경제 추세인 산업경제에서 지식기반경제로의 전환을 이루고자 하는 국가발전전략의 일환이다. 동시에 이런 러시아 정부의 과학기술장기발전전략은 세계 기술 시장에서 선도적 역할을 할 수 있는 분야를 육성하며, 궁극적으로 체제전환기의 혼란 속에서 상실한 과거 과학기술대국으로서의 부활을 목적으로 하고 있는 것이다.

2000년 이후 러시아 정부의 과학기술정책은 바로 이런 러시아 정부의 의

---

1) 러시아의 연구기관 경우, 1990년 대비 2002년 현재 20% 정도 감소했고, 연구인력종사자 수는 동기간 동안 50%이상 감소다. 연구개발비는 1990년 이 후 70%이상 감소한 것으로 나타나고 있다

2) 러시아 생산기술수준은 정부의 전폭적인 지원에도 불구하고 여전히 낮은 수준이다. 컴퓨터, 정밀전자, 설계, 생산 및 가공 분야에서 기술 개발은 1997년 대비 2005년 36% 감소한 것으로 나타나고 있다. 현재 러시아 정부의 가장 큰 고민은 러시아 기업의 생산기술수준이 낮아 국내 시장과 해외 시장에서 경쟁력을 가지지 못한다는 것과 기업의 혁신도 아직 그 수준이 매우 낮다는 데 있다.

3) 러시아 정부의 과학기술정책 기본 방향과 내용을 결정하고 있는 것이 2002년 발표된 중장기 과학기술발전 전략인 "2010 러시아 과학기술발전과 미래전망을 위한 기본 정책안"과 2005년 마련한 "2010 러시아 이노베이션 시스템 발전 정책 주요 방향"이다. 2007년 이 기본 전략안의 세부 실행 방안이라 할 수 있는 "2015년 러시아과학기술발전과 러시아경제의 기술현대화를 위한 정책안"을 마련했다. 이 정책안에 따라 대대적인 투자와 이노베이션인프라구축이 진행될 예정이다.

지가 담겨 있다. 이것은 물론 2000년 이후 세계 고유가로 인한 재원 확보로 과학기술정책의 추진이 가능하게 되었다는 것도 그 배경이 되겠으나, 결국 과거 90년대의 혼란기를 거치며 그 취약성을 여지없이 드러낸 자신들의 과학기술기반 시스템에 대한 고민과 반성, 그리고 21세기 세계 무대에 강국으로서 재등장하려는 러시아 정부의 의지도 분명 중요한 요인이다.

21세기 국가경쟁력에서 과학기술의 중요성이 점점 대두되고 있는 현실에서 우리나라는 하루라도 빨리 기술선진국으로 진입해야만 경제 성장과 국가경쟁력을 담보할 수 있다. 아직까지 기초기술개발이 취약한 우리나라로서는 국제기술협력이 중요한 돌파구가 될 수 있으며, 우리는 지난 10여 년 동안 세계 기술발전 추세 속에서 독자적인 기술개발의 한계와 선진국들의 기술보호주의 강화라는 문제에 봉착하며 러시아와의 기술협력을 통해 효과적인 해결 방안을 찾기 위해 노력해 왔다. 이는 러시아가 가지고 있는 기술환경, 즉 뛰어난 원천기술은 있으나 생산기술과 산업화 기반이 취약하다는 것과 이로 인해 상대적으로 기술선진국들에 비해 국제기술협력에 개방적이라는 점이 우리나라와의 협력에 매우 유리하게 작용해 왔기 때문이다.

그리고 이제 본격적으로 시작되는 21세기 러시아 과학기술분야의 새로운 전개가 과연 우리나라와의 기술협력에 어떤 영향을 미치게 될 것인지, 그리고 우리는 어떻게 접근해야 할 것인지 새로운 전략을 생각해 보아야 할 때이다. 무엇보다 러시아 과학기술의 변화에 대한 정확한 인식이야말로 양국 간의 기술협력을 강화할 수 있는 토대가 될 것이다.

따라서 이 글은 먼저 러시아 과학기술의 현황과 전망을 통해 그 변화의 내용을 살펴보고, 러시아 정부가 야심차게 추진하고 있는 기술혁신정책이 내포하는 의미와 그것이 향후 한·러과학기술협력사업의 발전에 어떤 영향을 미치게 될 것인지 살펴보고자 한다.

Ⅱ. 부활하는 러시아 과학기술계

1. 러시아 연구기관. 그 현황과 미래

(1) 개혁은 공공연구기관의 효율성 확보로부터

러시아의 R&D 기관은 1990년 이래 계속적으로 감소해 왔으며, 현재도 이와 같은 경향은 계속 지속되고 있다. 이 가운데 기초연구를 담당하는 연구소(Research institutes)보다 산업체 수요와 연결되어 있는 설계기관과 실험기관은 큰 폭으로 감소하였다. 이는 산업수요와 관련된 R&D 수요가 큰 폭으로 감소하였다는 것을 보여주는 것이다.

1990년대 이후 러시아 연구기관 변화

구 분	1990	···	1999	2000	2001	2002	2003	2004	2005
Total	**4646**	···	**4089**	**4099**	**4037**	**3906**	**3797**	**3656**	**3566**
Research institutes	1762	···	2603	2688	2676	2630	2564	2464	2115
Design organizations	937	···	360	318	289	257	228	194	489
Construction project andexploration organization	593	···	97	85	81	76	68	63	61
Experimental enterprises	28	···	30	33	31	34	28	31	30
Higher educational institutions	453	···	387	390	388	390	393	402	406
Industrial enterprises	449	···	289	284	288	255	248	244	231
Others	424	···	323	303	284	264	268	258	234

출처 : Центр исследований и статистики науки(ЦИСН), НАУКА РОССИИ в цифрах 2002, 2006 참고[4]

그런데 2000년대 이후 러시아 연구기관의 감소는 앞서 90년대와 비교하면 그 내용면에서 차이가 있다. 90년대 연구기관의 감소는 무엇보다 경제적 상황의 악화로 인한 것이었지만, 2000년대 이후는 시스템적인 효율화 방안으로 진행되고 있다고 할 수 있다.

러시아 연구기관 구성에서 국가 소유의 공공연구기관이 70%가 넘는다. 2005년을 기준으로 전체 연구기관 3,566개 가운데 73%인 2,632개가 공공

---

4) 본분의 통계 자료 가운데 동 기관 자료는 이 후 기관명 약어와 연도만 표기함

연구기관이다. 그러나 2000년과 비교해 보면 306개가 감소한 수치이다(동시기 전체 연구기관 수는 522개 감소). 반면 민영화된 연구기관 수는 2000년 388개에서 2005년 422개로 소폭이지만 증가하는 추세이다.[5]

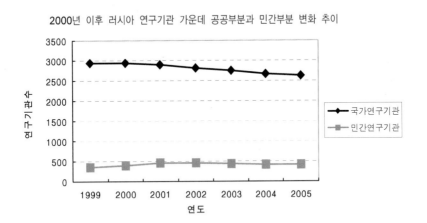

2000년 이후 러시아 연구기관 가운데 공공부분과 민간부분 변화 추이

이 같은 변화는 러시아 정부가 추진하고 있는 연구기관의 효율화를 위한 구조조정 정책과 연관이 있다. 러시아 정부는 2002년 중요 공공기관의 감축과 구조변경에 관한 법안을 만들었는데, 이에 근거한 공공연구기관 감축의 큰 틀은 국가 소유의 공공기관을 비영리 민간 조직으로 전환하고 기관의 성격에 따라서는 민영화를 실행한다는 것이다. 또한 분야에 따라 통폐합과 엄격한 심사를 통해 필요하다고 판단하면 과감하게 청산할 수 있다는 것이다. 이는 단순히 숫자를 줄이는 것이 아니라 과도한 공공분야를 민간으로 전환하여 민관의 균형과 협력을 만들어나가겠다는 러시아 정부의 개혁 방향인 것이다.

(2) 주식회사 연구소의 출현

러시아 정부의 공공연구기관 개혁 내용 가운데 가장 파격적이며 가장 핵심이라 할 수 있는 것이 바로 공공연구기관의 민영화 및 주식회사로의 전환이다. 정부의 연구기관 개혁안에 따르면 과거 정부의 예산 지원에 전적으

---

5) ЦИСН 2006.

로 의지하던 러시아 연구기관 대부분은 국영기업과 정부 출자의 주식회사 형태로 남게 될 것으로 전망된다. 국가적으로 우선 발전 분야에 해당하는 전략 분야에서는 공공성의 역할과 기능을 여전히 유지하는 정부 소유의 대형 연구소가 생겨나고, 나머지 기관들은 주식의 최소 50%를 연방정부가 소유하는 형태가 된다. 이는 과거 러시아 과학기술계가 대규모의 연구소, 특히 공공연구기관을 통해 정부의 전적인 공적지원 아래 연구활동을 해왔던 과거에서 완전히 시장경제에 따른 살아남기식 생존 경쟁이 시작됨을 의미한다. 물론 이에 대한 격렬한 반대와 찬반 논의가 이루어졌음은 당연하다.

무엇보다 이런 정부의 공공연구기관 개혁안에 따라 러시아 공공연구분야에서 큰 비중을 차지하고 있는 러시아과학아카데미와 국립과학센터의 변화가 큰 관건이었다.

러시아과학아카데미는 농학아카데미, 의학아카데미를 합쳐 러시아 전체 연구기관 중 22%인 814개 연구기관을 보유하고 있는 러시아의 대표적인 기초연구기관의 집합체로, 정부의 기초연구비예산의 80%가 바로 이 아카데미 연구소들에 지원되고 있다.

러시아 정부가 2004년 완성한 과학기술분야에서의 공공연구기관운영에 관한 정책안에는 러시아 과학아카데미를 2008년 주식회사로 전환하고 2010년 완전 민영화하는 내용이 담겨있어 러시아과학기술계의 큰 혼란과 반대를 불러 일으켰다. 결국 푸틴(Putin) 대통령이 과학아카데미의 국가연구기관 존속을 천명하면서 러시아과학아카데미는 기존의 법적 지위를 유지하되 연구의 효율성 및 기관 경쟁력에 따른 통폐합을 통해 연구인력종사자 수를 2008년까지 20~30% 감축하는 방향으로 결정되었다.[6]

---

6) Российская коммуникативная ассоциация, "Концепция Реформирования науки", 2005.12.05 http://www.russcomm.ru (검색일 2008.6.10)

러시아의 기초기술력을 대변하는 러시아과학아카데미 본부 건물. 세계 최고 수준의 러시아과학기술력을 대표하는 기관이지만 개혁의 물결은 비켜갈 수 없었다. 연구소의 민영화라는 최악은 면했으나, 연구원 수를 2008년까지 최고 30%까지 감축하고, 일괄 지급되던 연구비 역시 인센티브제가 도입됨으로써, 연구비를 확보할 수 있는 과제 중심의 연구활동으로 전환이 불가피하게 되었다.

　　반면 국립연구센터(State Research Center)는 대대적인 개편이 될 전망이다. 국립연구센터는 1993년 대통령령에 의해 설립된 국가연구기관으로, 당시의 급진적인 경제 개혁 속에서 러시아의 과학기술력을 보존하려는 목적으로 만들어졌다. 총 58개인 국립연구센터는 연구원 수(80,000여명)와 예산 지원 측면에서 러시아과학아카데미 다음의 위치를 차지하는 러시아의 거대 연구기관이라 할 수 있다. 그러나 러시아 정부의 개편안에 따르면 이 국립연구센터 중 경쟁력이 떨어지는 센터들을 통폐합하여 25~35개까지 축소할 예정이다. 또한 개편안에 따르면 이들 중 일부는 2008년까지 주식회사로 전환되고 2010년까지 민영화가 될 전망이다.[7)]

---

7) 국립연구센터는 시장경제에 취약한 러시아 R&D 시스템 구조조정의 일환으로 시작되었다. 러시아가 정책적으로 중요시 하던 우선 발전분야에서 선도적 연구개발을 하던 연구소들을 지정한 것으로, 자연히 그 대다수가 구소련시절 국방관련 연구기관들이었다. 또한 이들 연구기관들의 중요 연구시설 및 연구개발력 보존의 목적 외에 군수기술의 민수화 및 시장 중심의 연구기능을 강화하기 위한 목적으로도 추진되었다. 러시아 정부는 2000년 이후 러시아 연구기관들이 대부분 응용연구와 산업기술개발에 중점적으로 집중하고 있기 때문에 응용연구 위주였던 이들 국립연구센터의 지원이 큰 의미가 없다고 판단, 구조조정을 단행

러시아 정부는 2007년 기존의 과학기술발전전략안을 보완, 발전시키는 대대적인 실행방안[8])을 발표했다. 이에 따르면 향후 러시아 과학기술계는 혁신의 바람이 더욱 거세어질 전망이다. 공공연구기관의 개혁과 함께 기업체에서의 기술개발과 생산을 독려하고 활성화할 수 있도록 공공연구기관의 기술이전을 비롯한 민간부분에서의 연구개발 활성화를 위한 인프라 구축 등에 박차를 가하고 있다. 바로 2007년 이후 러시아 정부가 계획하고 발표한 과학기술개혁안 및 장기발전전략에는 러시아가 보유하고 있는 강력한 기초기술을 생산에 적용할 수 있는 응용연구와 혁신기술 개발에 총력을 기울이고자 하는 러시아 정부의 의지가 강력히 반영되고 있다.

2. 러시아 연구인력. 그 현황과 변화의 양상

(1) 상실과 유출에서 희망과 보호로

구 소련의 연구개발인력은 1990년 약 200만명 수준의 대규모 집단이었다. 또한 수 십 년간 한 분야에 집중하여 연구개발에 종사하는 평생전공 전통이 강하기 때문에 매우 우수한 인적 자원을 보유하고 있었다. 따라서 이 연구인력이야말로 러시아의 가장 강력한 R&D 자원이라 할 수 있다.

그러나 1990년 이후 과학기술 분야의 와해로 인해 이 연구인력이 1990년 대비 2002년 50% 이상 감소하는 등 러시아는 세계에서 가장 강력한 R&D 인력집단을 상실하게 되었다.

하되, 이 국립연구센터의 기반 위에 세계적 수준의 연구기반을 갖춘 국가연구기관인 국가연구센터(National Research Center)를 설립할 계획이다.

8) Министерство образования и науки Российской Федерации, "Комплексная программа научно-технологического развития и технологической модернизации экономики Российской Федерации до 2015 года", Москва, 2007

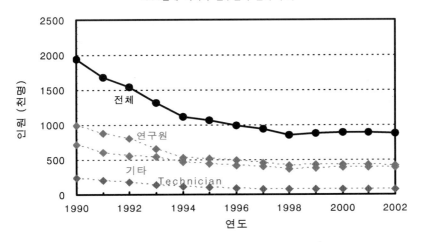

1990년대 러시아 연구인력 변화 추이

출처 : ЦИСН, 2004

2000년 이후 연구인력 감소 추세는 현저히 줄어들고 있다. 2000년 이후 2005년 사이 감소폭은 2~4%대로 나타나고 있어 90년대 러시아 과학기술계의 큰 문제였던 인적자원의 급격한 손실이라는 문제는 어느 정도 해결되는 양상을 보이고 있다.

그러나 여전히 문제가 되고 있는 부분이 바로 연구 인력의 고령화이다. 90년대 경제위기로 인한 과학기술계의 붕괴로 젊은 연구자들이 해외나 다른 분야로 빠져나가면서 젊은 연구인력이 확보되지 못했기 때문이다. 50세 이하 소장 연구인력의 경우 1994년에는 340,295명으로 전체 연구인력의 64%를 차지한 반면, 2002년에는 212,707명인 51%로 계속 감소하고 있는 추세이다.[9]

그러나 2000년 들어 이 연구인력의 고령화 문제도 차츰 해결의 가능성이 보이기 시작했다. 대학 졸업생 수는 1999년 이후 매년 10%이상씩 늘어나 2005년에는 1999년 대비 50%가 늘어난 1,151,700명으로 나타났다. 이와 함께 러시아 박사과정 학생들의 수 역시 2000년 이후 증가세를 보여 2005년에는 1999년 대비 약 30%가 증가한 142,899명을 기록[10]하는 등 러시아

9) ЦИСН, 2003

의 젊은 인재 양성에 청신호가 보이고 있는 것이다.

1990년대 젊은 연구 인력의 감소와 함께 러시아 과학기술계의 큰 고민은 고급두뇌의 해외유출이었다. 러시아 과학기술인력의 해외 유출은 1980년대 140명 수준에서 1990년 이후 매년 2,000명 이상으로 증가하였다. 특히 90년대에는 1~2년간의 단기 해외고용이 아닌 이민 등의 완전한 유출이 많아 심각한 문제가 되었다.

그러나 2000년 이후 특히 최근에는 그 내용이 조금씩 변화하고 있다. 1990년대와 같이 완전 이민 형태의 유출은 약 500명 정도인 것으로 파악되고 있으며, 이와는 다른 형태인 해외 연구기관이나 기업에서 계약에 의한 연구 활동을 위한 해외 체류가 늘고 있는 것이다. 2002년 통계에 의하면 그 해 해외로 떠난 러시아 R&D 인력은 2,922명으로 1년 이하 단기 해외 체류가 1,591명으로 54% 정도를 차지하고 있고, 3년 이상 장기 체류로는 607명 수준에 머무르고 있다.[11] 연령별로도 30대와 40대가 가장 많아 역시 소장 연구자 그룹이 활발하게 해외로 나가고 있는 것으로 나타나고 있다. 국가별로는 미국이 28%(840명), 독일이 19%(556명)로 압도적 다수를 차지하며, 프랑스, 영국, 일본, 스웨덴 등이 그 뒤를 잇고 있다. 이들 6개국에서 체류하고 있는 러시아 연구자들이 전체 해외 고용 연구자들의 2/3를 차지하고 있다. 고용 형태로 살펴보면, 해외기업이나 기관과의 공동기술개발 프로젝트 참여가 40%를 차지하고 있고, 30%가량은 해외기관의 연구 수행, 12%는 해외 기업과의 계약에 의한 고용이 다수를 차지하고 있다.

1990년대 경제 위기와 과학기술계의 붕괴로 초래된 러시아 R&D 인적 자원의 급격한 감소와 고령화, 고급두뇌의 해외 유출 등과 같은 최악의 시간들을 보낸 러시아 R&D 집단은 그 절대적인 숫자를 비교해 볼 때 현재에도 OECD국 가운데 최고 수준을 유지하고 있어 여전히 연구 인력이 러시아 과학기술계의 가장 큰 경쟁력이며 러시아과학기술정책의 핵심 분야라 할 수 있다.

---

10) ЦИСН 2006
11) ЦИСН 2003

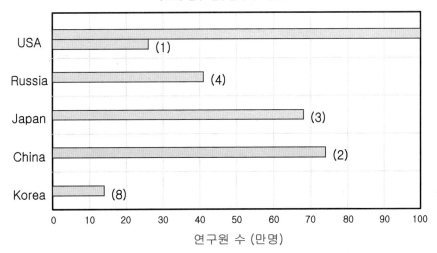

주요국 순수 연구인력 수 비교

연구원 수 (만명)

출처: OECD, Main Science and Technology Indicators 2004/5

(2) R&D인력자원 안정화 대책

러시아 정부는 R&D인력자원 문제에 대처하기 위한 여러 가지 방안을 강구해 왔다. 이와 관련해 가장 주목되는 부분은 러시아 정부의 연구개발비 증액과 연구개발 종사자들의 임금 문제의 현실화이다.

정부는 지난 2002년 12월 발표한 "2010년 러시아 과학기술발전 정책"에서 현재 1.28% 수준인 GDP 대비 연구개발비 비중을 2010년 4%대로 끌어올리겠다고 발표한 바 있다. 이와 함께 러시아 연구 인력의 대다수를 차지하고 있는 러시아 공공부문에서의 임금을 대폭 인상하는 정책을 추진하고 있다. 이에 따라 2000년대 초반 $300 수준이던 러시아과학아카데미 소속 연구원들의 월평균 임금은 대폭적인 임금 인상이 이루어지며 2007년 20,000루블($800. $1=25루블) 수준에 이르고 있다. 이후에도 지속적인 임금 인상을 위한 법안들을 마련하고 있다.

그러나 이런 임금 액수의 절대적인 인상 외에 중요한 것은 인센티브 개념을 도입하여 연구원들의 연구 효율성을 높이는 방안이다. 이를 위한 임금 시스템 개혁 법안이 지난 2006년 6월부터 시범적으로 시행되고 있는데, 이에 따르면 임금의 20%를 기술사업화나 국제협력사업 참여, 국가의 우선발전분야연구 참여 등에 대한 인센티브로 제공하고, 20%는 연구결과물에 대한 성과급으로 지급한다는 내용을 담고 있다. 이와 같은 임금 구조를 통해 2008년 말까지 평균 임금을 30,000루블($1,200)까지 인상한다는 계획이다.

이와 같은 임금 구조 개혁안은 자연스럽게 공공연구기관 내에서 시장원리를 도입하고 이노베이션과 기술산업화를 이끌어 내는 메커니즘을 만들어 내는 또 하나의 결과를 낳을 수 있을 것으로 기대하고 있다.

이 외에도 젊은 과학인력 확보를 위한 또 하나의 방안으로, 35세 이하의 과학자와 그를 지도하는 지도교수에 대한 지원, 러시아 대통령 직속으로 100개의 장학금 및 보조금 제도를 신설하는 등의 법안을 추진하고 있다.

그러나 이러한 직접적인 지원책 외에도 시스템의 변화를 통한 근본적인 개선을 꾀하고 있다는 것이 중요하다. 무엇보다 연구결과물의 이전을 강화하는 지적재산권 및 기술개발 권리 강화 등과 같은 법적 제도의 마련과 연구결과물의 적극적 상업화를 위한 이노베이션 프로젝트의 지원, 민간 및 외국인 직접 투자의 확대 등을 위한 인프라 구축 사업 등 결국 기술혁신체제의 확립이 그것이다.

3. 연구개발비 변화

(1) 러시아 연구개발비 현황

1990년대 180억불 수준이던 러시아의 전체 연구개발비는 소련이 붕괴하던 1992년 급락하여 러시아 경제가 호전되기 시작하던 2000년 대 초까지 50억 달러 선을 유지했다. 물론 러시아 내 연구개발비는 2000년 이후 절대 규모 면에서는 급증하고 있다. 그러나 여전히 미진한 상태라 할 수 있다. 2005년 현재 총 연구개발비 액수는 1990년 대비 50% 수준도 회복하지 못했고(41.7%), GDP 대비 R&D 투자 비율의 경우도 2005년 1.28%로 OECD 국과 비교해 보았을 때 절반에도 미치지 못하는 수준에 머무르고 있는 실정이다.

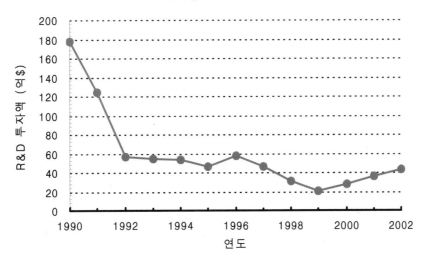

1990년대 총 연구개발비 변화 추이

출처: ЦИСН, 2004

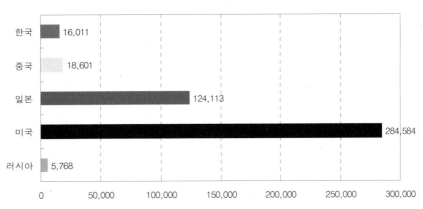

주요국 2005년 총 연구개발비 비교(단위:백만$)

출처 : 과학기술혁신본부, IMD 2005 세계 경쟁력연감 분석, 2006

러시아의 과학기술부분은 전체 연구개발비 가운데 정부 예산이 50% 이상을 차지하고 있어 여전히 정부 예산에 대한 의존도가 높은 실정이다. 그러나 재원별 러시아 과학기술예산 체계에서도 변화가 나타나고 있다. 1990년 초반에는 정부 예산 의존도가 90% 가까이 될 정도로 절대적이었으나 1999년 49%대로 떨어진 이 후 현재는 50% 수준에서 조금씩 증가하는 주세를 보이고 있다.

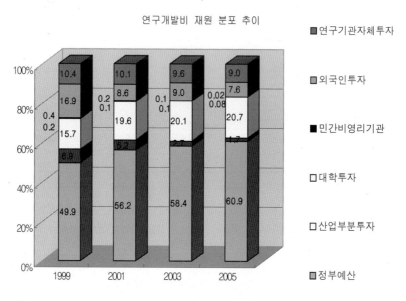

연구개발비 재원 분포 추이

- 연구기관자체투자
- 외국인투자
- 민간비영리기관
- 대학투자
- 산업부분투자
- 정부예산

출처 : ЦИСН, 2006

    그러나 여기서 주목할 것은 산업부문(기업부문)에서의 투자가 증가하고 있다는 사실이다. 산업부문에서의 투자는 1999년 15.7%에서 꾸준히 증가하면서 2005년에는 20.7%를 기록하고 있다. 러시아의 과학기술예산 체계에서 아직까지 정부 의존도는 여전히 높지만, 기업에서의 투자가 증가하고 있다는 점은 희망적이라 할 수 있다. 또한 민간 부분에서의 R&D 활성화가 기대되고 있으며, 러시아 정부 역시 민간 부문에서의 투자 확대를 위한 여러 정책들을 적극적으로 추진하고 있다.

    이를 위해 과학기술 이노베이션 시스템 구축과 국가차원에서 중요이노베이션프로젝트를 선정 지원하여 시장성을 갖춘 이노베이션 신제품 개발에서부터 이 기술의 생산과 성공적인 시장 진출까지를 지원하는 정책을 추진하고 있다. 또한 비정부 예산으로 조성되는 펀드의 발전을 위해 여러 가지 규제들을 철폐하고, 러시아기술발전재단과 같이 기존의 국가기금운용 기관을 법인화하여 투자사업이 가능하도록 허용하거나 영리기관으로 이전하는 등의 정책들을 시행하고 있다. 이밖에 직접투자를 확대하며, 특히 외국에서의 직접투자를 유도하기 위해 정부가 출자한 후 주식을 공모 형식으로 일반주주들에게 양도하는 기술투자펀드를 조성하고 있다.[12)

(2) 예산의 대폭 증액 그러나 선택과 집중의 원칙

무엇보다 러시아 정부의 R&D 예산 정책 가운데 중요한 것은 예산의 지속적 확대이다. 러시아 정부의 R&D 예산은 2000년 들어와 급증했다. 정부의 과학기술분야 예산은 매년 20% 가까이 확대되었으며, 1990년대 3%초반대였던 과학기술분야의 예산 비중은 2005년 4.7%에 이르는 등 러시아 정부는 과학기술분야에 적극적인 투자를 하고 있다. 앞서 언급한 대로 러시아 정부는 GDP의 4%를 연구개발비로 투자할 계획을 가지고 있어 이런 예산 확대 정책은 향후 지속적으로 진행될 것으로 전망된다. 이로써 2000년대 이후 러시아 과학기술계는 안정화의 기반을 확보하게 된 것이다.

러시아 정부의 예산 확대 정책과 더불어 중요한 것은 예산 집행의 효율화 정책이다. 즉 과거와 같이 대규모의 예산 편성이 불가능해진 상황에서 미래 국가발전과 경제적 효과를 기반으로 선정된 러시아의 강점기술분야에 집중적으로 투자하는 '선택과 집중'이라는 기조를 가지고 있다. 이는 2002년 발표된 "2010년 러시아 과학기술발전 정책"을 통해 9개 분야와 52개 중점기술선정으로 체계화되었으며, 이후 조정과 보완을 거쳐 2006년 발표된 "러시아 과학기술우선발전과 러시아의 중점기술목록"에서 8개 분야 34개 중점기술로 집약되었다.

이와 같은 기본 원칙 하에 러시아 정부는 예산 지원 체계에서 목적지향적 연구개발 지원을 확대하는 방향으로 정책 방향을 바꾸고 있다. 이는 과거의 연구기관 지원 중심에서 국가가 지정한 중요 분야와 차후 시장가치를 창출할 수 있는 혁신기술 위주의 과제 지원 중심으로 전환되고 있음을 의

---

12) 러시아정보통신기술투자펀드가 대표적이다. 2006년 정부에 의해 100% 출자된 법인체로, 설립자금으로 14억5천만루블을 투자했다. 정부측 주주는 정부통신기술부이다. 정부 주식을 일반인들에게 공모하여 정부 주식 보유율이 51%까지 떨어지면 투자 활동을 개시하게 된다.

미한다. 특히 이런 중요이노베이션프로젝트 지원을 통해 민간 부문에서의 R&D 확대를 유도하고 있다.

이 같은 러시아 정부의 R&D 예산정책은 재원의 효율적 이용이라는 측면 외에도 변화하는 세계 경제와 러시아 상황 속에서 하이테크 분야에서 러시아의 경쟁력 강화를 목적으로 하고 있다. 이는 러시아 정부가 향후 과학기술발전에 있어 기술혁신을 통한 경제 선진화를 추구하는 것과 맥락이 닿아 있다.

러시아의 연구기관들과 과학자들은 이제 적극적으로 자신의 기술들을 외국의 잠재적 파트너들에게 소개하며 공동사업화에 나서고 있다. 물론 기술마케팅이나 기술 비즈니스 측면에서는 여전히 서방 세계에 비해 낙후되어 있으나, 러시아 정부의 노력이 결실을 맺게 된다면 러시아는 이제 에너지 대국에서 21세기 산업기술대국으로 발돋움 할 수 있는 기반을 갖추게 될 것이다. 사진은 한국산업기술대 한러산업기술협력센터에서 추진한 러시아 기술설명회 사업 중 러시아 과학자로부터 기술협력프로젝트 설명을 듣고 있는 모습

Ⅲ. 미래를 향한 러시아 과학기술 정책

1. 10년 이후를 위한 러시아 과학기술정책의 전략과 전술

(1) 혁신만이 살길이다!

러시아 정부가 과학기술발전 전략에 근거하여 과학기술정책의 법적 토대를 수립하고 그 추진을 시작한 것은 1996년 공표한 "러시아 과학발전 선언"이후이며, 이 시기부터 러시아 과학기술계의 안정화와 보존 및 발전을 위한 정부의 제반 정책들이 수행되기 시작했다. 이 후 1998년과 2000년의 단기 정책안을 거쳐 2002년에 최근까지 러시아 정부의 과학기술정책의 근간이 되고 있는 "2010년 러시아 과학기술발전 정책"을 발표했다.

위의 기본 법안들을 바탕으로 1996년 이후 일관성 있게 추진되어 오고 있는 러시아 정부의 과학기술정책의 기본 전략은 과학, 기술 분야에서 선택과 집중을 통한 과학기술의 발전과 국가 이노베이션 시스템을 근간으로 경제 발전의 혁신을 이루는 것으로 정의할 수 있다. 이 같은 기본 전략은 이후 2005년 발표된 "2010년 러시아 이노베이션 시스템 발전 정책 주요 방향", 2006년 발표된 "러시아 과학기술 발전전략 및 우선 지원분야"와 "2015년 러시아 정부의 과학과 이노베이션 분야 발전 전략"등을 통해 구체적인 실행 방안으로 추진되어 왔다.

이 같은 러시아 정부의 노력으로 인해 현재와 중단기적 상황은 일단 긍정적인 조건들이 형성되고 있다고 하겠다. 러시아 과학기술계는 시장에 부합하는 기술개발위주로 전환되는 중이며, 산업체의 수용에 맞는 투자와 기술개발을 추진하고 있다. 또한 정부와 민간 부문에서 연구 개발로 지원되는 예산도 늘어나고 있는 추세이다. 따라서 러시아 정부는 최근 정책의 기조를 투자와 이노베이션 활동을 지원하기 위한 여러 방안의 확대로 잡고 있다.

그러나 이 같은 현재의 긍정적인 추세에도 불구하고 과학기술의 산업화를 통한 경제 혁신은 여전히 요원하다는 것이 러시아 정부의 진단이다. 최근 들어 과학기술 분야에 많은 지원을 하고 있으나 경제 선진화를 위한 주요 분야, 특히 산업 분야에서의 기술 발전 수준은 여전히 낮게 나타나고 있다.

이런 문제점의 원인으로는 무엇보다 세계 최고 수준의 기초기술을 산업과 생산으로 연결시킬 수 있는 환경이 조성되어 있지 못하다는 것과 러시아 기업의 생산 기술 수준이 낮아 국내외 시장에서 경쟁력을 가지지 못한다는 것, 그리고 이에 결부된 기업의 낮은 혁신 활동[13]을 꼽을 수 있다. 러시아 교육과학부의 평가에 의하면, 현재의 이노베이션 체계와 R&D를 통해 기초기술을 산업기술로 전환하는 시스템 사이에는 여전히 단절이 나타나고 있으며, 이는 선도생산기술의 개발과 활용의 부진으로 나타나 러시아가 세계 기술 시장에서 경쟁력을 확보하지 못하게 하는 원인이 되고 있다는 것이다. 또한 러시아 기업들의 환경 역시 여전히 낡은 기술 구조가 팽배하며, 기업들이 새로운 기술적 해결에 민감하게 반응하는 수준이 낮고, 기업의 혁신 활동도 대부분 일시적으로 이루어지고 있다는 평가이다. 특히 혁신 활동이 증가하고 있는 기업이라도 기술개발력에 집중하는 것이 아니라 새로운 장비 구입에 더 많은 예산을 할애하고 있는 실정이다.[14]

따라서 2000년 이후 새롭게 조성되고 있는 러시아 과학기술계의 긍정적인 환경을 발전시키고 산업 부분에서의 이와 같은 문제점을 해결하기 위한 방안으로서 러시아 정부는 2007년 7월 러시아 대통령과 내각의 결정에 따라 "2015년 러시아과학기술발전과 러시아경제의 기술현대화를 위한 종합 대책"(이하 2015년 종합 대책)을 발표하였다. 이 2015년 종합 대책은 앞서의 2010 장기 러시아 과학기술발전전략과 이후 실행 방안들을 보완 수정 발전시킨 것으로, 특히 세계 시장을 선도할 수 있는 하이테크 제품 생산을 위한 선진생산기술의 개발과 활용을 주요 목표로 하고 있다.

이를 위해 먼저 미래예측까지를 포함하는 러시아 과학기술의 장기발전전략안 작성에 착수하며, 선택과 집중의 원칙 하에 러시아가 세계 시장에서

---

13) 러시아 교육과학부에 의하면, 2005년 러시아의 대기업과 중소기업 25,805개를 조사한 결과, 이중 9.8%인 2,402개 기업만이 기술혁신개발과 산업으로의 상용화를 추진했다. 또한 기업의 기술혁신지표는 유럽과 동유럽을 비롯한 경쟁국들 가운데 가장 낮은 수준인 9%를 기록했다.

14) 러시아 기업들의 기술개발은 1995년 57.9%에 반해 2005년 31.6%로 하락했다. 이 같은 상황은 기업의 과학기술력 저해와 신기술 개발력 상실로 나타나게 되어 결과적으로 하이테크 제품 생산에서 경쟁력을 상실하는 원인이 되고 있다.

경쟁력을 가지고 있는 분야를 집중적으로 육성 발전시키기 위해 연방목적
지향프로그램의 선정과 국가연구시스템을 새롭게 개편하고, 정부와 민간의
협력 체계를 확대한다는 실행 방안을 마련하였다. 특히 정부와 민간의 협력
체계 확대에 따라 응용연구 및 이노베이션 사업에서는 시장 원리를 확고히
하며, 선진생산기술 개발을 위한 기타비정부 예산을 확대할 계획이다. 이를
위해서 국제기술협력 역시 확대 추진될 전망이다. 이와 비슷한 맥락에서 예
산지원 인프라 역시 벤처펀드, 직접투자 활성화를 추진하며, 지역기술생산
클러스터 발전을 위한 테크노파크, 이노베이션 센터 구축 및 활성화 방안도
마련하고 있다.

(2) 국가의 과학기술부문 우선발전분야 선정과 지원

러시아 정부는 2002년 장기 전략안에서부터 국제 기술 발전 트랜드와 러
시아 경제 발전을 위한 중단기 발전 방향을 고려한 우선발전분야 및 중점
기술을 선정하여 이에 대한 집중적인 지원을 해오고 있다.

러시아 정부의 우선발전분야는 국가의 사회경제적 장기 발전 전략, 축적
된 과학기술역량, 시장의 필요, 높은 사회경제적 효과 등을 고려하여 선정
하고 있다. 중점기술분야는 GDP 성장과 국가 경제의 경쟁력 향상에 직접
적으로 영향을 미치며 국가 안보 확보를 위해 필요한 기술이라는 기준으로
선정되고 있다.

현재 러시아 정부가 추진하고 있는 우선발전분야와 중점기술은 2006년에
발표된 러시아 정부의 과학기술발전 전략에서 선정된 것들이다. 동 전략안
에서 최근의 새로운 국제 기술환경과 러시아 국내 상황을 고려하여 기초연
구, 정보전자, 안보, 나노시스템 및 소재, 생명공학, 교통, 에너지, 환경과
자원의 효율적 이용 분야 등 8개의 우선 발전분야와 34개의 중점 기술분야
를 선정했다. 따라서 현재 러시아의 강점 분야이자 미래 전략 분야는 바로
이 우선발전분야와 중점기술분야라 할 수 있다.[15]

---

15) 현재의 주요발전분야는 1996년 처음 선정되었던 8개 분야 가운데 생산기술, 신소재, 화학기술이 제외
   되고 안보기술, 나노시스템과 소재기술이 새롭게 선정된 것이다. 중점기술분야는 1996년 70개에서 34
   개로 축소되었으며, 현재의 중점기술분야에서는 바이오기술과 수소에너지 기술이 새롭게 선정되었고 메

우선발전분야는 그 내용에 따라 크게 다음의 네 가지 부분으로 나뉜다.

첫 번째, 전통 경제 분야 - 러시아 경제에 직접적으로 영향을 미칠 수 있는 분야로, 주로 에너지와 관련되어 있다. 자원과 연관되어 있어 거대 독점 기업들의 기술개발과도 밀접한 연관이 있는 분야이다.

두 번째, 안보 기술 분야 - 군수기술개발과 연관된 분야이다. 민군겸용 기술의 개발과 군수기술의 민간이전 시스템(기술권 이전 등) 구축을 주요 내용으로 하고 있다. 특히 이 부분에 대해서는 외국투자자들의 러시아 방위산업체 자본 투자와 이들 군수업체들의 세계 기술 시장으로의 진출 지원 정책, 군수기술의 수출과 국내 수요와의 합리적인 분배 및 해외에서의 사용에 대한 컨트롤 시스템 등을 마련하는 것이 과제이다. 이 부분의 정책 실현을 위해 현재 중점적으로 논의되고 있는 것이 거대 과학생산기업이나 주식회사 설립과 같은 형태로 정부 산하 기관을 연합하는 내용이다.

세 번째, 삶의 질을 높이는 기술 분야 - 러시아는 그동안 국방기술, 우주기술 등에 비해 소홀했던 국민의 삶의 질을 향상시키기 위한 바이오기술, 나노기술 개발에 최근 큰 관심을 가지고 지원하고 있다.

네 번째, 미래 경제를 위한 분야 - 15~20년 후의 세계 경제 발전을 결정짓는 과학기술분야에 대한 장기 프로젝트로서, 연방목적지향프로그램을 통해 실현될 것으로 보인다. 이 미래 경제를 위한 기술개발은 특히 이노베이션, 투자, 교육이라는 삼박자가 갖추어져야만 실효성 있는 결과물을 획득할 수 있는 분야이다. 따라서 기초연구의 활성화와 기업들이 연구결과물에 쉽게 접근하고 활용할 수 있는 시스템을 마련하고, 기술이전과 기술산업화 활성화를 위한 기술 네크워크 구축 등이 주요 정책으로 제시되었다. 이것은 국가연구센터(National Research Center)와 산업기술분야에서 우수센터 설립 등으로 가시화되고 있다.

카트로닉스, 원자력에너지기술, 방사능과 핵연료 폐기물의 안전한 사용을 위한 기술 분야가 강화되었다.

2. 최근 러시아 정부의 과학기술발전 및 혁신 정책의 주요 내용

2000년 이후 러시아 정부의 과학기술정책의 과제는 러시아 과학기술계를 1990년대 안정화 시대에서 21세기 창조의 시대로 전환시키는 것이었다.[16] 이에 따라 러시아 정부는 최근 4년간 교육과 과학, 이노베이션 분야에서 대대적인 시스템 개혁을 시작했다.

기초연구분야에서는 러시아과학아카데미를 비롯한 공공연구기관의 개혁을 통해 연구의 효율성을 높이고, 특히 지적재산권 및 기타 연구결과물에 대한 사용 권리를 국가가 아닌 연구소나 연구자가 소유할 수 있는 권리를 보장하는 법안을 마련하는 등 기술산업화를 위한 메커니즘을 도입하고 있다.

또한 2008~2012년 기초과학연구프로그램에 5년간 2천5백만 루블(약 $10억)을 지원하는 등 기초연구분야에서도 예산 지원을 대폭적으로 늘리고 있다.

응용연구부분에서는 연방목적지향프로그램을 통해 최근 몇 년 간 과학기술분야로의 예산지원은 대폭적으로 늘어나고 있으며, 이제는 돈의 액수가 아닌 효율성의 문제로 예산 정책을 비롯한 제반 과학기술정책과 혁신 정책을 추진하고 있다.

이와 관련하여 현재 러시아 정부가 추진하고 있거나 추진 계획 중에 있는 중요 정책으로 응용연구분야의 중점 사업이라 할 수 있는 **목적지향프로그램의 확대 발전**, 국가의 전략 산업 발전을 위한 **나노산업 육성**, 중점기술분야에서의 러시아 과학기술 경쟁력을 획기적으로 높일 수 있는 **국가연구센터의 설립, 민간투자 활성화, 지역기술클러스터 구축** 등을 꼽을 수 있다.

(1) 과학기술우선발전분야의 목적지향프로그램 확대

2000년 이후 러시아 정부의 응용연구분야지원에서 가장 중요하고 주목할 만한 사항이 바로 과학기술우선발전분야 연구개발 목적지향프로그램의 확대[17]이다. 이 목적지향프로그램은 2004년 이후 2007년까지 5개에서 9개로

---

16) Поиск, 2008, 2,29일자 인터넷판 (검색일: 2008, 5,20)

17) 연방목적지향프로그램(федеральные целевые программы)은 1997년 12월 공표된 연방헌법에 의해 시행된 국가 차원의 대규모 사업이라 할 수 있다. 이것은 러시아 정부가 국가 경제와 사회, 문화 발전을 위해 전략적으로 중요하다고 판단하는 분야에서 정부의 정책과 지원 내용을 담고 있다.

2배 가까이 증가했고, 예산은 5배가 증가했다.

현재 추진되고 있는 중요한 과학기술분야에서의 목적지향프로그램인 "2007~2012년 러시아 과학기술발전 우선분야의 연구개발"에는 교육과학부 예산의 68%, 2,200개 연구기관과 32개 부처가 참여하는 등 러시아 과학기술계의 모든 역량을 투여하고 있다.

향후 러시아 과학기술발전의 방향과 내용을 결정하고 있는 2007~2012년 목적지향프로그램의 특징을 살펴보면 크게 두 가지로 나누어 볼 수 있다.

첫째는 민간협력 시스템 구축이다. 이는 중점기술분야에서 비정부 예산의 비중을 늘리기 위해 민간 부문에서의 투자를 확대하여 기술 상업화와 이노베이션 기반을 확대하는 것을 목적으로 하고 있다.

둘째는 나노산업에 대한 집중적인 투자와 육성이라 할 수 있다. 이 프로그램에서 지정된 우선발전분야는 라이프시스템기술, 나노시스템 및 소재, 정보통신기술, 자원의 합리적 이용, 에너지 및 에너지 공급 등으로 나눌 수 있는데, 이 가운데 나노 분야로 예산의 60%가 지원될 계획이다.[18] 특히 2007년 대통령령으로 만들어진 "나노산업발전전략"과 함께 이 목적지향프로그램을 통해 러시아 정부가 계획하고 있는 나노산업육성사업의 청사진이 구체적으로 가시화되고 있다.

특히 초기 연방목적지향프로그램이 우선적으로 단기 산업발전 분야에 치중했던 것과는 달리 향후에는 러시아의 미래 산업과 이노베이션 발전을 위한 신산업육성에 보다 많은 지원이 예상되고 있다. 그 첫 번째가 바로 나노산업이며, 뒤를 이어 바이오산업, 에너지산업(신에너지, 재생에너지, 유기원

2007년의 경우 7개 분야에서 46개의 프로그램이 추진되었으며, 총 예산은 509450.2675백만루블(약 200억$)이었다. 이 중 과학기술분야는 9개 프로그램에 총 87316.9백만루블(34억9천만$)이 투자되었다. 2008년 예산안에서는 과학기술분야 프로그램이 12개로 늘어났으며, 총 예산 역시 154618.399백만루블(61억$)로 대폭 늘었다. 과학기술우선발전연구개발 분야는 이 가운데 하나의 프로그램으로, 러시아 교육과학부가 예산을 지원한다. 나머지 프로그램들은 사업을 주관하는 각 정부부처에서 예산을 지원하는 개별 산업 투자(대부분 우주항공과 전자정보구축사업)에 해당한다. 러시아 교육과학부는 이 과학기술분야의 목적지향 프로그램에서 향후 미래 경제 발전을 위한 신산업 육성 목적의 사업들을 확대할 예정이다. 그 첫 시도가 나노산업 지원이라 할 수 있다. 출처: федеральные целевые программы. www.fcp.vpk.ru (검색일: 2008. 6.20)

18) Поиск. 2008 2.18일자 인터넷 판 www.poick.ru (검색일: 2008.5.30)

료에너지, 에너지절약기술 등), IT산업(정보보안기술, 정보탐색기술, 인식기술 등) 등에도 대대적인 투자가 이루어질 전망이다.[19]

(2) 나노산업 육성 전략

현재 러시아 과학기술정책 가운데 그 파급력과 중요성이 높은 전략 프로그램은 대통령 발의 프로그램이라 할 수 있다. 이것은 정부의 정책과 메커니즘, 예산과 기타 재원의 집중 등을 결정하고 종합하는 프로그램이다. 대표적인 것이 2007년 4월 발표된 "나노산업발전전략"이다.

나노기술분야는 전 세계적으로 아직 발전 초기 단계로서, 러시아가 현재 보유하고 있는 나노 기술 수준과 나노기술분야에서의 과학기술잠재력은 선진국들과 대등한 수준이라는 평가다. 러시아 전역의 150개 연구기관, 2만여 연구자들이 나노분야에서 연구개발을 진행하고 있으며, 나노기술을 이용한 금속소재, 바이오소재, 나노분산형 금속 부속품, 산화제, 촉매제 등을 이미 개발했고, 5~7년 후 세계적 수준의 나노헤테로구조의 전자제품을 산업생산할 수 있는 기반을 확보할 것으로 평가되고 있다.

따라서 러시아 내에서 나노기술개발지원은 러시아 교육과학부, 국방부, 산업에너지부, 과학아카데미 등 여러 기관에서 여러 프로그램을 통해 과제 지원이 많이 이루어지고 있으며, 연방정부 차원에서도 나노기술개발과 나노산업 육성을 위한 중장기 발전전략안[20]을 만들어 집중 지원하고 있다. 또한 현재 러시아 교육과학부는 R&D 사업으로 나노분야에 2008년 100억 루블, 2009년에는 120억 루블로 책정했으며, 나노산업인프라 구축을 위해 2008~2010년 280억 루블을 지원하는 등 집중적인 투자를 할 계획이다.

이번에 발표된 대통령 발의 프로그램인 "나노산업발전전략"은 나노기술 국가 네트워크를 구축하여 이 같은 재원을 우선발전 분야에 집중하고, 조정을 효율화하며, 경쟁력있는 나노기술제품을 신속하게 시장으로 진입하게 할

---

19) Министерство образования и науки Российской Федерации, "Комплексная программа научно-технологического развития и технологической модернизации экономики Российской Федерации до 2015 года", Москва, 2007

20) 2015 러시아 나누기술 및 나노소재 발전 프로그램, 2015년 러시아 나노산업 발전 프로그램, 2008~2010 러시아 나노산업 인프라구조 발전 연방 목적지향프로그램 등.

수 있도록 환경을 조성하는 것을 그 내용으로 하고 있다.

참고 : 러시아 정부의 나노산업발전 단계

기간	기술 분야
단기 지원 (실용화예상 3~10년 후)	✓ 싱크로트론방사와 중성자빔을 이용한 나노소자 및 미립자차원의 나노구조 특성 연구(장비) ✓ 연구개발장비(탐침현미경, 원자현미경) ✓ 나노소재 : 나노튜브, 플러렌, 나노분말 ✓ 보호코팅기술 ✓ 나노성분의 콤포지트소재: 초가소성 폴리머, 초강도 세라믹, 정밀형태의 폴리머, 광재료, 자기재료, 전도체 등 ✓ 나노구조재료, 특히 특이물성을 가진 다이아몬드, 초전도, 전파흡수재료 ✓ 나노탄소재료(전자광학용 기구 및 의료산업에 이용) ✓ 나노멤브레인, 나노필터, 촉매제, 나노센서 ✓ 광전자, 나노소재(LED, 솔라 및 광전자 변환기) ✓ 약제용 나노프레파라트
중기 지원 (실용화예상 10~20년후)	✓ 외부환경에 따라 변하는 특이성분의 나노소재 ✓ 에너지 변환 및 저장을 위한 나노소재 ✓ 나노전자소재(정보표시시스템, 초집적 정보저장 기억장치 등) ✓ 나노전자기계, 바이오활성화 재료, 지능형 임플란트, 분자방사선과 같은 초정밀 의료진단기구 ✓ 나노바이올로지 제품 ✓ 개별 탄소나노클러스터와 분자로부터 처리, 조립하는 장비
장기 지원 (실용화예상 20년 이후)	✓ 고립된 분자와 원자를 결합하여 만들어진 나노소재 ✓ 유기-무기 이종기술에 기반한 바이오유기형 시스템 ✓ 분자전자 제품 ✓ 양자슈퍼컴퓨터 ✓ 나노로봇기술

출처: 러시아 교육과학부, 2015년 러시아 나노기술 및 나노재료 분야 발전 프로그램

　　이번 "나노산업발전전략"안에 따라 나노기술국가네트워크 구축을 위해 연구개발과 생산을 수행하고 연계 기관들의 연구활동을 조정하는 역할을 하는 국가연구센터와 조직과 예산 지원을 담당하는 러시아나노기술공사가 설립되고, 여기에 벤처펀드를 비롯한 투자 기관과 나노기술 관련 연구소, 대학 등 연구기관들이 연계된다. 이 같은 내용에 따라 나노관련 국가연구센터로 '크루차토프 연구소'가 지정되었고, 나노기술 관련 이노베이션 사업과 기술상업화를 위한 러시아나노기술공사는 러시아 정부가 1천3백억루블(약 50억 달러)의 자본금을 투자하여 최근 설립되었다.

　　이밖에 창업지원프로그램인 스타트 프로그램을 통해 나노기술 분야에서 새로운 기술혁신형 하이테크소기업의 설립을 지원하여 종업원 수 5~20명

수준, 연간 생산이 3천만 루블 수준(1백2십만 달러)의 기업들의 설립을 지원할 계획이며, 벤처자금을 통해 10억~20억 루블(4천만 달러~8천만 달러)의 기술산업화나 상업화를 목적으로 한 중대형 이노베이션 프로젝트를 지원할 계획이다.

이같은 나노산업육성전략에 따른 기대 효과는 2015년까지 러시아 나노제품 판매 9천억 루블(3백6십억 달러) 달성, 세계 시장에서의 점유율 3%, 나노산업의 생산기술기반구조에 총 1천8백억 루블 투자(72억 달러)로 나타나고 있다.

(3) 국가연구센터 및 국가연구네트워크 구축

2008~2010년 사이 가장 중요한 사업 중 하나로 꼽히는 것이 과학기술의 우선발전분야에서 국가연구센터(National Research Center)를 설립하는 것이다. 이 국가연구센터 설립사업은 신성장동력사업을 위한 완전히 새로운 전략적 기술개발을 위해 정부 차원에서 선택과 집중의 원칙에 따라 재원과 역량을 집중할 수 있는 효과적인 정책 수단이라 할 수 있다.

이 국가연구센터의 주요 역할을 다음과 같다.

- 하이테크 분야의 세계 시장에서 러시아의 선두 자리 확보와 러시아의 안보에 필요한 기술적 독립을 확보할 수 있는 기술의 개발과 보유
- 몇 개의 중요발전우선분야와 전략 분야의 연구개발 책임 기관의 역할. 이와 함께 전략 부분에 많은 영향을 미치는 중심기술개발 선도 기관의 역할도 동시에 수행
- 원천기술연구발전과 완전히 새로운 신기술 개발의 기반을 구축하기 위한 원천기술 및 응용연구기술연구의 통합 발전
- 과학기술정책 및 러시아 과학기술분야의 중장기 발전 전략 개발
- 투자 프로젝트 등 과학생산이노베이션 사업을 위한 조정 역할

따라서 위와 같이 선도적 연구기관으로서의 역할을 수행하기 위해 국가연구센터로 선정될 연구기관은 해당 분야에서의 최고의 연구개발 능력과 연구인력 보유 뿐 아니라 시장진출이 가능한 성장 가능성이 높은 기술개발

품의 탐색과 시장 분석, 국제협력사업추진 등이 가능한 이노베이션 인프라를 보유하고 있어야 한다. 때문에 선정 기준 역시 대규모의 이노베이션 프로젝트 수행 경험과 국제협력사업수행 경험, 그리고 세계적으로 그 연구개발력을 인정받는 곳이어야 한다.

특히 국제협력이라는 메커니즘을 통해 세계적인 선도 연구센터들로부터 세계 최고 수준의 연구자들을 유입할 수 있도록 국제협력 활성화를 위한 협력사무소를 이 국가연구센터 내에 설립할 계획이다. 이는 과거 정부 위주의 국제협력사업의 문제점으로 지적되어 왔던 엄격한 행정절차로 인한 비효율성을 해결 할 수 있을 것으로 기대되고 있다.

이 같은 국가연구센터는 한 분야에서 단 하나의 센터라는 원칙으로, 예산은 정부예산에서 50%, 최대 50%는 외부예산(러시아나 외국의 산업체에서 지원하는 예산)으로 운영할 계획이며 민영화의 권리가 없는 완전한 국가 소유의 기관이 된다.

한편, 선도기술의 상업화를 추진하는 연구소와 기업들을 네트워킹하는 국가과학기술네트워크 구축 사업도 동시에 진행할 계획이다. 초기에는 20~30개 연구소와 대학을 연결하는 것을 목표로 하고 있으며, 여기에 기술이전센터, 기술인증센터, 기타 생산기술기반시설들, 기술개발과 이노베이션 지원재단들을 포함시킬 계획으로, 궁극적으로 이 네트워크를 기반으로 테크노파크와 기술혁신지역을 만들게 되는 것이다.

(4) 지역기술클러스터 조성

러시아 정부가 중점적으로 추진하고 있는 기술클러스터사업으로는 특별경제지구, 테크노파크, 산업파크 설립을 꼽을 수 있다.

특별경제지구는 2006년 1월, 설립에 대한 법령이 발표된 후 1년 여간 총 6개가 지정되었다. 이들 특별경제지구는 무관세 및 각종 세제혜택이 부여되는 산업생산특별지구와 하이테크 중소벤처기업을 육성하기 위한 지원 및 인큐베이터 지원 등과 같은 기술혁신기반 제공을 목적으로 한 기술혁신특별경제지구로 나뉜다.

6개 특별경제지구

선정 지역	위치	특화 분야	특구 유형
리페츠크	모스크바 외곽	가전제품	제조업
엘라부가	타타르스탄 공화국	자동차 부품	제조업
젤레노그라드	모스크바 근교	전자 부품	R&D
두브나	모스크바 근교	핵물리 기술	R&D
상트 - 페터르부르크	상트 - 페터르부르크 근교	IT 기술	R&D
톰스크	시베리아	신소재	R&D

　무엇보다 이 특별경제지역으로 대기업을 비롯한 중소기업과 외국기업들을 유치하고 기업의 생산 활동을 지원하기 위한 제반 인프라 구축이 시급하다. 그러나 더욱 문제로 지적되는 것은 자유로운 연구개발과 생산을 보장하는 행정의 부재, 또는 행정 절차의 복잡함과 어려움으로 여전히 투자와 유치가 저조한 것으로 나타나고 있어 러시아 정부는 이에 대한 해결책을 모색하고 있다.

　테크노파크는 이런 특별경제지구의 어려움을 해소하기 위한 방법 중 하나이다. 현재 러시아 정부는 하이테크 분야에서 테크노파크를 설립하는 것을 골사로 2005년 1월 관련 법령을 세정, 2007년 20억 루블을 책정했다.

　산업파크는 하나의 산업 분야나 기술 중심에서 중소기업 및 대기업이 집중되어 있는 곳으로, 현재 러시아 전역에서 성공적으로 운영되는 곳은 알루미늄산업생산파크인 '시베리아 산업파크'를 꼽을 수 있다. 이곳은 '러시아 알루미늄'사의 국내외 사업 파트너들이 관련 제품을 생산할 수 있는 모든 장비와 시설을 갖춘 장소로, 이 같은 집적을 통해 생산의 효율성을 높이기 위한 것이다. 현재 이와 비슷한 산업 파크가 러시아 전국에 설립되어 있다.

3. 러시아 정부의 최근 국제과학기술협력 정책과 전망

2000년 이후 러시아 정부는 과학기술분야에서의 국제협력사업을 적극적으로 확대하는 정책을 추진하고 있다. 2000년 1월 연방정부에 의해 승인된 러시아의 국제과학기술협력정책(2000~2005년)에서는 러시아의 기술혁신기반 강화와 세계 기술 시장에서의 러시아의 비중 증대를 위한 국제과학기술협력의 확대를 천명하고 있다.

그러나 궁극적으로 러시아 정부가 국제과학기술협력을 통해 추구하고자 한 것은 역시 부족한 정부 재정을 보완할 수 있는 외국자본의 유치라 할 수 있다. 러시아 정부의 국제과학기술협력사업은 해외투자를 유치하기 위해 적극적인 제도 및 환경 정비와 자국의 기술혁신기반 강화를 목적으로 국제공동연구 활성화를 위해 연구센터 및 국제협력프로그램을 적극적으로 개발한다는 특징을 가지고 있다.

이에 따라 서방 선진국들과는 러시아과학아카데미와 대학, 연구기관을 통해 기초과학 및 기반연구 분야에서 꾸준히 협력관계를 유지하며, 국제공동연구는 EU, OECD, UN, UNCTAD의 국제과학기술협력프로그램을 통해 수행하고 있다.[21] 이 같은 러시아의 다자간 국제과학기술프로그램 참여는 러시아 연구기관에 대한 직접적인 재정지원과 간접적으로는 선진연구관리기법의 도입과 훈련이라는 목적을 가지고 있다.[22]

---

21) EU의 과학기술 프로그램 EUREKA, INCOCOPERNICUS, 유럽의 구소련 과학자 지원 프로그램인 INTAS 등

22) 미국과 EU와의 협력이 활발하다. 미국의 경우는 러시아와 가장 많은 협력 사업을 추진하고 있는 것으로 나타나고 있다. 미국은 1995년 러시아 내에 민간연구개발재단(CRDF)를 설립하여 러시아내 연구센터 설립 및 지원 프로그램을 추진하고 있다. 이 곳에서는 연구결과물의 기술사업화 지원은 물론 첨단기술개발방법론 등 R&D 연구능력 배양에 힘쓰고 있다. 미국의 경우는 이런 국가간 협력 외에도 기업단위의

한편, 중국, 한국, 대만, 싱가포르를 비롯한 신흥 개발국들과는 러시아 과학기술기반을 활용하여 이들 국가의 투자를 유치하는 방향으로 추진하고 있다. 특히 중국과는 러시아 최초로 모스크바 에너지 공대에 러중테크노파크를 설립했고 중국 내에서도 이미 중러 테크노파크가 하이테크산업화 단지 내에 설립되었다.[23]

모스크바의 모스크바에너지공과대학(MPEI) 내에 소재하고 있는 러시아－중국 합작 테크노파크 '드루즈바(유료)'의 입구. 중국의 하이테크 분야에 대한 대대적인 투자는 이미 잘 알려져 있다. 중국은 직접 투자를 통해 외국에 4개의 테크노파크를 설립했는데, 그 중 하나가 바로 이 MPEI에 세워진 이 중－러 테크노파크이다. MPEI의 인프라에 기반하여 러시아－중국테크노파크 '드루즈바(우호)'라는 국가간 프로젝트가 진행하고 있는 것이다. 이 테크노파크는 양국의 과학기술 및 이노베이션 협력 발전, 과학기술개발과 이노베이션 제품 생산을 목적으로 설립된 것으로, 러시아와 중국 시장을 겨냥하고 있다.

협력도 매우 활발하여 대기업의 연구센터 설립 등 대규모 자금을 투입하면서 대형화를 추진하고 있다. EU와의 협력은 과학기술프레임워크 프로그램을 중심으로 추진되고 있다.

23) 중국정부는 전통적으로 동일한 과학기술환경을 가진 러시아와는 기초연구 분야에서 계속적으로 협력을 유지하면서 동시에 러시아의 선진기술이전을 목표로 중국의 산업단지 내로 러시아기술을 도입하는 테크노파크 전략으로 협력사업을 추진하고 있다.

러시아 정부의 국가간 과학기술협력 전략

구분	주요 협력 내용	주요 협력 대상국
CIS회원국	- CIS내 공동과학기술센터 설립 - CIS회원국과의 과학기술분야에서의 협력관계활성화 - CIS 회원국과의 과학기술정보교환의 활성화	
기술선진국	- 기초와 응용과학분야에서의 공동연구 추진 - 기술혁신을 위한 대형 과학 프로젝트의 추진	미국, 독일, 일본, 프랑스, 영국 등
신흥개발국	- 기초와 응용분야(고에너지물리, 재료학, 레이저기술, 정보통신기술과 소프트웨어, 바이오테크놀로지, 해양학 등)에서 협력 확대	인도, 중국
	- 러시아 과학기술을 활용한 응용연구 분야에서 협력 확대	한국, 브라질, 이집트, 말레이시아, 싱가포르, 태국, 필리핀

국가간 기술혁신사업 협력 전략

구분	협력 방향	주요 협력 대상국
공업선진국	- 러시아의 첨단기술분야에 직접적 또는 간접적 외국자본 유입기반 조성 - 유럽경제개발은행, 외국벤처회사와 개인투자가를 포함한 유럽벤처 자본협회와의 계약 확대 등	
신흥공업국	- 러시아기술의 상업화 투자 - 국제시장 공동진출을 위한 기술집약상품 및 서비스 등의 공동연구 개발 - 이들 국가의 자유무역지역에 공동으로 기술 집약적 생산시설 건설	한국, 대만, 말레이시아, 인도네시아, 필리핀
	- 러시아의 엔지니어링 용역을 포함한 첨단기술 및 기술집약적 상품 등의 수출 확대	브라질, 이집트, 이란, 멕시코, 남아공 등
동유럽	- 소비에트 시대에 공동으로 건설된 생산시설의 현대화를 기반으로 하는 협력 강화 - 폴란드, 체코, 슬로바키아 등의 하이테크놀로지, 기술집약적 상품 및 용역시장으로 진출	

그러나 이런 해외투자 유치는 국내 재원의 부족을 해결해 주는 방안임과 동시에 기술의 해외 유출을 야기하는 문제이기도 하였다. 따라서 러시아 정부는 국가의 해외 기술이전 조절 및 관리를 강화하여 핵심 기술과 인력 유출 통제 강화 및 지적재산권 보호를 위한 법적 제도적 보호 장치를 강구하고 있다. 또한 개인 자격의 기술이전을 지양하고 기관 간, 국가 간 정식 기술이전협정 체결을 조건으로 하는 기술이전사업을 추구하고 있다. 이 밖에 러시아 내에 설립 중인 특별경제지구, 테크노파크 등에서 생산이 이루어질 경우 재정지원이나 세제 감면 등의 혜택을 부여하고 있다.

이것은 최근 러시아의 경제 호황과 투자 자본이 상대적으로 풍부해짐에 따른 러시아 정부의 국제과학기술협력사업 접근에 나타난 변화와도 맞닿아 있다. 최근의 러시아 정부의 국제과학기술협력의 접근 방식은 공동예산지원의 원칙, 상호 이익의 원칙, 이노베이션 기술 사업 위주, 대규모 프로젝트 위주로 나타나고 있다. 과거와는 달리 공동예산지원 방식의 국제공동과제를 진행하려는 것은 현재의 러시아의 국제공동연구가 과거 국제협력사업의 문제점이었던 기술이전이나 기술판매에서 벗어나 연구결과물의 공동상업화가 주목적이 되었다는 것을 의미하는 것이다.

Ⅳ 한러과학기술협력, 그 역사와 미래

1. 한러과학기술협력사업의 역사

우리나라와 러시아의 과학기술협력은 러시아의 기초과학기반과 국내의 산업화 및 상용화 기술의 발전을 접목하는 상호보완적 협력 전략으로 추진되어 왔다. 이는 보유기술 상업화(러시아)와 핵심기술 확보를 통한 산업의 고부가가치화(한국)라는 각자의 이해와 이익을 바탕으로 호혜적 협력이 가능했기 때문이다.

우리 정부는 러시아와 국교 정상화(1990년 9월)된 초기부터 정부 차원의 우선 과제로 대러 과학기술협력을 추진해왔다. 한·러과학기술협력협정(1990년 12월 체결, 1991년 12월 발효)에 따라 한·러과학기술공동위원회(차관급)가 총 9회 개최되었으며, 1999년 양국 정상회담을 계기로 기업들의 대러 시장진출과 기술협력을 가속화하는 산업기술협력 확대를 위한 산업협력위원회를 비롯해, 1997년 양국의 부총리급으로 구성된 최고 협의체인 경제공동위원회는 매년 교차 개최되고 있으며, 그 외 자원, 과학기술, 원자력, 산업, 어업 등 분야별 공동위원회를 개최해 오고 있다.

정부 차원에서는 경제공동위와 각 분야별 공동위원회를 통해 90년 이후 다양한 기관에서 다양한 형태로 과학기술협력 프로그램들이 실시되어 왔으나, 대체적으로 정부의 대 러시아과학기술협력 사업은 크게 인력교류와 공동기술개발사업(위탁사업)으로 나눌 수 있다.

주요 한러과학기술협력사업 추진 내용

사업명	착수시기	사업실적
과학기술인력교류	1992년	'02년까지 총 1,001명(러시아 512명 교류) - '03년부터 Brain Poll사업으로 통합
공동협력센터	1994년	4개 센터 운영 - '07년 예산 10억원
ISTC사업	1998년	국제부담금을 통한 CIS국 연구기관 지원 '07년 7월 현재 총 41개 과제 318만불 지원
국제공동연구	1992년	'04년까지 150개 과제 추진

한편 민간 차원에서도 러시아와의 기술협력이 활발히 진행되어 왔다. 삼성, LG, 대우를 비롯한 대기업 뿐 아니라 다수의 중소기업 역시 기술개발과 상용화에 성공[24]하면서 러시아와의 기술개발의 필요성과 가능성을 보여주었다.

또한 한·러과학기술협력 역사에서 새로운 장을 연 것이 바로 우주기술협력사업이다. 2004년 9월21일 체결된 한·러우주기술협력협정으로 시작된 우주기술협력사업은 우리나라와 러시아 간의 거의 최초의 대형 과학기술협력 사업이라 할 수 있다. 2008년 말 우리 위성을 우리나라에서 발사할 100kg급 인공위성용 발사체(Korea Space Launch Vehicle-1) 및 관련 장비 개발을 양국이 공동으로 진행하고 있다. 이밖에 2008년 우리나라 최초의 우주인 역시 러시아와의 협력을 통해 배출되었다.

그러나 이런 성과들에도 불구하고 이제까지 한·러과학기술협력사업은

---

24) 대기업들의 경우, 인조 다이아몬드, 전자렌지용 마그네트론, VTR 헤드의 다이아몬드 코팅 기술, '펠티어기법'을 이용한 김치냉장고, 정수기, 화장품 냉장고 개발, SAW Filter 개발과 상용화가 대표적이다. 중소기업의 경우, 고압정밀기술을 응용한 가스게이지, 유량계, 센서 개발, 7세대 최신 LCD레이저절단기 개발 및 상용화, 3차원 형상각인 기술 크리스탈 입체화 제품화, 러시아 홀로그램 관련 광학기술을 이용한 카메라폰 용 홀로그램 렌즈 및 차량전방 표시장치 개발, 멀티미디어 영상장비 및 소프트웨어 개발, 산소세라믹 파이버, 초박형 코어 개발 등을 꼽을 수 있다. 이 외에도 다수의 성공 사례들이 있다.

그 잠재력과 가능성 만큼의 효과를 얻지 못하고 있는 것 역시 사실이다. 이는 무엇보다 기존의 한·러과학기술협력사업이 대부분 소단위의 단기 과제 위주로 이루어졌기 때문이다. 특히 2000년 이후 빠르게 변화하는 러시아의 환경 변화에 대응하여 미국, 인도, 일본, 중국 등은 지속적, 대규모 협력 사업을 추진하고 있는 반면, 우리는 여전히 연구기관 간 개별 접촉에 의한 소규모 협력 사업 중심으로 진행되어 오고 있는 것이 현실이다.

물론 이제까지 우리나라의 대러과학기술협력은 정책 차원에서 단기적인 측면과 장기적인 측면에서 동시에 추진되었다. 단기적으로는 1990년대의 러시아의 과도기적 상황을 최대한 활용하여 우리측에 필요한 첨단기술을 이전한다는 것이다. 이에 민간 기업이 필요로 하는 기반기술의 이전을 촉진시켜 국내산업계의 수요에 부응하는 협력을 추진하기 위해 연구인력교류와 공동연구사업을 진행시키는 것이다. 장기적인 차원에서는 국내의 R&D연구 역량의 강화와 신기술개발이라는 목표아래 지속적인 협력이 가능한 기반을 구축하고, 상호호혜적인 협력 시스템을 구성한다는 것이다.

그러나 이제까지 한·러과학기술협력 사업은 단기적 기술도입과 과학자 수입이 다수를 이루었고, 러시아 선진연구개발방법론의 습득을 통한 연구역량의 강화와 기술혁신 및 신기술개발이라는 장기적 목표 차원의 사업은 그 가능성에 비해 미미한 성과를 얻어왔다. 특히 2000년 이후 러시아의 국내 상황이 1990년대와는 비교할 수 없을 정도로 변하고 있고, 이에 대응하여 서방 국가 및 중국은 대규모 프로젝트들을 잇달아 진행하고 있기 때문에 단기 위주의 소규모 프로젝트만으로는 좋은 기술을 발굴할 수 있는 기회가 점점 줄어들 수 밖에 없다. 무엇보다 우리의 경쟁국이라 할 수 있는 중국은 러시아의 선진원천기술 이전을 위해 테크노파크라는 대규모 프로젝트를 연달아 추진하고 있어 우리의 새로운 대응이 더욱 절실하다.

또 하나의 문제점은 전문성의 결여라 할 수 있다. 이제까지의 한·러과학기술협력은 중앙성부부처와 지자체의 여러 산하기관을 비롯하여 다양한 기관에서 추진되어 왔으며, 점점 증가하는 추세이다. 문제는 다양한 기관만큼 그 사업의 내용과 성격이 다양하게 진행되고 있는가이다. 최근 들어 추진되고 있는 대부분의 한·러기술협력은 중소기업의 기술혁신을 위한 지원사업의 성격이 강하다. 때문에 사업의 주체만 다를 뿐 사업의 성격이나 내용이 거의 대동소이하고, 그나마 러시아와의 기술협력에 대한 전문성이 결여된 기관에서 추진되고 있는 것이 일반적이며, 때문에 사전정보조사나 전문정보의 확보가 미흡하여 단순한 기술조사나 단기적, 일회적 아이템 위주의 교류 사업에 치중하게 되는 원인이 되는 것이다.

이와 관련하여 대두되는 중요한 문제점은 20년에 가까워오는 한·러과학기술협력 역사에도 불구하고 아직까지 정부차원에서 한·러기술협력을 총괄하고 효율적으로 통합 운영할 수 있는 전문적인 대러 기술협력 창구의 역할을 할 수 있는 기관이 부재하다는 것이다. 현재 한국산업기술대 한러산업기술협력센터를 비롯해 몇몇 센터들이 있지만 아직까지는 정보수집과 분석, 기술조사를 위한 거점으로서의 의미만을 가지고 있을 뿐 한·러기술협력사업의 사업을 총괄하고 효율적으로 운영할 수 있는 전문적인 협력 창구의 역할은 하지 못하고 있다.

이런 전문조직의 필요성은 러시아가 공신력 있는 대표기관을 통한 협력을 선호한다는 점 외에도 자체 역량이 부족하기 때문에 러시아와의 실질적인 협력 사업에 어려움을 겪을 수 밖에 없는 국내 중소기업을 지원하기 위해서도 필요하다.

2. 전망

21세기 총성 없는 기술 전쟁의 장에서 우리나라의 생존 전략은 우리 기업, 특히 중소기업의 기술혁신을 주도하여 기술혁신형 클러스터를 구축하고, 차세대 성장동력산업을 조기에 정착시켜 국내 기업의 글로벌 경쟁력을 확보하는 것이다.

그러나 일부 IT, BT 분야를 제외한 대부분 중소벤처기업의 경우 자체개발역량과 기술아이템이 고갈되어 있는 것이 현실이다. 반도체, 가전제품 등 우리나라 주력 수출산업은 3~5년 이내에 중국 등 후발국의 추격으로 경쟁력이 약화될 가능성이 높아지고 있다. 또한 우리 자체의 교육환경이나, 인력, 기술개발 여력 등으로 볼 때, 우리 힘만으로는 세계시장의 변화에 대응할 만큼 빠른 기술개발은 기대하기 어려운 것도 사실이다.

따라서 과학기술역량의 제고를 위해서는 자체능력의 확충과 동시에 효과적인 아웃소싱의 전략도 함께 추진해야 한다. 특히 해외 기술은 이제까지 국내 기술혁신역량 축적과정에서 중요한 원천이었으며, 국내 원천기술의 주요 제공원이기도 했다. 때문에 원천기술확보를 위한 효율적인 국제협력네트워크구축이 시급한 과제라 하겠다.

그러나 미국, 일본, EU와 같은 기술선진국으로의 기술도입은 산업 및 무역 부분에서 경쟁국가라는 현실 때문에 어려움이 있다. 우리나라의 산업 구조가 이들 국가와 비슷하거나 같은 분야를 전략적으로 육성하고 있기 때문에 이해관계가 상충한다. 특히 일본과 같은 경우 전통적으로 핵심 산업분야의 기술개발을 민간기업에서 수행해 왔기 때문에 우리와 치열한 경쟁관계에 있는 일본 기업으로부터의 기술이전은 한계가 있을 수 밖에 없다.

반면, 러시아의 경우는 우리나라와 상호보완적 산업·과학기술협력 전략을 추진하고 있기 때문에 우리나라와는 호혜적 협력추진이 가능하다. 특히 서방으로부터 기술이전 거의 불가능한 우주분야 등의 기술도 러시와는 협력이 이루어지고 있다. 또한 러시아에게 우리나라는 지리적 근접성, 세계 10위권 무역규모의 경제력, 산업화에 숙련된 노동력, IT를 비롯한 첨단산업 인프라 및 상품화 기술력, 경제구조의 상호보완성 등 매우 매력적인 협력 파트너라 할 수 있다. 러시아 정부는 한국과의 협력에 우호적이며 상업화기술과 자본투자에 상당한 기대를 가지고 있다.

한국인 최초의 우주인도 러시아와의 협력을 통해 탄생했다.

1990년대 거의 붕괴 직전이었던 러시아 과학기술계는 2000년대 초반 세계적 고유가에 힘입은 연평균 7%의 고성장과 오일달러의 대거 유입, 그리고 푸틴(Vladimir Putin)의 강력한 리더십을 바탕으로 한 정치사회적 안정을 바탕으로 국가개혁을 시작하면서 과학기술분야에서도 다양한 정책과 투자를 하고 있다. 러시아는 자원수출을 통한 경제성장을 기반으로 연구개발지원, 기술혁신체제확립, 국제협력 강화 등으로 새로운 경제성장동력을 개발하고자 하며, 과학기술을 통한 경제선진화와 국제사회에서 과학기술선진국으로서의 재도약을 준비하고 있다.

이 같은 러시아의 변화는 기존에 추진해 왔던 일방적인 기술도입이나 판매, 인력 도입과 같은 전략에서 벗어나 새로운 협력 모델 구축의 필요성을 제기하고 있다. 무엇보다도 먼저 양국이 과학기술분야에 있어서 전략적 동반자라는 인식을 깊이 가질 필요가 있다. 러시아는 원천기술, 우주기술, 기초기술 등의 분야에서 세계적인 첨단기술을 보유하고 있다. 하지만 기술을 산업화 시킬 수 있는 인프라 및 시스템이 부족하여 그 기술을 활용하지 못하고 있다. 반면 한국은 뛰어난 산업 인프라와 기술개발을 산업화에 접목시켜 짧은 시간 안에 경제 10대국으로 도약한 노하우를 가지고 있다. 과학기술분야에서 각국의 장점을 결합하는 협력시스템을 구축하면 21세기 지식경제 시대 양국의 협력이 국가 발전에 서로 큰 기여를 할 수 있다. 이제 양국이 서로에게 필요한 동반자라는 인식 아래 정부차원에서 협력의 틀을 새롭게 만들어 전략적인 협력을 추진해야할 시기이다.

The Russian Federation, "Basic Principles of the Russian Federation Policy in the Field of Development of Science and Technologies for the Period up to 2010 and Further Perspective", Moscow 2002

Министерство образования и науки Российской Федерации, "Комплексная программа научно – технологического развития и технологической модернизации экономики Российской Федерации до 2015 года", Москва, 2007

Правительство Российской Федерации, "Концепция Государственной Научной, научно – технической и инновационной политики в системе образования Российской Федерации на 2000 – 2004 годы, Москва, 2000

Правительство Российской Федерации, "Концепция Государственной Политики Российской Федерации в Области Международного Научно – Технического Сотрудничества, Москва, 2000

Центра исследованийй статистики науки, Наука России в цифрафх 2002, Москва

Центра исследованийй статистики науки, Наука России в цифрафх 2006, Москва

과학기술부, 한국과학기술기획평가원, "IMD 2005 세계 경쟁력연감 분석", http://www.most.go.kr(검색일: 2007. 1.20)

Минситерство образования и науки Российской Федерации, "Концепция долгосрочного прогноза научно – технологического развития Российской Федерации на период до 2025 года", http://www.mon.gov.ru(검색일: 2008.5.20)

Минситерство образования и науки Российской Федерации, "Программа развития наноиндустрии в Российской_ Федерации до 2015 года http://www.mon.gov.ru(검색일: 2007.11.10)

Минситерство образования и науки Российской Федерации, "Стратегия развития науки и иноваций в Российской Федерации на период 2015 года", http://www.mon.gov.ru(검색일:

2008 5.20)

Поиск, 2008 2.18일자 인터넷판 www.poick.ru (검색일: 2008.5.30)

Поиск, 2008, 2.29일자 인터넷판 (검색일: 2008. 5.20)

Российская коммуникативная ассоциация, "Концепция
    Реформирования науки", 2005,12,05 http://www.russcomm.ru (검색일
    2008.6.10)

федеральные целевые программы. www.fcp.vpk.ru (검색일: 2008. 6.20)

러시아 에너지 산업의 미래와 협력 방안

이재영(대외경제정책연구원 연구조정실장)

1. 러시아 에너지자원의 전략적 가치

1999년 이후 서서히 상승하기 시작한 국제유가가 2003년 이후 급등세를 보이면서 전반적인 에너지자원 가격이 가파르게 상승하고 있다. 대체로 원유가 에너지 가격의 급등을 주도하고 있지만, 대체관계에 있는 천연가스, 석탄, 우라늄 등의 가격도 큰 폭으로 상승하는 추세를 보이고 있다. 2003~2007년 기간 동안 에너지가격지수(IMF fuel index)는 57.8에서 176.3, 원유가격은 배럴당 28.1달러에서 90.0 달러로 3배 이상 증가하였다. 이처럼 에너지 가격이 급등하게 된 원인은 주로 개도국의 급속한 경제성장으로 에너지소비가 과거에 비해 훨씬 급속하게 증가한데 기인하고 있다.[1] 반면, 에너지공급능력은 과거의 투자부진, 생산비 증대, 지정학적 불안 요인 등으로

---

[1] IMF에 따르면, 1990년대와 2000년대 사이에 개도국의 경제성장률은 연평균 3.4%에서 4.9%, 석유소비 증가율은 1.17%에서 3.32%로 상승하였고, 석탄은 0.55%에서 4.32%로 급증하였다.

인해 기대에 미치지 못하고 있으며, 특히 원유의 경우 생산정점(peak oil)에 이르렀다는 우려마저 제기되면서 국제유가가 급등하게 되었다. 이러한 수급 불안이라는 펀드멘탈에 더해 달러약세에 따른 투기자금의 유입으로 에너지 가격이 상승하는 악순환이 발생하고 있는 것이다.

최근 세계적인 금융위기의 여파로 인해 에너지가격이 상대적으로 하락하였으나, 에너지시장 전체를 주도하는 석유의 장기수급에 대한 근본적인 불안감이 상존하기 때문에 중장기적으로 에너지가격이 폭락할 것으로 보이지 않는다. 그 근거로는 무엇보다 우선 중국, 인도 등 개발도상국의 고도성장 추세가 지속될 것으로 보여 이들이 세계 에너지소비의 증가를 주도할 것으로 전망된다는 점을 들 수 있다. 특히 석유의 경우, 2000~2006년간 중국의 연평균 소비증가율은 7.7%씩 증가하여 세계 평균 증가율인 1.6% 보다 약 4.8배 높은 수치를 기록하였으며,[2] 세계경제의 성장 견인차로서 향후 중국의 에너지 수요는 더욱 늘어날 것으로 보인다. 또한 향후 대체에너지 개발이 촉진되긴 하겠지만, 최소한 2030년까지는 전체 에너지소비에서 차지하는 비중은 여전히 미미할 것으로 예상된다는 점이다.[3] 아울러 최근 자원민족주의 분위기가 확산되면서 에너지 산업에 대한 자원 보유국의 정부통제가 강화되고 있는데, 당분간 이러한 추세는 지속, 강화될 가능성이 매우 높다는 점이다.

한편 세계 에너지자원의 주산지인 중동, 북해 및 북미 대륙의 에너지가 오랫동안 지속적으로 채굴되어 왔을 뿐만 아니라 신규 유전 개발 사업이 정체됨으로써 앞으로 생산량의 감소가 예상된다. 이러한 점에서 현재 세계 7대 석유보유국이자 사우디아라비아에 이은 세계 2위 석유생산국이며, 세계 최대 천연가스 보유국이자 생산국으로서 중동지역을 대신할 정도의 대규모 유전 및 가스전을 보유하고 있는 러시아가 세계 에너지자원의 새로운 공급지로 급부상하고 있다. 1990년대 체제전환기의 혼란 과정에서 세계경제 무

---

2) 소진영 외, 『동북아 석유 현물시장 도입 가능성 분석』, (서울: 산업자원부, 에너지경제연구원), 2007, p.7.

3) 국제에너지기구(IFA)는 수력을 포함한 신재생에너지의 비중이 2005년 12.9%에서 2030년에 13.2%로 소폭 증가하는 데 그칠 것으로 전망하고 있다.

대의 변방으로 밀려났던 러시아는 사실상 국제 유가의 고공행진 덕분에 다시 부상하게 되었다. 러시아가 세계 에너지 시장에 대해 결정적인 영향력을 행사할 수 있는 독자적인 블록을 형성하기에는 아직 부족한 면이 있지만, 세계시장에서 그 역할은 갈수록 커지고 있으며, 앞으로 세계 석유 및 가스 수요의 상당 부분을 충족시킬 수 있을 것으로 관측되고 있다. 이처럼 유라시아 대륙의 에너지자원 보고인 러시아가 중동을 대체할 수 있는 지역으로 주목받으면서 러시아의 에너지자원에 대해 전 세계의 관심이 집중되고 있다. 특히 에너지자원이 빈약한 한국, 중국 및 일본은 러시아의 동시베리아 및 극동지역의 연료 및 에너지자원을 확보하기 위해 치열한 경쟁을 펼치고 있으며, 이로써 동북아지역에서 러시아의 전략적 가치는 더욱 높아지고 있다.

한국은 세계 12위의 경제대국이면서도 매우 불안한 에너지 수급문제에 노출되어 있다. 최근 몇 년 동안 정부를 중심으로 에너지자원을 확보하려는 노력을 지속적으로 경주해 왔으나, 아직도 기대한 만큼 성과를 올리지 못하고 있는 실정이다.[4] 따라서 에너지자원을 안정적으로 확보하고, 에너지자원 도입선의 다변화를 모색하는 것은 여전히 우선적으로 해결해야할 국가적 과제가 될 수밖에 없는 상황이다.

특히 러시아의 극동 및 동시베리아지역은 중동지역에 비해 지리적 접근성뿐만 아니라 정치적 안정면에서도 유리하기 때문에 러시아의 에너지자원을 확보하는 문제는 에너지자원수급의 다변화라는 측면에서도 매우 중대한 일이다. 뿐만 아니라 러시아 극동지역의 원유를 도입할 경우 적어도 3일 이내 한국에 들여올 수 있으며, 제3국 해역을 거치지 않는다는 점에서 중동산 원유보다 약 1 – 2% 정도 경제적인 것으로 평가되므로 대러시아 에너지 협력의 필요성이 더욱 증대하고 있다.[5] 이러한 점에서 한국은 지속적인 경제성장에 필요한 에너지 안보를 확보하기 위해 러시아와 에너지 협력을 강화하는 방안을 적극 모색해야 할 것이다.

---

4) 이성규, 「러시아 – 중앙아시아 에너지자원이 우리에게 주는 의미」, 『EURASIA』, 제4호(2008년 봄), 2008, p.39.

5) 윤성학, 『러시아 에너지가 대한민국을 바꾼다』, (서울: 뿌쉬낀 하우스), 2008, p.37.

2. 러시아의 에너지자원 현황

러시아는 세계의 주요 에너지자원 보유국이자 생산국이다. 브리티시 페트롤리움(BP)통계에 따르면, 2006년 기준으로 러시아는 세계 7대 석유자원 보유국이자 2대 석유생산국이다. <표 1>에서 보는 바와 같이, 러시아의 석유 확인매장량은 109억 톤으로 전 세계 매장량의 6.6%, 석유 생산량은 약 4억 8,000만 톤으로 전 세계 생산량의 12.3%를 차지하고 있다. 러시아의 석유가채연수(R/P비율)[6]는 22.3년이다. 또한 러시아는 거대 석유 소비국이기도 한다. 러시아의 석유소비량은 전 세계 소비량의 3.3%에 해당하는 약 1억 3,000만 톤으로, 주요 석유 소비국인 미국(9억 4,000만 톤), 중국(3억 5,000만 톤), 일본(2억 4,000만 톤)에 이어 세계 4위를 차지하고 있다.

<표 1> 러시아의 석유자원 현황 (2006)

구분	규모(톤)	전 세계 대비 비중(%)	순위
확인매장량	109억	6.6	7
생산량	4.8억	12.3	2
소비량	1.3억	3.3	4

자료: BP. Statistical Review of World Energy 2007로부터 필자 작성.

<그림 1>에서 보듯이, 1998년 배럴당 13달러 수준이던 러시아 우랄산(Urals) 유가가 지속적으로 상승하면서 2006년에 60달러 수준에 이르렀다. 이러한 고유가 추세에 힘입어 2000년 이후 러시아의 석유 생산량은 꾸준히 증대하였다. 2007년 1월 러시아 전체 수출 규모에서 석유가 차지하는 비중은 34.8%, 전체 연료에너지 수출 규모에서 석유가 차지하는 비중은 50.7%였으나, 1년이 지난 2008년 1월에 그 비중은 각각 38.3%, 52.7%로 증가하였다.[7] 2008년 1월 현재 러시아는 전체 석유채굴량의 51%를 수출하고 있

---

6) 가채연수(R/P비율)는 어느 한 해의 확인매장량(Reserves)을 같은 해의 생산량(Production)으로 나눈 수치로서, 현 상태로 향후 몇 년 생산이 가능한 지를 나타낸다.

7) BP. Statistical Review of World Energy 2007로부터 필자 산정.

다. 그 결과 막대한 오일달러가 유입됨으로써 러시아는 세계 에너지 시장에서 영향력이 현저히 확대되었으며, 연간 7%에 이르는 지속적인 경제성장의 발판을 마련하게 되었다.

<그림 1> 국제 우랄산 유가와 러시아 석유 생산량 추이 (1998~2006)

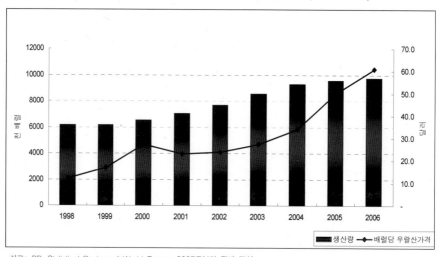

자료: BP. Statistical Review of World Energy 2007로부터 필자 작성.

러시아 전체 석유매장량의 60%, 석유생산량의 70%가 우랄 및 서시베리아지역에 편중되어 있기 때문에 러시아의 석유 매장량과 유전설비의 대부분은 서시베리아지역에 위치해 있다. 주요 석유 및 가스 산지의 개발은 북카프카즈 지역에서 70~80% 정도 이루어지고 있으며, 우랄·볼가강 연안지역은 50~70%, 서시베리아지역은 45% 이상 진행된 상태이다. 따라서 석유가스 보유량을 증가시킬 수 있는 유력한 지역으로는 동시베리아, 야쿠치야, 바렌츠해 및 오호츠크해의 대륙붕 지역이다. 동시베리아 및 극동지역의 석유매장량은 러시아 전체 매장량의 17.4%에 해당하는 19억 톤으로, 러시아는 장기적으로 동시베리아 및 극동지역의 대규모 유전개발을 계획하고 있다. 이러한 점에서 향후 석유 및 가스 생산과 관련하여 러시아의 동부지역과 대륙붕 지역의 역할이 증대할 것으로 보인다.

<그림 2>에서 보는 바와 같이, 2006년 러시아의 일일 석유정제능력은 549만 배럴로, 전 세계 정제능력의 6.3%를 보유하고 있다. 러시아의 일일 석유정제능력은 미국(1,746만 배럴), 중국(703만 배럴)에 이어 세계 3위에 랭크되어 있다.[8] 1990년대 들어 러시아의 정제능력은 급격히 감소하는 추세를 보이고 있는데, 설비 노후화의 심각, 기술현대화의 부족에 따른 낮은 생산효율성이 그 원인으로 작용하였다.

<그림 2> 러시아의 석유정제능력 추이 (1985∼2006)

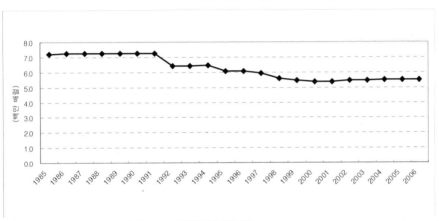

자료: BP. Statistical Review of World Energy 2007로부터 필자 작성.

한편 러시아는 세계 1위의 천연가스 보유국이자 생산국이다. <표 2>에 제시된 바와 같이, 2006년 기준으로 러시아의 천연가스 확인매장량은 47.7 조㎥로, 전 세계 매장량의 26.3%를 점하고 있다. 천연가스 생산량은 6,121 억㎥으로 전 세계 생산량의 21.3%를 차지하고 있다. 또한 러시아는 세계 2대 천연가스 소비국인데, 러시아의 천연가스 소비량은 4,321억㎥이며, 이는 전 세계 소비량의 15.1%에 해당하는 수치이다. 러시아의 천연가스 가채연수(R/P비율)는 앞서 언급한 석유 가채연수(22.3년)보다 훨씬 긴 77.8년으로 추정되고 있다.

---

8) BP. Statistical Review of World Energy 2007.

<표 2> 러시아의 가스자원 현황 (2006)

	규모(㎥)	전 세계 대비 비중(%)	순위
확인매장량	47.7조	26.3	1
생산량	6,121억	21.3	1
소비량	4,321억	15.1	2

자료: BP. Statistical Review of World Energy 2007로부터 필자 작성.

<그림 3>에 제시된 바와 같이, 2001년 이후 러시아의 천연가스 생산량은 급속한 증가세를 보여주고 있다. 또한 세계 천연가스 수요의 증가로 러시아 천연가스의 수출이 증대하고 있다. 중국, 인도를 비롯한 고성장국가들의 폭발적인 가스수요 증가와 더불어 미국, 유럽, 일본 등 주요 천연가스 수요국의 완만한 수요증가 등이 러시아 천연가스의 수출이 증대하는 요인으로 작용하고 있다. 2008년 1월 러시아 천연가스 수출액은 전년동기 대비 54% 증가한 61억 달러를 기록하였는데, 이는 전체 수출액의 18.2%에 해당하는 수치이다.

<그림 3> 러시아 천연가스 매장량 및 생산량 추이 (1999~2006)

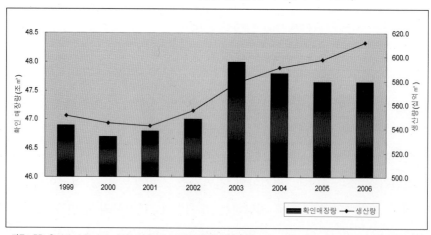

자료: BP. Statistical Review of World Energy 2007로부터 필자 작성.

국영독점기업인 가스프롬이 국내 총 가스생산의 90%를 차지하고 있으며, 나머지는 독립가스생산기업들이 점하고 있다. 가스프롬의 가스생산량은

2003년 5,402억㎥에서 2020년에 5,800~5,900억㎥으로 증가할 전망이다. 가스프롬 이외의 생산기업으로는 독립가스생산기업인 노바텍(Novatek), 이테라(Itera), 노스가즈(Northgaz) 등으로, 이들 기업의 가스 생산량은 꾸준히 소폭 상승하는 추세를 보여주고 있다.

주요 가스 생산지는 우렌고이(Urengoy), 얌부르크(Yamburg), 메드베지예(Medvezh'ye) 등 서시베리아지역으로, 이 지역이 전체 생산의 90%를 담당하고 있다. 그러나 이 지역의 생산이 점차 감소하고 있기 때문에 러시아는 동시베리아 및 극동지역의 천연가스 매장지 개발을 계획하고 있다. 동시베리아지역의 천연가스 매장량은 러시아 전체의 약 5%에 해당하는 2.2조㎥, 극동지역은 약 3%에 해당하는 1.2조㎥로 평가되고 있다.

한편 현재 러시아의 천연가스가 지배적인 위치를 차지하고 있는 서유럽 및 중부유럽 국가들이 당분간 러시아의 주요 가스 판매시장으로 남게 될 것이다.[9] 이와 더불어 중국, 한국, 일본을 비롯한 동북아 국가들과 아태지역 국가들이 향후 유망한 러시아 천연가스 판매시장이 될 것이다. 또한 미국은 천연액화가스의 장기적인 판매시장이 될 수 있을 것이다. 러시아 정부는 천연가스 생산량을 늘리기 위해 2007년 6월에 동시베리아 및 극동지역에서 2030년까지 연간 2,000억㎥의 가스 생산을 목표로 하는 천연가스 개발 계획을 승인하였다.

3. 러시아의 에너지 정책

러시아는 에너지자원을 적극적으로 이용하여 세계열강으로 부상하려고 하고 있다. 러시아 정부의 에너지 전략의 핵심은 새로운 대체 유전지로 부상하고 있는 중앙아시아에서 자국으로 이어지는 석유공급축(종축)과 세계 최대의 에너지 소비시장인 서유럽과 동북아시아를 포함한 아태지역을 잇는

---

9) EU 15개 국가의 천연가스 소비량 20%와 중부유럽 천연가스 소비량의 약 2/3가 러시아로부터 수입되고 있다.

석유소비축(횡축)을 연결하는 '대십자로'의 구축을 통해 세계 에너지 시장에서 막강한 영향력을 항구적으로 확보하는 데 있다.[10] 즉 중앙아시아 국가들과 협력을 강화하여 중앙아시아 및 카스피해 연안에서 러시아로 이어지는 남-북의 자원 공급축을 구축함으로써 세계 에너지시장에서의 영향력 확대 전략을 추구하는 한편, 다른 한편으로는 주요 에너지 소비시장인 유럽지역에서 러시아의 입지를 강화함과 동시에 동북아 및 아태지역에 에너지 수출을 증대함으로써 에너지 소비시장을 동서로 최대한 확대하는 에너지 전략을 추구하고 있다. 이를 위해 러시아는 철저한 실용주의를 바탕으로 지정학·지경학적 이해관계에 따라 지역별 또는 국가별로 차별화된 대외 에너지 전략을 수립하여 추진하고 있다.

우선 러시아는 자국에 비해 생산비가 낮은 중앙아시아 국가들의 석유 및 가스를 장기적으로, 그리고 대규모로 끌어들여 유럽의 판매시장까지 통과·운송하기 위해 중앙아시아와 협력 체제를 강화하고 있다. 이는 러시아연방 영토에 매장되어 있는 가스 산지들의 개발을 위해 필요한 대규모 자본투자 부담에서 하면서 해주면서 자국의 연료·에너지 균형을 유지하게 해주고, 러시아 자체가 전략적 관심을 가지고 있는 중앙아시아지역의 에너지자원 개발에 참여함으로써 미국 및 EU와 같은 서방국가들의 중앙아시아에 대한 정치·경제적 영향력을 차단할 수 있는 가능성을 제공할 것으로 보기 때문이다. 이를 위해 러시아는 유라시아경제공동체(EurAsEc) 내에서 활발한 다자외교를 펼치면서 중앙아시아 국가들과 새로운 전략적 송유관 건설을 포함하여 대규모 석유가스 프로젝트들을 실현하기 위해 서두르고 있다. 예컨대 2007년 러시아, 카자흐스탄, 투르크메니스탄 등 3개국이 카스피해 연안 가스관 건설 합의에 최종 서명함으로써 러시아는 중앙아시아로부터의 가스 공급에 대한 독점권 확보에 한걸음 더 나아가게 되었다. 또한 러시아는 카자흐스탄의 텡기즈 유전에서 흑해의 러시아 노보로시스크로 연결되는 카스피해 파이프라인 컨소시움(CPC) 송유관 수송능력을 연간 2,300만 톤에서

---

10) 이재영, 「러시아·중앙아시아 국가들의 자원외교 전략」, 『정세와 정책』, 2008년 3월호, pp.1-2.

4,000만 톤으로 확장하는데 합의하였다. 이러한 러시아의 중앙아시아 지역 에너지 확보를 위한 대규모 협력 사업은 현재 러시아의 가스프롬 등 기업 차원에서 진행되고 있지만 조만간 정치적 협력의 단계로 발전할 가능성이 높다. 그렇게 될 경우, 가까운 장래에 러시아와 중앙아시아는 공동의 이익을 보호하기 위해 우즈베키스탄, 투르크메니스탄, 카자흐스탄 등과 함께 제2의 석유수출기구 성격을 지닌 '유라시아 석유-가스동맹'을 창설할 수도 있을 것이다.

이와 더불어 러시아는 주요 에너지 판매시장인 유럽지역에서 자국의 입지를 강화하기 위해 외교적·경제적 협력 관계를 더욱 강화하고 있다. 사실 천연가스 수요의 44%, 석유 수요의 18%를 러시아에 의존하는 EU는 러시아 에너지자원의 주요한 수출시장이며, 러시아는 EU의 주요한 에너지 공급처 역할을 하고 있다. 이러한 요인들은 2000년 EU와 러시아 간에 에너지대화를 가동시킨 원인이 되었으며, 이제 이 에너지대화는 정기적으로 개최되는 '러시아-EU' 정상회담의 불가분한 의제로 탈바꿈하였다. 러시아는 EU와의 에너지대화 외에도 EU 개별국가들과의 양자협력을 통해 에너지 협력관계를 구축하고 있다. EU 국가들에 대한 러시아의 에너지 전략은 주로 판매시장의 유지와 확대, 유럽 석유가스 사업의 판매부문 진출, 통과(transit) 문제 해결 등에 중점을 두고 있다. 여기서 주목해야 할 점은 러시아가 EU 국가들에 대해 상호주의 원칙을 요구하며 에너지자원 공급국으로서의 경제적 이익 극대화를 추진하면서, 러시아와 유럽의 에너지 수송 및 판매 체계를 통합하고 있다는 것이다. 즉 에너지 산업의 하류부문을 개방하는 유럽 국가들에 대해 러시아는 에너지자원의 안정적인 공급을 보장하고, 또 자국 에너지 산업 상류부문으로의 진출을 허용하고 있다. 예컨대 러시아는 상호주의 원칙에 의거하여 독일의 가스 하류부문 개방 대가로 독일에게 안정적인 대규모 가스공급을 약속한 점을 들 수 있다.[11] 이와 더불어 러시아는 유럽국가들이 러시아의 에너지자원에 대한 의존도를 낮추려는 움직임을 외교

---

11) 러시아 야말반도 내 가스전에서 발트해 해저를 통과하여 독일 가스시장과 직접 연결되는 북유럽가스파이프라인 건설 사업이 현재 추진 중인데, 이는 2010년 가동될 예정이다.

적 수단을 통해 무력화시키고 있다. 예컨대 중앙아시아와 유럽을 연결하는 수송망 구축사업 방해, 아프리카 지역내 가스수출국과 외교적 관계 강화 등이 그것이다. 이 외에도 러시아는 자국 기업들의 유럽시장 진출을 정부차원에서 적극적으로 지원하고 있다.

러시아 에너지정책의 지역적 우선순위는 본질적으로 러시아의 주요 석유 및 가스의 판매시장인 유럽지역에 있다. 따라서 러시아가 활발한 에너지협력을 이루고 있는 EU와는 달리, 그동안 러시아의 대동북아 에너지협력은 미미하였다. 특히 러시아 원유수출의 대부분이 EU 시장으로 흘러들어가는 까닭에, 동북아 에너지시장에서 러시아의 역할은 매우 미미한 실정이다. 가스의 경우도 이와 유사하여 러시아 가스 수출의 약 60%가 동유럽을 포함한 유럽국가들에 해당한다. 이 때문에 러시아는 오래 전부터 에너지 수출노선을 다각화하여 유럽과 아태지역간의 균형을 유지할 필요성을 느껴왔다. 최근에 들어와서 러시아는 동부지역에서 에너지 수출물량을 확대하기 위해 노력을 기울이고 있으며, 동북아 및 아태지역 에너지시장 진출을 더욱 강화하고 있다.

최근 동북아를 포함한 아태지역 국가들의 빠른 경제성장과 에너지소비 증가율로 볼 때, 러시아의 대외 에너지정책에서 동북아 및 아태지역이 매우 유망한 협력 대상지로 부상하고 있다. 이러한 점에서 최근 러시아의 에너지자원 외교에서 동시베리아 및 극동지역의 입지가 강화되고 있다고 할 수 있다. 이러한 배경하에 러시아는 지리적 근접성, 동북아에서 유일한 에너지자원수출국의 입지 등을 활용하여 동북아지역에 대한 영향력을 확대하려하고 있다. 특히 러시아는 동 지역의 석유·가스 산지를 개발하여 이를 동북아 지역에 공급함으로써 에너지수출 다변화를 꾀하고, 낙후된 동부지역을 개발함으로써 동북아 및 아태지역에 대한 영향력을 확대하려고 한다.

동시베리아 - 태평양 송유관(ESPO) 건설공사 현장
자료: 동시베리아 송유관 건설관리소(Центр управления проектом 'Восточная Сибирь-Тихий Океан') 제공

　이러한 맥락에서 러시아는 2020년까지 현재 자국의 석유수출에서 3%를
차지하고 있는 아시아 국가들의 비중을 30%(1억 톤)까지 높이고, 천연가스
는 현재의 5%에서 25%(650억 입방미터)까지 확대할 수 있을 것으로 예상
하고 있다.[12] 향후 2015년까지 러시아의 전략적인 방향은 동시베리아-태평
양 송유관(ESPO) 등 유망한 송유관 프로젝트들의 실현, 러시아 동부지역에
새로운 석유가스 산지의 개발 및 운송 인프라 확충을 위한 투자 촉진, 현행
정유공장들의 현대화, 응축가스 생산의 발전 및 수출 증대, 석유화학제품의
생산 발전 등을 도모하는 것으로 요약할 수 있다.[13] 특히 동시베리아, 사하
공화국(야쿠치야)의 자원 산지에 대한 지질학적 탐사 및 개발을 위한 지출
증대를 통해 앞으로 러시아 동부지역에서의 석유 및 가스 채굴이 현저히
증가할 것으로 전망된다. 여기서 러시아는 동부지역에서 자국의 에너지 수
출을 확대하려고 하고 있으며, 주로 중국, 한국, 일본, 미국 등 동북아와 아
태지역 국가들의 천연가스 판매시장 개척에 커다란 관심을 가지고 있다. 또

---

12) *Vedomosti*, No. 19, February 6, 2006.

13) 여기에 대한 보다 자세한 내용은 2003년에 발표된 '에너지 전략 2020'과 2008년에 발표될 것으로
　　예상되는 '에너지 전략 2030' 참조.

한 동시베리아 및 극동지역을 자립도가 높은 경제구조를 갖춘 산업지역으로 발전시키고, 에너지자원 및 에너지가공제품 공급지, 에너지·물류 중심지로 만들려고 하고 있다. 이때 러시아는 자국의 에너지자원을 필요로 하는 중국, 한국, 일본 등 동북아 국가들에 대해 다자간 협력보다는 양자간 협력을 선호하고 있다.

이와 더불어 러시아는 동북아 국가와의 에너지 협력에 있어서 상대국에 대한 총체적 이해관계에 따라 복합적 전략을 수립하여 추진하고 있다. 일본의 경우, 옐친 정부 시절 부족한 개발 자금때문에 사할린-1, 사할린-2 프로젝트의 참여를 용인하였으나, 푸틴정부에서는 미국 중심의 외교 전략을 추구하고 있는 일본에 대해 과거와 같은 정도의 투자를 용인하지 않고 있다. 중국의 경우, 전략적 동맹국가로 활발한 에너지 협력을 진행하고 있지만, 최근에는 중국인의 극동 잔류 가능성을 우려해 상업 분야에 대한 투자는 다소 억제하는 모습을 보이고 있다.

이러한 에너지 전략을 바탕으로 러시아는 최근 몇 년 사이에 에너지 부문에 대한 정부통제와 외국기업에 대한 자원민족주의 정책을 확대·강화하고 있다. 즉 러시아 정부는 2003년에 공포한 '에너지전략 2020'을 통해 러시아 국부의 원천인 에너지자원에 대한 국가통제를 강화하고 있으며, 이에 따라 막대한 오일달러의 유입에 따른 유동성 증가에 기초하여 에너지자원 개발을 가급적 자체적으로 하는 것을 선호하고 국가간 에너지협력에 대해서는 다소 소극적인 모습을 보이고 있다. 국영기업인 가스프롬(Gazprom)과 로스네프트(Rosneft)는 M&A(인수합병)를 통해 러시아 국영 에너지기업의 자산규모는 점차 확대되고 있으며, 이로 인해 국내 석유·가스 기업들의 자원개발권 확보 가능성도 점차 감소하고 있다. 또한 러시아 내 자원개발 사업에 대한 외국기업들의 참여 기회는 크게 줄었다. 유망한 광구는 전략적 매장지로 분류되어 러시아 국내기업에 개발권이 부여되고 있고, 생산물분배협정(PSA) 방식에 의한 개발사업 참여도 거의 불가능하게 되었다.[14] 또한

---

14) 러시아는 이미 2003년 5월 생산물분배협정(production sharing agreement) 법령의 개정을 통해 외국기업 주도의 러시아 자원개발 참여를 제한하고 있으며, 동북아지역에 대한 가스공급 문제도 '통합가스

1990년대 외국기업에 제공된 개발권도 해외기업에 대한 세무조사 강화나 환경영향평가 등의 여러 가지 조처를 통해 다시 반강제적으로 회수하면서 러시아 국영기업의 지분을 확대하고 있다. 실례로 2006년 12월 사할린-2 사업의 운영권을 로열 더치 셸로부터 매입한 가스프롬은 이후 TNK-BP가 주도하던 이르쿠츠크 코빅타(Kovykta) 가스전 개발사업의 개발권도 이양 받은 사실을 들 수 있다. 고유가 상황이 지속될 경우, 이와 같은 러시아 정부의 에너지 정책 기조는 계속해서 유지·강화될 것으로 전망된다.

주지하다시피 최근 10년 동안 러시아 경제가 급속히 회복하여 10대 경제 대국으로 부상한 이면에는 에너지자원이 결정적인 역할을 하였다. 물론 러시아 정부와 전문가들은 러시아가 앞으로 산업다각화 및 현대화를 이루지 못하고 계속해서 에너지자원에 의존할 경우 러시아 경제의 미래가 결코 밝지 못할 것이라는 점을 충분히 인식하고 있다. 그럼에도 불구하고 당분간 러시아 경제에서 에너지자원이 갖는 의미는 적지 않게 중요할 것이다. 또한 향후 러시아의 대외 에너지정책에서 원유보다는 천연가스의 역할이 더욱 커질 것으로 전망된다. 러시아 천연가스의 가채연수는 석유의 가채연수보다 3.5배 길 뿐만 아니라 중장기적으로 유럽과 동북아지역을 비롯한 여러 국가들의 천연가스에 대한 수요가 더욱 증대할 것으로 예상되기 때문이다. 특히 현재 25%를 상회하고 있는 유럽의 러시아산 가스의존도는 2030년에 약 50%에 이를 것으로 예측된다.[15] 어쨌든 러시아가 세계 5대 경제대국에 진입하기 위해서는 현재의 편향된 에너지산업에서 탈피하여 세계적으로 경쟁력 있는 산업을 적극 육성하는 것 외에는 다른 방도가 없을 것이다.

공급망(Unified Gas Network System)' 도입을 통해 정부차원에서 관리하고 있다.

15) *Financial Times*, November 3, 2008.

4. 주요국의 대러 에너지사업 진출 현황 및 전략

1) EU

EU의 경우 대러시아 직접투자는 주로 에너지 부문에 집중되고 있다. EU 기업들 가운데 영국의 석유메이저 BP사가 러시아의 석유가스 산업에 대한 최대 투자회사이다. 이 밖에 영국과 네덜란드의 합작회사 로열 더치 셸 (Royal Dutch Shell), 독일의 가스기업 루르가스(Ruhrgas), 프랑스 토탈(Total), 노르웨이 석유회사 노르스크 하이드로(Norsk Hydro) 등이 러시아에 진출해 있다.

<표 3> EU의 대러 석유가스 산업에 대한 투자

연도	해외투자기업	투자내용	투자금액	기타사항
1995	TotalElfFina(프랑스) + Norsk Hydro(노르웨이)	Kharyaga PSA	25억 달러 (33년간)	
1996	Marathon Oil(미국) + McDermott (캐나다) + Mitsui(일본) + Mitsubishi(일본) + Royal Dutch/ Shell(영국/네덜란드)	사할린-2 PSA	100억 달러 (25년간)	1997년 McDermott + 2000년 Marathon Oil 철수
1997	BP(영국)	Sidanko 지분 10%	5억 7,100만 달러	
1998	Ruhrgas(독일)	가스프롬 지분 2.3%	6억 달러	
1999	Ruhrgas(독일)	가스프롬 지분 1.5%	2억 7,000만 달러	
2000	Ruhrgas(독일)	가스프롬 지분 1.0%	1억 달러	
2003	Ruhrgas(독일)	가스프롬 지분 1.7%	2억 4,000만 달러	
2003	BP(영국)	TNK-BP 지분 50%	67억 5,000만 달러	

자료: Kusznir et al.(2005), p.54, 이재영 외(2007), p.123 재인용.

EU는 천연가스를 원활히 공급받기 위해 러시아의 가스관 및 송유관 건설에 적극 투자하고 있다. EU 국가들 가운데 독일과 러시아는 북유럽가스 파이프라인(North-European Gas Pipeline)을 건설하기 위해 합작회사를 설립하여 운영하고 있다. 또한 가스프롬과 이탈리아의 에니(ENI)사는 러시아 흑해항구에서 불가리아로 이어지는 새로운 가스파이프라인(South Stream)을 건설하기 위한 양해각서를 체결하였다. 이 외에도 러시아, 불가리아, 그리스

3국은 불가리아의 흑해항구 부르가스(Burgas)에서 그리스 알렉산드로우폴리스(Alexandroupolis)로 연결되는 발칸송유관을 건설하여, 러시아 석유를 유럽과 미국 및 아태지역으로 수출키로 합의하였다.

EU의 대러 전략 핵심은 러시아로부터의 안정적 에너지원을 공급받는데 있다. EU는 러시아와 '에너지 대화'를 창설하여 협력하고 있는데, 주요 내용은 에너지절약, 생산 및 수송 인프라의 합리화, EU의 러시아 내 에너지 투자의 접근 용이성, 에너지효율과 절약에 대한 실무와 기술 교환, 생산자와 소비자의 관계 정립 등이다.

EU는 러시아의 '가스 OPEC' 창설에 대해 민감하고 부정적인 반응을 보이고 있으며, 가스의 생산 및 운송을 독점하고 있는 가스프롬의 독점체계 분리를 제안하고 있다. 이 밖에도 EU는 에너지헌장 비준, 러시아 에너지 국내가격과 국제가격의 현격한 차이 시정 등을 대러 주요 전략으로 추진하고 있다.

또한 EU는 러시아 에너지자원 개발 분야에서 EU 기업의 투자보장을 요구하고 있다. EU는 특히 러시아의 자원민족주의 경향에 대한 대응, 에너지 자원 개발을 비롯한 러시아의 전략적 부문에 대한 EU 기업의 러시아 진입 허용과 러시아내 EU 기업의 투자보장 등을 대러 전략으로 삼고 있다. 이는 2006년 12월 러시아의 가스프롬이 사할린-2 프로젝트의 해외기업 지분을 낮추고, 2007년 코빅타 가스전의 인수를 통해 경영권을 확보하고, 기타 에너지 프로젝트들도 재국유화하거나 러시아 국영기업의 지분을 확대하는 조치에 대응하기 위한 방안으로 보인다.[16]

2) 미국

미국의 중점적인 대러 직접투자 역시 에너지 부문과 관련된다. 미국의 에너지기업 가운데, 특히 엑손 모빌(ExxonMobil)사와 코노코 필립스(ConocoPhillips)

---

16) 이는 주로 엑손모빌(ExxonMobil)이 주관하는 사할린-1 및 사할린-2 프로젝트와 프랑스 토탈(Total)이 관리하는 하랴가(Kharyaga) 컨소시엄, TNK-RP가 주도하는 이르쿠츠크 주 쿠빅타(Kovykta) 가스전 사업과 관련된다.

사가 러시아에서 적극적인 활동을 펼치고 있다. 미국의 다국적 에너지메이저들은 기존의 투자 외에도 러시아 에너지부문의 운송 및 가공시설에 대한 투자 또는 러시아 에너지 기업에 대한 적극적인 지분참여를 하고 있다. 러시아가 WTO에 가입하여 시장이 보다 투명해질 경우 미국 석유메이저들의 러시아에 대한 투자가 확대될 전망이다.

<표 4> 미국의 대러 석유가스 산업에 대한 투자

연도	해외투자자	투자내용	투자금액	기타사항
1995	ARCO(미국)	Lukoil 8% 지분	2억 5,000만 달러	2001년 BP가 ARCO의 인수를 통해 Lukoil 지분 구입
1996	Sodeco(일본) + Exxon(미국)	사할린-1 PSA	128억 달러 (33년간)	170억 달러로 상승
1996	Marathon Oil(미국) + McDermott (캐나다)+ Mitsui(일본) + Mitsubishi(일본)+Royal Dutch/Shell(네덜란드/영국)	사할린-2 PSA	100억 달러 (25년간)	1997년 McDermott + 2000년 Marathon Oil 철수
2004	Conoco Phillips(미국)	Lukoil 7.6% 지분	19억 8,000만 달러	
2005	Conoco Phillips(미국)	Naryanmarneftegaz (JV, 30%)	5억 1,200만 달러	
2007	Conoco Phillips(미국)	Lukoil 20%지분	-	2006년에 16.1%지분

자료: Kusznir et al.(2005), p.54, 이재영 외(2007), p.134 재인용.

이와 동시에 가스공급 독점을 둘러싼 미국과 러시아간의 대립이 일어나고 있다. 미국은 EU의 주요국과 함께 러시아를 우회 하기위해 중앙아시아의 가스관을 독자적으로 건설하려는 전략을 시도하였으나, 러시아는 중앙아시아 국가들과의 관계 강화로 이러한 전략을 무력화시킨 바 있다. 미국은 러시아가 에너지부문에 해외기업의 진입과 참여를 제한하고 있는 데 대해 불만을 표출하고 있으며, 가스프롬이 유럽 가스 인프라의 인수에 관심을 갖고 유럽시장으로 팽창하려는 데 대한 우려를 표명하기도 하였다. 뿐만 아니라 러시아가 추진하려는 '가스 OPEC' 창설에 대해 강력히 비판하고 있는 미국은 가스 카르텔은 국제법에 위배되며, 만일 카르텔이 형성될 경우 가스 카르텔 회원국에 제재 조치를 계획하고 있다.

한편 EU와 중국은 러시아로부터 석유와 천연가스를 주로 수입하는 데 비해 미국은 러시아의 에너지 운송망과 수출망의 부족으로 인해 원유 수입의 경우 아직 미미한 수준에 있으며, 천연가스의 수입은 이루어지지 않고 있는 실정이다. 러시아의 '에너지전략 2020/2030'에 따라 에너지통합연계망이 완성되면 에너지수출터미널에서 천연가스와 석유가 LNG선박과 유조선을 통해 미국으로 수출될 수 있어 향후 러시아의 대미 석유·가스 수출이 급증할 전망이다.

3) 중국

중국은 러시아의 에너지자원 확보가 국가적인 과제인 반면 러시아는 중국을 비롯한 아태지역으로 에너지 수출을 다변화할 수 있는 방안을 모색하고 있다는 점에서 양국의 경제적 이해관계 부합한다.[17] 이러한 배경 하에 중국의 경우 대러시아 투자 가운데 동시베리아-태평양(ESPO: East Siberia-Pacific Ocean) 송유관 지선 건설, 원유 상류부문 투자 등 에너지부문에 대한 투자가 급속히 증가하는 특징을 보이고 있다. 중국은 볼가연방관구에 위치한 석유회사인 우드무르트네프트(Udmurtneft)의 지분 인수[18] 외에도 중국 국영석유화학공사(Sinopec)는 러시아의 국영 석유회사인 로스네프트(Rosneft)와 사할린-3 프로젝트의 베닌스키(Veninsky) 광구의 유전 탐사·채굴을 위해 베닌 홀딩(Venin Holding)사를 설립하였다. 또한 석유 및 가스 파이프라인 연결 사업에도 적극적으로 나서고 있다. 중국 석유천연가스공사(CNPC)는 동시베리아-태평양 송유관 1단계 건설 구간의 종착지인 스코보로디노에서 중국 국경까지 연결하는 송유관 지선 건설 사업을 트란스네프트(Transneft)사와 공동으로 추진하고 있다. 이 사업이 완공되면 이 송유관을 통해 중국이 러시아로부터 수입하는 원유는 연간 2억 1,900만 배럴에 이를

---

17) Коржубаев А. Г., "Сотрудничество с Китаем в нефтегазовой сфере, ЭКО: Всероссийский экомомический журнал." No. 9, 2007, pp.75-77.

18) 2005~2006년에 중국 국영석유화학공사(Sinopec)는 러시아 우드무르트네프트(Udmurtneft)사의 지분 96.90%를 인수하기 위해 3억 5,000만 달러를 투자하였다.

전망이다. 이 외에도 2006년 3월 CNPC와 가스프롬은 러시아에서 중국으로 이어지는 알타이가스관 건설 사업에 관한 양해각서에 서명하였다. 고도성장을 구가하고 있는 중국의 에너지, 원자재 및 전력 수요가 급증하고 있기 때문에 향후 중국은 러시아로부터 석유·가스 등 에너지자원과 전력을 보다 많이 수입할 것으로 예상된다.

중국은 러시아의 에너지자원 확보를 위한 고위급 대화채널의 제도화를 적극적으로 추진하고 있는 특징을 보이고 있다. 중국은 러시아와 정례적인 정상회의, 총리회의, 부문별 각료회의, 지방정부간 협력회의, 경제투자 박람회 및 포럼 등의 개최를 통해 교역 및 투자협력을 증진하고 있다. 이와 더불어 중국은 시베리아 및 극동지역과의 국경지대에서 양국간 경제협력을 강화하는 방침을 가지고 있다. 이러한 점은 2007년 3월 중·러 양국이 향후 10년간 전략적 협력관계의 발전 방향을 논의하면서, 중국의 동북지역과 러시아의 극동 및 시베리아지역간의 협력과 발전이 핵심적인 이슈로 부상한 것에서도 잘 알 수 있다. 이때 중국은 중·러 국경지대 협력을 자국의 동북지역의 낙후된 산업기반 재건과 연계하는 전략을 추구하고 있다.

4) 일본

일본의 경우 사할린-1과 사할린-2 프로젝트에 대한 대규모 투자를 제외하면, 세계 2위 경제대국의 위상에 걸맞지 않을 정도로 그동안 대러시아 투자가 미미한 수준이었다. 이처럼 일본의 대러시아 투자가 미진한 근본적인 이유는 쿠릴열도 4개 섬에 관한 영토문제, 러일전쟁과 제2차 세계대전과 같은 역사적인 문제, 그리고 문화적 이질감 등이 크게 작용하였다. 특히 일본은 러시아와의 관계에서 영토 문제의 해결 없이는 경제협력도 제한적일 수밖에 없다는 정경일치 정책을 오랫동안 추구해 왔다.

그러나 최근 일본은 러시아 경제의 급성장, 지리적으로 인접한 극동 및 시베리아지역의 풍부한 자원 등을 고려하여 새로운 전략을 모색하고 있다. 일본은 2003년 1월 일·러 정상회담에서 정치, 경제 등 6개 분야의 협력 강화를 골자로 하는 '일·러 행동계획'에 합의함으로써 대러시아 교류와 협력에서 실리를 추구하는 '정경분리' 정책으로 전환하고 있다.[19] 일본의 대러 정책의 주요 핵심 가운데 하나는 에너지 협력으로, 일본 기업들은 주로 러시아의 석유·가스, 전력 등 대형 에너지 프로젝트에 참여하기를 희망하고 있으며, 이를 지원하기 위해 일본 정부는 국가간 긴밀한 협력체계를 구축하기 위해 노력하고 있다. 이와 더불어 일본은 상대적으로 낙후된 북부지역(홋카이도)과 서부연안지역의 발전을 위해 러시아, 특히 극동 및 시베리아지역과의 교류 및 협력 증대를 추진하고 있다.[20] 향후 사할린−1, 사할린−2 프로젝트에서 생산되는 원유와 천연가스의 수입 물량이 증가하고, 동시베리아−태평양(ESPO) 송유관의 2단계 건설이 완공될 경우 에너지 수입량이 급증할 것으로 예상된다.

5) 주요국의 전략 비교 및 평가

이상에서 살펴본 바와 같이, EU, 미국, 중국, 일본 등 주요국들의 대러 에너지 전략은 공통적으로 적절한 가격으로 지속적이고 안정적인 에너지 공급물량 확보, 러시아의 에너지자원 개발 사업에 대한 참여로 요약된다. 이와 함께 중국과 일본은 지리적 인접성과 국토의 균형 발전을 위한 극동 및 동시베리아지역과의 협력을 강화하고 있다. 반면 미국과 EU는 부가가치가 높은 에너지자원개발 부문의 대러 진출 확대에 주력하고 있다.

---

19) 한종만, 『주요국의 대러시아 통상전략 및 시사점』, 대외경제정책연구원, 2007, 지역연구시리즈 07−15, p.114.
20) 2007년 6월 인러 정상회담을 계기로 일본은 러시아에 "극동시베리아지역 일·러 협력 이니셔티브"를 제안하였다.

<표 5> 주요국의 대러시아 에너지전략 기조와 주요 전략 비교

주요 국가	에너지전략 기조	주요 전략

EU	· 에너지헌장 비준 체결
	· 에너지의 정치 수단화 견제
	  (가스 OPEC 창설 등)
	· G8과 EU-러시아 정상회담
	  (연간 2회) 정례화
		· 에너지의 안정적 공급
		· EU기업의 진입 허용과 투자보장
		· 가스, 석유운송의 독점권 해체
		· 에너지 절약 및 환경협력 강화
		· 에너지 국내외 가격 편차 해소

미국	· 에너지의 정치 수단화 견제 · 러시아의 강대국 부활 견제 · 러시아와 EU의 동맹 견제 · 중국 견제 · G8과 APEC 정상회담	· 미국기업의 진입 허용과 투자보장 · 에너지원의 수입 다변화 · 에너지 국내외 가격 편차 해소
중국	· 전략적 협력의 동반자 관계 공고화 · 국경협력과 서부개발과 동북부지역 개발 · SCO 및 APEC정상회담 및 개별 정상회담과 총리 및 정부관료 회담의 정례화	· 전 부문에서 협력 강화 · 에너지(석유, 가스, 전력) 협력과 수입 확대 · 시베리아 · 극동개발 협력
일본	· 정경분리 정책에 입각한 대러 관계 개선 · 중국 견제 · 상대적으로 낙후된 서부, 북부 지역 개발 · G8과 APEC 정상회담	· 에너지원의 수입 다변화와 자원개발 참여 · 시베리아 · 극동개발 협력

자료: 필자 작성.

이때 <표 5>에 제시된 바와 같이, EU, 미국, 중국, 일본 등 주요국들은 대러시아 에너지협력에서 공동보조를 취하기보다는 경쟁적으로 자국의 이익 극대화에 주력하면서 최우선 정책과제로 정부간 협력의 정례화 및 제도화를 추진하고 있다. 중국은 정부차원에서 긴밀한 협력을 유도하는 것이며, 미국과 EU는 정부차원에서 가이드라인을 정한 후 민간차원의 협력을 도출하는 전략을 추구하는 특징을 보이고 있다. 특히 독일과 중국은 연방정부 차원에서 뿐만 아니라 지방정부와의 긴밀한 협력을 통해 보다 다양한 부문에서 대러시아 자원협력을 확대하고 있다.

또한 러시아 가스의 의존도가 높은 독일, 프랑스, 이탈리아 등의 경우, 자국의 가스안보증진 정책의 일환으로 가스프롬과의 교차투자 전략을 적절히 활용하고 있는 특징을 보이고 있다. 가스프롬은 자국의 하류부문(Down Stream) 시장을 개방한 독일, 프랑스, 이탈리아 기업에 대해 러시아 내 가스전 개발사업의 참여를 허용하고 러시아산 가스의 장기공급을 보장해주는 정책을 펼치고 있다.

주요국들 가운데 지금까지 EU가 러시아와 가장 긴밀하게 에너지 협력을 해오고 있다. 그 다음에 중국이 에너지 분야에서 러시아와 협력을 확대하기 위한 견고한 정치적·법적 기반을 구축하고 있다고 평가할 수 있다. 중국은 상하이협력기구(SCO)를 활용하여 러시아와 에너지협력을 강화하고 있으며, 러시아와 정례적인 정상회담, 총리회의, 부문별 각료회의 등을 통해 에너지를 비롯한 대러시아 경제협력을 증진하고 있다. 또한 중국은 러시아 측에서 요구하는 상호주의 원칙을 긍정적으로 수용하여 러시아와 상·하류부문에 교차투자를 하고, 그 대신 러시아로부터 대규모 석유·가스 공급물량을 확보하는 전략을 구사하고 있다. 물론 일본과 러시아 사이에서도 일종의 에너지 대화가 시작되고 있다.

5. 한국의 대러 전략적 에너지협력 방안

1) 한·러 에너지협력 현황 및 평가

한국 역시 앞서 살펴본 EU, 미국, 중국, 일본 등 주요 국가들과 마찬가지로 러시아 극동 및 동시베리아지역의 석유·천연가스 개발 사업에 대한 다각적인 참여를 시도하고 있다. 한국은 사할린-3 Kirinsky 광구 입찰에 러시아 TISE, 자루베즈네프트 등과 컨소시엄을 구성해 참여하는 것을 추진 중에 있다. 또한 로스네프트 소유의 사할린-1, 3, 4, 5 사업 가운데 지분 매입을 검토·계획하고 있다. 사할린 프로젝트 참여 이외에 한국은 사할린으로부터 원유·천연가스의 도입도 추진하고 있다. 1999년부터 사할린-2 광구에서 원유생산이 시작된 이래 한국의 주요 정유회사들이 사할린 원유를 수입하고 있다. 천연가스의 경우에 현재 러시아로부터 도입되는 물량은 없다. 그러나 지난 2005년 7월 한국가스공사가 사할린-2 프로젝트 운영자인 사할린에너지사(Sakhalin Energy Company)와 협정을 체결하여 2008년 하반기부터 20년간 사할린-2에서 생산되는 LNG를 연간 150만 톤(연간 50만

톤 추가공급 가능씩 공급받기로 합의하였다.

또한 2004년 9월 한·러 정상회담을 통해 한국의 컨소시엄과 러시아 로스네프트 간에 추정 매장량 37억 배럴의 서캄차트카 지역 해상광구 탐사사업을 추진하기로 협의하여 최근까지 동 지역의 해상광구 탐사작업을 진행해 왔다. 서캄차트카 지역 해상광구 탐사사업에 러시아의 로스네프트는 전체 지분의 60%, 한국의 컨소시엄은 전체 지분의 40%로 참여하였다. 한국이 커다란 기대를 해왔던 이 사업의 경우, 개발권이 2008년 8월 1일자로 만료된 이후 그 연장 여부에 대해 논란이 일고 있는 상황이다.[21]

이 외에도 2006년 10월 한-러 총리회담에서 한국과 러시아는 안정적인 가스공급 및 도입을 약속하는 천연가스협정을 체결하였고, 이어서 양국의 사업 주체인 가스프롬과 한국가스공사가 구체적인 세부 실천방안을 마련하기 위해 기관간 가스산업 협력 합의의정서를 체결하였다. 가스프롬은 사할린지역에서 나호트카 부근까지 가스관이 건설되면 이후에 북한통과 가스관, 동해 해저 가스관, 또는 LNG 중에 하나를 선택해서 가스를 공급한다는 구상을 가지고 있는 것으로 알려졌다. 이 사업은 특히 2008년 9월 말 한-러 정상회담에서 탄력을 받게 되었다. 한-러 정상 임석하에 한국가스공사와 가스프롬사 간에 "러시아연방의 대한민국에 대한 천연가스 공급에 관한 양해각서"가 체결되면서, 빠르면 2015~17년부터 한국가스공사가 연간 약 750만 톤(10bcm)의 가스를 도입할 수 있게 되었다.[22] 국내 수요의 20% 이상을 충족시켜줄 것으로 평가되는 이 사업이 순조롭게 진행될 경우 한국의 천연가스 수급안정에 크게 기여할 것으로 기대된다.

그동안 한·러 에너지협력은 석유, 가스, 전력 등 다양한 에너지원에 대한 탐사·개발 사업, 도입 사업, 수송인프라 건설 사업, 석유·가스 가공 및 정제사업 등으로 구분되어 진행되고 있다. 문제는 이러한 사업들이 한·러 에너지협력에 대한 거시적이고 전략적인 구도가 부재한 가운데 각기

---

21) 『매일경제』, 2008. 8. 14.

22) 가스프롬은 타당성 조사 및 상업협상과 극동지역 가스전 개발이 순조롭게 진행될 경우 2015~17년부터 한국에 천연가스 공급이 가능하다는 입장을 가지고 있다.

<그림 4> 러시아 동부지역 가스관 건설 계획 및 한국의 대러 천연가스 도입 노선도

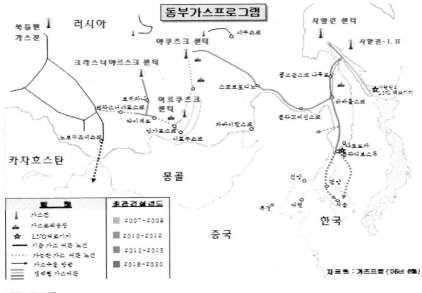

자료: 가스프롬

참여주체별로 분리되어 논의되고 추진되고 있다는 데 있다. 그에 따라 논의 및 계획에 투입한 노력에 비해 본격적으로 추진 단계에 들어선 사업이 별로 없고, 실질적인 성과는 미미하다는 평가를 받고 있다. 따라서 한국은 육상가스관을 통해 러시아로부터 천연가스를 도입하는 사업을 비롯하여 한·러 양국간 에너지협력의 실질적인 성과를 도출하기 위해 보다 체계적이고 종합적인 전략을 수립해야하는 국가적 과제를 안고 있다.

2) 대러 에너지협력 방안

러시아에서 '에너지자원'이란 경제성 평가를 기초로 국내외 관련기업들이 사업의 주체로 참여할 수 있는 단순한 '경제적 재화'가 아니다. 러시아에게 '에너지자원'이란 이미 러시아의 강대국화를 실현하는 외교의 근본적인 요소가 되었으며, 유라시아공간에서 펼쳐지는 신거대게임에서 러시아의 전략이 투사되는 '카드'가 되었다.[23] 2003년부터 푸틴 정부는 국내 에너지기업에 대한 국가 간섭과 통제를 강화해오고 있다. 또한 에너지산업은 국가발전

전략의 핵심 수단으로써 국가가 직접 개입하고 조정·통제하는, 한마디로 국가권력과의 일체화 과정에 들어서고 있다. 이러한 상황에 주목한다면 한·러 에너지협력의 잠재력과 실현 가능성에 대한 세부적인 논의는 과연 양국이 '에너지협력'에서 동반자적 관계를 강화해야 할 전략적 필요성을 상호 공유하고 있는가에 대한 확인이 필요하다. 즉 '에너지협력'에서 협력의 실현 여부를 결정짓는 논의는 에너지자원 그 자체에서 형성되는 것이 아니라 포괄적인 한·러 양국관계의 위상과 성격 규정에서 출발한다. 따라서 에너지협력이라는 목표의 실현을 위해서는 포괄적 경제협력의 성격을 전략적 협력의 단계로 끌어올리는 노력이 필요하다. 양국 정부간 '전략적 투자협력'의 공감대가 형성된다면 지금까지의 행태처럼 에너지협력 사업도 개별 프로젝트별로 비생산적이고 소모적인 논의를 지속하기보다는 러시아측이 한국측의 투자참여를 기대하고 있는 각종 사업(IT, 조선, 건설, 플랜트 등)과 하나의 통합된 교차 투자(Give and Take) 및 패키지 방식으로 묶어서 협상을 전개할 필요성이 있다.

<표 6>에 제시된 바와 같이, 한·러 양국이 검토 가능한 패키지 협력방안은 러시아 가스의 장기공급 및 사하가스전, 서캄차트카 유가스전, 마가단 유가스전 등의 공동개발, 연해지방 농업 투자에 대한 러시아 정부 보증 등을 확보하는 대신 한국 조선업의 러시아 투자 용인, 극동 연해지방에 정유 및 석유화학 공장의 합작 건설,[24] 러시아 에너지 하류 분야의 한국의 투자 등을 추진할 필요성이 있다. 또한 한국은 러시아가 경쟁력이 낮은 물류, 제조, 건설 분야에 집중 투자하고, 관리해 주는 대신 러시아로부터 에너지 개발 및 장기공급을 추진하여야 할 것이다.

이러한 패키지 전략이 러시아 동부지역과 한국간의 경제적 상호 보완성을 높여 준다는 의미에서 유효하지만 구체적인 실무적인 접근 과정에서는 좌초되기 쉬운 전략이기도 하다. 패키지 전략은 상호간의 경제적 약점과 장

---

23) 고재남,「푸틴 정부 에너지 전략의 국제정치적 함의」.『주요국제문제분석』. 외교안보연구원, 2006 참조.
24) 러시아는 자국의 동부지역이 단순한 원유 및 천연가스 공급지가 아니라 보다 부가가치가 높은 하류부문을 갖춘 지역으로 탈바꿈하기를 희망하고 있는데, 한국의 정유 및 석유화학기업이 러시아와 합작사를 추진하여 제3국으로 진출하는 것이 필요하다.

<표 6> 검토 가능한 한·러 극동 경제협력 패키지

	한국이 러시아에 제공	러시아가 한국에 제공
패키지 1	- 연해지방 조선소 건설 합작투자 - 이르쿠츠크 신공항 건설합작투자 - 연해지방 루스키섬 개발	- 마가단 대륙붕 유가스전 공동탐사 및 개발 - 사할린 가스 장기공급
패키지 2	- 국내 석유·가스 하류부문 개방 - 대우조선해양 M&A - 극동 연해지방 정유, 석유화학 공장 합작기업 설립	- 서캄차트카 유가스전 개발 확대 - 사하 가스전 공동 개발 - 연해지방 농업 투자에 대한 보장

점을 최대한 활용하자는 아이디어에 기초하고 있지만 실무적 추진 과정에서 많은 저항과 난관이 도사리고 있다. 패키지 전략의 최대 저항 세력은 패키지딜에 해당되는 산업과 부처로서, 이들은 다양한 경로를 통한 저항 및 사보타지를 통해 시간을 지연시키고 국론을 분열할 가능성이 높다. 예를 들어 가스와 조선소를 패키지딜로 했을 때, 해당 산업 분야는 정당한 국제시세에 의해 평가되지 못한 채 정치적으로 희생되었다고 생각하고 격렬히 반대할 가능성이 높다. 따라서 정상 차원의 포괄적 패키지딜은 전략적 협력을 높인다는 측면에서 유효한 접근방법이지만 구체적이고 미시적 차원의 패키지딜은 상호 수긍할 수 있는 국제적 가치평가에 기초하여 지난한 합의적 과정이 요구된다. 더욱이 시장경제의 입장에서 시장이 아닌 정부가 산업간 조정을 주도한다는 것에 대한 문제가 제기될 수도 있다.

이와 같은 패키지 협력의 한계를 극복하기 위해 러시아 동부지역에서의 개발협력에만 머무를 것이 아니라 제3국 에너지자원 개발에 대한 한·러 양국의 공동 진출도 적극 고려해 볼 필요가 있다. 중앙아시아, 카스피해, 아프리카 등 러시아의 전략적 투자지역에 대한 공동투자와 세계 LNG시장 진출 협력과 연계한 새로운 차원의 협력으로 양국간 협력의 장을 더욱 다각화하는 것이 가능할 수 있을 것이다. 예를 들면, 가스프롬사와 이탈리아의 ENI사는 러시아내 협력을 기초로 리비아 등 제3국 개발협력에 공동으로 참여하고 있으며, 리비아 국영석유회사와 북아프리카 Ghadames Basin의 탐사 및 생산물분배협정을 체결한 바가 있다.[25]

---

25) 김석환, 「러시아 가스산업의 국제화 방향과 한국에의 시사점」, 『e-KIET 산업경제정보』, 제407호, 산업연구원, 2008. 11.

중장기적으로 한국이 러시아의 동시베리아 및 극동지역의 자원개발에 진출할 수 있는 발판을 마련하고, 이 지역으로부터 석유·가스를 안정적으로 공급받기 위해서는 호혜적 원칙 아래 상호 이익을 공유하는 협력 모델이 구축되어야 한다. 현재 러시아는 안정된 수출시장을 확보하고, 시장 지배력을 증대하기 위해 자국의 석유·가스를 도입하는 국가들에 대해 상호주의(reciprocity) 원칙에 입각하여 하류부문의 개방을 요구하고 있다. 이에 EU, 중국 등 일부 국가들은 러시아와 상·하류부문에 교차투자를 하고, 그 대가로 러시아로부터 대규모 석유·가스 공급물량을 확보하는 전략을 구사하고 있다. 향후 동북아지역을 연결하는 에너지수송망이 구축될 경우를 가정한다면, 그리고 러시아의 정책 변화로 동북아지역에도 러시아와 상·하류부문에 대한 교차투자로의 전환이 피할 수 없는 대세라고 판단된다면 신속하게 상호주의 원칙을 수용하면서 실익을 극대화하는 방향으로 선회해야 한다. 러시아측의 요구를 긍정적으로 수용하면서, 대신에 수송노선 선정, 가격 및 공급물량 확보, 매장지 개발 참여 등과 관련된 한국의 요구 조건을 러시아측에 제시하는 협상의 전술적 변화가 필요하다.

한국의 자원개발 관련 기업들이 경쟁력을 갖기 위해서는 러시아의 가스프롬(Gazprom)과 로스네프트(Rosneft) 등 국영기업들과 기업차원의 전략적 협력관계를 모색해야 한다. 현재 러시아는 자원 민족주의 정책을 강화하면서 러시아내 개발권을 갖고 있는 외국기업에 대한 압박수위를 높여가고 있고, 신규 사업은 물론이고 기존에 외국기업이 주도해왔던 사업권도 점차 러시아 국내기업에게 넘기고 있다. 점차 동시베리아·극동지역 대부분의 매장지에 대한 개발권과 수출권한은 국영기업인 가즈프롬과 로스네프트사 등에 집중되고 있다. 따라서 향후 러시아의 국영기업과의 전략적인 협력관계가 구축되지 않는 한 러시아의 에너지자원 개발에 참여할 수 있는 여지는 더욱 더 좁아지게 될 것이다.

따라서 기업간 협력의 단위에서 다양한 협력 및 비즈니스 모델을 구축해야 한다. 지금까지 양국간 협력의 경험이 일천하고 비즈니스에 대한 접근방법 자체가 다르기 때문에 상호 신뢰가 축적되지 않았다는 점을 고려한다면 우선 낮은 단계의 투자 파트너십(partnership) 사업부터 추진한 다음 이후 상대방에 대한 이해와 신뢰가 깊어지면 높은 단계의 전략적 제휴(strategic alliance) 등의 단계로 심화시켜 나가는 것이 바람직하다. 특히 한국이 경쟁력을 갖고 있으면서 러시아측이 한국과의 투자협력에서 요구하는 사항을 우선적으로 추진하면서 중장기적으로 국내 에너지시장의 개방 및 자유화 일정, 에너지자원 해외도입 전략 등을 충분히 고려하면서 러시아 기업과의 협력 수준을 조정해 가는 전략이 필요하다.

이러한 관점에서 본다면 현 단계에서 가장 유망한 사업은 연해주 등의 정유화학단지와 연계한 항만터미널 건설 사업이 될 것이다. 동시베리아 및 극동지역의 석유·가스 파이프라인이 연결된다면 연해주는 그 집결지가 될 것이다. 동시베리아와 사할린에서 공급된 대규모 원유가 한국, 중국, 일본, 대만 등과 같은 최종 소비지로 수출되려면 중간 물류기지로서 대규모 석유 터미널과 접안시설 등이 연해주에 건설되어야 한다. 또한 현재 이 지역에는 하바로프스크와 사할린에 두 개의 소형 정유 시설이 있을 뿐 크래커 등 대형 석유화학 시설은 전무한 실정이다. 현재 러시아 정부가 단순한 원유 수출보다는 이를 가공, 처리하여 부가가치를 높일 수 있는 산업고도화 정책 구상에 관심을 갖고 있다는 사실을 고려할 때 이 지역의 석유화학산업 단지 조성 사업에 한국이 적극적인 관심을 갖고 참여해야 한다.

아울러 향후 러시아 극동 연해지방이 러시아 가스의 동북아 수출 창구로 발전할 것으로 예상되기 때문에 남·북·러 가스협력사업을 적극 추진할 필요가 있다. 이는 러시아 정부가 동시베리아에 매장된 막대한 천연가스를 바탕으로 자국 가스의 생산과 분배, 해외로의 수출을 통합하겠다는 통합가스배관망(UGSS)이라는 장기전략을 통해 동북아 시장에 접근하고 있다는 점에서 그 가능성이 매우 높은 사업이다. 사실 러시아는 2007년 사할린-1 가스전에서 타타르해협을 건너 하바로프스크로 연결되는 약 502km에 이르는 가스 파이프라인을 완성하여 그 동안 에너지자원에서 소외된 이 지역의 난방 및 에너지 문제를 해결하였으며, 나아가 2011년까지 블라디보스토크까지 연결하여 연해지방의 난방 및 전력 문제를 해결하려는 사업을 추진하고 있다. 더 나아가 러시아는 극동의 가스 수요를 충족시키고 이후 중국과 한국 등으로 가스 수출을 적극 검토하고 있다. 러시아가 향후 수출할 가스 물량은 사할린-1 프로젝트, 사할린-3 가스전과 서캄차트카 광구, 그리고 사하 가스전을 포함한 동시베리아 물량까지 포함시키고 있기 때문에 가스 공급량은 충분한 것으로 판단된다. 가스프롬은 한국으로 가스를 공급하는 두 가지 방안을 검토하고 있는데, 첫 번째는 연해지방에 LNG 기지를 건설하여 남은 가스 물량을 수출하는 것이고, 두 번째는 북한을 통과하는 육상 PNG와 북한을 우회하는 해저 PNG를 부설하는 것이다. 이 두 가지 방안 가운데 가스프롬은 초기 투자비용이 많이 소요되는 LNG보다는 경제성이 높고 운영 노하우가 풍부한 PNG를 통해 한국으로 장기공급하는 계약을 체결하는 것을 더 선호할 것이라 보인다. 이렇게 될 경우 북한을 우회하여 동해안으로 연결되는 해저 PNG 부설은 한국과 러시아간의 직접적인 가스협력이 가능하다는 점에서 매력적인 사업이지만, 해저 PNG의 설치 비용은 육상 PNG보다 20-30% 높으며, 동해안의 수심이 깊기 때문에 기술적 난관에 봉착할 가능성이 높다.[26] 따라서 북한을 통과하여 속초나 삼척까지 약 600km에 이르는 육상 가스관의 부설은 장차 한국의 에너지 안보 확보에 획기적인 역할을 할 것이라 판단된다.

에너지협력 분야에서 기업간 전략적 협력이 실행되기 위해서는 기본적으로 두 가지 전제조건이 필요하다. 하나는 고위험에 장기·대규모 자본이 소요되는 자원개발 사업에 참여하기 위해서는 현재 선진국에 비해 매우 낮은 수준인 정부의 에너지 및 자원사업 관련 기금을 확충할 필요가 있다. 우선 수출입은행 등 공적 금융기관의 해외자원개발의 지원을 확대하는 한편, 자원개발과 관련된 한국가스공사, 한국석유공사 등 공기업들의 해외자원 탐사·개발·생산 등 선도적 투자기능의 확충이 필요하다. 그리고 이들 공기업들과 민간 에너지기업이 보유한 에너지개발 예산, 전문 인력, 정보력 등으로는 서방의 메이저기업이나 자금력을 가진 일본기업, 중국, 인도의 국영

---

26) 윤성학, 『러시아 에너지가 대한민국을 바꾼다』, (서울: 뿌쉬낀 하우스), 2008, p.60.

기업 등과 경쟁하기 어려운 것이 현실적인 상황이다. 따라서 에너지 관련연구기관의 규모를 확대하고 전문 인력을 양성하는 교육정책이 뒷받침되어야 하고, 한국석유공사 및 한국가스공사 등 에너지개발 관련 기업의 규모를 대형화하는 국가정책도 추진되어야 한다.[27]

이와 더불어 민간기업의 활발한 러시아 진출이 필요한데, 이를 위해 코리아투자기금(Korea Investment Fund) 제도를 적극 활용하는 것도 고려해볼 필요가 있다. KIF는 채권투자에 국한된 한국투자공사(Korea Investment Corporation)와 달리 주로 자원 및 개발 금융에 중점을 두어 'High Risk, High Return'에 초점을 둘 필요성이 있다. 이때 정부는 KIF에 지역 및 산업 분야 기금을 배정하여, 전 세계를 대상으로 한 우선적인 투자분야, 시급성, 한국에 대한 경제적 파급효과를 고려하여 그 비율을 설정하는 것이 필요하다. 민간 기업은 KIF를 해당 국가의 플랜트 및 자원 분야에 진출할 수 있는 파이낸싱 창구로 활용할 수 있는데다, 현재 대부분의 피진출 국가는 상환 분담이 높고 정치적 오해를 불러일으킬 수 있는 차관보다는 투자를 오히려 더욱 환영한다는 차원에서도 효용성이 높을 것이라 판단된다. 러시아 동부지역 개발과 관련된 KIF 이용 사업으로는 동시베리아 유전 투자, 극동 가스 개발과 가스관 구축 사업, 연해주 농업 투자, 블라디보스토크 재개발 사업 등이 해당될 것이다.

러시아와의 경제협력에서 가장 핵심적인 사업은 러시아의 극동과 동시베리아에서 안정적인 에너지원을 확보하는 문제이다. 따라서 현재 논의가 진행되고 있거나 착수된 에너지협력 사업을 조기에 실현하기 위해서는 무엇보다도 한·러 공조체제가 강화되어야 한다.

그러나 이와 동시에 한국의 대러 에너지협력 구도에서 중국과 일본을 단순한 경쟁자로만 인식할 것이 아니라, 러시아 에너지자원의 수송 및 공급의 안정성을 확보하기 위한 공동의 노력과 다각적인 투자협력 방안도 모색해야 한다. EU의 에너지정책에서 확인할 수 있듯이, 특히 공급자시상의 독점적

---

27) 이재영 외, 『한국의 주요국별·지역별 중장기 통상전략: 러시아』, KIEP 중장기통상전략연구 07-12, p.181.

지위를 유지하기 위해 양자협상에 몰두하고 다자간협력체 구도에는 참여 의지가 약한 러시아를 다자협력구도에 유인하는 데 있어 이들 국가들과 공동의 보조를 맞추는 노력이 필요하다.[28] 더욱이 러시아의 자원민족주의 정책 강화, 에너지자원의 전략적 이용 등에 대응하기 위해서는 동북아지역에서도 EU와 같은 다자간 협력 틀을 마련해야 할 것이다. 앞으로 러시아 에너지자원의 본격적인 도입에 따라 동북아지역의 러시아 에너지자원에 대한 의존도가 높아지게 되면, 다자간 에너지 협력 틀에 대한 필요성이 더욱 커지게 될 것이기 때문이다.

그동안 한·중·일 3국간 석유시장 공동가격제도 구축을 위한 협의체나 석유저장 터미널 설치를 위한 석유저장시설기관간의 협의체 구성의 필요성 등이 제안된 바 있다. 다만 석유의 경우 동시베리아-태평양 송유관 노선을 두고 중·일 간에 벌인 경쟁에서 보듯이 승자독식의 제로섬 게임(zero-sum game)이 될 가능성이 높다는 문제점이 있다. 동북아 국가들 간의 다자간 에너지 협력은 석유보다는 가스부문에서 이루어질 가능성이 더 높다고 판단된다. 충분한 매장량을 갖고 있는 시베리아와 극동지역의 가스자원은 동북아 국가들 간의 에너지협력을 이끌어 낼 수 있을 것으로 예상된다. 이는 가채매장량 측면에서나 막대한 개발비용을 고려할 경우, 가스부문에서의 동북아 다자간 에너지 협력이 보다 현실적인 방안이라 판단되기 때문이다. 동시베리아 유전개발 사업과 달리 가스전 개발과 가스관 사업은 참여국이 모두 혜택을 얻을 수 있는 포지티브 섬 게임(positive-sum game)이 될 가능성이 높다. 한정된 자원인 석유와 달리 거의 무궁한 공급물량을 가진 동시베리아의 가스자원은 러시아의 체제가 정비되고 중국이 천연가스를 널리 사용할 수준의 경제력에 도달하면 동북아 국가들 간의 협력을 가능하게 만들 것이다.[29] 예컨대 사할린 대륙붕에서 한반도, 중국 동북지역, 그리고 가능할

---

28) 백 훈, 「동북아 에너지협력과 시장통합 : 유럽의 경험이 주는 시사점」. 『비교경제연구』. 제13권 1호. 한국비교경제학회. 2005. p.131.

29) 2000-2005년 기간 중국의 천연가스소비량은 연평균 14.35% 증가하였는데, 이는 석탄과 석유소비량 증가를 훨씬 앞지르는 것으로 향후 중국의 천연가스 시장은 전국적인 범위로 발전할 것으로 예상된다 (박용덕외, 『동북아 천연가스 시장의 역내외 구조변화 요인 분석』. (서울: 산업자원부, 에너지경제연구원), 2007. pp.5-6).

경우 일본까지 연결되는 가스 파이프라인 건설을 위한 동북아 국가들 간의 다자간 에너지 협력이 유망할 것이다. 동북아 국가들은 러시아로부터 가스관을 연결함으로써 에너지 안보를 확보하고 실질적인 동북아 에너지시장 시대를 열 수 있을 것이다.

특히 동북아 역내 에너지 교역을 활성화하고 시장자유화를 추진하여 동북아 에너지공동시장을 형성한다는 취지에서 '동북아에너지협력협의체'와 같은 다자간 협력 틀이 구축되어야 할 것이다.[30] 이 경우에 있어 EU의 정책은 중요한 시사점을 제공한다. EU 회원국들은 한편으로는 러시아와의 양자협상을 체결하면서도 다른 한편으로는 EU 차원의 다자간 협상을 병행해서 추진하고 있다. 현재의 단계에서 동북아 국가들이 EU처럼 공동의 대외 에너지정책을 수립하는 단계로 발전하지는 못하지만 기존의 에너지 협력사업을 통합·관리하는 체계의 구축이 필요하다. 아직 미약하긴 하지만 2005년 11월 몽골 울란바토르에서 설립된 '동북아에너지협력 정부간협의체'의 위상을 보다 진전된 역내 다자간 협의체로 발전시키는 문제를 진지하게 고민해야 할 것이다.

아울러 최근 에너지협력 논의가 활발히 논의되고 있는 APEC에서 에너지 협력 방안을 논의하는 것도 동북아를 비롯한 아시아·태평양지역 차원에서의 에너지협력 증진에 유용할 것이라 판단된다.

---

30) UN ESCAP은 2006년 총회에서 역내 에너지 공급자 및 수요자간의 에너지 인프라 및 에너지 이슈의 조정 메카니즘 구축을 통해 역내 에너지 안보를 제고하는 거시적인 협력 틀로 '범아시아에너지시스템(Trans-Asian Energy System: TAES)' 구축을 발의했다. 지난 2007년 8월 2-3일 한국에서 TAES 구축을 위한 착수회의가 개최되었다.

고재남. 2006. 「푸틴 정부 에너지 전략의 국제정치적 함의」. 『주요국제문제분석』. 외교안보연구원.

김석환. 2008. 「러시아 가스산업의 국제화 방향과 한국에의 시사점」. 『e－KIET 산업경제정보』. 제407호, 산업연구원.

박용덕 외. 2007.『동북아 천연가스 시장의 역내외 구조변화 요인 분석』, 산업자원부·에너지경제연구원.

백 훈. 2005. 「동북아 에너지협력과 시장통합 : 유럽의 경험이 주는 시사점」. 『비교경제연구』. 제13권 1호. 한국비교경제학회.

윤성학. 2008. 『러시아 에너지가 대한민국을 바꾼다』, 뿌쉬낀 하우스.

이성규. 2008. 「러시아－중앙아시아 에너지자원이 우리에게 주는 의미」, 『EURASIA』, 제4호(2008년 봄).

이성규·류지철·이경완. 2006. 『러시아 에너지개발 여건변화에 따른 대러시아 진출전략』, 에너지경제연구원.

이재영. 2008. 「러시아·중앙아시아 국가들의 자원외교 전략」, 『정세와 정책』, 2008년 3월호.

이재영 외. 2007. 『한국의 주요국별·지역별 중장기 통상전략: 러시아』. KIEP 중장기통상전략연구 07－12. 대외경제정책연구원.

이재영 외. 2006. 『러시아의 동부지역 개발전략과 한국의 참여 확대방안: 에너지부문을 중심으로』. 연구보고서 06－13. 대외경제정책연구원.

이재유·이재영. 2006.「동시베리아 송유관 건설계획과 한국의 참여방안」, 『비교경제연구』, 제13권 2호, 한국비교경제학회.

소진영 외. 2007. 『동북아 석유 현물시장 도입 가능성 분석』, 산업자원부·에너지경제연구원.

한종만. 2007. 『주요국의 대러시아 통상전략 및 시사점』, 지역연구시리즈 07－15, 대외경제정책연구원.

BP. 2007. Statistical Review of World Energy.

Financial Times, November 3, 2008

Kusznir, Julia und Heiko Pleines. 2005. "Ausländische Investoren in der Erdölwirtschaft", Heiko Pleines und Hans－Henning Schröder (Hrsg.), *Russlands Energiewirtschaft und die Politik*. Bremen: Forschungsstelle Osteruopa an der Universtiät Bremen.

RIA Novosti, April 25, 2007.

Vedomosti, No. 19, February 6, 2006.

Коржубаев А. Г. 2007. "Сотрудничество с Китаем в нефтегазовой сфере, ЭКО: Всероссийский экомомический журнал," No. 9.

Ли Чжэ Ен. 2008. "Экономическое сотрудничество России и Южной Корей," *МЭиМО*. No. 9.

Филип Хэнсон. 2008. "Россия и ЕС: Энергетическое сотрудничество неизбежно," *Россия в глобальной политике*. Vol. 6, No. 1.

제4부 | 러시아는 우리에게 무엇인가?

러시아의 동아시아 전략과 미래의 역할

서동주(국가안보전략연구소 연구위원)

Ⅰ. 머리말

2008년 5월 7일 러시아에서는 드미트리 메드베데프(Dmitri Medvedev)가 새로운 대통령으로 취임하였다. 이로써 푸틴 집권 8년은 막을 고하게 되었다. 그간 수없이 추측 속에 거론되었던 '포스트 푸틴'의 실체가 명확히 드러난 것이다. 이는 러시아 정치사에 있어 몇 가지 중요한 의미를 담고 있다. 무엇보다 푸틴에 이어 연속적으로 선거를 통한 평화적 정권이양이 이뤄졌다는 점이다. 절차적 민주주의가 한 단계 진일보했다고 평가할 수 있다. 한편 지난번에 옐친은 푸틴을 자신의 후계자로서 지명한 전례가 있다. 이번에는 푸틴이 메드베데프가 자신의 후계자임을 천명하였다. 러시아식 후견정치가 정례화 되어 가는 것으로 해석되기도 한다. 그런데 이번에는 좀 다르다. 완전히 퇴임하였던 옐친과는 달리 푸틴은 메드베데프체제하에서 총리직을 맡고 있는 것이다. 이른바 "후계자 대통령과 실세 총리"가 병존하는 양두체제(diarchy)가 출현한 것이다. "최고 권력은 나눠질 수 없다"는 권력일반이론의 명제에 도전하는 새로운 실험대이기도 하다.

이는 러시아의 대내정치와 대외정치 모두에 커다란 영향을 미치고 있다. 집권 초기단계에 메드베데프의 대내외 정책은 푸틴의 권위와 영향으로 인해 독자성을 갖기 힘들 것이라고 여겨지고 있다. 차후 푸틴의 재등장을 위한 과도기 역할로 추론하는 시각의 연장이다. 그러나 다른 한편으로 헌법에 기초한 대통령의 직위와 위상을 통해 볼 때 실세 총리를 뛰어 넘는 현실적인 권력도 엄연히 존재한다. 시간의 흐름과 더불어 메드베데프의 독자성이 드러날 수 있음도 시사한다. 푸틴 집권 8년 동안 '강국 러시아의 재건'을 내걸었던 러시아는 국제무대에서 그 위상과 역할을 신장시켜 나왔다. 푸틴을 이어 받은 메드베데프가 앞으로 어떤 정책을 펴고, 러시아의 모습을 탈바꿈 시켜 나갈지 세계의 이목이 집중되고 있다. 2000년 당시 푸틴은 집권 직후 일련의 외교안보문서들을 채택하고[1] 옐친과는 차별화된 정책을 펼쳐나간 바 있다. 푸틴의 경험을 답습하듯 7월 12일 메드베데프는 집권 후 처음으로 새로운 외교정책개념 문건을[2] 채택하였다. 물론 "새롭게 부활"한 러시아의 입장에서 세계질서를 조망하고, 국익 극대화를 위한 대외정책 개념과 방향, 내용을 천명하고 있다. 이외에도 군사독트린과 국가안보개념 개정 등 일련의 새로운 외교안보 문서들이 입안될 예정으로 있다. 대체적으로 푸틴의 것을 계승할 것으로 보고 있긴 하지만, 메드베데프의 독자성 여부와 함께 그 향배가 주목되고 있다.

이 글에서는 메드베데프체제의 출범에 주목하면서 러시아의 동아시아에 대한 전략적 이해, 입장, 전략을 탐구한다. 또한 동아시아지역에 있어 러시아의 역할을 조망하고, 이에 따른 정책 시사점도 도출해 보고자 한다. 여기서 동아시아라 함은 유라시아와 구별되며, 동북아 지역 보다는 넓은 지역

---

1) 〈러시아연방 국가안보개념〉(2000.1), 〈러시아연방군사독트린〉(2000.4), 〈러시아연방대외정책개념〉(2000.6), 〈러시아: 동방의 새로운 전망〉(2000.11), 〈러시아해양독트린 2010〉(2001.7), 〈러시아에너지전략 2020〉(2003.5), 〈러시아의 핵 및 방사능 안보정책〉(2003.12) 외

2) 〈러시아연방 대외정책개념〉(Концепция Внешней Политики Российской Федерации)(2008.7.12), www.mid.ru(검색일: 2008.7.20)

개념을 의미한다. 즉 지리적으로 유라시아권과 중첩되지만 인도, 파키스탄의 서남아시아와 카자흐스탄 등 중앙아시아는 포함되지 않으며, 중국과 일본, 몽골, 동남아시아, 한반도 지역을 포괄하는 뜻으로 사용한다. 외교정책 대상, 전략 등은 두부 자르듯 명확하게 나누기 어렵다. 여기서도 외교정책과 전략이 외교의 하위 범주, 상위 범주와 연계되어 있음을 전제하고 있는 것은 물론이다. 이미 푸틴시기 러시아의 유라시아, 동아시아, 동북아 정책에 대한 연구는 많이 축적되어 있다.[3] 이를 토대로 기존의 연구를 집약하고, 여기서는 주로 "미래의 러시아"에 초점을 두고 미래의 정책, 전략, 역할을 살펴보는 데 중점을 둔다. 따라서 과거와 특정한 자료에 기초한 분석과 평가 보다는 현재 및 미래에 대한 예측과 전망이 많이 다뤄질 것이다.

논문 구성은 다음과 같다. 먼저 2절에서는 메드베데프 신정부에서의 외교정책 결정, 구체적으로 동아시아 전략의 결정요인을 분석해 본다. 3절에서는 러시아가 갖는 동아시아 지역에 대한 이해관계와 전략을 세부적으로 살펴본다. 이어 4절에서는 러시아의 부활을 염두에 두면서 향후 동아시아의 미래 구도를 전망해 보고, 러시아의 역할도 파악해 본다. 끝으로 우리가 정책적으로 유념해야할 사안과 시사점을 도출해 본다.

---

3) 홍완석, "푸틴정부의 동북아 전략과 한반도 정책," 홍완석 엮음, 『현대러시아 국가체제와 세계전략』(서울: 한울아카데미, 2005), pp.603-651; 홍완석, "21세기 러시아의 동북아 국가전략," 『국제정치논총』, 제41집 1호(2001), pp.117-144; 최태강 지음, 『러시아와 동북아』(서울: 오름, 2004); 최태강, "푸틴시대 러시아의 동북아 외교정책," 『시베리아극동연구』, 제3호(2007 여름), pp.5-35; 박윤형, "러시아의 동아시아 정책 ― 유라시아 국가로서의 역할," 『슬라브연구』, 제18권 2호(2002), pp.103-127; 이용권, "러시아 에너지자원과 푸틴의 동북아 전략의 상관관계 분석: 푸틴 2기를 중심으로," 『슬라브학보』, 제22권 3호(2007), pp.193-222; 이용권, "러시아의 동북아 전략 변화와 시베리아 에너지자원," 『사회과학연구』, 제14집 2호(2008), pp.288-322; 연현식, "푸틴의 러시아외교와 대동북아관계," 『슬라브연구』, 제20권 2호(2004), pp.19-43; 신범식, "유라시아이 지정학적 세력 관계와 신거대 게임," 신범식 엮음, 『21세기 유라시아 도전과 국제관계』(서울: 한울아카데미, 2006), pp.102-149 외 다수.

Ⅱ. 메데베데프정부하 동아시아 전략의 결정요인

1. 외교정책 결정요소와[4] 동아시아

일반적으로 한 국가의 외교정책을 결정하는 변수로 국제체제(인식), 국가 능력(목표), 정치적 리더십의 3가지를 꼽는다. 즉, 일반적으로 한 나라의 외교정책 결정요소를 분류하고 체계화하는 구도로서 다음의 세 가지 측면을 들 수 있다.

첫째는 대외적인 체제요소(systemic factors)이다. 이에는 지전략, 지정학적 위치가 포함된 지리적 위치, 국제거래와 상호작용의 정도, 국제체제의 성격과 구조 등이 중요한 내용을 이룬다. 둘째는 대내적인 국가적 속성 요소(national attribute factors)이다. 이에는 지경제적(地經濟的) 요인이 중요하며, 인구의 구성, 경제수준, 군사력의 수준, 정치문화의 수준 등이 주요한 요소이다. 셋째는 정책결정자들의 특질적 요소(idiosyncratic factors)이다. 이중에서 첫째의 경우는 국가 외교행태의 제휴 형태인 동맹정책에 큰 영향을 미친다. 두 번째는 외교정책의 범위(scope)와 밀접한 상관관계를 가지고 있으며, 세 번째 외교정책의 운영양식과(modus operandi)와 연계되어 있다.[5] 실제 외교정책 수행에 있어서는 외교대상에 대한 인식과 목표 정립이 중요하며, 이에 따른 의사와 능력이 동시에 존재해야 한다. 세 가지 측면은 상호 연계되어 있으며 외교정책 행태의 결정요소로서 작용한다. 또한 이는 국제체제, 국가능력, 리더십의 분석 수준과 같은 맥락에 놓여있다.

러시아의 동아시아에 대한 외교정책, 전략을 다룰 경우 상기의 세 요소는 다음과 같은 질문과 연계된다. 즉, 러시아는 동아시아에 대해 어떻게 인식하고 있는가? 동아시아에서 러시아의 국가목표 내지 전략적 이해는 무엇인가? 또한 이를 달성하기 위한 국가능력이 뒷받침되어 있는가? 그리고 누가 외교정책과 전략을 결정하고 수행하는가? 실질적으로 수행할 외교체계와

---

4) 이 부문은 서동주, "유라시아의 외교적 함의와 한반도," 신범식 엮음, 『21세기 유라시아 도전과 국제관계』 (서울: 도서출판 한울, 2006), pp.571-576의 내용을 부분 발췌해 수정 보완한 것임.

5) 박경서, 『지구촌정치학』(서울: 법문사, 1999), pp.112-118 참조.

의지가 있는가? 등과 접맥된다.

보다 구체적으로 살펴보면, 국제체제는 항시 바뀌어 질 수 있는 유동성을 띠고 있으며, 평화공존과 번영, 대결과 갈등 등 체제의 성격, 느슨함과 강함 등 구조의 강도, 일극 대 다극, 단–다극 형태 등 다양한 모습을 띠고 있다. 9/11 이후 미국 주도의 일극 내지 단일 패권체제로 국제체제가 전개되고 있음은 이의 일례에 해당된다.

동아시아의 경우 세계질서 체계보다는 하위에 위치한다. 세계질서의 성격을 보완하기도 하며, 규정짓는 결정적 역할을 하기도 한다. 냉전체제하 한·미·일 동맹체제와 북·중·러 동맹체제간의 대결, 즉 남방 대 북방 3각체제간의 병립 구도가 좋은 사례이다. 지금은 미·일 동맹과 중·러 전략적동반자 관계라는 "해양세력 대 대륙세력"간의 잠재적 견제와 균형 모습이 핵심이다. 미·일·호 연대, 러·중·인 3각협력, 상하이협력기구(SCO) 활성화 등도 지역 구도를 설명하는 핵심어들이다. 지정학적으로 동아시아는 아태지역을 아우르며, 중앙아시아, 중동, 서남아시아와의 연결점에 위치하고 있다.

동아시아 질서를 생각할 때 러시아는 무엇보다 세계전략의 큰 틀과의 연장선 속에서 바라본다. 러시아의 관점에서 동아시아는 유라시아 전체 지역 중에서 동쪽의 한 축이자 전략적 요충지를 이루고 있는 셈이다. 세계전략을 고려할 때 중요한 생각의 원천이 되며, 또한 빠트릴 수 없는 중요한 위상을 차지하고 있는 것이다. 흔히 유라시아정책, 동북아, 한반도정책 등을 논의할 때 세계전략과의 연장선에서 분석하는 것은 이러한 점에 연유한다. 뒤에서 자세히 분석하겠지만 동아시아 지역에는 그간 불모지였던 극동 시베리아지역이 포함된다. 이의 성공적 개발을 위한 외교적 노력이 절실한 지역이기도 하다. 국제질서 면에서의 구도 결정짓는 한편, 대내 개발의 필요성과 함께 주변국들의 협력을 도출해 내야하는 입장도 있다. 세계경제로의 편입은 그 방편이 되며 동아시아는 그 전초기지 역할을 할 수 있다. 러시아에 있어 동아시아지역은 세계정치, 지정학, 경제구조, 군사안보의 세계적 분야에서 주도적인 위치에 있다.[6] 이러한 점들이 러시아가 중요하게 다루는 동아시아의 전략적 함의인 것이다.

<러시아 시각에서 바라본 동아시아>

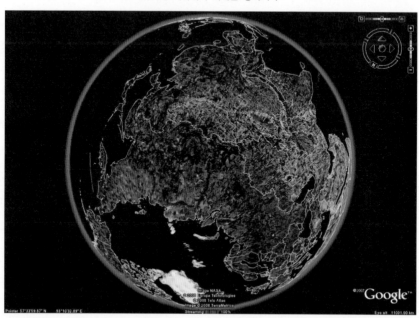

자료 : google earth

다음으로 국가적 요소는 한 국가의 국력 상태에 따른 대외적 세력권 내지 영향력 상태와 연계되어 있다. 국력 투사와 대외정책 전개 범위를 결정 짓는 것이다. 이를테면, 상대적인 요소가 강하긴 하지만 초강대국인 미국은 전(全)지구적 범위를 관할한다. 2등대국에 위치한 러시아, 중국, 인도, 일본 등은 반(半)지구적, 대지역적 범위에 해당된다 볼 수 있다. 나아가 중견국 지위에 있는 한국, 캐나다, 호주, 인도네시아, 말레이시아 등은 중지역적, 양·다자국가권역에 한정된다. 물론 약소국에 해당되는 필리핀, 미얀마, 동티모르, 라오스, 몽골 등은 소지역적, 양자국가권역의 범위에서 활동한다 할 수 있다. 초강대국을 제외한 여타국들이 국제체제의 다극화 추구를, 지역에서의 다자간 국제기구에의 가입·활동을 통한 자국 이익 실현에 적극적인

---

6) 최태강 지음,『러시아와 동북아』, p.14.

것도 이에 연유한다. 국가발전 전략과 전방위 외교, 일방주의, 실리주의 등 정책 방향과 성격도 이의 영향을 받아 결정된다. 결국은 국력, 국가능력의 문제로 귀결된다.

특히 상대적 국력의 위상이 중요하며, 또한 국력 자체에 대한 평가도 중요하다. 이는 외교정책의 투사 능력과도 연계되며, 능동적, 수동적, 공격적, 수비적 등 대외정책의 정향을 결정짓는 요소이기도 하다. 푸틴 집권 2기 후반에 보인 러시아의 공격적이고 공세적인 외교정책으로의 전환 역시 그 내면에서는 경제발전에 따른 "러시아의 부활"에 기원하고 있는 것이다. 지역적 2등대국이 아닌 전지구적 범위를 관할할 수 있는 초강대국의 반열에 다시 오르고 있다고 판단한데 따른 것일 수 있다.

실제로 러시아는 푸틴집권 8년 동안 BRICs의 일원으로서 연 6~7%대의 지속적인 경제성장을 달성하였다. 외환보유고 세계 3위, 2007년도에 GDP 생산 역시 한국을 제치고 세계 10위로 도약,[7] 무한한 에너지자원의 보유 등 여러 면에서 상전벽해의 국가능력 신장을 이룩하였다. 군사력 측면에서도 세계 2위권이며, 핵강국이자 군사무기 수출도 세계 2위이다. 이의 지속성 역시 향후 러시아 대외정책의 향배를 가름짓는 중요한 요소가 된다.

마지막으로 정책결정자, 리더십의 중요성이다. 이제 정치적 리더십은 국력의 한 요소에 포함되며, 그만큼 지도자의 인식과 결단, 실행 능력 등이 국가발전과 대외정책에 있어 중요한 결정요인으로 작용한다. 국가발전전략, 국가목표, 외교 행위 전개에 있어 리더십이 발현된 형태는 크게 보아 적극적 참가자, 소극적 행위자, 무관심의 방관자로 대별될 수 있다. 그러나 현대에는 대부분 적극적 참가자로서의 입장을 견지한다. 국제관계의 무대가 국가, 국가간에 생존과 국익 극대화를 위한 무한투쟁의 장(場)임은 역사 이래 변함이 없다. 항행의 방향과 성격을 결정짓는 선장으로서, 한 국가 정책결정자의 리더십과 전략적 선택의 중요성은 아무리 강조해도 지나치지 않는다.

특히, 미래 지향적 러시아의 대외정책과 관련하여, 무엇보다 푸틴시기와

---

7) *Novosti*, 2008.1.30

차별성을 갖는 부문은 역시 대외정책 결정자로서 대통령의[8] 변화이다. 그런데, 러시아적 양두체제의 출현과 특이성으로 인해 이전에 비해 리더십과 함께 이전에 비해 푸틴의 존재가 살아있음으로 해, 푸틴과의 조화, 권력관계, 양두체제의 향배 역시 중요한 대외정책의 결정요인으로 부각되고 있다. 러시아의 경우 푸틴기와의 지속과 변화의 측면에서 보아, 가장 주목되는 변수 변화는 메드베데프의 리더십과 정책 성향, 그리고 양두체제의 등장일 것이다.

2. 메드베데프의 정치적 리더십과 정책성향

이 절에서는 푸틴기와의 차별성을 가장 나타내는 결정요인의 하나로서 메드베데프의 정치적 리더십과 정책성향을 살펴본다. 앞으로 메드베데프체제하에서의 러시아 정치는 푸틴과 메드베데프의 정치적 리더십, 푸틴과 메드베데프간의 권력관계, 지지 세력과 정치적 기반, 국민의 지지에 의해 좌우될 것이라고 판단된다. 대외정책 역시 이의 연장선에 있다. 그리고 '시간'의 흐름이 매우 중요하다고 본다.

1) 정치적 리더십과 정책성향

메드베데프는 1965년 9월 14일 상트페테르부르크시(市)에서 출생하였으며, 2008년 현재 43세로 1917년 러시아혁명 이후 최연소 지도자에 해당된다. 대학교수의 집안에서 태어났으며, 상트 페테르부르크대 법학과를 졸업하고 1990년 박사학위를 취득하였다. 1991년부터 5년간 법학과 강사를 역임하기도 하였다.[9] 1990년대 상트 페테르부르크시 법률자문위원(1990~1999)

---

8) 러시아의 대외 정책결정 구조는 핵심에 대통령이 위치하고, 의회, 행정부는 이를 뒷받침하는 형태로 되어 있다. 즉 대통령은 헌법의 권한에 의해 대외정책 방향을 결정하고, 국가수반으로 자격으로 국제무대에서 러시아를 대표한다. 반면 상하원은 헌법의 테두리 내에서 대외정책의 법적 기반을 제공한다. 행정부가 대외정책을 수행하며, 특히 외교부는 일반적인 외교정책 전략을 수립하고 대통령에게 적절한 정책대안을 제출하도록 되어 있다. 한편, 국가안보회의는 국가이익과 안보에 대한 도전과 위협 요소를 평가, 대통령에게 정책결정사안을 제공할 뿐만 아니라 지방정부 연방행정집행부와의 외교적 행위를 조정하기도 한다. 종합적으로 러시아 대외정책의 핵심은 바로 대통령에게 있는 것이다.
9) 1989년 동갑내기 스베틀라나 메드베데프와 결혼해 슬하에 1남을 두고 있다.

으로 일하면서 푸틴과 인연을 맺었고, 대외관계위원회에서 함께 업무를 보았다. 그리고 1999년 푸틴이 총리로 재직할 때 총리실 차장을 지냈으며, 2000년 푸틴의 선거대책본부장을 역임하였다. 푸틴의 그림자로 항상 곁에 있었음을 알 수 있다. 이후 대통령 행정실 부실장, 실장을 역임(2003)하고, 가스프롬 이사장(2002), 제1부총리(2005)를 거쳐 2007년 12월 10일 푸틴의 후계자로 지명되었고, 12월 17일 통합러시아당의 대선 후보로 선출되게 된다. 푸틴의 지원과 지지가 없었다면 메드베데프의 현재 모습은 존재하지 않는다고 해도 과언이 아니다. 푸틴과 메드베데프간 인간적 권력관계의 단초를 제공하는 부문이다. 그가 독자적인 정책 결정을 내리는데 일정정도 한계가 있음을 시사한다.

<메드베데프 러시아 대통령>

자료: www.vesti.ru

한편 메드베데프의 성격은 얌전하고 내성적이며, 말수가 적은 모범생(똘똘이, Разумниик)으로, 꼭 필요한 존재라는 의미의 옵샤나야 카샤(Овсяная каша; 오트밀), 리틀 푸틴 등의 별명도 지니고 있다. 이밖에 딥 퍼플(Deep Purple), 레드 제플린(Led Zeppelin), 블랙사바스(Black Sabbath) 등 하드록 밴드에 심취, 록을 좋아하는 자유개혁적 성향도 지닌 것으로 알려져 있다.[10] 가스프롬 이사장으로 국제무대에서 할동한 경험을 토대로 영어에 능통하고 서방에 대한 편견이나 부정적 이미지도 갖고 있지 않는 것으로 평가된다. 30대 초반의 연령대는 1991년 구소련의 해체 및 공산주의 붕괴 과정을 지켜보았으며, 옐친이 추진한 자유시장경제 및 다당 민주주의의 태동을 몸소 경험한 세대에 해당된다. 전체적으로 합리적이고 온건한 개혁주의자, 자유주의적 이미지가 강하며, 친기업적(business friendly) 스타일, 실용적 CEO형(型) 리더십을 지니고 있다.

정치적 인맥과 지지 세력 면에서 메드베데프는 푸틴의 지지와 후원하에 성장, 자체의 독자적인 정치세력을 지니고 있지 않으나, 페테르부르크시와 대학의 동향·동문인 뻬쩨르스키(Петерски)[11]와 밀접히 연계되어 있다. 현재로서는 푸틴과 중첩되어 있다고 판단되며, 행정부,[12] 통합러시아, 사법부, 학계, 기업 등으로 점차 확대되어 나갈 것임은 자명하다.[13]

메드베데프는 푸틴의 후계자로 지명된(2007.12.10) 이후 여러 연설을 통해 자신의 정책 방향을 제시하였다.[14] 이를 토대로 메드베데프의 정책성향과 입장을 파악해 보면 다음과 같이 집약해 볼 수 있다. 첫째, 푸틴의 정책 기조와 방향을 지속적으로 견지할 것임을 강조하고 있어, 기존에 비해 커다란 정책 변화가 급격히 나타날 가능성은 희박하다고 본다. 메드베데프는 3월 2일 모스크바 붉은광장에 열린 당선 축하행사에 푸틴과 동시에 참석하

---

10) Joins.com (2008.3.1), *International Herald Tribune*, Feb. 29. 2008; www.medvedev2008.ru 참조

11) 뻬쩨르스키는 푸틴의 고향인 상트 페테르부르크와 연고를 갖고 있는 지배엘리트 인사를 지칭한다. 자세한 내용은 정옥경. "상트페테르부르크의 정치엘리트 연구," 『슬라브연구』, 제21권 1호(2005), pp.89 - 112.

12) 알렉세이 쿠드린 부총리 겸 재무장관, 엘비라 나비울리나 경제개발통상 장관, 그레프 전(前) 경제개발통상장관, 드리트리 코작 지역개발 장관 등과 개인적 교분이 있는 알려져 있다. 이들은 크렘린 싱크탱크 역할을 하는 전략연구센터(www.csr.ru)과 연계된 인맥들이다. 드미트리예프 CSR 소장, 메젠체프 부소장, 유다예바 학술실장 등도 주요 인사이다.

13) 최근에는 이고리 유르겐스가 소장으로 있는 현대발전연구원(www.riocenter.ru)이 메드베데프의 새로운 싱크탱크로 주목받고 있다. 메드베데프를 비롯해 엘비라 나비울리나, 레오니드 레이만, 올레그 모로조프, 메젠체프, 알렉산드르 딘킨, 안톤 이바노프, 에브게니 야신 등이 후원 멤버이다.

14) 메드베데프의 정책성향 파악과 관련, 통합러시아 제8차 전당대회에서 채택된 소위 "푸틴플랜"(2007.10.1), 통합러시아당 대통령 후보 지명 수락 연설(2007.12.17), 전러시아 시민포럼에서의 연설(2008.1.22), 스위스 다보스 포럼에서의 연설(2008.1.27), 국가자문회의에서 푸틴이 밝힌 "2020년까지 러시아 발전전략" (2008.2.8), 푸틴의 연두 기자회견(2008.2.14), 경제정책 방향을 밝힌 크라스노야르스크 연설(2008.2.15), 이토기(Itogi)와의 인터뷰(2008.2.18), 대통령 당선 이후 기자회견(2008.3.3) 등이 중요한 문건들이다. 주요 연설 전문은 www.medvedev2008.ru 참조

면서 (푸틴의 정치적 계승자로서) "향후 러시아의 기본 정책은 '푸틴계획'으로부터 벗어나지 않을 것"임을 천명한 바 있다.[15]

자료: www.pravda.ru

둘째, 정치적 안정과 지속적인 경제성장 달성이 가장 중요한 사안임을 인식하고, 이를 위한 정책 환경 조성에 주력할 것으로 여겨진다. 이미 메드베데프는 "21세기 러시아 발전을 위한 시민사회의 역할" 제하 전러시아 시민포럼 연설(1.22)에서 공정한 국가의 창출, 강한 시민사회 발전, 국민 생활 증진, 지적 재산권의 보호, 부패 척결 등을 강조하면서 10~15년내 세계 5대 경제강국으로 발돋움할 것임을 천명한 바 있다. 또한 TV 연설(2008.2.27)에서 정치적 안정 도모, 국민의 삶의 질 향상, 경제발전, 러시아 주권의 현실적 보호, 시민 자유의 보호에 중점을 둘 것임을 언명하였다.[16]

셋째, 푸틴의 정책과 비교해 볼 때, 부패 척결, 공공 개혁, 관료주의 타파, 삶의 질 향상에는 일치하나, 시민사회 육성, 언론의 자유 확대, 사법부의 독립, 서방과의 친목 강화 등의 측면에서는 다소 차별성을 띨 것으로 판단된

15) www.vesti.ru (검색일: 2008년 3월 3일).
16) "Medvedev Makes Sole Appeal Ahead of Vote," The moscowtimes.com, Feb. 28. 2008.

다. "민주주의 국가는 자유로운 정보 흐름속에 존재한다"고 언급하는 등 푸틴 보다 자유로운(liberal) 입장을 개진한 적도 있어 주목된다.[17] 또한 크라스노야르스크 연설(2.15)에서는 부패와의 전쟁, 공무원의 감축 등 공공개혁, 국가 기능의 상당부문 민간 이양, 사법부의 독립, 미국 및 유럽과의 관계 개선 등의 의향을 표명한 바 있다. 또한 제1 부총리 시절 주업무로 맡아온 보건, 주택, 교육, 농업의 4개 국가프로젝트의 실행도 보다 탄력을 받을 것으로 보인다.

끝으로, 대외정책 부문에서 다소 나마 자율성을 발휘, 친기업적 행보를 띤 가운데, 보다 유연하게 서방측과의 관계 발전을 도모해 나갈 것으로 예상된다. MD, 코소보 독립문제, NATO의 동진(東進), 인권과 같은 문제에 대한 서방측과의 이견 등 기본적인 푸틴의 대외정책 기조는 견지한 가운데 WTO 가입 등의 문제에 있어서는 보다 유연성을 발휘할 것으로 보인다. 당선 이후 첫 기자회견(2008.3.3) 자리에서 "러시아 헌법에 따르면 외교정책은 대통령이 결정하게 되어 있음"을 강조,[18] 외교부문에 있어 다소 독자성이 있을 것임을 시사해 주목을 끌었다.

이밖에도 메드베데프가 전(全)재외공관 대사들과 국제기구 대표들이 모인 자리에서 행한 연설 속에서도 외교정책에 대한 기본 인식과 접근 방향을 엿볼 수 있다. 포괄적 안보 사안에의 관심, 전략적 균형 추구, 국제법 준수 등을 강조하는 한편, BRICs의 국제경제에서의 중요성 인식, 유라시아 사고, SCO의 역할 중요성, 다자적 해법 선호 등의 특성도 나타나고 있다. 유라시아에서 동아시아로 이어지는 전략적 그림과 틀을 구상하고 21세기 미래를 대비하고 있는 것이다.[19] 즉 동아시아에 대한 대외정책과 전략 역시 메드베데프의 리더십의 영향과 이의 연장선에서 다뤄질 가능성이 높다. 반면에 실세 총리로 있는 푸틴과의 양두체제하 권력 향배 역시 이에 영향을 끼칠 것

---

17) 연설문 전문은 www.rg.ru/2008/01/24/tekst.html 참조.

18) www.medvedev2008.ru/live_press_02_03_press.htm (검색일: 2008.7.22)

19) "President of Russia Dmitry Medvedev's Speech at the Meeting with Russian Ambassadors and Permanent Representative to International Organizations," Russian Foreign Ministry, Moscow, July 15, 2008.

임도 자명하다.

  2) 양두체제의 과제와 전망

  향후 메드베데프 정부의 최대 과제는 '정치적 안정'과 '지속적인 경제성장'을 통한 국가발전으로 집약된다. 특히, 정치적 안정과 관련해 <후계 대통령 – 실세 총리> 양두체제의 새로운 실험대로 향후 전개 양태가 주목되고 있다. "최고 권력은 나눠 갖지 못한다"는 엄밀한 역사적 사실 속에 공생(共生)이 가능할지 가늠하기 어려우나, 단기적으로는 공생해 나가되 시간이 흐름에 따라 메드베데프의 리더십과 정책성과 여하, 푸틴의 정치적 결정에 따라 향배가 드러날 것으로 판단된다. 메드베데프가 독자적인 정치세력 지지 기반을 확립해 나갈 것인지, 푸틴의 수렴청정(垂簾聽政)에 만족해 현 수준에 머물 것인지, 확언키 어려운 것이 사실이다. 만약, (단기간내) 독자적 세력 구축에 나설 경우 이는 푸틴에 대한 도전으로 간주되어 일대 파란이 일어날 것임은 틀림없다.

  현재 메드베데프는 정계 개편을 추진할 힘도 의사도 없는 상태로 판단되며, 단기적으로 푸틴과 협력체제를 유지하는 가운데 푸틴의 힘을 빌어 실로비키를 제어하면서 세력균형을 유지해 나갈 가능성이 높다고 본다. 신정부에서의 대통령과 총리간 권력 배분,[20] 푸틴 내각의 구성 등에 있어서 "푸틴"의 의중이 그대로 반영된 것으로 평가되고 있다.[21] 그러나, 초(超)대통령 권력구조로서 대통령 자리에서 오는 "현실적 권위"를 무시할 수 없다. 시간이 흐르면 흐를수록 이의 위력은 더욱 커져 나갈 것이다. 앞으로 전개될 러시아 권력 변동에 있어 커다란 잠재적 변수로 작용할 것임이 분명하다.

---

20) 현재 내무부, 외교부, 국방부, 비상사태부, 법무부, 연방보안부(FSB), 해외정보부(SVR) 등은 대통령 직속기관으로 대통령에게 직접 보고하도록 되어있다. www.government.ru/government/executivepowerservices 참조

21) 5월 8일 러시아 국가두마는 푸틴 총리 인준안을 찬성 392표, 반대 56표로 통과시켰으며, 푸틴은 5월 12일 새로운 내각 진용을 구성 발표하였다. 내각의 조직이 7부총리(제1부총리 2인) 18부체제로 변모되었으나, 전체적으로 변화가 크지 않으며, 내무, 외무, 국방, 비상사태, 법무 등 5개 부처에 대한 대통령 관할권도 변함없이 유지되었다. 내각의 구성과 인물군의 측면에서 "푸틴의, 푸틴을 위한 친위내각"으로, 메드베데프에 대한 권력 견제 의도가 내포된 가운데 기존의 푸틴 인맥과 정책을 지속해 나가겠다는 의지가 반영된 것으로 평가된다.

자료: www.pravda.ru

한편, 민주주의 발전 부문과 연계된 부분에 있어서는 새로운 신세대 통치 스타일로 다소 푸틴과 차별된 모습을 시현할 가능성이 있다. 즉, 푸틴의 부정적 유산으로 간주되는, 언론 탄압, 관료주의, 권위주의 체제 등에 있어서는 제한적이나마 독자적인 리더십을 발휘할 것으로 예상된다. 반면, 부정부패 척결, 관료주의 타파, 공공 부문 개혁 등을 둘러싸고 주도권 다툼 등 정치세력간 갈등이 노정될 가능성도 배제할 수 없다.

이밖에 친기업적 성향을 지니고 이어 대외 투자 유치, 자원, 에너지를 활용하는 외교 등은 활기를 띨 전망이다. 경제 부문에 있어서도 푸틴의 내치 후원하에 지속적인 성장세를 이끌어 나갈 것으로 예상된다. "푸틴플랜",[22] "2020년까지 러시아 발전전략"[23] 등 중장기 국가발전 계획을 입안 해 놓은

---

22) 총선을 앞둔 2007년 10월 1일 통합러시아당에서 공식적인 선거강령으로 채택된 '푸틴플랜'은 푸틴정부의 업적을 긍정적으로 평가한 가운데 독특한 문화 정체성을 가진 러시아 발전; 혁신적 경제로의 전환; 삶의 질 유지; 국가효율성 증대; 국가의 안전과 방위 강화를 강조함으로써 향후 러시아 발전 및 국가정책 방향을 함축적으로 시사하고 있다.

23) 푸틴이 2008년 2월 8일 국가자문회의에서 밝힌 문건으로, 과거 상황에 대한 회고, 집권기의 정책 성과 평가에 이어, 경제의 현대화; 국민생활 향상; 인적자원 개발; 교육·보건·주택·농업 등 4대 국가프

상태로, 향후 보다 체계적인 발전전략을 실행에 옮겨 나갈 것으로 예상된다. 결국 메드베데프하 러시아 대내외 정치는 결국 메드베데프와 푸틴간 "인간적 정치 게임"이 될 가능성이 높다. 각자의 "의지"와 "시간" 그리고 국민의 지지 여하에 따라 좌우될 것이다. 특히 메드베데프는 2008년 11월 5일 취임 첫해의 연례교서에서 대통령의 임기를 4년에서 6년으로, 국가두마의원의 임기를 4년에서 5년으로 연장하는 헌법 개정을 추진할 것임을 밝혔다.[24] 이는 푸틴에게 장기집권의 길을 열어 줄 수 있고, 본인의 조기 퇴진을 염두에 둔 결정으로도 해석될 수 있어 그 추이가 주목된다.

Ⅲ. 동아시아 이해관계와 전략 : 지속과 변화

구(舊)소련기에서부터 옐친, 푸틴 그리고 현재의 메드베데프집권기에 이르기까지 러시아의 동아시아에 대한 인식과 국가목표, 정책 전개에는 지속과 변화의 모습이 혼재되어 있다. 여기서는 현재와 미래에 초점을 두고 러시아의 동아시아 이해관계와 전략을 살펴본다.

최근 러시아의 외교정책 목표와 변화 상황을 살펴볼 수 있는 중요한 문건으로는 2000년 6월 제정된 '대외정책개념'을 들 수 있으며, 2007년 3월의 '대외정책 검토'("ОБЗОР ВНЕШНЕЙ ПОЛИТИКИ РОССИЙСОЙ ФЕДЕРАЦИИ),[25] 그리고 2008년 7월 발표된 '대외정책개념'(여기서는 신(新)대외정책개념으로 지칭)을 꼽을 수 있다. 전자의 경우 2000년 푸틴의

로젝트 사업 실현을 비롯해, 도로, 철도, 항만, 공항, 발전소 등 사회간접분야 지속 건설; 국가혁신 시스템 창출; 천연자원 등 자연환경 장점 극대화; 도전적 안보 상황에 대한 대처 등을 제시하고 있다. 2020년까지 장기집권의 의지가 잠재된 가운데 독자적이고, 실용적이며, 책임 있는 정책을 펼쳐 나갈 것임을 함축하고 있다.

24) "Address to the Federal Assembly of the Russian Federation," November 5, 2008(Grand Kremlin Palace, Moscow), www.kremlin.ru(검색일: 2008.11.10).

25) 『대외정책 검토』문건은 2006년 6월 27일 러시아 전(全)외교관 회의에서 푸틴 내통령이 러시아 대외정책에 대한 포괄적인 분석을 지시한 것에 대한 결과물로서 2007년 3월 27일 푸틴이 승인하였으며 러시아외교부 인터넷 홈페이지(www.mid.ru)에 전문 게재됨. 동문건은 서론에 이어, 외교의 다양화(다자외교), 지정학적 측면에서의 대외정치(지역별 외교), 경제외교, 인도주의, 외교자원 확보 등의 6개 부문으로 구성되어 있다.

집권과 함께 러시아 대외정책의 기본을 이룬 외교문건이다. '대외정책 검토'의 경우 9.11, 이라크전 등 테러전 시대의 전개와 강국으로서 부활한 러시아 등 대내외의 환경 변화를 반영해 새로운 외교정책 수립을 모색한 것이다. 끝으로 신대외정책개념의 경우 푸틴정부하에서 준비되어온 것이긴 하지만 메드베데프의 정책 목표와 방향을 가늠해 볼 수 있는 기초자료가 된다.

1. 대(對)동아시아 정책목표와 전략적 이해

구(舊)소련기 동아시아지역은 '동서 냉전의 첨병지대로서 사회주의 진영의 결속 도모에 긴요한 지역'으로 인식되었다. 미국과의 전략적 대립 구도를 구축하는 것이 주된 목표가 되었으며, 미·중 국교정상화 이후에는 고립적 위상 탈출에 신경을 쓰게 되었다. 그러나 전반적으로 극동·시베리아지역은 낙후된 상태였으며, 개발에 대한 정책 마인드를 가질 여유도 없었다. 고르바초프의 시기에도 블라디보스톡 선언, 크라스노야르스크 선언을 통해 역내에 대한 관심을 확인하는 정도에 그쳤다. 집단안전보장의 인식 틀 내에서 주로 안보부문에 주력해 접근하였던 것이다. 인도가 중립적 위상을 견지해 나가는 외교환경 속에 미국과 중국이 연합해 러시아를 견제하는 구도가 일정기간 유지되었다. 한·미·일 3각 구도에 대한 대응도 늘 염두에 두었어야만 하였다. 탈냉전 이후에는 미국을 활용한 중국 견제 및 전략적 완충지대로 북한체제 존속 지원에 주력하기도 하였다.

반면 구소련 이후 옐친 집권기에는 친서방정책 일변도 외교정책 노선으로 인해,[26] 아시아에 대한 관심이 적었으며, 적극적인 정책을 추진하지도 못한 상황을 연출하게 되었다. 체제붕괴와 체제전환과정 속에서 정치적 불안정, 경제의 피폐상황 등의 여파로 동아시아지역에 신경을 쓸 정도로 국력이 뒷받침되지 못한 상황이었다. 특히 한반도와 관련해, KEDO 불참, 4자회담 등 북핵문제 해결과정에서 소외되는 등 러시아 입장에서 최악의 외교

---

26) 옐친의 집권 8년 동안에는 친서방 추종노선(1991.12~1993.12), 지정학적 실용주의(1994~1995), 전방위 강대국 노선(1996~1999)으로 세단계의 변화과정을 거쳐왔다. 홍완석, "푸틴정부의 동북아 전략과 한반도," p.605.

적 손실을 경험하기도 하였다. 역외의 방관자적 위상에 그쳤던 것이다. 다른 한편으로는 러시아 체제전환과 이데올로기 탈피의 세계질서 변모하에서 중국과의 관계 개선에 적극 나섬으로서 현재의 중·러 전략적 동반자관계의 초석을 다져 나오기도 하였다.

푸틴 집권기에 들어와서야 동아시아에 대한 중요성을 인식하고, 이에 대한 정책도 보다 적극화해 나가게 된다.[27] 즉 러시아 입장에서 동아시아는 세계에서 가장 역동적인 한·중·일 3국이 존재하며, 유라시아의 다른 한 축을 차지하는 중요한 전략적 위상을 지닌 것으로 파악되고 있다. 경제적인 측면에서 협력과 발전의 가능성이 높은 긍정적 요소가 많이 담겨진 지역으로 생각하고 있는 것이다. 철의 실크로드 구상, 에너지망 연결 프로젝트 PNG(Pan-Asian Natural Gas) 등 극동시베리아 개발과 연계된 경제적 실리를 얻을 수 있는 중요 지역으로 인식되었다. 이는 푸틴이 유라시아의 지정학적 중요성을 인식한 가운데 그동안 상실한 유라시아 세력으로서의 위상회복에 초점을 둔데 기인한다.[28] 또한 역내 국가중 러시아에게 직접 영토침탈을 위한 도전을 하거나 가시적 위협 세력도 존재하는 않는 상태로 보고 있다. 반면에 효과적인 전략적 완충지대가 없으며, 극동군사력도 상대적으로 취약성을 지닌 것으로 파악하고 있다. 또한 중·러의 국경지대에서 중국인들의 유입에 따른 경계심도 지니고 있다.[29] 미·중 및 일·중의 패권경쟁, 한반도와 중국 양안지역의 군사적 대치, 체제간 대립의 냉전구도 존속, 과도한 군비증강, 북한의 대량살상무기 및 핵개발 문제 등이 존재, 안보환경의 측면에서 불확실성이 비교적 큰 것으로 인식하고 있다.

동아시아에 대한 러시아의 국가이익과 정책목표를 살펴보면 다음과 같다.[30] 일반적으로 러시아가 동아시아에서 얻고자하는 바는 세계전략의 일환

---

27) 홍완석 교수는 "러시아에 있어 동아시아(아태지역)는 경제적 '기회의 창'을 제공해 주며, 푸틴은 아태지역의 지경학적 잠재력과 그 가치에 대한 객관적이고도 냉철한 평가 하에 이 지역을 러시아 극동지역의 후진성 극복과 자국의 경제적 웅비의 도약대로 삼고자 한다"고 분석하고 있다. 홍완석, "21세기 러시아의 동북아 국가전략," p.132.

28) 정희석, "러시아 연방의 한반도 평화정책." 『중소연구』, 통권 96, (2002/2003), pp.111-112.

29) 서동주, "중러 '전략적 동반자관계' 강화의 정치·전략적 함의." 『유라시아연구』, 제2권 1호(2002), p.61.

30) 러시아 이외에 역내 중요 행위자인 미국, 중국, 일본의 동북아지역에 대한 대외전략과 역내 주요 안보

으로서 미국의 영향력을 견제하고, 독자적인 세력균형자, 조정자로서의 역할을 제고하는 것이다. 또한 경제발전을 위한 시베리아 및 극동지역 개발, 나아가 아시아의 안전보장공동체 구축 등이다.[31] 이는 크게 지전략적 부문, 지정학적 부문, 지경학적 부문으로 구분되어 진다.

첫째, 지전략적(地戰略的) 영역의 부문에서 러시아는 동서균형 세계전략에의 보완성 확충, 동부 국경선의 안정과 안전보장, 영토적 통일성 보전, 동북아 안보주도권 확보 등의 국가이익을 갖고 있다. 이에 대한 정책목표들은 <표-1>에서 보듯 유라시아권 동서 전략적 균형 도모; 러-중-인 3각 전략적 유대 강화[32]; 미국의 대러 견제 네트워크망 완화·저지; 중국의 잠재적 안보위협 제거; 동북아 다자간 안보기구 창설 등으로 집약된다.

둘째, 지정학적(地政學的) 영역에서는 동아시아 안정과 평화 정착 즉, 역내 발전의 국제환경 조성을 비롯해 동북아 다극체제의 이식, 전통적 우방국들과의 관계 복원, 한반도에서 배타적 영향력 확대 등이 주요 국가이익에 해당된다. 이와 연관된 정책목표는 역내 국제기구, 다자회의에의 참여; ASEM에의 참여; 중국 및 인도와 견미-반패권 연대 강화; 북한, 몽고, 베트남 등과의 전략적 협력체제 구축; 한반도에 대한 미중의 독점적 영향력 억제; 북핵 6자회담에서 러시아의 역할 확대 등을 들 수 있다.

셋째, 지경학적(地經學的) 영역에서는 국가경제 균형발전의 원천으로서 동아시아 경제권에의 편입이 제일 우선순위에 위치하고 있다. 또한 역내 경제협력기구에의 주도적 참여, 신흥 아시아 수출시장의 확대, 시베리아 극동지역 개발 촉진, 시베리아횡단철도의 국제화 등도 중요한 국가이익에 포함된다. 세부 정책목표에는 극동시베리아 개발에 역내 국가 참여 유도; 아시아교통망 연결 등 물류체계 구축; APEC, ASEAN에서의 주도적 역할 강화; 첨단무기, 원전, 에너지자원의 아시아 시장 개척; 시베리아 극동 경제를 아

현안에 대한 자세한 분석은 박인휘, "동북아 국제관계와 한국의 국가이익: 미·중·일 세력관계를 중심으로," 『국가전략』, 제11권 제3호(2005), pp.16-21 참조.

31) 최태강 지음, 『러시아와 동북아』, p.28.

32) 러·중·인 3각 안보협력에 대한 분석은 서동주, "러시아·친디아(Chindia) 삼각 안보협력 가능성과 한계: 동북아한반도에의 전략적 함의," 『국방연구』, 제49권 제2호(2006.12), pp.25-56 참조.

태 시장분업체제에 편입; 시베리아 극동지역의 에너지자원 개발 등이 대표적이다.

<표-1> 동아시아에서 러시아의 국가이익과 정책목표

구분	국가이익	정책목표
지전략적 영역	동서균형 세계전략에의 보완성 확충	- 유라시아권 동서 전략적 균형 도모 - 러-중-인 3각 전략적 유대 강화 - 미국의 대러 견제 네트워크망 완화-저지 - SCO 협력의 전략적 지렛대화
	동부국경선의 안정과 안전보장	- 중국의 잠재적 안보위협 제거 - 일본의 북방영토 반환요구 차단 - 일본의 재무장 및 군사대국화 견제 - 미국의 MD에 주변국들의 참여 저지 - 한반도에서 군사적 충돌 예방 - 한반도의 비핵화
	영토적 통일성 보전	- 시베리아 극동지역에서의 분리주의 움직임 차단 - 동 지역에서의 슬라브계 인구 부양 - 불법이주 중국인들의 인구 삼투압 방지
	동북아 안보주도권 확보	- 역내 군축의 실현 - 동북아 다자간 안보기구 창설 - 아세안지역포럼(ARF)에서의 활동 강화 - 6자회담 이후 동북아 신질서 창출에의 주도적 참여
지정학적 영역	동아시아 안정과 평화 정착 : 역내 발전의 국제 환경 조성	- 역내 국제기구, 다자회의에의 참여 - ASEM에의 참여
	동북아 다극체제의 이식	- 중국 및 인도와 견미/반패권 연대 강화
	전통적 우방국들과의 관계 복원	- 북한, 몽고, 베트남 등과의 전략적 협력체제 구축
	한반도에서 배타적 영향력 확대	- 한반도에 대한 미중의 독점적 영향력 억제 - 북핵 6자회담에서 러시아의 역할 확대 - 남북한의 반러화 방지
지경학적 영역	국가경제 균형발전의 원천 : 동아시아 경제권에의 편입	- 극동시베리아 개발에 역내 국가 참여 유도 - 아시아교통망 연결 등 물류체계 구축
	역내 경제협력기구에의 주도적 참여	- APEC, ASEAN에서의 주도적 역할 강화
	신흥 아시아 수출시장의 확대	- 첨단무기, 원전, 에너지자원의 아시아 시장 개척
	시베리아 극동지역 개발촉진	- 시베리아 극동 경제를 아태 시장분업체제에 편입 - 시베리아 극동지역의 에너지자원 개발 - 극동지역에 경제특구의 창설 - 동북아 국가들로부터 대규모 투자 자본 유치
	시베리아횡단철도의 국제화	- 시베리아철도의 한반도종단철도와의 연결 - 궁극적으로 TSR의 일본종단철도와 연결

* 자료: 동북아에서의 러시아 국가이익과 정책목표와의 중첩성을 고려한 가운데 홍완석, "푸틴정부의 동북아 전략과 한반도 정책,"
　　홍완석 엮음, 『현대러시아 국가체제와 세계전략』(서울: 한울아카데미, 2005), p.630, 638 도표를 기초로 재편집.

한편 신대외정책개념에 의하면, 아시아-태평양지역에 대한 러시아의 전략적 목표는 동지역의 국가들과 장기적으로 안정적이고 깊은 균형적인 관계를 형성하는 것으로 집약된다. 러시아는 시베리아지역과 극동지역의 발전을 서둘러야 하며, 장기적으로 역내 통합과정에서 다양한 협력에 참여하여 러시아의 역할을 강화시키는 노력이 긴요함을 잘 알고 있는 것이다. 또한 러시아-인도-중국의 3각 협력은 향후에도 지속 강화되어 나갈 것이며, 정치, 경제, 과학기술, 문화 등 전방위적 협력과 상호이해가 확대되어 나갈 것임도 밝히고 있다.[33] 유라시아의 거대한 틀을 염두에 두면서 전략 구상을 하고 있음을 알 수 있다. 이밖에 아태지역에서의 안보와 안정을 저해하는 요소로서 한반도의 통제되지 않는 핵문제를 꼽고 있으며, 6자회담을 통한 문제 해결이 바람직하다고 강조하고 있다.[34] 한반도문제에의 연계성에도 주목하고 있는 것이다. 러시아에게 있어 동아시아 지역은 지전략, 지정학, 지경학 측면이, 즉 정치, 외교, 안보, 경제 사안 등이 복합적으로 얽혀있는 전략적 이해를 담고 있는 지역인 것이다.

2. 푸틴기 동아시아 정책의 특징과 변화

1) 공세적 대외정책으로의 전환과 동아시아

2000년 집권한 푸틴의 대외정책은 몇 차례의 변화를 나타내 보였다. 9.11 테러 사태 이후의 변화가 대표적이며, 이후 러시아의 국력 신장과 함께 국제적 영향력 제고에 적극 나서게 된 것이다. 2007년 2월 뮌헨회의에서의 푸틴 연설이 이를 대변해 준다.[35] 전체적인 변화의 특징은 국제질서에 대한

---

33) 러시아적 시각에서의 신대외정책개념에 대한 자세한 분석과 해석은 M.L. 티타렌코, "대선 이후 러시아의 동북아 정책," 한양대 아태지역연구센터-러시아 극동문제연구소 공동주최, 『제20차 한러 국제학술회의 발표자료』(2008.10.6-7), pp.5-12 참조.

34) 대외정책개념(2008.7.12).

35) 뮌헨 국제안보회의에서는(2007.2.10) 미국의 일방적 국제질서 주도에 대한 비판적 입장을 공개적으로 천명하는 등 이전의 대이(對美) '편승'에 무게를 두었던 외교적 대응 자세와는 다른 모습을 연출하였다. 각국 정상이 참석한 국제회의 자리에서 푸틴이 '국제법의 기본 원칙, 민주주의의 다수결 원칙' 등을 거론하며 미국과 NATO에 대해 직접 공격하는 견해를 표명한 것은 이례적인 것으로, 최근 달라지고 있는 러시아의 외교 행태 변화 양상을 반증한다.

인식과 미국의 주도하 일방적 세계질서에 구축에 대한 대응의 측면이 강하며, 러시아의 국가능력의 변화를 반영하는 추세도 포함되어 있었다. 다만 변화되지 않은 것은 '강국 러시아의 재건'이라는 푸틴의 근원적 국가목표이었다.

푸틴기의 외교정책은 정치군사적 안보와 강력한 국가권력의 바탕위에서 경제발전 전략 추진이 가능하였으며, 철저한 실용·실리주의를 추구하고 있는 것으로 평가되고 있다.[36] 외교정책의 주요 특징으로는 첫째, 미국으로 대표되는 서구와의 호혜적 협력 노선 표방; 둘째, 핵 선제권의 강화와 NATO의 동진 차단, CIS에 대한 전통적 영향권 보전 노력; 셋째, 국제질서의 다극화를 겨냥해 중국, 프랑스, 독일, 인도, 브라질 등과의 전략적 연계 강화; 넷째, 쿠바, 북한, 베트남, 이란, 이집트 등 과거 동맹국들과의 우호적 협력관계 복원; 끝으로 미국과의 '견제와 협력·편승' 혼재 등으로 집약된다.[37]

다극화 외교, 전방위 협력·선린 외교, 자강 외교의 성격이 강하였으며, 집권 초기에는 국력의 한계에 따른 선택적 집중 전략을 주로 채택하였다. 경제부문의 경우는 적극적으로 협력하고 안보분야는 협력과 견제를 병행하는 이중전략을 구사하였다. 특히 푸틴은 극동시베리아지역의 중장기적 발전을 위해 군사적 충돌 가능성 억제 등 역내 안정 유지에 .최대의 관심을 보이며 적극적 개입으로 선회하였으며, 아시아국가들과의 관계 증진을 목적으로 하는 '신동진정책'과 '자원 활용을 최적화하는 정책'을 추진하여왔다.[38]

푸틴이 이렇게 이전에 비해 보다 공세적이고 적극적인 대외정책을 추진

---

36) 경제발전 우선 전략과 강대국 지위 회복을 동시에 추구하기 위해 전체적인 대외전략 목표들의 유기적 균형과 접근방법의 탄력성을 중시하는 일종의 '실용적 신전방위 강대국노선'으로 설명될 수 있다. 홍완석, "푸틴정부의 동북아 전략과 한반도 정책," p.612; 홍완석, "21세기 러시아의 동북아 국가전략," p.121.

37) 홍완석 교수는 푸틴정부의 대외정책 기조를 (1) 기본적으로 서구와의 호혜적 협력 노선 견지, (2) 군사적 요소의 비중 증대, (3) 핵무기 선제사용 조건 및 범위의 확대, (4) 미국의 일방주의를 견제하기 위해 중국, 프랑스, 독일, 인도 등 다극적 세계의 독자적 중심부 세력들과의 전략적 연계 강화, (5) 과거 동맹국들과의 전략적 협력체계 복원, (6) 에너지자원을 대외정책 수행을 위한 도구로의 활용 등으로 정리하고 있다. 홍완석, "푸틴정부의 동북아 전략과 한반도," pp.607-608.

38) 푸틴은 정상 방문외교를 통해 북한, 베트남, 라오스, 캄보디아 등과의 관계 회복 도모에 적극 나섰다. 정희석, "러시아 연방의 한반도 평화정책," p.114.

하게 된 데에는 다음과 같은 배경요인과 목적이 크게 작용한 결과로 보인다.

무엇보다 러시아의 국력이 크게 신장되었다는 점이다. 강력한 리더십하에 정치적 안정을 이룩하고 경제성장을 이룩한데 따른 것이기도 하다. 즉 '강국 러시아 재건'의 국력 투사에 기인한다. 이제 러시아는 극동시베리아 개발 의지와 능력을 보유하고 있으며, 자본을 포함해 대외적 외교 행태에 있어 자심감이 충만해 있는 상태로 판단된다. 또한 에너지 안보에 있어서의 핵심국으로 자리매김하고 있고, 아·태 진출을 강화시킬 수 있는 환경 조성에 보다 많은 관심을 갖고 있다. 이전에 비해 동아시아 지역에 대해서도 지정, 지경학적 국력 투사의 반경을 확대해 나갈 수 있게 된 것이다.

대외적으로는 미·러간 유라시아 권역을 둘러싼 신거대 게임의 연장선에서, 세계질서를 재편하는 여파에서 비롯된 것이다. 즉 MD구축, 이란 핵문제, 코소보, 그루지야 사태 등 국제현안 해결 방법에의 이견 노정 등은 '러시아 부활'에 따른 러시아 나름대로의 세계전략 그림을 새로이 그리기 시작된 데서 비롯된 것으로 볼 수 있다. 러시아는 범세계적 반테러 연대에는 '협력과 공조' 전략을 취하지만, 동유럽, CIS, 중앙아 권에서 이익 갈등이 표출될 경우 이전과 달리 다소간의 대립도 불사하고 있는 모습이 표출되고 있는 것이다. 또한 동아시아 지역에서의 안보전략 환경의 불확실성이 증대하고, 국제질서 구도의 재편 가능성에도 대비하는 측면도 있다. 즉 세계전략의 연장선에서 미국~일본~호주~ASEAN~인도~중동~EU 등 범러시아 포위망 구축에 대응하는 차원인 것이다. 유라시아권에서의 우호세력 확보를 위한 외교적 노력을 경주하고 있는 것이다.[39] SCO에의 협력 강화, 러·중·인 3각 협력의 심화 발전 내지 정례화 도모 등이 이의 대표적인 사례이다.

이밖에도 동북아 국제질서, 역학관계 변화에 조응하려는 측면도 있다. 이에는 미·일과 동유럽 MD구축이 전략적으로 연계되어 있다는 측면에서의 대응이 포함되어 있다. 또한 중·일간 경쟁 구도를 활용하면서 역내 위상

---

39) Sergei Luzyanin, "Russia Looks to the Orient," *Russia in Global Affairs*(April – June 2007).

및 영향력 제고를 통한 지정·지경학적 실익을 도모하려는 의도가 내포되어 있다. 다른 한편으로는 러시아판 동북공정을 경계하고, 한반도 질서 재편에의 소외 방지 등 중국에 대한 견제 필요성도 인식하고 있는 것이다. 중국과 큰 틀에서는 전략적 동반자관계를 심화시켜 나가고 있지만, 세부 사안별로는 견제의 인식이 잠재해 있다는 점을 부인할 수 없다.

마지막으로 한반도 탈냉전과 평화체제 구축과 연계된 사안에 개입하는 것이다. 6자회담 이후 전략적 이해 사안에 주목하면서 실익을 도모하고, '포스트 6자회담'을 겨냥한 한반도 탈냉전 프로세스에 개입할 논거를 마련하고자 하는 것이다. 세부적으로 보면 전력, 에너지 공급, 물류 기반, 나진~하산 철도 보수, 극동 시베리아 개발에의 유인, 한반도문제 해결의 당사자로서 역할과 영향력 제고, 대북 무기판매, 부채 탕감 등으로 대북관계복원 및 심화 등이 모두 이에 해당된다.

자료: http://sochi2014.com

최근 러시아 외교정책에 있어 달라진 점은 다음과 같은데서 두드러진다. 첫째, 과감히 경제적 비용 부담을 기꺼이 감수하기 시작하였다는 점이다. 아프가니스탄과 북한에 대한 채무 변제를 검토하고, 사할린 유전 개발에의 직접 투자, 북한 철도 복원에 러시아 자금 투입, 대북 식량지원 지속 등이 대표적 사례에 해당된다. 대외정책 목표 달성을 위해 이전에 비해 돈을 쓸 수 있는 상황이 되었으며, 국익 극대화의 측면에서 이를 적절하게 외교 수단화하고 이를 활용해 나가고 있는 것이다. 에너지 개발에의 러시아 자금

투자와 기존에 투자된 외국자본의 퇴출 등도 이의 한 예이다. 둘째, 대내 민주주의 상황에 대한 비판과 군사 안보 부문에서는 미국과의 대립도 불사하고 있다는 점이다. 폴란드와 체코에의 MD 구축에 대한 비판과[40] 주권민주주의(sovereign democracy)라는 대응 논리 개발 등이 이에 해당된다. 셋째, 대형 국제행사 개최를 통한 국민적 자긍심 및 국제적 위상, 영향력 제고에 적극 나서고 있다. 푸틴이 직접 나서 2014년 소치 동계올림픽을 유치하였으며,[41] 2012년 APEC 정상회의도 개최하게 된 것도 이의 일환인 셈이다.[42] 2016년 상트 페테르부르그 하계올림픽 유치도 준비하고 있는 것으로 알려져 있다. 넷째로는 국제현안에 대해 러시아의 목소리를 점점 높이고 있는 추세를 보이고 있으며, 국제현안의 해결에 있어 다자간 틀과 집단대응의 성격을 적극 활용하고 있다는 점이다. SCO, CSTO(Collective Security Treaty Organization), 러·중·인 외무장관 6차 회담에서의 공동성명 발표, 6자회담 이후 다자간 협의 실무그룹 주도 등이 대표적인 예이다. 이러한 변화 모습을 견지한다면 앞으로도 러시아는 미국과의 테러전 공조, 유럽중심의 정책을 지속 견지해 나가는 한편, 유라시아권에의 관심 제고, EU에 대한 접근 강화, 상하이협력기구(SCO), APEC, UN 등 다자 협력 강화, CIS 통합 노력 지속 등에도 진력할 것으로 예상된다. 물론 동아시아에 대한 정책 역시 이의 토대위에 전개되었고, 펼쳐 나갈 것으로 보인다.

2) 푸틴기 동아시아전략의 성격과 특징

푸틴기 동아시아 전략의 성격과 특징은 다음과 같이 집약해 볼 수 있다. 첫째, 유라시아질서 인식하에 세계전략과의 연계성이 심화되었다는 점이다. 소위 대미 견제의 연대세력망 구축 전략인 것이다. 유럽에서는 대미 연대를

---

40) 미국의 MD구축에 대응하기 위해 메드베데프 대통령은 2008년 연례교서를 통해 칼리닌그라드지역에 SS-26 이스칼데르 단거리미사일 기지를 건설할 것임을 천명하였다.

41) 최근에 메드베데프는 드미트리 코작 부총리를 2014년 소치 동계올림픽 준비를 위한 총괄 책임자로 임명하는 등 이의 성공적 개최를 위해 만전을 기하고 있다. The Moscow Times, Oct. 15, 2008.

42) 푸틴정부는 체제전환기 상실한 슬라브 민족적 자존심 회복과 '러시아의 부활' 모습을 주로 범국가적 국제행사 개최를 통해 이룩하려 하였다. 2003년 상트 페테르부르크 정도(定都) 300주년, 2005년 전승 60주년 행사, 2006년 G-8 정상회담 등이 이에 해당된다.

추구할 나라가 존재하지 않고, 마땅한 국가가 부재, 그래서 아시아에서 대안을 찾으려는 것이다.[43] 이 지역에서 대미 연대의 가능성 있는 국가군은 중국, 인도를 비롯해, 베트남, 이란, 말레이시아, UAE, 시리아, 터키, 심지어 사우디아라비아와 파키스탄도 이에 포함될 수 있다. 그러나 현실적으로 반미 연대전선의 구축은 쉽지 않다. 역내에 '인도 대 파키스탄', '인도 대 중국', '베트남 대 중국', '이란 대 사우디아라비아', '이란 대 UAE' 등 상호 적대 내지 반감을 가진 국가들이 존재하기 때문이다. 또한 중국의 부상에 대한 우려, 러시아에 대한 경계감이 있으며, 대부분 미국과의 관계를 더 중요시하고 있다는 점도 한계 내지 장애요인으로 작용하기 때문이다.[44] 그럼에도 불구하고 세계전략의 차원에서 결코 포기할 수 없는 대전략에 해당된다. 유라시아의 관점에서 세계 다극질서의 한 축을 형성하려는 노력은 계속될 것이며, '러시아의 부활' 속에 동아시아 전략 역시 세계전략과 연계성이 심화되어 나갈 것으로 보인다.

둘째는 역내 주요국과의 관계 강화 및 협력 도모이다. 물론 이에는 대미견제의 측면에서 양자, 3자, 다자관계의 강화 측면이 있으며, 러시아 대내 경제발전과 지역경제 발전을 위한 우호적 환경 조성의 의미도 담겨져 있다. 갈등 보다 협력이 더욱 절실한 상황이기 때문이다. 중국과의 전략적 동반자 관계 심화 발전은 기본이다. 이밖에 일본, 한국, 북한 등 동북아 국가는 물론, 동남아의 ASEAN 국가들과의 양자, 다자관계의 발전도 꾀하고 있다. 기본적으로 협력 지향의 성격을 담고 있다.

셋째는 다자적 접근에의 중요성 부여이다. 러시아 혼자의 힘으로는 안되고, 여타나라와의 힘을 모아 대응한다는 것이다. 소위 '집단적 행동'(collective action) 전략으로, 러시아가 매우 중요하게 생각하고 있는 전략적 마인드 중의 하나이다.[45] 최근 들어 더욱 중시되고 있다.

넷째는 적극적이고 공세적 성격으로의 전환이다. 국력신장에 따른 자신감

43) Mark N. Katz, "Primakov Redux? Putin's Pursuit of "Multipolarism" in Asia," *Demokratizatsiya*, Vol. 14, No. 1 (Winter 2006), p.147.

44) Mark N. Katz, Ibid., pp.149 – 150.

45) Vladimir Frolov, "New Strategy, Old Ideas," Russia Profile.org(July 21, 2008).

의 반영 내지 투사경향에 따른 당연한 결과이기도 하다. 즉, 현재 러시아는 내가 이렇게 커졌고, 다시 강대국으로 부활했으므로, 냉전에서의 승리 증후군에 기초한 개념적 플랜인 단일체제, 단극질서, 일방주의는 이젠 바뀌어져야 하는 것 아닌가?고 묻고 있는 것이다. 앞으로 국제질서, 국제현안을 잘 해결할 수 있는 새로운 외교 기제로 다극체제, 다극질서, 다자주의를 주장하면서, 이의 실현을 위해 노력하고 있는 것이다. 취약한 국력 때문에 역외 소외자로, 방관자적 위치에 머물렀던 데서 탈피해, 지금은 역내 현안 해결에 적극 나서고, 영향력과 위상 제고에도 공세적으로 나서는 자세로 바뀌게 된 것이다.

끝으로, 에너지자원의 전략적 활용이다. 우크라이나 사례와 동시베리아 송유관 건설에 대한 중·일간 경쟁 유도 전략에서 보듯, 이미 러시아는 에너지를 정치 수단화하고 외교자원으로 활용하고 있다. 러시아는 2006년 상트 페테르부르그 G8 정상회의에서 '에너지 안보'(energy security)를 주의제로 채택하는 등 에너지자원 및 에너지 안보의 중요성을 잘 인식하고 있다. 에너지 안보를 둘러싼 외교전이 심화되고, 국제 에너지의 효용도가 급격히 상승하면서, 러시아는 에너지자원을 통한 대외관계의 새로운 전환을 모색하는 하나의 계기를 마련한 것이다.[46] 새로운 에너지 전략을 계획중인 "러시아연방에너지 전략 2030"에서도 대외관계의 경제적 이해, 균형 잡힌 외교 및 대외관계의 주도권을 위해 필요한 기반을 제공할 에너지 안보를 확고히 하는 것과 에너지 효율을 극대화하는 것, 대내외 에너지 정책을 검토하고 정책적 대안을 항목별로 수립하는 등을 담고 있는 것으로 알려져 있다.[47] 동아시아 지역에 있어서도 에너지자원을 매개로한 외교 전략적 활용이 지속될 것임을 시사한다.

---

46) 이용권, "러시아의 동북아 전략의 변화와 시베리아 에너지자원." p.303.
47) 이용권, "러시아 에너지 자원과 푸틴의 동북아 전략의 상관관계 분석." p.200.

3. 동아시아 미래 전략 전망

러시아의 동아시아 전략은 동아시아에 대한 질서와 전략적 가치 인식, 정책목표와 국가능력, 정치적 리더십 등의 영향을 받으면서 수립·전개될 것으로 보인다. 미래에도 동아시아의 전략적 가치와 위상은 계속 증대될 것으로 판단된다. 러시아의 국가능력 역시 푸틴이 실세 총리로서 남아 정치적 안정을 꾀할 가능성이 높으며, 에너지 부문에 대한 전략적 비교우위를 갖고 있다는 측면에서 '러시아의 부활' 행진이 지속될 가능성이 높다. 물론 최근 글로벌 금융위기에 따른 여파로 경제구조상의 취약성을 드러내고 있기는 하지만, 장기적 측면에서 보아 러시아의 미래는 여전히 긍정적인 측면이 더 많다고 여겨진다. 메드베데프의 정치적 리더십은 이미 살펴본 대로 자유주의적 성향 속에 온건한 참모형과 실용적 CEO형이 혼재된 모습을 띠고 있다. 물론 푸틴의 정책을 계승할 것임을 천명하고 있어, 대외정책에 있어서도 급격한 변화를 기대하기는 힘들다고 본다. 다만 국제질서 구도의 변화를 반영하고, '부활된 러시아'의 위상을 고려한 상황 하에서 어떠한 전략을 전개시켜 나갈지 살펴본다.

먼저 러시아가 세계질서를 바라보는 인식에 변화가 있음을 의미하며, 향후 대외정책 전개상의 성격 변화를 암시하고 있다. 러시아는 현 세계질서가 민주주의 가치, 시장경제 등의 긍정적 변화도 포함하고 있지만 갈등 심화, 군비감축 노력 축소, 범지구적 문제 해법 미비 등 부정적 현상들도 있다고 지적하고 있다. 또한 미국 주도하 단극질서에 대한 비판적 입장도 견지하고 있다. 또한 러시아는 스스로 강국으로 부활하였으며, 국제무대에서 러시아의 역할과 영향력이 커져나가고 있다고 판단하고 있다. 즉 푸틴의 '강국 러시아 재건' 목표가 외교무대에서 성공해, 실질적으로 작용하고 있음을 과시해 보려는 경향도 나타난다. 이제 과거 구소련 몰락기의 러시아가 더 이상 아니며, 국제무대에서의 힘없는 방관자로 남아있지 않겠다는 의지가 잠재되어 있는 것으로 보인다. 경제적 측면에 있어서도 전통적으로 미국, 유럽, 일본으로 상징되는 지역에서 벗어나, 중국, 인도, 브라질, 멕시코, 남아공, 여타 아태 지역, 남미, 아프리카의 부상에 주목하고 있다. 새로운 경제 행위자의 핵심으로 "러시아"가 가장 부각되고 있음을 강조하는 경향이 많다. 향후 러시아가 정치, 경제적 위상제고에 나설 것이며, 아·태, 남미지역에 있어 활동이 커져 나갈 것임을 시사한다. 이러한 경향은 푸틴 집권 말기에 나타난 공세적, 공격적 대외정책 정향에 의해서도 잘 반영되고 있다.

구체적으로 메드베데프정부는 국제무대에서 자신의 힘을 믿으며, 자신있게 독자적인 외교 행동에 나설 가능성이 높아 보인다.[48] 또한 미국의 일방주의에 대한 견제 및 다극질서 구축 노력에도 진력할 것으로 여겨진다. 외교안보적으로 러시아는 이미 전개되어 있는 미국 중심의 양자 동맹 틀에 대해 재평가하려는 의도가 엿보이고 있으며, 동아시아 국제질서 구조, 체제 또는 다자 협력 틀의 구축에 보다 적극적으로 나설 것으로 전망된다. 앞으로 러·중·인 3각 협력 증진에 적극 나서는 한편, G8에서의 역할 제고, 유엔의 역할과 활동 강화 지원, 지역적 국제기구에의 적극 참여 등 향후 국제질서의 다극화를 위한 노력도 보다 강화되어 나갈 것으로 보인다. 이밖에도 러시아는 인류의 보편적 가치를 강조하면서, 반테러리즘, 인권, 조직범죄, 문화, 환경 문제에 적극 대처해 나갈 것이다.

외교대상 범위의 측면에서도 한정된 지역적 틀에서 벗어나 범지구적 영역으로 외교 활동 외연을 확대해 나갈 것으로 예상된다. 즉 대외정책 활동 반경을 현재보다 넓혀 중동, 유럽, CIS, 아시아, 아프리카, 중남미 등 전세계에 걸친 부문으로 넓혀 나갈 것으로 전망된다. 국력 신장을 토대로 지역국가 아닌 범지구적 외교를 전개해 가갈 가능성이 높다. 나아가 동아시아지역의 중요성과 전략적 가치를 잘 인식한 가운데 아·태 및 한반도지역에 대한 개입 및 영향력 역시 확대시켜 나갈 것으로 전망된다. 극동 시베리아지역의 발전을 뒷받침할 수 있는 외교 전략을 구사할 것임도 자명하다. 이에는 에너지자원 공동 개발, 전력공급망, 송유관건설, 철도교통망 구축, 극동지역 인프라 건설 등 역내 지경학적 협력이 포함된다.

---

48) С. В. Лавров, "Россия и мир в XXI Веке," *Россия в глобальнойполитике*, No. 4(Июль – Август 2008).

이러한 분위기 속에서 러시아는 다음과 같은 동아시아 전략을 펼쳐 나갈 것으로 예상된다. 첫째, 세력균형의 유라시아 연대망 구축 전략이다. 이는 유라시아 전략 틀 하의 대미(對美) '편승과 견제'의 입장과 같은 맥락에 위치하여 있다. 즉 다극적 세계질서를 창출하고자 하며, 미·중·일 3국간 세력균형을 도모하려는 것이다.[49] 미국, 유럽은 물론 신흥강국으로 등장한 중국, 인도 등과의 연대 강화를 통해 일극체제에서 다극체제로의 전환도 꾀해 나갈 것이다. 대미 견제는 물론 중국과 일본의 강대국 부상도 일견 견제하기 위해 역내에서의 미·중·일 3국 세력균형체제 구축에도 진력할 것으로 보인다. 안보적 측면에서는 동아시아의 안정과 평화를 유지하는 틀로 유라시아 안보 공동체 및 동아시아, 동북아 다자안보협력체를 만들고자 노력할 것이다. WMD의 확산 방지도 포함된다. 좀 더 나아가면 이는 극동·시베리아 발전을 위한 선린 우호벨트 구축과도 연계된다.

둘째, 지경학적 '협력과 투자 유인' 전략이다. 러시아는 극동·시베리아 발전을 위한 우호적인 안보환경 조성에 노력하면서 동부 국경선 안정, 중일 경쟁 완화, 국지분쟁 사전 예방, 양안문제의 평화적 해결 등에도 적극 개입할 것을 예상된다. 극동시베리아 지역의 유라시아 대륙 교통중심지화 등 동북아 물류 공동체망 구축 및 아태지역 진출 교두보 마련에 진력할 것이다. 사할린 지역에서의 에너지 개발 지속과 안정적 수요처 확보 등 동북아 에너지 수급체계의 확립을 통한 동북아 지역 통합성과 상호 보완성 제고에도 신경을 쓸 것이다. 동아시아지역이 역동성 있는 발전 지역, 신흥 시장으로 등장하고 있음에 주목하는 한편 역내 정치경제협력기구에의 참여와 주도적 역할도 추진해 나갈 것이다.

셋째, 에너지자원의 포괄적 정치무기로의 활용 전략이다. 에너지를 통한 "개입과 주도" 전략을 구사하려는 것이다.[50] 동북아 에너지 질서 구도는

---

49) "Moscow's Triangular Diplomacy." The MowcowTimes.com(August 4, 2008).

50) 이용권 박사는 "러시아의 위상이 강화되면서 러시아의 동북아 전략도 전통적인 정치군사안보전략과 경제협력을 구분하는 이원적 전략으로부터 실용적인 협력을 기초로 에너지자원을 활용하는 포괄적 동북아 전략으로 전환하였다"고 분석하고 있다. 이용권, "러시아의 동북아 전략 변화와 시베리아 에너지자원." p.291.

'수요국 對 공급국'의 2분화 양상, 즉 '러시아 對 한·중·일'의 에너지 전략 구도를 띠고 있으며, 유일무이(唯一無二)한 공급국으로 러시아의 역할과 전략이 중요한 위상을 차지하고 있다. 러시아는 동북아에서 유일한 공급국으로서의 위치를 확보한 가운데 에너지자원을 대외정책 수행의 도구로 활용할 수 있다. 한·중·일 수요국들간의 경쟁이 심화되고 있으며, 특히 중·일간에는 동시베리아 석유자원 확보를 위해 치열한 외교전을 전개하고 있어, 이를 적절히 활용하려 할 것이다. 에너지라는 비교우위의 외교자원을 정치무기화해 활용하는 것이다. 푸틴은 2010 - 2012년간 유럽 - 러시아 - 동아시아의 에너지 균형을 이룰 것이라고 공언한 바 있다. 이는 유럽에 대한 견제 카드의 성격을 띤 것으로 SCO와 같이 좀 큰 틀의 유라시안 에너지 클럽을 만들 수 있음도 시사한 것이다.[51] 최근에는 이란, 카타르와 함께 Gas - OPEC 설립을 추진해 나가는 등 에너지 강국 전략을 적극 구사해 나가고 있다. 에너지의 정치무기화 경향은 더욱 심화되어 나갈 것이다.

넷째, '집단적 리더십'과 '집단적 행동' 활용 전략이다. 물론 이는 동아시아에만 국한되지는 않는다. 국제현안에 있어 여타 유관국들이 모여 힘을 합해 문제 해결에 나서는 것으로 다자주의적 접근의 다른 표현이기도 하다. APEC, SCO, ARF 등 지역적 국제기구에 적극 참여하는 것은 물론, UN을 비롯한 범 국제기구의 활용, 국제법의 준수 등과 같은 내용이 이에 포함된다. CSTO(the Collective Security Treaty Organization), EEC(the Eurasian Economic Community), CEA(Common Economic Area), EurAsec 등과 같이 중앙아시아에 있는 다자집단협의체의 구성이 좋은 사례에 해당된다.

메드베데프가 푸틴과 차별되는 신동방정책 내지 전략을 구사할 지 아직 명확하지 않다. 다만 유라시아 에너지 공간의 활용, 러시아 국가능력의 신장 추세, 대외정책 추진과 러시아의 국제적 위상에 대한 자신감, 메드베데프의 실용주의적 CEO형 리더십 등은 미래 전략의 방향성을 암시해 준다.

---

51) Sergei Luzyanin, "Russian Looks to the Orient," Russia in Global Affairs(2 April - June 2007), p.4.

Ⅳ. 동아시아 미래구도와 러시아의 역할

1. '미래의 러시아'와 동아시아 구도

21세기 국제질서는 어떻게 어떤 모습을 띠게 될 것인가? 이와 접맥된 동아시아 질서는 어떤 모습이며, 어떤 특징들 담게 될 것인가? 물론 2010년, 2020년, 2030년, 2050년 등 시기에 따라 다른 양태를 보일 것이다. 전체적인 추이 변화에 초점을 두고자 한다.

21세기 국제질서를 규정짓는 가장 큰 요인 중의 하나로 에너지를 꼽을 수 있다. 21세기 국제질서는 "자원의 재분배" 성격이 크게 부각될 것이다. 자원의 조절을 통한 외교(수단)가 영향력을 발휘할 것이며, 이의 공급국이 유리한 입지를 지니게 될 것이다.

이러한 측면에서 볼 때 자원의 공급국인 러시아의 위상과 외교력이 높아질 것이라는 추론이 가능하다. 고유가의 혜택을 본 러시아가 일정정도 이 부문에서 혜택을 받을 것임은 분명해 보인다. 물론 최근 세계적인 금융위기의 여파와 유가의 하락 추세 등은 러시아의 경제발전에 커다란 장애요인으로 작용하고 있음도 분명하다.

중장기적으로 보면 경제적 측면에서의 러시아 입지는 점차 높게 자리잡을 가능성이 높다고 본다. 현재 러시아는 2020년 안에 세계 5대 경제대국 진입을 목표로 하고 있다.[52] 달성 여부는 상대적이기 때문에 확언할 수 없으나, 지금과 같은 성장 추이로 볼 때 어느 정도 긍정적인 측면이 있는 것도 부인할 수 없다. 그러나 국력 신장이 된 러시아가 과연 동아시아의 질서 구도를 규정짓고, 이를 재편할 수 있는데 까지 나아갈 수 있을까? 전체적으로 근본적인 변화를 가져오긴 힘들다고 본다. 다만 러시아의 이해와 영향력 제고 능력 등의 측면에서는 이전 보다 증진된 모습을 띨 것이라고 여겨진

---

52) 러시아는 2007년 12월 '푸틴 플랜 2020'을 수립하고, 도로, 철도, 공업단지, 산업과 교통 기반시설에 재건에 적극 나서고 있다. 대형 국영기업을 앞세워 정부 주도로 이룩한다는 푸틴식 자본주의로 표현되기도 한다. "러시아 부활 프로젝트 '푸틴 플랜' 세계 5대 경제대국 누린다." 『주간조선』, 1983후 (2007.12.10).

다. 세계질서 속에서 미국의 위치가 아직 건재하고 당분간 이를 무시하기 어렵다고 평가할 수 있기 때문이다.

자료: www.edinros.ru

현 국제질서는 미국 주도하 단일 패권체제하에서 미ㆍ러의 세계 및 유라시아 전략, 여타 강국들의 실리 우선주의의 합종연횡을 통해, 유라시아 지역에서 새로운 전략벨트를 구축해 내려는 시도가 이뤄지고 있는 것으로 평가된다. 외교적 측면에서 피아(彼我)의 명확한 구별이 없이 협력과 견제의 이중적 성격을 띠고 있고, 삼자관계와 국제기구 참여 여부 등의 측면에서 중첩성을 띠고 있기도 하다. 앞으로 세계질서가 미－중－인 3각 축, 미－일－호주－인도 對 중－(러), 미 對 러ㆍ중ㆍ인 등 다양한 형태의 구도로 재편될 수 있는 가능성도 상존한다. 나아가 미국의 인도에 대한 접근 강화, 상하이협력기구의 강화 움직임, 중ㆍ러의 전략적 동반자관계 심화, 러ㆍ중ㆍ인 3각 협력의 가능성, 미일동맹 강화와 대중 포위망 형성 등은 더욱 심화될 것으로 예상되고 있다.

한편, 동아시아 국제질서의 핵심구도는 첫째, 유라시아 서편의 질서; 둘째, 미ㆍ일ㆍ호 대(對) 중ㆍ러, SCO 연대; 셋째, 인도의 전략적 균형추 역할; 넷째, 미ㆍ중ㆍ러간 3각관계의 중요성으로 설명이 가능하다. 또한 이에는 소단위로 한ㆍ미ㆍ일, 미ㆍ중ㆍ일, 한ㆍ중ㆍ일, ASEAN+3 등이 위치하고 있다.

향후 동아시아질서는 단기간에는 2009년 미국의 신정부 출범과 이의 대내외 정책, 2008년 7월 로버트 게이츠가 발표한 '2008 국가방위전략'(2008 National Defense Strategy)[53], 중국과 일본의 정책 방향 등이 복합적으로 얽혀 이전과 다소 다른 모습을 연출해 낼 것으로 보인다. 무엇보다 다자주의 외교 원칙을 표방한 버락 오마바(Barack Obama)가 미국 제44대 대통령에 당선됨에 따라 역내 질서 운영 양태에 있어 다소간의 변화가 있을 것으로 보인다. 또한 글로벌 금융위기와 이의 해법을 둘러싼 국제경제 질서 재편 논의과정도 역내 질서 재편에 적지 않은 영향을 끼칠 것으로 예상된다. 그리고 무엇보다 시간이 흘러감에 따라 중국의 국력팽창에 따른 국제적 위상 제고와 영향력 증대가 더욱 더 큰 변수로 작용할 것이다. 미국 변수, 중국 변수가 한데 어우러지면서 역내 질서의 성격 역시 더욱 변화무쌍한 양태로 전개되어 나갈 것으로 전망된다.

이러한 맥락의 연장선에서 동아시아질서는 당분간 미국 주도의 흐름이 지속되는 가운데 중국의 대응이 중요하게 부각되고, 역내 국가간 합종연횡이 다양하게 펼쳐지는 모습을 띨 가능성이 높다. 다만, 러시아와 중국의 경제성장의 추이를 고려해 볼 때 2020~2050년 미래의 경우에 BRICs의 영향력이 보다 높아질 것으로 예견되고 있다. 이럴 경우, 중·러가 주도하고 있는 SCO의 역할과 위상이 높아질 것이며, 러·중·인의 3각 협력도 이들 국가의 성장 잠재성에 비추어 세계질서 구도를 바꿀 수 있는 변인으로 작용할 수도 있을 것이다.

반면 동아시아의 안보질서는 여전히 국가안보 패러다임에 의해 규정되고 있다. 21세기 초에 있어서도 중국의 부상, 일본의 군사대국화, 미일동맹의 강화와 같은 세력균형에 기반한 경쟁과 갈등이 계속되고 있다.[54] 2020년 내지 2030년 정도까지 지속될 것이라는 견해가 다수이다. 주변국가들의 상대적 국력 상태를 볼 때, 여전히 러시아의 국가능력 취약성은 단기간에 해결되기 어렵다고 본다. 따라서 미래의 러시아가 비록 그 규모와 발전 지향성은 유지할 가능성이 높지만, 동아시아의 안보질서 구도와 성격을 근본적

---

53) 2008년 7월 31일 발표된 국가방위전략은 기존의 선제공격론을 지양하고 국제공조와 소프트파워를 강조하는 내용이 주를 이루고 있다. 발표문 전문은 http://www.defenselink.mil/pubs/2008NationalDefenseStrategy.pdf 참조

54) 이수형, 전재성, "국제안보패러다임의 변화와 동북아 안보체제," 『국방연구』, 제48권 제2호 (2005년 12월), pp.85 - 88.

으로 바꿀 수 있는 여력은 작다고 보는 것이 타당하다. 즉 러시아는 한계와 가능성을 동시에 담고 있는 상황인 것이다.

2. 러시아의 역할

미래의 동아시아 질서 구도에서 러시아의 역할은 무엇일까? 러시아의 영향력이 커지고 국제적 위상도 강화될 것이라는 데는 이견이 없다. 그렇다고 옐친기와 같이 동아시아 외교 안보 현안에 무관심하고, 방관자적 위치에 그냥 서있지도 않을 것이다. 미래 러시아의 국력과 리더십, 그리고 정책 방향을 통해 볼 때 다음과 같이 그 역할을 추론해 볼 수 있다.

첫째, 지역질서의 조정자 역할 강화이다. 러시아는 유라시아 강대국으로서 국제적 권위 제고와 동아시아 및 세계질서의 안정화 세력으로서 '전략적 균형추(strategic counterweight)'로서의 역할 확대를 보장받고 있다.[55] 세계질서와의 연계성이 포함된 국제현안을 포함해 동아시아내 제(諸)문제를 조정해 나가는 조정자로서의 역할을 강화해 나가게 될 것이다. 이에는 능력도 있고 의사도 뒷받침되어 있다. 물론 중·러 전략적 동반자관계, SCO, APEC, 러·중·인 3각 협력 구도, 호주, 한국, 일본 등과의 우호적인 발전 상황도 이에 일조할 것이다. 정책목표이기도 하며, 실천성이 높은 부문이기도 하다.

둘째로는 지역문제 해결의 중개자로서의 역할 제고이다. 다자주의 해법과 연계되어 있으며, 역내 현안에의 직접적인 개입이 강화됨을 의미한다. WMD 확산 방지를 비롯해, 마약, 국제범죄, 국제환경, 인간안보 등 비전통적 안보문제에 대한 개입도 강화시켜 나갈 것으로 보인다.

셋째, 역내 지역 발전을 위한 동력원으로서의 역할이다. 에너지가 핵심이다. 러시아의 에너지 안보 정책은 유라시아 지정학적 틀을 고려한 가운데 전방위적 연계성을 지니고 있는 것으로 평가되고 있다. 이에는 첫째, 유럽으로의 에너지 수출 및 자본 유입에의 중요성 부여; 둘째, 카스피해 지역에

---

55) 홍완석, "21세기 러시아의 동북아 국가전략." p.139.

서의 CIS국가들과의 경쟁 우위 점유 노력; 셋째, 이라크, 이란을 포함한 중동 특히 페르시아만에 대한 적극적인 정책 전개; 넷째, 새롭게 등장하는 블루오션(blue ocean)으로 동북아지역으로의 에너지 수출 등의 4가지 특성이 두드러진다. 특히 러시아 입장에서 보아 이 지역은 전술한대로 에너지 소비국으로서의 한·중·일 3국이 존재하며, 새로운 블루오션으로서 극동시베리아 개발 및 아태 진출에로의 기회를 제공해 주고 있다. 러시아는 에너지 공급 국가로서 중장기적으로 국제 에너지 안보체계를 구축해, 국제시장에 참여하고 지역 발전에 기여토록 하는 데 큰 의미를 부여하고 있다.

전체적으로 미래의 역할은 러시아의 국력신장에 걸맞는 적극적인 대외정책 전개와 맞물리며, 또한 안보현안에 대해서도 직접적인 개입을 확대시켜 나가는 것을 포함하고 있다. 이는 자칫 러시아가 자신의 실력과 위상을 과대대 인식하고 행동에 나설 경우 새로운 지역분쟁의 불씨를 낳을 수도 있다. 이러한 점에서 '러시아의 부활'은 '현재와 미래 러시아' 정부에게 새로운 도전과 과제를 안겨주고 있다하겠다. 동아시아 지역의 진정한 평화, 발전, 안정을 위한 사려 깊은 정책 추진 요망되는 것이다.

V. 맺음말 : 정책적 함의와 시사점

이상으로 메드베데프체제의 출범에 주목하면서 러시아의 동아시아에 대한 전략적 이해, 입장, 전략을 살펴보았다. 러시아에게 있어 동아시아는 유라시아의 한축을 형성하는 지전략적 가치를 지니고 있으며, 역내 발전을 위한 평화적이고 안정적인 국제환경의 조성 등 지정학적 가치도 지니고 있다. 이밖에도 신흥 아시아 수출시장의 확대와 시베리아 극동지역의 개발 등 지경학적 이익도 지니고 있다. 푸틴기 동아시아 전략은 유라시아질서 인식하에 세계전략과의 연계성 심화; 역내 주요국과의 관계 강화 및 협력 도모; 다자적 접근에의 중요성 부여; 그리고 에너지자원의 정치적 수단 내지 전략적 활용의 특징을 지니고 있다.

앞으로 러시아는 동아시아지역에 대해 세력균형의 유라시아 연대망 구축; 지경학적 '협력과 투자 유인'; 에너지자원의 포괄적 정치무기로의 활용; '집단적 리더십'과 '집단적 행동' 활용 전략을 펼쳐나갈 것으로 예상된다.

물론 메드베데프 신정부가 출범한 지 몇 개월 밖에 흐르지 않은 시점에서, 푸틴과 차별되는 새로운 동방정책을 추진해 나갈지 확실하지 않다. 전체적으로 푸틴이 남긴 대외정책 유산이 크고, 이를 단기간에 뛰어 넘기는 어려울 것으로 보인다. 다만, 러시아의 국력신장이 계속되고, 국제적 위상과 지위가 높아지고 영향력이 커지고 있다는 점에서 이전 보다 공세적이고 적극적인 방향으로의 전개는 지속되어 나갈 것으로 보인다.

우리는 정책적 측면에서 다음과 같은 점을 고려하는 것이 바람직하다고 본다. 첫째, 부활하고 있는 러시아에 대한 올바른 인식이다. 러시아는 우주산업, 에너지, 첨단과학기술, 군사 등 풍부한 인적, 물적 자원 보유하고 있다. BRICs, G8 구성국, UN 안보리 상임이사국, 핵 강국의 위상도 확보하고 있다. 의리와 자존심을 중시하고, 인맥정치, 외교적 이슈화 능력 등 러시아적 사고와 외교 행태에 대한 이해가 필요하다. 푸틴과 메드베데프체제하의 러시아는 구소련은 물론 옐친기 병약했던 러시아가 아님을 확실히 이해하는 것이 중요하다. 미래 러시아는 다시 강국으로 거듭날 수 있는 가능성과 잠재력을 지니고 있다. 주요 정책결정자들의 변화된 러시아 실상에 대한 올바른 이해 및 정책적 인식 제고가 긴요한 것이다.

둘째, 동아시아지역 질서를 유라시아의 큰 틀에서 조망하고 이에 대비하는 정책 시각의 확대가 긴요하다. 유라시아의 미래 가치와 지정·전략적 중요성에 대한 인식 제고가 이뤄져야 한다. 9.11 이후 유라시아 지역이 세계안보질서의 중요한 변인으로 등장하고 있음에 주목하고, 각국의 전략적 입장과 정책 추진 등을 면밀히 주시할 필요가 있다. 우리에게 있어 유라시아는 외교정책의 불모지로서 남아있는 가운데 에너지 안보 보장지, 대(對)이슬람권의 진출과 중동 및 유럽권 진출의 교두보, 역내 다자협력체의 시험대로서의 의미 등을 함유하고 있다. 또한 중장기적 세계 안보질서 변화 예측과 연계되어, 중요한 지정·전략적 의미를 담고 있다. 나아가 인도, 몽골,

터키, 중앙아 제국 등을 포함해 미래의 주요 외교 대상지로 인식하는 것이 바람직하다.[56]

셋째, 러시아와 연계된, 에너지 안보 등 범세계적 안보 아젠다에 주목할 필요가 있다. 에너지 안보와 연계된 미래 전략의 중요성 인식과 대비이다. 에너지, 자원의 재분배가 세계질서의 성격을 규정짓는 요인으로 작용함에 주목하는 것이다. 즉 에너지 안보 확보를 위한 역내 국가들의 세부 전략과 중장기 정책 수립에 대한 지속적인 추이 관찰과 급변하는 에너지 환경·질서 변화에의 대처가 긴요하다. 동북아지역의 경우 에너지를 둘러싼 공급국 대(對) 수요국, 수요국간 경쟁 심화 등 이해관계에 따른 구도 변화가 예상되고 있어, 세밀한 주의 관찰이 요망되고 있다. 경제적 타당성에 기초한 동북아 자원공동체의 형성 노력 및 역내 자원 협력이 가능한 이슈를 선점하고 선도 프로젝트화 등의 노력이 필요하다. 또한 테러전 시대를 거치면서 포괄적 안보 개념이 보편화되고 있음에 주목하고, 그 내용도 에너지 안보, 생태 안보, 국제환경, 쓰나미 등 자연재해, 보건 안보, 인터넷 정보 안보 등보다 다양해지고 있는 추세에 관심을 기울여야 한다. 나아가 인권, 마약, 테러, 환경, 난민 등과 같은 비전통 안보(non - traditional security) 문제 역시 크게 대두되고 있음에 유념하고 이에 대한 대비책 강구가 긴요하다.

넷째, BRICs, IBSA 등 미래 강국에의 접근을 강화시키는 것이 바람직하다. 즉 21세기 떠오르는 강국으로 BRICs에 대한 접근은 물론, 연대 세력으로서 인도 - 남아공 - 브라질의 IBSA에 대한 관계 강화도 긴요하다. 외교적 시야를 보다 넓히는 것이다. 최근 글로벌 금융위기를 맞아 이들 국가들의 국제적 위상과 역할이 더욱 증대되고 있음에 주목할 필요가 있다.

다섯째, '러시아의 부활'을 염두에 둔 동북아 국제질서 및 외교안보 환경 변화 가능성에 유념할 필요가 있다. 러시아는 동북아 국제질서 재편과정에 적극적으로 참여, 향후 일정 역할을 도모하려 할 것이 자명하다. 특히 6자 회담 향배에 따라 향후 동북아에 새로운 안보전략판이 형성될 가능성이 높

---

56) 이에 대한 우리의 정책적 입장에 대해서는 서동주, " 유라시아의 외교적 함의와 한국의 진출 전략," 신범식 엮음, 『21세기 유라시아 도전과 국제관계』, pp.569 - 616 참조.

으므로 이에 대해서도 대비해야 한다. 한반도의 정전에서 평화체제로의 전환, 남북한과 미·일·중·러의 4강 교차승인 등 새로운 질서의 출현 가능성을 염두에 둔 대비책 강구가 필요한 것이다.

박경서. 『지구촌정치학』. 서울: 법문사, 1999.

박윤형. "러시아의 동아시아 정책 – 유라시아 국가로서의 역할." 『슬라브연구』. 제18권 2호(2002), pp.103 – 127.

박인휘. "동북아 국제관계와 한국의 국가이익 – 미·중·일 세력관계를 중심으로." 『국가전략』. 제11권 제3호(2005). pp.5 – 31.

이삼성. "21세기 동아시아의 지정학 – 미국의 동아태지역 해양패권과 중미관계." 『국가전략』. 제13권 제1호(2007). pp.5 – 32.

서동주. "유라시아의 외교적 함의와 한국의 진출 전략." 신범식 엮음. 『21세기 유라시아 도전과 국제관계』. 서울: 한울아카데미, 2006. pp.569 – 616.

_____. "러시아·친디아(Chindia) 삼각 안보협력 가능성과 한계: 동북아한반도에의 전략적 함의." 『국방연구』. 제49권 제2호(2006.12), pp.25 – 56.

_____. "중러 '전략적 동반자관계' 강화의 정치·전략적 함의." 『유라시아연구』. 제2권 제1호(2002 겨울). pp.51 – 79.

신범식. "유라시아의 지정학적 세력 관계와 신거대 게임." 신범식 엮음. 『21세기 유라시아 도전과 국제관계』. 서울: 한울아카데미, 2006. pp.102 – 149.

연현식, "푸틴의 러시아외교와 대동북아관계." 『슬라브연구』. 제20권 2호(2004). pp.19 – 43.

이수형, 전재성. "국제안보패러다임의 변화와 동북아 안보체제." 『국방연구』. 제48권 제2호 (2005년 12월). pp.85 – 88.

이용권. "러시아 에너지 자원과 푸틴의 동북아 전략의 상관관계 분석: 푸틴 2기를 중심으로." 『슬라브학보』. 제22권 3호(2007). pp.193 – 222.

_____. "러시아의 동북아 전략 변화와 시베리아 에너지 자원." 『사회과학연구』. 제14집 2호(2008). pp.288 – 322.

정한구. "푸틴의 강한국가 건설하기, 2000 – 2008: 러시아 전제정치의 긴 그림자." 『세종정책연구』. 제4권 1호(2008). pp.179 – 212.

최태강 지음. 『러시아와 동북아』. 서울: 오름, 2004.

_____. "푸틴시대 러시아의 동북아 외교정책." 『시베리아극동연구』. 제3호(2007 여름). pp.5 – 35.

홍완석. "푸틴정부의 동북아 전략과 한반도 정책." 홍완석 엮음. 『현대러시아 국가체제와 세계전략』. 서울: 한울아카데미, 2005. pp.603 – 651.

_____, "21세기 러시아의 동북아 국가전략." 『국제정치논총』. 제41집 1호

(2001). pp.117 – 144.

『주간조선』(2007.12.10)

"An Early Assessment of Putin's Foreign Policy." http://eng.globalaffairs.ru/
engsmi/1188.html.(검색일: 2008.4.17).

"Moscow's Triangular Diplomacy." *The MowcowTimes.com*(August 4, 2008).

"President of Russia Dmitry Medvedev's Speech at the Meeting with Russian
Ambassadors and Permanent Representatives to International Organizations,
Russian Foreign Ministry."(Moscow, July 15, 2008). www.mid.ru

Fedorov, Yury E. "'Boffins' and 'Buffoons': Different Strains of Thougt in Russia's
Strategic Thinking." *Briefing Paper,* Chatham House(March 2006).

Frolov, Vladimir. "New Strategy, Old Ideas." *Russia Profile.org*(July 21, 2008).

Katz, Mark N. "Primakov Redux? Putin's Pursuit of "Multipolarism" in Asia."
Demokratizatsiya, Vol. 14, No. 1 (Winter 2006).

Kononenko, Vadim. "Russia in 2008 and Beyond, what kind of Foreign Policy?"
Briefing Paper 17, The Finnish Institute of International Affairs, (12 March,
2008).

Kuchins, Andrew C. and Gaddy, Clifford G. "Putin's Plan," *The Washington
Quarterly* (Spring 2008).

Luzyanin, Sergei. "Russia Looks to the Orient." *Russia in Global Affairs*(April – June
2007).

Staun, Jorgen. "Siloviki versus Liberal – Technocrats; The Fight for Russia and It's
Foreign Policy," *DIIS Report* (2007.9).

Weafer, Chris, "Comment the Putin plan – the Medvedev phase." Russia
Profile.org(June 20, 2008).

Дынкин А. "Мировая Экономика в 2020 году Попытка Снизить Н
еопределунности." *Международная Жизнь*. No.9 (2007).

Лавров, С. В. "Россия и мир в XXI Веке." *Россия в глобальнойпол
итике,* No. 4(Июль – Август 2008).

Концепция Внешней Политики Российской Федерации(28 июня
2000 г.)

Концепция Внешней Политики Российской Федерации(12 июля
2008 г.)

러시아의 대한반도정책 전망과 한·러협력:
한반도 주요 이슈를 중심으로

홍완석(한국외대 국제지역대학원 러시아 CIS학과 교수)

Ⅰ. 서론

2008년 5월 7일 드미트리 아나톨리예비치 메드베데프(Дмитрий Анатольевич МЕДВЕДЕВ) 전 제1부총리가 국제사회의 스포트라이트를 받으며 옐친과 푸틴에 이어 러시아 세 번째 대통령직에 공식 취임했다.[1] 크레믈린에서의 권력변동은 러시아 국가가 지향하는 대내외적 나침반의 변화를 의미하기에 미국, 중국, EU, 일본 등 세계적 권력보유자들이 매우 민감하게 예의 주시하는 관심의 대상이 된다. 유라시아 강대국 러시아가

---

* 한국외대 국제지역대학원 러시아·CIS학과 교수

1) 2008년 3월 치러진 러시아 대선에서 메드베데프 후보는 푸틴 전 대통령의 강력한 지지에 힘입어 70.28%의 높은 득표율로 당선되었다. 불혹을 갓 넘긴 42세의 나이로 러시아 대통령식에 취임한 메드베데프는 제정 러시아 시대와 소련 시절을 포함해 러시아 역사 지난 114년 동안 최연소 최고지도자로 기록된다. 국가수반으로서 메드베데프의 대통령직 취임은 인물로는 옐친(1991~1999)과 푸틴(2000~2008)에 이이 세 번째이지만, 헌정질서로는 5대 대통령에 해당한다. "러시아, 메드베데프 대통령 시대 열려," 『연합뉴스』, 2008년 5월 7일.

국제사회에서 차지하는 강력한 위상만큼 메드베데프 신정부의 외교적 좌표 설정에 따라 세계정치의 풍향이 크게 바뀔 수 있기 때문이다. 따라서 현하 국제사회는 메드베데프 대통령이 견인하는 21세기 러시아호의 외교적 항로를 예측하느라 분주하다. 한반도 냉전구도 해체와 통일을 지상 최대의 국가적 과제로 설정하고 있는 우리정부로서도 예외일 수 없다.

러시아는 두만강 상의 끝자락을 경계선으로 약 17Km의 국경선을 마주한 인접국으로서 역사적으로 한반도를 항상 자국의 중요한 국가적 이해관계 영역에 포함시켜 왔다. 실제로 1896년 아관파천, 1905년 노일전쟁, 1945년 북한의 점령과 남북한 분단, 1950년 한국전쟁 등이 예증하듯 러시아는 한 반도를 둘러싼 지정학적 세력게임의 중요한 참가자로서 한국의 운명을 좌 우해 왔다. 이런 한·러관계의 역사적 숙명성을 감안할 때, 메드베데프의 러시아가 한반도 문제의 중요한 이해당사자로서 자국의 지정학적 역할을 적극 수행할 것이라는 점을 전망하기란 그리 어렵지 않다.

특히 오늘날 모스크바가 한반도에 대해 갖고 있는 일련의 다중적 수준의 국익들, 이를테면 동북아 권력정치를 흡인하는 블랙홀로서 한반도에서의 전 통적 영향력 확보라는 '정치이익', 동시베리아 유전 및 사할린 가스전 파이 프라인망의 연장 부설을 포함해서 시베리아횡단철도(TSR)의 한반도종단철 도(TKR)와의 연결이라는 '경제이익', 불필요한 안보비용의 제거를 위해 한 반도에서의 군사적 충돌 방지라는 '안보이익' 등을 고려할 때 러시아가 어 떤 식으로든 북핵 문제 해결은 물론이고 한반도 평화체제 구축과 통일과정 에 직·간접적으로 관여하리라는 점은 명약관화(明若觀火)하다. 푸틴이 구 축한 물적 토대와 자신감을 바탕으로 세계적 강대국 지위 확보와 배타적 국익 실현을 위해 힘과 영향력의 외부투사를 더욱 강화하려는 메드베데프 신정부 시대라면 더욱 그러하다.

이 글의 목적은 2008년 5월 메드베데프 신 정부 출범에 즈음하여 러시아 의 대한반도정책을 기조, 목표, 전략이라는 일직선상의 분석을 통해 전망하 는 가운데 한국과 러시아 양국 간 우호관계를 가일층 확대 강화시키기 위 한 협력방안을 모색하는데 있다. 보다 구체적으로 러시아가 한반도 평화 프로세스에 깊은 이해관계를 갖고 있고 동시에 현실적으로 이 과정에 지대한 영향력을 행사할 수 있는 중요한 이웃이라는 인식하에, 한반도 주요 이슈에 대한 러시아의 입장과 정책을 분석하고, 이를 토대로 러시아를 한국의 국익 증대에 기여하는 우호적 협력세력으로 유도함과 동시에 한·러 간 미래지향적 관계정립에 요구되는 일련의 정책적 방향성을 제시할 것이다.

이와 관련하여 본 논문은 다음과 같은 내용에 분석의 초점을 맞추었다. 먼저 제Ⅱ장에서는 신 러시아 연방 출범이후 크레믈린이 한반도에서 추구해왔고, 여전히 추구하고 있는 전통적인 정책 기조를 규명한 후, 이를 바탕으로 메드베데프 신정부의 대한반도정책 목표와 전략을 전망해 볼 것이다. 이어서 제Ⅲ장에서는 우리정부의 올바른 대러 정책 방향성 설정을 위한 하나의 예비 검토 작업으로서 다음 네 개의 한반도 주요 이슈, 1) 정전체제의 평화체제로의 전환문제, 2) 주한미군 철수문제, 3) 북핵문제, 4) 한반도 통일문제에 대한 러시아의 입장과 정책을 우리정부의 그것과 비교하면서 살펴볼 것이다. 다음 제Ⅳ장에서는 앞장의 분석에 입각해 한반도 평화구도 정착과 통일, 그리고 한국의 국가적 번영을 위한 러시아의 활용방안, 즉 대러 정책 방안을 제시해 볼 것이다. 마지막 결론 제Ⅴ장에서는 21세기 한국의 새로운 대러정책 패러다임으로 러시아와 창조적 '관계 맺기'의 필요성을 강조할 것이다.

Ⅱ. 러시아의 대한반도정책: 기조, 목표, 전략

근자에 한반도를 둘러싼 동북아 4강 가운데 남북한 모두와 우호적 협력관계를 안정적으로 유지 발전시킨 나라가 있다면 그건 러시아 일 것이다. 하지만 2000년 푸틴정부 출범이전까지만 해도 러시아는 남북한 동시 수교국이라는 지정학적 이점에도 불구하고 소련의 해체에 따른 국가시스템의 마비와 총체적 국력 약화, '친 평양노선'에서 '친 서울노선'으로의 급격한 징책진환 등으로 말미암아 한반도 및 동북아질서의 '디자이너'에서 '아웃사이더'로 전락되는 수모를 겪었다. 1997년 한반도 4자회담에서의 소외가 적절한 사례일 것이다.

그러나 새천년의 경계선에서 등장한 푸틴의 강력한 지도력, 정치적 안정과 경제성장, 그리고 남북한과의 균형 잡힌 우호관계를 강조하는 '실용적 신 등거리 노선'에 힘입어 러시아는 이제 중국 못지않은 정치적 영향력을 회복해 역내 질서의 주연으로 부상하고 있고[2], 남북한과도 활발한 지정학적, 지경학적 협력을 계속하고 있다. 그렇다면 푸틴에 뒤이어 크레믈린 권좌에 등극한 메드베데프 신정부의 한반도정책은 어떻게 전망할 수 있을 것인가?

출범한지 5개월이 채 지나지 않은 메드베데프의 러시아가 국익확대와 지정학적 영향력 증대를 위해 한반도에서 추구하는 정책적 방향성을 설득력 있게 분석한다는 것은 용이한 작업이 아니다. 이런 상황에서 메드베데프 신정부의 한반도 외교노선을 과학적으로 추론할 수 있는 객관적인 '단서'는 옐친과 푸틴시대를 관통하는 러시아의 전통적인 대한반도 정책기조 속에서 찾을 수밖에 없다. 과거부터 러시아가 지향해 왔고, 현재도 지향하고 있는 주요 정책기조를 정리하는 가운데, 그 토대 위에서 메드베데프 신정부의 대한반도정책 목표와 전략을 일직선상에서 전망해보면 아래와 같이 제시할 수 있다.

첫째는 한반도의 특정국가 영향권 편입 방지 내지는 최소한 한반도의 영세 중립화이다.[3] 러시아는 영토의 광활성으로 인해 오랜 동안 수많은 이민족들의 침입과 전쟁의 피해를 입었고, 잦은 국경선의 변경을 경험해왔다. 이러한 역사적 경험, 즉 '국경 콤플렉스'가 본능적으로 러시아인들의 유전

---

2) 2007년 북핵 6자회담 2.13합의에 따라 구성된 5개의 실무그룹 가운데 러시아는 동북아 평화·안보체제 워킹그룹의 의장국을 맡아 발언권을 확보했다. 이후 북한의 방코델타아시아은행(BDA) 동결자금 문제를 중재함으로써 교착상태의 북핵 6자회담에 출구를 제공한 러시아는 마침내 북핵 6자회담의 '조연'서 '주연급'으로 부상한다.

3) 러시아 과학아카데미 극동문제연구소 트카첸코(V.P. Tkachenko) 한국센터 소장은 "러시아가 바라는 한반도의 영구적인 지위는 한반도가 중립 자유독립국으로 남는 것"이라고 주장한다. "[2001 남북한 주변4강] 러시아는 지금(2)달라진 한반도觀," 『대한매일』, 2001년 2월 19일.

인자에 복제되어 지리적 상황이 취약한 지대에서는 반드시 그 주변에 '완충국가의 고리'(a ring of buffer states)를 만들어 영토적 안전보장을 도모해 왔다.[4] 냉전시절 소련이 동유럽에서 핀란드, 몽고 및 한반도의 북한에 이르기까지 접경지역에 완충국가를 만들어 자국 주변의 안전지대 확보를 위해 노력해 왔다는 사실이 이를 구체적으로 입증해 준다.

대한반도정책 장기 전략에 관한 러시아 학자들의 논문을 분석해보면 상당부분 한반도의 중립지대화가 논지의 핵심을 이룬다.[5] 그 이유는 한반도가 러시아와의 국경선에 위치해 있고, 전략적 종심인 모스크바로부터 멀리 떨어져 있으며, 특히 주변에 세계적 강대국들이 포진한 한반도가 특정 국가의 세력권에 편입될 경우 시베리아 극동지역의 영토적 안전보장이 어려워지기 때문이다. 러시아는 이미 20세기 초 일본의 한반도 장악이 사할린의 약취(掠取)와 시베리아 강점으로 이어진 뼈아픈 역사적 치욕을 경험한바 있다. 따라서 러시아는 항구적인 영토안보 차원에서 동북아의 지정학적 '경혈'에 해당하는 한반도가 가급적 친러(親露)적 영향권에 편입되기를 바라고 있고, 여의치 않을 경우 최소한 영세 중립지대로 남아있기를 희구한다.

둘째는 한반도에서의 전쟁 방지이다. 한반도는 세계에서 군사력이 가장 고도로 밀집되어 있는 지역이자 동시에 세계적 권력보유자인 미·중·러·일의 이해관계가 직접적으로 그리고 민감하게 교차하는 공간이다. 따라서 국경선을 접한 한반도에서의 군사적 충돌은 크레믈린 전략가들에게 다중적(多重的)인 '근심거리'를 제공한다. 러시아의 고민은 일차적으로 두만강을 경계로 약 17 Km의 국경선을 접한 한반도가 러시아 동북지역 안정과 구조적으로 연관되어 있는 안보적 우려에서 출발한다.

먼저 한반도에서 전쟁이 발발할 경우, 이는 러시아의 안보 이익상 개입할 수도, 안할 수도 없는 전략적 딜레마를 안겨준다.[6] 북한을 포기하지 않는

---

4) 김학준, 『소련 외교론 서설』(서울: 서울대학교출판부, 1981), pp.33 - 34.

5) 대표적 논문으로는 다음 저술을 참조. В. Ф. Ли, *О бессрочном нейтралитете корейского полуострова* (Москва: Научная книга, 1999)

6) 홍완석, "21세기 러시아의 동북아 국가전략," 『국제정치논총』, 제41집 1호(2001), p.128.

한 지정학적으로도 원치 않은 미국 및 일본과의 관계악화가 수반된다. 또 탈북 전쟁 난민들이 필연적으로 발생하고, 이들이 러시아 극동지역에 유입됨으로써 모스크바에 적지 않은 정치적, 심리적 부담을 제공한다. 더욱이 한반도에서의 무력분쟁은 북한의 핵 시설뿐만 아니라 남한의 무수한 핵발전소 파괴로 귀결되고, 이는 러시아 극동지역에 생태적 재앙을 가져다준다.[7]

경제적 측면에서도 푸틴에 이어 메드베데프 신정부가 국가적 명운을 걸고 야심차게 추진 중인 시베리아·극동지역 개발에 적지 않은 차질을 주게되고, 최근 러시아가 한반도에서 추구하는 최대의 경제이익인 시베리아횡단철도(TSR)의 한반도종단철도(TKR)와의 연결 사업에도 심대한 지장을 초래한다.[8] 한마디로 한반도에서의 군사적 갈등은 러시아의 국익에 전혀 도움이 되지 않는 백해무익인 대재앙인 것이다. 이렇게 볼 때 한반도에서의 전쟁 예방은 크레믈린에서의 권력변동과는 상관없이 지속적으로 러시아의 모든 지도자들에게 공통적으로 부여되는 중요한 정책 목표가 된다.

셋째는 한반도에서의 평화와 안정 유지이다. 소련의 붕괴 이후 신 러시아는 사회주의라는 왼손잡이에서 자본주의라는 오른손잡이로 전환하는데 요구되는 국가 시스템의 개조와 개혁 작업에 국가적 에너지를 집중하고 있다. 이점은 메드베데프 정권에 접어들어서도 마찬가지이다. 메드베데프 대통령은 대선 기간 중 부패와의 전쟁과 공공영역의 지속적인 개혁을 강조했고, 2020년까지 러시아를 세계 5위의 경제대국으로 만든다는 계획 하에 자원개발과 생산 인프라 확충을 위한 소위 '2020 경제개혁 프로그램'을 선거공약으로 내세웠다. 또 신 국가전략으로 제도화(institutions), 인프라구축(infrastructure), 혁신(innovation), 투자(investment) 등 이른바 '4I'를 제시하고

---

7) М. Л. Титаренко, "российско-китайское партнерство как фактор мира и стабиль ности на корейском полуострове," The Second Period of Putin Administration and the Future of Korean-Russian Relations, The 15th APRC-IFES Joint Conference(June 3-4, 2004), p.130.

8) "Наш оценки не устраивают США как слишком мягкие по отношению к Север ной Корее," *Время новостей*, 23 июля 2003.

이를 통해 러시아 사회와 경제를 선진화해 나갈 것임을 천명한 바 있다.[9]

이런 국내적 현실의 충족, 즉 신 국가전략의 차질 없는 구현을 위해 러시아는 예나 지금이나 안정적인 대외적 환경 창출을 중요한 외교정책 목표로 설정하고 있다. 여기서 주변정세 특히 국경선의 안정은 러시아의 정치·사회적 안정과 경제적 번영을 담보하는 일차적인 외적 조건이 된다.[10] 이점에서 분쟁의 지뢰 밭, 한반도의 평화와 안정은 러시아에게 매우 중요하다.

러시아는 한반도에서의 군사적 긴장 고조가 시베리아 극동지역 경제발전의 동력을 약화시키고 정치적, 안보적 재앙만을 초래할 것이라는 우려 하에 DMZ의 평화지대화, 남북대화의 촉진, 북핵문제의 평화적 해결 등을 일관되게 지지해왔다. 동시에 한반도의 안정을 담보하기 위한 다양한 조치들도 강구해 왔는데, 예컨대 1996년 북한의 군사적 모험주의를 억제하기 위한 '자동군사개입조항'의 파기; 북한의 세계미사일통제체제(GCS) 가입 유도; 2000년 러·북 우호조약에서 미국의 대북 선제 군사공격을 제어하기 위한 '유사안보조항'의 삽입; 대북 첨단무기 공급 자제; 북핵문제의 유엔 안보리 상정 반대와 군사적 해법의 거부; 북한의 개혁과 개방 지원; 북한에 대한 미국 및 일본의 교차승인 요구 등은 모두 한반도를 안정적으로 관리하기 위한 러시아의 외교적 노력을 반영한 것으로서, 이런 정책기조는 메드베데프 신정권에서도 계속 유지될 것으로 보인다.

넷째는 한반도의 영구적 비핵화이다. 러시아는 구 소련과 마찬가지로 접경지역에 핵이 없는 상황을 중요한 안보이익과 연결시키고, 특히 극동지역의 안정과 핵의 수평적 확산 방지를 위해 한반도 비핵화 정책을 추진하고 있다.[11] 북한의 핵 보유는 대만, 남한, 일본 등 잠재적 준(準) 핵국들의 연쇄 무장을 촉발시켜 동북아의 전략적 안정화를 저해하고, 미국의 MD 구축과 일본의 재무장 빌미를 제공하며, 상황여부에 따라서 러시아 극동지역 안

---

9) 김영우, 『러시아의 신국가 전략과 한-러 경제협력 방안』(서울: 한국무역협회, 2008), pp.5-6. http://www.kita.net/mailclub/ceo_newsletter2008/mydownload/Issues01_0609.pdf

10) 강원식, 『러시아는 우리에게 무엇인가』(서울: 일신사, 1998), p.300.

11) 여인곤, 『러북관계 변화추이와 푸틴정부의 대북정책 전망』(서울: 통일연구원, 2000), p.19.

보를 훼손하는 중대한 안보적 위협으로 작용할 수 있다. 북한 핵 보유가 결과할 동북아 군비경쟁과 안보질서 변화, 역내정세 불안정에 대해 노심초사(勞心焦思)하지 않을 수 없는 것이다. 푸틴 집권 지난 8년 동안 평양과의 우호적 협력작용의 강화 노력에도 불구하고 러시아가 북한의 핵 개발 반대와 IAEA 사찰 수용 그리고 NPT체제 준수 등을 일관되게 강조한 배경은 바로 이런 맥락에서 찾을 수 있다. 이렇게 볼 때 한반도의 비핵화는 메드베데프 집권 시기에 들어서도 러시아 극동지역 안정을 위해, 나아가 동북아의 전략적 안정화를 위해 일관되게 관철시켜야할 중요한 안보정책 목표에 해당한다.

다섯째는 한반도 문제의 남북한 당사자 해결 원칙의 지지이다. 푸틴 정부 출범 이후 러시아는 단절된 대북관계를 개선함으로써 남북한 모두에서 정치적 운신을 폭을 넓힐 수 있는 '기회의 창'을 마련하였으나, 한반도를 둘러싼 역학관계에서는 여전히 열세를 면치 못하고 있다. 그 이유는 소련의 해체에 따른 러시아의 전반적인 국력 약화에서도 일면 기인하지만 한반도에서 러시아의 지정학적 역할을 강력히 뒷받침해주는 우호적인 협력 세력이 부재하기 때문이다. 러시아는 중국과 세계무대에서는 반미·반패권주의라는 동일한 가치관에 기저해 전략적 동반자관계를 강화하고 있으나, BDA 문제[12) 해결과정에서 볼 수 있듯이 한반도에 있어서만큼은 상호 지정학적 경쟁관계에 있다. 미국은 여전히 한반도에서 러시아의 이해관계 영역을 원천 봉쇄하려는 본성을 지니고 있고 미해결된 북방영토문제로 인해 일본으로부터도 우호적 협력을 유도하는데 한계가 있다. 미국의 위계적 동맹질서 하에 있는 한국과의 협력도 제한적일 수밖에 없다.

러시아는 역내 세력상관관계에서의 열세로 인해 북핵 문제 해결과 한반도 평화체제 논의과정에서 자국의 입장이 불리하게 반영될 수 있다는 점과

---

12) 마카오 방코델타아시아(BDA)은행에 동결됐던 2500만 달러가 북한에 반환되는 과정에서 예상외로 중국 정부가 협조를 거부하자 2007년 2·13합의 이행이 벽에 부딪혔는데, 이때 러시아정부가 해결사를 자처해 BDA에 동결된 북한자금을 뉴욕연방준비은행으로부터 자국의 중앙은행으로 이체 받은 후 다시 극동상업은행을 통해 북한에 최종 송금해주면서 교착국면의 북핵 6자회담이 해소되었다.

미국 및 중국의 영향력이 과도하게 발휘되고 신장될 수 있다는 점을 감안하여 "한반도 문제의 한반도화", 환언하면 남북한 문제의 당사자 해결 원칙을 강조한다.[13] 이는 러시아가 한반도 평화 프로세스 진행 과정에서 자국이 틈입할 수 있는 정치적 역할 공간을 확보하는 한편 미국 및 중국의 독점적 영향력을 억제하는데 기여할 것이라는 전략적 판단에 기초한다. 메드베데프 정부도 한반도에서 러시아의 영향력 확보와 지정학적 역할 기회 확대를 위해 이런 정책기조를 유지할 것이라는 점을 어렵지 않게 유추할 수 있다.

여섯째는 한반도 문제의 국제적 보장자로서 러시아의 참여와 역할 강조이다. 모스크바는 한국전쟁의 실질적 배후였음에도 불구하고, 휴전협정의 서명 당사자가 아니었다는 이유로 한반도 정치 · 군사문제 해결과정에서 한때 소외된 데에 불만을 갖고 있다. 이런 상황에서 모스크바는 다음과 같은 논거를 제시하며 한반도 평화구도 논의 과정에 참여의 명분을 찾는다. 즉, 러시아는 자국이 역사적으로나 지정학적으로 한반도문제의 중요한 이해당사자였고, 타국에 양보할 수 없는 러시아만의 배타적인 정치적, 경제적, 군사적, 안보적 이해관계를 갖고 있으며, 더욱이 한반도 평화체제 구축과 같은 정치 · 군사 문제는 그것이 한반도 문제만이 아닌 동북아지역의 안보와 밀접한 관련이 있음으로 역내 관련국들이 참여하는 다자적 국제회담을 통해 해결해야 하고[14], 또 현실적으로도 강대국 러시아가 배제된 한반도 평화체제는 그 성공을 담보하기 힘들다는 것이다.

물론 러시아가 정전체제의 평화체제로의 전환문제에 개입할 수 있는 국제법적 정당성을 갖고 있는 것은 아니다. 그러나 북한이 요구하는 북 · 미 평화협정이 체결되고 이를 준거로 한반도 정치 군사질서가 재편성 될 경우, 러시아가 관여할 수 있는 여지가 크게 제한되는 반면 한반도에 대한 미국 및 중국의 영향력이 과도하게 확대될 것이라는 점은 자명하다.[15] 이런 불리

---

13) 강원식(1998). p.299.

14) 고재남, "러시아의 한반도정책과 6개국 공동선언," 한국슬라브학회 편, 『6자 회담과 러시아』(서울: 이진출판사, 1998). p.67.

15) 강원식(1998). pp.302 – 303.

한 환경을 극복하기 위한 하나의 전략으로 모스크바는 "한반도 문제의 한반도화"와 더불어 "한반도 문제의 다자주의적 접근"을 일관되게 강조한다.

러시아의 다자주의적 접근과 관련하여 특별히 주목되는 부문은 한반도 평화 논의 구조에 가급적 참여국 수를 늘리는 '확대지향형' 다자회담을 선호한다는 점이다. 즉, 한반도 문제가 국제적 문제라는 점을 강조하면서 다자적 틀의 외연 확장을 지향한다.[16] 한반도 문제는 지역 안보와 관련지어서 보다 넓은 차원에서 논의되어야 할 국제적 이슈이기에 러시아를 포함해 다양한 이해당사국들이 참여하는 광범위한 논의체제가 필요하다는 것이다. 실제로 러시아는 1993년 북한 핵 문제가 국제적 현안으로 등장한 이래 기회 있을 때마다 형식을 달리해가며 6자회담, 8자회담, 심지어 10자회담 개최 필요성을 제기해 왔던 게 사실이다.[17]

난마처럼 얽힌 한반도 정치·군사문제의 복잡성과 난해성을 종합적으로 감안할 때, 러시아가 한반도 문제 해결의 실효성을 고려하여 8자회담, 10자회담을 주창한 것은 아닐 것이다. 소련의 와해 이후 한때 한반도 다자 논의 구조에서 소외되었던 러시아가 한반도 평화의 국제적 보장 과정에 참여의 당위성을 찾고, 또 미·중의 독주를 억제하는 가운데 러시아의 정치적 역할 공간을 확대하려는 전략적 포석에서 비롯된바 크다. 이렇게 볼 때 향후 메드베데프 신정부는 북핵문제가 성공적으로 해결될 경우, 러시아가 포함된 현 북핵 6자회담의 틀이 한반도 평화체제에도 그대로 이어져 국제적 보장자로서 참여하길 바랄 것이고, 이점을 이해관련국들에게 강력히 요구할 것으로 보인다.

---

16) 1994년 러시아는 한반도 문제 해결을 위해 8자회담을 제안하고 외교채널 등을 통해 우리정부에 의사를 타진한 바 있다. 남북한을 비롯해 미국, 일본, 중국, 러시아와 IAEA 및 UN이 참여하는 8자회담 테이블에서 북한 핵 문제의 근본적 해결을 도모하자는 게 그 골자였다. 1996년 한반도 평화체제 구축을 위한 국제적 논의가 남북한과 미국, 중국이 참여하는 4자회담으로 본격화되자 러시아는 자국과 일본이 포함된 6자 회담의 필요성을 다시 제기하고 나섰다. 이어 2003년 제 2차 북한 핵 위기 고조 시에는 안보리 상임이사국 5개국과 남북한, 일본, 호주, 유럽연합(EU) 등이 참여하는 '5+5' 다자협의체, 즉 10자회담 구성을 제의한 바 있다. "각국 움직임 가속도/ 러 '5+5 협의체' 제의," 『한국일보』, 2003년 1월 27일.

17) 8자회담에는 남·북한, 미·일·중·러 등 한반도 주변 4강과 UN 및 IAEA 사무총장이 포함되며, 10자회담에는 여기에 영국과 프랑스가 추가된다. 연현식, "동북아 신질서 형성과 다자주의 가능성," 한국슬라브학회 편, 『6자회담과 러시아』(서울: 이진출판사, 1998), p.37.

일곱째는 한반도 문제에 대한 방어적 개입이다. 2000년 푸틴정권 출범이후 러시아는 정치적 안정과 고도 경제성장을 누리고 있지만 확고한 국가안보와 선진국으로의 안정적인 궤도 진입을 위해서는 아직도 갈 길이 멀다. 국내적으로 에너지에 편중된 산업구조 개편, 사회간접자본시설의 확충, 양극화 해소, 관료주의와 부패척결, 체첸문제 등 해결해야할 과제들이 산적해있다. 또 지정학적으로도 한반도보다 더 중요한, 영토의 서남 방향으로부터 가해져 오는 나토의 확대에 시달리고 있다. 탈러(脫露) 원심력적 추세가 강하게 작용하고 있는 CIS 내부를 단속해야 하고, 우크라이나와 그루지야까지 포섭하려는 나토의 동진 팽창을 차단해야 하며 또 전통적 세력권이자 중요한 지정학적, 지경학적 공간인 카스피해 연안 지역에 대한 서방의 영향력 침투 확산을 저지해야 하는 정치·안보적 과제에 당면해 있는데, 이러한 대내외적 현실이 한반도에 대한 러시아의 공세적인 외교 행보를 제한한다.

요약하면 현재 러시아는 여전히 국내외적으로 복잡다기한 도전에 직면해 있는 관계로 한반도 문제에 외교력을 집중할 여력이 제한되어 있다. 러시아 외교의 중심축이 미국과 유럽, 그리고 근외지역(구소련 국토)에 쏠려있어 상대적으로 대한반도정책 추진 능력은 중국이나 미국보다 취약할 수밖에 없다. 따라서 메드베데프의 러시아는 푸틴정부와 마찬가지로 한반도 문제 논의과정에서 확고한 주도권을 장악하겠다는 공세적인 입장을 가지기보다는 자국의 기본적인 영향력과 국익을 옹호하는, 미·중·일과 동등한 발언권을 확보하는 수준의 방어적 개입에 치중할 것으로 전망된다.

여덟째는 한반도와의 지경학적 상호작용의 강화를 통한 경제이익의 확보이다. 러시아 지도부는 시간의 경과와 함께 한국과의 지리경제학적 연계성이 현저히 증대되어 가고 있다는 점에 크게 주목한다. 이와 관련하여 러시아가 한반도에서 추구하는 지경학적 국가이익은 크게 네 가지 측면으로 분리하여 설명할 수 있다. 먼저 러시아 경제의 '사막지대' 시베리아 극동지역 개발을 위한 한국기업의 적극적 참여 유도와 그 확대를 지적할 수 있다.

러시아는 과거 고르바초프 시대부터 소비에트 체제의 생존차원에서 자원의 보고(寶庫) 시베리아 극동지역 개발 중요성을 강조해왔다. 소련이 당면한 국가적 경제난 타개는 물론이고 초강대국 지위를 유지하는 가운데 미국과의 경쟁에서 우위를 확보하기 위해서는 방치된 시베리아 극동지역을 시급히 개발할 필요성이 있다는 점을 명료히 인식한 것이다. 이에 따라 고르바초프는 낙후된 산업시설 근대화와 경제적 자립기반을 강화하기 위한 소위 '시베리아 극동 장기 개발 프로그램'을 마련하면서 의욕적인 추진력을 보였는데, 1984년에 완공된 BAM(바이칼-아무르 간선) 철도는[18] 이 프로그램에 중요한 동력을 제공했다.

고르바초프는 시베리아 극동지역 개발의 성공 여부는, 여기에 소요되는 막대한 자금 조달이 핵심적 열쇠라고 보고 소련의 재정적 어려움을 고려하여 아·태지역 국가들과의 광범위한 경제교류와 투자 유인을 통해 해결하고자 하였다. 그러나 '시베리아 극동 장기 개발 프로그램'은 외자유치의 실패와 투입 재원의 결핍, 정치사회적 불안정 등으로 옐친 집권 시기까지 사실상 서류상의 계획으로만 남아있었다.

시간이 지나 푸틴 정권이 들어선 이후 정치적 안정과 경제의 플러스 성장세가 지속되면서 러시아는 다시 시베리아 및 극동지역 개발을 중요한 국가적 아젠다로 설정하고, 이 지역을 러시아 국가발전의 심장공간으로 만들기 위한 법적, 제도적 장치를 마련한다. 이어서 메드베데프 신정부는 이 계획을 보다 정교하게 다듬어 '2008~2013 극동 및 자바이칼지역 경제·사회개발 연방 프로그램'을 확정했는데, 이 사업은 2008년부터 2013년까지 약 210억 달러를 투입해 바이칼 동쪽에서부터 베링해까지의 지역을 개발하는 것을 내용으로 한다.[19]

러시아는 '시베리아 극동지역 장기발전 계획'을 구체화한 고르바초프시대 때부터 압축성장의 신화를 창조한 한국을 중국과 일본을 대신해 시베리아

---

18) 바이칼-아무르 간선 철도(BAM)는 러시아가 1984년에 개통시킨 철도로, 길이는 3,200㎞에 달해 제2의 시베리아 철도라고도 한다. 시베리아 횡단 철도는 바이칼호 남쪽을 지나 모스크바까지 연결되었으나 시베리아 개발을 위해 바이칼호 북쪽을 지나는 제2의 횡단 철도를 건설하였다. 또한 시베리아 횡단 철도와도 연결되도록 지선을 연장 시켰다. 구리, 석유, 천연가스 등 동부 시베리아의 풍부한 지하자원을 개발하여 수송하는 것이 이 철도의 주된 목적이다. http://cafe.daum.net/1212545

19) 김영우(2008), p.11.

극동지역과 아·태지역에서 러시아의 경제이익 증대에 '기회의 창'을 제공하는 하나의 '출구'로 인식해 왔다. 일본과의 북방영토분쟁 지속에 따른 투자 유인 및 경협 확대의 한계성, 동시에 중국에 대한 경계감, 구체적으로 러시아 극동지역으로 몰려드는 한족(漢族)들의 인구 삼투압 증가와 산처럼 커진 중국의 발호에 따른 지정학적 경쟁관계를 감안하여 한국을 시베리아 극동지역 자원개발과 침체된 이 지역 경제에 활력을 불어넣을 수 있는 최적의 자본 및 기술 공급원으로 간주하고 한국과의 경협 확대를 줄곧 희망해 왔다.

그런 기대는 러시아의 경제적 여건이 현저히 개선된 현재에 있어서도 마찬가지이다. 지리적 근접성, 세계 10위권 무역대국으로서의 경제력, 숙련된 노동력, 첨단 선진기술력, 경제구조의 상호보완성 등을 종합해 볼 때 한국만큼 바람직한 경제파트너를 찾기 힘들다. 여기서 자본력과 기술력을 구비한 한국은 시베리아·극동지역 장기 개발 프로젝트에 참여를 유도해야 할 아주 중요한 협력 대상인데, 바로 이점이 메드베데프 신정부가 추구해야 할 중요한 지경학적 정책 목표에 해당한다.

아·태지역 경제권에 진출하기 위한 일종의 '교두보' 확보도 지경학적 관점에서 러시아가 한반도에 대해 갖고 있는 중요한 국가이익이다. 러시아는 영토의 70% 이상이 아시아에 위치한 관계로 항상 아시아·태평양세력의 일원임을 강조해 왔다. 러시아의 입장에서 시급한 개발이 필요한 시베리아·극동 경제를 아·태지역 분업체계에 포함시키기 위해서는 무엇보다도 역내에서 결성된 다양한 형태의 다자간 정치경제기구에의 참여가 필요하다. 그럼에도 이 지역에서 러시아는 여전히 반은 낯설게 남아 있고 강한 민족감정과 이질적 문화에 직면해 있다. 특히 아·태지역 정치경제 질서의 중심부 세력인 중국과 일본은 러시아를 유럽세력의 일원으로 간주하고 모스크바의 아시아 진출에 대해 우호적이지 않다.

이런 불리한 환경을 극복하기 위해서는 아·태지역에서 높은 지경학적 위상을 차지하고 있으면서도 러시아의 역내 진출에 부정적이지 않은 한국과의 협력이 대단히 중요하다. 러시아에게 한국은 아시아·태평양 세력으로서의 확고한 위상 확보와 역내에서의 지정학적·지경학적 활동영역의 확장, 이를테면 ASEM의 가입과 APEC, ASEAN, ESCAP(유엔 아시아·태평양 경제이사회) 등에서의 자율적 활동 강화를 위해 협력해야 할 매우 중요한 존재인 것이다. 이는 메드베데프의 러시아로 하여금 한국과의 지경학적 상호작용을 확대 강화시켜야 할 중요한 이유를 구성한다.

다음으로 지적할 수 있는 한반도에 대한 러시아의 경제이익은 경쟁력 있는 수출 상품의 확대이다. 세계시장에서 러시아가 국제경쟁력을 갖춘 비교우위 품목이 있다면 그것은 아마 에너지자원, 첨단무기, 원전건설 사업일 것이다. 그리고 한반도는 이 세 가지 고부가가치 수출상품의 중요한 시장이기도 하다.[20] 이 가운데 대규모 무기 구매력을 구비한 한국은 러시아가 가장 눈독을 들이는 집중공략 대상이다.[21]

이밖에 최근 러시아가 한반도에서 가장 심혈을 기울이고 있는 경제이익은 남·북·러 삼각경협이다. 현재 남한, 북한, 러시아가 함께 논의 중인 경협사업이 세 가지 있다.[22] 먼저, 시베리아횡단철도(TSR)의 한반도종단철도(TKR)와의 연결이다. 두 번째는 동시베리아에서 북한을 통해 한국으로 가는 가스관을 건설하는 사업이다.[23] 세 번째는 러시아 극동 지역에서 한반도로 전력을 공급하는 사업이 있다. 이 세 가지 남·북·러 3자의 장기적인 공동협력 사업은 단순히 경제적 이익 구현으로만 끝나는 것이 아니라 러시아에 적지 않은 지정학적 이익도 선사한다. 삼각경협은 남북한의 상호

---

20) 현재 한국에서 사용되는 헬리콥터 중 40%, 핵발전소의 핵연료 중 40%가 러시아산이다.

21) 러시아는 한국군의 3대 전력증강사업, 즉 차세대전투기사업(F-X), 방공미사일사업(SAM-X), 대형공격헬기사업(AH-X) 등과 관련하여 각기 SU-35 전투기, S-300미사일, KA-52K 헬기를 도전품목으로 내놓았고, 러시아의 참여를 강력히 요청하였다. 그간 러시아는 미국의 간섭과 방해로 한국무기시장 침투가 여의치 못했다. 그러나 러시아는 북한이라는 정치, 군사적 지렛대의 활용과 경협차관 상환의 의도적 지연을 통해 한국에 대한 자국산 첨단무기 수출을 관철시키려는 전략을 구사하고 있다.

22) "창간 88주년 - 4강 대사에게 듣는다, 이바센쵸프 주한 러 대사," 『동아일보』, 2008년 4월 4일.

23) 동시베리아 가스전 파이프라인 건설 사업은 길이가 6,600Km에 달하고 남야쿠치야-하바롭스크-블라디보스톡-북한을 거쳐 남한으로 이어지는 노선으로서, 공급되는 전체물량 200억 입방미터 가운데 남북한이 약 60억 입방미터를 공급 받게 되는 구상이다. Презентация доклада "Россия и меж корейские отношения", 17 апреля 2003 г. The International Non-governmental Foundation for Socio-economic and Political Studies (The Gorbachev-Foundation). http://www.gorby.ru/rubrs.asp?art_id=13121&rubr_id=124&page=1

신뢰를 강화해 한반도의 평화 정착에 기여할 수 있고, 또 자연스럽게 남북한에 대한 러시아의 지정학적 영향력 증대로 이어질 수 있다. 그런 측면에서 남·북·러 삼각 경협의 성사는 푸틴정부뿐만 아니라 메드베데프 정권도 최대의 노력을 경주해 관철시켜야 하는 지경학적 정책 목표이다.

마지막으로는 남북한 등거리 노선의 강화이다. 1991년 소련의 해체 이후신 러시아는 '친남소북(親南疎北)' 노선으로 요약되는 한반도정책 패러다임의 대전환을 시도하였다. 당시 옐친 주변에 포진한 서구적 개혁세력들은 한국과의 전면적 협력이 한반도에서 러시아의 국익과 지정학적 위상 증대에크게 기여할 것이라는 판단 하에 전통적 우방국 북한과의 관계를 의도적으로 단절하고 친서울일변도 노선을 채택하였다.

그러나 '친 평양노선'(пропхеньянский курс)에서 '친 서울노선'(просеульский курс)으로의 급선회는 크레믈린 지도부의 기대와는 달리한반도에서 러시아의 국익 손상과 정치적 역할 축소라는 정반대의 현상으로나타났다. 러시아가 희망한 북한 경수로사업(KEDO) 참여 저지, 한반도4자회담에서 러시아의 배제, 한국의 대러 투자 소극성과 경협차관 상환독촉,기대했던 한국 무기시장 진입 좌절, 미국에 고정된 한국의 외교정향 등이 그구체적 사례로서, 이는 남한에 대한 러시아의 실망감을 자극하기에충분했다. 이런 일련의 러시아 '푸대접'은 필연적으로 크레믈린의 불만을증폭시켜 자구적 차원에서 대한반도정책에 대한 전면적 수정을 요구했다.

옐친 집권 Ⅱ기부터 러시아는 북한과의 성급한 정치적, 군사·안보적 관계단절과 과도한 친남한 편향노선이 스스로 한반도에서의 역할 공간을 축소시켰다는 자성 하에 남북한 균형노선으로의 정책전환을 시도하였다.[24] 남한과의 관계를 훼손하지 않은 가운데 단절된 대북 관계정상화와 전통적 우호관계 복구에 외교적 노력을 경주하였는데, 그런 추세는 2000년 푸틴 정권이 등장하면서 현저히 강화되었다. 푸틴 정권 출범이후 대북밀착을 통한

---

24) Vasily Mikheev, "Prospects for North Korea - Russia Relations," *Asian Perspective*, Vol. 25, No. 2 (Summer, 2001), p.35.

남북한 등거리 노선을 강화한 결과 러시아는 북핵 6자회담의 참여, 남북한 모두와의 안정적인 협력관계 구축, 남·북·러 3각 경협 기회의 확대 등이 예증해 주듯 옐친시대 한반도에서 손상된 국익과 추락한 지정학적 위상을 만회하는데 어느 정도 성공하였다.

푸틴의 실용적 남북한 등거리노선은 한반도에서 러시아가 취할 수 있는 정책적 선택과 기회의 폭을 현저히 넓혀주었다. 이점을 명료히 인식한 크레믈린 전략가들이 향후에도 남·북한과 호혜적 협력관계를 동시에 발전시켜 나갈 것이라는 점은 분명하다. 여기서 남북한 등거리 노선은 러시아에 대한 인식론적 가치 제고와 존재론적 역할 부각을 위한 전략의 일환으로서 남북한의 분열적 역학구조의 이용, 즉 '이북제남'(以北制南) 또는 '이남제북'(以南制北)의 발상에 기초해 한반도에서 기회적 이익을 극대화하려는 전략 다름 아니다. 푸틴정부가 견지했던 남북한 등거리 노선이 한반도에서 러시아의 국익증대와 지정학적 위상 강화에 적지 않게 기여했다는 점을 두고 볼 때, 메드베데프 정부도 러시아에 유리한 정치적, 경제적 조건을 최대한 이끌어 내기 위해 남북한 어느 일방에 경사(傾斜)되지 않는 신중한 균형론적 접근을 강화할 것이라는 점을 예측하기란 그리 어렵지 않다.

III. 한반도 주요 이슈에 관한 러시아의 입장과 정책

메드베데프의 러시아는 푸틴이 이룩한 정치적 안정과 물적 토대를 기초로 세계적 강대국으로서 자신의 합당한 위신과 지위를 보장 받기위해 국제무대에서 지정학적 영향력을 서서히 강화해 나갈 것으로 예상된다. 물론 여기에는 러시아가 보유한 막대한 에너지자원의 무기화, 대폭적인 군사력 증강, 공세적인 안보전략 등이 중요한 추동력을 제공할 것이다. 러시아의 그런 대외정치적 정향은 향후 한반도정책에서도 그대로 투영될 것으로 보이는데, 이와 관련하여 우리정부가 신중하게 검토해야 할 한 가지 외교적 과제가 있다. 그것은 국력이 신장됨에 따라 과거보다 훨씬 다양한 '레버리지'

를 확보한 가운데 한반도 문제에 대해 더욱 고양된 독자적인 목소리와 영향력을 행사할 것으로 전망되는 러시아를 과연 우리는 어떻게 외교적으로 수용하고 전략적으로 대응할 것인가라는 점이다.

한국의 대러정책 방향성을 규정하는 이 사안은 먼저 러시아가 한반도의 평화와 안정 그리고 통일의 방해세력인지, 아니면 우호세력인지에 대한 명징한 분석의 선행을 요구한다. 여기서 한국의 올바른 대러정책 입안을 위한 하나의 '기초공사'로서 한·러 양국이 한반도에서 추구하는 국익구조가 '제로섬(Zero Sum)'인지, 아니면 '플러스섬(Plus Sum)인지를 파악하기 위해 다음 네 가지 주요 한반도 이슈, 1) 정전체제의 평화체제로의 전환문제, 2) 주한미군 철수문제, 3) 북핵문제, 4) 한반도 통일문제에 대한 러시아의 입장과 정책을 살펴보기로 하자.

1. 정전체제의 평화체제로의 전환문제

2008년 올해는 정전협정 체결 55주년을 맞이하는 해이다.[25] 이 기간 동안 남북 간에 불안정(unstable)한 평화상태가 유지되어왔지만, 국제법상으로 한반도는 여전히 전쟁의 지속상태에 놓여 있다. 그러나 남북간 화해와 협력을 규정한 2000년 6·15 공동선언 이후 사실상 평화공존체제를 유지해 왔고, 또 북핵 문제의 평화적 해결이 모색되면서 이제 한반도에서 불안정한 정전체제를 법적·제도적으로 대체하는 평화체제 구축문제가 핵심 이슈로 등장하고 있다.[26]

1953년 7월 한국전쟁의 휴전과 함께 체결된 정전협정 제4조는 3개월 이내에 고위급 정치회담을 개최하여 모든 외국군의 철수와 한반도 문제의 평화적 해결 등을 명시하였다. 이에 1954년 4월 제네바에서 정치회담이 열렸으나 아무런 성과 없이 무산되었고, 한반도 정전체제는 반세기가 지나도록 지속되고 있다.[27]

---

25) 한국전쟁 정전협정은 1953년 7월 27일 체결되었다.

26) 곽태환, "한반도 평화체제, 어떻게 구축할 것인가?" 『통일뉴스』, 2008년 7월 24일.
http://www.tongilnews.com/news/articleView.html?idxno=79528#

북한은 1950년대 중반부터 주한미군의 철수를 주장하면서 정전체제의 평화체제로의 전환을 제기했고, 철저히 남한을 배제하는 가운데 미국과의 북·미 평화협정 체결만을 줄곧 요구해왔다. 우리 정부와 미국이 정전체제 고수 입장을 견지하자, 북한은 1991년부터 군사정전위와 중립국감독위를 유명무실하게 만드는 전략을[28] 구사함과 동시에 일련의 비무장지대 불인정 조치(비무장지대 정찰활동, 판문점 무력시위, 휴전선지역 근접 비행 등)를 통해 의도적으로 한반도의 긴장을 고조시킴으로써 평화체제로의 전환논의를 위한 북·미간 협상의 필요성을 부각시켰다.

한반도 정전체제의 평화체제로의 전환과 관련하여 러시아는 기본적으로 한반도 평화구도 정착의 제도화라는 측면에서 북한의 주장에 동의한다. 즉, 남북간 군사적 대치상태를 근본적으로 제거하는 것이 한반도와 동북아 지역의 평화와 안정에 필수불가결하며, 또 러시아의 정치적 개입 명분을 봉쇄하고 있는 현 정전체제가 한반도의 현실 상황을 적절히 반영하지 못하고 있다는 판단 하에 평화체제로의 전환 당위성은 인정하고 있다.

러시아는 그러나 한반도 평화체제 전환 필요성을 긍정적으로 인정하면서도, 남북간 실질적인 평화여건이 조성되지 않았다는 명분을 내세우며 한국과 미국이 주장하는 현 정전체제 고수 입장을 지지하고 있다. 이를테면 "남북간 실질적인 긴장완화 노력이 더 필요하고 상호 동의된 대안으로서 평화협정이 체결되기 전까지는 현 정전협정이 계속 준수돼야 한다"는 것이다.[29] 러시아의 그런 입장은 1994년 6월 김영삼 대통령의 모스크바 방문 시 옐친 대통령과의 정상회담 직후 발표한 공동선언문에서 확인할 수 있다. 한·러 모스크바 공동성명 제 7항에서 러시아는 "지난 1991년의 남북간 기본합의

---

27) 고상두, "평화체제 구축과 다자주의." 한국슬라브학회 편, 『6자 회담과 러시아』(서울: 이진출판사, 1998), p.10.

28) 이를테면 1991년 3월 북한의 군사정전위원회 본회의 참석 거부; 1993년 4월 중립국감독위원회로부터 체코 대표단 철수; 1994년 4월 군정위 북한대표단 철수와 5월 군정위를 대체할 새로운 기구로서 '조선인민군 판문점 대표부' 설치; 동년 12월 군정위 중국 대표단 철수; 1995년 2월 폴란드 대표단의 중감위 철수 등 정전협정의 양대 기구인 '군사정전위원회'와 '중립국감독위원회'를 사실상 무력화시켰다. 박영호·박종철, 『4자 회담의 추진전략: '분과위' 운영방안을 중심으로』(서울: 통일연구원, 1999), pp.40-42.

29) "停戰협정 대체 주요국 입장." 『연합뉴스』, 1994년 12월 27일.

서를 토대로 새로운 평화체제가 구축될 때까지 현재의 정전체제가 유지돼야 한다"[30]는 점을 명백히 함으로써 정전협정을 평화협정으로 대체하려는 북한의 기도에 제동을 걸었다.

러시아의 정전체제 유지 입장은 얼핏 외견상 한국 및 미국의 그것과 동일한 인식의 스펙트럼 상에 있는 것처럼 보인다. 그러나 러시아의 전략적 의도는 전혀 다른 측면을 내포한다. 한국은 주한미군의 철수로 야기될 안보 공백 때문에, 미국은 한반도에서의 현상변화, 즉 평화체제로의 전환이 한미 동맹관계와 주한미군의 위상에 부정적인 파급효과를 미칠지 모른다는 우려에서, 반면 러시아는 미국만을 상대하겠다는 북한의 요구가 한반도에서 자국의 정치적 입지를 제한할 것이라는 전략적 계산 때문에 정전체제 고수 입장을 견지한다. 이런 배경에서 러시아는 미국과 단독 평화협정을 체결하려는 북한의 태도에 비판적이고, 한반도 정세의 불안정만 가중시키는 북한의 정전협정 무력화 조처에 반대 입장을 분명히 하고 있다.[31]

한반도 평화체제 구축에 대한 러시아의 구상을 요약하면 이렇다. 정전체제가 이미 효력을 상실한 것은 사실이지만 새로운 체제가 마련되지 않은 상태에서 이를 폐기하는 것은 적절치 않고, 새로운 평화체제는 남북 공동의 노력으로 마련돼야하며, 이를 러시아를 포함한 유관국이 국제적으로 추인하고 보장하자는 것이다.[32] 한반도 평화체제 구축에 관한 러시아의 이런 입장은 우리정부의 그것과 큰 차이점을 발견할 수 없다.

2. 주한미군 철수문제

주지하듯 북한은 평화체제 구축 과정에서 "주한미군이 장애물"이라면서 평화협정 체결과 주한미군 철수를 연계시키는 강도 높은 선전공세를 펼쳐왔다. 북한이 제기하는 주한미군 철수문제에 대해서도 러시아는 명확한 입

---

30) "РФ – РК: Совместная российско-корейская декларация," Дипломатический вестник МИД РФ. No. 13-14(июль, 1994), с. 14-16.

31) "'모'방송, 北측 對美평화협정 비판적 시각," 『연합뉴스』, 1005년 3월 8일.

32) "정전체제 파기 유감, 관련 국제회의 열자 /파노프 러 외무차관," 『조선일보』, 1995년 3월 1일.

11. 러시아의 대한반도정책 전망과 한·러협력: 한반도 주요 이슈를 중심으로 405

장표명을 유보하고 있다. 러시아의 그런 태도는 2000년 7월 푸틴 대통령의 평양 방문 시 발표한 북·러 모스크바 공동선언 제8항에서 잘 확인된다. 여기서 러시아는 북한의 주한미군 철수 주장에 대해 적극적 동조나 지지가 아닌 단지 "이해를 표명했다"[33]라는 수준의 다소 소극적이고 중립적인 표현을 사용했다.

러시아의 주한미군에 대한 기본입장은 '점진적 철수론'으로 요약할 수 있다. 그간 러시아는 주한미군의 문제에 대해 이중적인 태도를 취해왔다. 즉, "주한미군은 역사의 유물이며, 러시아는 평화유지군 외에 외국에 군대를 주둔시키지 않는다"고 하면서도 "주한미군 문제는 한·미간에 논의되어야 할 사항"[34]이라는 전략적 모호성을 보여 왔다. 이는 주한 미군의 존재가 러시아에게 '약'(藥)도 되고 '독'(毒)도 되는 소위 '파머콘적'(pharmacon) 양면성을 지니고 있기 때문이다. 크레믈린 전략가들에게 주한미군은 발흥하는 중국의 팽창주의와 일본의 군국주의화 억제라는 긍정적인 측면도 있지만, 다른 한편 러시아 동북지역의 안보를 위협하는 부정적 측면을 동시에 지니는 '양날의 칼'(two-edged sword)인 것이다. 그래서 러시아는 주한미군 철수문제를 공식적으로 거론하지 않고 그 존재를 암묵적으로 용인해 왔다.

그렇다고 해서 러시아가 주한미군의 영구 주둔을 지지하는 것은 아니다. 한반도에 군사적 신뢰구축이 조성되고 평화상태가 정착되면 주한미군이 철수하든가 아니면 주한 미군이 한국군과 군사적 동맹관계를 맺는 대신 러시아가 참여하는 평화유지군 같은 좀 더 중립적인 존재로 바뀌기를 바라고 있는 것으로 판단된다. 러시아는 최근 평화유지군이라는 이름하에 독립국가연합(CIS) 분쟁지역에 자국군을 파견하고 있는데, 군대의 파견은 당해국에 대한 가장 효과적인 영향력 행사의 수단이 된다는 점에서 주한미군의 해체

---

33) 2000년 7월 북·러 모스크바 공동선언 제 8항에 담겨진 내용은 다음과 같다. "북한은 주한미군의 철수가 한반도 및 동북아의 평화와 안전보장에 미룰 수 없는 초미의 문제가 된다는 입장을 설명하였다. 러시아는 이 입장에 '이해'를 표명하였으며, 비군사적 수단에 의한 한반도의 평화와 안정을 보장할 필요성을 강조하였다." "Россия - КНДР: Совместная российско-корейская декларация," Дипломатический вестник, No. 8(Абгуст), 2000. http://www.ln.mid.ru/website/dip_vest.nsf?

34) "아파나시예프 주한 러대사 회견," 『국민일보』, 2000년 5월 25일.

와 자국군의 한반도 평화유지 활동 참여를 내심 희망한다.

3. 북핵문제

2002년 10월 제임스 켈리 특사의 평양방문 이후, 북한의 비밀 핵 개발 의혹을 둘러싼 북·미 양측의 격렬한 외교적 공방은 제네바 합의사항을 사문화(死文化)시켰고, 1999년의 페리 프로세스를 결박하였으며, 결국 양국관계를 원점으로 회귀시켰다. 북·미간 상호 뿌리 깊은 불신과 '오인'(misperception)에서 비롯된 '엄포놓기'(bluffing)가 '오기대결'(contest of nerve)로 걷잡을 수 없이 비화하고 그 관성에 의해 한반도에 급속히 군사적 긴장이 고조되었다. 북·미간 한치 양보 없는 작용과 반작용, 즉 미국의 대북 선제 군사공격 가능성 시사에 따른 북한의 전쟁불사 선언과 핵 시위 재연은 한반도에 1994년의 제1차 북핵 위기를 연상시키는 전운을 감돌게 했다.

제2의 북핵 위기가 재연(再燃)되자, 러시아는 이해당사국 가운데 가장 먼저 적극적 중재역을 자임하면서 북핵문제의 평화적 해결을 위한 방안으로 다음 다섯 가지 원칙을 제시하였다. 첫째, 호혜적이고 상호존중의 분위기 속에서 국제법적 규범을 준수하며 대등한 협상 방식을 통해 합의에 도달해야 한다. 둘째, 공고한 안전보장과 경제발전을 위한 정상적인 외적 조건을 요구하는 북한의 주장은 전적으로 정당하다. 셋째, 평양의 핵개발에 대한 미국 및 주변국들의 우려가 이해됨으로 북한은 핵 프로그램 폐기 용의를 명료하게 밝힐 필요가 있다. 넷째, 문제의 해결은 어느 일방이 아닌 관련국들 모두의 일치되고 조율된 조치에 따라 이루어져야 한다. 다섯째, 회담의 지속성과 실효성을 담보해줄 다자간 전문가 실무그룹의 상설 기구화가 필요하고, 그 틀 내에서 문제의 해결을 위한 구체적이고 상시적인 논의가 이루어져야 한다는 것이다.[35]

---

35) О северокорейской ядерной проблеме. интервью российской делегации на шестисторонних переговорах по северокорейской ядерной проблеме заместителя министра иностранных дел РФ А.П. Лосюкова международному радио Китая. http://www.russia.org.cn/rus/?SID=61&ID=379&print=true

러시아의 이런 입장은 제2차 북핵 위기가 고조되었던 2003년 1월 로슈코프 외무차관이 셔틀외교를 통해 북·미를 포함한 관련국들에게 제시한 '일괄타결방안'(пакетное решение) 속에 잘 반영되어 있다.[36] 소위 '로슈코프 플랜'으로 표현되는 러시아의 일괄타결방안은 크게 세 가지 키워드, 즉 1) 한반도 비핵화, 2) 북한체제에 대한 안전보장, 3) 대북 경제보상으로 정리된다. 먼저 한반도 비핵화를 원칙적으로 유지하는 가운데 1994년 제네바 북·미 합의를 포함한 모든 국제협정상의 의무사항에 대한 관련 당사국들의 철저한 이행이 준수되어야 하고, 양자간 또는 다자간 방식의 건설적인 대화를 통해 대북 안전을 보장하는 것이 필요하며, 마지막으로 북한에 대한 인도적-경제적 지원 프로그램을 재개해야 한다는 것이다.[37]

북핵 문제 대한 러시아의 공식 입장은 한반도가 반드시 비핵지대화로 남아 있어야 하고, 북핵 문제를 제재, 봉쇄, 무력 등과 같은 물리적 방식이 아닌, 러시아를 포함해 이해당사국 모두가 참여하는 다자적 틀 내에서 북·미간 대화를 통해 평화적으로 해결해야 하며, 북한의 핵 포기 시 경제적 보상과 함께 합리적인 안보우려도 해소해 주어야 한다는 것으로 요약된다.

평화적 방법과 외교적 수단에 의한 북핵 문제 해결로 압축되는 러시아의 제안은 북한이 핵무기를 갖는 것도 원치 않지만 미국의 대북 군사적 제재에도 동의하지 않고[38], 북·미가 각기 주장하는 '동시행동'이나 '순차행동'보다는 이의 절충형인 병행조치'(Parallel Steps)에 입각한 '일괄타결' 원칙이 바람직하다는 것으로 한반도에서 현상유지를 선호하는 가운데 나름대로 실현가능한 해결책을 담고 있다. 전체적으로 러시아의 포괄적 해법은 북한과 미국의 입장을 동시에 고려한 것으로서 북핵문제 해결을 위한 최소한의 필요조건을 제시하고 있는데, 이는 '러시아 판(version) 페리 프로세스'로 지칭할 만하고 우리정부가 구상하고 있는 '로드 맵'과 크게 다르지 않다.

---

36) "Эмиссар Кремля привез Ким Чен Иру пакет," *Известия*, 20 января 2003.

37) "Москва разработала план по урегулированию кризиса вокруг КНДР." http://www.newsru.com/russia/12jan2003/mid2.html.

38) "Новые предложения Москвы и Вашинктона к корейскому кризису," *Время новостей*, 20 января 2003.

북핵 6자회담이 2003년 8월 성립된 이래 2008년 7월까지 지난 5년 동안 공식 또는 비공식적으로 고위급 및 실무그룹 회의가 수십 차례 진행되어 왔지만, 형식상으로 6차 2단계 회의를 마친 상태이다. 이 과정에서 북미 양측은 핵 폐기의 개념 및 범위, 협상의 전제조건 등 핵심 쟁점에 대해 "태평양을 가로지르는 물리적 거리만큼"[39]이나 커다란 이견을 드러냈다. 결국 이해당사국들의 중재로 2007년 2·13 합의가 이루어져 일단 문제해결의 실마리가 잡히기 시작했으나, 이 또한 2·13 합의사항 이행 준수 여부를 놓고 난항을 겪고 있다.

교착과 재개를 반복한 북핵 6자회담에서 러시아는 북·미간 대화의 파행을 막고 이견을 조율하는 '조정자' 내지는 회담의 생산적 진행에 기여하는 '촉진자'로서의 역할을 수행하고 있다. 북·미간 한치 양보 없는 팽팽한 신경전으로 말미암아 공전을 거듭한 가운데서도 6자회담의 모멘텀이 일정수준 유지되어온 데에는 중국뿐만 아니라, 배후에서 당근과 채찍전략을 구사하며 북한의 6자회담틀 이탈을 막아온 러시아의 역할도 컸다는 점을 인정하지 않을 수 없다. 실제로 러시아는 2·13 합의사항 이행의 진전을 가로막았던 BDA 문제를 자처해서 해결하였으며, 때로는 북한의 입장을 배려하면서, 때론 미국의 과도한 대북압박을 견제하면서 북핵문제의 평화적 해결을 위한 건설적 '중재자' 역을 수행하고 있다.

4. 한반도 통일문제

미·중·러·일로 대표되는 주변 4강은 한반도의 평화와 안정을 지지하나, 한반도 문제가 자국의 국익과 충돌하여 진행되는 것을 원치 않는다. 그래서 주변 강대국들은 한반도 현상타파보다는 분단 상태의 현상유지를 선호한다. 북한이라는 불안정 요인이 비용을 초래하지만 현재와 같이 유동적이고 긴장된 국제적 안보환경 속에서, 결정적으로 중요한 정치 군사적 결과

---

39) 박건영, "북미관계의 전망, 그리고 한반도 평화와 안정을 위한 한국의 전략." 『한국과 국제정치』, 제20권 1호, p.81.

를 야기할 수 있는 현상타파는 그것이 북한의 붕괴에 의한 흡수통일이든 평화적 통일이든 심각한 모험을 수반한다고 판단하고 있다.

주변강국들은 한반도 현상타파를 바라기보다는 정교한 정책을 통해 이를 유지하면서 남북한의 분열적 역학구조를 최대한 이용하는 기회주의적 태도를 보이고 있다. 이를테면 봉쇄적 포용정책(미·일) 또는 남북한 등거리정책(중·러)을 통해 북한을 순치(馴致)시키고 북한비용을 줄여 나가며 지역적 안정을 확보하는 한편, 북한의 위협을 과장하면서 군비증강을 도모하거나(일본) 이한제한(以韓制韓)을 통해 무기시장을 확보하고(미·러) 정치·경제적 영향력을 지속적으로 행사하려는 입장을 가지고 있다.[40]

러시아 또한 한반도에서의 갑작스러운 현상타파가 역내 세력재편과정에서 상호간 경쟁을 초래할 수 있다는 인식 하에 기본적으로 한반도의 현상유지를 선호하지만, 주변 4강 가운데 상대적으로 한반도 통일에 부정적이지 않고 내심 지지하는 측면이 있다. 다수의 러시아 및 국내 학자들이 강조하고 있는 이런 주장은 다음과 같은 논리에 근거한다.

먼저 이인호 전 주러 대사는 러시아가 한반도통일의 지지 세력이 될 수밖에 없는 이유를 국익부합 측면, 특히 안보와 경제이익 측면에서 설명한다. 즉, "한반도 평화정착과 궁극적 통일이 러시아 국경지역의 불안정 요소의 하나를 제거하고, 극동지역에 대한 투자여건을 개선함으로써 러시아의 국가이익에 기여할 수 있기 때문에 러시아가 한반도의 통일을 반대할 하등의 이유가 없다"는 것이다.[41]

러시아 외교아카데미 예브게니 바자노프(E. Бажанов) 부원장도 "한반도 주변에서 진정으로 남북통일을 바라는 나라는 러시아뿐일 것이다"라고 단언하는데, 그 당위성을 지정학적 측면과 세력균형 맥락에서 설명한다. "전통적으로 중국과 일본은 러시아의 아시아 진출의 잠재적 봉쇄세력이었다. 따라서 한반도가 통일되면 통일한국은 아시아·태평양지역에서 러시아를 대신해 중국과 일본을 견제하는 세력으로 성장할 것이며, 이는 러시아의 지

---

40) 박건영, "평화통일을 위한 한국의 통일외교전략." 『국가전략』, 제6권 1호(2000), p.7.
41) 이인호, "한·러관계의 현황과 전망." 『외교』, 제51호(1999), p.30.

정학적 이익과 일치한다."[42]

세종연구소 홍현익 박사의 주장도 바자노프 교수의 견해와 맥을 같이하고 한반도 통일의 우호적 지원세력으로 러시아의 중요성을 강조한다. "러시아는 통일한국이 자신이 결국 경쟁자로 볼 수밖에 없는 중국이나 일본과는 달리 큰 우려 없이 협력을 도모할 수 있는 국가로 인식하고 있다. 따라서 중·일간의 지역패권 경쟁을 예방하고, 미국을 견제하여 동북아의 세력균형을 유지하는 데 우호적 협력자로서 한국의 역할을 기대하고 있다." 나아가 그는 남북한 평화통일에 외부세력이 방해하려 할 경우 러시아가 이를 억지해 주는 역할도 할 수 있다는 점을 강조한다.[43]

한편 러시아의 한반도 전문가 블라지미르 리(B. Ли) 교수는 한반도의 통일이 장차 동북아 세력상관관계 측면에서 러시아에 유리하게 작용할 것으로 파악한다. "한반도가 통일되면 미국은 가장 큰 '잃은 자'가 될 것이다. 통일한국은 현재보다 미국에 덜 의존할 것이고, 한반도에서 미군이 가급적 떠나 줄 것을 요구하게 될 것이며, 따라서 한·미, 미·일 상호방위조약은 변화할 수밖에 없다. 한편 중국은 북한 사회주의 동맹국을 잃게 되고, 일본은 강력한 잠재적 경쟁자를 얻게 될 것이다."[44]

이상의 학자들이 지적한 바와 같이 러시아는 미·중·일과는 달리 한반도가 통일이 되어도 잃을 것이 별로 없다. 오히려 통일한국이 상대적으로 적지 않은 어부지리(漁父之利)의 전략적 이익을 제공해줄 수 있기 때문에 러시아의 남북통일에 대한 관심은 다른 강대국들과 차원이 다를 수밖에 없다.[45] 이렇게 볼 때 적어도 현재적 시점에서 미국, 중국, 일본, 러시아 모두 남북한 분단의 현상(現狀)이 제공해주는 기회적 이익에 만족해하는 '현상유지' 세력이긴 하지만, 이 가운데 러시아가 통일한국이 국익증대와 한반도 및 동북아의 지정학적 세력구도를 자국에 유리하게 주조(鑄造)하는데 기여

---

42) "남북한 주변 4강 - 러시아는 지금(2)," 『대한매일』, 2001년 2월 19일.

43) 홍현익, "한·러, 한·미 정상회담과 한국의 국가전략," 『정세와 정책』 2001-02호(2001). http://www.sejong.org/bookmain.htm

44) "문화일보 초대석," 『문화일보』, 1998년 7월 27일.

45) "러, 한반도 평화정착 의무 있다." 『대한매일』, 1998년 3월 30일.

할 수 있다는 점에서 '현상타파'에 덜 부정적인 세력이라는 논리를 추론해
낼 수 있다.

물론 통일한국에 대한 러시아의 입장을 지나치게 단순화하고 긍정적으로
해석하는 측면이 없지 않다. 그러나 모든 점을 감안하더라도 대차대조표상
의 이해득실 구조가 명확한 차변(借邊) 증가이기에 러시아가 통일한국의 출
현을 위협으로 받아들일 이유가 없다. 러시아의 유일한 관심은 통일한국이
자국에 적대적이지 않고, 미·중·일 등 다른 주변 강대국의 독점적 영향
력 아래 들어가는 것을 방지하는 데 있다.

Ⅳ. 새로운 대러정책 패러다임의 모색: 당위성과 정책제언

위에서 살펴본 바처럼, 한반도 주요 이슈에 대한 러시아의 입장과 정책이
우리정부의 접근방식과 많은 점에서 동일함을 알 수 있다. 재차 정리 요약
하면, 북핵 문제와 관련하여 러시아는 한반도의 비핵화, 북한의 국제적 비
확산 체제 유지 및 제네바 합의 준수, 미국의 대북 선제공격 반대, 대화에
의한 평화적 해결 등을 일관되게 주장해왔고 러시아가 북핵문제 해법으로
제시한 병행조치'(Parallel Steps)에 입각한 '일괄타결' 원칙은 우리정부가 구
상하고 있는 로드 맵과 대동소이하다.

한반도 평화체제로의 전환문제와 관련해서도 러시아는 현 정전체제의 유
지, 남북대화의 촉진, 한반도의 긴장완화, 평화협정의 남북한 당사자 체결
원칙 등을 지지하고 있는데, 이 또한 우리정부의 입장과 그대로 일치한다.
러시아는 한반도에서의 미군이 동북아에서 욱일승천(旭日昇天)하는 중국과
일본의 재무장화를 대신 억제해준다는 전략적 판단 하에 주한 미군의 주둔
을 암묵적으로 용인하고 있다. 한반도 통일문제와 관련해서도 러시아는 남
북한 분단의 현상이 제공해주는 기회적 이익을 극대화하기 위해 한반도의
현상유지를 선호하는 정책을 전개하고 있지만, 한반도의 통일이 지정학적으
로도 지경학적으로도 러시아에 더 많은 전략적 수익을 제공해줄 수 있다는

고려 하에 동북아 4강 가운데 통일에 상대적으로 덜 부정적이다.

이밖에 남북한 종단철도를 시베리아횡단철도와 연결하는 유라시아 교통 연계망 구축, 시베리아 및 극동지역 에너지자원 개발, 동시베리아 가스관의 한반도 연장부설, 남·북·러 삼각경협의 확대, 동북아 다자안보협력체 창설 등의 문제에 있어서도 한·러 양국의 이해관계는 일치한다. 여기서 중요하게 강조할 한 가지 사실은 시간의 경과와 함께 과거와 달리 한·러 양국 간 지경학적 이해관계가 현저히 증대되어 가고 있다는 점이다.

과거 냉전시절 한국은 남북한의 첨예한 군사적 대결로 말미암아 유라시아 대륙으로 향하는 출구가 철저히 봉쇄된 채 해양화의 길을 걷지 않을 수 없었다. 말하자면 한국은 냉전의 외로운 '고도'(孤島)였던 것이다. 1991년 12월 소련이 해체되고 신 러시아가 시장민주주의 국가로 환골탈태하고, 여기에 2000년 역사적인 남북한 정상회담의 결과 단절된 경의선, 경원선이 복원되면서 이제 한국은 잃어버린 대륙적 정체성을 회복할 커다란 기회를 맞이하게 되었다.

이런 시대적 환경 변화에 부응해 한국은 국가발전의 그랜드 디자인 차원에서 대륙과 해양을 연결하는 한반도의 교량적 역할을 적극 수행함으로써 남북한 관계의 안정적 관리와 함께 21세기 한국의 국가적 번영을 모색해 왔다. 한반도종단철도의 시베리아횡단철도와의 연결, 시베리아 및 극동지역 에너지자원개발 참여, 동시베리아 및 사할린 가스관의 한반도 인입(引入), 연해주 식량기지 확보 의지 등이 이의 구체적인 반영으로 표현할 수 있다.

러시아 또한 낙후된 시베리아 및 극동지역 개발을 21세기 국가적 웅비를 보장할 중요한 아젠다로 설정하고, '2008~2013 극동·자바이칼지역 경제·사회개발 연방 프로그램'을 야심차게 추진 중인데, 그 견인차로 메드베데프 정부는 시베리아·극동지역 대규모 에너지자원 개발 및 pipeline망 구축, 2012년 블라디보스톡 APEC 정상회담 개최를 위한 인프라 확충 및 주변시설 건설, 한반도로 이어지는 시베리아횡단철도(TSR)의 국제화 사업을 실현하기 위해 국가적 총력을 기울이고 있다. 이 가운데 러시아는 TSR-TKR 연결 사업을 대한반도 정책에서 확보해야할 최대의 국익 중의 하나로 간주하고, 이를 성사시키기 위해 지난한 외교적 노력을 전개하고 있다.

러시아는 철로연결 사업을 단순히 통과운임을 획득하기 위한 수익원으로 보는 것이 아니라 낙후된 러시아의 동시베리아 및 극동 지역 개발이라는 원대한 국가발전 전략의 관점에서 바라보고 있다. 모스크바는 경제적으로 역동적인 동아시아와 러시아를 연결하는 TSR - TKR 연결사업이 극동지역 발전을 위한 기본적인 인프라를 제공하는 것일 뿐만 아니라, 지역 및 러시아 전체의 국가발전 계획을 수행하는 사회적·문화적 환경을 제공하게 될 것으로 기대한다. 철로 연결을 통해 러시아의 극동이 교통과 물류의 요지가 됨으로써 러시아는 명실공이 동아시아 지역국가로 편입될 수 있다는 것이다.[46]

이렇듯 오늘날 한국과 러시아가 추구하는 국가발전 전략을 판독해 볼 때 양국의 지경학적 연계성이 현저히 증대되어가고 있고, 동시에 많은 점에서 대외경제적 이해관계가 유사함을 확인할 수 있다. 결론적으로 대외 지향적인 발전을 추구하는 한국경제는 기술과 자원이 풍부한 러시아경제와 자연적인 상호보완성을 가지고 있으며, 러시아는 한국의 경제 배후지로서, 한국은 러시아가 아·태지역 경제와 결합하는 교두보로서 한반도 및 동북아에서 양국의 협력강화는 경제적으로 상호 이득을 보장해준다.[47]

이상의 분석으로부터 한국의 주요 외교목표가 러시아의 한반도 및 동북아 국가전략과 유사할 정도로 밀접하게 맞물려 있고, 또 한·러 양국이 한반도와 동북아에서 상호 추구하는 지정학적, 지경학적 국익구조가 상당부분 일치함을 확인할 수 있다. 이렇게 볼 때 21세기 한반도의 평화와 안정 그리고 한국의 국가적 번영을 위해 러시아가 차지하는 비중과 역할이 크다 하지 않을 수 없다. 이는 한국의 동북아 4강 외교 가운데 향후 대러관계를 발전적으로 심화시킬 필요성을 제기함과 동시에 새로운 대러정책 패러다임의 모색을 요구한다. 그 당위성을 인정한다면 우리정부는 앞으로 어떠한 대러 접근책을 취해야 하는가?

---

46) 강봉구, "푸틴 집권 2기 러시아의 대외정책과 한반도,"『국제문제』 제4권 1호(2004), p.250.
47) 이인호(1999), p.30.

첫째, 21세기 다원론적 세계의 도래를 맞이하여 한국은 이제 러시아에 대한 냉전적 사유방식에서 벗어나 우리 고유의 국익에 기초한 독자적인 대러 정책을 추진할 필요가 있다. 오랜 기간 한국사회에는 다소 왜곡되고 호도(糊塗)된 대러관이 은연중에 스며들었다. 말하자면 한국인들의 의식의 심연 속에는 미국으로 대표되는 서방이 독점적으로 생산해온 '표준적인' 대러관[48]에 함몰되어 소련과 러시아를 동의어로 간주하는 부정적인 인식의 '타력'(惰力), 변할 줄 모르는 확고부동한 냉전적 사고의 '항상성'이 남아있었다. 한국은 그런 무비판적 이미지에 사로잡힌 채 대러 정책에서 우리의 국익을 미국의 국익에 일치시키는 오류를 범해 왔고, 적지 않은 국익손상을 경험했다. 따라서 이제 우리정부는 러시아에 대한 냉전적 사고의 틀에서 벗어나 독자적인 시각과 관점에 바탕한 대러관을 정립하고, 이를 현실정치에 능동적으로 반영할 필요가 있다.

둘째, 새로운 차원의 한·러관계 재정립을 위해 대러 정책 중심 속에 견고히 자리 잡고 있는 북한 요소로부터 과감히 탈피해야한다. 그간 한국의 대러 정책은 북한을 배후에서 고립시키거나 북한에 대한 영향력 행사의 우회적 통로로서 모스크바의 역할을 동원하는데 집중된 측면이 있었다. 이제 우리정부는 러시아의 가치를 대북 관계의 틀에서 접근하는 편협한 시각에서 벗어나, 한반도의 안정과 평화에 필요한 세력균형의 중요한 한 '축'(axis)으로 이용할 수 있는 보다 장기적이고 거시적 관점에서 합목적적으로 조망할 필요가 있다.

한반도 및 아·태지역에서 러시아의 영향력 확대 기도에 대한 한국의 대처방안, 즉 협력할 것인가 아니면 저지할 것인가 문제에 대해 우리는 다음과 같은 전략적 사고를 견지할 필요가 있다. 러시아의 지정학적 행위가 명백히 패권적 팽창주의를 지향하지 않는다면, 일정부문 모스크바와의 협력작용 강화가 한국의 국익에 부합한다는 점이다. 유라시아 동단지역에서 적정 수준 러시아의 지정학적 영향력 유지가 역내 평화와 안전을 담보하는 중요

---

48) 선원용, "러시아의 시장개혁: 개혁사에 대한 짧은 최고와 현대 개혁에 대한 소고," 『한·러관계 재조명』 (한국슬라브학회 특별학술대회 발표집, 1999년 4월 17일), p.128.

한 '안전판' 역할을 할 수 있기 때문이다.

역사적으로 동북아에서 역내 4강간 세력균형이 파괴되었을 때 전쟁과 긴장관계가 고조되었다. 배타적 영향력 독점을 기도하였던 일련의 동북아 전쟁들, 즉 1905년의 노일전쟁과 1945년의 태평양전쟁 그리고 1950년의 한국전쟁은 결국 세력균형 파괴에서 원인하였다. 실현되지는 않았으나 1994년 동맹국 한국정부를 배제한 미국의 일방적인 북한 비밀 폭격계획도 이런 맥락에서 파악할 수 있다. 소련의 몰락이 결과한 한반도 북쪽에서의 세력공백이 미국의 그런 행동을 자극했다고 해도 과언이 아니다. 과연 냉전시절이었다면 미국이 그런 계획을 수립할 수 있었을지 의문이다. 그런 측면에서 우리정부는 한반도 전쟁비극을 예방하고 파괴된 동북아 세력균형 복원을 유도하는 차원에서 북핵 6자 회담을 포함하여, 동북아 다자간 안보협의체 창설과 ASEAN, ARF, APEC 등에서 러시아와 일정수준 협력을 강화할 필요가 있다.

셋째, 성숙한 한·러관계 발전을 위해서는 단순히 러시아를 명색만 '주변 4강'의 하나로 취급하는 발상에서 벗어날 필요가 있다. 우리 정부는 한반도 평화구도 정착과 통일의 유익한 분위기 조성차원에서 러시아를 한반도 문제의 '들러리'가 아닌 중요한 이해당사자로 인식하고 그 지정학적 위상에 걸 맞는 합당한 대우를 해줄 필요가 있다. 한반도 4자 회담에서 러시아의 소외가 모스크바로 하여금 친 남한 경사노선에서 남북한 균형노선으로 선회하게 만든 결정적 계기였다는 점은 주지의 사실이다. 그리고 푸틴 정부 등장 이후 본격화된 러시아의 남북한 등거리노선이 한반도에서 크레믈린이 취할 수 있는 정책적 선택과 기회의 폭을 넓혀주었다는 점에 주목할 필요가 있다. 그 기회적 선택이 한국의 외교적 목표에 부응하는 긍정적인 요인으로 작용할 수도 있으나, 반대로 그것을 가로막는 부정적 측면으로 다가올 수도 있다. 한반도의 상황이 크레믈린의 요구와 의도에 역행하는 방향으로 전개될 경우 러시아가 통일의 우호세력이 아닌 디나이얼 파워(방해세력)로 등장할 가능성을 배제할 수 없다.[49]

이렇게 볼 때 러시아를 한반도 평화구도 정착과정에서 배제하는 것은 한반도의 안정을 위해서도, 남북한 관계의 진전을 위해서도, 동북아 세력균형을 위해서도 결코 바람직하지 않다. 유라시아 강대국으로서 러시아의 자존심을 세워주는 '명분의 이익'과 경협 확대라는 '실리의 이익'을 동시에 충족시켜줄 때만이 한·러관계의 진정한 동반자적 발전을 기대할 수 있다. 이 두 가지 필요충분조건 가운데 어느 하나라도 만족스럽지 못할 경우 한·러관계의 질적 도약은 기대하기 어렵다고 판단된다. 외교안보연구원 고재남 교수의 적절한 지적처럼, 우리정부는 한반도 문제에 대한 러시아의 과도한 개입정책을 억제할 필요도 있으나, 러시아의 적극적 역할을 인정하고 건설적인 영향력을 행사할 수 있는 기회를 제공하는 정책적 노력이 요구된다.[50]

넷째, 향후 대러 접근책에 있어 한국은 '자비에 호소'하기보다는 철저히 '이익에 호소'해야 한다. 국제관계를 구성하는 불변의 '상수'(常數)는 국가이익이고, 그 냉혹한 세계를 견인하는 기저 동학은 "Give and Take"이다. 사실 노무현 정부 이전까지 한·러관계의 파열음은 국익 '주고받기'의 부조화에서 비롯되었다고 해도 과언이 아닐 것이다. 러시아가 자발적으로 선택한 친남소북(親南疎北) 노선을 이탈한 배경은 한국에 대한 기대이익의 상실, 즉 한국의 대러 투자 및 경협의 소극성, 기대했던 한국 무기시장 진입 좌절 등과 무관하지 않다. 따라서 향후 대러관계를 안정적으로 유지하기 위해서는 러시아의 국익에 호소하는 이익 균형 맥락에서 접근해야한다고 본다. 과거 소련의 대 한반도정책 패러다임 변화의 전환점을 제공한 한·소 수교의 대가가 30억 달러였다는 사실은 이익에 호소한 대표적인 사례로서, 이는 대러정책에서 시사해 주는 바가 크다.[51]

다섯째, 우리정부는 21세기 한국의 국가적 웅비를 위해 러시아를 '지정학적' 일변도 관점이 아닌 '지경학적' 관점에서 조망해야 하고, 특히 에너지 분야 협력과 대러 투자에 적극성을 보일 필요가 있다. 21세기 에너지 부족

---

49) 서동주. "러시아의 대한반도 이해관계와 우리의 정책방향." 『21세기 한국의 외교정책』(서울: 나남출판. 1999), p.206.

50) "국제교류재단, 한·러포럼." 『대한매일』 2000년 9월 30일.

51) 홍완석(2001), pp.358 - 359.

시대를 맞이하여 우리는 세계도처에서 벌어지는 치열한 자원쟁탈전을 목도하고 있다. 카스피해 연안과 중동지역을 둘러싼 열강들의 경쟁 이면에는 자원의 독점적 확보 야망이 숨겨져 있다는 점은 주지의 사실이다. 북핵 위기의 원인과 그 해법도 에너지와 전혀 무관하지 않다.

국제사회는 러시아를 장래 중동에 버금갈 '세계의 주유소'로 주목하고 있다. 최근 러시아를 사이에 두고 일본과 중국간에 벌어지고 있는 동부시베리아 석유수송 루트 쟁탈전은 세계 최고의 에너지 소비증가율을 보이는 동북아지역 에너지원 확보 경쟁의 전초전에 다름 아니다.[52] 일·중의 송유관 확보 경쟁과 이 사이에서 지정학적 영향력을 강화하려는 러시아의 석유통제 움직임은 동북아에서도 에너지가 국제정치의 핵심변수로 작용함을 의미한다. 이는 우리정부가 북핵문제를 포함하여 에너지 안보를 위해 추구해야 할 대러 협력관계 구축의 시급성을 시사해 준다.

아울러 우리정부는 러시아 경제 규모와 향후 성장 잠재력을 감안해 대러 현지 투자 및 경협을 능동적으로 활성화할 필요가 있다. 이는 러시아가 중국을 추격하는 또 하나의 '경제 공룡'으로 탄생할 가능성이 높다는 전망에 기초한다. 미국의 투자은행 '골드만 삭스'(Goldman Sachs)는 2003년 10월 발표한 "브릭스(BRICs)를 꿈꾸며: 2050년으로 가는 길"이라는 제하의 세계 경제 전망 보고서에서 브라질(B)과 러시아(R), 인도(I), 중국(C)을 포괄하는 이른바 '브릭스'(BRICs) 경제권이 40년 안에 현재의 서방경제대국 G7의 경제력을 넘어설 것이라고 전망한다. 이 가운데 러시아의 잠재 성장력이 '브릭스' 국가 중 가장 높고, 2050년에 세계 6위의 경제 대국으로 부상될 것이라고 예측하고 있는데[53], 그런 측면에서 대러 투자 및 경협 강화 중요성에 대한 인식의 제고가 요구된다.

대러 경협과 관련하여 우리 정부와 기업이 중요하게 고려해야할 사안이 있다. 러시아의 경제적 잠재력을 인정한다면 단기적 투자이익에 집착하지 않는, 보다 장기적 관점의 대러 경협 활성화를 모색할 필요가 있다는 점이

---

52) "협력의 새 시대 여는 한국과 러시아,"『경향신문』, 2003년 10월 10일.
53) "[세계경제 성장센터 'BRICs']; 러시아 잠재성장력,"『조선일보』, 2004년 1월 8일.

다. 한·러간 경협 정체 원인은 흔히 지적하듯 러시아의 외국인 투자환경 개선노력 미흡, 조세 및 관세제도와 외국인투자관련 법규미비, 타성적인 관료주의, 마피아 범죄의 발호, 경제위기(모라토리엄 선언과 IMF 관리체제) 등에 일차적인 원인이 있다. 그러나 서방 일부 기업들이 과거 러시아의 금융위기 하에서도 '공격적'인 투자전략을 구사했다는 사실을 주의 깊게 관찰한다면 문제는 한국기업에게도 있다. 그것은 한국이 경제(기업) 규모나 관심에 부합되는 적절한 투자처를 찾지 못했거나 러시아적인 독특한 기업경영 환경에 효율적으로 적응할 수 있는 능력을 키우지 못했기 때문이다. 향후 러시아 경제는 서방이 원하는 '자유 시장경제' 모델로 나아가지도 않을 뿐더러, 역사적으로 서방자본이 러시아 산업발전에 기여한 역할이 극히 미비했다는 사실에 비추어 볼 때 현실적으로 러시아가 모든 국가와 기업에게 무차별적으로 좋은 조건을 제시하지 않을 것이다.[54] 따라서 우리정부는 러시아 시장의 잠재적, 현실적 중요성을 인식하는 가운데 소극적인 대러투자 자세에서 벗어나 우리기업의 현지 투자환경 적응능력을 키워야 한다.

여섯째, 우리 정부는 향후 북핵문제와 한반도 평화체제 논의과정에서 우리의 국익에 부합되는 독자적인 전략적 계획을 관철시키기 위해 러시아를 다자논의 구조에 적극 참여시키고 외교적 자원으로 동원할 필요가 있다. 그 이유는 모스크바가 평양이 요구하는 양자 또는 다자 안전보장에 대한 가장 강력한 지지자이고, 또 사할린 에너지의 대북 공급을 통한 북핵문제의 평화적 해결 과정에서 건설적 중재자로서 러시아의 역할을 기대할 수 있기 때문이다. 보다 더 중요한 이유는 북핵 문제, 한반도 평화체제문제, 통일문제 등에 대해 한·미 의견과 접근이 항상 일치하는 것이 아니고, 북핵문제와 한반도 평화체제를 둘러싼 국제 게임이 본질적으로 러시아를 포함해 6자가 개입된 다자 게임이며, 행위자들의 국력과 이해관계의 정도가 모두 상이한 다층적 복합게임의 양상을 보이고 있다는 사실과 관련이 있다.[55]

---

54) 성원용(1999), p.129.

55) 강봉구, "한국과 러시아의 안보협력: 북핵 문제를 중심으로." 『참여정부에서의 한·러 교류협력의 현황과 과제 및 추진현황』(서울: 한러협회, 2003), p.25.

위계적 동맹구조에서 약한 행위자인 한국에게는 국력이 그대로 투사되기 쉬운 양자 및 3자 게임보다 비대칭적 복합적 이해관계를 지닌 다수의 행위자들이 등장하는 다자 게임에서 전략구사의 공간이 넓어진다는 것은 상식이다. 이 구도에서 우리정부는 이해관계가 충돌하는 강력한 행위자들의 정책선호와 전략적 선택을 자신에게 유리하게 이용할 수 있다. 더구나 모스크바가 제시하는 북핵 문제와 한반도 평화체제 구축 구상이 한국의 해법과 그 내용에 있어 대동소이하기에 러시아를 다자게임에 포함시킨다는 것은 서울로서는 강력한 우호적 원군을 확보하는 셈이다.[56]

일부에서는 한반도 평화체제 논의 구조가 확대 다자주의(multilateralism)로 가면 주도적 역할을 모색하고 있는 한국의 입지가 더욱 좁아질 것이라고 우려한다. 그러나 우리정부는 러시아가 참여하는 한반도 평화체제 다자논의 구도의 '도전적 요소' 보다는 오히려 '기회적 요소'에 착목(着目)하여 이를 외교적 자원으로 동원할 필요가 있다. 한반도 평화체제를 수립하는 과정에서 미국의 군사적 일방주의를 견제하는 문제를 포함해서, 북한비용의 공동분담, TSR – TKR 연결, 남북한을 관통하는 이르쿠츠크 및 사할린 가스전 파이프라인 건설, 동북아 다자안보체제 창설 등이 러시아가 제공하는 일련의 기회적 요소들이고, 이 모두는 사실 한국의 국익에 중요하게 수렴된다.

마지막으로 안정적인 한반도 평화구도 정착과 통일을 위해서는 무엇보다도 한국을 중심으로 주변 4강간의 관계가 원만해야 하고, 그 중에서도 미・러관계를 상호 협력작용으로 나가게 하는 외교적 노력이 필요하다. 러시아의 대 한반도정책 변화과정이 러시아의 대미정책 수정 과정과 정확히 일치해 왔다는 점은 우리에게 적지 않은 시사점을 던져준다. 이는 한・러관계가 미・러관계에 의해 크게 영향을 받아왔음을 의미한다. 이 경우 두 가지 해석이 가능하다. 즉, 미국의 동맹적 위계질서 하에 있는 한국이 대러 정책에서 독자성을 제한 받아왔거나, 아니면 한국이 대러 정책을 자발적으로 미국의 그것에 일치시켜 왔다는 분석이 성립된다. 판단컨대 후자보다는 전자

---

56) 강봉구(2003), p.26.

로 해석하는 게 더 정확할 것이다.

탈냉전에도 불구하고 러시아의 제국적 부활을 경계하는 미국과 미국의 패권적 전횡을 견제하려는 러시아간의 관계가 아직도 제로섬적 양상을 벗어나지 못하고 있다. 그리고 유라시아 대륙의 양 날개에서 신 냉전적 세력 경쟁을 벌이고 있는 두 거인 사이에 한국이 끼여있다. 한반도 평화구도 정착과 통일을 지상 최대의 국가적 과제로 설정하고 있는 우리 외교의 '딜레마'가 여기에 있다. 그 딜레마를 극복하는 최적의 선택은 적어도 한반도문제에 있어서만큼은 미·러 양국이 서로 협력하게 하는 외교적 노력을 경주하는 것이다. 그러나 미·러관계의 본성으로 보아 이를 당분간 기대하기는 어려울 것 같다. 차선책이 있다면 미·러간 역학관계를 고려한 고도의 정교한 정책밖에 없는데, 이는 '전략적 모호성'으로 요약된다. 즉, 한·미 동맹은 계속 유지하되 러시아의 전략적 입장을 이해하도록 노력하면서 미·러의 정책에 명백히 반대되는 공식적인 의사 표명을 자제하는 것이다.

우리가 지향하는 한반도의 평화와 안정 그리고 통일은 남북한 당사자가 해결해야 할 사안이지만 그렇지 못한 게 현실이다. 한반도문제가 주변강대국들의 역학관계에 종속되어 있기에 동북아 4강의 지지와 협조가 필수적이다. 따라서 한반도문제와 관련하여 미·러간 견해충돌 시 우리가 이니시어티브를 적극 행사해 중재해야 하고, 한반도 4자 회담에서 러시아를 배제하는 과거와 같은 접근법은 가급적 지양할 필요가 있다. 결코 용이한 일은 아니나 미·러관계를 접착시켜주는 외교적 지혜와 역량이 요구된다.

이밖에 한·러관계 우호증진을 위해 러시아 유력 인사들과의 광범위한 인적 네트워크 형성, 러시아 내 지한(知韓)인사의 양성, 스포츠, 예술 및 문화 교류 확대 등도 중요하다. 그러나 이는 부차적인 종속변수에 해당하고 양국의 기본적인 국익이 조화될 때만이 관계발전의 승수(乘數) 효과로 작용한다.

V. 결론 : 러시아와 창조적 '관계 맺기'

세계적 강대국으로서 국력의 크기나 국제적 위상으로 볼 때 오늘날 러시아는 소련의 해체와 무관하게 여전히 세계질서의 형성자로서 그 중요성을 인정하지 않을 수 없다. 글로벌 게임의 핵심적 플레이어로서 초강대국으로의 웅비를 재현하고자 하는 포스트 푸틴시대라면 더욱 그렇다. 우리는 이미 푸틴의 러시아가 정치적 안정과 경제의 플러스 고도 성장세를 토대로 "위대한 강대국 러시아의 재건"을 외치면서 슈퍼 파워(Super Power)로서의 국제적 위상을 재정립하려는 야망을 목도해 왔다. 이렇게 볼 때 메드베데프 대통령은 푸틴이 구축한 물적 토대와 자신감을 바탕으로 유라시아 강대국 러시아의 세계적 위상을 공고히 하기 위해 미국으로 대표되는 서방과의 갈등도 불사하면서 국제무대에서 힘(Power)과 영향력(Influence)의 외부투사를 서서히 강화하는 이른바 러시아판 '화평굴기'(和平堀起: 평화롭게 일어선다)의 모습을 드러낼 것이라는 점을 전망하기란 그리 어렵지 않다. 2008년 8월 그루지야 사태에 대한 러시아의 군사적 대응이 그 단적이 사례가 될 것이다.

범위를 한반도로 축소할 경우도 마찬가지이다. 러시아는 국가발전의 내적 동력을 확보함에 따라 향후 한반도에서 영향력의 확대를 꾸준히 모색할 것으로 전망되는데, 한국의 입장에서 한반도의 평화와 안정을 위해 러시아의 지정학적 역할이 매우 긴요하다. 러시아는 북핵 문제의 건설적 '중재자'로서 뿐만 아니라, 대북 영향력 행사의 중요한 '통로'로서, 한반도에서의 군사적 충돌을 예방하는 '안전판'으로서, 한반도 평화구도 정착의 '촉진자'로서, 나아가 통일 이후 한국에 대한 미국의 과도한 지배력과 중국의 종주권 주장 그리고 일본의 세력팽창을 억제하는 동북아 세력균형의 한 '축'(Axis)으로서 우리에게 매우 가용가치가 높은 국가이다.

여기서 한 가지 간과해서 안 될 점은, 전통적으로 한국의 대러정책에서 핵심적인 요소가 주로 한반도의 평화와 안정, 통일과 관련된 지정학적(Geo

－political) 측면이었다면, 21세기에 접어들어 러시아의 지경학적(Geo－economical) 가치가 더 중요하게 부각되고 있다는 점이다. 한국에게 21세기 러시아는 에너지자원의 안정적인 '공급원'으로서, 철의 실크로드로 표현되는 유라시아대륙횡단철도의 '중심축'으로서, 차세대/차차세대 성장 동력 산업 발굴을 위한 첨단기초과학 원천기술 '제공자'로서, 대규모 신규 건설시장 개척 및 상품시장 활로를 열어주는 한국경제의 새로운 '블루오션'으로서, 한국경제가 중국경제에 종속되어가는 것을 방지하는 '대안시장'으로서의 가치가 있다. 그런 측면에서 예나 지금이나 한국의 핵심외교 대상으로서 러시아의 중요성과 유용성을 아무리 강조해도 지나치지 않는다 하겠다. 북핵 위기의 가속화에 제동을 걸고 항구적인 한반도 평화체제 구축을 마련하며, 한국의 사활적 국익으로서 해외 에너지자원과 식량 자원의 안정적인 확보를 모색하는 단계라면 더더욱 그러하다.

넓게는 한반도와 동북아를 둘러싼 미·중·러·일의 경쟁구도 속에서, 좁게는 미·러간의 지정학적 경합 속에서 미국의 동맹적 위계질서 하에 있는 한국이 과연 어느 수준까지 러시아와 전략적 협력을 해나갈 수 있고, 해나가느냐 하는 문제가 제기된다. 그동안 국내 정계 및 학계 일각에서 러시아와의 전략적 협력에 대한 많은 논의와 방안들이 제시되어 왔지만, 현실에서 한국은 러시아를 전략적 파트너로서 잘 활용했다고 보기는 어렵다. 끊임없이 러시아와의 전략적 협력을 강조하고 있다는 사실이 한·러관계가 전략적 계획 위에서 수행되지 못하고 있음을 것을 반증한다.

한반도와 동북아에서 추구하는 다양한 한국의 국가이익이 한·미동맹 틀 속에서, 서울이 만족할 정도로 옹호되고 증진된다면 한국과 러시아의 전략적 협력은 필수적인 것이 아니다. 한반도의 안정 및 한국의 국가발전 전략과 관련된 핵심적인 국가이익이 동맹의 틀 속에서 지켜지고 증진되는데, 왜 러시아와의 전략적 협력을 운위할 필요가 있겠는가.[57] 뒤집어 해석하면 동맹국 미국의 대한반도 및 동북아 정책이 한국의 국익과는 역행하는 방향으

---

57) 강봉구, "푸틴 집권 2기 러시아의 대외정책과 한반도," 『국제문제』, 제4권 1호(2004), p.263.

로 진행되었기 때문에 서울은 자구적 차원에서 대러 전략적 협력을 강구할 필요가 있다는 얘기가 된다. 미국의 동북아 전략이 한국의 국익을 심각하게 훼손하는 사례로 다음 세 가지를 지적할 수 있다.

첫째는 미국이 미·일 동맹 체제를 강화하는 가운데 일본을 대 중국 견제의 대리인으로 내세우면서 일본의 역사왜곡을 눈감아 주고 재무장과 군국주의화를 부추기며 유엔안보리 상임이사국 진출에 멍석을 깔아주고 있다는 점이다. 일본은 미국의 그런 암묵적 지원을 이용해 역사왜곡을 정당화하고 있고, 나아가 헌법개정을 통해 전수방위(專守防衛) 원칙을 해체하면서 아시아의 맹주로 올라서기 위한 야욕을 드러내며 한국과는 독도분쟁, 중국과는 조어대, 러시아와는 북방 4도 영토분쟁을 일으키고 있다.

둘째는 중국과 대만간 양안(兩岸) 분쟁 시 주한 미군의 군사적 개입을 상정한 '전략적 유연성'(Strategic Flexibility)이 한국의 의도와는 무관하게 제 3국의 전쟁에 휘말릴게 할 수 있는 소지를 제공한다는 점이다. 특히 주한 미군의 역외로의 역할 확대로 요약되는 전략적 유연성은 한국으로 하여금 미국과 중국 어느 한쪽에 '줄서기'를 강요하고 있다는 점에서 문제의 심각성이 있다.

셋째는 서울의 입장을 배려하지 않은 워싱턴의 대북 강경정책이다. 북핵문제와 관련하여 미국은 여전히 CVID 방식의 핵 폐기를 시종일관 요구하고 있다. 뿐만 아니라 북한 인권 문제 제기, 대량살상무기확산방지구상(PSI), 북한의 급변 사태 시 주한미군의 군사적 개입을 위한 '작전계획 5029' 수립, 금융제재 등을 통해 대북 압박의 고삐를 늦추지 않고 있다. 이 보다 더 우려스러운 점은 미국이 북핵문제에 대한 군사적 해법을 포기하지 않고 있고, 그것이 한반도에서의 전쟁을 결코 원치 않는 한국의 사활적 이해를 침해한다는 점이다.

위에서 살펴본 바처럼 독도문제에 대한 미국의 일본 경사 태도와 유엔안보리 상임이사국 진출 측면지원, 대북 강경정책, 중국을 겨냥한 주한 미군의 역외 역할 확대 등에서 관찰할 수 있듯이, 한·미간 이견과 국익 충돌 현상이 점차 심화되어 가고 있는 게 현실이다. 그럼에도 불구하고 주변 4강과의 협력의 이익을 개별적으로 종합 평가해 볼 때 미국은 한국이 가장 가까이 해야 할 국가인 것만은 분명하고, 한·미동맹의 유지 필요성은 여전히 유효하다. 이 사실을 인정하는 것에서, 즉 한·미동맹이 당분간 한국의 안보와 한반도의 평화에 핵심적인 것으로 남아 있겠지만, 한국의 국가이익이 이 틀 속에서 자동으로 보장되는 것이 아니라는 현실을 인정하는 것에서, 러시아를 바라보는 전략적 시각이 태동된다고 하겠다.

한국이 위계적 한·미동맹을 경직되게 수용하고 그 틀 속에서만 움직여야 한다는 고정관념으로는 러시아뿐만 아니라 중국 및 일본과도 전략적인 '관계 맺기'를 이루기 어렵다. 한·미동맹의 위계적 현실을 인정하면서도 그 관계양상을 유연하게 해석하는 창조성 위에서 주변 4강과의 '전략적 관계 맺기'가 시작될 수 있는 것이다.[58] 이런 관점에서 앞으로 한국이 탈냉전이라는 구조적 변화를 활용하면서 주체가 갖는 자율성을 증대시키고 주변국들과의 능동적인 상호작용의 강화를 통해 한반도뿐만 아니라 동북아의 평화와 번영을 주도적으로 추구하고자 한다면, 이제 과거와는 질적으로 다른 새로운 대러정책 패러다임의 모색이 필요하다는 게 필자의 소견이다.

---

58) 강봉구(2004), p.263.

강봉구, "푸틴 집권 2기 러시아의 대외정책과 한반도." 『국제문제』 제4권 1호 (2004)

_____, "한국과 러시아의 안보협력: 북핵 문제를 중심으로," 『참여정부에서의 한·러 교류협력의 현황과 과제 및 추진현황』(서울: 한러협회, 2003)

강원식, 『러시아는 우리에게 무엇인가』(서울: 일신사, 1998)

곽태환, "한반도 평화체제, 어떻게 구축할 것인가?" 『통일뉴스』, 2008년 7월 24일. http://www.tongilnews.com/news/articleView.html?idxno=79528#

고상두, "평화체제 구축과 다자주의" 한국슬라브학회 편, 『6자 회담과 러시아』(서울: 이진출판사, 1998)

고재남, "러시아의 한반도정책과 6개국 공동선언." 한국슬라브학회 편, 『6자 회담과 러시아』(서울: 이진출판사, 1998)

김영우, 『러시아의 신국가 전략과 한-러 경제협력 방안』(서울: 한국무역협회, 2008)

김학준, 『소련 외교론 서설』(서울: 서울대학교출판부, 1981)

박건영, "북미관계의 전망, 그리고 한반도 평화와 안정을 위한 한국의 전략." 『한국과 국제정치』제20권 1호 (2002)

_____, "평화통일을 위한 한국의 통일외교전략." 『국가전략』제6권 1호 (2000)

박영호·박종철, 『4자 회담의 추진전략: '분과위' 운영방안을 중심으로』(서울: 통일연구원, 1999)

서동주, "러시아의 대한반도 이해관계와 우리의 정책방향." 『21세기 한국의 외교정책』(서울: 나남출판, 1999)

성원용, "러시아의 시장개혁: 개혁사에 대한 짧은 회고와 현대 개혁에 대한 소고." 『한·러관계 재조명』(한국슬라브학회 특별학술대회 발표집, 1999년 4월 17일)

여인곤, 『러북관계 변화추이와 푸틴정부의 대북정책 전망』(서울: 통일연구원, 2000)

연현식, "동북아 신질서 형성과 다자주의 가능성." 한국슬라브학회 편, 『6자회담과 러시아』(서울: 이진출판사, 1998)

이인호, "한·러관계의 현황과 전망." 『외교』제51호 (1999)

이철기, 『동북아 군축론』(서울: 호암출판사, 1993)

정규섭, "대북정책 재정립 방향과 정치·군사분야의 과제." 『통일정책연구』제11

권 2호 (2002)

정욱식, "多者主義로 제네바 합의 대체안 만들라: 북핵 사태 해결을 위한 제언." 『신동아』 3월호 (2003)

홍완석, "21세기 러시아의 동북아 국가전략." 『국제정치논총』 제41집 1호 (2001)

홍완석, "참여정부의 대러정책: 새로운 패러다임의 모색." 『중소연구』 제28권 1호 (2004)

홍현익, "한·러, 한·미 정상회담과 한국의 국가전략," 『정세와 정책』 2001 - 02호 (2001).

"각국 움직임 가속도/ 러 '5+5 협의체' 제의," 『한국일보』 2003년 1월 27일.

"국제교류재단, 한·러포럼," 『대한매일』 2000년 9월 30일.

"남북한 주변 4강 - 러시아는 지금(2)," 『대한매일』 2001년 2월 19일.

"러시아는 지금(2) 달라진 한반도觀," 『대한매일』 2001년 2월 19일.

"러시아, 메드베데프 대통령 시대 열려," 『연합뉴스』 2008년 5월 7일.

"러시아 잠재 성장력," 『조선일보』 2004년 1월 8일.

"러, 한반도 평화정착 의무 있다," 『대한매일』 1998년 3월 30일.

"문화일보 초대석," 『문화일보』 1998년 7월 27일.

"4강 대사에게 듣는다, 이바센초프 주한 러 대사," 『동아일보』 2008년 4월 4일.

"아파나시예프 주한 러대사 회견," 『국민일보』 2000년 5월 25일.

"정전체제 파기 유감, 관련 국제회의 열자," 『조선일보』 1995년 3월 1일.

"停戰협정 대체 주요국 입장," 『연합뉴스』 1994년 12월 27일.

"푸틴의 정책 방향," 『중앙일보』 2001년 1월 6일.

"협력의 새 시대 여는 한국과 러시아," 『경향신문』 2003년 10월 10일.

В. Е. Петровский, *Азиатско - Тихоокеанские режимы безопасности после холодной войны.* (М.: Памятки исторической мысли, 1998)

В. Ф. Ли, *О бессрочном нейтралитете корейского полуострова* (Москва: Научная книга, 1999)

К. Брутенц, *О внешнеполитической концепции России в Азиатско - Тихоокеанском регионе* (М.: Апрель - 85, 1995)

М. Л. Титаренко, "российско - китайское партнерство как фактор мира и стабильности на корейском полуострове," The Second Period of Putin Administration and the Future of Korean - Russian Relations, The 15th APRC - IFES Joint Conference(June 3 - 4, 2004)

"РФ - РК: Совместная российско - корейская декларация,"

Дипломатический вестник МИД РФ. No. 13 – 14(июль, 1994)

"Россия – КНДР: Совместная российско-корейская декларация," Дипломатический вестник, No. 8(Абгуст), 2000.

Vasily Mikheev, "Prospects for North Korea – Russia Relations," *Asian Perspective,* Vol. 25, No. 2 (Summer, 2001)

Презентация доклада "Россия и межкорейские отношения", 17 апреля 2003 г. The International Non – governmental Foundation for Socio – economic and Political Studies (The Gorbachev – Foundation). http://www.gorby.ru/rubrs.asp?art_id=13121&rubr_id=124&page=1

О северокорейской ядерной проблеме. интервью российской делегации на шестисторонних переговорах по северокорейской ядерной проблеме заместителя министра иностранных дел РФ А.П. Лосюкова международному радио Китая. http://www.russia.org.cn/rus/?SID=61&ID=379&print=true

"Москва разработала план по урегулированию кризиса вокруг КНДР," http://www.newsru.com/russia/12jan2003/mid2.html.

"Наш оценки не устраивают США как слишком мягкие по отношению к Северной Корее," *Время новостей*, 23 июля 2003.

"Новые предложения Москвы и Вашинктона к корейскому кризису," *Время новостей*, 20 января 2003.

"Эмиссар Кремля привез Ким Чен Иру пакет," *Известия*, 20 января 2003.

http://www.sejong.org/bookmain.htm.

http://www.ln.mid.ru/website/dip_vest.nsf?

http://www.kita.net/mailclub/ceo_newsletter2008/mydownload/Issues01_0609. pdf

12

러시아의 극동시베리아 개발과 남·북·러 삼각경제협력

성원용(인천대학교 동북아국제통상학부 교수)

Ⅰ. 서론

최근 러시아 정부는 기존의 극동·자바이칼 지역개발 프로그램을 수정하여 「2013년까지 극동·자바이칼 지역의 경제·사회발전 연방특별 프로그램」이라는 새로운 프로그램을 발표했고, 연방재정의 지원규모를 대폭 상향 조정하면서 의욕적으로 극동지역 개발을 추진하고 있다. 그리고 러시아 정부가 새로운 극동지역 개발프로그램을 수립한 것과 함께 아·태지역으로 진출할 수 있는 러시아의 출해 통로이자 극동의 관문인 블라디보스토크가 새로이 주목을 받고 있다. 이것은 무엇보다도 러시아가 2012년 APEC 정상회담 개최 예정지인 블라디보스토크를 중심으로 연해주 개발에 박차를 가하고 있기 때문이다. 이를 계기로 한국은 건설사의 대러 진출을 적극적으로 지원할 계획이고, 주변국들은 새로운 시장 및 안정적인 자원 공급지를 찾아 극동시베리아로의 진출을 가속화하고 있다. 과연 러시아의 극동지방은 새로운 '기회의 땅'이 될 수 있을까? 한국은 과연 21세기에 새롭게 열리는 '기회의 창'을 성공적으로 열어갈 수 있을까?

본 논문의 목적은 러시아와 한국에서 신정부가 출범하고, 남·북, 북·러, 한·러 경제관계가 1990년대 이후 일정한 안정성과 예측가능성을 확보해가는 상황에서, 그리고 남·북·러 삼각경제협력의 장애요인으로 작용해 왔던 북·러 간의 채무상환문제가 해결의 실마리를 찾아가는 시점에서 과연 「2013년까지 극동·자바이칼 지역의 경제·사회발전 연방특별 프로그램」이라는 새로운 프로그램과 남·북·러 삼각경제협력의 상호 연계가 가능한지를 밝히는 데 있다.

이러한 목적 하에 본 논문은 II장에서 러시아 정부가 기존의 극동·자바이칼 지역개발 프로그램의 실행 기간을 연장하고, 주요 구성 내용을 수정하게 된 배경은 어디에 있는지, 또한 러시아 정부가 수립한 새로운 극동·자바이칼 지역개발 프로그램의 목표와 전략적 방향은 무엇인지를 분석할 것이다. 또한 新극동지역개발 프로그램에서 중요한 축을 구성하는 「아·태지역 국제협력센터로서 블라디보스토크 시의 발전」과 관련하여 연해주 지방정부의 지역발전전략을 보다 구체적으로 분석할 것이다. 다음 III장에서는 1994년부터 제기되었던 남·북·러 삼각경제협력의 초기 구상을 정리하고, 이 구상이 시간의 추이에 따라 어떻게 '진화'되었는지, 그리고 남·북·러 삼각경제협력에 내재된 장애요인들은 무엇이며 최근 변화된 상황과 조건은 무엇인지를 분석할 것이다. 그리고 IV장에서는 이러한 분석을 기초로 러시아의 극동·자바이칼 지역개발 프로그램과 연계하여 추진할 수 있는 남·북·러 삼각경제협력의 사업대상을 검토하고, 마지막으로 결론에서 정책과제와 전망을 제시할 것이다.

II. 러시아의 극동시베리아 개발 전략[1)]

1. 『2013 극동·자바이칼 프로그램』수립 배경

러시아의 극동·자바이칼지역 개발과 관련된 연방특별프로그램에는 변함 없는 전략적 원칙 하나가 공유되고 있다. 그것은 이 지역의 자원과 낙후된 산업의 종합 개발, 외자유치나 합작기업 설립 및 자유경제지대 창설 등 역 내 국가들과의 협력을 기반으로 지역의 경제개발을 촉진하고 러시아의 아·태지역 경제체제로의 편입을 가속화한다는 것이다.

여기에서 우리가 관심을 가져야 하는 것은 러시아 정부가 어떤 배경에서 프로그램의 변화를 시도했는가, 그리고 어떤 측면에 강조점을 두고 있는가 에 있다. 러시아 정부가 프로그램 변화의 필요성을 자각하게 된 데에는 최 근 일부 극동지역 경제상황의 악화와 역내 지역간 불균등 발전의 심화라는 요소가 크게 작용했다. 러시아의 푸틴 총리는 2006년 8월 대통령 재임시 극동연방관구(Far Eastern Federal District) 전권대표 및 해당 관구의 주지사 들과 가진 회의에서 '왜 2006년 상반기 극동연방관구의 10개 지역 중 6개 의 지역에서 생산량이 감소했는가?'의 문제를 주요 의제로 제기했다. 다음 2006년 12월 20일 푸틴은 안보회의에서 현재 러시아의 극동지역에서 전개 되고 있는 '참혹한 상황'이 러시아의 국가안보를 심각하게 위협하고 있다고 발언했다.[2)] 이 발언을 통해 우리는 두 가지 사실을 확인할 수 있다. 하나는 러시아 극동지역의 개발이 단순한 사회경제적 측면의 지역개발의 문제가 아니라 국가안보의 의미를 함축하고 있다는 것이고, 둘째는 러시아 지도부 가 이 지역의 전반적인 상황이 매우 열악한 지경에 이르렀다는 결론에 도 달했다는 것이다. 이에 따라 러시아 정부는 극동의 사회·경제발전전략을

---

1) II장 1, 2절은 주로 필자의 선행연구 내용 중 일부를 축약·재정리한 것이다. 성원용. "푸틴 정부의 신 극동지역 개발정책과 전망." 정여천 편.『러시아 극동지역의 경제개발 진망과 한국의 선택』. 대외경제정책 연구원, 2008, pp.23 - 51.

2) В. В. Путин, "Вступительное слово на заседании Совета Безопасности," 2006. 12. 20, http://www.president.kremlin.ru/appears/2006/12/20/1548_type63374typc63378typc82634_115648.3 html

새롭게 수립할 것을 결의하고 현행 연방특별프로그램의 조속한 수정을 단행하며, '극동연방관구 사회·경제개발 국가위원회'[3])의 설립을 결정하였다. 푸틴의 발언을 계기로 2007년 2월 23일자 정부령에 따라 당시 총리였던 프라드코프(V. Fradkov)가 의장이고, 지역발전부 장관 코작(D. Kozak)이 부의장인「극동, 부랴찌야공화국, 이르쿠츠크 및 치타주의 사회경제발전국가위원회」가 구성되었고,[4]) 이 위원회가 주도하여 기존의「1996－2005년 및 2010년까지의 극동·자바이칼 지역의 경제·사회발전 연방특별프로그램」을 수정하는 역할을 맡게 되었다.

당초에는 지역발전부가 프로그램 준비에 맞추어「극동과 바이칼지역의 발전 전략: 개념」[5]) 등의 문건을 준비했지만, 이후 이 역할은 경제개발통상부로 넘어갔다. 2007년 3월 10~11일간 러시아의 경제개발통상부는 해당지역의 대표들과 프로그램에 참여하는 부처의 대표들을 초청하여 프로그램의 수정 과정에서 해당지역 연방주체들이 제기한 사업 제안을 검토하고, 각 프로그램의 발주자라 할 수 있는 연방부처의 의견을 청취하는 협의회를 개최했다. 이후 2007년 8월 2일 정부 각료회의에서 경제개발통상부가 준비한 최종안이 확정되었고, 2007년 11월 21일 정부령 No. 801에 따라「2013년까지 극동·자바이칼 지역의 경제·사회발전 연방특별 프로그램」[6])이 승인되었으며, 2008년 1월 1일부로 그 효력이 발생하기 시작했다.

그렇다면 현재 러시아 정부가 판단하는 극동지역의 가장 중대한 문제점은 무엇인가? 여러 가지가 거론될 수 있겠지만 가장 우선적으로 이 지역의

---

3) Государственная Комиссия по вопросам социально－экономического развития Д альневосточного федерального округа

4) "ПОЛОЖЕНИЕ о Государственной комиссии по вопросам социально－экономичес кого развития Дальнего Востока, Республики Бурятия, Иркутской и Читинской области", постановление Правительства Российской Федерации от 23 февраля 2007 г. N 127.

5) МИНИСТЕРСТВО РЕГИОНАЛЬНОГО РАЗВИТИЯ РОССИЙСКОЙ ФЕДЕРАЦИИ, "Ст ратегия развития Дальнего Востока и Байкальского региона. Концепция," Моск ва, 27 марта 2007 года.

6) Правительство Российской Федерации, Федеральная целевая программа 《Эконо мическое и социальное развитие Дальнего Востока и Забайкалья на период до 2013》, 2007. 11. 21.

사회경제상황이 매우 열악하다는 것을 지적할 수 있다. 1999년만 하더라도 극동 및 자바이칼의 지역경제의 성장속도는 러시아 평균보다 앞서 나가는 보습을 보여주었다. 그러나 2000년에 들어서면서부터 이러한 특징은 사라졌다. 2006년 극동관구의 지역총생산은 9,426억 루블로 러시아 전체 연방관구 중 가장 낮은 7위를 차지했다. 문제는 이러한 단순한 양적지표 상의 문제가 아니라 질적지표 상으로도 여러 조건들이 악화되고 있다는 데 있다. 공업생산에서 유용광물 채굴이 차지하는 비중은 무려 44.8%에 달한다. 반면에 1990년대 초 이 지역의 전체 수출에서 기계 및 설비가 차지하는 비중이 34%였지만 현재는 고작 3%에 불과하다. 원료, 철광석 및 원목 등이 이 지역 수출품목의 절대다수를 차지하고 있다.[7]

지역간 격차의 문제도 심각한 수준에 도달하고 있다. 2007년에 러시아 전체의 지역총생산이 1998년 대비 187.3% 수준으로 증가했지만 극동 및 자바이칼의 지역총생산 수준은 163.1%에 그쳤다. 둘 사이의 격차는 24.2% 포인트이다. 과거 2000년에 이 지표는 6.3%포인트였으며 2003년에는 11.5%포인트였다. 즉 3~4년을 기간으로 이 지표의 규모가 두 배 이상으로 증가하고 있다는 것은 그만큼 극동 및 자바이칼지역의 경제회복세가 느리며 상대적으로 러시아의 다른 지역에 비해 경제발전수준이 낙후되어 있다는 것을 반영하는 것이다. 1998년만 하더라도 극동 및 자바이칼의 1인당 지역총생산은 러시아전체의 평균보다 17.5% 포인트나 높았지만 2007년은 러시아전체 평균의 81.2% 수준에 불과한 실정이다.[8]

이 지역이 안고 있는 가장 중대한 문제는 무엇일까? 이것은 이 지역의 지도부가 인식하고 있는 문제의 심각성과 직결되어 있다. 그것은 바로 '인구학적 위기'로 집약된다. 러시아 평균에도 못 미치는 낮은 지역총생산, 고정자본투자의 감소, 최저생계비 이하의 소득계층이 21.2%(러시아 평균

---

7) Правительство Российской Федерации(2007).

8) В. И. Ишаев, "социально-экономическая стратегия развития Дальнего Востока и Забайкалья," ВЫСТУПЛЕНИЯ НА ПЛЕНАРНОМ ЗАСЕДАНИИ ТРЕТЬЕГО «ДАЛЬНЕВОСТОЧНОГО МЕЖДУНАРОДНОГО ЭКОНОМИЧЕСКОГО ФОРУМА» 30 сентября 2008 г.

17.6%)에 달하는 낙후된 사회경제적 조건 때문에 이 지역에서 인구유출이 급격히 증가하고 있고, 그로 인해 노동력 부족 사태가 심화되고 있다. 1989 년 인구조사가 실시된 이래로 극동연방관구에서 무려 20%나 인구가 감소 했으며(러시아연방 전체평균은 3.6%), 가장 최근 10년간(1996~2006년) 극 동지역에서 유출된 인구는 총 72만 명으로 추산된다. 이는 지역 주민의 10%에 달한다.[9] 한편, 이러한 인구학적 위기는 지역 상황이 현저하게 호전 되지 않는다면 더욱 악화될 것으로 전망된다. 유네스코(UNESCO)는 2025년 경에 이르면 이 지역의 주민이 약 1/3 이상 감소하여 1959년의 수준인 470 만 명으로 줄어들 수도 있다는 비관적인 전망을 제시하고 있고, 현재의 인 구학적 위기 상황이 유지된다면 이 지역의 주민은 2050년에 이르러 약 4백 만으로 감소할 것이라는 예측도 나오고 있다.[10]

반면에 미국, 일본, 중국, 한국 등과 같이 역동적으로 발전하는 국가들이 인접해 있거나 근거리에는 있다는 사실은 러시아 지도부의 불안감을 더욱 심화시키는 요인이다. 특히 최근 중국인의 극동지역으로의 대규모 유입 및 이들의 불법체류 문제가 중·러간 정치적 논쟁으로 비화되면서 '극동지역 의 중국화'에 대한 우려의 목소리가 높아지고 있는 가운데,[11] 해가 갈수록 극동·자바이칼 지역의 아·태지역 국가에 대한 수입 의존도가 심화되고 이들 국가들의 극동시장에 대한 지배력이 강화되고 있다는 위협 인식이 증 폭되고 있다. 따라서 러시아정부는 이와 같은 부정적인 사태를 중지시킬 수 있는 전환점이 시급하다고 판단하고 있으며, 이 지역의 문제들에 대한 국가 의 관심을 강화하는 것이 필요하고, 바로 여기에 러시아연방 전체의 사활적 인 이해가 달려있다고 보고 있다. 2007년 11월 수정된 프로그램이 언급한 여러 과제 중 '역내 주민 정착 강화'를 가장 우선적으로 언급한 것은 바로

---

9) Правительство Российской Федерации(2007).

10) Ишаев(2008).

11) 최근 중국인의 이주는 급속하게 증가하고 있다. 2002년 중국인의 극동연방관구 입국자수는 1999년과 비교하여 68.3% 증가했고, 2004년에는 2002년과 비교하여 24.5%나 증가했다. 1999~2004년간 극 동연방관구에 체류한 중국인 수는 약 2백만 이상이 된다. Е. Л. Мотрич, Население Дальнего Востока России (Владивосток - Хабаровск: ДВО РАН), 2006, p.170.

여기에서 연유하는 것이다.

2. 신극동지역개발프로그램의 목표와 전략적 방향

신극동지역개발프로그램의 목표는 "러시아연방의 지전략적 이해관계와 안보를 고려하면서 극동·자바이칼 지역의 우선적인 경제부문을 발전시키기 위해 요구되는 인프라의 구축 및 호의적인 투자환경 조성"[12]에 모아졌다. 이러한 내용은 앞서 언급한 2006년 12월 20일 안보회의에서 푸틴 대통령이 강조했던 내용과 일치되며,[13] 2002년 3월의 프로그램과는 내용적인 측면에서는 대동소이하지만 목표 항목이 이전보다 한층 단순화되고 집중되었다. 다음 최근 수정된 프로그램에서 밝히고 있는 신극동지역개발프로그램의 우선 과제는 "새로운 일자리의 보존 및 창출로 역내 주민 정착 강화, 경제발전을 제약하는 지방단위의 인프라 한계의 해소, 엔지니어링인프라 및 사회부문의 발전과 관련된 일련의 프로젝트 실현"[14]으로 집약되었다.

극동지역의 경제발전을 제약하는 데에는 여러 요소가 있다. 그 중에서도 흔히 열악한 인프라환경, 원료를 가공할 수 있는 생산시설의 낙후·부족 등으로 인한 자원의 비합리적 이용, 아·태지역 국가들과 비교하여 극동·자바이칼 지역의 대다수 1차 산업에서의 낮은 노동생산성, 낙후된 인력양성 체계와 주민들의 낮은 생활수준에서 비롯된 양질의 노동력 부족 등의 문제들이 거론되고 있다. 그렇다면 이 중에서도 가장 우선적이고 시급히 해결해야 할 사안은 무엇인가? 답은 인프라의 발전이다. 결국 이와 관련하여 국가의 역할은 이러한 장애요인을 극복하는 데 집중될 수밖에 없다. 여기에서 가장 중요한 핵심 사안은 '교통'과 '전력'이다. 교통과 전력 분야의 열악한 인프라 환경 개선은 이 지역의 풍부한 광물자원 이용, 산업발전, 인구감소,

---

12) Правительство Российской Федерации(2007).

13) 푸틴은 프로그램에서 지향해야 힐 목적은 그저 경제적 과제를 해결하는 것이 아니라 주민들의 삶과 노동을 위한 합당한 조건을 창출하는 데 있다고 강조했다. 이러한 취지에서 극동의 사회경제적 부상에 장애요인으로 작용하고 있는 인프라의 개선과 호의적인 비즈니스 환경 구축을 제시한 바 있다. Путин(2006).

14) Правительство Российской Федерации(2007).

일자리 창출 및 주민 생활환경 등의 문제들과 매우 밀접한 상관관계를 갖고 있다.

신극동지역개발프로그램은 일차적으로 재정지원을 확대하고, 실행기간을 연장하는 데 맞추어졌다. 그렇다면 과거 「1996-2005년 및 2010년까지의 극동·자바이칼 지역의 경제·사회발전 연방특별 프로그램」과 어떠한 측면에서 차별성을 갖는가?

첫째, 과거 그 어느 때보다도 프로그램 전체의 예산규모가 커졌다. 이러한 측면에서 러시아의 그리즐로프(B. Gryzlov) 두마 의장은 사실상 시베리아 극동에 대한 정부의 접근이 전환기에 들어섰다고 보고 있다. 과거 2004~2007년간 극동·자바이칼 지역 연방특별프로그램을 실행하는 데 500억 루블이 책정되었다면, 이제는 2008년 한 해만 하더라도 예산규모가 거의 400억 루블에 육박하고, 향후 2009~2011년에는 연방특별프로그램의 예산이 3,150억 루블을 초과하게 된다.[15] 또한 유사한 개발프로그램들과 비교하여 상대적으로 규모가 크다는 것도 확인할 수 있다. 이것은 신극동지역개발프로그램의 위상과 역할을 가리키는 것으로, 그 중요성을 간접적으로 시사해준다. 일례로 2014년 동계올림픽 예정지인 소치(Sochi)의 개발프로그램에 대한 전체 예산이 3,139억 루블인 반면, 2013년을 사업기간으로 설정한 신극동지역개발프로그램은 총 예산규모가 5,660억 루블에 달한다. 소치보다도 대략 2,520억 루블이 많다. 또한 전체 소요예산에서 연방재정의 분담 비중이 소치보다도 높다. 소치의 경우에 연방재정 분담은 1,860억 루블로 59.3%를 차지하는 반면에 신극동지역개발프로그램에서의 연방재정 분담액은 4,263억 루블로 75.3%를 차지한다. 그 어느 때보다도 중앙정부가 큰 관심을 갖고 있는 사업임을 확인할 수 있다.[16]

둘째, 과거와 달리 이번 신극동지역개발프로그램에는 2012년 APEC 정상회담에 맞추어 블라디보스토크를 개발하기 위해 「아·태지역 국제협력센터

---

15) Б. В. Грызлов, "Приоритетные задачи развития Дальнего Востока России," ВЫСТУПЛЕНИЯ НА ПЛЕНАРНОМ ЗАСЕДАНИИ ТРЕТЬЕГО «ДАЛЬНЕВОСТОЧНОГО МЕЖДУНАРОДНОГО ЭКОНОМИЧЕСКОГО ФОРУМА» 30 сентября 2008 г.

16) Ведомости, 2007. 8. 2.

로서 블라디보스토크 시의 발전」[17]이라는 하위프로그램이 포함되어 있으며, 이것이 전체 프로그램에서 매우 중요한 위치를 차지하고 있다.

셋째, 전략적 최우선 순위와 강조점에서 커다란 변화가 발생했다. 러시아의 전통적인 시베리아·극동지역 개발 전략은 이 지역의 자원개발을 강조해왔다. 이번 신극동지역개발프로그램에서도 그 성격은 크게 바뀌지 않았다. 그러나 '선택'과 '집중'이란 관점에서 커다란 변화가 시작되었다. 아래의 <표 1>에서 보듯이 신극동지역개발프로그램은 과거 「1996-2005년 및 2010년까지의 극동·자바이칼 지역의 경제·사회발전 연방특별 프로그램」과는 상당한 차이를 보여주고 있다. 우선 과거 프로그램에서 주된 위치를 차지한 부분은 주택공영사업(45.1%), 연료에너지복합체(23.9%), 사회부문 (20.6%)이었으나 신극동지역개발프로그램에서는 강조점이 상당 부분 변경되었다. 신 프로그램에서는 연방예산의 58%가 교통복합체를 발전시키는 데 투입될 예정이다. 구 프로그램에서 교통복합체의 비중이 단지 2.1%에 불과했던 것과 비교하면 실로 엄청난 증가라 할 수 있다. 연료에너지복합체의 비중은 과거와 동일한 수준인 23.2%를 차지했다.

<표 1> 신·구 프로그램의 예산 비중 비교

	구 프로그램		신 프로그램	
	연방예산 (단위: 억 루블)	비중(%)	연방예산 (단위: 억 루블)	비중(%)
	203	100	4,263	100
원료에너지복합체	48	23.9	988	23.2
교통복합체	4	2.1	2,471	58
통신	0.2	0.1	49	1
상하수도관리	14	7	59	1
엔지니어링인프라	92	45.1	342	8
사회부문	42	20.6	286	7
R&D 및 기타	4	2	68	2

17) Подпрограмма "Развитие г. Вдаливостока как центра народного сотрудничества в Азиатско-тихоокеанском регионе", Правительство Российской Федерации, Федеральная целевая программа 《Экономичсское и социальное развитие Дальнего Востока и Забайкалья на период до 2013》, 2007. 11. 21.

3. 연해주의 지역개발 프로그램

연해주의 지역개발 프로그램을 개관하기 위해서는 크게 두 개의 프로그램을 검토해야 한다. 하나는 앞서 언급한 「아·태지역 국제협력센터로서 블라디보스토크 시의 발전」이라는 프로그램이며, 다른 하나는 제2차 태평양경제회의에서 발표된 「2025년까지 연해주 사회경제발전전략」이다.

우선 「아·태지역 국제협력센터로서 블라디보스토크 시의 발전」을 살펴보면, 러시아 정부는 아·태지역에 러시아 정치경제의 영향력 있는 중심지를 구축하는 것이 극동정책의 가장 중요한 과제 중 하나라고 보고 있고, 그 후보지는 블라디보스토크가 될 것이라고 판단하고 있다. 연해주의 주도(州都)인 블라디보스토크는 러시아 극동에서 규모가 크고 경제적으로 발전된 도시이며, 특히 철도·도로·해운·항공교통이 만나는 교통물류의 허브에 해당된다. 블라디보스토크와 연해주 남부지역은 교통인프라 및 통과수송의 관점에서든, 아니면 임업가공, 수산업 및 기타산업의 관점에서든 거대한 잠재력을 지닌 지역으로 판단하고 있다. 이러한 관점에서 러시아 정부는 블라디보스토크와 인접한 지역에 대규모 물류, 학술, 비즈니스, 관광센터를 구축하는 것이 필요하다고 판단하고 있다. 그리고 이러한 센터를 구축하기 위해서는 도시의 기초인프라(교통, 에너지, 공공부문)가 가속적으로 발전해야 한다는 입장이며, 이 과제를 해결하기 위해 「아·태지역 국제협력센터로서 블라디보스토크 시의 발전」이라는 하위프로그램이 포함되게 되었다.[18] 하위프로그램에 따르면 컨퍼런스센터, 프레스센터, 의료센터, 오페라발레극장, 3~5성급 호텔숙박시설, 교통인프라시설의 건설 등이 계획되어 있으며, 에너지·공공부문의 인프라시설을 재건하고 현대화하는 사업이 포함되어 있다. 건설사업은 모두 2011년에 완료되는 것으로 예정되어 있으며, 2009~2012년에 러시아의 APEC 정상회의 개최 준비 및 진행과 연관된 사업들이 실행될 예정이다. 하위프로그램의 실행기간이 매우 촉박하다는 것을 이유로 건

---

18) 이 하위프로그램의 내용은 '블라디보스토크 개발 총계획' 및 '연해주 발전 전략과제'의 내용이 일정 부분 반영되었다.

설부문의 이행은 러시아건설공사(Rosstroi)로 지정했다. 이러한 조치는 시간을 절약하고, 각각의 구별된 투자대상에 대해 작업일정 조정을 단순화하면서 의사결정의 실행 능력을 제고할 것으로 기대되기 때문이다. 2008~2012년간 블라디보스토크 시 발전을 위한 하위 프로그램에만 총 1,485억 루블이 책정되어 「2013년까지의 극동·자바이칼 지역의 경제·사회발전 연방특별프로그램」 전체 예산의 약 1/4을 넘어서는 규모에 달하고 있다. 총 사업규모 1,485억 루블 중 연방재정 분담은 무려 1,000억 루블에 달한다. 본 프로그램의 실행을 위해 배정된 연해주 예산은 모두 108억 루블이며, 지방예산은 3,200만 루블이고, 예산외 재원은 377억 루블이다.

<표 2> 「아·태지역 국제협력센터로서 블라디보스토크 시의 발전」 프로그램의 재원

(단위: 백만 루블)

재원	2008 - 2012년	각년도				
		2008년	2009년	2010년	2011년	2012년
전체	148522.5	22299.8	31635.9	45620.5	46366.3	2600
연방예산	100000	15000	20000	30000	34400	600
연방주체예산	10821	1944.3	3225.9	4157.5	1493.3	-
지방예산	32	2	10	10	10	-
예산외 재원	37669.5	5353.5	8400	11453	10463	2000

출처: ПРИЛОЖЕНИЕ №11 к федеральной целевой программе "Экономическое и социальное развитие Дальнего Востока и Забайкалья на период до 2013года".

다음 두 번째에 해당되는 「2025년까지 연해주 사회경제발전전략」은 러시아의 경제개발통상부가 현재 중기개발전략으로 진행하고 있는 「2025년까지의 극동, 부랴찌야공화국, 이르쿠츠크 및 치타주의 사회경제발전전략」 구상과 연계되어 수립되고 있는 지역 단위의 전략이라고 할 수 있다.[19] 이하에서는 2008년 7월 26일 블라디보스토크에서 개최한 제2차 태평양경제회의에서 다르킨(S. Darkin) 주지사가 발표한 내용을 중심으로 살펴본다.[20]

---

[19] 현재 러시아는 '지방의 전략적 계획화'로 빠르게 이행하고 있다. 2008년 1-7월간 지역개발부는 2025-2030까지를 기간으로, 30개 이상의 연방주체들의 발전 전략을 검토했으며, 여기에는 극동지역들의 주체들도 포함되는데, 마가단주, 사할린주, 브랴치야 공화국도 포함된다. 2008년 5월 지역개발부는 극동관구, 자바이칼, 이르쿠츠크주를 포함하는 러시아동부 거시지역 발전에 대한 고기전략의 검토를 지시했다.

우선 「2025년까지 연해주 사회경제발전전략」은 중국과 인도를 쌍두마차로 아·태지역이 세계경제의 성장을 주도하는 새로운 중심축으로 부상하고 있다고 진단하고, 이것이 극동지역에게는 유럽에 편중된 자원공급시장을 아·태지역으로 다변화함으로써 시장 지배력 강화, 아·태지역의 중급·첨단기술시장에서 입지 구축 및 지역경제통합 강화, 단일한 아시아경제공간으로의 보다 적극적인 참여 등을 가능하게 한다고 보고 있다. 그리고 이러한 현실 인식에서 출발하여 연해주에 부여된 사명은 러시아가 아·태지역과 상호작용할 수 있는 전초기지를 구축하고, 아시아의 상품, 금융, 노동력, 기술 및 정보 시장에 러시아를 생산적으로 진입시키는 데 있다는 결론을 내리고 있다.

「2025년까지 연해주 사회경제발전전략」은 크게 5개의 전략적 과제를 설정하고 있다. 첫째, 러시아 연해주의 생산·기술 위상 및 태평양 천연자원 이용의 제고, 둘째, 연해주의 잠재력을 효율적으로 이용함으로써 아시아시장의 주체들과 극동시베리아 산업 및 원료지역간 안정적인 경제관계 구축, 셋째, 아·태지역 교통체계의 요구에 부응하는 연해주 교통체계의 변화, 넷째, 블라디보스토크 시를 기반으로 아·태지역에서 러시아의 대규모 정치, 경제, 문화 센터의 구축, 다섯째, 연해주의 문화적, 교육적 자원의 발전 및 자본화 그리고 이렇게 설정된 전략적 과제는 '신산업화(new industrialization)' 라는 지역발전의 특별 시나리오를 구축하게 된다. 이 시나리오의 핵심 내용은 통과·수송기능을 포함한 경제기반의 기능을 발전시키고 새로운 가공복합체를 구축함으로써 질적으로 새로운 특화된 경제를 달성한다는 것이다. 이번 「2025년까지 연해주 사회경제발전전략」에서는 그저 단순하게 경제의 다각화를 요구하는 것이 아니라, 국내외의 혹독한 경쟁조건에서 새로운 상품의 가공수준을 높이는 것이 매우 중대하다는 점을 강조하고 있고, 이러한 배경에서 '클러스터' 접근을 시도하고 있다는 것이다. 「2025년까지 연해주 사

---

20) Доклад Губернатора Приморского края С. М. Дарькина на Ⅱ Тихоокеанском экономическом конгрессе. Стратегия социально-экономического развития Приморского края до 2025 года. http://www.primorsky.ru/

회경제발전전략」은 크게 6개의 우선적 방향을 규정하고 있는데, 첫째, 에너지연료 운송·정제 클러스터의 발전, 둘째, 교통·물류 클러스터의 발전, 셋째, 어업 클러스터의 발전, 넷째, 블라디보스토크 메가폴리스 구축, 다섯째, 이노베이션 활동의 발전, 여섯째, 에너지생산 클러스터의 발전 등을 제시하고 있다. 이하에서는 위에 언급한 6가지 최우선적 정책 방향 중 몇 가지 측면을 구체적으로 살펴본다.

우선 에너지연료 운송·정제 클러스터와 관련해서는 동시베리아 – 태평양 (East – Siberian Pacific Ocean: ESPO) 송유관 건설이 연해주에 석유제품 및 석유화학제품 생산이라는 새로운 경제활동을 구축할 수 있는 가능성을 제공할 것이라고 보고 있다. '로스네프찌'사는 연해주에 연간 2천만톤의 정유 공장 건설 프로젝트를 준비하고 있다. 연해주의 가스화라는 전략적 목표와 관련해서는 역내 소비자들의 수요를 충족시키고 연해주 남부의 가스화학 및 가스가공생산을 위해 가스가공공장(연간 300억 M³) 건설, LNG 공장(연간 260억 M³) 건설, 광물비료 생산 공장 건설, 그리고 전력 생산원을 가스연료로 교체하는 등의 가스수송체계 구축을 계획하고 있다. 연해주는 이러한 프로젝트를 실현함으로써 관련 클러스터를 증대하고, 사할린 및 대륙붕에서 석유채굴 프로젝트에 참여할 서비스 및 생산센터를 연해주에 유치할 수 있을 것으로 기대하고 있다.

다음 연해주는 교통·물류 클러스터의 발전이 광역지역의 통합과정 규모에 부합되어야 한다고 가정하고 있다. 일단 교통복합체는 시베리아 극동지역으로부터의 상품수출 및 통과화물 운송 등의 수요에 부합되어야 하는데, 바로 이런 이유로 기존의 개별적인 항만 발전 계획에서 전체 항만건설관리 운영체계의 발전으로 방향을 전환할 것을 요구하고 있다. 아·태지역에서 연해주 항만체계의 경쟁력은 규모면에서 볼 때 다른 아·태지역 항만에 뒤지기 때문에 연해주 교통복합체의 성공 영부는 규모의 경쟁이 아니라 전체 항만체계를 구성하는 각 구성요소의 발전 전략을 조화시키고, 일체화하는 것에 좌우될 것이라고 보고 있다. 그리고 항만체계의 발전을 위해 보스토치니·나호트카 교통복합체 지역에 항만·생산특구를 지정하는 것을 검토하고 있고, 클러스터의 경쟁력을 확보하기 위한 기술현대화, 그리고 주요 교통축의 처리능력 증대로 역내 항만체계의 생산성을 제고하는 것이 중요하다고 판단하고 있다. 특히 광역운송체계로의 통합을 위해 현 블라디보스토크시 공항을 기반으로 허브공항을 구축하는 가능성을 검토하고 있다.

또한 「2025년까지 연해주 사회경제발전전략」은 비즈니스를 위한 최적의 환경을 제공하기 위해 블라디보스토크를 중심으로 광역도시권을 구축하는 것이 필요하다고 인식하고 있다. 현재 러시아에서 1백만 이상의 도시는 12개에 불과하고, 광역화사업으로 1백만에 도달할 잠재력을 갖고 있는 도시도 12개 정도라고 판단하고 있다. 동 전략은 러시아의 도시들이 현대적인 투자 경향에 적합하지 못하며, 새로운 경제활동을 발전시키고 관련된 기능을 수행하는 데 한계가 있기 때문에 블라디보스토크를 중심으로 광역도시권을 구축함으로써 이 문제를 해결하자고 제안하고 있다. 블라디보스토크 메가폴리스 구축의 주요 방향은 크게 네 개의 구성요소로 요약된다. 첫째, 비즈니스단지 구축, 이노베이션 및 교육인프라 발전을 포함한 메가폴리스 중심의 발전, 둘째, 메가폴리스에 포함되는 모든 지역(블라디보스토크, 우수리스크, 아르쫌, 나호트카)의 도시환경 발전, 셋째, 교통접근성의 향상 및 광역도시 내 물류생산기능 일체화를 통한 메가폴리스 인프라의 발전, 넷째, 글로벌기준에 부합되는 관광인프라 구축 및 '연해주' 게임 존(game zone)의 설립 등이다. 앞서 언급한 대로 2012년 APEC 정상회담을 목표로 한 「아·태지역 국제협력센터로서 블라디보스토크 시의 발전」이라는 프로그램은 사실상 이러한 정책 방향과 연관된 내용을 담고 있다.

다음 에너지생산 클러스터의 발전은 역내 에너지수요 증대를 보장하고 중국, 한국으로의 전력수출 조건을 조성한다는 것을 목표로 하고 있다. 이 분야에서 주요 프로젝트로는 첫째, 발전시설의 신규 건설 및 기존 발전시설의 현대화(나호트카 화력발전소, 우수리스크 화력발전소, 블라디보스토크 화력발전소-3의 건설, 아르쫌 화력발전소 및 블라디보스토크 화력발전소-2의 가스연료공급체계로의 전환 및 재건), 둘째, 전력수출을 위한 전력망의 기술설비(중국, 북한, 남한으로의 전력공급을 위한 송전선 구축), 셋째, 연해주 지역 및 아·태지역 국가에 원자력발전소를 건설하기 위한 기술종합센터의 구축 등이 검토되고 있다.

4. 극동지역 개발과 한반도의 미래

현재 극동지역은 한국과의 지리적 근접성과 엄청난 개발 잠재력 때문에 우리의 지대한 관심을 끌고 있다. 더불어 요즘과 같은 국경 없는 경제전쟁 시대에는 누가 먼저 시장을 개척하고 확보하느냐에 따라 경제전쟁의 승패가 판가름 난다고 보고 극동지역 진출에 박차를 가해야 한다는 목소리도 높아지고 있다. 과연 잠에서 깨어난 극동시베리아의 화려한 부활을 알리는 서막이 시작되었는가?

'열린 공간'으로서 극동지역은 한반도의 미래에 어떠한 의미를 갖는가? 연해주는 열려진 공간이었다. 배타적 주권이 미치는 국민국가의 영토 개념이 아니라, 어느 누구도 '주인'과 '손님'의 경계를 명확히 규정짓지 않는 공존과 소통의 생활공간이었다. 이 공간에서 '세계시민'이 될 수 있는 자격조건은 자연에 대한 도전과 끊임없는 개척정신이다. 연해주의 블라디보스토크에서 출발하는 시베리아횡단철도의 건설은 자연에 대한 인간의 승리이며, 인류의 위대한 공간개척사로 기록된다. 시베리아철도의 기적소리는 늑대의 울부짖음과 죄수의 사슬 소리만이 들리던 평원의 정적을 깨버렸고, 음산하고 야만적인 전설을 쫓아버렸다.[21] 그러나 이 위대한 공간개척사의 영광을 러시아만이 전유하는 것은 불공평하다. 블라디보스토크와 하바로프스크를 잇는 우수리철도 건설(1891~1897)에서 노반작업의 약 3분의 2는 주변국들의 노동력으로 실현되었다. '철의 실크로드'가 그저 단순한 교통망 확충 사업이 아니라 끊어진 민족의 혈맥을 잇고, 근대화 시기 대륙에 묻힌 민족사를 복원하고, 21세기 열린 동북아시대를 향해 나아가는 대장정이 되어야만 하는 이유는 여기에 있다.

---

21) 성원용, "시베리아철도 건설의 역사," 강재홍 외, 『대륙철도의 꿈』(고양: 한국교통연구원, 2006), p.128.

러시아의 극동지역은 우리 민족에게 결코 낯선 땅이 아니다. 극동지역은 조국을 잃어버린 조선의 민초들에게 피난처이자 독립운동으로 새로운 희망을 만드는 땅이었고, '육상(陸上)의 무변대해(無邊大海)'인 감각을 통해 지리적 상상력을 넓히는 공간이었다.[22] 또한 "조국이 어수선하면 피신해갔던 안식처였고, 19세기 중엽부터 근대 한민족의 애환을 고스란히 간직하고 있는 역사의 현장이며, 좌절을 안고 찾아갔다가 희망으로 가득 채워 다시 고국으로 돌아왔던 재도전의 수련장"[23]이었다. 연해주는 한민족 재외동포 이민사에서 가장 큰 비극이 시작된 공간으로 기억된다. 1860년 이후 연해주로 이주하여 황무지를 개간하며 정착했던 우리 동포들은 1937년 중일전쟁 발발과 함께 스탈린의 강제이주 정책으로 짐짝처럼 시베리아횡단열차에 실려 반 사막지대나 다름없던 중앙아시아로 쫓겨나고 말았다.[24] 이들은 중앙아시아의 악조건에서 생존하여 삶의 기반을 마련했다. 그러나 일명 '고려인'이라 불리는 우리 동포들에게 또 한 번의 가혹한 시련이 닥쳐왔다. 구소연방 붕괴 이후 중앙아시아의 여러 공화국이 독립하면서 자민족 중심주의가 극단으로 치닫자 이들은 다시 기차에 올라타 제2의 고향인 연해주로 귀환하고 있다. 현재 연해주에는 3만여 명의 '고려인'이 거주하고 있으며, 이들 중 다수는 블라디보스토크와 항카호 중간에 위치한 국경도시 우수리스크에 집거하고 있다.

과거 해삼위(海蔘威)라 불리던 블라디보스토크는 도시 이름에서도 알 수 있듯이 '동방'과 함께 한 역사의 궤적들이 살아 숨쉬고 있는 곳이다. 태평양을 향한 러시아의 관문으로서, 또한 시베리아횡단열차의 동단 도시로서 블라디보스토크는 20세기 초 중국, 한국, 일본 등 주변국과의 교류가 많았던 도시였다. 이들과 가까운 곳에 위치한 탓에 일찍부터 무역, 외교, 상업의 중심지가 되었다. 1890년대부터 이 도시는 무역항으로 발전하여 20세기 초

---

22) 백남운, 『쏘련인상』 (서울: 선인, 2005), p.28.

23) 박종수, 『러시아와 한국, 잃어버린 백년의 기억을 찾아서』 (서울: 백의, 2002), p.170.

24) 1937년 8월 21일자 '한인이주' 명령은 "파시즘과 다를 바 없는 국수주의의 폐악에 중독된 파괴주의와 대량학살의 음모"가 밀접하게 얽힌 사건이었다. 블라지미르 김, 『러시아 한인 강제 이주사』 (서울: 경당, 2000), p.35.

반까지 급속한 성장을 하였고, 전 세계의 무역상, 자본가와 외교관들이 이곳으로 몰려들었다. 블라디보스토크는 제1차 세계대전 당시 미국에서 보낸 군수품과 철도장비를 들여오는 태평양의 주요항구이기도 했다. 당시 이 도시는 '러시아의 상하이', '동방의 진주'라 불릴 정도로 국제화되고 외국인이 많은 도시였다. 그랬던 이 지역이 우리들의 기억에서 희미해진 것은 순전히 20세기 한반도 분단과 냉전 탓이다.

그러나 금단의 땅이었던 블라디보스토크가 다시 개방되어 연해주는 다시 과거의 활기를 되찾아가고 있고, 1990년대 체제전환기의 파국적 혼란을 극복하며 힘찬 도약을 준비하고 있다. 극동지역에서 지리적·전략적 요충지로서 잠재적인 발전 가능성을 인정받고 있고, 경제무역의 중심도시가 될 수 있는 무한한 잠재력을 가진 지역이라는 인식 하에 주변국들의 투자 진출도 활발해지고 있다. 특히 러시아의 푸틴 전대통령이 극동지역 개발전략을 본격적으로 가동시키면서 연해주는 지역의 발전을 위해 대대적인 사회간접자본 투자 계획을 수립하고 있다. 이제 극동지역으로의 진출을 전면적으로 본격화해야 할 시기가 도래한 것이다.

한국의 극동시베리아지역 진출은 특별한 의미를 갖는다. 그것은 21세기 대륙-해양세력의 충돌에서 어떻게 생존과 활로를 모색할 것인가에 대한 중요한 답을 제시한다. 한국의 극동시베리아지역 진출은 한반도가 갖는 지정학적 정체성, 즉 대륙과 해양으로 나가는 관문, 해양과 대륙을 이어주는 가교의 역할을 극대화할 수 있는 기회의 창이다. 과거 한반도는 동해, 남해, 황해, 동중국해로 이어진 동아지중해(East Asian Mediterranean Sea)의 중핵에 위치하고 있고, 중핵조정역할을 실현시켰다. 그러나 20세기 후반 냉전시기 분단체제에서 한반도는 중국-소련-북한으로 구성된 대륙의 북방삼각동맹과 미국-일본-한국으로 구성된 해양의 남방삼각동맹이 대치함에 따라 해륙국가로서의 정체성을 상실하여 일종의 '섬'으로 전락했고, 동아지중해는 '절름발이 지중해'가 되어 버렸다.[25]

---

25) 윤명철, 『광개토대왕과 한고려의 꿈-고구려적 세계와 미래한국 비전』(서울:삼성경제연구소, 2005), pp.150-151.

이로써 21세기 한국의 새로운 발전 노선은 명확해진다. 한반도의 지정학적 기회 요인을 극대화하기 위해 한반도의 정체성을 동아지중해의 관점에서 재해석하고 대륙과 해양을 함께 경략하는 '해륙(海陸)국가'로 귀환(歸還)해야 한다. 만일 한국의 국가전략이 과거 분단과 냉전에 의해 초래된 해양세력과 대륙세력 간의 단절을 극복하고, 통일 한반도를 이들 양 세력의 '물질문명'과 '정신문명'을 흡수하고 소통시키는 공간으로 회복시키는 것으로 설정한다면, 러시아는 해양-대륙 복합화 전략[26] 실현의 중요한 통로가 될 수 있다. 이러한 관점에 서지 않는다면 새롭게 열리는 유라시아대륙의 지평을 국가 발전의 계기로 승화시키는 절호의 기회를 놓치고 말 것이다. '해륙(海陸)국가'로서의 정체성을 회복하기 위해서는 분단체제의 극복을 통해 온전한 의미에서의 '한반도경제권'[27]을 복원하고, 동시에 그간 해양에 치우친 국가발전전략의 벡터를 대륙으로 전환하여 대륙으로 열린 '기회의 창'을 적극적으로 활용하는 전략이 필요하다.

예를 들어 러시아의 TSR은 블라디보스토크과 모스크바를 연계하는 단순한 대륙철도가 아니라 유라시아를 하나의 '문명'으로 통합하고 있는 생명선이다. 따라서 사회경제적 발전 정도나 성격에서 현저한 차이를 보이고 일견 문화적으로도 이질적인 요소들로 가득 찬 유라시아 공간을 향해 한국의 국가발전전략을 투사하고, 이 공간에서 상이한 문명·민족간 공존과 호혜의 협력관계를 구축하기 위해서는 TSR 등 유라시아대륙철도망과 연결하여 '철의 실크로드'(Iron Silkroad)를 조속히 완성해야 한다. 또한 ESPO Oil Pipeline, 동부가스프로그램(Eastern Gas Program), 통합가스공급시스템(Unified Gas Supply System), 단일전력송전시스템(Unified Power Transmission System) 등은

---

26) 신범식, "유라시아 지역 협력체구상과 한반도," 『평화통일연구』, 15집(인천대학교 평화통일연구소, 2005년 6월).

27) 양문수와 이남주는 한반도를 둘러싼 새로운 환경 변화 속에서 남북경제공동체 형성의 새로운 비전으로 '한반도경제' 구상을 제시하고 있다. 한마디로 이것은 개방적 한반도경제권을 형성하여 남한경제, 북한경제, 동북아경제의 연관성을 높이자는 제안이다. 이 개념은 북한의 체제전환, 남북 경제통합, 개방적 한반도경제 형성이 복합적으로 이루어지는 단기적이며 동태적인 통합과정을 지칭하는 개념이다. 이에 대해서는 다음을 참고. 양문수·이남주, "한반도경제 구상: 개방적 한반도 경제권의 형성," 한반도사회경제연구회 지음, 『한반도경제론』, (서울: 창비), 2007, pp.150-168.

단순히 극동 시베리아지역의 에너지자원을 개발하여 동북아지역을 포함한 아·태지역으로 공급하는 에너지물류망으로서의 의미를 갖는 것이 아니라 미래 동북아에너지협력체로 나아가는 에너지 실크로드(Energy Silkroad)를 구축하는 사업이다. 북핵위기의 해소가 에너지문제의 해결과 직결되어 있다고 본다면, 이러한 에너지 실크로드는 미, 중, 일, 러, 남, 북이 에너지의 안정적 공급이라는 이익 공유를 담보로 한반도에 평화를 구축하고 이를 기반으로 동북아 평화공동체를 건설하는 사업이 된다.[28] 그런 의미에서 '해륙(海陸)국가'로 귀환(歸還)하는 도상에서 러시아와의 이익 공유는 과거처럼 해양세력과 대륙세력의 갈등이 한반도에 의해 증폭되는 것이 아니라 진화(鎭火)되는 과정을 의미하는 것이다.[29]

한편, 러시아가 극동지역 개발전략을 본격적으로 가동시키면서 최근 한국과 러시아의 일각에서는 양국의 관계 증진과 동북아의 평화안정을 위해 남－북－러 삼각경제협력을 적극적으로 활용하자는 논의가 제기되고 있다. TKR－TSR 연결, 극동·시베리아 개발 등의 프로젝트 실현에 3국이 공동 협력한다면 거대한 파급효과가 나타날 것이라는 기대감이 일고 있고, 이러한 배경에서 이명박 대통령은 2008년 9월 28~30일 한·러 정상회담을 통해 TKR－TSR 연결을 통한 '에너지 실크로드', 북한통과 송유관·가스관 건설을 통한 '에너지 실크로드', 그리고 극동지역 농수산·임업 협력을 통한 '녹색 실크로드' 등 3대 신 실크로드 구상에 대한 비전을 제시했다. 이하에서는 지금까지 진행된 남·북·러 삼각경제협력 구상의 발전 과정을 재검토하고, 이 구상의 실행에 어떠한 장애요인이 있으며 향후 발전 전망은 어떠한지를 분석해본다.

---

28) 임혁백, "한반도의 지정학적 재발견과 동아시아 중추국가 전략," 『국토』, 2007년 2월호, p.13.
29) 배기찬, 『코리아 다시 생존의 기로에 서다』 (서울: 위즈덤하우스, 2005), p.423.

Ⅲ. 남·북·러 삼각경제협력의 구상과 발전 전망

1. 남·북·러 삼각경제협력의 초기 구상과 발전 과정

남·북·러 삼각경제협력에 대한 논의는 언제 시작되었는가? 정확한 시점을 잡기는 어렵지만 1990년대 초반부터 한, 러 양국의 전문가들 사이에서 한·러관계의 비약적인 발전을 위한 대안으로서 남·북·러 삼각경제협력의 필요성과 당위성이 '비공식적'으로 제기되었다. 여기에는 1990년대 사회주의권 국가들의 시장경제화와 민주주의로의 이행 과정이 본격화되고, 고립된 북한의 경제난이 심화되면서 남·북·러 삼각경제협력이라는 새로운 형태의 모델이 북한의 개혁·개방을 견인하면서 한반도의 냉전구조를 해체하고, 러시아를 매개로 한반도경제를 구축할 수 있는 절호의 기회로 인식했던 것이 크게 작용했다.

이러한 구상의 단초가 한·러 정부간 대화채널에서 본격적으로 제기된 것은 1993년부터이다. 러시아는 1993년 말 러시아를 중개로 남·북·러 3국간 경제협력이 가능하다고 판단되는 17개 사업을 한국측에 제안했고,[30] 이후 1995년 9월 한국을 공식 방문했던 러시아의 전 총리 빅토르 체르나무르진도 남·북·러간 삼각경제협력 문제를 검토할 것을 공식 제안하기도 했다. 이에 대한 한국측의 반응과 태도는 학계와 정부 사이에 조금 달랐다. 사실 한국 정부는 한반도에서의 러시아의 전략적 가치와 관련하여 오랜 기간 대북관계를 고려한 안보적 측면에만 국한해서 사고해왔고, 경제협력의 활성화 문제는 언제나 부차적인 요소로 취급해왔기 때문에 이 제의를 적극적으로 수용할 분위기는 조성되지 않았다. 또한 한·러 대화채널을 준비하는 과정에서 삼각경제협력 구상이 전혀 예상치 못했던 것이었고, 더구나 일차적으로 남북경협 확대를 위한 분위기가 조성되지 않은 상황에서 남·북·러 삼각경제협력의 타당성과 실현가능성에 대한 확신을 갖기 어려웠기

---

30) 구체적인 내용은 민족통일연구원, 『한국의 대러 경제협력 추진방향』, 1994. 9. 〈표 17〉 '3각 경협 가능 사업에 대한 러시아의 제안'을 참고.

때문에 러시아의 공식적이고 지속적인 제의에도 불구하고 구체적인 논의에 나서지는 못했다. 반면에 국내 학계의 견해는 조금 달랐다. 일부 학자들은 이러한 러시아측의 주장에 귀를 기울이면서 그 실현가능성에 긍정적인 평가를 내리기도 했으며,[31] 이후 2000년대 들어서 국내 러시아 전문가들은 한반도를 둘러싼 외부환경이 호전되고, 러시아와 북한과의 소원한 관계가 청산되는 등 상황 변화가 발생하고, 내부적으로는 남북한 정상회담과 맞물려 삼각경제협력의 실현가능성이 높아졌다고 판단하면서 이를 진지하게 논의하자는 주장을 지속적으로 제기했다.

그러나 양국간의 협의 수준은 여전히 '구상'의 단계에서 공전되고 말았고, 구체적인 실행을 위한 계획은 준비되지 않았다. 이후 2004년 9월 20~23일 노무현 전대통령의 방러에서도 상황은 별로 달라지지 않았다. 남·북·러 삼각경제협력에 관한 내용에서 양국 정상은 실질적인 성과를 도출하지 못했으며, 양국의 인식과 접근 차이로 구체적인 논의조차 진행시키지 못했다.

남·북·러 삼각경제협력의 필요성과 타당성을 주장하는 국내외의 논의들은 모두 하나같이 다음과 같은 현실 인식에서 출발하고 있다. 삼각경제협력의 기본모형은 남, 북, 러 3국간 산업구조와 부존요소의 상호보완성에 기초하여 한국의 자본과 기술, 러시아의 자원, 북한의 노동력을 결합하는 방식으로 전개되어야 한다는 데 있다. 3국은 각 국가들의 경제발전 수준차가 현저하다는 단점에도 불구하고 비교우위에 기초한 경제 및 산업의 상호보완성이 뚜렷하게 드러난다(<표 3>참고). 만일 러시아의 풍부한 자원과 생산 잠재력, 북한의 저렴한 노동력과 천연광물, 남한의 선진기술과 현대적 경영기법 및 재원조달의 가능성 등을 적절히 결합한다면 커다란 경제적 효과를 얻을 수 있다는 것이 기본 인식이다.

---

31) 고재남, "남북경협과 러시아의 역할", 『전환기의 남북경협』 현대경제사회연구원, 1996, pp.247-250.

<표 3> 남한, 북한, 러시아(극동)의 상호 보완 관계

국 가	장 점	단 점
북 한	풍부한 양질의 저임금 노동력, 천연광물자원, 단순가 공제품, 중공업 및 화학공업시설, 자연적 입지 조건 양호	자본·기술·첨단장비 부족, 장비의 노후화, 석유 부족, 경영능력 부족, 경공업제품 및 농업 생산물 부족
남 한	자본 및 중간기술 및 경영능력, 개발경험, 조립장비, 이전 가능한 생산장비 풍부, 산업제품의 생산	에너지 및 산업 자원 부족, 농축산물 부족, 생산노 동력 부족
러시아 (극동)	산림 및 수산 자원, 석유, 천연가스, 석탄 등 에너지 자원, 비철금속 등 광물자원, 경제특구, 첨단과학기술, 철강 비료 등 일부 중화학공업	자본 및 노동력 부족, 산업장비 부족, 경영기법 낙 후, 경공업제품(소비재) 및 식량 부족

이러한 현실 인식에 기초한 남·북·러 삼각협력에 대한 논의는 시간의 추이에 따라 변화를 계속해왔다. 우선 초기 단계의 논의에서는 남·북·러 삼각경제협력을 한·러경협, 또는 남·북경협의 확대 및 보완, 또는 협력틀의 변형으로 바라보는 시각이 지배적이었다.[32) 이러한 논의에서는 협력에 참여하는 행위자들이 3국의 제도적 틀에 갇히는 한계를 보여주었고, 남·북·러 삼각경제협력에 어떤 독립적인 성격을 부여하지도 못했다. 그러나 이후 전개된 논의들은 이것을 지역협력의 한 단위체로 바라보는 시각이 제기되었다. 이후 연구들은 남·북·러 삼각협력을 '동북아경제공동체' 구축의 일환이자, 다자경제협력으로 이행하는 중간단계, 또는 이를 선도해가는 산업협력으로서 pilot project의 의미가 부여되었다.[33)

이러한 과정에서 한국 정부는 재원조달 문제를 둘러싼 한·러 양국간의 입장 차이, 그리고 이후 북핵 문제로 빚어진 북·미간의 첨예한 갈등과 한 반도 위기 상황을 목도하면서 남·북·러 삼각경제협력에 계속 미온적인 태도로 일관해왔다. 그렇게 된 데에는 한·미동맹체제에 긴박되어 미국의 견제 가능성을 과도하게 의식했으며, 따라서 '북핵 문제'의 해결이 전제되지 않는 한 사업의 실현가능성은 없다는 식의 회의적이고 부정적인 시각에

---

32) 이재영, "남북한과 러시아의 3자간 경제협력 방안", 『국제지역연구』, 제3권 제4호(1999 겨울), pp.87 – 113; 신영재, "남북한과 러시아간 삼각경제협력체제 구축방안", 『KDI 북한경제리뷰』, 2000년 8월, pp.3 – 23.

33) 성원용, "남북한의 러시아간 삼각 경협추진 방안," 정책연구, 제134호(2000), pp.53 – 122. 장덕준, "동북아 경제협력과 러시아: 남북한 – 러시아간 삼각협력을 중심으로", 『한국정치연구』, 제12집 제1호 (2003), pp.293 – 322.

쉽게 경도되었던 것도 주요 원인으로 작용한다.

　이러한 분위기 속에서도 이후 남·북·러 삼각경제협력에 대한 학계의 논의는 지속적으로 전개되었다. 이 시기 남·북·러 삼각경제협력에 대한 논의에서 나타나는 특징은 크게 두 가지로 대별된다. 하나는 기존의 일반론적인 논의에서 벗어나 에너지, 농업, 철도·물류 등 세분화된 영역별로 남·북·러 삼각경제협력에 대한 논의를 전개했다는 것이다.[34] 다른 하나는 2000년대 초만 하더라도 낯설게 받아들여졌던, '동북아경제공동체' 구상의 일환으로 바라본 남·북·러 삼각경제협력이 정부차원에서 학술적인 공론화의 장을 제공했다는 것이다.[35] 남·북·러 삼각경제협력에 대한 이러한 상황 인식과 접근 태도는 동북아 경제협력의 가장 큰 걸림돌이 되는 북한을 경제협력의 장으로 유인하여 경제협력을 증진하는 것뿐만 아니라 이 지역의 안보와 안정에도 기여할 수 있다는 주장을 제기하도록 하였고,[36] 북한과 접경하고 있는 국가들 사이에서 남·북·중, 남·북·중·러, 북·중·러 식의 다양한 3자, 혹은 4자간 협력의 가능성을 타진하는 연구들로 발전하게 되었다.[37]

---

34) 채경석, "극동 러시아에서의 남·북한 농업협력에 대한 탐색연구," 『한국동북아논총』, 제29집(2003), pp.115-135; 한국농촌경제연구원,『연해주 한·북·러 농업협력사업 추진 기본전략 연구』, 2001.; 배수한, "남한·북한·러시아 3국 경제협력방안(나진·선봉 자유무역지구에서의 협력프로젝트를 중심으로)," 『국제정치연구』, 제9집 1호(2006), pp.49-75; 한종만·김상원, "한반도 통합과정에서의 남·북·러 경제협력방안 - 철도와 천연가스 프로젝트를 중심으로," 『슬라브연구』 제19권 1호(2003), pp.179-213.

35) 동북아시대위원회, 『동북아시아 지역협력체 구축을 위한 러시아의 역할과 남한·북한·러시아 삼각협력의 전망』, 2005. 12.

36) 엄구호, "러시아 극동·시베리아지역에서 남북한과 러시아의 3각 경제협력." 한양대학교 아태지역연구센터·러시아과학아카데미 극동연구소 주최 제18차 한-러학술회의 『Russian Federation and Republic of Korea: Prospects for Interaction after 2008』발표문, 모스크바, 2007. 6. 18-19.

37) 김영웅, "러시아, 북한, 한국, 중국 간의 4각 경제협력." 한양대학교 아태지역연구센터·러시아과학아카데미 극동연구소 주최 제17차 한-러학술회의 『Russia, Eurasia, and Northeast Asia: A New Dynamic Nexus』발표문, 한양대학교, 2006. 9. 28-29; 조명철 편, 『남북한 및 중국간의 경제협력 활성화를 위한 실천과제 및 전망』, 대외경제정책연구원, 2002; 북한대학원대학교, 『중국 동북진흥계획과 남·북·중 삼각협력: 분석과 대책』, 2005. 12.

2. 삼각협력의 장애 요인과 한계

앞서 검토한 것처럼 남·북·러 삼각경제협력의 구상은 한·러관계, 북·러관계 등 러시아를 축으로 한 기존의 양자관계에서 나타난 '시장실패'를 극복하자는 발상에서 출발한 것이었다. 따라서 삼각협력이 실현가능한가라는 전망은 본질적으로 경제적 요인, 즉 자본, 상품, 노동, 서비스 등의 자유로운 이동을 촉진하는 '시장'에 의해 결정되는 것이 아니다. 오히려 그것은 정치적 요인, 즉 남북한 당국의 의지와 적극성 여부, 러시아의 역할과 이에 대한 남북한 입장의 일치 여부 등에 의해 결정될 가능성이 매우 높다.

우선 당사국들의 입장을 검토해보면, 지금까지 남·북·러 삼각경제협력에 대해 가장 적극적인 태도를 표명해 온 국가는 러시아였다. 러시아는 동북아의 이해당사국으로서 한반도에 영향력을 유지할 수 있는 지렛대를 확보하고, 남한 자본의 도움으로 북·러 경제관계의 강화 및 미래 '북한시장'에 대한 지배력 복원이라는 경제적 실리를 확보할 수 있기 때문에 공세적으로 대응해왔다. 이런 상황에서 남·북·러 삼각협력 구상의 실행 여부를 결정짓는 카드는 북한이 쥐게 되는데, 지금까지 북한이 보여준 여러 행태나 러시아측이 전하는 북한 지도부의 발언을 고려하면 기본적으로 북한도 삼각경제협력에 긍정적인 태도를 갖고 있는 것으로 판단된다.

북한이 남·북·러 삼각협력을 수용할 수밖에 없는 것은 다음과 같은 상황 요인에 기인한다.

첫째, 북한은 현재 노후화된 기간산업을 회생시키고 수출잠재력을 증가시키기 위해 외국자본의 유치가 절실한 상황이다. 나진·선봉지구 등에 외국자본을 유치하려고 하지만 대북 투자에 관심을 갖고 있는 외국기업들은 대부분 한국기업의 대북 진출을 관망하면서 투자여건이 성숙되기를 기다리고 있는 형편이고, 한국기업들이 향후 어떠한 행동을 취해나갈 것인가에 주목하고 있다. 따라서 북한은 어떠한 방식이든지 한국을 적극 끌어들여야만 하는 상황에 직면해있다.

둘째, 북한이 러시아와의 침체된 경제교류를 정상화하는 것이 시급하다는 측면에서도 삼각경제협력의 필요성은 더욱 증대된다. 전통적으로 러·북간에는 긴밀한 경제협력이 진행되었고, 현재까지도 북한의 경제에서 구소련(러시아)이 기여했던 역할은 간과할 수 없는 중대한 요소의 하나이다. 과거 구소련은 북한의 사회간접시설 및 중·경공업의 기반을 형성할 수 있도록 지원하였고, 현재에도 북한 경제에서 중추적 역할을 담당하고 있는 70여개의 기업은 구소련이 설비를 한 것이다.[38] 계속 노후화되고 있는 북한의 산업 부문을 재생시키기 위해서도 러시아와 북한과의 긴밀한 경제협력은 긴요하다.

그렇다면 이제 문제 해결의 열쇠는 한국이 어떠한 입장과 자세를 견지하면서 이 사안에 접근하는가에 있다고 할 수 있다. 그러나 앞서 언급했듯이 한국 정부는 남·북·러 삼각경제협력의 파급효과에 대해서는 공감하지만 그것을 구체적인 사업으로 실행하는 데 다음과 같은 여러 장애요인들이 존재하고 있다는 이유를 들어 사업실행에 매우 신중한 태도를 견지해왔다.

첫째, 삼각경제협력의 참여국들이 각기 상이한 사회경제체제(시장경제체제, 이행기경제체제, 사회주의경제체제)를 유지하고 있다는 것도 문제이지만, 러시아나 북한의 경우에 외자유치에 필요한 법적, 제도적 환경이 결여되어 있고, 투자관련 사회간접자본이 낙후되어 있기 때문에 민간으로부터의 자발적인 대규모 투자진출을 기대하기 어렵다.

둘째, 남북한이 맺고 있는 주변국들과의 특별한 관계 때문에 삼각경제협력이 제약을 받을 가능성도 있다.[39] 예를 들어 한국의 경우에 대외정책을 결정하는 데 있어 미국의 영향력은 절대적이다. 만일 한국이 러시아가 주도하는 프로그램에 따라 대북관계 개선에 나서거나 남·북·러 삼각경제협력을 동북아 다자협력체제로 발전시키려는 구상을 본격화한다면 미국은 어떤 형태로든 미국의 이익에 부합되는 방식으로 사안에 개입할 소지가 매우 높

---

38) 1990년대 초 구소련에 의한 건설된 공장 및 발전소들은 북한 전력 생산량의 약 65%, 철광석의 40%, 강철생산량의 30%, 압연철판의 30%, 알루미늄의 100%, 선철의 11%, 코크스의 25%, 석유화학제품의 50%, 화학비료의 13%, 소형 전기모터와 자동차 축전지의 100%, 그리고 섬유제품의 20%를 차지하고 있었다. 알렉산더 티모닌, "남한, 북한, 러시아 3국간의 경제 협력 전망", 『통일경제』, 1996년 1월호, p.120.

39) 장덕준(2003), p.315.

다. 북한의 경우에는 상황이 보다 복잡하다. 북한은 1990년대 이후 외교안보 및 경제 측면에서 가장 긴밀한 협력관계를 유지하고 있는 중국, 그리고 한반도에 대한 영향력 회복을 노리는 새로운 러시아가 벌이는 이해관계의 충돌과 경쟁 구조에서 힘겨운 선택을 해야만 하는 상황이 발생할 수도 있다.

셋째, 삼각경제협력에는 경제외적 요인이 결정적인 역할을 하게 되는데, 한반도를 둘러싼 동북아의 환경이 여전히 대립과 불신이 지배하는 매우 불확실하고 가변적인 안보환경 하에 있다는 것도 장애요인이 된다. 많은 논자들은 남·북·러 삼각경제협력이 성공하기 위해 북한의 협력과 적극적인 참여, 주변국 및 국제사회의 지지, 혹은 암묵적 동의가 전제되어야 하는데 '북핵위기' 사태로 촉발된 한반도의 위기 상황이 종결되지 않는다면 한국정부가 사실상의 '대북지원'이라는 외부로부터의 비난을 무릅쓰고 남·북·러 삼각경제협력을 전면적으로 선언·실행하기는 어려울 것으로 전망하고 있다. 현재까지도 한국과 러시아 양국간 실질적인 경제협력을 진행시키는 데 '북핵문제'는 커다란 장애요인으로 작용하고 있다. 국내언론은 북핵문제에 관한 한 미국과 북한을 제외하면 모두 들러리에 불과한 한국과 러시아가 쓸 수 있는 카드가 별로 없고, 한미동맹을 최우선시해야 하는 한국이나 9·11테러 이후 미국과의 긴밀한 공조체제를 유지하며 고도성장의 동력을 만들고 있는 러시아나 공히 미국의 눈치를 거슬러가며 북핵문제의 전향적 해결방안을 모색해야할 사안의 시급성을 느끼지 못하기 때문에 '북한요소'가 개입된 사안은 논의의 진전을 가져오기 어렵다는 결론을 내리고 있다.

넷째, 남·북·러 삼각경제협력은 대규모 산업협력 프로젝트로 진행되기 때문에 일차적으로 어떻게 재원을 조달할 것인가, 그리고 참여국들이 어떻게 분담할 것인가에 대한 합의가 전제되어야 하는데, 기존의 한·러, 북·러 양자관계에서 발생한 차관상환 문제가 걸림돌로 작용할 수 있다. 북한은 남한 자본에 종속되는 것을 기피하기 때문에 가능한 한 러시아의 재정지원에 기대고 싶지만, 러시아는 과거 소련시기와 달리 북한과의 관계를 정상적인 국가간 관계로 간주하여 소련시기 채무문제의 타결이 없는 한 추가적인 대북 지원은 불가능하다는 원칙을 견지해왔다. 반면에 북한은 대러채무의 대부분이 구소련의 무기원조에 기인한 점을 들어 사실상 전액 탕감을 요구해왔고, 소련시기 루블화 표시 차관의 달러화 평가에 대한 이견을 좁히지 못하여 협상이 공전을 거듭해왔다. 한편, 한국에서는 러시아에게 소련시기 제공한 차관의 원리금 상환을 줄기차게 요구해왔고, 러시아는 이를 북한의 대러 차관과 상계하는 방식으로 남·북·러 삼각경제협력의 금융구조를 설계하자는 제의를 해왔다.

3. 삼각협력을 새로운 환경과 조건

최근 남·북·러 삼각협력에 대한 논의는 새로운 전환점을 맞이하고 있다. 과거처럼 일부 연구자들 내부에서 논의되는 단순한 '구상' 수준에 그치는 것이 아니라 그 필요성과 타당성에 대한 공감대가 널리 확산되고 있으며, 다음과 같은 이유로 실현가능한 프로젝트로서 긍정적으로 검토해야 한다는 분위기가 조성되고 있다.

첫째, 남·북·러 삼각협력을 위해서는 과거 침체된 국가간 접경지역의 경제활동이 활성화되고 관련국가들 내부에서 이를 가속화하기 위한 국가간 협력의 필요성이 제기되어야 하는데, 최근 이와 관련하여 주목할만한 변화가 일어나고 있다. 남·북·러 삼각협력의 지리적 범주를 설정한다면 러시아의 시베리아나 극동 연해주지역, 그리고 나진·선봉 등 북한의 경제특구를 포함한 다수의 북한 지역들이 삼각협력이 실행될 수 있는 지역일 것이다.[40] 앞서 살펴본 바와 같이 최근 러시아는 과거와 달리 극동지역의 경제개발에 강한 추진의지를 보여주고 있고, 북한은 GTI(Great Tumen Initiative)[41]와 연계하여 대외개방의 전진기지이자 동북아 물류중계거점으로서 나

---

40) 원론적으로 삼각협력에 지리적 제한성이 있는 것이 아니기 때문에 대상지역이 3국 전체로 확대될 수도 있지만, 가능한 한 지리적으로 근접해있고 자원 탐사 및 개발 잠재력이 높아 지역개발이 이미 진행되고 있거나 투자유인 요소가 높은 지역들이 3각 경제협력의 우선순위에 오르게 될 것이다.

41) 두만강유역개발프로그램(TRADP) 회원들은 지난 2005년 9월 제8차 5개국위원회에서 TRADP을 10년간 연장하고, 회원국의 Ownership을 강조하는 GTI(Great Tumen Initiative)체제로 전환키로 합의했다. 그리고 2007년 11월 블라디보스톡에서 제9차 5개국위원회를 개최하고, 동북아 교통망 확충 및 환경보전 등 10개 프로젝트를 「GTI 신규 프로젝트」로 선정하여 중기적 과제로 추진해 나가기로 합의하였다. UNDP GTI, 『Greater Tumen Initiative, strategic Action Plan for the Period 2006 - 2015』,

진·선봉 자유무역지구의 개발전략을 재점검하고 적극적인 외자유치정책을 전개해나가고 있다. 이러한 상황 변화에 따라 주변국들은 동북아통합교통망 구축과 연계하여 항만인프라 건설 및 항로 개설 등에서 보다 적극적인 다자간 투자협력을 전개해나가고 있다.[42]

둘째, 북한의 체제 건설로부터 발전에 이르기까지 결정적인 역할을 했던 러시아와 북한이 최근 다시 협력의 통로를 강화해 나가고 있고, 시간이 흐를수록 중재자로서 러시아가 갖는 경제적 위상과 역할은 더욱 증대될 것으로 전망된다. 따라서 한국이 보다 적극적으로 러시아와 협력하여 북한의 변화를 가속화시키는 사업들을 개발할 필요성이 있으며, 이러한 차원에서 과거의 수동적인 자세에서 벗어나 남·북·러 삼각협력을 하나의 현실적인 대안으로서 검토하자는 주장이 제기되고 있다.

셋째, 중장기적으로 한국경제의 지속가능한 발전에 안보위협 요인으로 작용할 에너지위기, 식량위기에 능동적으로 대처하고, 현 단계에서 한국과 러시아가 북한의 개혁·개방을 유도·지원하면서 동북아의 평화정착과 지역 안정을 추구하는 데 가장 유효하면서도 긴박한 과제는 역시 남·북·러 삼각경제협력의 성과를 가시화하는 것이라는 주장이 설득력을 얻어가고 있다. 통일한반도를 내다볼 경우 남북한과 러시아는 국경을 공유할 국가들이지만 북한의 폐쇄적인 대외정책 때문에 러시아의 풍부한 천연자원을 국내에 도입하는 육상운송로의 이점을 제대로 활용하지 못하고 있고, 이 때문에 러시아로부터 천연자원 도입에 막대한 물류비용이 발생함으로써 한·러간의 자원협력은 그 잠재력을 제대로 실현하지 못하고 있는 실정이다. 북핵문제 해결의 열쇠가 되는 북한의 에너지문제 해결을 위해서든, 러시아의 「에너지전략 2020」 이후 가속화되고 있는 중·일 간의 경쟁 구조에서 한국이 이니셔티브를 쥐고 돌파구를 마련하기 위해서든 남북을 관통하여 러시아 극동과

---

2 September 2005, Changchun.

42) 최근 한, 중, 일, 러 4국은 속초 - 니이가타 - 자루비노 - 훈춘을 연결하는 환동해권 정기 카페리항로 개설에 합의했으며, 한국 정부는 '글로벌 물류네트워크' 구축 차원에서 보스토치니항, 자루비노항 등 적극적인 극동지역 항만 투자 진출을 모색하고 있다. 북 - 중간에는 나진 - 원정 도로사업이 추진되고 있고, 남 - 북 - 러간에는 부산 - 나진 - 하산 복합운송 활성화 사업 등이 진행되고 있다.

연결되는 자원수송로의 확보는 절실한 상황이며, 이러한 차원에서 남·북·러 삼각경제협력을 가속화해야 할 필요성이 제기되고 있다.[43]

넷째, 남·북·러 삼각경제협력은 북한이 노동력 또는 건설자재 등을 제공하고, 남한과 러시아가 자본과 기술을 제공하는 방식이 될 것이다. 과거와 다른 점이라면 북한이 에너지·경제난 해소, 미·일의 경제제재에 대한 돌파구 마련, 對중 의존도 대비 차원에서 북·러간 경협 활성화와 남·북·러 삼각경제협력에 적극적 입장을 보이고 있다는 사실이며, 과거 기술, 설비, 자금을 제공하는 국가로 남한만을 고려했으나 이제는 러시아도 소요 자본을 분담할 수 있을 것으로 기대되고 있다는 데 있다. 러시아 정부는 낙후된 극동지역 개발, 북한내 경제적 이권 확보, 對한반도 영향력 확보 등을 위해 남·북·러 삼각경제협력에 강한 의지를 보이고 있으며, 최근 러시아의 민간부분은 자본축적이 진행되어 상업적 타당성이 검토된 대상이라면 적극적인 해외투자도 망설이지 않고 있다. 또한 이와 관련하여 2007년 3월 22~23일 「제4차 북·러경제공동위원회」에서 제기된 논의는 '남·북·러 삼각경제협력'이 가시화될 수 있는 긍정적인 계기를 마련했다. 우선 북·러 경제협력의 최대 걸림돌로 작용했던 북한의 對러 채무 약 80억 달러에 대한 조정문제가 해결의 단계로 진입하고 있다. 변화는 2006년 12월17일~22일 세르게이 스토르차크 러시아 재무차관과 김영길 북한 재무성 부상의 회담에서 시작되었다. 북한의 對러 채무 상환 문제를 논의하기 위한 협상에서 러시아는 과거 북한에 대해 주장했던 '선 채무 상환, 후 경협 재개'의 원칙에서 물러나 총 부채의 80% 탕감을 제의하여 북한측과 원칙적인 합의를 보았다. 다시 러시아는 모스크바의 「제4차 북·러경제공동위원회」에서 채무의 90% 수준대의 탕감을 제안했으나, 북한은 전액 탕감을 요청한 것으로 알려지고 있다. 북·러간 탕감의 규모에 대한 이견이 있겠지만 양측의 지도자간 의견 접근이 이루어진다면 북한의 對러채무 탕감은 남·북·러 삼

---

43) 극동 시베리아지역의 자원개발과 안정적인 운송로 확보 문제는 분리될 수 없는, 하나의 패키지로 풀어야만 하는 단일한 사안이다. 극동 연해주지역의 농업개발 및 식량 도입 문제도 결코 예외는 아니다. 따라서 북한을 경유하는 파이프라인의 건설 프로젝트나 TKR - TSR 연결사업에 대해 통합적으로 접근하는 사고의 전환이 요구된다.

각경제협력의 청신호로 작용할 것이다.

따라서 위에 언급한 상황 변화를 주목한다면 남·북·러 삼각경제협력을 미완의 순진한 '구상'으로 치부하거나 러시아의 공세를 피하기 위해 환경 미비를 탓하는 수동적인 자세에서 벗어나 보다 적극적으로 그 가능성을 현실화하고 이를 중장기적인 국가발전의 동력으로 활용하는 전향적인 태도가 요구된다. 이러한 관점에서 이하 IV장에서는 남·북·러 삼각경제협력의 주요 분야와 정책과제를 보다 상세하게 검토할 것이다. 원론적으로 남·북·러 삼각경제협력의 사업대상 분야는 위탁가공 교역부터 구소련이 설비한 북한 기업의 현대화, 농업·임업·어업·관광협력과 교통·물류, 에너지협력까지 매우 다양할 수 있다. 그러나 여기에서는 일단 한·러, 북·러, 남·북·러간 경협차원에서 과거 실행 경험이 있거나 그 단초가 마련되어 있으며, 사업실행의 타당성과 파급효과가 상대적으로 큰 사업을 중심으로 그 내용과 정책과제를 점검할 것이다. 특히 러시아의 극동·시베리아 개발 계획에 대응하여 이명박 대통령이 한·러 정상회담에서 제시한 3대 신실크로드 구상을 남·북·러 삼각경제협력 차원에서 구체적으로 분석할 것이다.

IV. 남·북·러 삼각경제협력의 주요 분야와 정책과제

1. 철도협력

교통부문에서 남·북·러 삼각협력은 운송수단별로 다양하게 구상해볼 수 있지만 그 중에서도 가장 핵심적인 사업은 역시 TKR-TSR 연결이라고 해야 할 것이다. TKR-TSR 연결사업은 한국의 동북아 물류 및 비즈니스 허브 구상을 실현하는 데 반드시 요구되는 국가전략사업이다. 한편, 러시아 입장에서 TKR-TSR 연결은 유럽-아시아간 통과수송 루트로서 TSR의 위상을 제고하고, 더불어 낙후된 시베리아·극동지역 개발도 촉진하기 위해 반드시 조기에 실현시켜야 할 국가적 과제의 하나이다.[44]

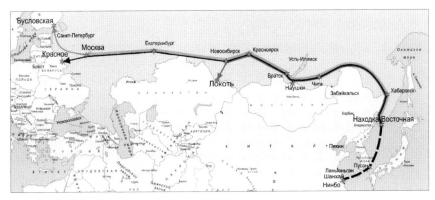

출처: 러시아철도공사(RZD)

한국과 러시아 양국은 TKR - TSR 연결이 양국 모두에게 혜택이 돌아가
는 윈 - 윈 프로젝트라는 인식 하에 남·북·러 삼각경제협력의 실현을 위
해 상호 긴밀한 협력관계를 유지해왔다. 그러나 TKR - TSR 연결과 관련된
남·북·러 삼각협력은 남, 북, 러 3국 사이에 TKR - TSR 연결노선의 선정
문제를 비롯해 한국의 OSJD(국제철도협력기구) 가입, 컨테이너 시범운송,
북한철도 현대화 재원조달 등 주요 쟁점에 대한 시각차를 좁히지 못해 당
초 기대를 충족시키지 못하고 논의만 무성한 채 공전을 거듭하기도 했다.[45]
이런 가운데 최근에는 러·북간에 합의한 나진 - 핫산간 철도 현대화 사업
에 한국철도공사(KORAIL)가 수익사업의 일환으로 참여하는 방안이 적극적
으로 모색되고 있고, 마침내 2008년 10월 4일 러 - 북 양국이 총연장 54km
에 달하는 나진 - 핫산간 철도역(10개) 터널(3개), 교량(400개 이상) 및 철도

---

44) TKR - TSR 연결사업은 2000년 이후 한 - 러 정상회담에서 논의되는 주요 의제 중 하나였다. 2008년
   9월 27일 한 - 러 정상회담에서도 양국 정상은 공동성명을 통해 "양측은 나진 - 하산 구간 철도 개보수
   사업 등 한반도 종단철도(TKR)와 시베리아 횡단철도(TSR) 연결사업이 국제 교통물류시장에서 차지하는
   중요성을 인식하고 동 사업이 극동시베리아 지역발전에 기여한다는 점을 확인하면서, 양국이 철도 연결
   사업을 위해 지속적으로 협력해 나가기로 하였다"고 밝혔다. 외교통상부, "한·러 공동성명(2008.9.29):
   이명박대통령 빙러 계기," http://www.mofat.go.kr/state/areadiplomacy/europe/index.jsp TKR -
   TSR 연결에 대한 자세한 내용은 다음을 참고. 성원용, "TKR - TSR 연결과 한·러 교통협력의 과제",
   『교통』, 2005년 1월호, pp.40 - 55; 성원용, "북·러간 경제협력과 교통망 연계 발전전망", 『교통』,
   2007년 6월호, pp.42 - 49.

45) 입장 차이에 대해서는 성원용, "러시아의 교통체계와 TSR 활성화 전략." 홍완석 엮음. 『현대 러시아 국
   가체제와 세계전략』, 한울아카데미, 2005, p.380의 〈표 7 - 8〉 참고.

시설물을 재건하는 사업에 착수함으로써 TKR – TSR 연결사업이 새로운 변화의 전기를 맞고 있다.[46]

현재 남·북·러 철도협력에 관한 논의는 '나진 – 핫산'을 중심축으로 움직이고 있고, 그 핵심에는 '나진'이 위치하고 있다. 북한이 지난 1991년 12월 나진·선봉지역에 '자유경제무역지대'를 설립한 뒤부터 주변국들은 나진에 큰 관심을 가져왔다. 그러나 북한의 경제특구정책이 실패하고, 그에 따라 당초 기대와 달리 '동북아의 국제적인 화물중계지'로서의 실현가능성도 희박해지면서 나진에 대한 관심은 시들게 되었다. 그러던 중 나진이 다시 주목을 끌기 시작한 것은 남·북·러 철도전문가회의가 공전되는 가운데 2004년 7월 초 북한과 러시아 양국이 북·러 국경철도협력회의를 통해 나진 – 핫산 간 철도개량 문제를 협의하기 시작한 시점부터라고 할 수 있다. 이후 2005년 7월 북한과 중국이 합작투자로 나선국제물류합영회사를 설립하여 나진 – 원정간 도로와 나진항 개발계획을 추진하면서 나진에 대한 국내외의 관심은 더욱 고조되었다. 이어 북·러 간 '나진 – 핫산 철도 현대화' 문제가 본격적으로 제기되면서 2006년 3월 16~19일 러시아의 블라디보스토크에서 남·북·러 철도운영자회의가 개최되었고, 이를 통해 북 – 러는 나진~하산 구간의 철도 개량 사업에 합의하였고, 남·북·러 3자는 TKR – TSR 연계를 지속적으로 논의한다는 데 동의했다.

현재 남·북·러 3국 사이에서 논의되고 있

<그림 2> 특별열차 내에서 개최된 남·북·러 철도운영자
회의(블라디보스토크, 2006. 3. 16~19)

출처: 한국철도공사(KORAIL)

---

46) "Путь к интеграции. В КНДР положено начало евро – азиатскому транспортному коридору длиной более 10 тыс. км," 「Гудок」, 2008. 10. 6.

는 이른바 '나진－핫산 프로젝트'는 사실상 두 개의 서로 독립된 사안들이 '나진'을 중심축으로 상호 결합되어 있는 복합 프로젝트이다.[47] 하나는 철도사업으로서 TKR－TSR 연결의 일환이자 그 시범사업(pilot project)이라는 성격을 띠고 있다. 그리고 다른 하나는 '나진항'을 통해 북한의 철도와 연결하고, 나아가 두만강－핫산을 경유하여 TSR과 연결함으로써 남·북·러 간 해륙복합운송을 활성화한다는 측면을 내포하고 있다.

최근 한·러 양국간 두 개의 양해각서가 체결됨으로써 이 사업을 추동시키는 새로운 모멘텀이 마련되었다. 한국철도공사(KORAIL)와 러시아철도공사(RZD)는 2007년 6월 18일 모스크바에서 「나진－하산프로젝트 협력을 위한 양해각서」를 체결했고, 동시에 사업 실행을 위해 실무협상을 진행할 한국측 컨소시엄 주체인 루코(RUCO Logistics. Co., Ltd)[48]와 러시아철도공사(RZD)간 「한－러 합작물류회사 설립을 위한 양해각서」를 체결했다. 「나진－하산프로젝트 협력을 위한 양해각서」에서 양국은 부산~나진~핫산~TSR로 연결되는 물류사업(일명 "나진－핫산 프로젝트")이 TKR－TSR 연결을 위한 pilot project임을 천명하고, TSR 활성화를 위한 상호협력의 필요성에 공감하고, 나진－핫산 프로젝트의 조속한 실행을 위해 제2차 남·북·러 철도운영자회의의 조속한 개최와 나진을 경유하는 TSR컨테이너시범운송의 조속한 시행에 합의했다.[49] 그리고 「한－러 합작물류회사 설립을 위한 양해각서」[50]에서 양국은 부산~나진~핫산~TSR로 연결되는 물류사업의 사업 타당성 검토를 전제로 러시아철도공사와 RUCO Logistics.Co.,Ltd간 한－러 합작물류회사 설립에 합의하고, 이 합작물류회사가 주체가 되어 당 프로젝트의 실행에 필요한 ①나진－핫산 철도구간의 개보수(54km) ②운송의 현

---

47) 이하 기술하는 '나진－핫산 프로젝트'에 대한 내용은 필자의 논문 일부를 재정리한 것이다. 성원용, "남·북·러 철도협력의 현황과 발전 전망－'나진－핫산 프로젝트'를 중심으로" 『슬라브학보』, 제23권 1호(2008), pp.234－248.

48) 루코(RUCO)는 한국철도공사의 자회사인 코레일로지스(KORAIL LOGIS)와 글로비스(GLOVIS), 범한판토스, 우진글로벌로지스틱스, 장금상선, 한루 등 6개사가 한－러 합작물류회사 설립을 위해 컨소시엄을 구성하여 설립한 회사이다.

49) 「Меморандум о сотрудничестве в проекте соединения Транскорейской магистрали с Трансибом」, 2007. 6. 18.

50) 「Меморандум о создании совместной логистической компании」, 2007. 6. 18.

실화를 위한 화차 증대 ③나진항 컨테이너 터미널 건설 등 기초인프라 개발에 투자를 진행할 계획임을 천명했다. 또한 사업타당성 검토가 완료되면 지분에 따라 투자하고 한·러 합작물류회사 지분은 투자비율에 따라 결정된다는 기본원칙에 합의했다. 이 양해각서의 내용 중 특히 주목을 끄는 부분은 루코(RUCO)와 러시아철도공사(RZD)가 합의한 총 9개항 중 4번째 항의 합의내용이다. 여기에는 "양 당사자의 합의에 따라 설립되는 Joint Venture는 나진-핫산 철도구간, 나진항 개보수 및 운영을 위해 설립되는 러-북 합영회사의 러시아측 설립자가 된다"고 언급되어 있다. 논리적으로 접근하면 이것은 한국의 자본이 러시아를 우회하여 북한의 교통인프라에 투자하고, 러·북 물류회사의 경영에도 간접적으로 참여할 수 있는 가능성을 내포하고 있는 것이다.

한편, 2008년 4월 러시아철도공사(RZD)와 북한 철도부는 '나진-핫산프로젝트'를 실행하기 위한 북-러 합작회사를 '나선' 경제특구에 설립한다는 내용의 협약을 체결한 뒤 신속하게 사업을 추진해오고 있다. 우선 위의 협약에 기초하여 북-러간에는 러시아철도공사의 '따르고브이 돔'(Trade House: TD RZD)과 북한의 나진항이 각각 70%와 30%의 지분으로 '나선콘트랜스'(RasonConTrans)라는 합작회사를 설립하여 같은 해 7월 16일 기업등록을 마쳤으며, 다시 8월 6일 평양에서 '나선콘트랜스'와 북한 철도부의 '동해 철도운송회사'간 협상을 진행하여 향후 49년간 북한의 나진-두만강 구간의 철도인프라를 임차한다는 계약을 체결했다. 또한 이러한 배경에서 RZD의 자회사인 '트랜스텔레콤'(TransTeleCom)과 북한 체신성의 '조선통신'사는 두만강-핫산 구간에 STM-1 방식의 광섬유통신선 건설을 완료하고 공동 운영하기로 합의서를 체결하는 등 철도현대화 사업을 위한 환경정비를 추진해왔다.[51] 그리고 이렇게 RZD의 주도적인 역할과 양국간 긴밀한 철도협력의 결과 마침내 2008년 10월 4일 나진-핫산 구간의 철도 및 나진항 현대화사업의 착공식을 갖게 되었다.

---

51) РЖД. Единая лента новостей, 2008. 8. 21.

<그림 3> <나진-핫산> 철도 및 나진항 현대화 착공식에 참석한 전길수 북한 철도상과 야쿠닌 러시아 철도공사(RZD)사장(2008. 10. 4)

출처: Гудок

러시아측의 자료에 따르면 '나진-핫산 프로젝트'의 총 사업비는 1억 7,500만 유로로 예상되며, 빠르면 2009년 가을에 나진항에서 첫 컨테이너 열차의 운행이 가능할 것으로 전망하고 있다. RZD는 나진-핫산 프로젝트가 현실화될 경우에 나진-두만강 철도구간의 선로용량은 1일 12회 철도운행에 연간 수송능력이 4백만톤으로 증가될 것으로 전망하고 있다. 또한 한국 등 아·태지역국가로부터의 물동량 유치를 기대하고 있는데, 핫산을 통과하여 TSR과 연결되는 물동량이 2013년에는 10만TEU에 달할 것으로 전망하고 있다. 한편, 철도 현대화와 함께 나진항 3호 부두에서 낡은 설비들을 제거하고, 동시에 3척의 선박 접안이 가능하고, 컨테이너야적장, 철도인입선, 크레인 등 새 설비를 설치하는 부두 확장·보강 사업이 시작되는데, RZD의 전망에 따르면 터미널의 처리용량은 연간 40만TEU로 예상하고 있으며, 향후 6십만TEU까지 증대될 가능성을 예측하면 나진항 터미널과 나진-두만강 철도구간의 추가적인 현대화가 필요할 것으로 전망하고 있다.

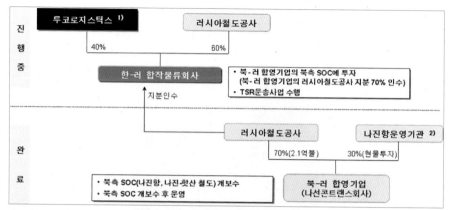

<그림 4> 나진-핫산 프로젝트 진행사항

1) 코레일로지스(KORAIL LOGIS)와 글로비스(GLOVIS), 범한판토스, 우진글로벌로지스틱스, 장금상선, 한루 등 6개사가 한-러 합
   작물류회사 설립을 위해 컨소시엄을 구성하여 설립한 회사(2007. 6)
2) '나선시 인민위원회' 산하기관
출처: 한국철도공사(KORAIL)

　북-러간에 진행되는 '나진-핫산 프로젝트' 착공은 몇 가지 측면에서 복합적인 의미를 내포하고 있다. 우선 새로운 수송로가 열리면서 러시아와 북한에 막대한 물류 수입을 가져다줄 것으로 예상되며, 그에 따라 러시아의 극동지역 개발과 북한의 나선지구 개발이 탄력을 받을 것으로 기대된다. 또한 이 사업의 착수는 아시아와 유럽을 연결하는 '철의 실크로드' 사업이 본 궤도에 들어섰다는 것을 의미하며, 그에 따라 동북아의 다자간 철도협력을 활성화하는 중요한 계기가 될 것으로 전망된다. 북-러 양국은 앞서 언급한 2008년 8월 6일 평양 회의에서 중국 동북3성의 물동량 유치를 위해 나진-남양(중국 도문과의 접경역)간 철도 현대화의 가능성을 검토하자는 데 합의한 바 있으며, 이를 '나진-핫산 프로젝트'의 다음 단계로 인식하고 있다.[52] 또한 RZD가 중국과의 경쟁에서 나진항을 선점함으로써 아·태지역으로 진출할 수 있는 또 다른 출해 통로를 획득했고, 한반도의 내륙까지 자

---

52) 이미 2007년 12월 북, 중, 러 3국은 도문세관에서 '북·중·러간 철도화물운송회의'를 개최하여 철도
　　부문 공동운송협정을 체결한 바 있으며, 2008년3월 말 중국의 도문시 당·정 대표단과 심양철도국 대
　　표가 러시아를 방문하여 RZD와 중국 도문역-북한 두만강역-러시아 핫산역을 잇는 국제철도선 재개
　　통 문제를 협의했고, 빠른 시간 내에 시운행을 하기로 합의했다. 원동욱, "북·러간 철도합영회사 설립
　　과 향후 우리의 과제-라진항을 둘러싼 북중러 게임을 중심으로," 『북한교통정보』, 2008년 5월 1호,
　　p.17.

신의 광궤철도를 54km 연장하여 유라시아의 국제철도로 운영할 수 있게 되었다는 사실도 결코 가볍게 볼 수 없는 중대한 '역사적 사건'이라고 할 수 있다.[53]

현재까지의 사업추진 과정을 볼 때 이른바 물류사업으로서의 '나진 – 핫산프로젝트' 실행에 대해서는 남·북·러 3국간 원칙적인 합의에 도달했으며, 구체적인 사업 타당성에 대한 검토가 필요한 단계에 있다. 현재 한국은 사업의 예비타당성 검토를 바탕으로 러시아와 한 – 러 합작물류회사 지분, 조직, 사업범위 등과 관련된 구체적인 협의를 진행하고 있고, 부산~나진~핫산~TSR 간 컨테이너시범운송 사업과 같이 남·북·러 3국이 관계된 핵심쟁점을 풀기 위해 제2차 남·북·러 철도운영자회의의 조속한 실현을 기대하고 있다. 그러나 아직까지 한 – 러 합작물류회사의 지분 및 거버넌스 구조가 명쾌하게 해결된 상황이 아니며, 한국측 컨소시엄 주체인 루코 (RUCO Logistics. Co., Ltd)에 참여하고 있는 일부 업체들은 북한의 철도시설 투자가 아닌 순수한 물류운송사업만을 고집하고 있어 한국의 참여가 본격화되기까지는 난항이 계속될 것으로 전망된다.

향후 TKR – TSR 연결사업을 본격화하기 위해서는 관련국들과의 대화 방식 및 수준을 다층화할 필요가 있다. 대륙철도와 연결하기 위해서는 반드시 북한의 동의와 참여가 전제되어야만 하고, 이를 실현하기 위해서는 남 – 북 간의 대화도 중요하지만, 러시아와 중국 등의 대(對)북 영향력을 적절하게 활용하는 전략이 필요하다. 동북아 지역주의에 내재된 '협력'과 '경쟁'의 이중구조를 TKR – TSR 연결사업에 유리하게 활용한다는 차원에서 다양한 방식의 양자·삼자·다자간 회의체를 병렬적으로 운영하면서 국제협력을 주도하는 방안을 적극 검토해야 한다. 특히 러시아와 중국의 '경쟁' 구도를 적절하게 활용할 필요가 있다. 러시아는 TRACECA를 비롯해 TCR 등 러시

---

53) 구한말 시기 러시아는 "대한침투의 초석"으로 블라디보스토크에서 원산을 거쳐 마산포까지 자신의 광궤철도를 부설하겠다는 구상을 추진했었다. 처음 1896년 11월 3일 고종은 한국철도의 규격을 러시아식 광궤로 재택한나는 칙령을 발표했고, 이것이 곧바로 비밀전문으로 비테에게 보고되었지만 러시아의 남하를 우려한 미국과 일본이 이에 강력하게 반발함으로써 조선은 다시 표준궤 채택으로 돌아서게 되었다. 홍웅호. "러시아의 연해주 진출과 개발의 역사." 『시베리아 극동연구』, 제4호(2008), p.26.

아를 우회하는 유라시아 국제운송로의 활성화에 대해 경계하고 있으며, 향후 이러한 대안노선들이 TSR의 위상을 위협할지도 모른다는 불안감을 표출하고 있다. 따라서 러시아가 경계하고 있는 중국이 참여하는 남-북-중 삼자대화의 출현은 러시아로 하여금 對한반도 철도협력대화에서 지금까지 구축한 상대적인 우위를 상실할 수도 있다는 '경계심'을 자극하여 보다 적극적으로 TKR-TSR 연결사업에 뛰어들도록 유인하는 촉진제가 될 것이다.[54]

2. 에너지협력

에너지자원협력 분야에서 남·북·러 삼각경제협력은 우선 러시아 극동지역에서 생산되는 천연가스를 북한을 통과하는 PNG로 한국에 도입하는 방식을 고려할 수 있다. 2008년 9월 29일 모스크바에서 개최된 한-러정상회담에서 양국 정상은 북한의 동의하에 북한을 경유하는 가스배관을 통해 러시아의 천연가스(PNG: Pipeline Natural Gas) 도입을 추진하기로 합의하였으며, 이를 위해 국영가스회사인 한국가스공사와 러시아 가스프롬(Gazprom)은 「러시아 연방의 대한민국에 대한 천연가스 공급에 관한 가스공사와 가스프롬 간의 양해각서」를 체결했다.[55]

향후 극동 연해주는 러시아 가스의 동북아 수출 창구로 발전할 것으로 전망된다. 한국과 중국 등 대규모 시장이 인접한 동시베리아와 극동지역의 가스전에는 유럽과 아시아 지역에 수 백년이상 공급할 수 있는 막대한 천연가스를 갖고 있으며, 러시아 정부는 자국 가스의 생산과 분배, 해외로의 수출을 통합하겠다는 통합가스공급시스템(Unified Gas Supply System:

---

54) 성원용·원동욱·임동민, 『대륙철도를 이용한 국제운송로 발전전략 비교 연구: 러시아와 중국을 중심으로』, 한국교통연구원, 2005, pp.221-222. 한편 중국은 지금까지 러시아와 달리 TKR과의 연결에 적극적이지 않았지만 최근 동북3성을 중심으로 경의선 연결 이후 TKR과의 연결에 대한 기대감을 조심스럽게 표출하고 있으며, 국제운송로의 활성화를 위해 국내구간 및 변경지역의 철도역에 대한 개선 및 확충작업을 본격적으로 진행하고 있다. 따라서 남·북·러, 남·북·중 삼자대화의 동시 가동은 중국으로 하여금 보다 적극적으로 대(對)한반도 철도협력 대화에 대한 이해관계를 갖도록 하는 유인책이 될 수 있을 것이다.

55) 지식경제부, "북한을 경유하는 러시아 PNG 도입 추진." 「보도자료」, 2008. 9. 29.

UGSS) 계획을 수립했으며, 기존 유럽 일변도의 천연가스 수출체계를 아·
태지역으로 확대하기 위해 크라스나야르스크, 이르쿠츠크, 야쿠츠크, 사할린
등 4개 가스전을 통합 연결하는 '동부가스계획'(Eastern Gas Program)을 발
표했다.[56)

　러시아의 가스프롬은 그동안 한국으로의 가스 공급과 관련하여 크게 두
가지 가능성을 열어놓고 있었다. 하나는 연해주에 LNG 기지를 건설하여
남은 가스 물량을 수출한다는 방안이고, 다른 하나는 북한을 통과하는 육상
PNG, 혹은 북한을 우회하는 해저 PNG를 신중하게 검토해 왔다. 이러한
차원에서 러시아의 가스프롬사 최고경영진은 2005년 북한을 방문하여 북한
통과 육상 PNG 타당성을 타진한 바 있으며, 2007년에 공개된 러시아의
UGSS 계획에는 사할린-III 광구에서 블라디보스토크까지 가스파이프라인을
연결하고, 필요할 경우 이를 한국까지 연장한다는 청사진을 제시하기도 했다.

　러시아의 가스프롬은 초기 투자비용이 많이 소요되는 LNG보다는 경제성
이 높고 운영 노하우가 풍부한 PNG를 통한 한국으로의 장기공급계약을 선
호해 왔다. 북한을 우회하여 동해안으로 연결되는 해저 PNG는 한국과 러
시아간의 직접적인 가스협력이 가능하다는 점에서는 충분히 매력적이지만,
해저 PNG의 건설비용이 육상 PNG보다 20~30% 높으며, 동해안의 수심이
깊기 때문에 기술적 난관에 봉착할 가능성도 있기 때문이다. 한편, 앞서 언
급한대로 이번 한-러 정상회담에서 양국은 2015년 이후 러시아의 블라디
보스토크로부터 연 10BCM(Billion Cubic Meter, LNG 환산시 약 750만톤)의
천연가스를 30년에 걸쳐 도입하기로 합의하고, 이를 위해 블라디보스토크~
북한~한국을 연결하는 가스배관을 건설하여 러시아 천연가스를 공급받는
방안을 우선적으로 추진하겠다는 의지를 밝혔다. 따라서 향후 북한이 어떠
한 입장을 취할지가 PNG 사업의 최종 실현을 결정짓는 관건이 되겠지만,
일단 이번 정상회담에서의 합의를 계기로 북한 통과 PNG 건설 계획이 보
다 유력한 방안으로 부상하게 되었다.

---

56) UGSS 계획은 2003년부터 연구에 착수하여 2007년 9월 3일 산업에너지부령으로 최종 결정되었다.

<그림 5> 러시아 천연가스 도입 노선도

출처: 지식경제부

　이러한 북한통과 가스파이프라인 부설 계획에 대해 북한은 원칙적으로 반대하지 않고 있으며, 파이프라인 노선에 대한 북한의 동의하에 러시아측의 기술과 자본으로 북한 내에 설치하기를 원하는 입장을 보여 왔다. 이것은 북한통과 가스파이프라인이 부설됨에 따라 거대한 통과료를 얻을 수 있다는 경제적 계산이 깔려있기 때문이다. 현재 러시아~우크라이나간 파이프라인 통과요율을 적용할 경우에 북한은 파이프라인 통과료 수입으로 연 1억불 이상을 벌어들일 수 있을 것으로 전망된다.

　러시아의 블라디보스토크로부터 북한을 통과하여 육상으로 천연가스를 도입하자는 남·북·러 에너지협력 구상은 동시베리아 가스전 개발을 통해 극동지역 경제를 활성화하려는 러시아의 이해와 천연가스 자원을 안정적으로 확보하려는 한국의 이해, 그리고 파이프라인 통과료를 확보하려는 북한의 이해가 상호 일치될 수 있는 사업이기 때문에 그 실현가능성이 매우 높다고 판단된다. 이 사업은 남, 북, 러 삼국이 갖고 있는 기술·자본·인력 등을 적절하게 결합함으로써 시너지효과를 극대화할 수 있는 삼각경제협력의 전형으로 자리를 잡게 될 것이며, 마침내 북한을 통과하는 PNG가 건설된다면 남북경협을 한 차원 높이는 결정적 계기로 작용할 것이다.

다음 러시아 극동지역에서 생산되는 전력을 송전선 건설을 통해 북한에 공급하고, 이를 더 연장하여 한국과 러시아 극동지역 사이에 전력계통의 연계를 추진하는 것도 남·북·러 삼각협력의 프로젝트로 중요하게 고려할 수 있다.

러시아는 현재 석유와 천연가스 이외에 극동지역의 전력수출을 통해 자국의 경제적 이익과 극동지역 개발을 원하고 있다. 러시아는 동부지역의 안정적인 전력공급을 위해 화석연료에 대한 의존도를 낮추고, 북한과 국경지역에 인접한 극동 남부지역의 막대한 수력자원 잠재력을 활용하여 발전용량을 확대하려는 계획을 갖고 있다. 그러나 극동지역의 전력수요는 제한적이기 때문에 막대한 자금이 투입되는 대규모 수력발전소 건설은 필연적으로 인접한 북한과 중국은 물론 한국과 일본 등과의 전력망 계통연계를 전제할 수밖에 없다. 현재 극동지역에서 수력발전시설의 대대적인 확충을 추진중인 러시아의 통합전력시스템(Unified Electric System; UES)은 잉여 전력을 인접한 국가에 공급, 판매하려 하고 있다. 중국에 대해서는 지난 수년간 소량의 전력이 러시아의 블라고뷔센스크에서 중국의 헤이헤시로 공급되고 있는데, 2005년의 경우에 약 5억 kw가 중국으로 수출되었다.[57]

러시아 극동으로부터 송전선을 통한 대북 잉여전력 공급은 북한에게는 경제회생을 위해 커다란 의미를 지닌다. 러시아와 북한 사이에는 이미 2001년에 러시아가 블라디보스토크에서 청진에 이르는 380km 구간에 송전선 시설을 설치하고 연간 30~50만kW의 전력을 북한에 송전하는 계획에 대해 MOU가 체결된 바 있다. 동 계획에 따르면 송전선의 러시아 구간은 블라디보스토크에서 크라스키노까지 250km이고, 북한 구간은 크라스키노부

---

57) P. A. 까로프코, "러시아 극동지역의 전력 개발과 한러협력 전망," 『KIEP 세계경제』, 2006. 7/8호, p.144. 2006년 11월 9일 열린 제3회 중－러 투자무역촉진회에서 러시아 극동 지역의 전력을 중국으로 공급하는 방안에 합의가 이뤄졌다. 러시아의 UES와 중국 국영전력사(State Electric Grid Corporation of China)는 2008년－2010년간 초기단계에는 연 36억~43억 킬로와트시(kWh)의 전력을 공급하고, 국경지역에서 러시아 석탄을 사용하는 화력발전소 건설(10GW 용량)에 5년간 100억$를 투자하여 향후 전력 공급 규모를 장기적으로 연 600억kWh로 14배 늘려 나가기로 했다. "Energy tops agenda as Russian premier meet Chinese leaders", RIA Novosti, 2006.11.10. 중국의 현재 전국 전력소비량이 약 2조 2000억 킬로와트에 달하는 점을 감안하면 앞으로 약 2.7%의 전력을 러시아에서 공급 받는다는 계획이다. 「중앙일보」, 2006. 11. 10.

터 청진까지 130km이다. 이러한 구상은 2001년 10월 북한이 러시아에 대해 전력공급 가능성을 문의한 이후 러시아의 독점적 국영전력회사인 통합에너지시스템(UES)의 자회사인 보스토크에네르고가 북한의 전기·석탄 공업성과 7차례의 협의를 거쳐, 예비타당성 조사를 하면서 보다 구체화되었다.[58] 잠정적인 평가에 따르면, 이러한 송전선은 설계단계부터 완공까지 3~4년이 소요될 것이고, 송전선 건설비용은 조사비 및 전력선 설계비를 포함하여 약 1억 6,000만~1억 8,000만 달러에 이를 것으로 추정된다. 그러나 현재 이 계획은 비용 지불 문제가 해결되지 않아 아직 실현되지 못하고 있다.

현재 러시아는 전력부문에서 여러 방식으로 대한반도 전력망 연계를 계획하고 있는데, 하나는 '북·러 연합 프로젝트'이고 다른 하나는 '한·러 연합 프로젝트'이다. 러시아는 기본적으로 북한에 대한 전력공급이 실현된다면 장기적으로 북한을 거쳐 한국에 이르는 다국간 전력연계를 추진한다는 계획을 갖고 있다. '한·러 연합프로젝트'에서는 러시아~북한~한국을 연결하는 지상 전력운송노선이 기본대안으로 부상하고 있으며, 2005년 11월 19일 부산에서 열린 APEC 정상회담에서 양국은 '한-러 연합 프로젝트'를 논의하였고, 러시아~북한~한국의 전력공급선 건설에 대한 양측의 이해관계를 언급한 '한·러 교역 및 경제협력의 상호계획'에 서명하였다.

<표 4> 러시아의 전력수출에 필요한 시설 특징

지상노선	블라디보스토크 - 북한 - 서울	· 전압 +/-800kV 직류 전력공급 · 총 길이 1,260km
해저노선	블라디보스토크 - 동해	· 전압 +/-800kV 직류 전력공급 · 총 길이 1,150km

출처: 카로프코(2006), p.147.

---

58) 러시아 통합에너지시스템이 실행한 예비조사에 따르면, 전력가격이 점차적으로 kWh 당 US $0.05로 인상되고 전력량이 약 2,500 - 3,000 MWh에 달한다면 이 프로젝트는 충분히 경제성이 있으며, 새로운 발전소의 건설에 비해 경쟁상의 우위가 있는 것으로 나타났다.

러시아와 한국 사이에 전력계통 연계 구상은 두 가지 의미를 함축하고 있다. 하나는 남한 국경까지 고압송전선을 부설할 경우에 러시아의 전력을 남한까지도 수출할 수 있기 때문에 러시아의 남아도는 화력발전 시설을 안정시키는 효과를 기대할 수 있으며, 한국은 여름철에 전력사용량이 최대치를 기록하고, 러시아의 경우에는 겨울철에 전력사용량이 가장 많다는 것을 고려하면 상호 계절간 전력융통을 통해 양국 모두 전력사용의 효율성을 극대화할 수 있는 부가적인 효과를 기대할 수도 있다.[59]

남·북·러 전력망 연계는 북한에 대한 전력지원 문제와 연결되어 중요한 의미를 내포한다. 한국 정부는 이미 2005년에 북한에게 핵 프로그램의 포기에 따른 대가로 200만kW의 전력 공급을 제안한 바 있다. 이 계획은 우선 한국 정부가 추산한 초기 비용인 1조 5,000억원의 비현실성에 대한 논란이 일었고, 다른 한편으로는 북한의 전력 공급체계가 한국에 의존하게 된다는 점에서 정치적인 현실성에 대한 의구심을 불러일으키기도 했다. 그리고 당시의 남북관계와 6자회담의 배경 속에서 결국 제안에 그치고 말았다. 따라서 현재는 러시아 극동지역의 발전비용이 한국의 발전비용보다 저렴하다는 현실을 인정하여 남한이 단독으로 북한에 전력을 공급하는 것보다는 한국과 러시아가 공동으로 지원하는 방안이 모색되고 있다. 한국의 전력공급분은 지리적으로 가까운 북한의 서쪽 지역(개성, 남포, 평양 지역)에 한정하고, 북한의 동북쪽 지역(나진선봉 및 청진 지역)에는 러시아의 전력을 공급하는 것이 경제성이 높을 뿐 아니라 북한 전역에 고른 전력지원을 해주는 효과가 있다는 주장이다. <표 5>에서 보는 바와 같이 러-북 국경지역부터 청진에 이르는 130㎞ 구간에 러시아가 70만kW의 전력을 공급하고, 개성-평양 구간에는 한국이 150만kW만을 공급한다면 한국이 2005년

---

59) 에너지경제연구원은 2002~2015년 기간 동안 계통연계가 이루어지지 않는 경우와 이루어지는 경우를 대비하여 전력수입 혹은 전력수출을 전력거래 유형별로 시뮬레이션을 실시하였다. 2004년 동 기관의 자료에 따르면, 남-북-러 전력망 계통연계가 이루어지면 구매단가 1센트/kWh로 러시아 극동지역으로부터 전력을 수입할 경우 현재가치 기준으로 대략 72억 달러, 연간 5억 달러의 비용을 절감할 수 있을 것으로 추정된다. 이는 계통연계가 이루어지지 않는 경우에 비해 6.6%의 비용절감 효과가 있다는 것을 의미한다. 이재영 외,『러시아의 동부지역 개발전략과 한국의 참여 확대방안: 에너지 부문을 중심으로』,대외경제정책연구원, 2006, p.204 재인용.

에 제안했던 대북전력지원 규모(200만kW)보다 공급량은 10%(20만 kW) 많아지면서 비용은 더 저렴해질 가능성도 있다.[60)

<표 5> 대북 전력지원의 비용 비교

(단위: 억 원)

		남측 단독 200만kw		남측 150만kw+러측 70만kw	
건설비		9,560		10,250	
10년간 운전비	시설유지비	92,330	4,780	89,290	5,230
	발전비		87,550		84,060
합계		101,890		99,540	

주: 건설비 및 시설유지비의 선로 단가는 한국의 기준을 적용하였으며, 발전 단가는 한국 기준(50원/kWh)과 러시아의 기준(30원/kWh)를 적용
출처: 정여천(2008), p.367.

3. 극동 연해주 농업개발

남·북·러 삼각협력의 하나로 극동 연해주 농업개발을 적극적으로 추진할 필요가 있다. 북한의 식량난을 해소하고 남한의 식량자급도를 높이기 위해 극동 연해주지역의 농경지를 임대한 뒤 이 지역에 거주하는 고려인과 북한 파견 노동력으로 농작물을 경작해 남, 북, 러 삼국간 적정한 비율로 수확량을 배분하는 농업개발 방식이 하나의 대안이 될 수도 있다. 이러한 농업개발 사업은 식량 수급구조에 어려움을 겪고 있는 러시아의 극동지역과도 이해관계가 일치하는 것이다. 러시아의 연해주지역은 거대한 농업 잠재력을 갖고 있으나, 체제전환 과정에서 노동생산성의 하락과 함께 노동력 부족, 농업생산에 필요한 사회간접자본의 미비, 농업생산을 지원하기 위한 재원 부족 등으로 농업생산이 감소하고 있는 추세에 있으며, 따라서 지방정부도 한국 기업이나 영농단체들의 對러 진출을 내심 반기고 있다.[61) 연해주 등 극동의 지방정부가 이러한 태도를 갖게 된 데에는 우선 불모지나 다

---

60) 정여천, "러시아 극동지역과의 경제협력의 전략적 가치와 추진방향," 정여천 편, 『러시아 극동지역의 경제개발 전망과 한국의 선택』, 대외경제정책연구원, 2008, pp.366 – 367.

61) 러시아 극동지역의 농업 현황과 외국인의 차지(借地) 농업개발 관한 자세한 내용은 다음의 글을 참고. 박진환, 『극동러시아 농업과 자원개발』(서울: 국제농업개발원, 2003). 특히, 한국인의 차지농업 사례에 관한 상세한 내용은 제13장을 참고.

름없는 드넓은 땅을 개간할 필요가 있기 때문이기도 하지만, 다른 한편으로는 넘쳐나는 중국 제품 및 노동력 유입의 위협, 갈수록 커지고 있는 엄청난 일본 자본의 영향력을 적절히 견제하기 위해 한국의 진출이 요긴하다는 판단을 하고 있기 때문이기도 하다.[62] 한국 입장에서는 최근 우즈베키스탄 등 중앙아시아에서 러시아 연해주로 영구 이주하는 고려인 해외동포들의 정착을 지원하고 그들의 존립기반을 강화한다는 측면에서도 남·북·러 삼각 농업협력을 적극적으로 검토해야 할 것이다.

만일 한국의 러시아 극동지역 농업개발이 가속화되고, 이것이 조기에 성공적으로 정착된다면 국경을 접하고 있는 남, 북, 러 3국 사이에 진행되는 농업협력은 북한의 식량난 해결을 통한 북한체제의 연착륙과 통일비용의 절감이라는 측면에서도 매우 중요한 의미를 갖게 될 것이다. 최근 곡물가격의 급등은 북한의 식량위기를 더욱 심화시키고 있다. 대북 곡물수출에서 중요한 역할을 했던 중국은 곡물값 상승에 대응해 수출할당제를 실시하는 등 수출통제를 본격화하고 있어 대북 식량지원에도 차질이 발생하고 있다.[63] 문제는 이러한 중국의 정책이 곡물가 폭등이라는 외부상황에 의해 초래된 불가항력적 조치이기는 하지만, 세계농산물시장의 조건이 호전되지 않는다면 장기지속성을 가져갈 가능성이 농후하다는 것이다.[64] 따라서 현재 국내외 기관들이 추정한 북한의 식량상황이 매우 열악한 현실을 고려할 때 북한의 식량위기에 대처할 수 있는 보다 효율적인 방안이 필요하다. 단기간내에 북한의 식량위기를 막을 정책적 수단이나 가용자원을 북한 내부에서 찾

---

62) 2005년 7월 23~24일간 전러시아여론조사센터(ВЦИОМ)가 러시아의 공화국, 주, 크라이 등 46개 연방주체의 153개 거주지에서 1,600명을 대상으로 실시한 여론조사에서 극동지역의 주민들 중 81%는 시베리아 극동지역의 자원 이용에 있어서 중국 회사 및 중국인 노동자의 참여는 러시아에게 위험한 것으로 생각하고 있다고 답변했다. 중국인의 경제행위에 대한 제한과 관련하여 응답자 중 중국 상품의 제한적 도입, 중국인의 비즈니스 제한, 중국 노동력의 유입 제한에 찬성한 비율은 각각 61%, 66%, 69%로 나타나 중국 노동력의 유입 문제가 심각한 상황에 이르렀음을 반영해주고 있다. 이영형, "중국의 러시아 극동 진출에 대한 러시아의 의식구조 분석," 『한국시베리아연구』, 제10집 2호(2006), pp.48-50.

63) "르포/대북 곡물수출길 끊긴 단둥." 『한겨레신문』, 2008. 1. 7.

64) 2008년 올 해에도 국내외 기관들이 추정한 식량 부족분은 140만-160만톤이고, 북한 주민의 4분의 1인 650여만명이 식량위기를 겪고 있는 것으로 알려졌다."북한 식량위기, 제2의 고난의 행군?" 『한겨레신문』, 2008. 7. 7.

을 수 없다면, 결국 북한이 의지할 곳은 외부의 대북 식량지원밖에 없을 것이다.[65] 이러한 측면에서 보면 북한과 국경을 접하고 있는 극동지역의 농업개발은 대북 식량지원의 공급지로서의 나름대로의 역할을 담당할 수 있을 것으로 전망된다.

극동 연해주는 한국의 해외 식량기지화의 최적의 조건을 갖춘 곳이라고 할 수 있다. 일단 지리적으로 극동 연해주는 동해안과 직접 연결되기 때문에 해상 물류 운송 측면에서 최대 48시간에 한국에 도착할 수 있으며, 세계의 다른 어떤 지역보다 저렴한 운송비용과 운송기간 단축을 기대할 수 있다. 그리고 연해주 지역의 농업개발은 모두 TSR이 통과하는 인근지역에서 진행되고 있어 향후 TSR의 활성화 및 TSR – TKR 연결이 가시화될 경우에 물류비는 더욱 감소될 것으로 전망된다. 더구나 극동 연해주는 아직까지는 다국적 곡물 메이저들이 토지나 항만을 선점하지 않은 지역이기 때문에 한국이 자본 규모나 기술 측면에서 다소 수준이 떨어지더라도 접근 가능한 지역이라는 이점도 갖고 있다. 게다가 극동 연해주에는 주로 연해주 우수리스크에 거주하는 1만 명 이상의 고려인이 있어 현지화에 용이하고, 노동력 부족 문제 등을 해결할 수 있는 장점을 갖고 있다.

연해주는 86만ha의 경지를 포함하여 약 280만ha의 농지를 가지고 있고, 25만ha의 경작지와 일부 초지가 이용되어 약 25% 정도의 토지이용률을 나타내고 있다. 농기업들은 일부 농장을 제외하고 80% 이상은 실질적 파산상태에 있으며, 주정부 농업식량공사 및 농업은행에 막대한 장비리스 대금상환 채무를 지고 있다. 국가의 농업회생 정책금융에 따라 일부 리스를 통한 신규장비 도입이 이루어졌지만 경영상 개선된 기업은 거의 없어 80%는 피인수 대상 농장이다. 농장지도자들도 경영상의 어려움, 농장구성원 노령화, 장비 및 기반시설 노후로 경영 의욕을 잃고 있어 인수 및 위탁영농이 수월한 편이다.[66] 그리고 만약 주정부가 진정한 농업투자라고 판단되면 농기계

65) 1995 – 2000년 381만톤인 북한의 연평균 곡물 생산량은 2001 – 2007년에는 418만톤으로 37만톤이 늘었지만, 이 기간에도 북한은 매년 평균 127만톤의 식량 부족을 겪었고, 이 가운데 123만톤을 국외에서 조달해야 했다. "북한 식량위기, 제2의 고난의 행군?" 『한겨레신문』, 2008. 7. 7.
66) 이동명, "러시아 연해주 사료 공급기지 건설 기본 계획," 동북아평화연대 주최 『제6회 동북아코리안네

9년 분할상환을 내용으로 하는 리스제도, 은행에서 신용대부를 할 경우에는 이자의 2/3를 정부가 보조해준다. 또 농작물 재해보험은 주정부가 50%, 연방정부가 50%로 모두 부담해준다.[67] 위의 사실들만 놓고 본다면 연해주는 농업투자의 측면에서 별다른 장애요인이 없는 호의적인 조건을 갖고 있는 것처럼 보인다.

그러나 극동 연해주를 한국의 주요 해외식량기지의 하나로 건설해가는 데에는 다양한 도전 요인들도 존재한다.[68] 우선, 기계화가 필수적인 대농장 경영이기 때문에 초기에 높은 투자비용이 필수적으로 발생하게 된다. 그리고 극동 연해주는 농업생산성이 낮고 단기적인 자본 회수가 불가능한 상황에 있다. 게다가 러시아 정부의 관료주의적 태도와 복잡한 토지 소유 및 임차 관계 등으로 해외 유통망 확보에 어려움이 발생하기도 한다. 한편, 외국인투자 법인기업의 영농법인인 경우에는 원론적으로 북한 노동력을 활용하는 것이 가능한데, 이를 위해서는 러시아 회사와의 간접 계약을 통해 북한 인력을 사용해야 한다는 것이 단점으로 작용하며, 그 외에도 연 단위 계약과 은행을 통한 보증금 문제 등이 한계로 작용한다.

한국의 민간단체와 기업들은 이러한 여러 어려움에도 불구하고 극동 연해주에 지속적으로 진출했다. 1990년대 후반에는 고합그룹, (주)가우디, (주)LG상사, 천주교 본당, (주)남양알로에, 새마을운동본부 등이 대표적이고, 2000년 이후에는 대순진리회, 농촌지도자중앙회 등이 적극적인 투자진출을 시도했다.[69] 그러나 1992년 이래 농업투자를 추진했던 10여개 민간기업 및 농민단체들 중에는 IMF 금융위기와 함께 현지 적응에 실패함에 따라 대부분의 사업을 유보 내지 중단한 상태에 있고, 현재까지는 4개의 민간기업 및

트워크 국제회의』자료집, 올림픽파크, 2007. 11. 30.

67) 이동명, "연해주 농업 개발 10년의 회고와 전망." 2007 러시아 전문가 현지 과정. 대외경제정책연구원. 2007. 9. 12.

68) 이하의 내용은 대외경제정책연구원.『러시아 동부지역 개발 전략과 한국의 진출 방안』. 대외경제정책연구원, 2008. 7. 11 참고.

69) 특히 대순진리회는 4개군에 걸쳐 9개의 농장을 인수하여 2004년 6,000ha, 2005년 12,000ha에 영농을 실시하고, 대형 콤바인 트렉터, 트럭, 파종기, 농약 실포기 등 장비구매와 곡물창고, 기계수리소, 저유소, 건조장, 정선장의 수리, 보수에 총 190억원을 투자하는 등 적극적인 행보를 이어가고 있다.

단체만이 각각 수백~수만ha 규모의 농지를 확보하여 운영 중에 있는 것으로 보고되고 있다.[70]

이처럼 그동안 기대했던 것과 달리 연해주 농업투자 진출사업이 부진했던 데에는 노동생산성이 높은 양질의 노동 인력을 적정규모로 유지·관리하는 데 실패했고, 노동력 수급 안정성을 위한 종합 대책이 미비했다는 요인이 자리잡고 있다. 과거 연해주 농업투자를 상징적으로 대변했던 고합의 영농사업이 실패하게 된 데에도 이러한 요인이 중요한 영향을 미쳤다. "영농면적 대비 과도한 농장원(적정수의 7 - 8배) 고용을 승계하여 기본적인 경영수지를 맞출 수 없는 구조인데다 고합측의 현금출자분을 이 과도한 농장원들이 못받은 4~5년간의 급여를 정산하는 데 소모해버려 실제 농업에 투자한 자금은 적었다."[71]

위의 경우처럼 농장경영에 필요한 적정인원을 고용하는 것도 중요한 과제이지만, 절대적으로 부족한 노동인력을 어떻게 충원할 것인가도 심각한 문제로 제기된다. 극동지역 농업 인력의 인건비는 저렴하지만 노동생산성이 매우 낮고, 양질의 대형 농기계 기사 등은 농장피폐 및 이농현상 등으로 매우 부족한 실정이다. 농장 단위의 인력은 노임이 저렴하기는 하지만 노동의 질이 낮고, 같은 기간에 자신들도 텃밭에 파종을 해야 하기 때문에 적기에 인력을 투입하는 데 애로가 있다. 한편에서는 연해주로 유입되고 있는 중국인력의 활용 방안도 제안되고 있지만, 중국인의 극동지역으로의 불법이주가 양국간 갈등의 현안으로 남아있는 상황에서 이것이 얼마나 실효성이 있을지는 의문이다.

현 시점에서 대안으로 다음과 같은 두 가지 방안을 검토할 수 있을 것이다.

첫째는 연해주로 귀환하는 고려인의 이주 및 정착을 보다 적극적으로 지원함으로써 극동농업투자의 '상비군'으로 조직하는 것과 국내 농업구조조정이 가속화될 경우 발생할 남한의 유휴 농업 인력들을 극동으로 이주시켜

---

70) 자세한 현황은 다음의 글을 참고. 김민철, "극동지역 농업진출 현황과 가능성," 정여천 편, 『러시아 극동지역의 경제개발 전망과 한국의 선택』, 대외경제정책연구원, 2008, pp.211 - 223.

71) 이동명(2007. 9. 12).

해외농업개발에 투신할 수 있도록 이주 및 정착을 지원하는 것이다. 현재 '동북아평화연대'(동평)는 한국의 여러 시민사회단체들과 함께 연해주에 고려인들의 농업 이주 정착을 지원하는 활동을 전개하고 있다. 우선 농업지원 사업의 전초기지로서 한국의 주택건설협회가 1천 가구를 목표로 진행하다가 31동으로 사업이 중단된 우정마을을 정상화한 뒤, 2005년 하반기부터 연해주 내 도시에서 빈민화된 고려인들 중 농업이주를 희망하는 이들을 대상으로 미하일로프카 군내의 끄레모바, 아시노프카, 순야센 마을 등지에 가구당 1천5백달러 정도의 가격으로 약 40여 채 이상의 주택을 확보 지원하고, 3천달러 정도의 농업자금을 대출하여 양돈, 양계, 비닐하우스, 밭농사 등을 할 수 있게 했다. 또한 1990년대 초반 이주하여 미하일로프카의 순야센, 스파스크의 치카로프카, 노보루사노브까 등지에 자리를 잡고 육묘와 비닐하우스 농법을 일찍 도입하여 상대적으로 안정적인 환경을 구비하였으나 최근에 중국 농산물의 과잉 공급 등으로 어려움을 겪고 있는 기존의 이주민 150여 가구를 대상으로 현지에 적합한 자연농법을 전수하는 등 농업정착과 자활을 지원하고 있다.[72]

---

72) 보다 자세한 내용은 다음을 참고. 김현동. "연해주 고려인 농업정책지원사업과 연해주 농업." 제6회 동북아코리안네트워크 국제회의 자료집. 올림픽파크텔. 2007. 11. 30~12. 1.

<그림 6> 러시아 연해주의 이주민농업정착 지원센터

출처: 동북아평화연대

　둘째는 북한의 노동력을 활용하는 것이다.[73] 실제로 북한 노동력을 활용한 농업생산은 1990년대부터 소규모로 진행되고 있다. 1996년 연해주에 파견한 북한의 농업기술자들을 이용한 벼 생산계약이 남·북·러 3국간에 체결된 바 있고, 연해주 핫산지역 포시에트 국영농장을 북한 노동자들에게 임차해준 사례도 있다. 또한 중앙아시아에서 이주한 고려인이 운영하고 있는

---

73) 북한의 노동력 활용에 대해서는 이미 오래 전에 남한의 기술과 자본, 러시아의 토지 및 인프라, 북한의 노동력을 결합한 남·북·러 3각 농업협력의 차원에서 다양한 의견이 제시된 바 있다. 일부에서는 북한 벌목일꾼들이 5월 1일부터 10월 말까지 녹음기에는 할 일이 없기 때문에 북한과 계약해 농번기인 5월 이후 이들을 농장에 파견하여 노동력으로 활용할 수도 있다는 주장을 하고 있다. "국제농업개발원 이병화 원장, MB '연해주 프로젝트' 밑그림 그린다." http://weekly.hankooki.com/lpage/08_people/200805/wk20080521153801100190.htm. 또 다른 일부에서는 남북관계의 진전에 따라 북한 노동력을 공급받는 협상이 용이해질 것이고, 인력 수출로 외화수입 증대를 목표로 하는 북한의 이해관계와 부족한 극동의 노동력을 양질의 북한 노동력으로 충원하려는 러시아의 이해관계가 일치되기 때문에 남·북·러 협력 가능성이 높다고 전망하고 있다. 이상덕, "러시아 연해주의 농업자원개발과 북한 노동력 이용방안." 『한국국제농업개발학회지』제12권 제1호(2000), p.123.

우수리스크 소재의 아리랑 농장에는 북한 계절노동자들이 적게는 5명, 많게는 15명이 일하고 있는 것으로 알려지고 있다.[74] 결국 문제는 한국정부가 소규모·비공식 형태로 진행되고 있는 농업 부문에서의 북한 노동력 활용 문제를 공식적으로 제기하고, 이에 대한 남, 북, 러 3국의 이해관계와 입장 차이를 성공적으로 조정할 수 있는가에 있다. 지금까지는 북한 노동자들의 집단 탈출에 대한 우려가 크기 때문에 본격적으로 논의를 진행하지 않고 있지만, 만일 북한의 우려를 불식시킬 합리적인 방안을 도출할 수 있다면 북한 노동력 활용은 실현 가능한 방안이 될 것이다. 극동지역은 대규모 조방농법이 지배적인 형태를 갖기 때문에 그렇게 많은 단순한 노동인력을 투입해야 하는 상황은 아니다. 오히려 대규모 영농 경험이 있는 기업농 기술자가 필요한 상황이라면 시범농장의 형태로 북한 농업기술자를 투입하고, 도출되는 문제점을 분석해가면서 점차 규모나 영역을 확대해가는 방안을 시도해볼 수 있다. 남북농업협력사업 중 기계화 영농에 대한 교육은 남측 농업기술자의 북한 장기체류와 대면접촉이 어렵기 때문에 한계가 있는데, 교육장을 극동지역의 농장으로 지정한다면 간접적인 지원 효과도 기대할 수 있을 것이다.

V. 결론

한·러 경제협력의 발전이란 관점에서 볼 때 양국의 이해관계가 일치되면서 상호 긴밀한 협력이 집중적으로 발현될 수 있는 공간은 극동 시베리아지역이다. 이 지역은 한국의 경제성장에 절대적으로 필요한 거대한 자원공급지이다. 특히 극동지역은 한국과 근거리에 있어 투자, 교역 등 경제협력관계가 발전할 가능성이 매우 높다. 또한 향후 통일한반도를 내다볼 경우 극동의 연해주지역이 접경지역이라는 점도 고려되어야 할 사항이다.

21세기 러시아는 극동 시베리아지역 개발을 위한 '대장정'에 들어섰다.

---

74) 채경석(2003), p.129.

러시아 정부는 투자 유치를 위해 행정 간소화 및 정부규제 완화, 부가세 인하 등 관련법 개정을 추진하고 있고, 극동 및 동시베리아지역의 투자환경을 개선하기 위해 대규모 연방재정을 투입하여 인프라를 확충하는 지역개발전략을 의욕적으로 추진하고 있다. 주변국들은 2012년 블라디보스토크 APEC 정상회의 개최를 계기로 연해주를 중심으로 한 극동지역 개발의 가능성을 주목하며 러시아와의 양자관계를 강화하고, 적극적인 극동 시베리아 진출을 모색하고 있다.

그러나 한국에게 극동시베리아는 아직도 멀고도 낯선 지역으로 남아 있다. 과거에 '소외', '은둔', '침체'로 덧씌워진 이 지역에 대한 음산한 기억을 벗어던지지 못하고 있다. 광활한 극동 시베리아를 향한 도전은 포기하고, 분단된 반도에 갇혀 대양 너머와의 공고한 연대를 기다리는 미몽에 사로잡혀 있다. 100여 년 전 조선의 민초들이 열린 공간인 극동으로 자연발생적으로 이주하여 드넓은 공간을 사유(思惟)하고 혹도한 자연과 맞서 싸우며 공간을 개척하고 있을 때 그들을 보호할 '국가'는 없었고, 물러서 돌아갈 고향은 제국에 유린당하고 있었다. 지금도 변한 것이 없다고 말한다면 과장일까? 한국 정부의 무계획적이고 비전략적인 대응과 무관심 속에서 현재 극동의 공간을 개척하고 있는 한국의 기업가들은 악전고투하고 있다.

이제 한국의 정부와 기업은 러시아의 극동지역개발을 향한 대장정에 동참하여 새롭게 열린 기회의 창을 국가발전의 동력으로 전환하는 능력을 발휘해야 한다. 그 고리는 남·북·러 삼각경제협력이다. 남·북·러 삼각경제협력이 실행되는 데에는 상당히 많은 제약요소가 있으며, 무엇보다도 한반도의 안정과 평화가 절대적인 전제조건으로 작용하는 것은 의심의 여지 없는 사실이다. 그러나 한·러 경제협력의 비약적인 발전이 국가전략적 의의를 가진다면, 그리고 한국의 해륙국가로의 귀환과 러시아의 시베리아·극동지역 개발 전략간의 접점을 현재화하기 위해 모두 '북한요인'을 넘어서야 한다면 '북핵 문제'의 평화적인 해결만을 학수고대하며 남·북·러 삼각경제협력의 실행을 무작정 연기하는 태도는 지양되어야 한다.

러시아가 한국에 보다 많은 것을 요구하는 때에 양국간 실질적 관계의 단초를 마련하지 못한다면 러시아를 한국의 국가전략 실현에 견인할 수 있는 유인 동기는 약화될 수밖에 없다. 초고속 경제성장을 이어가는 러시아는 '자본부족'의 구속에서 벗어나, 이미 공격적인 해외시장 진출을 시도하고 있다. 더구나 중국, 일본, 미국 등 강대국들은 러시아의 거대한 시장 공략과 안정적인 자원 확보를 목표로 치열한 각축전을 벌이고 있어 한국에게 남아 있는 시간은 별로 없어 보인다. 그나마 남·북·러 삼각경제협력 구도는 한국이 조정능력을 발휘할 수 있지만, 만일 러시아가 남·북·러 삼각경제협력 구도를 실현하는 것이 불가능하다는 최종적인 결론에 도달한다면 한국을 배제하고 러·북간의 쌍무적 관계에서 경제적 실리를 도모하는 방향으로 정책을 선회할 가능성도 결코 배제할 수 없다. 따라서 이제라도 한국정부는 남·북·러 삼각경제협력에 대해 전향적인 자세로 임하고, '북핵문제'의 진행 과정을 예의주시하면서 각 부문별로 사업의 실행가능성을 높이는 방향에서 돌파구를 여는 정책대안을 강구해야 할 것이다.

우선 한국의 극동시베리아 진출을 강화하기 위해서는 한·러간 협력분야에 대한 '전략적 목표'를 공유하는 것이 필요하다. 이러한 차원에서 양국간 일종의 공동선언을 채택하고 중장기 로드맵을 작성하는 것이 필요하다. 참고로 일본은 지난 2007년 9월 18~19일 하바로프스크에서 개최된 제2차 극동경제포럼에서 총 8개 항에 달하는 최우선 협력분야를 천명한 '일-러 극동 동시베리아 협력 강화 이니셔티브'를 제안한 바 있다. 또한 러시아의 해외투자진출이 가속화되고 있는 최근의 추세를 주목한다면 극동시베리아 진출도 한국기업의 일방적인 대러 투자만을 고려하는 것이 아니라 한·러간 '교차투자'를 염두에 두고 접근하는 자세가 필요하다. 민간기업간 전략적 투자협력을 강화하기 위해서는 중장기적으로는 극동시베리아지역과 한국에 대한 기초 자료를 축적하고, 각국의 기업들이 상대국의 정보를 쉽게 공유할 수 있는 일종의 '투자지원센타' 설립을 고려할 필요가 있다.

다음 한국의 극동시베리아 진출을 가속화하기 위해서는 무엇보다도 정부와 민간의 긴밀한 공조체제가 요구된다. 이러한 차원에서 기존의 정부 중심의 '한-러 극동시베리아분과위원회'를 정부-민간 협력체제로 성격을 전환할 필요가 있다. 여기에는 극동지역에 이미 진출했거나 계획을 갖고 있는 한국의 기업, 그리고 이들과 전략적 파트너십 관계를 갖고 있거나 러시아 정부의 극동지역개발 프로젝트에 참여하고 있는 러시아의 기업, 양국의 전문가집단이 구성원으로 참여할 수 있다. 정부 관료들이 중심이 된 일회적인 회의체가 아니라 이해관계자들의 상설 협의조직으로 전환해야만 인적 네트워크가 지속될 수 있으며, 대화채널로서의 효율성과 생산성을 제고할 수 있다. 또한 위원회 산하에 공동프로젝트개발소위원회, 제도개선협력소위원회 등으로 세분화된 기구를 구성하여 의제를 구체화하고, 문제 설정 및 해결의 책임자가 직접 접촉할 수 있는 기회를 확대해나가야 할 것이다.

고재남, "남북경협과 러시아의 역할", 『전환기의 남북경협』 현대경제사회연구원, 1996

김 블라지미르. 『러시아 한인 강제 이주사』 서울: 경당, 2000.

김민철. "극동지역 농업진출 현황과 가능성," 정여천 편, 『러시아 극동지역의 경제개발 전망과 한국의 선택』 대외경제정책연구원, 2008.

김영웅. "러시아, 북한, 한국, 중국 간의 4각 경제협력." 한양대학교 아태지역연구센터·러시아과학아카데미 극동연구소 주최 제17차 한-러학술회의 「Russia, Eurasia, and Northeast Asia: A New Dynamic Nexus」 발표문, 한양대학교, 2006. 9. 28-29.

김현동. "연해주 고려인 농업정책지원사업과 연해주 농업," 제6회 동북아코리안 네트워크 국제회의 자료집, 올림픽파크텔, 2007. 11. 30~12. 1.

까로프코, P. A. "러시아 극동지역의 전력 개발과 한러협력 전망," 『KIEP 세계경제』, 2006. 7/8호.

동북아시대위원회. 『동북아시아 지역협력체 구축을 위한 러시아의 역할과 남한·북한·러시아 삼각협력의 전망』, 2005. 12.

민족통일연구원. 『한국의 대러 경제협력 추진방향』, 1994.

박종수. 『러시아와 한국, 잃어버린 백년의 기억을 찾아서』 서울: 백의, 2002.

박진환. 『극동러시아 농업과 자원개발』 서울: 국제농업개발원, 2003.

배기찬. 『코리아 다시 생존의 기로에 서다』 서울: 위즈덤하우스, 2005.

배수한. "남한·북한·러시아 3국 경제협력방안(나진·선봉 자유무역지구에서의 협력프로젝트를 중심으로)," 『국제정치연구』, 제9집 1호(2006).

백남운. 『쏘련인상』 서울: 선인, 2005.

북한대학원대학교. 『중국 동북진흥계획과 남·북·중 삼각협력: 분석과 대책』, 2005. 12.

성원용. "남북한의 러시아간 삼각 경협추진 방안," 『정책연구』, 제134호(2000).

성원용. "러시아의 교통체계와 TSR 활성화 전략," 홍완석 엮음, 『현대 러시아 국가체제와 세계전략』, 한울아카데미, 2005.

성원용. "TKR-TSR 연결과 한·러 교통협력의 과제", 『교통』, 2005년 1월호.

성원용. "시베리아철도 건설의 역사," 강재홍 외, 『대륙철도의 꿈』 고양: 한국교통연구원, 2006.

성원용. "북·러간 경제협력과 교통망 연계 발전전망", 『교통』, 2007년 6월호.

성원용. "푸틴 정부의 신극동지역 개발정책과 전망," 정여천 편,『러시아 극동지역의 경제개발 전망과 한국의 선택』, 대외경제정책연구원, 2008.

성원용. "남·북·러 철도협력의 현황과 발전 전망 - '나진 - 핫산 프로젝트'를 중심으로"『슬라브학보』, 제23권 1호(2008).

성원용·원동욱·임동민.『대륙철도를 이용한 국제운송로 발전전략 비교 연구: 러시아와 중국을 중심으로』, 한국교통연구원, 2005.

신범식. "유라시아 지역 협력체구상과 한반도,"『평화통일연구』, 15집(인천대학교 평화통일연구소, 2005년 6월).

신영재. "남북한과 러시아간 삼각경제협력체제 구축방안",『KDI 북한경제리뷰』, 2000년 8월호.

양문수·이남주. "한반도경제 구상: 개방적 한반도 경제권의 형성," 한반도사회경제연구회 지음,『한반도경제론』, 서울: 창비, 2007.

엄구호. "러시아 극동·시베리아 지역에서 남북한과 러시아의 3각 경제협력." 한양대학교 아태지역연구센터·러시아과학아카데미 극동연구소 주최 제18차 한 - 러학술회의『Russian Federation and Republic of Korea: Prospects for Interaction after 2008』발표문, 모스크바, 2007. 6. 18 - 19.

원동욱. "북·러간 철도합영회사 설립과 향후 우리의 과제 - 라진항을 둘러싼 북중러 게임을 중심으로,"『북한교통정보』, 2008년 5월 1호.

윤명철.『광개토대왕과 한고려의 꿈 - 고구려적 세계와 미래한국 비전』서울: 삼성경제연구소, 2005.

이동명. "러시아 연해주 사료 공급기지 건설 기본 계획," 동북아평화연대 주최『제6회 동북아코리안네트워크 국제회의』자료집, 올림픽파크, 2007. 11. 30.

이동명. "연해주 농업 개발 10년의 회고와 전망," 2007 러시아 전문가 현지 과정, 대외경제정책연구원, 2007. 9. 12.

이상덕. "러시아 연해주의 농업자원개발과 북한 노동력 이용방안,"『한국국제농업개발학회지』, 제12권 제1호(2000).

이영형. "중국의 러시아 극동 진출에 대한 러시아의 의식구조 분석,"『한국시베리아연구』제10집 2호(2006).

이재영 외.『러시아의 동부지역 개발전략과 한국의 참여 확대방안: 에너지 부문을 중심으로』, 대외경제정책연구원, 2006.

이재영. "남북한과 러시아의 3자간 경제협력 방안",『국제지역연구』, 제3권 제4호(1999 겨울).

임혁백. "한반도의 지정학적 재발견과 동아시아 중추국가 전략,"『국토』, 2007년 2월호.

장덕준. "동북아 경제협력과 러시아: 남북한 - 러시아간 삼각협력을 중심으로",『

한국정치연구』, 제12집 제1호(2003).

정여천. "러시아 극동지역과의 경제협력의 전략적 가치와 추진방향," 정여천 편, 『러시아 극동지역의 경제개발 전망과 한국의 선택』, 대외경제정책연구원, 2008.

조명철 편. 『남북한 및 중국간의 경제협력 활성화를 위한 실천과제 및 전망』, 대외경제정책연구원, 2002.

채경석. "극동 러시아에서의 남·북한 농업협력에 대한 탐색연구," 『한국동북아논총』, 제29집(2003).

티모닌, 알렉산더. "남한, 북한, 러시아 3국간의 경제 협력 전망", 『통일경제』, 1996년 1월호.

한국농촌경제연구원. 『연해주 한·북·러 농업협력사업 추진 기본전략 연구』, 2001. 8.

한종만·김상원. "한반도 통합과정에서의 남·북·러 경제협력방안－철도와 천연가스 프로젝트를 중심으로," 『슬라브연구』, 제19권 1호(2003).

홍웅호. "러시아의 연해주 진출과 개발의 역사," 『시베리아 극동연구』, 제4호 (2008).

UNDP GTI. 『Greater Tumen Initiative. strategic Action Plan for the Period 2006 －2015』, 2 September 2005, Changchun.

"ПОЛОЖЕНИЕ о Государственной комиссии по вопросам социальн о－экономического развития Дальнего Востока, Республики Бурятия, Иркутской и Читинской областей", постановление Правительства Российской Федерации от 23 февраля 2007 г. N 127.

『Меморандум о создании совместной логистической компании』, 2007. 6. 18."Energy tops agenda as Russian premier meet Chinese leaders", RIA Novosti, 2006.11.10.

『Меморандум о сотрудничестве в проекте соединения Транскоре йской магистрали с Трансибом』, 2007. 6. 18.

Грызлов, Б. В. "Приоритетные задачи развития Дальнего Востока России," ВЫСТУПЛЕНИЯ НА ПЛЕНАРНОМ ЗАСЕДАНИИ ТРЕ ТЬЕГО «ДАЛЬНЕВОСТОЧНОГО МЕЖДУНАРОДНОГО ЭКОНО МИЧЕСКОГО ФОРУМА» 30 сентября 2008 г.

Доклад Губернатора Приморского края С. М. Дарькина на II Тихоо кеанском экономическом конгрессе. Стратегия социально－ экономического развития Приморского края до 2025 года, http://www.primorsky.ru/

Ишаев, В. И. "социально-экономическая стратегия развития Даль него Востока и Забайкалья," ВЫСТУПЛЕНИЯ НА ПЛЕНАРНО М ЗАСЕДАНИИ ТРЕТЬЕГО «ДАЛЬНЕВОСТОЧНОГО МЕЖДУН АРОДНОГО ЭКОНОМИЧЕСКОГО ФОРУМА» 30 сентября 2008 г.

МИНИСТЕРСТВО РЕГИОНАЛЬНОГО РАЗВИТИЯ РОССИЙСКОЙ ФЕ ДЕРАЦИИ. "Стратегия развития Дальнего Востока и Байка льского региона. Концепция," Москва, 27 марта 2007 года.

Мотрич, Е. Л. *Население Дальнего Востока России*, Владивосток –Хабаровск: ДВО РАН, 2006.

Подпрограмма "Развитие г. Вдаливостока как центра народного с отрудничества в Азиатско-тихоокеанском регионе", Прави тельство Российской Федерации, Федеральная целевая прог рамма 《Экономическое и социальное развитие Дальнего Во стока и Забайкалья на период до 2013》, 2007. 11. 21.

Правительство Российской Федерации. Федеральная целевая прог рамма 《Экономическое и социальное развитие Дальнего Во стока и Забайкалья на период до 2013》, 2007. 11. 21.

ПРИЛОЖЕНИЕ №11 к федеральной целевой программе "Экономи ческое и социальное развитие Дальнего Востока и Забайка лья на период до 2013года".

Путин, В. В. "Вступительное слово на заседании Совета Безопасн ости," 2006. 12. 20,
http://www.president.kremlin.ru/appears/2006/12/20/1548_type63374type6337 8type82634_115648.shtml

"국제농업개발원 이병화 원장, MB '연해주 프로젝트' 밑그림 그린다,"
http://weekly.hankooki.com/lpage/08_people/200805/wk2008052115380110010 90.htm.

외교통상부. "한·러 공동성명(2008.9.29): 이명박대통령 방러 계기,"
http://www.mofat.go.kr/state/areadiplomacy/europe/index.jsp

지식경제부. "북한을 경유하는 러시아 PNG 도입 추진," 「보도자료」, 2008. 9. 29.

「중앙일보」.

「한겨레신문」.

「Ведомости」.

「Гудок」.

강대국 러시아와 한·러 관계의 미래

고재남(외교안보연구원 교수)

러시아가 소연방 붕괴후 직면했던 총체적 국가위기를 극복하고 21세기의 시작과 더불어 강대국으로 재부상함에 따라서 마지막 '냉전의 고도'로 남아 있는 한반도 그리고 한·러 관계에 어떠한 영향을 미칠 것인지에 대한 관심이 증대되고 있다. 이 책은 세부 전공을 달리하는 한국의 러시아 연구자들이 강대국으로 다시 부상한 러시아의 미래를 나름대로 분석, 전망하고 있다. 따라서 본 장은 결론에 대신하여 우선 역사속의 러시아와 한반도를 살펴보고 2008년 9월 모스크바에서 개최된 한·러 정상회담에서 양국 정상이 '한·러 전략적 협력 동반자' 관계를 발전시키기로 합의한 후 양국관계의 미래를 전망하고 있다.

1. 역사속의 한·러 관계

러시아와 한반도가 접경국인 된 것은 1860년 러시아와 중국(당시 청나라)

이 베이징 조약을 통하여 우수리강과 두만강을 경계로 새로운 국경을 설정하면서 부터이다. 물론 러시아와 고려에 대한 몽골지배사는 이 보다 훨씬 전인 13세기에 이미 몽골 수도 카라코름에서 양국 사신들의 만남이 있었을 것이라는 것을 추측을 가능하게 해주고 있다. 물론 기록된 역사는 1650년대 청나라의 요청으로 조선이 러시아인들의 우수리강 남단지역으로의 침입을 차단하기 위하여 두 차례에 걸친 나선정벌이었음을 말해 주고 있다.

베이징 조약의 체결 그리고 부동항 블라디보스톡의 건설은 러시아가 한반도는 물론 동북아 전략환경에 지대한 영향을 미치는 행위자로 등장하는 배경이 되었다. 베이징 조약은 비록 17.5km밖에 안되는 짧은 한·러 국경선을 설정하였지만 동 조약은 당시 공중 운송수단이 부재한 상황에서 한편으로는 중국 동북부 지역의 최단 바다 접근로를 차단하면서 다른 한편으로는 육로와 해로를 통하여 한·러 양국이 상호 교류할 수 있는 기회를 제공해 주었다. 또한 베이징 조약은 당시 유럽 강대국의 일원으로 유럽 세력균형질서의 한 축을 형성하고 있었던 러시아가 동아시아에서도 강대국의 일원이 됨과 동시에 당시 열강들의 동아시아 침탈 세력경쟁 구도에서 주요 행위자로 등장하는 계기를 마련해 주었다.

아직도 접경국이 된 직후 러시아의 정확한 한반도 정책의 목표가 무엇인지에 대한 논란은 아직도 계속되고 있다.[1] 그러나 분명한 것은 러시아의 한반도 정책 목표가 무엇이든지 간에 러시아의 흥망성쇠와 정치체제는 한반도의 운명에 지대한 영향을 미쳐왔으며, 앞으로도 그럴 수 밖에 없다는 점이다.[2] 필자는 러시아가 한반도 운명에 결정적인 영향, 특히 부정적인 영향을 미친 사건은 1905년 러·일 전쟁에서의 패배와 제2차 세계대전후 북

---

1) 주요 주장들에 대한 것은 다음 문헌 참조. 辛承權, 『蘇聯의 韓國에 대한 政策目標分析』(서울: 集文堂,, 1996); 최문형, 『한국을 둘러싼 제국주의 열강의 각축』(서울: 지식산업사, 2001); 송금영, 『러시아의 동북아 진출과 한반도 정책(1860 - 1905)』(서울: 국학자료원, 2004); A. 말레제모프 지음, 석화정 옮김, 『러시아의 동아시아 정책』(서울: 지식산업사, 2002) 등.

2) 러시아와 한국의 관계사는 다음 문헌 참조. 서대숙 편, 『한국과 러시아 관계: 평가 및 전망』(서울: 경남대 극동문제연구소, 2000); 박종수, 『러시아와 한국: 잃어버린 백년의 기억을 찾아서』(서울: 백의, 2001); 한국정치학회 주최 '한·러 수교 10주년 기념 학술회의'(서울; 2000년 9월 27일) 발표문집, 『한·러 관계의 과거, 현재, 미래』 등.

한의 공산화 지원이라고 본다.

1904 - 05년 발발한 러 · 일 전쟁에서의 패배는 그 원인이 무엇이었던 일본의 한반도 침탈을 가속화시키는 계기로 작용하였다. 전쟁에서 승리한 일본은 1905년 11월 17일 소위 '을사늑약'으로 불리우는「을사조약」(乙巳條約)을 체결해 당시 대한제국의 대외적 주권인 외교권을 박탈하였고, 그 결과 러시아와는 물론 여타 국가들과의 외교관계가 중단되었다. 이후 1910년 한 · 일 합방, 거의 36년에 걸친 일제 식민지배와 제2차 세계대전에의 강제동원, 일본의 패전과 소련의 한반도 이북지역 강점 및 공산화 지원, 엄청난 인적 · 물적 피해를 가져온 한국전쟁, 그리고 분단의 지속. 한반도에서의 이 모든 악업의 시초는 러 · 일 전쟁에서의 러시아의 패전과 일본의 한반도에 대한 침탈야욕에 기인하였다.

탈공산화된 러시아는 과거와는 다른 정책과 모습으로 한반도, 즉 남 · 북한에 다가왔다. 공산주의 정치 · 경제 체제가 갖는 내외부적 취약요인들을 극복하기 위한 방책으로 내세운 고르바초프의 국내외 개혁정책은 냉전질서의 타파는 물론 소련의 한반도 정책을 급전환시켰다. 고르바초프는 수십년간 혈맹 또는 군사동맹이었던 북한의 끈질긴 요구를 무시하면서 1988년 서울에서 개최된 하계 올림픽에 소련 선수단을 대거 참가시켰고, 이를 계기로 한국에 대한 새롭고 긍정적인 인식을 소련내에 확산시켰다.

20세기를 마감하기 10년인 1990년 9월 30일 외교관계 단절 85여년만에 정상화된 한 · 소/한 · 러 외교관계는 우여곡절을 겪으면서 18여년을 지나쳐 왔다. 긴 세월의 단절을 보상받기하도 하려는 듯 수교직후 국내 제반분야에서 '소련바람'이 불었다. 그러나 소연방의 갑작스런 붕괴와 뒤이은 러시아의 극심한 정치 · 경제 · 사회적 혼란, 경협차관 상환 문제를 둘러싼 한국내 부정적 대러 인식 증대, 중국, 베트남 등 대체 경협대상의 등장, 그리고 1993년 북한 핵문제의 대두와 1994년 김일성 사망, 양국이 1997년과 1998년 각각 경험한 외환위기 등은 한편으로는 러시아의 국내정치 우선주의를 다른 한편으로는 한국외교의 우선 과제를 탈러화시키는 요인으로 작용하였다.

지난 18여년의 한 · 러 관계는 '정치 · 외교 관계의 정상화 추진기'(1988

- 1992), '우호·협력 관계의 확립기'(1992 - 1994), '건설적이고 상호 보완적 동반자 사대'(1994 - 2004), '상호 신뢰의 포괄적 동반자 시대'(2004 - 2008), '전략적 협력의 동반자 시대'(2008 - 현재) 등으로 구분해 볼 수 있다. 돌이켜 볼 때, 한·러 관계는 양국의 국내외적 상황에 상당한 영향을 받으면서 발전해 왔다고 평가할 수 있다. 물론 양국 관계의 발전에 대한 긍·부정적 평가가 존재하지만 85여년의 외교적 단절속에 재개된 양국관계가 비교적 짧은 기간안에 '전략적 협력의 동반자'로 발전시킬 수 있을 정도로 많은 성과와 관계 진전이 있었다고 평가할 수 있다. 특히 최근들어 양국 관계가 급진전된 것은 노무현 정부의 주변 4강에 대한 균형외교의 강화 추진 및 에너지·자원 외교의 강화 등과 같은 한국 요인도 있지만 2000년 푸틴 정부들어 정국안정, 연 7%에 달하는 성장경제의 지속, 에너지·자원 부국, 러시아의 국제사회에서의 위상제고 등과 같은 러시아 부활 또는 강대국으로의 재부상에 많은 영향을 받았다.

2. 한·러 관계의 현재: '전략적 협력의 동반자'로의 발전

한·러 양국은 1990년 9월 30일 외교관계를 정상화한 후 지난 18년 동안 9차례의 정상 상호방문 및 APEC 정상회담, G8 정상회담 등에서의 8차례 정상회담 등 총 17차례의 정상회담을 개최해 왔으며, 2008년 9월말 이명박 대통령의 모스크바 방문을 통해 양국 정상간 18차례의 정상회담이 개최되었다. 상기한 바와 같이 한·러 양국은 이번 정상회담을 통해 양국 관계를 '상호 신뢰의 포괄적 동반자'(Mutually Trusted Comprehensive Partnership)에서 '전략적 협력 동반자'(strategic cooperative partnership) 관계로 격상시켰다.[3]

---

3) 고재남, "한·러 정상회담의 평가 및 전망,"「주요국제문제분석」(외교통상부 외교안보연구원; 2008. 10. 17).

<表 1> 한·러 정상회담 개최 현황

방러	방한	제3국
90. 12 노태우 대통령 94. 6 김영삼 대통령 99. 5 김대중 대통령 04. 9 노무현 대통령 05. 5 노무현 대통령 (전승 50주년 기념식 참석) 08. 9 이명박 대통령	91. 4 고르바초프 대통령 92. 11 옐친 대통령 01. 2 푸틴 대통령 05. 11 푸틴 대통령 (부산APEC정상회의 참석)	90. 6 한·소 샌프란시스 코 정상회담 00. 9 UN 새천년정상회 의 계기 정상회담 00. 11 APEC 정상회의 계기 정상회담 01. 10 APEC 정상회의 계기 정상회담 03. 10 APEC 정상회의 계기 정상회담 06. 11 APEC 정상회의 계기 정상회담 07. 9 APEC 정상회의 계기 정상회담 08. 7 G8 정상회의 계기 정상회담
6회	4회	8회

* 출처: 외교통상부, 「러시아연방 개황」(2008. 9), p.75.

이명박 대통령은 대러 전략적 협력 동반자 관계 구축은 30－40년을 내다보면서 양자 협력의 폭과 깊이를 심화시켜 나가는 것이라고 대러 '전략적 협력 동반자' 관계 구축 목표를 정리하였다. '전략적 협력 동반자' 관계로의 격상은 양국간 협력 의제가 양자 차원에서 지역 및 세계 차원으로 다양화되고 협력 범위도 경제·문화 영역에서 정치·외교·군사·안보 분야 등 민감한 분야로 까지 확대되는 등 한·러 관계가 전면적 협력관계로 발전될 수 있는 계기를 마련하였다. 또한 양국은 양국간 주요 현안과 한반도, 동북아 지역 및 세계 정세 전반에 대한 의견 교환을 위해 정상간 교류를 지속하고 정부, 의회, 공공 및 민간 부문에서도 교류·협력을 증진해 나가기로 합의하였다.

양국은 2008년 5월 메드베데프 정부 출범직후 권종락 외교통상부 제1차관 방러를 계기로 한반도 및 세계 정세계 정세 변화에 대응하고 양국간 외교·안보 분야에서의 협력을 확대하기 위해 정기적인 전략대화의 필요성에 공간하였으며, 동년 9월 개최된 모스크바 정상회담을 계기로 구체화시켰다.

양국 정상이 향후 한·러 관계를 '전략적 협력 동반자' 관계로 발전시키기로 합의한 배경을 한국측 요인과 러시아측 요인으로 구분해 살펴 볼 수 있다.

한국의 경우, 이명박 정부는 주변 4강중 러시아와의 관계가 가장 소원하였음을 인식하였으며, 모스크바 정상회담을 계기로 한·러 관계를 중국과 동일한 협력관계로 격상시킬 필요를 절감하였다. 이러한 이명박 정부의 대러 인식은 21세기 들어 러시아가 강대국으로 재부상하면서 90년대와는 달리 한반도를 포함한 동북아는 물론 세계 전략환경에서 주요 행위자로 다시 등장한 것에 기인한다. 특히 동북아의 세력구도가 중·러가 주도하고 있는 'SCO 對 미·일·호 동맹' 구도로 발전될 수 있는 가능성을 배제할 수 없고, 이 경우 중간지대 또는 대척점에 위치한 한국은 남북분단의 지정학적 현실을 감안해 주변 4강과 전략적 협력관계를 구축해 놓을 필요가 있었다.

실제로 이명박 정부는 '선진 일류국가' 건설을 국정목표로 삼고, 이를 위해 한국을 세계평화와 안정, 공동번영에 기여하는 '성숙한 세계국가'(Global Korea)로 발전시킨다는 대외정책의 비전을 제시하였다. 이러한 비전 달성은 1차적으로 한반도 안정과 평화, 그리고 세계 정치·경제·안보 환경에 지대한 영향을 미치는 주변 4강과의 외교관계 격상을 통한 양자 협력의 폭과 깊이를 확대하는 것이었다. 따라서 이명박 정부는 출범후 정상회담을 통해 미국과는 '21세기 전략동맹', 중국과는 '전략적 협력 동반자', 일본과는 '성숙한 동반자 관계의 신시대 구축' 등으로 양자관계를 발전시켜 나가기로 합의하였다.

또한 러시아는 제1차 북핵사태(1993 - 94) 때와는 달리 제2차 북핵사태(2003 - 현재)를 해결하기 위한 6자회담에 참여해 오면서 한반도 평화와 번영에 지대한 영향을 미치는 역내 행위자로 부상하였다. 실제로 러시아는 북한의 BDA 자금인출 문제 해결, 대북 중유지원, 6자회담내 동북아평화·안보 실무그룹 의장국을 수임해 오면서 북핵문제 해결을 위해 크게 기여해 오고 있다. 6자회담에서 북한 핵문제의 해결을 위해 채택한 '9.19 공동선언'(2005), '2.13 합의'(2007)는 러시아가 북한 핵문제의 해결을 위하여 제안한 '일괄타결 방안'과 거의 유사한 내용을 담고 있다.

또한 이명박 정부는 지속적인 경제성장을 위해서는 안정적인 에너지·자원 공급이 보장되어야 한다는 인식하에 에너지·자원 외교를 강화해 오고 있으며, 이는 에너지·자원 부국인 러시아의 중요성을 제고시켜 주었다. 또한 한국에게 러시아는 TSR－TKR 연결, 남·북·러 3각 협력의 구체화, 러시아의 극동·시베리아 개발 계획에의 참여, FTA 체결 등을 통해 한국이 유라시아 지역으로의 협력의 폭을 확대할 수 있는 기회를 제공하고 있다. 이외에도 이명박 정부는 대러 관계의 격상은 남·북·러 3각 협력은 물론 원천기술의 보고 러시아와 우주·항공·방산·원자력 협력 등 과학기술협력을 확대시켜 줄 것으로 인식했음이 분명하다.

또한 이명박 대통령의 현대건설 CEO 시절 대소/대러 사업 추진과 같은 개인적 경험도 한·러 관계의 격상을 추진하는 요인으로 작용하였다. 이 대통령은 80년대 현대건설 사장으로 재직하던 때부터 자원부국 러시아와 협력강화 필요성을 역설했던 것으로 알려졌으며, 이번 정상회담에서도 직접 지도를 이용해 북한 통과 PNG 프로젝트의 구체화 필요성을 설명, 메드베데프 대통령 등 러시아측 참석자들의 이해를 넓혔다. 이 대통령은 현대건설 회장이던 1989년 현대종합목재와 연해주 임업생산연합은 임산업합작회사를 설립해 시베리아 벌목사업을 시작한 바 있다.

러시아의 경우, 메드베데프 정부는 2020년경 세계 5위 경제대국 건설이라는 야심찬 경제발전 및 국가 현대화 전략을 추진해 오고 있으며, '2013 극동·자바이칼 개발 프로그램'은 이러한 국정목표를 달성하기 위한 핵심 과제중의 하나이다. 러시아는 이들 사업추진을 위해 동북아 국가들중 한국이 가장 적합한 파트너라고 인식하고 있다.

메드베데프 정부는 한반도의 안정과 평화유지가 극동·시베리아지역의 안정은 물론 역내 국가간 군사적 충돌, 군비경쟁 등을 억제시킬 것으로 인식하고 있으며, 그 결과 한·러 전략적 협력이 필요함을 인식하고 있다. 특히 러시아는 김정일의 병세악화, 경제난 심화 등으로 북한 정세의 유동성이 증대됨에 따라서 필요시 한국과 긴밀한 전략대화를 진행하는 등 러시아가 일정한 역할을 할 수 있는 외교적 입지강화 또는 지렛대를 구축해 놓을 필요가 있었다.

또한 메드베데프 정부는 이명박 정부가 '21세기 한·미 전략동맹'의 추진, '한·중 전략적 협력 동반자' 관계 구축 등과 같이 주변국과 외교관계를 격상시킴에 따라서 한국과 '전략적 협력 동반자' 관계를 구축할 필요성을 인식했을 것이다. 러시아는 한반도 문제의 이해 당사자로서 북핵문제 등 한반도 해결과정에서 주변 3국과 세력균형을 유지하면서 자국의 전통적 역할이 최소한 유지되거나 또는 확대되어야 한다는 입장이다. 또한 메드베데프 정부는 이명박 정부가 한·미 전략동맹을 강화시키는 정책을 추진함에 따라서 한국이 미·일이 공동으로 추진 중인 MD 계획에 참여할지도 모른다는 우려를 하고 있으며, 이에 대비해 한국과의 전략적 협력 관계를 구축할 필요성을 느꼈을 것이다.

한편 러시아는 러·그루지아 전쟁, 미국의 중동부 유럽내 MD 추진, CIS 내 NATO 확대 추진, 국내문제에 대한 미국, EU 등의 비판 등으로 미국, EU와의 갈등이 심화됨에 따라서 동방정책을 강화시켜 오고 있는데, 이는 한국과 관계 개선에 기여하고 있다. 특히 러시아는 EU 국가들의 대러 에너지 의존도 축소 움직임, 그리고 극동·동시베리아산 석유·가스 수출선의 확보 등과 같은 대책마련의 일환으로 아·태 국가들과의 에너지 협력을 모색하고 있는데, 한국은 적합한 협력 대상국중의 하나이다.

3. 한·러 관계의 미래

한·러 관계의 미래는 북한정세의 변화, 미·러/미·중 관계 등 동북아 세력구도, 양국의 국내 정세와 대외정책 등에 영향을 받으면서 발전할 것이다. 현 시점에서 푸틴의 6년으로 연장된 대통령직 복귀가 확실하고 이에 따라서 푸틴주의에 입각한 러시아의 국내외 정책의 연속성이 높아짐에 따라서 양국관계의 미래를 최근의 정상회담 결과 및 양국관계 현황을 바탕으로 다음과 같이 전망해 볼 수 있다.

(1) 정치 · 외교 · 안보 분야

한 · 러 양국은 정기적인 공식, 비공식 정상회담 및 관련부처 고위급 회담을 통해 정치 · 외교 · 안보 협력을 더욱 심화, 확대시켜 나갈 것으로 전망된다. 정상회담의 경우, 연례 APEC 정상회담은 물론 상호 정상방문을 통한 정상회담이 지속될 것이며, 정상간 전화통화도 필요시 이루어질 것이다. 이러한 정상간 접촉은 정상간 이해증진 및 신뢰강화, 그리고 다양한 양자 · 다자 현안들에 대한 논의와 협력의 장을 마련해 주면서 양국간 제반 분야에서 협력을 더욱 확대, 강화시키는 계기로 작용할 것이다.

한 · 러 양국은 모스크바 정상회담에서 합의한 바와 같이 2008년 12월 18일 서울에서 권종락 외교통상부 제1차관과 데니소프(Andrey Denisov) 러시아 외무부 제1차관을 수석대표로 하는 제1차 전략대화를 개최하였다. 이 전략대화를 통해 양측은 양국간 전략적 협력 동반자 관계의 발전방안은 물론 동북아 정세, 아태지역 협력 등 지역 · 국제 사안에 대해 심도있는 의견교환을 하였다. 또한 양측은 동 전략대화를 통해 양국 정상간 빈번한 회동, 러시아산 천연가스 도입, 2010년 수교 20주년 기념행사 개최 등 지난 9월 모스크바 정상회담에서 합의한 협력사업들의 원활한 후속조치를 위해 긴밀히 협력해 나가기로 합의하였다. 또한 양국 외무차관들은 북한 비핵화의 조기 실현을 위해 6자회담에서 양국이 긴밀히 협력해 나가기로 합의하면서 2009년중 편리한 시기에 제2차 전략대화를 모스크바에서 개최하기로 합의하였다.[4] 따라서 양국간 제1 외무차관급 전략대화는 향후에도 지속되면서 정치 · 외교 · 안보 분야에서의 협력은 물론 하기와 같은 여타 분야의 협력사업에도 긍정적인 영향을 미칠 대화 메커니즘으로 발전할 것이다.

양국은 향후 북핵문제 등 범세계적 문제해결을 위한 공조를 더욱 강화시켜 나갈 것이다. 양국은 모스크바 정상회담에서 북핵문제가 6자회담의 틀 내에서 평화적, 외교적 방법을 통하여 조속히 해결되도록 건설적인 노력을 계속 경주해 나가기로 합의하였으며, 이명박 대통령은 상생 · 공영의 남북

---

4) 외교통상부 러 · CIS과, "보도자료"(2008. 12. 18).

관계를 발전시켜 나가고자 하는 우리 정부의 노력을 러시아측에 설명하였다. 메드베데프 대통령은 남북대화 및 협력을 지지하면서 이것이 한반도 평화와 안정에 중요한 요소임을 강조하였다.

또한 양국 정상은 아·태 지역의 평화, 안보, 발전을 위한 다자간 협력체인 ARF, APEC 등에서 긴밀한 협력을 계속하기로 합의하였으며, NPT, CWC, BWC 등 핵무기 및 생·화학 무기 비확산 체제를 더욱 강화해야 한다는데 의견을 같이하였다. 양국 정상은 공동성명을 통해 국제문제 해결과정에서의 유엔의 역할 강화, 그리고 민주성, 투명성, 책임성, 대표성을 강화하는 방향으로 유엔이 개혁되어야 한다는데 의견을 같이 하였다. 또한 국제 테러리즘, 초국경 조직범죄, 기후변화, 식량안보, 에너지 안보, 해적, 사이버 범죄 등 범세계적인 안보문제에 효과적으로 대처하기 위한 국제사회의 협력 강화가 필요하다는데 의견을 같이 하였다. 따라서 양국은 북핵 문제 등 범세계적 문제해결을 위한 공조를 양자 차원은 물론 6자회담과 같은 다자 차원의 협력을 계속할 전망이다.

양측은 그 동안 UN, ARF 등 지역기구 및 국제기구에서 WMD 비확산, 반테러 등 국제평화와 안정, 그리고 번영을 위한 협력을 지속해 왔으며, 이는 양국이 전략적 협력의 동반자 관계로의 발전을 위해 노력하기로 합의함으로써 더욱 확대, 증진될 전망이다. 또한 양국은 외교관계를 정상화한 이후 북한 핵문제의 해결, 러시아산 방산물자 도입 및 군 인사 교류 등을 통한 안보·국방 협력을 지속해 오고 있는데, 이러한 협력 사업도 지속될 것이다.

(2) 경제·통상 분야

향후 양국은 실질 경제·통상 협력을 과거보다 더욱 빠르게 확대시켜 나갈 것이다. 양국 정상은 정상회담중 2005년 11월 체결한 '경제·통상 협력을 위한 행동계획'(일명 액션플랜)이 성실히 이행되어 교역량 급증, 다양한 분야에서 상호 투자 확대 등의 성과가 있었다고 평가하면서도 협력 잠재력을 실현시키기 위한 양자 협력을 더욱 강화시키기로 합의하였다. 즉 양측은 교역구조 개선, 러시아산 기계·기술 장비 및 첨단 기술 제품의 수출 물량 확대, 경제·통상 협력의 질과 수준 향상을 위한 노력을 경주하기로 하였다. 양측은 이를 위해 무역자유화(FTA)를 위한 조치를 검토하기로 합의했으며, 한국은 러시아의 WTO 가입이 조기에 실현되길 희망하였다. 또한 양국 정상은 경제관계를 강화시킬 수 있는 한·러 투자협력의 강화를 위해 정보 교환을 촉진하고 인프라 구축을 위한 양국간 다양한 협력 형태를 활성화하기로 합의하였다.

그리고 양국은 러시아의 2013년 까지 '극동·자바이칼 경제·사회 개발 프로그램'에 한국 기업이 참여할 수 있는 방안을 '한·러 경제과학기술공동위'를 통해 협의해 나가기로 합의하였으며, 2012년 블라디보스톡 APEC 정상회담과 2014년 소치 동계올림픽 준비를 위한 인프라 건설 등 관련 사업에서 적극 협력하기로 합의하였다. 또한 양측은 심도 있는 경협을 위해서는 민간 부문 간 대화가 필요하다는 인식하에 지방차원의 대화를 포함해 '한·러 비즈니스 대화'를 확대하고 경제·통상 협력 확대에 중소기업들을 적극 참여시키기로 합의하였다.

이러한 양국 정상간 및 관련 부처간 합의는 양국간 경제·통상 협력의 잠재력을 크게 현재화시키는 요인으로 작용할 것이며, 그 결과 양국간 해당 분야에서의 협력이 크게 증대될 것으로 전망된다. 하기한 그림1, 2가 증명해 주듯이 최근 양국간 교역(2008년 약 200억불 예상) 및 투자(2008년 6월 현재 약 28억불)가 빠른 신장세를 보이고는 있으나 양국간 잠재력에 크게 미치지 못하고 있다는 것이 일반적인 평가이다.

<그림 1> 한국·러시아 상품교역 현황5) (단위: 백만$)

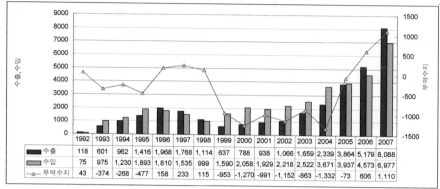

	1992	1993	1994	1995	1996	1997	1998	1999	2000	2001	2002	2003	2004	2005	2006	2007
수출	118	601	962	1,416	1,968	1,768	1,114	637	788	938	1,066	1,659	2,339	3,864	5,179	8,088
수입	75	975	1,230	1,893	1,810	1,535	999	1,590	2,058	1,929	2,218	2,522	3,671	3,937	4,573	6,977
무역수지	43	-374	-268	-477	158	233	115	-953	-1,270	-991	-1,152	-863	-1,332	-73	606	1,110

자료 : 한국무역협회 KOTIS

<그림 2> 한국의 대러시아 직접투자 동향6) (단위: 천 달러)

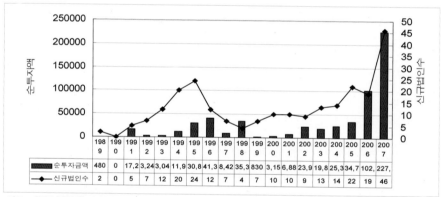

	1989	1990	1991	1992	1993	1994	1995	1996	1997	1998	1999	2000	2001	2002	2003	2004	2005	2006	2007
순투자금액	480	0	17,2	3,24	3,04	11,9	30,8	41,3	8,42	35,3	830	3,15	6,88	23,9	19,8	25,3	34,7	102,	227,
신규법인수	2	0	5	7	12	20	24	12	7	4	7	10	10	9	13	14	22	19	46

자료 : 한국수출입은행. 해외투자통계

　　이번 정상회담에서 양국은 무역자유화를 위한 조치들을 검토해 나가기로 합의하였으며, 이를 위해 '양자 경제동반자협정'(BEPA)을 체결하기 위한 논의가 더욱 활발히 진행될 예정이다. 또한 이번 정상회담을 계기로 모스크바주에 한국 전용공단, 블리디보스톡 인근에 한국 전용항만이 건설 등이 합의되었다. 따라서 이들 사업 추진을 위한 양국간 협력도 지속될 전망이다.

---

5) 이종문, "한·러 경제관계 발전: 변화, 과제, 전망," 한국외대 러시아연구소 주최, "이명박 정부 출범이후 한·러 관계: 한·러 3대 신 실크로드 구상과 비전"에 관한 연례 학술대회(2008. 12. 12) 발표 논문집, p.30.

6) 상게논문, p.33.

(3) 에너지·자원 및 교통 분야

한·러 양국은 '3대 신 실크로드' 비전을 구체화시키기 위한 협력을 지속할 것으로 전망된다. 이명박 대통령은 정상방문중 자신 오랫동안 구상해 왔던 '3대 신 실크로드', TSR-TKR 연결을 통한 '철의 실크로드', 북한 통과 송유관·가스관 건설을 통한 '에너지 실크로드', 그리고 극동지역 대상 농수산·임업 협력을 통한 '녹색 실크로드' 비전을 제시하였다. 양국 정상은 공동선언을 통하여 TSR-TKR 연결사업이 국제 교통물류시장에서 차지하는 중요성을 인식해 양국이 철도 연결사업을 위해 협력을 지속해 나가기로 합의하였다. 비록 공동선언에서 '녹색 실크로드' 비전을 구체화하는 방안은 제시되지 않았으나 하기한 바와 같이 '에너지 실크로드' 건설을 위한 에너지 협력방안이 합의되었다. 비록 남·북·러 3각 경협이 현재까지 북한 요인에 의해 큰 진전이 없는 상태이나, 이번 정상회담을 통한 북한 통과 PNG 사업 합의, 북한 정세의 변화 가능성 증대, 양국 정부의 협력 사업에 대한 강한 의지 등을 고려해 볼 때, '3대 신 실크로드 사업'의 구체화 가능성은 과거 어느 때보다 많아졌다.

북한 통과 PNG 프로젝트 등 에너지·자원 협력이 확대, 강화될 전망이다. 한국가스공사와 러시아 가즈프롬(Gazprom)은 양국 정상 임석하에 북한을 경유하는 PNG를 통해 러시아산 천연가스 도입을 추진하는 협력 프로젝트를 체결하였다. 동 사업은 극동지역에서 석유화학단지 및 LNG 액화플랜트 건설사업과 연계해 추진될 예정이다. 동 프로젝트는 성사될 경우 천연가스 구매액 900억불, 석유화학단지 건설비 90억불, 북한 경유 PNG 건설비 30억불 등 총 사업규모 1,000억불 이상의 초대형 한·러 경협 프로젝트로 이명박 정부가 추진해 온 전형적인 패키지형 자원개발 사례이다.

양측이 체결한 양해각서에 따르면 양측은 2010년까지 타당성 조사를 마치고 타당성이 있을 경우 가스관 연결 공사를 시작 2015년부터 30년간 매년 750만톤(단위 LNG)의 천연가스를 한국에 공급할 예정이다. 750만톤은 당시 우리나라 총 소비량의 20%를 차지하는 양으로서 현재 천연가스를 중동(카타르, 오만), 동남아(말레이시아, 인도네시아)에서 약 93%를 수입하고 있음을 감안해 볼 때, 천연가스 수입원의 다변화는 물론 수입가의 감소효과를 가져다 줄 것이다. 또한 동 사업이 성사될 경우 우리나라 가스관이 러시아가 시행하고 있는 동부 통합가스공급시스템(UGSS)에 연결됨으로써 향후 동시베리아 자원 확보경쟁에서 우위를 점하는 효과는 물론 극동·동시베리아 개발사업을 한국 기업이 선점할 수 있는 효과도 있다. 한편 양국 정상은 공동성명을 통해 이명박 대통령은 계약만료로 시추가 중단된 서캄차카 해상광구 등 러시아내 해상광구 개발 사업을 성공적으로 실현시키기 위해 긴밀한 협력을 증진시켜 나가기로 합의하였다.

이명박 대통령이 이번 방러를 통해 제시한 '3대 신 실크로드' 비전은 남·북·러 3각 협력을 통해 달성될 수밖에 없거나 또는 최선의 방안이며, 실제로 북한의 협력이 없이는 실현에 큰 제약을 받을 것이다. 따라서 한국은 '3대 신 실크로드' 프로젝트가 남·북·러 3각 협력의 성공사례로 실현될 수 있도록 한편으로는 러시아측으로 하여금 북한을 설득하게 하면서 다른 한편으로는 남북관계 개선을 통해 북한 협조를 얻는 방안을 강구할 것이다. 예를 들어, 한·러 양국이 6자 회담의 실무그룹 의장국 지위(대북 에너지 지원 및 동북아 평화·안보체제)를 이용해 남·북·러 3국간 해당 분야의 협력증진을 위한 3자 대화를 추진하거나 우리 정부의 '상생·공영 대북 정책'을 경제협력은 양자차원에서 북핵문제 등 안보협력은 6자 회담차원에서 접근하는 이중적 접근책을 추진할 가능성이 많다.

(4) 산업·과학·기술 분야

양국은 산업·과학·기술 분야에서도 협력을 확대시켜 나갈 예정이다. 이명박 대통령의 러시아 방문을 수행한 이윤호 지경부 장관은 러시아와 산업·과학·기술 협력을 체계적으로 추진하기 위해 9월 30일 러시아 과학아카데미와 '한·러 산업기술협력 양해각서'를 체결하였다. 동 양해각서 체결을 계기로 그 동안 산발적으로 추진되어 온 러시아와 기술협력을 정부차원에서 체계적으로 추진할 수 있는 전환점을 마련하였다. 동 양해각서는 공동 연구를 위한 전문가간 교류, 양·다자간 심포지엄의 운영, 공동연구팀 및 기관 설립, 공동 교육프로그램 운영, 기술정보·문서·연구결과 교류 등을 협력 내용을 담고 있다. 지식경제부는 동 양해각서의 실효성을 높이기 위해 '러시아권 원천기술 도입·상용화 계획'을 마련하고 이를 적극 추진할 예정 이며, 이는 우리 기업이 원천기술 부족으로 어려움을 겪고 있는 우리 기업 에 재도약의 기회를 제공할 것으로 기대된다.

한편 양측은 나노기술, 정보화, 원자력 에너지, 우주개발 등 첨단기술 분 야와 극지연구 등과 같은 과학·기술 분야에서도 협력을 강화하고 대규모 프로젝트를 추진하기 희망하였으며, 상기한 바와 같이 관련 분야 협력협정 을 체결하였다. 특히 양국은 한국 최초의 우주인 배출사업의 성공을 높이 평가하면서 '한국의 소형위성발사체'(KSLV-1) 개발을 포함해 양국간 우주 분야 협력을 지속적으로 확대해 나가기로 합의하였다. 따라서 양측이 이번 정상회담을 계기로 합의한 협력사업을 차질 없이 추진할 경우, 산업·과 학·기술 협력이 크게 확대될 것으로 전망된다.

저자소개

■ 고재남

미국 미주리대학교에서 정치학 박사 취득
현재 외교통상부 외교안보연구원 교수, 유럽·아프리카 연구부장
한국슬라브학회 회장과 러시아 모스크바국립국제관계대학교 방문교수 역임함

| 주요논저

『구소련지역 민족분쟁의 해부』(1996), 『현대 국제정치 핵심논쟁 12제』(공편역),
"중부 유라시아 지역의 '신 거대게임'과 관련국 대응"(2005),
"한국의 대중앙아 외교전략"(2006), "유라시아 내 다자 지역협력"(2007),
"한국의 대중앙아 외교정책"(2008) 등이 있음.

■ 강윤희

영국 글래스고대학교에서 러시아지역학 박사 취득
현재 국민대학교 국제학부 교수
서울대학교 국제문제연구소 선임연구원과 고려대학교 세계지역연구소 연구위원을 역임함

| 주요논저

"글로벌 여성인권 거버넌스와 러시아: 행위자의 다변화와 상호작용"(2008),
"러시아의 환경거버넌스 형성 가능성과 한계 분석: 환경NGO와 지방정부와의 관계를 중심으로"(2007),
"소비에트와 포스트소비에트 러시아의 젠더 재구성: 여성성과 남성성의 변모를 중심으로" (2006),
『러시아의 선택: 탈소비에트 체제전환과 국가·시장·사회의 변화』(공저),
『한·러관계사료집 1990-2003』(공저) 등이 있음.

■ 김우승

연세대학교 사회학과에서 문학 박사 취득
현재 배재대학교 러시아학과 교수
미국 피츠버그대학 러시아&동유럽연구소 교환교수를 역임하였고
현재 배재대학교 러시아학과 학과장으로 활동

| 주요논저

"러시아 중간계급에 형성과정에 대한 연구: 모스크바 지역의 소규모 기업가를 중심으로"(2006),
"러시아의 새로운 정체성 모색 – 세계화인가 유라시아주의인가"(2006),
"러시아 지방 소도시 소규모 기업가의 생활양식과 의식구조 – 연해주, 블라디보스톡의 경우"(2007) 등이 있음.

■ 서동주

연세대학교 정치학과에서 정치학 박사 취득
현재 국가안보전략연구소 연구위원
국제문제조사연구소 국제관계연구센터장과 한국국가정보학회 학술지원 및 출판이사를 역임함

| 주요논저

"러시아 정보기관의 개편과 역할 변화 – FSB(연방보안부)를 중심으로"(2007),
"푸틴 정치개혁의 특징과 과제"(2007),
"러시아친디아(Chindia) 삼각 안보협력 가능성과 한계: 동북아한반도에의 전략적 함의"(2006) 등이 있음.

■ 성원용

러시아 성-페테르부르크국립대에서 경제학 박사 취득
현재 인천대학교 동북아국제통상학부 교수
한국비교경제학회 편집이사와 한국슬라브학회 연구이사를 역임하고
현재 한국철도공사 남북철도자문위원회 자문위원으로 활동

| 주요논저

"러시아경제 연구로 가는 길: 경제체제론에서 경제문화론으로의 전환을 모색하며"(2004),
"체제전환국의 농업 탈집산화 논의에 대한 제고: 러시아의 사례를 중심으로"(2005),
"러시아 극동·자바이칼 지역의 교통체계와 동북아 경제협력"(2007),
"남북러 철도협력의 현황과 발전 전망 – '나진-핫산 프로젝트'를 중심으로"(2008) 등이 있음.

■ 송용원

러시아 모스크바국립대학교에서 물리학 박사 취득
현재 한국산업기술대학교 나노광공학과 교수
한국표준과학연구원과 한국과학기술연구원 연구원을 역임하였고
현재 한국산업기술대학교 한러산업기술협력센터장으로 활동

| 주요논저

『국제기술(Global Technology) 기반구축사업』,
『러시아권 기술협력 거점사업』, 『K-GIN 유라시아 기술협력사업』 등이 있음.

■ 신범식

러시아 모스크바국립국제관계대학교(MGIMO)에서 정치학 박사 취득
현재 서울대 외교학과 조교수
대통령산하 동북아시대위원회 연구위원과 KBS 객원해설위원을 역임하고
현재 미래전략연구원 연구위원, 동아시아연구원 연구위원, 한국슬라브학회 총무이사로 활동

| 주요논저

『21세기 유라시아 도전과 국제관계』(편저, 2006),
"체제전환기 러시아지방정치의 제도화와 엘리트 분화"(2004),
"푸틴 러시아의 근외정책: 중층적 접근과 전략적 균형화 정책을 중심으로"(2005),
"러시아-중국 안보·군사 협력관계의 변화와 전망"(2007) 등이 있음.

■ 심경욱

프랑스 파리정치대학교에서 정치학 박사 취득
현재 한국국방연구원 책임연구위원
프랑스 국방대학원 초빙연구원과 대통령 직속
국방발전자문회의 자문위원 역임,
현재 육군 정책자문위원과 방위사업추진위원회 심의위원으로 활동

| 주요논저

『러시아 정치의 이해』(공저, 1995), 『L'Orient de Russie la drive』(2003),
『2025 미래 대예측』(편저, 2005), 『현대 러시아 정치론』(공저, 2005) 등이 있음.

■ 엄구호

러시아 모스크바국립대학에서 법학 박사 취득
현재 한양대학교 국제학대학원 교수
미국 조지 워싱턴 대학 방문교수를 역임하고
현재 한양대 아태지역연구센터 소장으로 활동

| 주요논저

『Междисциплинарный Подход к Государственному Регулированию на
  Современном Этапе』(1993)
『러시아 금융산업집단의 정치경제학』(2000),
"이원집정부제 러시아 정부의 불안정성에 관한 연구: 정부교체에 관한 실증분석"(2006),
"남코카서스의 '신거대게임'과 그루지야의 친서구 정체성"(2007) 등이 있음.

저자소개

■ 이종문

러시아 모스크바국립국제관계대학교(MGIMO)에서 경제학 박사 취득
현재 부산외대 러시아-인도 통상학부 교수
한국외대 러시아연구소 연구교수와 아너스터투자자문(주) 이사를 역임함

| 주요논저

『현대 러시아 경제』(2007), 『푸틴의 러시아』(공저, 2007),
『시장경제로의 체제전환과정에서 나타난 러시아에서의 자본도피』(2005) 등이 있음.

■ 이재영

러시아 모스크바국립대학교에서 경제학 박사 취득
현재 대외경제정책연구원 연구조정실장
미국 하버드대학교 및 미시간대학교 방문학자와
소연방과학원 극동연구소 교환연구원 역임

| 주요논저

『한국기업의 대러시아 현지경영 현황과 과제』(공저, 2008),
『러시아의 WTO 가입과 한국의 무역투자 증진방안』(공저, 2007),
『러시아의 동부지역 개발전략과 한국의 참여확대 방안: 에너지부문을 중심으로』(공저, 2006) 등이 있음.

■ 홍완석

러시아 모스크바국립국제관계대학교(MGIMO) 정치학 박사 취득
현(現) 한국외국어대학교 국제지역대학원 러시아·CIS학과 교수
한국정치학회 무임소이사, 한국슬라브학회 연구이사,
상해복단대학교 초빙교수를 역임함

| 주요논저

『21세기 한국 왜 러시아인가?』(2005),
『현대 러시아 국가체제와 세계전략』(편저, 2005),
"Стратегия России в отношении северокорейской ядерной проблемы и
  российско-южнокорейское сотрудничество: взгляд из Сеула"(Восток, 2008),
"Российско-южнокорейское экономическое сотрудничество: перспективы и
  ограничения"(ПВД, 2008),
"우크라이나의 EU 가입 전망: 가능성과 한계"(2008) 등이 있음.

러시아의 미래와 한반도

초판인쇄 | 2009년 1월 31일
초판발행 | 2009년 1월 31일

엮은이 | 고재남, 엄구호
펴낸이 | 채종준
펴낸곳 | 한국학술정보㈜
주 소 | 경기도 파주시 교하읍 문발리 513-5 파주출판문화정보산업단지
전 화 | 031) 908-3181(대표)
팩 스 | 031) 908-3189
홈페이지 | http://www.kstudy.com
E-mail | 출판사업부 publish@kstudy.com

등 록 | 제일산-115호(2000. 6. 19)
가 격 | 33,000원

ISBN 978-89-534-1027-5 93330 (Paper Book)
         978-89-534-1029-9 98330 (e-Book)

내일을여는지식 █ 은 시대와 시대의 지식을 이어 갑니다.